APULIEN

Michael Machatschek

W0110513

INHALT

Apulien –
Allgemeines

Apulien –
Reisepraktisches

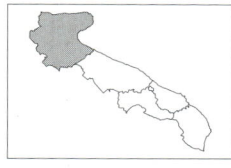

Provinz Foggia

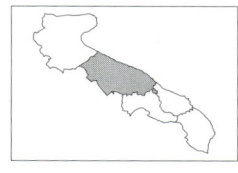

Provinz Bari

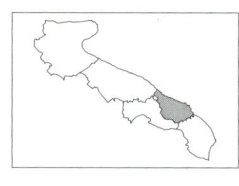

Provinz Brindisi

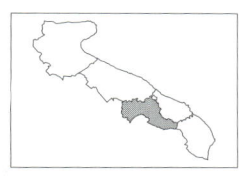

Provinz Tarent (Taranto)

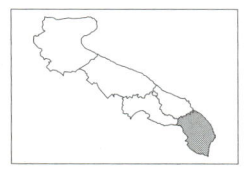

Provinz Lecce (Salento)

Text & Recherche: Michael Machatschek
Lektorat: Angela Nitsche
Redaktion & Layout: Sabine Becht
Fotos: siehe Fotonachweis auf Seite 7
Covergestaltung: Karl Serwotka
Covermotive: Michael Machatschek (oben: Wochenmarkt in Vieste),
Fototeca ENIT (unten: Gargano-Küste)
Karten: Susanne Handtmann, Judit Ladik, Astrid Wölfel

Was haben Sie entdeckt?

Wo war Ihre Lieblingstrattoria, in welchem Hotel haben Sie sich besonders wohl gefühlt, welchen Campingplatz können Sie empfehlen?

Bitte schreiben Sie uns, wenn Sie Kritik, Verbesserungen, Anregungen oder Empfehlungen haben.
Schreiben Sie an:

Michael Machatschek
Stichwort "Apulien"

c/o Michael Müller Verlag GmbH

Gerberei 19

91054 Erlangen

E-Mail: michael.machatschek@michael-mueller-verlag.de

Herzlichen Dank für Hilfe und Unterstützung –
Grazie per la gentile e generosa collaborazione a:

Assessorato al Turismo della Regione Puglia, Bari
Consorzio Operatori Turistici Pugliesi (Cotup), Bari
Staatliches Italienisches Fremdenverkehrsamt ENIT, Frankfurt

ISBN 3-89953-112-4

Aktuelle Infos online unter www.michael-mueller-verlag.de

4. überarbeitete und aktualisierte Ausgabe 2003

Provinz Brindisi ... 266

Provinz Tarent (Taranto) ... 289

Provinz Lecce (Salento) ... 327

Fotonachweis (s/w)

Michael Machatschek, Gabriella Fusi: 3, 10, 11, 13, 14, 16, 18, 19, 20, 22, 23, 25, 27, 28, 30, 31, 33, 34, 38, 40, 47, 48, 54, 55, 58, 63, 68, 70, 76, 83, 84, 88, 92, 98, 105, 109, 123, 125, 129, 131, 138, 141, 143, 148, 151, 153, 154, 158, 167, 168, 169, 173, 174, 176, 181, 184, 185, 187, 189, 195, 199, 202, 205, 207, 209, 214, 215, 219, 221, 224, 228, 230, 231, 232, 236, 237, 239, 243, 245, 247, 248, 252, 253, 259, 263, 264, 265, 266, 269, 271, 274, 279, 282, 287, 288, 289, 294, 300, 306, 309, 313, 321, 324, 327, 339, 341, 344, 347, 350, 352, 358, 360, 363, 366, 369, 371, 379, 382, 384, 386, 388, 389, 395

Eberhard Fohrer: 15, 53, 64, 146, 161, 165, 377

Fototeca ENIT: 37, 95, 112, 118, 171, 180, 203, 255, 261, 276, 277, 293, 304, 340, 355, 364, 372

Farbfotos
Michael Machatschek (MM) und *Fototeca ENIT* (EPT)

Kartenverzeichnis

Zeichenerklärung für die Karten und Pläne

- mehrspurige Straße
- Asphaltstraße
- Wanderweg
- Bahnlinie
- Gewässer
- Grünanlage

- ▲ Berggipfel
- ✝ Kirche/Kapelle
- Schloss/Festung
- Kloster
- ★ Allg. Sehenswürdigkeit
- ✈ Flughafen/ -platz
- Δ Campingplatz
- 𝑖 Information
- P Parkplatz

- Post
- Bushaltestelle
- M Museum
- Ruine
- Badestrand
- Aussicht
- ⌒ Höhle
- Felsen
- ✕ Picknickplatz
- Leuchtturm

Alles im Kasten

Küsten-Naturlandschaft (Porto Selvaggio)

Benvenuti in Puglia – Herzlich willkommen in Apulien!

Wer so wie Sie in den Hacken des Stiefels reist, betritt vermutlich nicht das erste Mal italienischen Boden – kennt vielleicht schon die oberitalienischen Seen, die toskanischen Landschaftsgemälde, das grüne Umbrien und das romantisch-teure Venedig.

Norditalien – so sagt der separatistische italienische Volksmund – hört kurz vor Rom auf. Die imaginäre Trennlinie zwischen dem reichen Norden und dem hilfsbedürftigen Süden verläuft irgendwo in der Landesmitte, lässt sich geografisch nicht genau fassen. Unten heißt Italien *Mezzogiorno* – und Apulien ist eine solche Mezzogiorno-Region, die entdeckt werden will. Italienliebhaber, die bisher nur die reiche Tante im Norden besucht haben, lernen nun endlich die südlichen Verwandten der italienischen Großfamilie kennen.

Eine Begegnung, die fast jedem Urlauber etwas bietet: **Badehungrige** kommen an den Gargano-Stränden und an der Salento-Küste auf ihre Kosten. **Kunstfreunde** können sich an den romanischen Sakralbauten und dem Lecceser Barock satt sehen. **Kulturulauber** auf den Spuren der Staufer entdecken im Castel del Monte die steinerne Kaiserkrone Friedrichs II. **Freizeitarchäologen** können frühgeschichtliche und antike Spuren verfolgen. **Inselfans** finden auf dem Tremiti-Archipel das letzte Adria-Paradies.

Barock in Lecce

Städtebummler lernen fünf kontrastreiche, außergewöhnliche Provinz-hauptstädte kennen: Foggia, Bari, Brindisi, Lecce und Tarent. Und wer keinen Rummel mag, kann in der Einsamkeit der Murgia, dem apulischen Kernland, ungestört träumen.

Das vorliegende Reisehandbuch macht auf schöne Orte aufmerksam, weist auf reizvolle Landschaften und Strecken hin, geht auf kulturell Interessantes und Historisches ein, erwähnt Kuriositäten, warnt und rät ab, wo es notwendig erscheint.

Die zahlreichen praktischen Informationen und kommentierten Tipps sind Angebote, die Ihnen die Orientierung vor Ort erleichtern sollen. Hinweise auf Übernachtungsmöglichkeiten und gute Küche sind gewissenhaft recherchiert.

Zur Gliederung dieses Apulienreiseführers: Um Ihnen die Erschließung der gesamten Region zu erleichtern, haben wir Apulien nach seinen fünf verwaltungspolitischen **Provinzen** geordnet und die jeweiligen **Highlights** in einem Schnellüberblick an den Anfang der fünf Provinzkapitel gestellt. Egal, ob Sie mit dem eigenen Fahrzeug oder mit öffentlichen Verkehrsmitteln unterwegs sind: Stellen Sie sich mit Hilfe unserer zahlreichen Landschafts-, Kultur-, Bade- und Städtetipps Ihre ganz persönliche Reiseroute durch Apulien zusammen — kombinieren Sie individuell, je nach Interesse, Zeit, Lust und Laune.

Rundtour durch Apulien

Schon beim ersten Blick auf die Landkarte imponieren die Ausmaße dieser langgestreckten Region. Apulien, der äußerste Südosten des italienischen Stiefels, ist eine weiträumige Kulturlandschaft mit verblüffender Vielfalt und viel Raum für Entdeckungen. Ein genereller Reisekurs drängt sich nicht gerade auf, aber wer der langen Küstenlinie folgt, hat schon eine ziemlich ideale Route eingeschlagen.

Apulien bietet ideale Voraussetzungen, um einen **Bade- und Erholungsurlaub** mit nachhaltigen **Kultur- und Landschaftserlebnissen** zu verknüpfen. Weite Strecken der Küstenlinie sind uneingeschränkt badetauglich und gut erschlossen; die wichtigsten und sehenswertesten Städte liegen unmittelbar am Meer oder im küstennahen Hinterland; die schönsten Natur- und Kulturlandschaften erreicht man bequem und schnell von der Küste aus.

▸ **Die Küstenroute:** Wer (so wie wir) den nördlichsten Einstieg nach Apulien über Termoli gewählt hat, umkurvt schon nach wenigen Kilometern die absolut reizvollste Ecke der apulischen Küste, die Gargano-Halbinsel mit ihren herrlichen Stränden, bildhübschen Ortschaften und vorgelagerten Badeinseln. Unter Umständen ein verhängnisvoller Einstieg in die Urlaubsregion, denn es fällt nicht leicht, sich von dieser wunderschönen Steilküste wieder loszureißen, zumal auch das unmittelbar angrenzende Gargano-Gebirge einiges zu bieten hat. Küstenbummler erleben auf der Weiterfahrt zwischen Barletta und Brindisi vor allem das seestädtische Gesicht Apuliens mit den großartigen Kathedralen, mittelalterlichen Ortskernen und viel Hafenatmosphäre. Eine Rundfahrt um den salentinischen Zipfel bietet dann weitere Höhepunkte der apulischen Küstenlandschaft. Otranto und Gallipoli offenbaren sich dabei als zwei unbedingt sehenswerte Küstenperlen, auch stille Badebuchten findet man genügend. Doch erst gezielte Abstecher ins küstennahe Hinterland machen den Salento-Aufenthalt komplett.

▸ **Die Route durchs Hinterland:** Ab der geschichtsträchtigen Hafenstadt Tarent bietet sich die Rückfahrt durch das apulische Kernland, die Murgia, in Richtung Foggia an. Da sich auf dieser Strecke etliche landschaftliche und kulturelle Höhepunkte befinden, sollte die Route je nach Gusto gestaltet werden. Die interessante Barockstadt Martina Franca, das idyllische Itria-Tal mit dem Trulli-Städtchen Alberobello, die faszinierende Schluchtenstadt Gravina, das majestätische Castel del Monte und die Sarazenenstadt Lucera gehören allerdings zum Pflichtprogramm einer Inlandsroute.

▸ **Abstecher:** Wem die vorgeschlagene Rundtour durch die Region nicht genügt, kann sie durch interessante Abstecher in die apulischen Randgebiete noch beliebig erweitern. Lohnenswert sind vor allem Ausflüge zum küstennahen Tremiti-Archipel und in die abgeschiedene Bergwelt der Apenninausläufer sowie hinüber in die Nachbarregion Basilikata, wo die Schluchtenstadt Matera und das archäologische Ausgrabungsgebiet von Metaponthion zu Recht beliebte Anziehungspunkte bilden.

Die schönste Steilküste an der italienischen Adria: die Gargano-Küste

Apulien erleben
Landschaften und Klima

Anders als in den meisten Regionen Italiens ist Apuliens Landschaft nicht unmittelbar vom Apennin und seinen Ausläufern geprägt. Der Apennin, das geomorphologische Rückgrat des Landes, weicht vor Apulien zurück und knickt nach Süden ab. Nur 1 % der Gesamtfläche Apuliens ist gebirgig, ansonsten formt sich die Landschaft aus karstigem Hügelland (45 %) und sanften Tiefebenen (54 %). Zwei Meere, das Adriatische und das Ionische, säumen eine fast 800 km lange Küstenlinie, die sich abwechselnd flach und sandig oder wild zerklüftet zeigt. Mit durchschnittlich 300 Sonnentagen im Jahr, einem heißen Sommer, angenehm milden Frühlings- und Herbstmonaten, einem kurzen, nahezu frostfreien Winter und geringen Niederschlagsmengen gehört Apulien zu den wärmsten Zonen Europas. Für klimatische Turbulenzen sorgen nur die unberechenbaren Winde.

Für allzu nüchterne Geologen besteht Apulien lediglich aus einer gewaltigen Kalksteintafel, die im Lauf der erdgeschichtlichen Entwicklung verkarstet ist. Flüsse im Sinn von ständig wasserführenden Strömen gibt es – bis auf den Ofanto – keine. Das hört sich steinig und trocken an, klingt nach einem kahlen, durchlässigen Boden, in dem alles Wasser sofort versickert. Doch dunkelrote Erde, ein Verwitterungsprodukt der Karstbildung, hat sich wie ein dünner, aber fruchtbarer Teppich über den steinigen Boden gelegt; und

Bizarre Felsformationen

die unzähligen Wasserläufe, die sich immer nach starken Regenfällen bilden, haben die Entstehung der Schwemmlandebenen begünstigt. Von Norden nach Südosten lässt sich Apulien grob in vier charakteristische geografische Gebiete unterteilen, den Gargano, den Tavoliere, die Murgia (auch Murge genannt) und den Salento.

Der **Gargano bzw. Il Promontorio del Gargano** (Promontorio = Vorgebirge) wird von einem mächtigen Kalksteinmassiv gebildet, das bis auf eine maximale Höhe von 1.000 m ansteigt. Wie eine Halbinsel ragt dieser Sporn des italienischen Stiefels weit ins Adriatische Meer hinein. Rein geologisch gehört das Gebiet zum gegenüberliegenden Festland. Die wellige Kalktafel steckt voller landschaftlicher Überraschungen. Einen Höhepunkt dieses 1991 zum Nationalpark erklärten Gebiets bildet die **Foresta Umbra**, ein letzter Rest des einstigen apulischen Urwalds. Die vegetationsreiche Küste der Gargano-Halbinsel ist weitgehend zerklüftet und offenbart sich als Baderevier allererster Ordnung. Schon hier kann man sich den apulischen Urlaubstraum voll erfüllen.

▶ Der **Tavoliere** erstreckt sich als sanfte Tiefebene um die Provinzhauptstadt Foggia und stößt am **Golf von Manfredonia** ans Meer. Diese 3.000 qkm große Ebene ist die größte zusammenhängende landwirtschaftliche Nutzfläche Apuliens. Nahezu menschenleer und extensiv bewirtschaftet, stellt der Tavoliere eine der wichtigsten Vorratskammern ganz Italiens dar. Der spröde Reiz dieser monotonen Agrarlandschaft liegt in der Mischung aus dunklen Erdfarben und blühenden Feldern unter blauem Himmel.

▶ Die **Murgia**, das apulische Kernland, offenbart sich als sehr abwechslungsreiche und fruchtbare Karstlandschaft. Die **Hoch-Murgia**, das auf mehrere hundert Meter ansteigende Hinterland der Provinz Bari, ist stark zerklüftet und wird von **Gravine**, langen canyonartigen Schluchten durchzogen. Diese Erosionstäler sind während der letzten Eiszeit entstanden. Die Höhlen- und Grottenbildungen der Murgia erklären sich aus den geologischen Eigenschaften des Karstbodens. Die zahlreichen Schluchten und Höhlen des apulischen Kernlandes waren lange Zeit natürliche Zufluchtsstätten der Bevölkerung. Zur Küste hin flacht die Murgia stufenweise ab und wird immer fruchtbarer. Die dichtbesiedelte **Costa di Bari** ist ein ertragreiches Bauernland mit uralten Olivenpflanzungen. Die mit Abstand schönste Kulturlandschaft Apuliens, das **Valle d'Itria**, das berühmte Trulli-Land, offenbart wie kein anderes Gebiet die Fruchtbarkeit der apulischen Karstregion.

Weiße Zipfelmützen im Trulli-Land

▶ Der **Salento (salentinische Halbinsel)** besitzt zwei unterschiedliche landschaftliche Gesichter. Im Nordwesten von Lecce erstreckt sich der flache **Tavoliere di Lecce**, ein bis auf den letzten Zentimeter erschlossenes Landwirtschaftsgebiet mit den größten Weinfeldern der Region. Die **salentinische Murgia** südlich von Lecce bildet im Binnenland einen auf maximal 200 m ansteigenden Karstrücken. Dieser äußerste Zipfel Apuliens ist steinig, vegetationsreich und dicht besiedelt zugleich. Die salentinische Küstenlandschaft zeigt sich an ihrer adriatischen Seite felsig und zerklüftet, bricht aber am ionischen Ufer zunehmend auf und wird immer badetauglicher.

▶ **Klima und Jahreszeiten:** Früh endet der apulische Winter. Das Itria-Tal kündigt den Frühling zuerst an; dann verwandelt sich diese herrliche Kulturlandschaft in ein Farbenmeer aus Mandel- und Obstbaumblüten, und die rostrote Erde beginnt zu leuchten. Das Frühjahr ist die Reisezeit für Genießer.

Von Juni bis September herrscht der Sommer, und die Temperaturen erreichen Spitzenwerte über 40 °C – Badesaison für ganz Italien, auch die Schulferien beginnen bereits Mitte Juni und enden erst Mitte September.

Das subtropisch-mediterrane Klima Apuliens gerät durch die starken, unberechenbaren Winde manchmal durcheinander. Gelegentlich streicht aus dem nahen Afrika der feucht-heiße Wüstenwind **Scirocco** herüber und macht

Stachelige Feldfrüchte: Ficodindia

Mensch und Tier fast besinnungslos vor Hitze. Aber auch ohne Scirocco ist im Hochsommer zwischen 13 und 16 Uhr kaum ein Mensch auf den Straßen zu entdecken, dann sind die Fenster und Türen der Wohnhäuser zum Schutz vor der Mittagsglut wirkungsvoll verrammelt. Ein kräftiger Wind der warmen Jahreszeit ist auch der **Libeccio**, der aus südwestlicher Richtung weht. Bisweilen pfeift aber auch der trocken-kühle Fallwind **Bora** aus nordöstlicher Richtung über Apulien hinweg und fügt der Landwirtschaft zum Teil schwere Schäden zu. Erst im Herbst, ab Ende Oktober, setzen die Niederschläge langsam ein, dann ist auf den Landstraßen mitunter Vorsicht bei Überschwemmungen geboten.

Die kurzen Winter sind mild, mit Durchschnittstemperaturen von 6 bis 9°C über dem Gefrierpunkt. Auf dem Gargano und in den Hochlagen des Hinterlandes fällt manchmal Schnee. Es gibt aber durchaus überraschende Kälteeinbrüche im apulischen Kernland – wie etwa im Februar 1993, als die Trulli-Dächer von Alberobello tagelang mit Schnee bedeckt waren, oder im Januar 2002, als Tiefsttemperaturen in Verbindung mit extremer Trockenheit Land und Leute peinigten. Wer also in den Wintermonaten unterwegs ist, sollte sich immer vom Vorhandensein einer funktionierenden Heizung im Hotelzimmer überzeugen.

Der Aquedotto pugliese – ohne Wasser kein Leben

An der Oberfläche ist Apulien extrem wasserarm, aber unterirdisch haben sich die schnell versickernden Niederschläge zu gewaltigen Grundwasservorräten gestaut. Schon sehr früh zapften die Apulier dieses natürliche Reservoir mittels artesischer Brunnen an, denn ohne Wasser kein Leben und ohne Bewässerung keine Landwirtschaft.

Doch die alleinige Versorgung mit Grundwasser erwies sich schon bald als unzureichend. Mangels anderer Quellen blieb Apulien jahrhundertelang ein Wassernotstandsgebiet. Wohl schon die alten Römer hatten geahnt, wie mühselig der Bau einer leistungsfähigen Wasserleitung wäre, denn von den berühmten römischen Aquädukten fehlt in Apulien jede Spur. Erst *König Ferdinand II.*, der Apulien von Neapel aus regierte, machte sich Mitte des 19. Jh. ernsthafte Gedanken über eine Verbesserung der Wasserversorgung, aber die kalkulierten Kosten entmutigten den König. Ein apulischer Wasserbauingenieur entwickelte schließlich 1867, im frisch vereinigten Königreich Italien einen klugen Plan zur Lösung des Wasserproblems – und 40 Jahre später begann die italienische Regierung mit der Realisierung des **Aquedotto pugliese**. Dieses Jahrhundertwerk sah die Kanalisierung der zu Kampanien gehörenden **Sele-Quelle** vor. 1914 erreichte der ca. 3 m breite, unterirdische Hauptkanal Bari. In den beiden folgenden Jahrzehnten verzweigte sich das Leitungssystem erheblich, erfasste über 300 Gemeinden und endete noch vor Ausbruch des 2. Weltkriegs im vorgesehenen Zielort Santa Maria di Leuca.

Apulien hatte sein Wasserproblem vorläufig gelöst, aber der stetig steigende Wasserbedarf machte in den 50er Jahren eine Erhöhung der Durchlaufmenge notwendig. Zusätzlich zapfte man die benachbarte **Calore-Quelle** an, doch die beabsichtigte Wirkung blieb aus. Außerdem begann der mittlerweile fast 50 Jahre alte Aquedotto zu kränkeln und wurde immer reparaturbedürftiger. Neue Strategien richteten sich auf den Bau von Deichen und Staudämmen. Der **Stausee von Occhito** an der Regionalgrenze zu Kampanien geriet zum größten realisierten Stauprojekt Apuliens. Die Wasserversorgungsperspektive reicht seitdem ins Jahr 2015 – das ist nicht mehr weit. Mit einem geflickten Aquedotto, immer höher werdenden Staumauern und einem immer weiter sinkenden Grundwasserspiegel steht Apulien am Anfang des dritten Jahrtausends.

Ländliche Architektur – Steine in der Sonne

Die ländlichen Bauten Apuliens sind steinere Zeugen einer jahrhundertealten bäuerlichen Kultur. Einfache Schutzhütten und krumme Mauern aus Feldgestein waren die ersten architektonischen Errungenschaften der frühen Landbevölkerung. Die Großgrundbesitzer errichteten sich hingegen herrschaftliche Gutshöfe, Masserie, die in kriegerischen Zeiten auch gegen Überfälle gerüstet waren.

Mühselig und steinig war Apuliens langer Weg zum mustergültigen Agrarland. In kräftezehrender Handarbeit musste die frühe Landbevölkerung ihren Boden erst einmal von dem unsäglichen Gestein befreien, bevor überhaupt etwas angebaut werden konnte. Neben den Äckern und Feldern wurden dann die zumeist flachen **Chiancarelle** (Feldsteine) systematisch zu Steinhaufen, Steinmauern, Schutzhütten und sonstigen Zweckbauten aufgeschichtet. Vorrangige Methode war die **Architettura in pietra a secco**, Trockenbauweise, die ohne Mörtel auskam.

Mit zunehmenden Ackerflächen vermehrten sich auch die charakteristischen ländlichen Bauten aus Feldsteinen: die Caselle (Schutzhütten in den unterschiedlichsten Bauformen), Pagliari (Feldscheunen) und Trulli (typische Landhausform im Itria-Tal). Vom Gargano-Gebirge bis hinunter zur salentinischen Murgia findet man noch heute zahlreiche lokaltypische Varianten dieser Feldsteinbauten in Trockenbauweise. Sie gehören ebenso zum Landschaftsbild wie die angrenzenden Felder, Äcker und Haine, aber es ist für den Laien kaum noch zu erkennen, aus welchem Jahrhundert sie stammen.

▸ **Muri**: Die Steinmauern sind die auffälligsten Relikte der Feldsteinbeseitigung. Krumm, kurvig und teils parallel ziehen sie sich durch die Landschaft und trennen die Felder voneinander. Ein faszinierendes Menschenwerk, bedenkt man, dass die Muri aneinandergereiht mit der Länge der Chinesischen Mauer konkurrieren könnten.

▸ **Specchie**: Die mancherorts noch zu sehenden Steinhaufen stammen angeblich aus der frühesten Besiedlungsphase. Sie fungierten (nach ungesicherten Erkenntnissen) als Beobachtungshügel und besaßen kultische Bedeutung. Einen dieser merkwürdigen Steinhügel können Sie in der Nähe von Francavilla Fontana besichtigen ("Specchia Miano", S. 285).

Caselle: Vor allem das Murgia-Gebiet und der Salento sind mit diesen steinernen Schutzhütten übersät. Die im Lauf der Zeit immer wieder ausgebesserten kleinen Mehrzweckbauten bieten den Bauern noch heute Schutz vor Unwetter und Mittagshitze; außerdem dienen sie als Unterschlupf für das Vieh und als Geräteschuppen. Sie sind je nach Bodenbeschaffenheit aus Chiancarelle bzw. kleinen Steinbrocken zusammengesetzt. Dort, wo Kalkarenit vorkommt, findet man auch Konstruktionen mit behauenen Quadern aus diesem Material. Der Bau blieb in der Regel im Rohzustand, nur die Caselle des 20. Jh. haben teilweise einen Außenputz. Es gibt diesen Urtyp der ländlichen Steinhütte in den verschiedensten Ausführungen mit quadratischem oder kreisrundem Fundament. Das geschichtete Mauerwerk verjüngt sich nach oben, läuft aber selten spitz zu, sondern bleibt vorwiegend abgestumpft. Der kegel- bzw. pyramidenförmige Innenraum wird nicht unterteilt. Eine schmale steinerne Außen-

Mühevolle Feldarbeit

treppe führt zumeist auf das abgeflachte Dach. Die Grundformen der Caselle wurden häufig variiert, je nach Bedarf und Phantasie des Erbauers.

▸ **Pagliari** sind hohe, kegelformige Steinbauten und fungierten früher als Feldscheunen; man findet sie vorwiegend im Gargano-Gebiet. Von der Bauweise ähneln sie den Caselle, sind jedoch deutlich größer.

▸ **Trulli**: Die berühmten Landhäuser des Itria-Tals basieren ebenfalls auf dem Bauprinzip der mörtellosen steinernen Schutzhütte und können als deren bewohnbare Weiterentwicklung verstanden werden ("Il Trullo", S. 258).

▸ **Masseria**: Der apulische Gutshof repräsentiert die herrschaftliche Variante der ländlichen Architektur. Die großen Besitzungen Apuliens waren jahrhundertelang in Händen des Adels. Es herrschte die **Mezzadria**, ein strenges feudalistisches Erbpachtsystem. Auch im 17., 18. und 19. Jh., als die meisten dieser Gutshöfe errichtet wurden, war die Landwirtschaft immer noch an den Großgrundbesitz gebunden. Eine apulische Masseria verwaltete zumeist ein riesiges Territorium (200 ha und mehr), auf dem Ackerbau und Viehzucht betrieben wurden. Je nach Lage und Fruchtbarkeit des Bodens war die Masseria auch das Zentrum großer Gemüse-, Obst-, Oliven- und Weinplantagen. Der **Padrone** eines solchen Guts befehligte ein ganzes Heer von **Contadini** (Landarbeiter) und **Braccianti** (Tagelöhner). Zahlreiche moderne Landwirtschaftsbetriebe stehen noch in dieser Tradition. Stattliche Familiengüter mit über 100 ha Grund und einer herrschaftlichen Masseria als Wohnsitz sind keine Seltenheit im heutigen Apulien.

Der Gebäudekomplex einer apulischen Masseria besteht aus einem vornehmen Wohnbereich, dem Haupthaus, und zahlreichen bescheideneren Nebengebäuden für das Gesinde, das Vieh und die Gerätschaften. Außerdem gibt es die verschiedensten Einrichtungen und Anlagen für die Verarbeitung und Lagerung der landwirt-

Getrocknete Feigen

schaftlichen Erzeugnisse. Je nach Entstehungszeit befestigte man die Gutshöfe aus Furcht vor Piraten oder Briganten mit Wehrtürmen, Schießscharten und ähnlichen Verteidigungseinrichtungen. Wie kleine Kastelle waren einige Masserie ausgestattet, bereit, jedem Feind zu trotzen.

Fruchtbare Murgia

Die apulischen Gutshöfe weisen lokaltypische Unterschiede auf. Die enormen Getreidefarmen des Tavoliere-Gebiets verfügen z. B. über einen gewaltigen Baukomplex, der eher auf Funktionalität und Leistungsfähigkeit als auf Bequemlichkeit ausgerichtet ist, während die erheblich kleinere salentinische Masseria zumeist eine schmuckvolle Fassade, eine Freitreppe sowie Balkone besitzt und im Innern relativ viel Komfort aufweist. Eine interessante Besonderheit ist die Masseria im Itria-Tal, deren einzelne Gebäudeteile zum Teil der örtlichen Bauform des Trullo entsprechen.

Flora, Fauna, Umweltschutz

Die vorwiegend flache apulische Landschaft ist seit ältester Zeit Agrarland. Riesige landwirtschaftliche Nutzflächen haben die natürliche Flora und Fauna längst in die unwirtschaftlichen Randzonen gedrängt. Sattgrüne Äcker und Plantagen, knorrige Olivenhaine und gezirkelte Weinfelder machen in erster Linie den landschaftlichen Reiz Apuliens aus. Und eine derart extensiv bewirtschaftete Region hat so ihre selbstgemachten Umweltprobleme.

▶ **Die schönsten Naturlandschaften** der Region sind schnell aufgezählt, denn insgesamt gibt es heute nur noch sehr wenig urwüchsige Vegetation. So beträgt bespielsweise der Anteil von Forstgebieten nur 5 % an der Gesamtfläche der Region.

Allen voran die **Foresta Umbra**, der Hochwald des Gargano-Gebirges, ein letzter Rest des apulischen Urwalds (S. 149). Gewaltige Kiefern, Buchen, Eichen, Ulmen, Linden und Kastanien bevölkern dieses herrliche Naturschutzgebiet, in dem sich eine bunte Vogelschar tummelt. Vergleichbare Forstgebiete gibt es in ganz Apulien nicht mehr. Die in den vergangenen Jahrzehnten betriebene Wiederaufforstung der Küstengebiete mit Pinien und Strandkiefern hat daran nichts geändert.

Le Cesine, ein weiteres Naturschutzgebiet, befindet sich an der nördlichen Salento-Küste (S. 349). Dieses kleine Sumpfseengebiet ist in eine mediterrane Wald- und Macchiavegetation aus Aleppokiefern, Pinien, Steineichen, Eukalyptusbäumen, Mastix, Myrte und Ginster gebettet. Ein mit Macchiasträuchern bewachsener Dünengürtel schützt die flachen, fischreichen Seen vom Meer. Zehntausende von Zugvögeln machen in dieser Naturoase alljährlich einen Zwischenstopp.

Noch drei weitere geschützte Küstengebiete liegen im Salento und der Provinz Brindisi: die **Alimini-Seen** oberhalb von Otranto (S. 352), der kleine Naturpark **Portoselvaggio** nördlich von Gallipoli (S. 383) und das Küstennaturschutzgebiet **Marina di Torre Guaceto** (S. 277) bei Brindisi.

▶ **Der ursprünglichen Tierwelt** ist es nicht anders ergangen als der apulischen Flora. Durch die raumgreifende Landwirtschaft sind die natürlichen Lebensräume der einstigen Wildtiere auf einen unbedeutenden Rest geschrumpft. Doch einige gefiederte Arten konnten sich mit den veränderten Lebensbedingungen anfreunden. Zahlreiche **Singvögel** haben beispielsweise in den Getreidefeldern und Olivenhainen ihr Biotop gefunden. Adler kreisen zwar nicht mehr wie zu Kaiser Friedrichs Zeiten über Apulien, aber mittlerweile sind die Falken wieder in die Hoch-Murgia zurückgekehrt.

▶ **Die Pracht der apulischen Pflanzenwelt** ist im Wesentlichen eine kultivierte Pracht, die sich vor allem im Frühjahr farbenreich entfaltet. Im endlosen Gebiet des Tavoliere, der Kornkammer Italiens, wogen die Getreidefelder. Im fruchtbaren Hinterland von Bari, der Terra di Bari, leuchten die Obst- und Gemüseplantagen. Dichte Felder, Plantagen und Haine überziehen die gesamte Region wie ein Flickenteppich: Weizen, Mais, Reis, Tomaten, Zitrusfrüchte, Pfirsiche, Äpfel, Weinstöcke, Olivenbäume, Tabak, Baumwolle, Mandel- und Kirschbäume – um nur einige der wichtigsten **Kulturpflanzen** zu nennen. Apulien ist eine unerschöpfliche Vorratskammer, eine einzige landwirtschaftliche Nutzfläche, aber auch ein Agrarland mit ungeahnten landschaftlichen Reizen.

Eine Ausnahme bildet streckenweise die **Küstenvegetation**. Wo die Felder nicht bis an den Uferrand heranreichen, wo die Besiedelung Platz gelassen hat und der Straßenbau die "Botanik" nicht gepflügt hat, an diesen schmalen Stellen wuchert noch ein wenig von der ursprünglichen mediterranen Pflanzenwelt – **Macchia** und **Pineta**. Vor allem am Ionischen Meer, auf dem sandigen Boden hinter den langen Stränden, ragen noch hohe Pinienwälder auf. Wo die Küstenregion felsiger und zerklüfteter wird, machen sich die charakteristischen Macchiagewächse breit. Mitunter auf nacktem Fels klammern sich niedrige Steineichen, Aleppokiefern, Erdbeerbäume, Zistrosen, Wolfsmilchgewächse u. v. m. Insbesondere die apulische Tremiti-Insel San Domino ist noch weitgehend von den ursprünglichen Mittelmeerpflanzen bewachsen.

Der apulische Olivenbaum

Dieser markant geformte Baum müsste eigentlich das Wahrzeichen Apuliens sein. Er stellt mit Abstand die wichtigste Kulturpflanze dar und prägt mit seiner unverwechselbaren Erscheinung das Gesicht der Region. Silbergrün schimmert er das ganze Jahr über. Schattige Haine erstrecken sich überall. Und manchmal sieht man ein Prachtexemplar einsam und würdevoll wie ein Monument in der Landschaft stehen. Als sich vor wenigen Jahren die damalige Mitte-Links-Koalition unter Romano Prodi **L'ulivo** auf die Fahnen geschrieben hatte, ist der einstige Götterbaum auch zum politischen Symbol geworden.

Bereits im 8. Jh. v. Chr. wurde er von den griechischen Kolonisatoren Magna Graecias nach Süditalien gebracht und kultiviert. Später avancierte Apulien zum größten Olivenanbaugebiet der Römer. Im Mittelalter waren es vor allem die klösterlichen Mönchsgemeinschaften, die den Ausbau der Olivenplantagen weiterführten. Das apulische Olivenöl, das seit der Römerzeit exportiert wird, erreichte im 14. und 15. Jh. auf dem Seeweg sogar den Norden Europas.

So gut wie jede apulische Masseria besaß im 19. Jh. eine eigene **Frantoio** (Ölmühle), wo die Oliven zwischen schweren Mühlsteinen mechanisch zerquetscht und anschließend gepresst wurden. Heute produziert Apulien – allerdings mit moderner Technik – jährlich über 200 Millionen Liter Öl. Doch die **Erntemethode** ist vielerorts noch die alte geblieben. Mit Kämmen streift man die reifen Oliven mühselig von den Zweigen, nachdem man feinmaschige Auffangnetze über den Boden gespannt hat. Bei der Ernte in großem Stil werden natürlich motorisierte Rüttelmaschinen eingesetzt, die am Tag bis zu 100 Bäume abernten. Ein Baum trägt je nach Größe zwischen 50 und 300 kg Oliven. Zur

Gewinnung eines Liters benötigt man ca. 5 kg der Steinfrüchte. Die Qualität des Olivenöls richtet sich nach dem Fruchtsäuregehalt. Kaltgepresste Spitzenöle mit unter 1 Grad Säure erhalten das Prädikat **Olio extra vergine di oliva**. Im Vergleich mit Olivenölen anderer Provenienz hat das apulische ein intensiveres Aroma.

Doch der knorrige und so robust scheinende Ölbaum hat einen natürlichen Feind, die **Ölfliege**. Um die Ertragsmenge und die Ölqualität halten zu können, müssen die Bäume regelmäßig mit einem Insektenschutzmittel besprüht werden.

Im Vergleich der italienischen Regionen nimmt Apulien mit einem Anteil von ca. 40 % an der nationalen Olivenölproduktion den absoluten **Spitzenplatz** ein. Doch anders als in der Toskana und Ligurien hat das apulische Olivenöl keinen renommierten Handelsnamen, was zur Folge hat, dass es vorwiegend andernorts abgefüllt und vermarktet wird (z. B. in der Toskana), womit der Region Apulien ein Großteil des Gewinns verlorengeht. Neben Olivenöl werden natürlich auch riesige Mengen an **Speiseoliven** geerntet; mit ca. 300.000 Doppelzentnern Jahresernte steht Apulien auch hier an vorderster Stelle.

▶ **Umweltprobleme**: Gerade im Frühjahr, wenn sich der gesamte apulische Nutzpflanzenteppich farbenprächtig entfaltet, könnte der Eindruck einer vorbildlichen bäuerlichen Region entstehen. Doch leidet auch Apulien unter ernsthaften Umweltproblemen. Neben der Luftverschmutzung durch die

großen Industriezentren und konventionellen Kraftwerke gehört die wilde Entsorgung von Industriemüll zu den ökologischen Hauptproblemen der Region. Fast 500.000 Tonnen schädliche und giftige Industrieabfälle werden jährlich produziert. Wegen unzureichend kontrollierter Beseitigung wird ein Großteil davon auf skandalöse Weise im Meer versenkt (man erinnere sich an das Giftschiff "Karen B") oder im Boden vergraben. In den fünf Provinzen existieren ungefähr 200 ungenehmigte Mülldeponien, die das Grundwasser und den Boden gefährden. Hinzu kommt die Tatsache, dass die Abfallbeseitigung in Apulien zu den Tätigkeitsfeldern der hiesigen Mafia gehört. Es wird sogar angenommen, dass die Mafia-Clans die Müllentsorgung aller großen Industrieanlagen

In der Adria schwimmen nicht nur Sardinen

direkt oder indirekt "erledigen", und damit einen immensen ökologischen Schaden anrichten. Gegen die Mafia scheint kein Kraut gewachsen zu sein. Und die relativ kleine italienische Bewegung der grünen Gruppen und Parteien, **Ambientalisti** und **Federazione verdi**, hat noch längst keinen durchschlagenden politischen Einfluss.

Fromme und rauschende Feste

Fast jede Ortschaft feiert alljährlich mehrere Feste, die oftmals einen historischen oder religiösen Ursprung haben. Viele Feierlichkeiten basieren auf Legenden, ihre Wurzeln lassen sich bis weit in heidnische und vorchristliche Zeiten zurückverfolgen. Die Teilnahme an einem dieser Volksfeste gehört zum absoluten Pflichtteil eines Apulien-Urlaubs – wer zufällig hineingerät, sollte das als Einladung betrachten.

Am 15. August, an Mariä Himmelfahrt, wird in ganz Italien **Ferragosto** gefeiert. Dieses Hauptfest der Marienverehrung ist außerdem das größte Familienereignis in Italien und der Höhepunkt der Urlaubssaison. Daran denken, dass an diesem Tag alles geschlossen hat! Während in den religiösen Zentren ehrfürchtige Prozessionen stattfinden, werden überall sonst vielbesuchte Straßenfeste mit Musik, Tanz, Feuerwerk etc. veranstaltet, denen sich kein Besucher entziehen kann. Das ausgelassenste apulische Ferragosto-Fest, die **Melonata ferragostale**, ein kollektives Wassermelonenessen, ereignet sich auf den Plätzen und Straßen von Brindisi.

Insgesamt bilden die **Feste mit einem religiösen Hintergrund** den Hauptanteil. Um die Weihnachtszeit, zu Ostern sowie an Pfingsten und Fronleichnam ballen sich natürlich die großen Kirchenfeste. Ihr Ablauf ist jedoch keineswegs nur streng religiös, sondern oftmals mit viel Lokalkolorit verwoben. Sehr viel ernster sind natürlich die unzähligen Karfreitags- und Fronleichnamsprozessionen, bei denen meist kostbare Gewänder und wertvolle Sakralgegenstände zu sehen sind, die ansonsten unter Verschluss gehalten werden.

Ein großes Ereignis ist immer das **Fest der Schutzheiligen** einer Gemeinde. Die obligatorischen Prozessionen auf diesen Patronatsfesten gipfeln vielerorts in kulinarischen Volksfesten, bei denen man sich an selbstgemachten lokalen Spezialitäten labt und wo der Wein nach guter alter Römermanier in Strömen fließt. In farbenfrohen Trachten gekleidet nimmt nicht selten die gesamte Dorfgemeinschaft teil und schwingt das Tanzbein.

Die **weltlichen Feste** konzentrieren sich vorwiegend auf die Sommer- und Erntezeit. Die Anlässe sind sehr unterschiedlich, oftmals gehen sie auf Ortsgründungslegenden zurück oder auf denkwürdige Ereignisse, bei denen beispielsweise eine drohende Katastrophe abgewendet werden konnte. Erinnerungen an lokale Größen sind ebenfalls beliebte Gründe zum Feiern. Außerdem gibt es zahlreiche, weitaus weniger tiefgründige Anlässe für ein Dorffest in Apulien. Da genügt oft schon die Eröffnung bzw. das Ende einer Ernte- oder Jagdsaison, um eine **Sagra (Kirmes)**, zu feiern, wobei natürlich die Gaumenfreuden im Mittelpunkt stehen. Vor allem die zahlreichen apulischen Weinfeste erfreuen sich großer Beliebtheit.

Apulien –Allgemeines

Schmuck fürs Volksfest

Abgesehen von den religiösen und folkloristischen Feierlichkeiten gibt es etliche Musik-, Tanz-, Theater- und Sportveranstaltungen, die sowohl in kleineren Urlaubsorten als auch in den Provinzhauptstädten zum regelmäßigen Unterhaltungsprogramm gehören. Die traditionellen **Kulturveranstaltungen** finden oftmals in einem sehr eleganten Rahmen statt und werden nicht selten in historischen Gemäuern abgehalten. Auf einige Veranstaltungen wird in den Ortskapiteln hingewiesen; ansonsten immer in den lokalen Informationsbüros nach dem aktuellen Fest- und Veranstaltungskalender fragen.

Hauptfeste im Überblick

Hier nur die wichtigsten Kirchen- und Volksfeste im Überblick (mehr dazu in den Ortskapiteln). Da die meisten Feste an Wochenenden stattfinden oder sich nach dem Kirchenjahr richten und deshalb immer auf ein anderes Datum fallen, sollte man sich wegen der genauen Termine noch einmal vor Ort erkundigen:

Februar **Carnevale** (Faschingszeit). **Manfredonia – Carnevale Dauno**, Karneval mit Umzügen und folkloristischen Gruppen (Ende Februar).
Außerdem temperamentvolle Faschingsfeste in Foggia, Lecce, Gallipoli und Massafra.

März **Foggia – Madonna dei Sette Veli**, großes Schutzheiligenfest zu Ehren der Schleiermadonna, Prozession und Feuerwerk (3. So im März).

April **San Marco in Lamis – Processione delle Fracchie**, Leidensprozession. Am Karfreitag werden lange Holzbündel auf Eisenräder montiert und angezündet. Die Feuerbündel werden zusammen mit der Madonnenstatue durch die Straßen gezogen. **Tarent – Pellegrinaggio dei Perdoni**, nächtliche Gründonnerstagsprozession und am darauffolgenden Tag die **Processione dei Misteri**, die bekannteste Karfreitagsprozession Apuliens.

Mai **Monte Sant'Angelo – Michaelswallfahrt**, am 8. Mai wird die Erscheinung des Erzengels auf dem Gargano gefeiert. Zur gleichen Zeit finden auch in **Gravina di Puglia** Feierlichkeiten zu Ehren des Erzengels statt.

Bari – Sagra di San Nicola, großes Fest (7.–10. Mai) zu Ehren des Schutzheiligen am Lungomare. Die Holzstatue des Hl. Nikolaus wird feierlich aus der Basilika geholt und hinaus auf das Meer gefahren, wo sie am Abend von zahlreichen kleinen Booten begrüßt wird – in Erinnerung an die Rückführung der entführten Gebeine des Heiligen im Jahr 1087.

Polignano – Festa dell'aquilone, am 3. So im Mai schmücken Hunderte von bunten Drachen den Himmel über Polignano.

Juni **Brindisi – Processione del Cavallo Parato**, Volksfest, dessen Ursprung ins Mittelalter zurückreicht. Der Erzbischof besteigt ein reich geschmücktes Pferd und reitet mit der Monstranz in Händen durch die Straßen der Stadt (Fronleichnam).

Galatina – Patronatsfest Santissimi Pietro e Paolo, mit Taranteltanz! (Ende Juni).

Juli **Gallipoli – Fest zu Ehren der Schutzpatronin Santa Cristina**, Wettrennen um die Altstadt-Insel mit Ruderbooten des Typs *Gozzo* (kleine Barke); im alten Hafen wird außerdem eine Art Maibaum geschmückt (Ende Juli).

Polignano – L'Estate polignanese, Sommerfest, den ganzen Juli über kulinarische und musikalische Höhepunkte.

Barletta – Disfida di Barletta, Kostümfest mit Reitturnier (Mitte Sept.).

August **Alberobello – Città dei Trulli**, Volksfest mit überregionalen Folkloregruppen (3. Augustwochenende).

Brindisi – Melonata ferragostale, das Wassermelonen-Ereignis! Kollektives Melonenessen überall in der Stadt (15. Aug.).

Lecce – Kirchenfest zu Ehren der Schutzheiligen San Oronzo, San Giusto und San Fortunato, die drei Heiligenstatuen werden durch die Altstadt getragen, Prozession mit Reitern in historischen Kostümen (Ende Aug.).

Lucera – Sarazenen-Gedenktag, ein folkloristisch-historischer Umzug in Erinnerung an die Vertreibung der Sarazenen, viel Musik und mittelalterliche Gewänder. Im Anschluss an den Umzug beginnt das **Torneo delle chiavi**, bei dem sich die Vertreter der fünf Stadtteile im Armbrustschießen, Tauziehen, Klettern und anderen Wettbewerben messen (14. Aug.).

Oria – Corteo storico di Federico II e Torneo dei rioni, eine der bedeutendsten mittelalterlichen Gedenkfeiern in Italien; es treten rund 500 kostümierte Darsteller auf (2. Wochenende im Aug.).

Ostuni – Cavalcata di San Oronzo, städtisches Hauptfest; Reiterprozession mit viel Folklore zu Ehren des Schutzheiligen (Ende August).

September **Alberobello – Patronatsfest zu Ehren der Schutzheiligen Kosmas und Damian**, mit Jahrmarkt, Prozession, Volksmusik und Feuerwerk vor der Kirche (Ende Sept.).

Monte Sant'Angelo – Michaelswallfahrt, am 29. Sept. feiert der Wallfahrtsort das Fest der Engelserscheinung, den Besuchern wird gerösstetes Brot und Wein angeboten. Erzengel-Feierlichkeiten auch in **Gravina di Puglia**.

Manfredonia – Processione a mare, eindrucksvolle Bootsparade zu Ehren des Hl. Andreas (Anfang Sept.).

Das apulische Kunsthandwerk lebt!

Eine seit so langer Zeit besiedelte Region hat natürlich auch einen Teil ihrer kunsthandwerklichen Vergangenheit bewahrt. Zu den heute noch gefertigten Gebrauchs- und Kunstgegenständen gehören vor allem rustikale Töpferwaren und dekorative Keramiken sowie Devotionalien aus Holz und Pappmaché.

In den Zentren des apulischen Kunsthandwerks gibt es sowohl urtümliche als auch moderne Werkstätten, in denen die überlieferten Kunstfertigkeiten noch gepflegt werden. Die alteingesessenen Handwerksbetriebe erledigen wie in alten Zeiten noch hochwertige Auftragsarbeiten für Privatkunden, während die modernen Werkstätten selbstbewusst auf kaufwillige Urlauber

Apulien –Allgemeines

Keramikstadt Grottaglie

spekulieren. Nur in den touristischen Hauptorten verkommt das traditionelle Kunstprodukt bisweilen zur Massenware. Wo das seriöse Kunsthandwerk einen überregionalen Ruf besitzt, finden alljährlich Handwerksmessen statt, so z. B. in Grottaglie, einem Zentrum der rustikalen Töpferkunst. Die größte **Messe des apulischen Kunsthandwerks** überhaupt ereignet sich jedes Jahr im Oktober in Foggia.

Kunsthandwerkszentren im Überblick

Alberobello: Teppiche, Stoffe und Korbflechterei.
Bari: Glas und Kunstkeramik.
Canosa: Puppen.
Foggia: filigrane Schmiedekunst.
Grottaglie: Keramik und Terrakotta.
Lecce: Pappmachéfiguren.

Lucera: Keramik und Terrakotta.
Maglie: Spitzen und Stickereien.
Mansfredonia: Möbel und Keramik.
Martina Franca: Schmiedekunst.
Monte Sant'Angelo: Holzbearbeitung.
Ostuni: Schmiedekunst und Möbel.

In den Werkstätten der Provinzhauptstadt Foggia ist noch die Schmiedekunst zu bewundern, gefertigt werden v. a. Balkongitter. Im touristischen Gargano-Wallfahrtsort Monte Sant'Angelo und an der gesamten Gargano-Küste werden künstlerisch allerdings eher zweifelhafte Heiligenstatuen sowie kleinere Gebrauchsgegenstände aus Hartholz gefertigt, die bei den sommerlichen Pilger- und Urlauberscharen einen reißenden Absatz finden. Handgewebte Teppiche und Stoffe gehören zum Warenangebot der Souvenirläden des vielbesuchten Trulli-Städtchens Alberobello. Die Salento-Metropole Lecce hat sich mit ihren kunstvoll gearbeiteten Pappmachéfiguren einen Namen gemacht; hier kommen Souvenirjäger, die das Besondere schätzen, auf ihre Kosten. Die salentinische Kleinstadt Maglie wiederum trägt den Spitznamen "Textil-Burano" wegen ihrer edlen Stickereien und Spitzen. Die handgefertigte rustikale Kunstkeramik, die u. a. in Grottaglie angeboten wird, imitiert zumeist antike Formen und erinnert somit an die glorreiche Zeit Magna Graecias. Die formschönen Teller, Krüge und Amphoren sind beliebte Mitbringsel.

Frühchristlicher Bilderstreit – systematische Freskenzerstörung

Das "griechische" Apulien

Der Süden Apuliens hat bis heute einen Teil seiner griechischen Identität bewahrt. Besonders im Salento, der einstigen Graecia salentina, und im Hinterland von Tarent, dem antiken Kolonialgebiet, spürt die heutige Bevölkerung diese Wurzeln noch ganz deutlich. Nicht selten hört man die Südapulier über sich selbst sagen: "Wir fühlen uns eigentlich mehr als Griechen", und sie meinen damit natürlich nicht das heutige Griechenland, sondern ihren hellenischen Stammbaum.

Abgesehen von den wenigen slawischen, albanischen und sarazenischen Sprachrudimenten gibt es im heutigen Apulien noch einige griechischsprachige Minderheiten – der lebendige Überrest einer jahrhundertelangen apulisch-griechischen Koexistenz. Ihre Geschichte lässt sich ohne Unterbrechung bis in die Zeit der antiken Magna Graecia zurückführen ("Geschichte", S. 33). Die im Italienischen Paesi greci genannten griechischen Städte Apuliens waren immer fest mit ihrer lateinisch-italischen Umgebung verbunden, nie waren sie kulturelle Fremdkörper. Das friedliche Zusammenleben wird besonders deutlich durch die sprachliche Übereinstimmung, die sich im Lauf der Zeit daraus ergeben hat. Das Griko, die Sprache der apulischen Griechen, bestand sowohl aus griechischen als auch aus lateinischen Elementen.

Die Griechen siedelten vor allem im salentinischen Gebiet des Städtedreiecks Gallipoli, Nardò, Otranto (alles griechische Namen). Noch um 1500 bestand die dortige Griechengemeinschaft aus 24 Gemeinden; bis zum Ende des 18. Jh. schrumpfte sie auf 15 Gemeinden zusammen. Heute gibt es nur noch acht Ortschaften der alten Graecia salentina, in denen das Griko teilweise im heutigen Dialekt existent ist: Sternatia, Martignano, Calimera, Corigliano, Zollino, Martano, Castrignano und Soleto.

Am Beginn der Christianisierung Süditaliens (2. Jh.) wurde Griechisch die Sprache der Kirche und gewann an Bedeutung. Seit dem 5./6. Jh. kamen Griechen aus dem östlichen Mittelmeerraum, vom Balkan, aus dem Vorderen Orient und Nordafrika nach Unteritalien. Später waren es vor allem griechische Basilianermönche, die sich auf der Flucht vor den ikonoklastischen Gesetzen der byzantinischen Kaiser befanden (8. Jh.). Der so genannte Bilderstreit verbot ihnen die Ikonenmalerei, mithin die wirtschaftliche und religiöse Basis dieses Ordens. Auch Apulien erlebte eine Invasion von vertriebenen griechischen Mönchen, die sich in den Schluchten der Murgia versteckten und dort ihre Höhlensiedlungen gründeten und ihre Andachtsstätten errichteten. Die zahlreichen Höhlen- und Grottenkirchen aus dieser Zeit gehören zu den faszinierendsten Sehenswürdigkeiten des Hinterlandes von Tarent und der Hoch-Murgia. Über 500 dieser frühchristlichen Felsenkirchen befinden sich noch in einem relativ guten Erhaltungszustand. Die größten von ihnen besitzen sogar einen fünfschiffigen Grundriss. Die Sakralräume sind zum Teil mit gut erhaltenen, farbenprächtigen Fresken verziert, die zum Bilderkreis des byzantinischen Ritus gehören.

Längst ist das religiöse Mönchsleben in diesen Höhlensiedlungen erloschen, aber nicht selten haben sie zur Gründung von Schluchtenstädten geführt, die unmittelbar darüber entstanden sind. Zu den wichtigsten und sehenswertesten Schluchtenstädten gehören Massafra, Gravina, Grottaglie und vor allem Matera in der Nachbarregion Basilikata.

Majestätisches Castel del Monte, steinerne Krone einer Fremdherrschaft

Geschichte

Vorgeschichte

Auf ihrer Suche nach bewohnbaren Höhlen und Grotten in Meeresnähe verschlug es bereits einige **Steinzeitmenschen** in die Küstenregionen des heutigen Apulien. Spuren dieser mit primitiven Steinwerkzeugen bewaffneten Jäger und Sammler sind besonders im Gargano und im Salento entdeckt worden. Der Meeresspiegel lag damals etwa 100 m unter dem heutigen Niveau. Die Küstengrotten und ufernahen Karsthöhlen haben die Jahrtausende umspannende Besiedlungsgeschichte zwischen der Altsteinzeit und der Jungsteinzeit bis heute konserviert. **Ritzzeichnungen** an den Felswänden der Wohnhöhlen sind die ältesten künstlerischen Relikte aus dieser grauen Vorzeit.

Spektakulär war der Fund eines über 200.000 Jahre alten Menschenskeletts, als Altertumsforscher 1993 die Grotte von Lamalunga (bei Altamura) erkundeten und dabei auf den **Mann von Altamura** stießen, der in die Evolutionsphase zwischen dem Homo erectus und dem Neandertaler eingeordnet wird.

Die **neolithische Revolution** etwa im fünften Jahrtausend vor unserer Zeitrechnung ist durch archäologische Funde auf apulischem Boden ebenfalls belegt. Es handelt sich dabei um jene Phase, in der die allerletzten Steinzeitmenschen durch Ackerbau, Tierhaltung, Töpferei, Verwendung feinerer

Werkzeuge etc. eine neue Entwicklungsstufe betraten und zunehmend sesshaft wurden.

Lebhaft wurde es am Hacken des italienischen Stiefels jedoch erst, als sich hier die Wege der Adria-Anrainer kreuzten. Über Land und Wasser nahmen die damaligen Völker des adriatischen Mittelmeerraums untereinander Kontakt auf. Das heutige Apulien erwies sich bald als geografischer Schnittpunkt dieses frühen **Kulturaustausches**, den man auf das zweite vorchristliche Jahrtausend datiert.

Sehenswertes aus vorgeschichtlicher Zeit

- die prähistorische Abteilung des **Museo Nazionale Archeologico** von Tarent (S. 300).
- das neue **Museo civico** in Rignano Garganico (S. 141) mit steinzeitlichen Funden aus den Küstengrotten und Karsthöhlen des Gargano-Gebiets, z. B. der **Grotta Paglicci** (S. 141).
- die Megalithgräber **Dolmen di Chianca** (Bisceglie, S. 221) und **Dolmen di Scusi** (Minervino di Lecce, S. 360).
- das archäologische **Museo Statale** in Altamura (S. 252).
- das Museo civico di Paleontologia e Paletnologia in Maglie (S. 394).

Die Ur-Apulier

Die **frühgeschichtliche Entwicklung** wurde wesentlich durch die Expansion von Balkanstämmen in Apulien bestimmt. In mehreren Einwanderungswellen von 2000 bis 1000 v. Chr. erfolgte die Landnahme. Die Nähe Apuliens, quasi in Sichtweite vor der eigenen Haustür, betrachteten die Eroberer vom Balkan – im Altertum **Illyrien** genannt – geradezu als Einladung. An der Meerenge von Otranto brauchten sie nur ca. 50 km Adriagewässer zu überwinden, um das italienische Festland betreten zu können. Schon zu jener Zeit stellte das Mittelmeer für größere Menschenbewegungen kein wirkliches Hindernis mehr dar.

Bald verschmolzen die illyrischen Ankömmlinge mit den Einheimischen, und es vollzog sich die **ethnische Dreiteilung**, die fortan kennzeichnend bleiben sollte: Daunier, Peuketier und Messapier hießen die drei Volksstämme des damaligen

Messapisches Kammergrab

Apulien (s. u.). Die Daunier siedelten in der heutigen Provinz Foggia, die Peuketier im Großraum Bari und die Messapier im salentinischen Hinterland. Ausgrabungsfunde (vor allem kunstfertige Keramik), die in den jeweiligen Siedlungsräumen dieser ersten namentlich bekannten Völker Apuliens gemacht wurden, weisen tatsächlich deutlich erkennbare Unterschiede auf und unterstützen die Annahme, dass es sich um eigenständige und gefestigte Stammeskulturen gehandelt haben muss. Apulien war also in der Frühgeschichte nicht nur einfach bewohnt, sondern besaß trotz der andauernden Wanderbewegungen im Mittelmeerraum bodenständige und wehrhafte Bewohner.

Daunier: Zur Hinterlassenschaft der Daunier gehören neben künstlerisch dekorierten Keramikgefäßen die daunischen **Stelen**, die hauptsächlich im Gebiet des Tavoliere di Foggia gefunden wurden. Diese Grabsteine mit der figürlichen Darstellung von Alltagsszenen sind die interessantesten Zeugen daunischer Existenz. Aufgrund der räumlichen Konzentration der Stelenfunde lässt sich das ehemalige Siedlungsgebiet der Daunier ziemlich exakt bestimmen; man könnte heute von der Provinz Foggia auch als der daunischen Provinz sprechen.

Peuketier: Die Peuketier waren die südöstlichen Nachbarn der Daunier und bewohnten den heutigen Großraum Bari, die Terra di Bari. Die **peuketische Akropolis** Monte Sannace, die man in der Nähe von Gioia del Colle entdeckt hat, bestätigt nicht nur die Präsenz, sondern auch die hohe kulturelle Entwicklungsstufe des peuketischen Volksstamms.

Messapier: Die dritten im lockeren frühapulischen Bunde, die Messapier, bevölkerten die karstige salentinische Murgia. Sie waren, ebenso wie ihre nördlichen Nachbarn, keineswegs primitive Zeitgenossen. Erst in den späten 70er Jahren des 20. Jh. wurde südlich von Lecce eine messapische Siedlung entdeckt, die neben einer massiven Befestigungsanlage bereits **architektonische Feinheiten** wie Gehsteig und Dachziegel erkennen ließ.

Sehenswertes aus der apulischen Frühgeschichte

- **die großen archäologischen Museen** von Foggia (S. 122), Bari (S. 205), Brindisi (S. 275), Lecce (S. 342) und Tarent (S. 300) mit ihren Abteilungen zur daunisch-peuketisch-messapischen Kultur.

- daunisch-römische Siedlung **Herdonia** (Ausgrabungsgelände von Ordona, S. 137).

- **Manfredonia**, das hiesige **Museo Nazionale** beherbergt u. a. daunische Stelen (S. 173).

- **Monte Sannace**, größte bisher frei gelegte peuketische Stadt (S. 254). Die Fundstücke werden im Museum von **Gioia del Colle** präsentiert (S. 253).

- **Egnazia**, frühapulische Küstenstadt mit messapischen Mauern und Kammergräbern (S. 228). Fundstücke im angeschlossenen Museum.

- messapische Siedlung bei **Cavallino**, erst 1978 entdeckt, ein kleiner Teil der Ausgrabungen ist bereits zu besichtigen. Fundstücke im Archäologischen Museum von **Lecce** (S. 342).

- der archäologische Park von **Manduria**, messapische Stadtmauer und Nekropole mit Kammergräbern (Manduria, S. 325).

Doch diese friedlich nebeneinander lebenden Urvölker Apuliens bekamen im Lauf der Zeit noch Besuch, der ihre kulturelle Eigenständigkeit vollständig auslöschen sollte. Erst die modernen Altertumswissenschaften bekunden wieder Interesse an den Scherben und Relikten der Daunier, Peuketier und Messapier.

Griechen, Römer, Byzantiner . . .

Die erste große Kolonisierung Unteritaliens vollzog sich gegen Ende des 8. Jh. v. Chr. **Sparta** sandte um 700 v. Chr. seine Kolonisatoren aus, die am schönsten ionischen Küstenabschnitt Tarent gründeten und zu einer mächtigen Handwerks-, Handels- und Hafenstadt ausbauten. Die Spartaner befestigten ihre äußerst günstig gelegene Domäne, wurden aber in der weiteren Landnahme durch die starke peuketische und messapische Präsenz behindert.

Der **Stadtstaat Tarent**, eine Perle der griechischen Hochkultur auf apulischem Boden, erreichte im vierten vorchristlichen Jahrhundert seinen kulturellen, wirtschaftlichen und politischen Höhepunkt. Der kulturelle Einfluss der griechischen Enklave führte schließlich ganz ohne militärische Eroberung zur Hellenisierung weiter Teile Apuliens.

Als **Magna Graecia** an die Grenzen Roms stieß, war ein Konflikt mit der nach Weltmacht strebenden Republik unvermeidbar. Lange Zeit konnten die schlagkräftige Flotte und das starke Heer der reichen Griechenmetropole Tarent den anrückenden Römern standhalten. Erst als das griechische Mutterland seinem apulischen Vorposten die militärische Unterstützung nicht mehr garantieren konnte, war der endgültige Sieg

Römischer Lockenkopf

Roms (272 v. Chr.) nicht mehr aufzuhalten. Jedoch gelang es Tarent trotz der römischen Statthalter, seine kulturelle Eigenständigkeit zu bewahren.

Die Römer sind da! Nicht nur Tarent hatte das zu spüren bekommen, ganz Apulien war bereits enthellenisiert und damit römisch geworden. Die römische Heeresstraße, die berühmte **Via Appia**, führte mittlerweile nach Brundisium (Brindisi). Die daunischen, peuketischen und messapischen Ur-Apulier wurden die neuen Bundesgenossen Roms und tauschten ihre alte Tradition eilfertig gegen eine neue lateinische Identität ein. Die Römer bauten zwei wesentliche Eckpfeiler an der damaligen Südgrenze ihrer Republik aus, den Hafen von Brindisi, der als Brückenkopf in den Orient diente, und den fruchtbaren Tavoliere di Foggia als unentbehrliche Kornkammer für das **Imperium Romanum**.

Obwohl die Römer letztlich ganz Süditalien unterworfen haben, sollte ihnen der Eroberungskrieg in Apulien lange Zeit in schmerzhafter Erinnerung bleiben, denn sie mussten eine bittere Niederlage hinnehmen, und zwar gegen einen der legendärsten Feldherren der Antike. Während des 2. Punischen Kriegs gelang dem Karthager **Hannibal** bei **Cannae** (216 v. Chr.) ein demoralisierender Schlag gegen das als unbesiegbar geltende römische Heer.

Mehr zu Hannibal und dem angeblichen Schlachtfeld in den Abschnitten zu Cannae (S. 236) und Castelluccio Valmaggiore (S. 133).

Römischer Mosaikfußboden in Egnazia: die drei Grazien

Mit Beginn der **Kaiserzeit** unter **Augustus** erstrahlten auch die apulischen Städte im Glanz des neuen Zeitalters. Im Zuge der kaiserlichen Städteförderung erhielten um die Jahrtausendwende u. a. Lucera und Lecce ihre Amphitheater, das städteverbindende Straßennetz wurde verbessert, und mit der **Via Traiana** führte schließlich eine zweite Heeresstraße von Norden nach Apulien.

Im Zuge der Christianisierung kam auch der Erzengel Michael nach Apulien und schlug sein Domizil auf dem Gargano auf, wo er 1.000 Jahre verweilen sollte – und heute noch als Legende weiterlebt. Näheres zum Schutzengel und seinem Götterberg im Kapitel über den Gargano (S. 138 ff.) und Monte Sant'Angelo (S. 144).

Mit dem **Untergang des Weströmischen Reichs** schwappte das **Byzantinische Reich** verstärkt an die adriatische Küste. Apulien wurde für Jahrhunderte der Austragungsort des christlichen Konkurrenzkampfes zwischen West- und Ost-Rom. In dieser Zeit war die apulische Pufferzone aber nicht nur Kriegsschauplatz, sondern erlebte auch eine neue Blütezeit.

Geschichte

Sehenswertes aus der Epoche der Magna Graecia und der Zeit des Römischen Reichs

- **Museo Nazionale Archeologico** von Tarent, mit umfangreicher Abteilung zur griechisch-römischen Antike (S. 300).
- **Amphitheater** aus Augusteischer Zeit (Lucera, S. 129).
- **Herdonia**, eine **römische Stadt** aus der Kaiserzeit, mit Forum, Tempeln, Amphitheater, Stadtmauer, Toren, gepflasterten Wegen und Straßen (Ausgrabungsgelände von Ordona, S. 137).
- **Ausgrabungsgelände San Leucio** mit griechisch-römischen Säulen, Skulpturen und Mosaiken; alte **Via-Appia-Brücke** über den Ofanto (Canosa, S. 233).
- **Bronzekoloss** aus Konstantinopel (Barletta, S. 214).
- Ausgrabung einer römischen Küstenstadt mit Pflastersteinpiste der Heeresstraße Via Traiana (Egnazia, S. 228).
- griechischer Neptun-Tempel (Tarent, S. 299).
- Endsäule der Heeresstraße Via Appia (Brindisi, S. 274).
- römisches Amphitheater und die zweite Endsäule der Via Appia (Lecce, S. 337 f.).
- **griechischer Brunnen** (Gallipoli, S. 376); **dorischer Tempel Tavole Palatine** (Metaponthion/Basilikata, S. 322).

Im Zuge der so genannten **Völkerwanderung** kam es zwischen 535 und 553 zum gewaltsamen Aufeinandertreffen von Byzanz und den in Nord- und Mittelitalien siedelnden **Ostgoten**. Zum Glück für das geschundene Land ging das Oströmische Reich dank seiner legendären Feldherren Belisar und Narses schließlich als Sieger und Herr über Apulien hervor. Aber der Frieden war nicht von langer Dauer. Ab 570 unternahmen die **Langobarden** immer wieder kriegerische Vorstöße. Konstantinopel behielt letztlich jedoch die Oberhand und festigte seinen Einfluss in Apulien durch die Bestimmung Baris zum Regierungssitz des **Katapans** (byzant. Gouverneur). Von seiner Residenz, einem stattlichen Katapanpalast, ist heute allerdings nichts mehr zu sehen.

Der apulische Unwille gegen die Besatzungsmacht aus dem östlichen Konstantinopel richtete sich vor allem gegen dessen Unfähigkeit, für innere Ordnung und sichere Grenzen zu sorgen. Es kam zu **Aufständen** der apulischen Städte, die im Norden nach Verbündeten suchten und diese auch fanden. Das päpstliche Rom, langobardische Kleinfürsten, apulische Widerstandskämpfer und normannische Söldner bildeten, zeitweise unter der Führung des apulischen Volkshelden **Melo**, eine Allianz, die das Spannungsfeld so lange erschütterte, bis die Kräfte des Byzantinischen Reichs kurz nach der Jahrtausendwende völlig aufgezehrt waren und Bari als seine letzte Bastion 1071 in die Hände der Normannen fiel.

Normannen und Staufer –
Robert Guiscard und Friedrich II.

Anfang des 11. Jh. nutzten die von den apulischen Städten zahlreich ange-
heuerten **normannischen Söldner** die Gunst der Stunde und wurden die
neuen Herren Apuliens. Ein charismatischer Ritter aus der Normandie, **Robert Guiscard**, scharte tatendurstige Landsleute um sich und machte seine
Ansprüche auf das süditalienische Territorium raubend und mordend deutlich. Die verunsicherten apulischen Städte drängten das päpstliche Rom unter Leo IX. zur Tat. Rom versicherte sich der Unterstützung des besiegten
Byzanz und zog in den Kampf. Der geniale Feldherr Robert Guiscard eilte
den päpstlichen Truppen entgegen, und noch bevor sie sich mit den byzantinischen Kriegern vereinigen konnten, waren sie bereits geschlagen. Papst
Leo hatte nicht nur die schmachvolle Niederlage auf dem Schlachtfeld zu
ertragen, sondern auch die anschließende Gefangenschaft, die sich als tak-
tisch kluges Manöver des Schlaukopfes Guiscard erwies. Der gefangene
Papst verzieh – gezwungenermaßen – seinem politischen Gegner und be-
stätigte diesem darüber hinaus feierlich und offiziell den Landgewinn. Zusätzlich hieß Leo ihn auch noch als neuen Verbündeten Roms willkommen.
Die normannische Gefolgschaft verlieh ihrem Helden aus Dankbarkeit den
Titel **Graf von Apulien**. Robert Guiscard – längst keine unbekannte Größe
mehr – blieb aber weiter auf dem Vormarsch und war auf Welteroberung
aus. 1059 wurde er vom neuen Reform-Papst zum **Herzog von Apulien und
Kalabrien** erhoben, denn Rom suchte einen starken Beschützer gegen das
deutsch-römische Kaisertum. Robert Guiscard zog nicht nur erfolgreich
gegen die byzantinische Enklave Bari, sondern legte sich anschließend am
Bosporus direkt mit Konstantinopel an. **Terror mundi**, Schrecken der Welt,
war nur einer der Beinamen, mit denen Guiscard in die Geschichte einging.
Abgesehen von seinen politisch-militärischen Erfolgen erwies er sich auch
als geschickter Ökonom: Seine Landwirtschaftsreform basierte auf der **Einführung eines Feudalsystems**, das eine reiche apulische Feudalherrenkaste
hervorbrachte. Robert Guiscard verstand es vor allem bis zu seinem Tod
1085, das vorteilhafte Bündnis mit dem Papsttum aufrecht zu erhalten.
Seine Nachfahren hatten weniger Format, standen aber immer in der Gunst
der Kirche und konnten ihre Macht – mangels starkem Gegner – halten.
Apulien erlebte eine friedliche Zeit, die begleitet war von einer regen Bautätigkeit, sowohl in der Sakral- als auch in der Profanarchitektur. Die Normannen führten zwar keine eigenen architektonischen Formen ein, förderten aber das **Vordringen der römisch-lateinischen Kirche** und ließen dem
Benediktinerorden, dem treuesten Verbündeten Roms, bei der Durchsetzung der neuen **romanischen Architektur** weitgehend freie Hand.
Bereits unter den Normannen wurden Unteritalien (inkl. Neapel) und Sizilien vereinigt: Es entstand das **Königreich Sizilien**, das 1139 von Papst Inno-
zenz II. anerkannt wurde.

Das Fortsetzungskapitel des sizilianisch-apulischen Königreichs schrieben
die **Staufer** mit Friedrich, der 1198 als 3-Jähriger zunächst zum König von

Sizilien gekrönt wurde. 1220 wurde er als **Friedrich II.** Kaiser des römisch-deutschen Reichs. Als weltliches Oberhaupt der Christenheit fühlte er sich zeitlebens verpflichtet, die Einheit des **Heiligen Römischen Reichs** herzustellen und zu sichern. Die obersten Kirchenvertreter lagen mit dem Deutsch-Italiener ständig im Streit, warfen ihm gar Unfrömmigkeit vor und tadelten seine politisch-diplomatischen Manöver. Unter Friedrich II. wurden zwar entschieden mehr Burgen als Gotteshäuser gebaut, aber sein eindeutiges Treuebekenntnis zum **Zisterzienserorden** sprach ihn vom Vorwurf der Unfrömmigkeit frei. Obwohl Friedrich die Päpste heftig beleidigte und ihre Habgier anklagte, darf seine Haltung gegenüber der Kirche nicht als Feindseligkeit gedeutet werden. Kaiserreich und Papsttum einigte das Glaubensbekenntnis. Im Kampf um die weltliche Macht musste Friedrich den landhungrigen Päpsten jedoch ständig das kaiserliche Schwert entgegenhalten: Kaiser und Papst beteten zwar zum gleichen Gott, aber nach dem Kirchgang stritten sie unbarmherzig um Land und Besitz. Der

Friedrich II. in vollem Ornat

Kaiser, der bevorzugt von Süditalien aus regierte, brachte damit auch den imperialistischen Kaiser-Kirche-Konflikt verstärkt mit nach Apulien.

Friedrich II. organisierte sein von der Mutter geerbtes süditalienisches Reich nach den Grundsätzen von Frieden und Gerechtigkeit. Er war der Wegbereiter einer Gesetzesreform, die den Untertanen erstmals einen Rechtsanspruch garantierte. Friedrich, der auch militärisch recht aktiv war, organisierte das Sozial- und Wirtschaftsleben Süditaliens im Sinne seiner gesetzgeberischen Prinzipien: Anstatt lediglich Steuern zu erheben, nahm er die Belange von Wirtschaft und Handel selbst in die Hand und füllte somit die Kassen für Kriege, Kreuzzüge und die notwendigen Bauaktivitäten.

Als Bauherr hinterließ Friedrich seiner Lieblingsprovinz Apulien unzählige Burgen, Jagdschlösser und Kastelle – den Kirchenbau allerdings überließ er dem Klerus.

Ein Großteil der flächendeckenden Bautätigkeit des Stauferkaisers bestand in der Erneuerung und Verbesserung bereits bestehender, vorwiegend normannischer Wehranlagen. Der Bau und Ausbau der Kastelle folgte einem strategischen Konzept, das auf Präsenz, Mobilität und Flächenverteidigung angelegt war. Die Festungen, oft in den Ebenen entlang der alten Römerstraßen errichtet, waren nicht uneinnehmbar, aber wer diese Burgen angriff, wusste, dass er das Kaiserreich angriff und mit Vergeltung zu rechnen hatte.

Kunstgeschichte – Il Romanico pugliese

Die Romanik des 11. und 12. Jh. war die erste eigenständige und länderübergreifende **Baukunst des abendländischen Christentums**. Den Urtyp der romanischen Sakralarchitektur verkörpert die romanische Basilika, ein gedrungener Kirchenbau mit schwerem Mauerwerk und schlankem Glockenturm. In den meisten Ländern und Regionen haben

Makellose Romanik in Ruvo di Puglia

einheimische Architekten diese Grundform durch regionale Varianten erst zur vollständigen Reife gebracht. So auch in Apulien, wo sich u. a. die typischen frühchristlichen und byzantinischen Einflüsse mit den romanischen Grundformen verbanden. Il Romanico pugliese ist **die wichtigste Epoche der apulischen Kunstgeschichte** – die Zeit der großartigen Kathedralen.

Kaum hatten die Normannen im 11. Jh. das byzantinische Bari und den Süden Apuliens erobert, setzte eine fieberhafte Bautätigkeit ein. Da die lateinisch-römische Kirche unter den Normannen wieder zur dominierenden Konfession geworden war, wollte sie ihrer Bedeutung durch repräsentative Kirchenbauten Ausdruck verleihen. Dabei betrieb vor allem der Benediktinerorden die Durchsetzung der neuen romanischen Architektur. Die apulischen Kathedralen, die es neu zu errichten galt, wurden zumeist an der Stelle frühchristlicher und byzantinischer Vorgängerbauten errichtet, die man mehr oder weniger erkennbar in den Neubau mit einbezog.

Die **Kathedrale San Nicola in Bari**, die auf dem Gelände eines zerstörten byzantinischen Palasts entstand, avancierte zum architektonischen **Musterbau der apulischen Romanik**, an dem sich viele andere Kirchenbauprojekte der Zeit orientierten. Als charakteristische Hauptmerkmale gelten die ummauerten Apsiden, die beiden schlanken Glockentürme, die mächtigen Seitenarkaden, das Portal mit dem baldachinartigen Vorbau und innen die sogenannten **Matroneen**, die Emporen über den Seitenschiffen, die ausschließlich für Kirchgängerinnen vorgesehen waren.

Kein Zufall, dass San Nicola so prächtig und vorbildlich geriet, denn die Bareser Kathedrale beherbergte schließlich die Gebeine des **Heiligen Nikolaus**, der damals eine heute schier unvorstellbare Verehrung genoss. Ehrfürchtige Pilger kamen aus aller Herren Länder nach Bari. Außerdem war Bari ein nahezu unumgängliches Etappenziel der zahlreichen Kreuzfahrer auf ihrem Weg ins Heilige Land. Dass die Bareser Nikolaus-Kathedrale in den Kirchen von Trani, Bitonto, Molfetta, Bisceglie, Barletta etc. so gelungene Nachahmerbauten gefunden hat, liegt wahrscheinlich nicht nur an ihrer vollendeten romanischen Form, sondern auch am **Nikolaus-Kult** der Zeit. Denn, wer schon nicht die kostbaren Gebeine des heiligen Bischofs von Myra besaß, der wollte wenigstens wesentliche Merkmale des Gotteshauses kopieren, welches diese beherbergte.

In Otranto und Troia stehen zwei weitere wichtige romanische Basiliken Apuliens. Die **Kathedrale von Otranto** war der einzige monumentale Kirchenbau der Normannen, der in unmittelbarer Anlehnung an die Klosterkirche des Abtes Desiderius von Montecassino entstand, die damals in ganz Italien architektonische Maßstäbe setzte. Die Kathedrale von Otranto ist der größte romanische Kirchenbau Apuliens, bleibt aber architektonisch ohne Nachfolger. Das prächtige **Gotteshaus von Troia** verkörpert hingegen den romanischen Kathedralentyp des nördlichen Apulien; an ihm sind ebenfalls keine der für San Nicola in Bari typischen Baumerkmale zu finden. Besonderheiten sind hier die sehr hohen und schmalen Blendarkaden und die Verwendung verschiedenfarbigen Gesteins am Baukörper.

Wie stark die apulische Romanik damals noch unter dem stilistischen Einfluss der jahrhundertelangen byzantinischen Vorherrschaft über die Region stand, zeigt sich vor allem in der plastischen Ausgestaltung der neuen romanischen Kathedralen. Die reliefverzierten Portale, Fensterrahmungen, Säulen, Bischofsthrone, Bronzetüren und Mosaikfußböden zeigen eine Fülle figürlicher Darstellungen und ornamentalen Schmucks: Löwen und Elefanten als Thron- und Säulenträger sowie florale Muster, die ganz der byzantinischen Tradition verhaftet sind.

Mehr zu den einzelnen romanischen Kathedralen finden Sie in den jeweiligen Ortskapiteln.

Der **Tod Friedrichs** am 12. Dezember 1250 in Castel Fiorentino läutete den Untergang der Staufer in Italien ein. Das Papsttum, das sich nicht selbst die Hände schmutzig machen wollte, holte **Karl von Anjou** ins Land, der geradezu als Stauffervernichter Karriere machte. Manfred, der Sohn Friedrichs, verlor die Entscheidungsschlacht und sein Leben, seine Frau geriet zusammen mit den Enkeln Friedrichs in Gefangenschaft, sein Neffe Konradin wurde hingerichtet. Die Söhne Manfreds traf der Zorn der Kirche am brutalsten, sie wurden – vermutlich lebenslang – im **Castel del Monte** eingekerkert. Dieses schönste und würdigste Stauferkastell, die Krone Apuliens, symbolisiert damit wie kein anderes Baudenkmal die Blüte und den Untergang der Stauferdynastie in Apulien.

Die wichtigsten Baudenkmäler aus normannischer und staufischer Zeit

- die **romanischen Kathedralen** von Bari (S. 203), Trani (S. 218), Troia (S. 132), Bitonto (S. 208), Ruvo (S. 244) und Otranto (S. 357).
- die "Krone Apuliens", **Castel del Monte** (S. 238), und die **Sarazenenburg** von Lucera (S. 125).

Anjou, Aragonier, Habsburger und Bourbonen

Nachdem **Karl von Anjou** alle Staufererben, die er in seine Hände bekam, kaltblütig außer Gefecht gesetzt hatte, wandte er sich ruhmvolleren Aufgaben zu. Unterstützt vom Papsttum, begann er mit der Konsolidierung seines erkämpften Königreichs. Während dieser Phase ließ er die vorhandenen Kastelle und Jagdschlösser, Kirchen und Klöster mit großem Aufwand restaurieren. Mit seiner energischen Bautätigkeit setzte Karl I., Herrscher von Neapel und Sizilien die Tradition der apulischen Besatzungsmächte würdevoll fort und bescherte dem Land Ansehen und Wohlstand.

Doch als Karl I. französische Adelige als Statthalter in Apulien einsetzte, und diese begannen, in die eigene Tasche zu wirtschaften, kam es zu

Aufständen gegen die Anjou. Der gewaltsame Widerstand gipfelte in der **Sizilianischen Vesper** von 1282, ein Teil des angiovinischen Königreichs, nämlich die Insel Sizilien, fiel jetzt in den Besitz des Hauses Aragon. (Der neue sizilianische König, Peter von Aragonien, war übrigens mit Konstanze, einer Enkelin Friedrichs II. verheiratet). Apulien blieb wie der gesamte festländische Teil des Königreichs zunächst im Besitz der Anjou, fiel jedoch unter König Renato (1435–1442) ebenfalls an das **Haus Aragon**.

Unter den aragonesischen Regenten Alfons V. und Ferdinand I. eskalierte der Konflikt mit den **apulischen Küstenstädten**. Die Hafenstädte hatten nämlich versucht,

Sterbeort Friedrichs II.

sich quasi selbständig zu machen und eigene Herrschaftsbereiche aufzubauen, wobei sie von der mächtigen Seerepublik Venedig unterstützt wurden. Etwa zeitgleich mussten die apulischen Küstenstädte sich aber auch gegen die Überfälle des **Osmanischen Reichs** verteidigen, so kam es z. B. 1480 zu einem blutigen Gemetzel mit den Türken in Otranto.

Die Spanier, die das neuzeitliche Apulien im 16. und 17. Jh. von Neapel aus verwalteten, begnügten sich in dieser unrühmlichen Epoche des so genannten **spanischen Vizekönigreichs Neapel** damit, das Land auszupressen, wo es möglich war. Dieses politische Konzept der Herren aus dem Hause Aragon sollte sich auch unter den Nachfolgern vom spanischen Zweig des Hauses **Habsburg** nicht ändern. Die bereits im 15. Jh. eingeführte **Dogana della mena delle pecore** (S. 122) degradierte die ehemalige Kornkammer des Römischen Reichs, den Tavoliere di Foggia, zur Schafweide: Breite **Tratturi** (Herdenstraßen), die vom Apennin aus hinunter in die Tavoliere führten, brachten die Schafherden auf ihre Winterweiden – die Zölle flossen direkt nach Neapel und von dort direkt nach Madrid. Die alte apulische Landwirtschaft verlor ihren Ackerboden, und die Bauern mussten sich mit bescheidenen Flächen begnügen – was sie jedoch nicht vor der spanischen Ausbeutung schützte. Einziges nachhaltiges Verdienst der Spanier bleibt die Einführung des barocken Baustils, der sich u. a. in Lecce und Nardo durchgesetzt hat.

Kunstgeschichte – Lecceser Barock

Der Stil des salentinischen Barock ist eine regionale Sonderform des europäischen Barock, die sich im 17. und 18. Jh. vor allem in Lecce entwickelte und in der Kunstgeschichte als Lecceser Barock bezeichnet wird. Abseits der großen italienischen Barockstädte Neapel und Rom vollzog sich in Lecce eine eigenständige Stilentwicklung, die ebenso einzigartig wie interessant ist und bis heute das Gesicht der Altstadt prägt. Während die italienische Barockkunst in der Sakralarchitektur als besondere Merkmale z.B. ovale Grundrisse und geschwungene Fassaden bevorzugte, waren die Lecceser Kirchen des 17. und 18. Jh. in der Form eines lateinischen Kreuzes angelegt und behielten ihre geraden Fassaden. Kennzeichnend für den Lecceser Stil sind vor allem die opulenten Fassaden mit einer Fülle plastischer Dekorationen. Die heimischen Architekten schwelgten geradezu im barocken Formenschmuck – verloren dabei jedoch nicht das Gefühl für die gestalterische Harmonie und Leichtigkeit.

Das Meisterwerk des Lecceser Barock ist ohne Zweifel die Basilika Santa Croce mit dem angrenzenden Cölestinerkonvent, wo die lokaltypische Fassadengestaltung mit ihren üppigen, aber proportionierten Dekorationen besonders gelungen ist.

Mehr zum Barockstil in Lecce und anderen salentinischen Städten (Nardo und Galatina) sowie der Pietra Leccese, dem bevorzugten Baumaterial des Lecceser Barock, in den jeweiligen Ortskapiteln.

Das Intermezzo der **österreichischen Habsburger** am Anfang des 18. Jh. blieb ohne Folgen. Mit den **spanischen Bourbonen** endete schließlich die lange Reihe der fremden Herrscher im **Königreich beider Sizilien**, so der Name von Unteritalien und Sizilien seit 1816.

Risorgimento und L'Unità, Brigantentum und Emigration

Noch herrschte in Süditalien der Bourbone Ferdinand II., als die italienische **Risorgimento-Bewegung** auf die konstitutionelle Monarchie zusteuerte. Unter dem Königshaus Sardinien-Piemont, dem einzigen liberalen Verfassungsstaat im damaligen Italien, vollzog sich zwischen 1859 und 1861 **L'Unità**, die Einigung Italiens. Der dritte italienische Unabhängigkeitskrieg sollte schließlich das Vereinigungswerk zur Vollendung bringen. An der Spitze des neuen **Königreichs Italien** stand **Vittorio Emanuele II. von Savoyen**.

Die wichtigsten Eckpunkte dieser so entscheidenden Phase im Einzelnen: **Guiseppe Garibaldi** – Abenteurer und Freiheitsheld – entwaffnete mit seiner legendären Freiwilligenarmee die bourbonischen Truppen in Unteritalien. Er vereinigte sich nach seinem Siegeszug im Süden mit den Soldaten des sardinisch-piemontesischen Königs, der zwischenzeitlich **Papst Pius IX.** in seine Grenzen verwiesen hatte. (Dieser erzkonservative, höchstwahrscheinlich geistig verwirrte Papst war im Übrigen auch der Urheber der Dogmen zur Unbefleckten Empfängnis und zur Unfehlbarkeit des Papstes.) In dem historischen Treffen zwischen dem Freiheitsidol Garibaldi und **Onkel Viktor** (König Vittorio Emanuele) kam es zur offiziellen Übergabe des eroberten Südens an das neue italienische Königshaus.

Als 1870/71 auch noch der Restkirchenstaat annektiert werden konnte und Rom damit endlich Florenz als **Hauptstadt** ablöste, hatten sich die Forderungen der Risorgimento-Bewegung erfüllt. Italien war geeint und von allen fremden Mächten befreit.

Doch dem König Vittorio Emanuele stellten sich im Süden ein paar tausend **Briganten** entgegen, denn die Menschen hatten schnell begriffen, dass das junge Italien nicht ihre Heimat war. Die neuen Machthaber behandelten ihre süditalienischen Landsleute nämlich wie **Terroni** ("Afrikaner"), die es mit Gewalt zu unterwerfen und zu disziplinieren galt. Ein historischer Augenblick blieb ungenutzt, anstatt die Integration des Südens voranzutreiben, vergrößerte der Norden den bis heute anhaltenden Nord-Süd-Konflikt. Der **Mezzogiorno** war geboren, und der Brigantenkrieg war nur eine frühe Vorstufe des Konflikts. Der italienische Historiker Aldo De Jaco ("Bücher", S. 97) beschreibt die damalige Situation wie folgt:

"In den sechziger Jahren des vorigen Jahrhunderts fand in Süditalien ein Krieg statt, ein grausamer Krieg ohne Einhaltung des internationalen Rechts, ohne Kriegsgefangene, ohne Schützengräben und ohne Hinterland. Eine der beiden Armeen, die "richtige", in ordentlichen Uniformen und mit Offizieren von der Kadettenschule in Turin, hielt die Ortschaften des aufständischen Südens besetzt – isoliert wie in einem fremden Land, von einer Bevölkerung umgeben, die eine unverständliche Sprache sprach, fremdartige Sitten hatte und fast immer einen Sohn oder Bruder besaß, der bei "denen" da oben in den Bergen hockte und sich gegen die Eindringlinge erhoben hatte. Dann und wann erfuhr die Garnison von einem Aufstand gegen die neue Regierung, die Regierung der Piemontesen, der Preußen Italiens, und durchstreifte auf den wenigen bekannten Wegen und Straßen das Land, um die Rebellion zu unterdrücken. Dann stieg von den Bergen die andere Armee herab, um sich ihnen entgegenzustellen – das schweigende Heer der Briganten. In den Dörfern und kleinen Städten flammten die Brände auf, die Rathäuser und Katasterämter ("Unsere ewigen Feinde", wie der Brigantenführer Carmine Crocco sie nannte) wurden verwüstet, die Villen und Gutshöfe der feinen Herren, die sich die ehemaligen Staats- und Kirchendomänen angeeignet hatten, in Brand gesteckt, Edelleute und reiche Patrizier entführt und Lösegeld erpresst. Das alles endete mit dem erneuten Eingriff der Piemontesen und der öffentlichen Hinrichtung und tagelangen Zurschaustellung gefangener Briganten – Männer mit verschlossenen Gesichtern und prächtigen Bärten, in Kleidern, die sie sich selbst aus Leder genäht hatten, und denen man ihre soziale Herkunft ansah."

Das Brigantentum war natürlich auch eine Reaktion auf die seit dem Mittelalter fast unveränderten **landwirtschaftlichen Produktionsverhältnisse**, die dem süditalienischen Volk wie festgeschriebene Gesetze eine Dauerarmut verordnet hatten. Und auch im neuen Königreich Italien waren die neuen "Latifondisti" (Großgrundbesitzer) die alten. Sie ließen ihren Boden von den "Contadini" nach dem feudalistischen Prinzip der **Mezzadrìa** bewirtschaften: Der Bauer musste für Ackerland und Saatgut ca. 50 % der Ernte abgeben – ein Geschäft mit dem Teufel. Die Großgrundbesitzer ließen es sich in den Städten gutgehen, und auch deren "Gabellotti" (Landverwalter) bereicherten sich, indem sie die Bauern zum Abschluss kurzfristiger Pachtverträge nötigten oder sie gar nur als "Braccianti" (Tagelöhner) einstellten. Wer auf die Dauer leer ausging, oder wen die Schuldenlast zu sehr drückte, der ließ sich anwerben und zog als Brigant durch die Gegend.

Das Brigantenwesen, das den militärischen Einsatz des Nordens provozierte ("legt die Waffen nieder, kehrt zurück an euren Herd, andernfalls könnt ihr gewiss sein, dass ihr früher oder später vernichtet werdet"), war über lange Zeit hinweg ein Überlebenszustand in Apulien, der auch seine volkstümliche Seite hatte. Die Briganten stammten nicht nur aus dem Volk, sie wurden vom Volk auch unterstützt und verehrt. Sie lösten mit ihrem Erscheinen in den Städten nahezu Triumphzüge aus, und ihr Leben in den Bergen wurde in zahlreichen Moritaten, Gedichten und im Bänkelsang festgehalten – die **Volkskultur** kannte kein negatives Brigantenwesen!

Das Militär war letztlich stärker als der süditalienische Widerstand. Die zentrale Staatsgewalt erreichte den Süden zwar militärisch, aber die längst überfällige Landreform und Verfassungsänderungen blieben weiterhin aus. Die verarmte Bevölkerung, die ihre letzten Hoffnungen ins Brigantendasein projiziert hatte, musste nach neuen Auswegen suchen. Der heimischen Armut versuchte man sich jetzt durch Auswanderung zu entziehen. **Emigration** nach Übersee war das Gebot der Stunde am Ende des 19. Jh. Abertausende kehrten ihrer Heimat den Rücken – und der Norden ließ sie gehen. Auch Apulien entvölkerte sich. Zwischen den beiden Weltkriegen verlagerte sich die Auswanderungsbewegung, ohne jedoch schwächer zu werden. Ziel war jetzt der italienisch kolonialisierte Norden Afrikas. In den 50er Jahren des 20. Jh. wurden schließlich die mitteleuropäischen Industriestaaten und die norditalienischen Fabriken zu Magneten, die die sonst so heimatverbundenen Süditaliener anzogen.

Faschismus und Nachkriegszeit

Um die Wende zum 20. Jh. brach auch für den Tavoliere di Foggia das **technische Zeitalter** an. Die Großgrundbesitzer führten Landwirtschaftsmaschinen für den modernen großflächigen Feldbau ein und den landlosen Bauern blieb nichts anderes übrig, als sich in den Dienst der motorisierten Latifondisti zu stellen. Der einst öde und von den Schafen zertrampelte Tavoliere wurde wie zur Römerzeit wieder extensiv kultiviert und bevölkerte sich in den Randzonen. Der italienische Staat begann mit dem Bau des gewaltigen **Acquedotto pugliese** ("Ohne Wasser kein Leben", S. 16), der das für die Landwirtschaft und die Städte so wichtige Wasser aus den Bergen des Apennin nach Apulien bringen sollte. 1914 erreichte der Kanal Bari. Die faschistische Regierung betrieb das wichtige Unternehmen energisch weiter. Apulien war nun nicht mehr die wasserärmste Region und damit in Sachen Hygiene das Notstandsgebiet der Nation. Natürlich war diese **Urbarmachungskampagne** der Faschisten keine Entwicklungshilfe, sondern ideologisches Programm. Unternehmer aus dem Norden kauften Ländereien im Urbarmachungsgebiet, und die faschistische Partei pries die entstehenden Musterbetriebe als Paradeleistungen ihrer Landwirtschaftspolitik. Die Bauern blieben weiterhin landlos.

Im 2. Weltkrieg waren Bari, Brindisi und Tarent die wichtigsten Marine- und Versorgungsstützpunkte des deutsch-italienischen Afrikaheers, was bereits 1943 zu Bombenangriffen der Alliierten auf diese apulischen Provinzhauptstädte führte. Nach dem **Waffenstillstand** zwischen Italien und den Alliierten am 3. September 1943 avancierte Brindisi kurzzeitig zum Sitz der Regierung von König Vittorio Emanuele III.

Nach dem Krieg konnte die Forderung nach Grundbesitz seitens der Bauern nicht mehr überhört werden. 1950 wurde das Gesetz zur **Landreform** endlich verabschiedet. Das Gesetz sah eine schrittweise Enteignung von Großgrundbesitz vor und die Verteilung des Landes an die Bauern. Es entstanden dadurch zwar zahlreiche bäuerliche Kleinstbetriebe, aber die Armut blieb.

Ab den 60er Jahren wurde norditalienisches und ausländisches Kapital ins Land gepumpt. Die erst jetzt beginnende **Industrialisierung** schuf einen kleinen Arbeitsmarkt. Das apulische Industriedreieck Bari–Brindisi–Tarent entstand, und mit einem Sonderfond, der so genannten **Cassa per il Mezzo-**

giorno, bemühte man sich aus wahlpolitischem Kalkül, die notwendige Infrastruktur zu schaffen. Der Süden brauchte in der Tat alles: bessere Straßen, Eisenbahntrassen, Häfen, Flugplätze, Wasserleitungen etc. – dazu waren Unternehmer und Arbeitskräfte notwendig. Die Unternehmer kamen aus dem Norden, die Arbeiter aus den vergessenen Dörfern und Städten Apuliens.

Der italienische Staat baute die so genannten **Industriekathedralen** des Südens. Das Stahlwerk in Tarent war der größte apulische Industriekoloss. Die Montedison-Raffinerien entstanden in Brindisi, und die Petrochemie belebte Bari. Die Großindustrie leistete trotz skandalträchtiger Entstehung, Umweltgefährdung und Lobbyismus ihren Beitrag zur Verringerung des Nord-Süd-Gegensatzes. Sie schuf Arbeitsplätze in den Städten und gab den Leuten ein wenig Hoffnung auf bessere Lebensverhältnisse.

Trotz der halbherzigen Agrarreform der Nachkriegszeit ist Apulien bis heute ein bedeutendes Landwirtschaftsgebiet der Großgrundbesitzer geblieben, das Italien vor allem mit Getreide, Wein, Olivenöl, Mandeln, Tabak, Obst und Gemüse versorgt. Die **gesamtwirtschaftliche Entwicklung** verschiebt sich jedoch auch hier immer mehr zugunsten des Dienstleistungsbereichs.

Apulien war in seiner Nachkriegsgeschichte niemals fest in der Hand der legendären **Kommunistischen Partei Italiens** (PCI, heute PDS und Rifondazione comunista). Die Rechtsparteien verstanden es hier besser, sich die Verhältnisse zunutze zu machen und das passende Politikverständnis beizusteuern. Die Verwaltung des Entwicklungsfonds Cassa per il Mezzogiorno war dabei ein entscheidendes Machtinstrument, mit dem die regierenden **Christdemokraten** (DC) vor allem das Baugewerbe und die Kleinindustrie beherrschten.

Apulien und Italien heute

Heute ist Apulien weder eine reiche noch eine Krisenregion des Mezzogiorno, aber die hohe Arbeitslosigkeit, die illegale Kinderarbeit und die wachsende Kriminalität in den Städten beunruhigen die Leute. Außerdem ist die **Mafia** – hier heißt sie "Nuova Sacra Corona Unita" – fest verwurzelt und hat noch immer Konjunktur. Ebenso wie in Sizilien, Kalabrien und Kampanien ist die apulische Unterwelt in Familien organisiert. Besonders einträglich ist der grenzüberschreitende Schmuggel mit Zigaretten, Drogen und Menschen. Die Erpressung von Schutzgeldern (im Volksmund "Pizzo" oder "Racket" genannt) gehört ebenfalls zum Gewerbe der "ehrenwerten Gesellschaft" und unterliegt einer strengen Gebietsaufteilung, die die einzelnen Clans penibel einhalten. Da die polizeilichen Maßnahmen zur Verbrechensbekämpfung bisher insgesamt recht wirkungslos geblieben sind, versuchen sich die apulischen Geschäftsleute zunehmend selbst zu schützen, indem sie so genannte **Anti-Racket-Komitees** gründen. Diese Selbsthilfeorganisationen üben in erster Linie Druck auf die Behörden aus und klagen ihren Schutzanspruch bei Erpressungsversuchen ein.

Seit Anfang der 90er Jahre des 20. Jh. hat Apulien mit einem nicht hausgemachten Problem zu kämpfen, denn seit dem Zusammenbruch des albanischen

Steinzeitkommunismus strömen immer wieder albanische Boatpeople ins Land. Für die **Albaner** ist Italien mindestens so verheißungsvoll wie Amerika seinerzeit für italienische Auswanderer – sehenswert dazu Gianni Amelios Kinofilm "L'America". Anfangs zeigte die apulische Bevölkerung viel Verständnis für die Flüchtlinge aus dem nahen Albanien und richtete zahlreiche Notquartiere in Bari, Brindisi, Otranto und anderen Städten ein. Doch mittlerweile ist der von professionellen **Menschenschmugglern** organisierte Flüchtlingsstrom, der neben Albanern auch viele Kurden, Nordafrikaner und Osteuropäer ins Land bringt, zu einem nationalen Problem geworden. Längst hat sich eine rigorose Abschiebepolitik (wie wir sie in Deutschland gut kennen) durchgesetzt, die das Problem allerdings nicht bewältigen kann. – Nach wie vor gelangen zahlreiche Boatpeople illegal nach Apulien, um dort zu bleiben oder von dort ihren Weg in die ersehnte Freiheit fortzusetzen. Einen ihrer Höhepunkte erlebte die Flüchtlingsbewegung 1997, als die sog. Sparpyramide der Regierung unter Präsident Sali Berisha zusammenbrach und fast alle Albaner ihr angelegtes Geld verloren. Der **Kosovo-Krieg** von 1999 bescherte Apulien eine weitere Flüchtlingswelle, die die Region auch in eine touristische und damit wirtschaftliche Krisensituation stürzte. Aufgrund der nahen Kriegshandlungen und des verstärkten Flüchtlingsstroms an die apulische Küste buchten viele Italiener und ausländische Gäste ihren geplanten Apulien-Urlaub kurzfristig um. Seitdem internationale Schutztruppen auf dem Balkan präsent sind, wird auch der Schiffsverkehr in der Adria militärisch überwacht. Das hat u. a. dazu geführt, dass die Flüchtlingsschiffe jetzt eher an der kalabrischen und sizilianischen Küste landen. Von dort werden die Boatpeople jedoch häufig nach Apulien transportiert, weil sich hier die größten italienischen Flüchtlingscamps befinden.

Innenpolitisch war das vergangene Jahrzehnt wie gewohnt lebhaft: Italienliebhaber haben den Zusammenbruch des korrupten Staatssystems sowie das darum inszenierte Medienspektakel sicherlich aufmerksam verfolgt. Die Aufdeckung des allumfassenden **Korruptionsskandals** löste 1993 eine schwere Regierungskrise aus und führte zur Auflösung der 52. Nachkriegsregierung. Danach veränderte sich die italienische Parteienlandschaft vollständig. Hochkarätige Politiker und Unternehmer wurden in aufsehenerregenden Prozessen vom ersten Ermittlungsrichter und modernen Volkshelden Antonio Di Pietro der Bestechlichkeit bzw. Bestechung überführt und anschließend verurteilt. Es gab mehrere Selbstmorde unter Prominenten. Benito Craxi, ehemaliger Ministerpräsident und mittlerweile verstorben, flüchtete ins tunesische Exil und entzog sich so einer drohenden Gefängnisstrafe. Der skandalöse Prozess um die Mafia-Kontakte des greisen Giulio Andreotti, der im September 1999 mit einem vorläufigen Freispruch endete, ließ auch die Gutgläubigsten an der Integrität italienischer Nachkriegspolitik zweifeln.

1994 wurde zum Jahr des **Medienzaren Silvio Berlusconi**, der mit seiner neuen Partei "Forza Italia" (ein Fußballschlachtruf!) wie ein Phönix aus dem Bildschirm stieg und die Restauration der alten Verhältnisse betrieb. An seiner Seite kämpften die geläuterten Faschisten der Alleanza Nazionale um

Giancarlo Fini, und Helmut Kohl schickte Glückwünsche aus Deutschland. 1995 regierte bereits eine gemäßigte **Übergangsregierung**, nachdem die rechte Berlusconi-Koalition wegen mehrerer Misstrauensanträge zurücktreten musste.

Im Frühjahr 1996 wählte Italien erneut. Bei hoher Wahlbeteiligung ereignete sich eine **politische Wende**. Erstmals in der Nachkriegsgeschichte kam in Italien ein Mitte-Links-Bündnis an die Macht, das sich unter dem symbolischen Namen **L'ulivo** (Olivenbaum) vereinigt hatte und den Wählern eine stabile Regierung für das gesamte Italien versprach. Erster Ministerpräsident der Olivenbaum-Koalition war der sympathische Bologneser Wirtschaftsprofessor **Romano Prodi**. Mittlerweile ist Prodi EU-Kommissionspräsident und das Mitte-Links-Bündnis wieder in der Opposition.

Berlusconi schockt Europa: 2001 wurde Silvio Berlusconi erneut zum Ministerpräsidenten des Landes gewählt. Seit der Wiederwahl des reaktionären Politikers und superreichen Wirtschaftsbosses (Berlusconi ist 20-facher Euro-Milliardär) ist die nationale und europäische Einheit in Gefahr, denn Berlusconi attackiert die demokratischen Institutionen Italiens mit einer Unverfrorenheit, die an absolutistische Willkür erinnert. Systematisch zerstört der smarte Cavaliere, der selbst unter Korruptionsverdacht steht, die Unabhängigkeit der Justiz, behindert die Korruptionsbekämpfung, betreibt die Gleichschaltung der drei Sender des Staatsfernsehens RAI und bringt sein Außenministerium auf einen antieuropäischen Kurs.

Parteibüro des Partito Comunista in Tarent

Italiens Demokraten sind zwar empört, aber eine breite Oppositionsbewegung formiert sich nur langsam! Und was muss König Silvio noch anstellen, damit Europa nicht nur mit Besorgnis, sondern mit Konsequenzen reagiert? Als ein gewisser Haider Europa irritierte, reagierte die Staatengemeinschaften vergleichsweise hysterisch, während sie im Fall Italien Gefahr läuft, zu spät zu reagieren.

Vorsicht auf Nebenstraßen

Anreise

Reiseziel Apulien, ein langer Weg: Alster-Hamburg – Barock-Lecce 2.148 km. Eigenes Fahrzeug oder Bahn oder ...? Was der ADAC empfiehlt, liegt auf der Hand. Wir empfehlen: abwägen, alle Anreisemöglichkeiten zu Kosten, Gepäck, Mobilität, Anzahl der Mitreisenden etc. ins Verhältnis setzen und dann entscheiden!

Die Völkerwanderungen der Menschheitsgeschichte waren harmlose Veranstaltungen, wenn man sie mit den endlosen Pkw-Karawanen vergleicht, die alljährlich über die Alpen gen Italien ziehen. Das Verkehrsaufkommen zur Sommerferienzeit nimmt bisweilen satirische Dimensionen an. Die Nachrichten vermelden auch schon mal dreistellige Staukilometer zwischen Ingolstadt und Innsbruck, und die Picknickszenen am Straßenrand könnten tatsächlich aus einem Satirefilm stammen, wären sie nicht bittere Realität. Spätestens auf den Alpenautobahnen muss der stundenlange Horrortrip dann auch noch teuer bezahlt werden (Vignetten in Österreich und der Schweiz). Es gleicht jedes Mal einem Wunder, wenn die hochsommerliche Blechlawine dann doch friedlich, aber gebührenpflichtig (Autobahnmaut in Italien) in der weiten Po-Ebene ausrollt.

Eine umweltverträgliche Alternative zum Massenverkehr auf den Straßen bietet die Bahn. Aber auch Zugreisende haben ihren Urlaubsstress, sie müssen die alljährlichen Streiks der italienischen Bahnarbeitergewerkschaft fürchten, die bevorzugt während der Hauptreisezeit zum Arbeitskampf aufruft, denn dann ist die Medienaufmerksamkeit am größten. Und rollt der Zug, kann es passieren, dass man trotz rechtzeitiger Platzreservierung stundenlang steht.

In den folgenden Kapiteln finden nicht nur Auto-, Motorrad- und Bahnreisende nützliche Informationen und Entscheidungshilfen, auch Busreisende, Flugpassagiere, Radler, Tramper und Mitfahrer erhalten brauchbare Tipps und Hinweise.

Mit dem eigenen Fahrzeug

Vom Standpunkt der Bequemlichkeit natürlich sehr zu empfehlen – von Süddeutschland, Österreich und der Schweiz kommt man in nur wenigen Stunden über die Alpen, das Straßennetz ist hervorragend ausgebaut, und die Unabhängigkeit von Bus- oder Bahnfahrplänen verschafft größtmögliche Beweglichkeit – vorausgesetzt, der Verkehr rollt.

Mit dem Auto kann man alles mit sich führen, was man braucht (Campingausrüstung, Kinderwagen, Fahrräder, Surfbretter etc.) und auch größere Einkäufe tätigen. Spontane Abstecher zu kleinen, abgelegenen Orten oder einsamen Stränden sind jederzeit möglich. Und wenn sich drei bis vier Personen alle anfallenden Kosten teilen, wird die Fahrt im eigenen Auto sogar ein relativ preiswertes Vergnügen.

Allerdings sollte man auch die negativen Aspekte berücksichtigen: brütende Sommerhitze im geschlossenen Blechkasten, Verkehrschaos in den Städten, Staus, Hupkonzerte, weit und breit kein Parkplatz und schließlich auch noch Autoknacker.

Allgemeines

▶ **Fahrzeugpapiere**: Mitzunehmen sind der nationale Führerschein *(Patente di guida)*, der Fahrzeugschein *(Libretto di circolazione)* und die grüne Versicherungskarte *(Carta verde)* – letztere ist zwar keine Pflicht mehr, hilft aber bei der Regulierung von Schadensfällen und wird außerdem bei Verkehrskontrollen gelegentlich verlangt.

▶ **Kennzeichen-D-Pflicht**: Wer kein Eurokennzeichen hat, benötigt immer noch ein Nationalitätenkennzeichen. Rund 50 € kassiert die italienische Polizei von deutschen Autofahrern, an deren Wagen das D-Schild fehlt bzw. nicht korrekt an der Rückseite angebracht ist. Die Eidgenossen nehmen ca. 11 €, und in der Alpenrepublik sind immerhin noch ungefähr 7 € fällig.

▶ **Warntafel**: Ein Gegenstand, der auf dem Wagendach transportiert wird und über das Wagenende hinausragt (z. B. Surfbrett und -mast), muss mit einer 50 x 50 cm großen, reflektierenden Warntafel aus Aluminium abgesichert werden. Diese rot-weiß quergestreiften Schilder kosten bis zu 45 € und ersetzen die alten Kunststoffwarntafeln, die schon für rund 10 € zu haben waren. Achtung – die Grenzpolizei kontrolliert!

Auto und Schiene – die clevere Kombination

Wer sich die lange Tour durch deutsche Lande und über die Alpen nicht zumuten will, findet in den Autoreisezügen der DB eine ideale Alternative. Zur Urlaubszeit starten mehrmals wöchentlich Züge von Deutschland nach Italien. Vor allem für Familien mit Kindern ein stressfreier, wenn auch nicht ganz billiger Einstieg. Die Alpen überquert man in der Regel nachts. Im Liege- oder Schlafwagen erreicht man sein Etappenziel ausgeruht. Auch Motorradfahrer können diese Anreisevariante nutzen.

Folgende Autoreisezüge bieten sich für Apulien-Reisen an:
Zielbahnhof Verona ab Hamburg, Hildesheim, Dortmund, Köln, Frankfurt/Neu-Isenburg.
Zielbahnhof Rimini ab München.

● *Preise* Die Kosten variieren je nach Reisedatum. Es gelten **drei Preisstufen**, die Preisunterschiede betragen über 40 %. In den Genuss des niedrigeren Rückfahrttarifs kommt man nur, wenn man Hin- und Rückfahrt zusammen bucht.

Zum **Beispiel** auf der Strecke Hamburg – Verona, Pkw 194/259/334 €, Liegewagenplatz 89/118/152 €. Ermäßigte Rückfahrt: Pkw 156/207/267 €, Liegewagenplatz 71/94/122 €.

● *Information/Buchung* Besorgen Sie sich am besten den Katalog **DB Auto-Zug**, er enthält auch lohnende Verbindungen nach Süddeutschland und Österreich. Servicetelefon 0180/5241224 (tägl. 8–22 Uhr, 0,12 €/Min.), Internet: www.dbautozug.de.

Da die Kapazitäten begrenzt sind, empfiehlt sich vor allem für die Hauptreisezeit eine frühzeitige Buchung.

● *Wichtig* Die **Fahrzeughöhe** darf im grenzüberschreitenden Verkehr nicht über 1,67 m liegen!

▶ **Versicherungen**: Anzuraten ist bei neueren Fahrzeugen unbedingt eine vorübergehende Vollkaskoversicherung, da die Deckungssummen italienischer Haftpflichtversicherer niedrig sind.

Auch ein **Auslandsschutzbrief** ist ratsam, mittlerweile bieten ihn fast alle Automobilclubs und Versicherer an. Ob Panne, Unfall, Fahrzeugdiebstahl, Krankheit oder Notsituation – die Leistungen sind umfangreich. Der Jahrespreis liegt ungefähr bei 40 €.

Tipp: Zu empfehlen ist der Komplett-Auslandsschutzbrief des **VCD (Verkehrsclub Deutschland)**, der sich nachdrücklich für die Interessen der Umwelt einsetzt. Wie bei den Automobilclubs muss man auch hier Mitglied werden, um den Auslandsschutzbrief zu erhalten. VCD, Eifelstr. 2, 53119 Bonn, ☏ 0228/98585–0, ✆ 0228/ 98585–10, www.Verkehrsclub.de.

▶ **Straßenkarten**: Für die Hauptrouten durch Österreich, die Schweiz und Italien reicht jeder aktuelle Straßenatlas aus. Automobilclubmitglieder können sich ein kostenloses Paket mit Karten, Streckenführung, Gebühreninformationen etc. zusammenstellen lassen. Empfehlenswerte **Apulien-Karten** finden Sie im Kapitel "Reisepraktisches von A bis Z", S. 102.

Speziell für Motorradfahrer

Vorsicht, Autofahrer unterschätzen gern die Geschwindigkeit von Motorrädern! Manchmal ist der Asphaltbelag wegen der Hitze aufgeweicht – extreme Rutsch- und Sturzgefahr in Kurven!

Ein Problem für Zweiradfahrer könnten die streng geregelten **Öffnungszeiten der Tankstellen** werden. Auf Langstrecken zwingt der relativ geringe Aktionsradius einer Motorradtankfüllung zu häufigem Nachtanken. Autobahntankstellen sind rund um die Uhr geöffnet, aber auf Landstraßen sollte man immer gut kalkulieren bzw. genügend unbeschädigte 10-Euro-Scheine für die Self-Service-Tankstellen bei sich haben, sonst sitzt man unter Umständen einige Stunden auf dem Trockenen.

Ersatzteile bekommt man in den italienischen Großstädten problemlos. Eingefleischte Motorradfahrer nehmen natürlich spezielles Werkzeug und wichtige Ersatzteile mit.

● *Achtung* Viele Zweiradfahrer benutzen die **alte Brennerstraße** (Bundesstraße 182), um zur Grenze zu gelangen ("Anreiserouten", S. 57). Diese Strecke ist natürlich wesentlich reizvoller als die benachbarte Autobahn, erfordert jedoch mehr Geschick und größeres Können. Sie ist kurvenreich, sehr schmal und für ein größeres Verkehrsaufkommen in keiner Weise geeignet. Jedes Jahr ereignen sich hier schwere Unfälle.

Informationen zum Verkehr in Italien

● *Geschwindigkeitsregelung* innerhalb geschlossener Ortschaften 50 km/h, auf Landstraßen Pkw und Motorräder 90 km/h, Pkw mit Anhänger 70 km/h. Auf Autobahnen für Pkw bis 1.099 ccm 110 km/h, ab 1.100 ccm 130 km/h, mit Anhänger 80 km/h. Motorräder bis 149 ccm verboten, bis 349 ccm 110 km/h, ab 350 ccm 130 km/h. Bei Geschwindigkeitsüberschreitung sind sehr hohe Bußgelder fällig. **Bußgelder werden jetzt auch im Heimatland des Verkehrssünders eingetrieben**, sofern sie mindestens 40 € betragen!

● *Weitere Verkehrsvorschriften* vor dem Anhalten rechtzeitig blinken; privates Abschleppen auf Autobahnen ist verboten; auf Autobahnen in Tunnels und Galerien grundsätzlich Abblendlicht einschalten; die **Promillegrenze** wurde auf 0,5 gesenkt (Geldstrafe bei Alkohol am Steuer bis 2.582 € sowie ein Fahrverbot bis zu drei Monaten).

● *Pannenhilfe* **Notrufsäulen** stehen in Abständen von 2 km an den Autobahnen. Ansonsten erreicht man den Straßenhilfsdienst des **ACI (Automobil-Club d'Italia)** in ganz Italien rund um die Uhr unter ✆ 800116800 (Fest- und Mobilfunknetz). Pannenhilfe mit Bordmitteln und Abschleppen bis zur nächsten Werkstatt ist für alle Fahrzeuge mit nicht-italienischem Kennzeichen mittlerweile kostenpflichtig! Nur Inhabern eines **Auslandsschutzbriefs** wird im Rahmen der Vertragsbedingungen kostenlose Hilfe gewährt.

Deutschsprachige Notrufstation des ADAC in Mailand, ganzjährig 24 h, ✆ 02/661591.

● *Polizeinotruf/Unfallrettung* in ganz Italien rund um die Uhr unter ✆ 113 bzw. ✆ 112 (auch über das Handy).

● *Italienische Verkehrsschilder* **attenzione uscita veicoli** = Vorsicht Ausfahrt; **divieto di accesso** = Zufahrt verboten; **lavori in corso** = Bauarbeiten; **parcheggio** = Parkplatz; **rallentare** = langsam fahren; **senso unico** = Einbahnstraße; **strada senza uscita** = Sackgasse; **zona pedonale** = Fußgängerzone; **zona rimorchio** = Abschleppzone; **deviazione** = Umleitung; **zona di silenzio** = Hupverbot.

Anreise

Tanken

Die Kraftstoffpreise der mitteleuropäischen Länder nähern sich einander langsam an. Wer einen Diesel fährt, kann sich auch in Italien glücklich schätzen, jedoch führt noch lange nicht jede Zapfstelle diesen Kraftstoff. Bleifrei Super wird hingegen flächendeckend angeboten. Normalbenzin sollte man wegen der niedrigen Oktanwerte nicht tanken.

• *Tankstellen* sind an Autobahnen Tag und Nacht geöffnet, an Landstraßen und in den Städten in der Regel von 12.30-15.30 Uhr und zwischen 19.30 und 7 Uhr sowie an Sonntagen **geschlossen**. Immer häufiger gib

t es jedoch Self-Service-Tankstellen, an denen Sie mit unzerknitterten Euro-Scheinen auch nach Geschäftsschluss noch tanken können. **Kreditkarten** werden nur an Autobahntankstellen und größeren Tankstellen akzeptiert.

Da in Italien noch eine Menge kleiner Tankstellenpächter arbeiten, die mit ihrer Zapfstelle so gerade über die Runden kommen, brechen immer wieder landesweite **Streiks** aus! Erfahrungsgemäß dauern diese Arbeitskämpfe mehrere Tage. Nur Autobahn-

tankstellen, die Streikverbot haben, können in einem solchen Fall weiterhelfen.

Der **Tankvorgang** selbst ist im Vergleich zur Heimat höchst bequem. Man fährt einfach an die Zapfsäule heran, reicht seinen Schlüssel durch die Tür und sagt freundlich "il pieno, per favore" (bitte voll tanken); auch zum Bezahlen braucht man nicht aussteigen. Motoröl wird übrigens kiloweise nachgefüllt (0,5 l Öl = mezzo chilo olio lubrificante). Immer häufiger wird an größeren Tankstellen zum Selbsttanken ("fai da te" = mach es selbst) aufgerufen. Dafür gibt es *Sconto* (Rabatt) von einigen Cent.

• *Preise* sind landesweit einheitlich geregelt; Bleifrei Super, 95 Oktan (Benzina senza piombo bzw. Benzina verde), 1,01 € pro Liter; Diesel (Gasolio), 0,87 € pro Liter.

Autobahnen

Die italienischen Autobahnen sind insgesamt beurteilt in einem guten Zustand. Im Süden ist das Autobahnnetz allerdings nicht so engmaschig wie im Norden, außerdem sollte man sich streckenweise auf schlechteren Belag und Baustellen einstellen. Auf jeden Fall muss kräftig gezahlt werden, denn Italiens Autobahnen sind bis auf wenige Teilstücke gebührenpflichtig. Übrigens – die Autobahnhinweisschilder sind landesweit grün!

Alt stazione! Mit diesen Worten werden die Mautstellen angekündigt. Hier verrichtet meist ein Automat die Ticketausgabe. Beim Verlassen oder Wechsel der Autobahn wird jeweils zur Kasse gebeten – Geld, Mautkarte (Viacard) oder Kreditkarte griffbereit halten. **Barzahler** werden von den freundlichen Damen und Herren in den Kassenhäuschen abgefertigt. Einfacher ist der Zahlungsverkehr mit der magnetischen **Viacard**, erhältlich im Wert von 25,25 € und 50,50 € beim heimischen ADAC, an Grenzübergängen und großen Autobahnraststätten. Für Kartenbesitzer gibt es an den meisten Zahlstellen Extraspuren, dort werden die Beträge automatisch abgebucht. Sie müssen das Ticket und die Viacard nacheinander in den Automaten einführen. Auf ausreichende Deckung achten bzw. eine zweite Viacard mitführen und gegebenenfalls nachschieben, denn eine Aufzahlung mit Bargeld ist nicht möglich. Zunehmend werden an den Zahlstellen auch die gängigen **Kreditkarten** akzeptiert.

Wer sein Ticket verloren hat, muss die mögliche Gesamtstrecke zahlen!

Mautkarte entnehmen – gezahlt wird an der nächsten Station

• *Autobahngebühren* Motorräder und alle Pkw mit einer Höhe bis 1,30 m an der Vorderachse zahlen denselben Preis. Vom Brenner bis Verona werden beispielsweise 12,20 € berechnet, bis Bari sind es schon 51,10 €! Mit einachsigem Wohnwagen verdoppelt sich die Summe, und mit zweiachsigem Wohnwagen werden sogar nochmals ca. 60 % aufgeschlagen. **Die Gebühren summieren sich schnell zu ansehnlichen Beträgen.** Wer es nicht eilig hat, sollte ab und an auf die Staatsstraßen (S) ausweichen, die häufig parallel zur Autobahn laufen.

• *Autobahnraststätten* gibt es in Nord- und Mittelitalien in ausreichender Zahl, im Süden sind sie dagegen eher spärlich vertreten. Eine gut bestückte Snack-Bar ist aber fast immer vorhanden. Die Self-Service-Restaurants **Agipristo**, **Motta** und **Pavesigrill** sind qualitativ und preislich akzeptabel. In den angeschlossenen Supermärkten kauft man relativ preisgünstig ein.

Stadtverkehr

Die historischen Stadtzentren Italiens mit ihren engen und verwinkelten Gassen sind dem rapide gestiegenen Verkehrsaufkommen längst nicht mehr gewachsen. Fast überall, auch im Süden, greift man inzwischen zu drastischen Maßnahmen: ganze Altstadtzentren werden zeitweise oder ständig zur **Zona Blu** erklärt und für den Autoverkehr gesperrt.

▶ **Parken:** Abschleppdienste haben Konjunktur! Unübersehbar kennzeichnen eindeutige Schilder in den Stadtkernen die Zonen, wo Falschparker an den Haken genommen werden. Auch in unübersichtlichen Kurven geparkte Fahrzeuge werden gnadenlos abgeschleppt. Kostenpunkt mindestens 100 €, ganz abgesehen von dem Zeitaufwand, den das Aufspüren des verschwundenen Fahrzeugs mit sich bringt. Und nicht vergessen – an schwarz-gelb markierten Bordsteinen dürfen nur öffentliche Verkehrsmittel parken.

Kleine Parksünden werden mit Bußgeldern ab 15 € bestraft. Ärger vermeidet man, indem man sich eine Parklücke außerhalb des Centro storico sucht und zu Fuß hineinläuft oder den Wagen auf einem der **gebührenpflichtigen Parkplätze** abstellt. Die Parkgebühren liegen im Durchschnitt bei 1 € pro Stunde. Immer häufiger benötigt man dazu eine **Parkkarte**, die im Tabacchi-Laden gekauft und im Rubbellosverfahren entwertet werden muss.

Parkkarte – Rubbellos ohne Gewinnchance

Tipps: Wenn Sie **zugeparkt** wurden, z. B. durch ein Auto in zweiter Reihe, drücken Sie ein paar Mal kräftig auf die Hupe. Meist kommt dann der Fahrer eilends aus der nächsten Bar und fährt sein Vehikel aus dem Weg. Dieses Gebaren ist keine Unhöflichkeit, sondern wegen des Mangels an Parkplätzen gängige Praxis – also verständnisvoll lächeln.

Einen **abgeschleppten Wagen** findet man nur mit Hilfe der "Vigili urbani" (Stadtpolizei) wieder. Meist steht das gute Stück auf extra dafür eingerichteten Plätzen am Stadtrand und kann dort direkt freigekauft werden.

Auf Parkplatzsuche in Süditalien kann es passieren, dass Ihnen jemand gestikulierend eine Parklücke zuweisen will. Dabei handelt es sich um **selbsternannte Parkwächter**. Bisweilen wird diese Parkplatzschieberei organisiert betrieben. Meiden Sie solche "Freundlichkeiten", denn das geforderte Trinkgeld ist hoch und Ihr Fahrzeug befindet sich nicht unbedingt in sicheren Händen.

▶ **Autodiebstahl**: Der Wagen selbst verschwindet zwar eher selten, aber verlockend präsentierte Inhalte werden immer wieder Beute von Langfingern. Meist wird in einem solchen Fall die Scheibe eingeschlagen, und binnen Sekunden ist das Auto ausgeräumt. Kritische Örtlichkeiten erkennt man an den Haufen von Glassplittern auf der Straße! Ganz wichtig deshalb: nichts im Fahrzeug deponieren, das Handschuhfach leeren und offen stehen lassen (signalisiert: hier gibt es nichts zu holen). Empfehlenswert ist darüber hinaus ein massives Lenkradschloss, das Kupplungspedal und Lenkrad verbindet.

Tipp: Falls das **Fahrzeug gestohlen** worden ist, wenden Sie sich sofort an die nächste Polizeidienststelle. Als offizielles Dokument für die Verlustanzeige daheim benötigt man die **Carta bollata**, eine Art Formular mit Wertmarke, das man in Tabacchi-Läden kaufen kann. Die Polizei muss darauf den Verlust des Wagens bestätigen.

Anreiserouten

Das Alpen-Autobahnnetz ist zwar hervorragend ausgebaut, jedoch fallen erhebliche Mautgebühren an – Vignettenpflicht in Österreich und in der Schweiz. Wer sparen will, sollte die Autobahnen gezielt meiden. Einige reizvolle Varianten und Alternativen zu den Hauptrouten sind in den folgenden Routenbeschreibungen aufgeführt; daraus resultieren jedoch längere Fahrtzeiten.

Autobahngebühren in der Schweiz: Alle Autobahnen (Nationalstraßen) und autobahnähnlichen Straßen sind gebührenpflichtig. Pauschal wird der Preis von 27 € für eine **Vignette** (Plakette) erhoben. Sie ist nicht übertragbar, jeweils für ein Kalenderjahr gültig (ab Dezember vor bis einschließlich Januar nach dem aufgedruckten Jahr) und muss gut sichtbar ans Fenster des Fahrzeugs geklebt werden. (Nicht nur provisorisch befestigen, wie das manche Schlingel machen, um sie später für ein anderes Fahrzeug zu verwenden). Wer auf einer Autobahn "ohne" erwischt wird, muss eine Strafe bezahlen und die Vignette zusätzlich nachkaufen. Für Anhänger benötigt man eine Extra-Vignette. Die Plaketten sind an der Grenze erhältlich; um Wartezeiten zu vermeiden, sollte man sie aber besser bereits vor der Fahrt beim heimischen Automobilclub kaufen.

Autobahngebühren in Österreich: Die Vignette für die Benutzung aller Autobahnen und Schnellstraßen gibt es seit 1997. Pkw und Wohnmobile zahlen für die **Jahresvignette** 72,60 €, Motorräder 29 €; außerdem gibt es eine **2-Monatsvignette** (21,80 € bzw. 10,90 € für Motorräder) sowie eine **10-Tagesvignette** (7,60 € bzw. 4,30 € für Motorräder). Anhänger sind nicht vignettenpflichtig! Die Jahresvignette gilt von Dezember vor und bis einschließlich Januar nach dem aufgedruckten Jahr. Die 2-Monatsvignette ist an zwei aufeinanderfolgenden Kalendermonaten gültig, die 10-Tagesvignette an 10 Tagen ab dem Einreisedatum (wird gelocht). Die Vignetten sind nicht übertragbar und müssen gut sichtbar auf der Innenseite der Windschutzscheibe angebracht werden. An den Grenzübergängen gibt es Verkaufsstellen. Vorverkauf beim ADAC oder an bundesdeutschen Tankstellen im Grenzgebiet. Wer ohne erwischt wird, muss kräftig zahlen. **Die Brennerautobahn ist extra gebührenpflichtig!**

Aus Süddeutschland über die Alpen

Die gängigste und bequemste Route ist die Autobahn über den Brenner. Sie ist zügig zu befahren und landschaftlich sehr reizvoll. Zu Ferienterminen ist diese Hauptroute allerdings extrem stauanfällig.

Hauptroute über den Brenner: Von München zunächst auf der A 8 Richtung Salzburg. Ab dem Inntal-Dreieck die A 93 zum Grenzübergang Kiefersfelden/Kufstein nehmen. Nach **Innsbruck** auf der A 12 – diese langgestreckte Autobahnschleife frisst Kilometer und Sprit.

Von der Olympiastadt führt der schnellste Weg nach Italien über die Europabrücke. Ab der Anschlussstelle Innsbruck/Süd ist die **Brennerautobahn** trotz bereits bezahlter Vignette gebührenpflichtig (Pkw und Wohnmobile einfach 7,95 €; Bar- und Kreditkartenzahlung möglich).

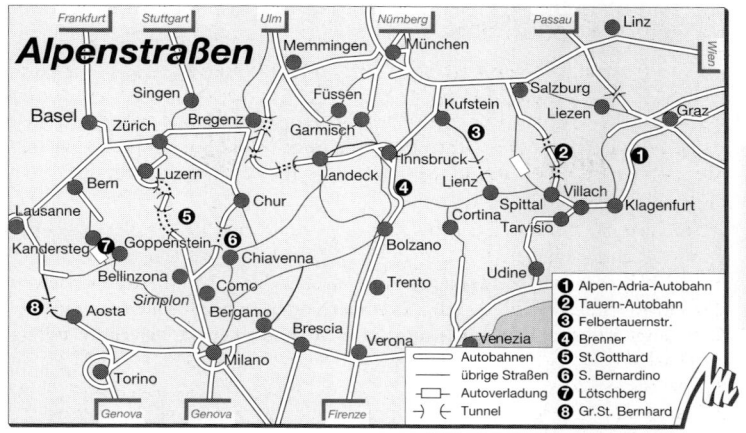

Alpenstraßen

❶ Alpen-Adria-Autobahn
❷ Tauern-Autobahn
❸ Felbertauernstr.
❹ Brenner
❺ St.Gotthard
❻ S. Bernardino
❼ Lötschberg
❽ Gr.St. Bernhard

Autobahnen
übrige Straßen
Autoverladung
Tunnel

Anreise

Ab dem **Brennerpass** (1.374 m, österreichisch-italienische Grenze) geht es in zügiger Talfahrt die lang ausgleitenden Südtiroler Täler entlang. Zwischen sonnenüberfluteten Weinhängen, Obstbaumkulturen und schroffen Felshängen kleben beidseitig der Autostrada Ritterburgen wie aus dem Bilderbuch. Vorsichtig fahren, es gibt viele schlecht beleuchtete Tunnel ohne Begrenzungspfähle! Sommerliche Staugefahr besteht an der Mautstelle von Sterzing/Vipiteno. Über Bozen und Trento geht es schnell nach **Verona**, wo die endlose Weite der Po-Ebene beginnt.

Bei **Modena** wechselt man von der A 22 auf die A 1 nach **Bologna**, die als berühmte "Autostrada del sole" – kurz "Autosole" – von Mailand kommt und sich bis Rom und weiter nach Neapel fortsetzt.

Varianten: Wer mehr von der Landschaft sehen und gleichzeitig Autobahngebühren sparen möchte, kann sich für eine der folgenden (Teil-)Strecken entscheiden. Natürlich ist man dabei länger unterwegs.

Varianten via Brenner

● *München – Innsbruck* Wer aus Richtung Nürnberg kommt, kann kurz vor Autobahnende in München die Abzweigung Richtung **Garmisch** nehmen. Auf dem Mittleren Ring fährt man westlich ums Münchner Zentrum und dann auf der so genannten **Starnberger Autobahn** nach Garmisch – gut ausgebaut, mit etlichen Rastplätzen und herrlichem Alpenpanorama. Autobahnende kurz vor Garmisch, auf der anschließenden Landstraße (oft zähfließender Verkehr) weiter zum **Grenzübergang Mittenwald/Scharnitz**. Schauen Sie sich vielleicht mal das neue Fun-Castle bei Mittenwald an.

Dann geht es in abenteuerlicher Fahrt den **Zirler Berg** hinunter nach **Innsbruck** (15 % Gefälle). Alle paar hundert Meter bieten steile Auslaufspuren Rettung in letzter Not, falls die Bremsen versagen. Lohn der Angst: ein phantastischer Blick auf das Inntal und die Olympiastadt!

● *München – Innsbruck, die Variante* Auf der **Salzburger Autobahn** bis zur Ausfahrt Holzkirchen, von dort die B 318 weiter Richtung **Tegernsee**. Über **Wildbad Kreuth** (beliebter CSU-Politiker-Treffpunkt) hinauf zum Achenpass. Dann auf der Landstraße (20 % Gefälle) vorbei am Achensee nach **Innsbruck**.

Europabrücke, aus der Perspektive der alten Brenner-Straße

● *Innsbruck – Brenner* Diese Strecke kann man auch fahren, ohne Extra-Maut für die Brennerautobahn zahlen zu müssen. Lediglich eine Stunde länger als die Autobahn dauert die Fahrt über die **alte Brennerstraße B 182** (für Lkw verboten). Die Inntalautobahn in Innsbruck/Süd verlassen und blaue Hinweistafeln (Brennerpass) beachten, die Abzweigung erfolgt im **Zentrum von Innsbruck**. Für diese Route spricht einiges: äußerst kurvenreich, schmale Ortsdurchfahrten, gemütliche Rasthäuser und imposante Panoramen – anfangs der herrliche Rückblick auf Innsbruck und die Olympiaschanze; später aus der Froschperspektive die mächtige Europabrücke mit ihren gewaltigen Pfeilern. Beherzigen Sie Geschwindigkeitsbeschränkungen und Überholverbote, die Polizei kontrolliert hier gerne. In den Ortschaften außerdem unbedingt Fuß vom Gaspedal, die Bewohner leiden unter dem ständigen Durchgangsverkehr! Wer es eilig hat und trotzdem etwas sparen will, nimmt die Brennerautobahn nur bis **Ausfahrt Stubaital**. Dort hat man das steilste Stück hinter sich und fährt in ca. 20 Min. gemütlich die alte Brennerstraße zur Grenze hinauf.

● *Extrem-Spartipp* Wer die Brenner-Maut und auch die Österreich-Vignette sparen will, muss ab Zirl/Ost auf die Landstraße und dann durch den Stadtverkehr von Innsbruck zur alten Brennerstraße! Und dran denken: der Kraftstoff ist preiswerter als in Deutschland und Italien!

● *Brenner – Verona* Neben der gebührenpflichtigen Autobahn A 22 lässt sich diese Strecke auch auf der **Staatsstraße (S 12)** zurücklegen. Das kann jedoch deutlich länger dauern, denn in den Ortschaften und Städten verhindern oft Staus an den Ampeln eine zügige Durchfahrt.

Alternativen zur Brenner-Variante

● *Reschenpass* schöne, aber etwas umständliche Strecke von Garmisch-Partenkirchen, Füssen oder Kempten. Man umfährt das Zugspitzmassiv westlich und hält sich in Richtung **Fernpass** (1.209 m). Nach dem Pass führt die kurvenreiche steile Bergstraße hinunter zum **Schloss Fern-** stein am idyllischen gleichnamigen See. In Nassereith rechts ab (beschildert), über Imst und Landeck ein Hochtal hinauf nach **Nauders**. Zwischen Imst und Landeck Autobahn, kurz vor Nauders Serpentinen mit Galerien. Wenig später erreicht man die italienische Grenze am **Reschenpass**

(1.504 m), bereits auf italienischer (Südtiroler) Seite der langgestreckte Reschensee, gefolgt vom kleinen Valentinosee. In einer langen Schleife geht es den attraktiven **Vintschgau** hinunter nach **Meran** und weiter nach **Bozen**.

• *Pfronten – Reutte* aus Richtung Ulm oder Würzburg kommend die A 7 bis Autobahnende, dann Landstraße (häufig sehr zäher Verkehr) zum Grenzübergang **Pfronten/Reutte** (oft Staus). Weiter über den **Fernpass** und **Reschenpass** (siehe oben).

• *Felbertauernstraße* eine der landschaftlich reizvollsten Alpenstrecken durch den **Nationalpark Hohe Tauern**. Ab Inntal-Dreieck auf der A 12 bis Ausfahrt Wörgl, von dort rüber nach Kitzbühel und anfangs auf der Bundesstraße 161, dann auf der B 108 durch den Felbertauern-Tunnel (Extra-Maut, Raststätten vor und nach dem Tunnel). Ab **Lienz** auf der B 100 durch das Tal der Drau. Ab **Dobbiaco** (Toblach) in Italien über die S 49 bis **Brixen/ Bressanone**, dort Anschluss an die Autobahn A 22 Richtung Verona.

Aus dem Osten Österreichs über die Alpen

Für alle, die aus dem Osten der Alpenrepublik kommen, bietet die A 2 von Wien über Graz und Klagenfurt den schnellsten Einstieg. Ab Villach braucht man auf der neuen **Alpen-Adria-Autobahn** A 23 (Grenzübergang Tarvisio) über Udine nur 1,5 Std. zur Adria. Die A 4/A 13 führt dann weiter nach Bologna.

Aus der Schweiz und dem Westen Deutschlands über die Alpen

Für alle, die aus dem Westen Deutschlands kommen, ist die Rheinautobahn Frankfurt – Basel (A 5) die ideale Anfahrt. Weiter geht es landschaftlich eindrucksvoll auf der berühmten St.-Gotthard-Autobahn N 2 durch die Schweiz und hinunter nach Mailand. Allerdings herrscht auch auf dieser Alpenhauptroute erhebliche Staugefahr.

Hauptroute: Ab Basel geht es auf der N 2 in weiten Kurven und leichten Steigungen über Luzern die schöne Strecke am Vierwaldstätter See entlang und anschließend durch den **St.-Gotthard-Tunnel** (mit 16,3 km längster Straßentunnel durch die Alpen – keine Extra-Maut!). Er ist als Wetterscheide bekannt: Selbst wenn es auf der Nordseite des Tunnels Bindfäden regnet, am südlichen Ausgang lacht meist die Sonne. Weiter auf schöner Strecke am Luganer See (Brücke) zum schweizerisch-italienischem Grenzübergang **Chiasso**. Unmittelbar hinter der Grenze liegt **Como** am gleichnamigen, fjordartigen See. Ein Zwischenstopp in der hübschen Altstadt mit dem eindrucksvollen Dom lohnt sich unbedingt. Am Autobahnring um **Mailand** immer hohes Verkehrsaufkommen! Anschließend führt die "Autosole" (A 1) zügig durch die Po-Ebene.

Folgende **Varianten** durch den Bodenseeraum sind weniger stauanfällig als die Hauptstrecke über Basel.

• *Via Zürich:* Autobahn A 81 von Stuttgart über Rottweil bis Autobahnkreuz Singen, weiter über Schaffhausen nach (und durch) **Zürich** und nach **Luzern**, wo man auf die oben beschriebene N 2 und den St.-Gotthard-Tunnel trifft (von Singen bis Zürich keine durchgehende Autobahn).

• *San-Bernardino-Route* Von Ulm über Bregenz nach **Chur**, noch nicht ganz als Autobahn ausgebaut. Mündet bei **Liechtenstein** auf eine weniger befahrene Ausweichmöglichkeit durch die Schweiz, nämlich die Autobahn von Zürich nach Chur. Anschließend auf der gut ausgebauten N 13 (San-Bernardino-Route) zum San-Bernardino-Tunnel (6,6 km, keine Extra-Maut). Ab **Bellinzona** weiter auf der Hauptroute.

Weiter nach Apulien
mit vielen Zwischenstopps

Spätestens in der Po-Ebene muss die Entscheidung über die weitere Reiseroute nach Apulien fallen – mehrere Wege führen ans Ziel, und alle sind gespickt mit sehenswerten Zwischenstationen.

Wer einer unserer Streckenbeschreibungen über die Alpen gefolgt ist, befindet sich auf dem Weg nach Bologna, dem norditalienischen Verkehrsknotenpunkt. Von dort aus führt der direkte Weg auf der Adriatica (A 14) über Ancona und Pescara nach Foggia/Apulien. Zu dieser schnellen Adria-Route gibt es einige interessante Alternativen – vorausgesetzt, Sie haben es nicht eilig.

Adria-Route (Adriatica)

Bologna – Ancona – Apulien: Die breit ausgebaute A 14 führt zunächst schnurstracks zur Adriaküste nach Rimini. Kurz vorher lohnt sich ein Abstecher nach **Ravenna** – byzantinische Mosaiken von Weltrang, dazu schöne feinsandige Strände, kilometerlange Pineta-Wälder und zahlreiche Campingplätze. Die Badeorte an diesem Teil der Adria sind nicht unbedingt überwältigend, ausgenommen natürlich die Riesenbadewanne **Rimini** – ein fast surreales Schauspiel rund um die Uhr! Dafür hält das Hinterland etliche interessante Ziele bereit, z. B. die Enklave **San Marino**, kleinste und älteste Republik der Welt und Duty-free-Metropole. Die "ideale" Renaissancestadt **Urbino** hingegen gehört zum Pflichtprogramm für Kunstliebhaber. Bei **Ancona** lockt der malerische Monte Conero mit dem herrlichen Badeort **Portonovo** (dort toller Camping Adriatico!). Auf der Weiterfahrt gehört die Piazza von **Ascoli Piceno** zu den Hauptsehenswürdigkeiten. Den urwüchsigen **Parco Nazionale d'Abruzzo** erreicht man schnell über Chieti und Sulmona. **Termoli** (S. 110), mit ganzjährigen Fährverbindungen zu den Tremiti-Inseln, liegt in der kleinen Region Molise – hier herrscht bereits ein Hauch von Apulien.

Inlandsroute (Autostrada del sole)

Bologna – Rom – Apulien: Wenn Sie Zeit und Muße haben, steuern Sie Apulien über die Toskana und Umbrien an. Diese Inlandsroute ist zwar stark befahren und sicherlich ein Umweg, eröffnet aber zahlreiche Möglichkeiten für unvergessliche Zwischenstopps.

Von Bologna geht es auf der "Autostrada del sole" (A 1) erst einmal durch viele Tunnel über den waldreichen Apennin nach **Florenz**, der Stadt der Medici. Den landschaftlichen Hochgenuss der Toskana überbietet wohl keine andere italienische Urlaubsregion. Die großen Kunststädte **Florenz, Siena** und **Lucca** genießen Weltruf, und die zahlreichen historischen Provinzstädtchen sind ebenfalls architektonische Kostbarkeiten, allen voran **San Gimignano**. Jährlich zieht es Heerscharen von Besuchern hierher. Umbrien ist dagegen fast noch erholsam touristenfrei.

Von Florenz nach Rom ziehen liebliche Landschaften, grüne Hügel und Weinberge vorüber. **Orvieto** thront als steingewordene Skulptur unmittelbar neben der Autobahn auf einem hohen Tuffsteinblock. In unmittelbarer Nachbarschaft liegt auch der **Lago di Bolsena**, ein glasklarer Vulkansee mit vielen Campingplätzen.

Von Rom führt die Autobahnquerverbindung A 24/A 25 hinüber nach Pescara an die Adria. Diese herrliche Apenninstrecke durch die urwüchsigen Abruzzen ist ein Erlebnis für sich. Hier drängt sich ein Abstecher zum **Parco Nazionale d'Abruzzo** geradezu auf. Auf der Adriatica (A 14) geht es dann weiter nach **Termoli**, dem nördlichen Einstieg ins Reiseziel Apulien.

• *Anreise durch Kampanien* für Genießer, die Umwege durch reizvolle und abgeschiedene Landschaften lieben. Die A 1 führt von Rom in Richtung Neapel. Unterwegs unbedingt einen Abstecher zur originalgetreu wieder aufgebauten **Abtei von Montecassino** (Latium) einplanen! Anschließend die A 1 bereits in Caianello (Kampanien) verlassen und weiter auf der S 372 nach **Benevento**, durch die einsamen Täler des Volturno und Calore. Eine Autobahnquerverbindung (A 16) führt anschließend weiter in Richtung Canosa/Foggia. Durch eine sanfte Berg- und Hügellandschaft gleitet man gemächlich ins **Tavoliere-Gebiet** hinein und kann sein erstes apulisches Etappenziel ansteuern.

• *Anreise durch die Basilikata* Bei dieser Südroute muss man höllisch aufpassen, dass man sich nicht verfährt und im Verkehr rund um Neapel oder Salerno versinkt! Die Neapel-Umgehungsautobahn A 30 stößt am Ende auf das Autobahnteilstück Salerno – Avellino; dort in Richtung Salerno einbiegen und nach ca. 10 km (Salerno-Fratte) weiter auf der A 3 in Richtung Reggio Calabria (gebührenfrei); dann nach ca. 50 km die Ausfahrt nach **Potenza** nicht verpassen. Hier beginnt die gebührenfreie Basilikata-Autobahn; ab Potenza schöne Fahrt durch das sanfte Basento-Tal bis **Metaponto** (Golf von Tarent) und anschließend auf der viel befahrenen Küstenstraße S 106 nach **Taranto** oder schon vorher zur Schluchtenstadt **Matera** abbiegen und von dort direkt ins apulische Kernland, die **Murgia**.

Mit der Bahn

Zugfahren ist eine umweltverträgliche Art des Reisens und angesichts der günstigen italienischen Tarife eine lohnende Angelegenheit. Überhaupt ist Italien ein ausgesprochenes Bahnland mit hervorragend ausgebautem Schienennetz und häufigen Verbindungen.

Die lange Anreise erfordert allerdings ein gewisses Maß an Geduld und gutes Sitzfleisch obendrein. Wer kein Etappenziel mit Zwischenübernachtung eingeplant hat, sollte die Reise im Schlaf- oder Liegewagen in Erwägung ziehen. Vor der Abreise in jedem Fall die Tageszeitungen nach einem eventuellen **Streik (Sciopero)** in Italien durchforsten und verstärkt Nachrichtensendungen hören, denn alle Jahre wieder legt das italienische Bahnpersonal für einige Tage die Arbeit nieder. Meist strategisch so geschickt am Beginn oder Ende der Feriensaison platziert, dass die internationalen Medien sowie empörte Beschwerden hängen gebliebener Touristen für zusätzlichen Druck auf den Staat sorgen.

Information/Buchung bei allen Fahrkartenausgaben und den Reisebüros mit DB-Lizenz. Auch telefonisch beim **ReiseService Deutsche Bahn** unter ✆ 11861 bzw. via **Internet** unter www.bahn.de.

Preise: Hierzulande ist das Zugfahren teuer, in Italien geradezu billig. Wer aus dem Norden Deutschlands kommt, muss deshalb deutlich tiefer in die Tasche greifen als Bayern und Schwaben. **Kosten senken** helfen die Sondertarife der DB sowie die italienischen und internationalen Bahnpässe ("Bahnsparen").

Beispiel **München – Mailand – Bari**, IC, 2. Kl. hin/zurück inkl. aller Zuschläge und Liegewagenplatz 219 €.

Bahnsparen

• *Sondertarife der DB* **Sparpreis bzw. ICE-Sparpreis**, zusammen reisende Personen fahren auf langen Inlandsstrecken mit diesem Pauschalpreis günstiger als mit einer Normalfahrkarte. Die 1. Person zahlt auf dem deutschen Streckenteil 127 € für Hin- u. Rückfahrt 2. Kl. (ICE 152 €), bis zu 4 Mitfahrer zahlen jeweils 64 € (ICE 76 €). Lohnt sich, wenn der Wohnort weit von der Grenze entfernt liegt, im Fall Italien also für Reisende aus Nord- und Mitteldeutschland. Bedingung ist gemeinsame Hin- u. Rückfahrt, Geltungsdauer 1 Monat, Zuschläge sind enthalten.

Super-Sparpreis bzw. ICE-Super-Sparpreis, Bedingungen wie beim Sparpreis, gilt aber nur von Montag bis Donnerstag und am Samstag. Die 1. Person zahlt pauschal 99 € (ICE 127 €), bis zu 4 Mitfahrer zahlen jeweils die Hälfte. Noch günstiger kommt u. U. der Tarif **ICE-Familien-Sparpreis** für Familien (inkl. Großeltern und Lebenspartner) mit Kindern.

Sparpreis-Italien, bietet die DB im Rahmen ihrer Europa-Sparpreise z. Zt. leider nicht mehr an.

TwenTicket, bietet jungen Leuten unter 26 Jahren 20 % Ermäßigung innerhalb Deutschlands.

Insgesamt lässt sich der Sondertarifdschungel hier nicht erschöpfend darstellen. Detaillierte Informationen erteilt die Reiseauskunft der DB (✆ 11861). Auf Bahnreisen spezialisiert haben sich auch die DER-Reisebüros.

• *Italienische Bahnpässe* **Italy Flexi Railcard**, personengebundener Ausweis, unbegrenzte Kilometer auf allen Strecken der italienischen Staatsbahnen (zuschlagsfrei) für 4, 8 oder 12 Tage innerhalb eines Monats. Erhältlich in allen größeren italienischen Bahnhöfen. Besser fährt man jedoch mit dem Euro-Domino-Angebot (s. u.).

Carta verde, mit dieser Karte bekommen Reisende unter 26 Jahren 20 % Ermäßigung auf alle Bahnfahrkarten (1. und 2. Kl.). Erhältlich für 25,82 € gegen Vorlage des Personalausweises in allen größeren Bahnhöfen Italiens. Die "grüne Karte" ist 1 Jahr gültig.

Bahnfahrer über 60 J. erhalten dieselben Ermäßigungen mit der **Carta d'argento**. Weitere Informationen im Internet unter www.trenitalia.com.

• *Internationale Bahnpässe* **Euro Domino**, für alle. Man kann Netzfahrscheine von insgesamt 28 europäischen Ländern kaufen (ausgenommen das Wohnsitzland) und dann innerhalb eines Monats pro Land an 3 bis 8 Tagen das gesamte Bahnnetz nutzen (zuschlagsfrei). Dazu gibt es 25 % Ermäßigung für die Strecke vom Wohnort bis zur Grenze und für Strecken in Transitländern. Klingt zwar etwas kompliziert, kann sich aber lohnen. Die italienischen Netzkarten (2. Kl.) gibt es für 3 Tage schon ab 35 €.

Hauptstrecken über die Alpen

▶ **Brenner-Linie**: München – Kufstein – Innsbruck – Brenner – Bozen – Trento – Verona – Bologna. Eine der wichtigsten Nord-Süd-Verbindungen über die Alpen und wie die Autobahn eine Art Nadelöhr mit gelegentlichen Verspätungen auf dem österreichischen Teilstück. Teilweise sehr schöne Streckenführung am Fluss Sill entlang; nach Innsbruck bei Patsch am Fuß des Pat-

scherkofel hat man einen phantastischen Blick ins Stubaital. Die Grenzstation Brennero kommt kurz nach dem kleinen, dunkelgrünen Brennersee. Südlich des Passes fährt der Zug durch das idyllische Eisacktal hinunter nach Oberitalien.

▶ **Semmering-Bahn:** Wien – Villach – Tarvisio – Udine – Venedig. Die Anreise mit der ersten großen Gebirgsbahn Europas sollten sich Reisende aus dem Osten Österreichs nicht entgehen lassen. Die Auffahrt am Semmering (986 m) geht durch 15 Tunnel und ebenso viele Viadukte. Auch später, den Wörther See entlang und durch die saftig grünen Almen Kärntens, zeigt sich Österreich von seiner besten Seite.

▶ **Gotthard-Linie:** Basel – Luzern – Arth/Goldau – Göschenen (Gotthard-Tunnel) – Airolo – Bellinzona – Lugano – Chiasso – Como – Mailand. Die wohl berühmteste Alpenstrecke durchbricht mit einem 15-km-Tunnel das Gotthard-Massiv (3.000 m).

Ab Luzern verläuft die Strecke am Vierwaldstätter See entlang, weiter am Ufer des Zuger Sees und später vorbei am Lauerzer See. Nach der Kantonshauptstadt Schwyz taucht ein weiterer Arm des verzweigten Vierwaldstätter Sees, der Urner See, auf. Ab **Erstfeld** beginnt die Bergstrecke – Tunnel, Viadukte, schöne Ausblicke! Bei Wassen eine raffinierte Doppelkehrschleife mit mächtigen Viadukten; man sieht das Dorf mit seinem herausragenden Kirchturm gleich dreimal, immer aus einer anderen Perspektive. Ab Göschenen erstreckt sich dann der gewaltige **Gotthard-Tunnel**! Der Durchbruch dauerte von 1872 bis 1880 und war seinerzeit eine enorme Leistung. Über dem Tunnel türmen sich noch 1.600 m Gestein, das entspricht einem Druck von 5 Mio. Kilo pro Quadratmeter. Der Ingenieur des Tunnels, *Louis Favre*, starb während der Arbeiten im Inneren des Berges an einem Schlaganfall; außer ihm forderte das ehrgeizige Projekt noch weitere 177 Menschenleben. Nicht weit vom Südportal liegt die Ortschaft Ambri-Piotta. Weiter geht es durch das Tessin, über Bellinzona und den Nobelkurort **Lugano** mit seinem gleichnamigen See zum Grenzort **Chiasso** und über Como am Comer See nach **Mailand**.

Reizvolle Küstenstrecke am Gargano, dem Sporn des Stiefels

▶ **Lötschberg/Simplon-Bahn:** Bern – Spiez – Brig – Domodossola – Arona – Mailand. Von der Westschweiz nach Italien führt diese bedeutende Schweizer Bahnlinie. Es geht durch den Lötschbergtunnel (15 km), über Brig ins Wallis und durch den Simplontunnel (20 km) nach Italien (Domodossola).

▶ **Albula- und Bernina-Linie:** Chur – St. Moritz – Tirano – Mailand. Der Bernina-Express ist ein absoluter Höhepunkt! Die Strecke führt durch den höchsten Alpentunnel (Albula) und an phänomenalen Gletscherformationen vorbei. Südlich von St. Moritz bewältigt die Bahn extreme Höhenunterschiede. Es verkehren teilweise Züge mit offenen Panoramawagen!

Tipp: In der Hauptreisezeit sind die Züge auf den beschriebenen Hauptstrecken über die Alpen brechend voll. Also rechtzeitig **Platzkarten** sichern (frühestens zwei Monate vor der Abfahrt möglich).
Auf den meisten Strecken gibt es durchgehende Züge mit **Schlaf- und Liegewagen**.

Weiter nach Apulien

Egal, welche Alpenüberquerung Sie gewählt haben, den schnellsten und direktesten Bahnweg nach Apulien bietet die **FS-Hauptstrecke Bologna – Ancona – Pescara – Foggia – Bari**. Täglich verkehren ca. 10 IC-Züge. Ab Rimini läuft die Bahnlinie dicht an der Adria entlang, mit teilweise spektakulärer Schienenführung direkt auf dem Strandufer. Hinter Termoli knickt die Strecke ins Landesinnere nach Foggia ab. Von Barletta nach Bari verlaufen die Schienen dann wieder an der Küste.

Bahnfahren in Italien

Ferrovie dello Stato (FS) heißen die italienischen Staatsbahnen. Die Züge sind fast durchgängig modern und unterscheiden sich in Komfort und Ausstattung wenig von ihren mitteleuropäischen Pendants. Die Zugdichte ist hoch und die Preise sind überaus günstig.

Die Nahverkehrszüge "Treni Regionali" (R) sind langsam und stoppen an jeder Station. Etwas flotter bewegen sich die "Diretti" (D), die aber ebenfalls häufig halten. Mit den "Espressi" (E) kommt man dagegen durchwegs zügig voran. Am schnellsten fahren die "Intercity-Züge" (IC), die meist zuschlags- und gelegentlich platzkartenpflichtig sind. Auf manchen Hauptstrecken rollen auch Hochgeschwindigkeitszüge mit dem Namen "Eurostar". Trotz aller Modernisierungen gehören Verspätungen nach wie vor zum Alltag und sollten einkalkuliert werden. Nahverkehrszüge sind übrigens meist pünktlicher als Fernzüge.

Außer dem staatlichen Streckennetz der FS gibt es in Italien noch mehrere leistungsfähige **Privatbahnen**. Einige davon werden im Stiefelabsatz betrieben. Mehr dazu im Kapitel "Unterwegs in Apulien" ab S. 70.

● *Information* mehr zu den italienischen Eisenbahnen FS vom Ausland aus am besten über das **Internet** (www.trenitalia.com).

● *Fahrpläne/Kursbücher* Die FS gibt kostenlose Hefte mit den wichtigsten Fahrplanauszügen heraus, erhältlich an allen italienischen Bahnhöfen. Diese Übersichten heißen **Principali treni** bzw. **Principali collegamenti** und sind in mehreren Ausgaben erhältlich (z. B. für ganz Italien oder den südlichen Landesteil). Ansonsten auf die vollständigen, halbjährlich erscheinenden FS-Kursbücher (Sommer-/Winterfahrplan) **Orario ufficiale treni** (Gesamt/Norden/Süden) zurückgreifen. In diesen praktischen, kleinformatigen Kursbüchern sind auch einige Privatbahnen verzeichnet; es gibt sie an Bahnhofs- und Zeitungskiosken für ca. 3 €.

● *Gepäckaufbewahrung* in beinahe allen italienischen Bahnhöfen möglich, kostet pro Gepäckstück ab 3 € für 12 Std. (in großen Bahnhöfen rund um die Uhr offen). Schließfächer gibt es im ganzen Land aus Sicherheitsgründen nicht.

● *Zuschläge/Platzkarten* Zuschlagspflichtige IC-Züge sind auf den Fahrplänen mit einer gestrichelten Linie gekennzeichnet (Zuschlag = Supplemento). Eine Platzkartenpflicht ist auf den Fahrplänen mit einem fetten "R" vermerkt.

● *Schlaf- und Liegewagen* Italienische Schlafwagen (Carrozza letti) haben in der 1. Kl. Ein- oder Zweibettabteile, in der 2. Kl. zwei oder drei Betten. Liegewagen (Carrozza cuccette) haben in 1. Kl. vier, in 2. Kl. sechs Liegeplätze. Zu viel an Komfort darf man nicht erwarten, aber dafür sind diese Leistungen in Italien preiswert. **Ganz wichtig:** Bevor man den Zug besteigt, muss man sein Ticket an einem Automaten mit der Aufschrift **Convalidare** entwerten! Andernfalls gilt man als Schwarzfahrer und das kann einiges kosten.

Weitere Anreisemöglichkeiten

Mit dem Bus

Die Deutsche Touring GmbH steuert mit ihren Europabussen von verschiedenen deutschen Großstädten mehrere Zielorte in Apulien an, z. B. San Severo, Foggia, Bari, Brindisi, Lecce und Tarent sowie Termoli und Metaponto.

Längere Busfahrten gehören sicherlich nicht zu den bequemsten Fortbewegungsarten. Zwar hat man seinen gepolsterten Sitzplatz, darf ihn aber nur selten verlassen, um sich die Beine zu vertreten, schließlich muss der Fahrplan eingehalten werden. **Eurobusfahrten sind preislich allerdings kaum zu unterbieten.**

● *Information/Buchung* in allen **DER-Reisebüros** sowie den Niederlassungen der **Deutschen Touring GmbH**, Zentrale, Am Römerhof 17, Postfach 900244, 60486 Frankfurt, ✆ 069/7903210, www.Deutsche-Touring.com.
● *Preisbeispiele* von **Hamburg** oder **Hannover** nach **Bari** bzw. **Lecce** 115 € (einfach), 207 € (hin/zurück). Abfahrt jeden Dienstag und Samstag früh am Morgen, Rückfahrt ebenfalls Dienstag und Samstag. Von **München** nach **Termoli**, **San Severo** bzw. **Foggia** 79 € (einfach), 142 € (hin/zurück).

In den Sommermonaten tägl. Verbindungen (außer So).
Ab dem 13. Geburtstag zahlen alle den vollen Preis, 4- bis 12-jährige Kinder erhalten 25 % Ermäßigung. Ein Gepäckstück im Koffermaß sowie das Handgepäck sind frei. Für ein zweites Gepäckstück wird ein Aufpreis von 3 € bei der Abfahrt erhoben; mehr Gepäck ist nur erlaubt, wenn noch Stauraum frei ist.
Eine Fahrradmitnahme ist nicht möglich.

Mit dem Flugzeug

Angesichts der großen Distanz zum Reiseziel bietet das Flugzeug eine schnelle und komfortable Alternative zum zeitaufwendigen Landweg.

Bari und **Brindisi** sind die apulischen Zielflughäfen. Anreise per Flugzeug und Mietwagen vor Ort ist die ideale Kombination für alle, die ihr Reiseziel möglichst schnell erreichen und im Urlaub mobil sein wollen.

● *Rail & Fly* mit dem Zug zum Flug – preiswerte Möglichkeit, mit der DB vom Heimatort zum Flughafen und wieder zurück zu reisen. Es gelten entfernungsabhängige Pauschalpreise. Entsprechende

Fahrkarten können Sie in Verbindung mit dem Flugticket kaufen.
● *Mietwagen vor Ort* "'Unterwegs in Apulien", S. 75.

▶**Charterflüge:** Im Charterflugverkehr wird Apulien z. B. von LTU angeflogen, allerdings nur im Sommerhalbjahr von Mitte April bis Anfang Oktober. Einmal wöchentlich bietet diese Gesellschaft **Direktflüge** von Frankfurt, München und Düsseldorf nach Brindisi an. Die Preise schwanken je nach Flughafen und Saison zwischen 250 und 400 € (ohne Steuern). Da Charterflüge nur wochenweise zu buchen sind, fällt der Rückflug immer auf den gleichen Wochentag wie der Hinflug. Es ist ratsam, sich frühzeitig um das Ticket zu kümmern. Zwecks Information und Buchung sollten Sie ein Reisebüro aufsuchen.

▸ **Linienflüge**: Alitalia und Lufthansa bieten von mehreren deutschen Flughäfen Linienflüge nach Bari und Brindisi an. Direktflüge gibt es dabei nicht, einmaliges Umsteigen ist immer erforderlich. Außerdem sind Linienflüge zum Normaltarif deutlich teurer als Charterflüge. Ein normaler Linienflug von Hamburg über Rom (hier umsteigen) nach Bari kostet ab 560 € (ohne Steuern). Die verschiedenen **Sondertarife** der Gesellschaften (Flieg & Spar, Euro-Twen) machen einen Linienflug jedoch preislich wieder interessant. Zudem bieten Linienflüge oft mehr Gestaltungsfreiheit, da sie nicht wochenweise gebucht werden müssen. Hinsichtlich der Sondertarife von Alitalia und Lufthansa empfiehlt es sich, im Reisebüro zu buchen und nicht direkt bei den Fluggesellschaften.

▸ **Last-Minute**: In sog. Restplatzbörsen werden die bis zu einem bestimmten Zeitpunkt nicht verkauften Plätze der Chartermaschinen ermäßigt angeboten. Vor allem in den Flughäfen haben sich die Restplatzverkäufer mit eigenen Last-Minute-Schaltern etabliert. In den Tageszeitungen häufen sich die Last-Minute-Angebote der Reisebüros, und auch das Internet hilft weiter unter www.last-minute.buchung.de.

Achtung: In Anbetracht der andauernden Branchenkrise und dem Aufkommen nationaler und internationaler Billigfluggesellschaften ist mit einschneidenden Veränderungen im Flugverkehr zu rechnen.

Mitfahrzentralen

Preisgünstige Lösung für Fahrer und Mitfahrer. In der Bundesrepublik existieren mittlerweile rund 100 Mitfahrzentralen (MFZ), die Fahrer und Mitfahrer vermitteln. Grundsätzlich sind die Vermittlungschancen innerhalb Deutschlands gut, von Deutschland nach Italien hingegen eher gering.

Wer also mit dem Auto nach Italien fährt und noch zahlungswillige Mitfahrer für die Anreise sucht, sollte ruhig mal bei der nächstgelegenen Zentrale anrufen. Dasselbe gilt für alle, die eine Mitfahrgelegenheit (MFG) suchen. Viele Angebote hängen auch an den Schwarzen Brettern von Universitäten und Studentenkneipen. Auch wenn die Reiseziele von Fahrer und Mitfahrer nicht hundertprozentig übereinstimmen, kann man sich vielleicht auf ein Teilstück der Strecke einigen. Der Mitfahrer legt dann den Rest seiner Route einfach mit der Bahn zurück.

Falls es zur Vermittlung durch eine MFZ kommt, muss der Mitfahrer als Fahrpreis einen von der MFZ festgelegten **Benzinkostenanteil** (ca. 5 Cent/km) an den Fahrer zahlen. Zusätzlich wird eine **Vermittlungsgebühr** (ca. 3 Cent/km) an die MFZ fällig. Für den Fahrer fallen keinerlei Kosten an. Mitfahrer können über die MFZ für ein paar Euro auch eine **Pannen- und Unfallversicherung** abschließen. Bleibt der Wagen irgendwo auf halber Strecke liegen, kann sich der Mitfahrer ein Taxi bis zum nächsten Bahnhof und von dort einen Zug 2. Kl. bis ans Ziel nehmen. Gegen Vorlage der Quittungen werden die Kosten erstattet. Nachfrage und Angebot im **Internet** unter www.mfz.de.

Belebte Altstadtgasse in Nardo

Mit dem Fahrrad

Eine schöne Sache, wenn man erst mal den Brenner hinter sich hat, denn anschließend geht es bis in die brettflache Po-Ebene ständig bergab. Auch entlang der Adria herrscht flaches Terrain vor. Unterwegs bieten sich viele attraktive Stopps an.

Italien ist ein klassisches Land des Radsports und der schicken Räder. Wer mit dem Rennrad unterwegs ist, erregt viel Aufmerksamkeit. Markierte Radwege gibt es allerdings kaum – nur im Po-Delta um Ferrara und Ravenna sind mehrere hundert Kilometer für Radfahrer ausgebaut. Die meisten Straßen am Stiefel sind jedoch problemlos zu befahren. Italienische Autofahrer verhalten sich im Allgemeinen entgegen ihrem Ruf rücksichtsvoll, hupen vor dem Überholen kräftig und machen einen möglichst großen Bogen um den Radler. Nicht erschrecken, das Hupen ist als wohlgemeinte Warnung gedacht!

● *Bike & Bahn* Wer nicht über die Alpen und durch Oberitalien strampeln will, hat die Möglichkeit der **Radmitnahme** in einigen bestimmten Fernzügen; z. B. **München – Pescara** und zurück (von Anfang Mai bis Ende September). Das Radticket kostet nur 10 € (einfach); darin ist die Reservierung des Stellplatzes enthalten. Das Radticket für den Rücktransport kann allerdings nur vor Ort in Italien gekauft werden und kostet dann 12,30 €; eine Stellplatzreservierung ist nicht möglich!

● *Information* Näheres weiß die **Radfahrer-Hotline der DB**, ✆ 01805/151415 (0,12 €/Min.). Informationen bekommt man auch bei den Geschäftsstellen des **ADFC** (Allgemeiner Deutscher Fahrrad Club). Hauptstelle des ADFC: Hollerallee 23, 28209 Bremen, ✆ 0421/346290, www.adfc.de. Der Club unterhält auch eine Kontaktbörse für Radreisende.

● *Treno & Bici:* Wer kürzere Strecken innerhalb Italiens mit dem Zug zurücklegen will, kann das nur in den Treno&Bici-Zügen. Man muss bzw. darf das Rad selbst ein- und ausladen. Der Pauschalpreis für den Radtransport beträgt 3,50 € in FS-Regionalzügen und 5,16 € im IC/EC-Verkehr.

Die Küstenroute von Pescara zum Gargano ist für Freizeitradler durchaus machbar (Radtransport München – Pescara s. o.). Bei einer durchschnittlichen Tagesleistung von ca. 60 km schafft man es in 4 Tagen bis nach Vieste. (Radfahren im Gargano, siehe "Reisepraktisches von A bis Z/Sport/Fahrradfahren", S. 107).

Trampen

Die Risiken des Trampens sind allgemein bekannt, wir wollen diese Anreisemöglichkeit deshalb nicht empfehlen. Wer es dennoch versuchen will, sollte am besten schon an einer bundesdeutschen Autobahnraststätte versuchen, einen Wagen zu bekommen, der über die Alpen fährt, denn in Italien ist das **Trampen im gesamten Autobahnbereich** (einschließlich Auffahrtsstraßen, Mautstellen, Raststätten und Tankstellen) verboten!

Bei Unfällen: In Deutschland, Österreich und der Schweiz trägt die Haftpflichtversicherung des Fahrzeughalters bei einem eventuellen Unfall auch die Kosten, wenn ein mitreisender Tramper zu Schaden kommt. Und ein Autofahrer, der schuldhaft einen Unfall verursacht, bei dem ein mitfahrender Tramper verletzt wird, muss mit einem Verfahren wegen fahrlässiger Körperverletzung rechnen.
In Italien dagegen sind zum einen die Haftpflichtsummen bei Personenschäden vergleichsweise niedrig, zum anderen sind Tramper über die italienische Kfz-Haftpflichtversicherung nicht mitversichert! Tramper sollten deshalb für die Dauer des Aufenthalts eine **Unfallversicherung** abschließen.

Schwertransport mit "Motorino"

Unterwegs in Apulien

Eigenes Fahrzeug garantiert Mobilität – Stadtverkehr möglichst meiden – dichtes Schienennetz aus Staats- und mehreren Privatbahnen – Busse an der Gargano-Küste und im Hacken leistungsfähig – Stadtbussystem etwas chaotisch – ganzjährige Fährverbindungen auf die Tremiti-Inseln

Gemessen am norditalienischen Straßennetz schneidet Apulien gar nicht schlecht ab. Pkw-Lenker können auf Autobahnen, Schnell- oder Landstraßen so gut wie jeden Ort – auch den entlegendsten – erreichen. Ebenso vorbildlich ist das apulische Bahnnetz. Außer der staatlichen Eisenbahngesellschaft FS sind noch mehrere Privatbahnen aktiv, die auch kleinere Ortschaften miteinander verbinden. Bahn- und Linienbusse mehrerer Gesellschaften ersetzen die fehlenden Schienenstränge. Mietfahrzeuge bekommt man in den Provinzhauptstädten und in größeren Urlaubsorten. Dass der Verleih von Fahrrädern auch etwas einbringen kann, hat sich in den apulischen Ferienorten leider noch nicht herumgesprochen.

Unterwegs mit dem eigenen Fahrzeug

Die Mobilität, die das eigene Fahrzeug ermöglicht, lässt sich kaum überbieten, nur in den Zentren der verkehrschaotischen Provinzhauptstädte ist es eher ein Klotz am Bein. Autofahrer können jeden Ort in Apulien **gebühren-frei** erreichen, denn häufiger als im Norden gibt es zur Autobahntrasse schnelle und kostenfreie Alternativen: **Superstrade** (Schnellstraßen), breite **Provinciali** (Staatsstraßen) und schnurgerade Landstraßen.

Mangelhaft ist jedoch oftmals die **Beschilderung** – bisweilen fehlt sie an Kreuzungen ganz. Auf den Landstraßen im Landesinneren hilft manchmal nur noch der richtige Instinkt oder ein Kompass!

Hilfreich und kurios

Wer viel mit dem Pkw in Apulien herumfährt, dem wird das Verkehrs-schild mit der Aufschrift "Complanare" bald auffallen. Ganz habe ich auch nicht klären können, welche Bedeutung es hat. Auf bestimmten Landstra-ßen macht es jedenfalls auf die Schnellstraßenanschlüsse aufmerksam, während es auf den Schnellstraßen selbst die jeweiligen Wendemöglich-keiten signalisiert. Sicher ist, dass das Complanare-Schild eine apulische Spezialität ist – im übrigen Italien taucht es nirgendwo auf.

Nach starken **Regenfällen** im Gebiet der Zentral-Murgia ist höchste Vor-sicht geboten, denn der Karstboden (so ist Apulien nun mal beschaffen) kann die Wassermassen nicht schnell genug aufnehmen; es kommt zu sint-flutartigen Überschwemmungen. Die Straßen verwandeln sich dann in rei-ßende Bäche. Nach wenigen Stunden ist zwar alles wieder trocken, dann jedoch auf Geröll etc. achten! Es dauert oft tagelang, bis die Fahrbahnen wieder gründlich gereinigt sind.

Eine weitere Warnung betrifft die stark befahrenen Abschnitte einiger Küs-tenstraßen. Teilstücke der S 16 (östlich von Bari) und der S 106 (südwestlich von Tarent) sind als **unfallreiche Rennstrecken** berüchtigt – allein das hohe Lkw-Aufkommen sorgt dort oft genug für kritische Momente.

Auf landschaftlich besonders **reizvolle Strecken** wird in den einzelnen Ge-bietskapiteln hingewiesen.

▶ **Alles Wichtige zum Thema Autofahren in Italien** finden Sie im Kapitel "An-reise/Mit dem eigenen Fahrzeug". Zum Beispiel Informationen zu gebüh-renpflichtigen Autobahnen auf S. 53, zum Tanken auf S. 52, zum Parken im Stadtzentrum auf S. 53.

Unterwegs per Bahn

Abgesehen vom praktischen Nutzen des engmaschigen und preisgünstigen Schienennetzes warten einige **landschaftliche Höhepunkte** auf die Bahn-reisenden. Auf den Streckenabschnitten durch den vegetationsreichen Gargano, die zerklüftete Hoch-Murgia, das idyllische Itria-Tal und das sanf-te salentinische Hinterland erlebt man Bahnfahren pur und sieht dabei Bil-derbuchlandschaften, die man hinter der Windschutzscheibe des eigenen Automobils niemals zu Gesicht bekommt.

Reisepraktisches

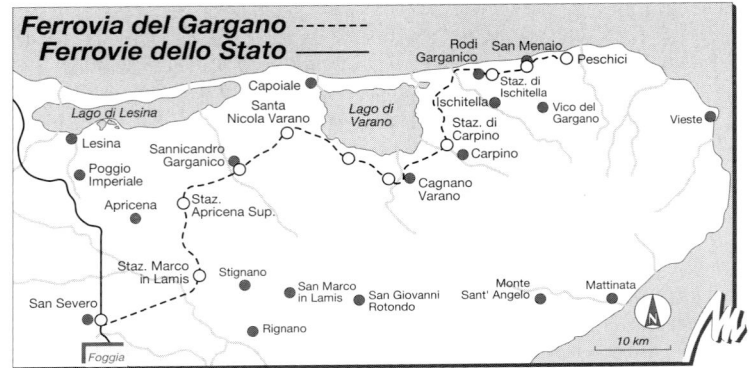

Das effiziente Schienennetz der italienischen Staatsbahnen **Ferrovie dello Stato (FS)** verteilt sich in Apulien auf drei Hauptstrecken: Foggia – Barletta – Bari – Brindisi – Lecce; Bari – Taranto; Brindisi – Taranto (Streckenübersicht S. 74).

Das Streckenangebot wird durch drei aktive Privatbahnen und eine staatliche Vorortbahn ergänzt. Die Bahnlinie der **Ferrovia del Gargano** führt von San Severo, nördlich von Foggia, hinüber zur Gargano-Nordküste bis kurz vor Peschici über Rodi Garganico, von dort kürzeste Fährverbindung auf die Tremiti-Inseln (Streckenübersicht s. oben). Die **Ferrovie Calabro-Lucane** hat ihren apulischen Hauptbahnhof in Bari und startet von dort durch die Zentral-Murgia über Altamura in die Basilikata, nach Matera und Potenza (Streckenübersicht S. 73). Die **Ferrovia del Sud-Est** besitzt ein dichtes Schienennetz und bedient den gesamten Stiefelabsatz plus Teile der Provinzen Bari, Brindisi und Tarent (Streckenübersicht S. 74). Außerdem verkehrt die Vorstadtbahn **Ferrotranviaria** Bari-Nord regelmäßig zwischen Barletta und Bari (über Bitonto).

Die wichtigsten **Städteverbindungen** können Sie in den jeweiligen Ortskapiteln unter "Anfahrt & Verbindungen" nachlesen. Die **Fahrpläne** der genannten Privatbahnen sind zum Teil nicht in den *Orario ufficiale treni* (ital. Kursbücher) verzeichnet (S. 65), sondern müssen an den jeweiligen Bahnhöfen besorgt werden.

▸ **Alles Wichtige zum Thema Bahnfahren in Italien**, von den schnellsten Anreiserouten, über Schlaf- und Liegewagen bis zu den günstigsten Fahrkarten finden Sie im Abschnitt "Bahnfahren in Italien", ab S. 67.

▸ **Alles Wichtige zum Thema Bahn & Bike in Italien:** Im IC- und EC-Verkehr dürfen Räder in der Regel nur demontiert und verpackt mitgenommen werden, außer es handelt sich um sog. Treno&Bici-Züge. In Regionalzügen ist die Fahrradmitnahme relativ problemlos möglich, auch in vielen Zügen der apulischen Privatbahnen. Eine Stellplatzreservierung wie zu Hause wird nicht angeboten. Der entfernungsunabhängige Pauschalpreis für den Radtransport beträgt 3,50 € in FS-Regionalzügen und 5,16 € im IC-/EC-Verkehr.

Ferrovie
Calabro-Lucane

———— Ferrovie Calabro–Lucane
—— - —— - - Ferrovie dello Stato

Unterwegs per Bus

Die zahllosen Bahn- und Linienbusse staatlicher und privater Gesellschaften ergänzen die Bahnstrecken. Selbst die kleinsten Ortschaften im Hinterland, fernab von jeder Bahnschiene werden angefahren. Geradezu vorbildlich sind die Busverbindungen an der Gargano-Küste und im Salento. Hat man jedoch die Wahl zwischen Bahn und Bus, so ist der Zug allemal schneller. Die **Busterminals mit Fahrkartenschalter** befinden sich immer in Bahnhofsnähe bzw. an zentralen Plätzen. Fahrscheine sollten rechtzeitig besorgt werden, denn sie sind **im Bus häufig nicht erhältlich.**
Aktuelle Fahrpläne und Auskünfte erhält man nur an den Fahrkartenschaltern der Busterminals.
Und dran denken, an **Sonn- und Feiertagen** herrscht stark eingeschränkter Verkehr!
Die wichtigsten Busverbindungen vor Ort können Sie in den jeweiligen Ortskapiteln unter "Anfahrt & Verbindungen" nachlesen.

Unterwegs mit Fähren

Es bestehen ausgezeichnete Fährverbindungen auf die zu Apulien gehörenden **Tremiti-Inseln.** Übersetzen kann man von Termoli (Molise), den Gargano-Orten Rodi Garganico (kürzeste Strecke), Peschici, Vieste und Manfredonia. Ihr Auto müssen Sie allerdings auf dem Festland lassen, denn auf den Tremitis sind motorisierte Privatfahrzeuge nicht gestattet, ganz abgesehen davon, dass sie kaum zweckmäßig wären.
Ganzjährige Fährverbindungen gibt es nur ab **Termoli**. In der **Hauptsaison** (Juni–Sept.) verkehren **Schnellfähren** von allen obengenannten Häfen mehrmals täglich. Genauere

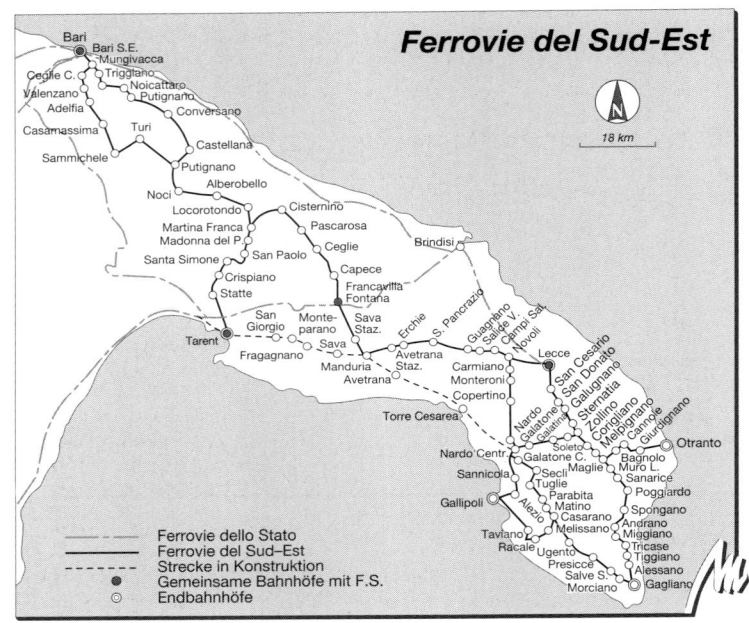

Ferrovie del Sud-Est

18 km

Ferrovie dello Stato
Ferrovie del Sud–Est
Strecke in Konstruktion
Gemeinsame Bahnhöfe mit F.S.
Endbahnhöfe

Informationen zum Fahrplan bzw. den Tarifen finden Sie unter dem Stichwort "Verbindungen" (S. 178) im Kapitel zu den Tremiti-Inseln bzw. bei den jeweiligen Küstenhäfen.

Zwischen den **Küstenorten** des Gargano besteht in den Sommermonaten ein regelmäßiger Schiffsverkehr; außerdem werden mehrstündige **Ausflugsfahrten** (mit Badestopp) entlang der grottenreichen Küste angeboten.

Unterwegs mit dem Stadtbus

Auf den ersten Blick ein etwas chaotisch wirkendes System. Die Endstationen sind selten an den Bussen angeschrieben, ebenso kann man an den Haltestellen kaum etwas über die Streckenführung, die Abfahrtszeiten und die Häufigkeit der Verbindungen erfahren oder entziffern. **Durchfragen** ist die beste Methode. Eine einfache Fahrt kostet ca. 0,50 €. Fünfer- oder Zehnerkarten bringen einen kleinen Preisvorteil.

> **Wichtig**: Die Bustickets müssen **vor der Fahrt** an Zeitungskiosken bzw. in Tabacchi-Läden oder Bars etc. gekauft und dann im Bus entwertet werden.

Unterwegs mit dem Taxi

Etwas preiswerter als zu Hause, aber die Taxidichte ist in den Provinzhauptstädten und den größeren Urlaubsorten nicht sehr hoch. Der Wagen muss

in der Regel telefonisch geordert werden. Auf den Grundpreis kommen noch etliche **Zuschläge**, für Feiertage, Gepäckstücke, Nachtfahrten und Fahrten von und zum Flughafen.
Immer darauf achten, dass der Taxameter eingeschaltet ist.

Unterwegs mit Mietfahrzeugen

Im europäischen Vergleich sehr teuer! In den fünf Provinzhauptstädten, an den Flughäfen von Bari und Brindisi sowie in den größeren Urlaubsorten sind die bekannten internationalen Firmen Avis, Europcar, Hertz und Sixt/Budget vertreten. Zusätzlich gibt es nationale Unternehmen wie Eurodollar und Maggiore.

> **Tipp**: Eine vorzeitige **Buchung von Deutschland** aus ist ratsam – und auch preisgünstiger.

• *Mietwagenpreise* Bei Buchung vor Ort, setzen sich die **Tagestarife** meist aus einem Grundbetrag und einer Pauschale pro gefahrenem Kilometer zusammen (oder: höherer Tarif ohne Pauschale, der etwa dem Grundbetrag plus Kilometergeld für 100 km entspricht).
Wer viel unterwegs sein will, fährt mit dem **Wochentarif** meist günstiger, denn es wird kein Kilometergeld kassiert.
Manche Firmen bieten auch günstige **Wochenendtarife** an (Freitagnachmittag bis Montagmorgen).

• *Versicherungen* Im Preis inbegriffen ist eine **Haftpflichtversicherung** sowie eine **Teilkasko** mit Selbstbeteiligung, die man in der Regel nicht gegen Aufpreis "wegversichern" kann.
Da die **gesetzliche Mindestdeckungssumme** für Personen- und Sachschäden in Italien vergleichsweise niedrig ist, empfiehlt es sich, bereits zu Hause eine Zusatz-Haftpflichtversicherung für Mietwagen im Ausland abzuschließen.
• *Mindestalter* Einen **Mietwagenvertrag** kann man in Italien bereits mit 18 Jahren abschließen.

▶ **Vespa- und Motorradvermieter:** Einige davon haben sich in den größeren Urlaubsorten etabliert. Ein bisschen Zweiraderfahrung sollte man bei einem solchen Vorhaben allerdings mitbringen. Vor allem die Vespa – der legendäre italienische Motorroller – ist ein ziemlich gewöhnungsbedürftiges Gefährt, denn die kleinen Reifen sorgen für ein völlig neues Fahrgefühl und -vergnügen. Wer z. B. die Küste nach ruhigen Badestellen absuchen will, tut mit der Vespa den richtigen Griff. Die ab 50 ccm vorgeschriebenen **Helme** gibt es gratis dazu.

▶ **Fahrradverleih** ist noch nahezu unbekannt (einen haben wir z. B. auf der Tremiti-Insel San Domino entdeckt, S. 177).

Unterwegs mit dem Rad

("Reisepraktisches von A bis Z/Sport/Fahrradfahren" S. 107).

Agriturismo – Urlaub auf dem Lande, manchmal recht abgeschieden

Übernachten

An der Küste fast überall ausreichend Hotels und Camping-plätze vorhanden – im Hinterland sind Unterkünfte eher knapp – ernst zu nehmende Engpässe im Juli/August – Agriturismo in Masserie, den typisch apulischen Gutshöfen – die Gargano-Küste hält den apulischen Campingplatzrekord

Ganz Süditalien liegt voll im Reisetrend – und auch Apulien setzt verstärkt auf den Fremdenverkehr. Zwar ist die touristische Infrastruktur der Region noch keineswegs flächendeckend entwickelt, aber die attraktiven Feriengebiete und Städte haben längst einen kräftigen Ausbau erfahren. An der reizvoll zerklüfteten **Gargano-Küste** sind mittlerweile zahlreiche Hotel- und Apartmentanlagen sowie Ferienwohnungen und Campingplätze entstanden, nachdem die weißen Strände und bizarren Felsformationen dieses Küstenstreifens immer bekannter wurden. Auch die **Salento-Küste** ist um Otranto, Gallipoli und Leuca touristisch recht gut erschlossen und bietet ausreichend Übernachtungsmöglichkeiten. Die fünf **Provinzhauptstädte** Foggia, Bari, Brindisi, Lecce und Tarent haben relativ lange Hotelverzeichnisse, sowohl für das kleine Portemonnaie als auch für die dicke Brieftasche. Das Trulli-Gebiet im herrlichen **Itria-Tal** fungiert als Vorzeigeregion, die das ganze Jahr über auf Besuch eingestellt ist. Barletta, Trani, Ostuni und Martina Franca sind stetig wachsende Urlaubszentren, die man jederzeit problemlos anpeilen kann. Auch die Badeorte am Ionischen Meer südwestlich von Tarent verfügen über relativ hohe Kapazitäten, haben aber außer endlosen Sandstränden vergleichsweise wenig zu bieten – der hochsommerliche Andrang ebbt dort schon früh ab.

Das **apulische Hinterland**, vor allem aber die Zentral-Murgia, vermittelt einen völlig anderen Eindruck, dort zeigt sich ganz deutlich, dass der Tourismus in Apulien noch nicht flächendeckend Fuß gefasst hat: Im Hinterland sind Übernachtungsmöglichkeiten knapp, und die Entwicklungstendenz ist dort eher fallend als steigend!

Wer **im Hochsommer** in Apulien unterwegs ist, muss damit rechnen, an der Rezeption mit einem freundlichen "tutto completo" wieder weggeschickt zu werden. Juli und August sind die Unterbringungs-Krisenmonate, dann macht nämlich ganz Italien Urlaub, und zwar am liebsten vor der eigenen Haustür an den schönsten heimischen Stränden. Wenn der Fremde die gewünschte Unterkunft am bevorzugten Ferienort ausgebucht vorfindet, geht oftmals die ziellose Sucherei los, und die kann einen kostbaren Urlaubstag verderben. Wer solche unliebsamen Juli/August-Überraschungen vermeiden will, kann nur durch **rechtzeitige Zimmerreservierung** vorbeugen. Hilfreich dabei sind unsere Übernachtungstipps (in den jeweiligen Ortskapiteln unter dem Stichwort "Übernachten") und die bei den italienischen Fremdenverkehrsämtern in Deutschland, in der Schweiz und in Österreich erhältlichen, alljährlich aktualisierten **Annuari degli Alberghi** (Unterkunftsverzeichnisse) der Provinzen. Darin sind alle registrierten Hotels und Pensionen mit Adresse, Preisen, Öffnungszeiten und Hinweisen zur Ausstattung verzeichnet, oft auch Ferienanlagen, Campingplätze, Jugendherbergen und Agriturismo-Höfe.

Tipps

Reservierung per Fax: die sicherste und einfachste Form der Reservierung. Fragen Sie zunächst telefonisch an, ob zum gewünschten Termin etwas frei ist, und wickeln Sie die verbindliche Reservierung dann per Fax ab. In der Regel wird die Kreditkartennummer verlangt.

Wichtig: Rechnung aufbewahren! Die Pflicht, die **Ricevuta fiscale** kurzfristig aufzubewahren, ist auch für ausländische Touristen Gesetz und wird bei Missachtung mit empfindlichen Geldstrafen belegt. ("Reisepraktisches von A bis Z", S. 104).

Hotels und Pensionen (Alberghi e Pensioni)

Moderne Cityhotels, altehrwürdige Herbergen in historischen Gemäuern und schlichte, saubere Pensionen findet man in den fünf Provinzhauptstädten und den größeren Hafenstädten. In den Küstenorten der Feriengebiete überwiegen die gepflegten Familienpensionen und die komfortablen bis luxuriösen Strandhotels. Klobige Mammuthotels und kasernenartige Bettenburgen zieren die apulische Küste glücklicherweise selten. Die romantischen Hotelbauten im Itria-Tal sind zum Teil verspielte Imitationen der ländlichen Trulli-Architektur. In der Zentral-Murgia und im Kerngebiet des Salento findet man vor allem einfache, aber auch schicke Landhotels in ehemaligen Masserie (Gutshöfen) – und alles hat natürlich seinen Preis.

▸ **Pensionspflicht:** herrscht in den Urlaubsdomänen an der Küste in der teuren Hochsaison praktisch in jeder Unterkunft, d. h. Übernachtung mit Frühstück und mindestens einer Mahlzeit (Halbpension = Mezza pensione). Außerdem muss man vielerorts wenigstens drei Nächte bleiben. Auch Übernachtung mit Frühstückszwang treibt die Preise oftmals in die Höhe, wobei das Frühstück nicht selten lächerlich bescheiden ausfällt. Anders in der Nebensaison, dann purzeln die Preise, und die Hoteliers können froh sein, wenn ihre Zimmer voll belegt sind.

▸ **Klassifizierung/Preise:** Die Hotels und Pensionen werden von den regionalen Tourismusbehörden in fünf Kategorien unterteilt (1 bis 5 Sterne). Wir haben die Sterne-Klassifizierung bei den Hotelbeschreibungen jeweils angegeben, obwohl sie nicht immer etwas über Zustand, Ausstattung, Service, Freundlichkeit etc. des Hauses aussagt – und auch nicht immer über den Preis! Die in Italien praktizierte Sternvergabe ist nämlich nicht an festgesetzte Preisgrenzen gekoppelt. Die Hoteliers dürfen die Preise so hoch ansetzen, wie es ihnen beliebt – sie müssen dann nur noch von der zuständigen Tourismusbehörde registriert werden. Das kann dazu führen, dass z. B. stilvolle 3-Sterne-Hotels in schöner Lage teurer sind als standardisierte Vier-Sterne-Hotels. Alljährlich werden die Preise neu festgesetzt, wobei es in der Regel zu Preisänderungen kommt.

Die Zimmerpreise müssen für die Gäste an der Rezeption eines jeden Hotels einzusehen sein und auch in den Zimmern selbst deutlich sichtbar aushängen (meist an der Innenseite der Tür). Achten Sie darauf, dass der Aushang offiziell bestätigt ist, z. B. mit dem Behördenstempel.

Die Preisangaben im praktischen Reiseteil dieses Buchs sind Circa-Preise und beziehen sich auf ein Doppelzimmer (DZ) mit Bad, aber ohne Frühstück. Zimmer ohne eigenes Bad sind als solche vermerkt, in der Regel steht Ihnen hier eine Etagendusche zur Verfügung.
Wenn eine Preisspanne angegeben ist (z. B. 50–75 € fürs DZ), meint die erste Zahl den Zimmerpreis in der Nebensaison (NS), die zweite bezieht sich auf die Hauptsaison (HS) im Juli/August. Hinzu kommt, dass die Preise auch aufgrund einer unterschiedlichen Zimmerqualität differieren können.

***** = Hotels der Luxusklasse,** in Apulien kaum vertreten, höchster Komfort und Service, stilvolle Ausstattung, vornehmes Restaurant, Swimmingpool und/oder Privatstrand, Tennisplatz etc. meist vorhanden. Preisniveau: mehr oder minder unbezahlbar, auch in der NS nicht unter 150 €.

**** = First-class-Hotels,** oft anzutreffen, für gehobene Ansprüche, im Komfort der Luxuskategorie nur z. T. ähnlich, deutliche Unterschiede feststellbar. Preise schon ab 60 € fürs DZ, meist jedoch weit darüber.

*** = Mittelklassehotels,** sehr verbreitet, in der Regel solide, mit guter Ausstattung und eigenem Bad. Qualitätsunterschiede sind aber durchaus vorhanden. Häufig alte Villen und vornehme Stadthäuser, denen man im Lauf der Zeit einige Pflaster aufgeklebt hat. DZ um die 50 € mit Schwankungen nach unten und oben.

** = untere Mittelklasse,** ebenfalls häufig anzutreffende Kategorie, spürbare Qualitätsunterschiede von vernachlässigt bis gut. Oft gibt es Zimmer wahlweise mit eigenem Bad oder ohne. Je nach Besitzer viel persönliche Atmosphäre oder auch nicht. DZ mit Bad schon ab 35 €.

* **= einfache Pensionen**, größtenteils ältere Häuser, oft in größeren Städten, an der Küste seltener. An die Ausstattung darf man keine Ansprüche stellen, aber unerfreuliche Überraschungen dürfen einkalkuliert werden. DZ mit Bad ca. 35 €, mit Etagendusche darunter.

‣ **Einzelzimmer** sind in vielen Hotels nicht vorhanden. Falls Einzelreisende ein Doppelzimmer zugewiesen bekommen, ohne es verlangt zu haben, wird dafür in der Regel nur ein Einzelzimmerpreis bzw. bis zu 85 % des Doppelzimmerpreises berechnet. Ein **Extrabett** im Doppelzimmer darf den DZ-Preis max. um 35 % erhöhen.

‣ **Frühstück (Colazione)** darf nur serviert werden, wenn der Gast es wünscht. Der Preis unterliegt keiner Kontrolle und ist deswegen oft überhöht – ein beliebter Trick, um auch in der Nebensaison den Zimmerpreis in die Höhe zu schrauben. Vorher nach dem Frühstücksaufpreis fragen, um unliebsame Überraschungen zu vermeiden.

> **Empfehlung**: Deutsche Hotel- bzw. Pensionsgäste zählen bei den italienischen Hoteliers zu den beliebtesten Kunden! Etwa deshalb, weil sie sich nicht **beschweren**, wenn es berechtigte Klagen, **Beanstandungen** oder Probleme gibt? Sollte es z. B. beim Bezahlen zu Unstimmigkeiten kommen, hilft meist schon die Drohung mit dem Gang zum zuständigen Fremdenverkehrsamt bzw. zur Polizei, falls nicht, sollte man sich keineswegs scheuen, sie auch auszuführen.

Pauschalangebote

Die südliche Adria und die ionische Küste werden zunehmend auch von den großen deutschen Reiseveranstaltern vermarktet. Die Pauschalangebote für Apulien sehen in der Regel die An- und Abreise per Flugzeug vor, sind meist auf Familien mit Kindern zugeschnitten und preislich oft günstiger, als auf eigene Faust unterwegs zu sein. Wer auf spezielle Saisonermäßigungen und Sonderangebote achtet, kann mitunter erheblich sparen. Wenn Sie pauschal verreisen wollen, besorgen Sie sich am besten die aktuellen Kataloge der einschlägigen Reiseveranstalter (TUI, Jahn Reisen, Neckermann etc.) in einem Reisebüro und stellen Preisvergleiche an.

Doch damit sich Ihr Pauschalurlaub nicht nur in der Hotelanlage zwischen Hotelrestaurant und Hotelstrand abspielt, müssen Sie Eigeninitiative ergreifen – und das kostet extra, was ja eigentlich gegen die Pauschalreise-Ideologie verstößt. Aber nur wer sich beweglich zeigt und Busse, Bahnen oder Mietfahrzeuge benutzt, hat die Möglichkeit, ein bisschen vom "authentischen" Apulien kennen zu lernen!

Ferienhäuser und -wohnungen

Diese Alternative zu den oft kostspieligen Hotels wird von einigen Reiseagenturen, die sich auf Italien spezialisiert haben, angeboten. Die An- und Abreise organisiert man dabei in der Regel selbst. Eine Ferienwohnung bietet Vorteile; vor allem für Familien oder Kleingruppen verringern sich die Aufenthaltskosten erheblich (und das bei mehr Platz). Mit dem eigenen Herd kann man außerdem die relativ hohen Restaurantpreise umgehen und lernt obendrein etwas über die italienischen Einkaufsgepflogenheiten in den Supermercati und auf Wochenmärkten – ein Vergnügen, denn da geht es oftmals ziemlich lebhaft zu.

Die angebotenen Ferienhäuser liegen mitunter abseits, deshalb sollten Sie sich bei der Buchung unbedingt nach der genauen Lage bzw. nach der Entfernung zum nächsten Ort, Strand etc. erkundigen, um unangenehme Überraschungen zu vermeiden.

Bezüglich der Qualität der Ferienhäuser gibt es natürlich diverse Standards, die sich jeweils im Preis bemerkbar machen. Der Mindestaufenthalt liegt bei einer Woche (in der Regel Sa bis Sa), im Juli/August sind es häufig auch zwei bis drei.

• *Anbieter* Interessant sind die Angebote der Agenturen **Interhome** (Zürich, ✆ 01/497/2222, www.interhome.com), **Inter-Chalet** (Freiburg, ✆ 0761/210077, www.interchalet.com) und **Sol-Italia** (München, ✆ 089/5309500) deren Kataloge in vielen Reisebüros erhältlich sind.

In den Wochenendausgaben der überregionalen deutschen **Tageszeitungen**, in denen private Anbieter ihre Kleinanzeigen aufgeben, lassen sich ebenfalls Ferienwohnungen in Apulien finden; dort inserieren auch Agenturen, die sich auf Italien spezialisiert haben.

• *Buchung* Für die **Hochsaison** (Juli/August) unbedingt rechtzeitig buchen, mindestens ein halbes Jahr vorher!

Den Rest des Jahres können Kurzentschlossene dagegen auch direkt **vor Ort** fündig werden, entweder über die Informationsbüros der Ferienorte oder bei einer ortsansässige "Agenzia turistica" (Agentur) oder "Agenzia viaggi" (Reisebüro). Die Suche vor Ort hat den Vorteil, dass man die Objekte genauer unter die Lupe nehmen kann, bevor der Vertrag abgeschlossen wird.

• *Preise* Die Wochenpreise – bei sehr günstigen Anbietern in der NS ab 300 € für ein 4-Personen-Apartment – können sich im Juli/August spielend auf weit über 600 € steigern. Beim Wälzen der Kataloge sowie bei Verhandlungen vor Ort auch an die Nebenkosten für Strom, Wasser, Gas und Endreinigung denken.

Privatzimmer (Affittacamere)

Diese Variante gibt es in Apulien nicht so häufig wie in anderen italienischen Urlaubsregionen. Private Anbieter machen mit Schildern, auf denen "Affittacamere" steht, auf sich aufmerksam. Auch die örtlichen Informationsbüros vermitteln zum Teil Privatunterkünfte. Die beste Möglichkeit, um an Privatzimmer zu kommen, bieten zentral gelegene Bars und kleinere Geschäfte; die Besitzer oder Kunden haben häufig Tipps parat und sind gern behilflich. Vor allem im Hinterland, wo die Hotelauswahl bescheiden ist, sollte man in jedem Fall sein Glück versuchen und nach Privatzimmern herumfragen. Die **Preise** liegen ungefähr bei 30–35 € fürs DZ. In Badeorten wird gelegentlich ein Mindestaufenthalt von einer Woche verlangt. Verhältnismäßig gute Chancen haben Privatzimmersuchende auf den Tremiti-Inseln.

Bed & Breakfast: B & B Italia, Vermittlung und Buchung von Privatunterkünften in ganz Italien. Zentrale in Rom, ✆ 06/6878618, ✆ 687819, www.bbitalia.it.

Bei Foggia: Masseria, vor und nach der Restaurierung (MM)

Tramiti-Inseln: Blick von San Domino auf San Nicola (FDT)

▲▲ Tremiti-Inseln, Santa Maria a Mare (MM)
▲ Santuario della Madonna di Stignano (MM)

▲▲ Santa Maria Maggiore di Siponto (MM)
▲ Herdonia, Via Traiana (MM)

Jugendherbergen (Ostelli per la gioventù)

In ganz Apulien gibt es mittlerweile nur noch eine Herberge des italieni-schen Jugendherbergsverbands, sie wird in **Brindisi** betrieben (S. 272). Im Sassi-Viertel von **Matera** in der Nachbarregion Basilikata befindet sich eine weitere, gut geführte Jugendherberge (S. 314). Beides vorbildliche Einrich-tungen, die unbedingt empfehlenswert sind. Näheres dazu in den jeweiligen Ortsbeschreibungen.

> Die ehemaligen Ostelli von **Bari (Palese Marina)** und **Lecce (San Cataldo)** werden in einigen Jugendherbergsführern zwar noch erwähnt, sie sind aber langfristig geschlossen.

Die Übernachtung mit Frühstück kostet im Brindisi-Ostello 12 € und im Ma-tera-Hostel ca. 20 €, abendliche Schließzeit ist gegen 24 Uhr. Übernachtet wird in kleinen Schlafsälen, das Publikum ist international. Schriftliche oder telefonische Reservierung ist für Juli/August unbedingt sinnvoll, kann aber unter Umständen nicht angenommen werden, weil eventuell durch Jugendgrup-pen alles voll belegt ist. In den Herbergen sollte man ein Auge auf sein Gepäck haben und Wertsachen nach Möglichkeit bei der Verwaltung deponieren.

Agriturismo

Ferien auf dem Bauernhof – in einer "Azienda agrituristica" – sind in Apulien zwar längst nicht so verbreitet wie etwa in der Toskana oder Umbrien, den-noch gibt es mittlerweile eine recht gute und breite Angebotspalette. Die ech-te Variante der apulischen Landferien findet in einer **Masseria**, einem ehema-ligen Gutshof, statt. Oft können die Gäste hier noch den landwirtschaftlichen Alltag miterleben. Um die meist offene, familiäre Atmosphäre auf den Ferien-höfen besser genießen zu können, sollte man schon ein paar Sprachkenntnisse mitbringen; aber es geht natürlich auch ohne. Wer z. B. die Erntezeiten durch tatkräftige Mithilfe hautnah erleben will, kann dies allerdings nur dort, wo *Partecipazione attività agricole* (Landarbeit) auch vorgesehen ist.

● *Information* Komplette Angebotsver-zeichnisse erhalten Sie schriftlich über die regionale Dachorganisation: Agriturist – Federazione Regionale Agricoltori – Via Amendola 166, I-70124 Bari, ✆ 080/5484569, oder fordern Sie die allgemeinen Unter-kunftsverzeichnisse (in denen die meisten Aziende agrituristiche der Region ver-zeichnet sind) über die italienischen Frem-denverkehrsämter an ("Reisepraktisches von A bis Z/Information", S. 100). **Internetnutzer** finden unter www.cape-land.it einige attraktive Angebote in der Provinz Bari.

Auf dem **Speiseplan** jeder Azienda agrituristica stehen in erster Linie die eigenen Erzeugnisse, denn die behördliche Zulassung ist strikt an eine akti-ve Landwirtschaft und die Bewirtung der Gäste mit vorwiegend eigenen Produkten gebunden. Zum Freizeitprogramm gehört immer häufiger **Rei-ten** (Maneggio); aber die viel beschworene Ruhe auf dem Lande stellt si-cherlich den größten Erholungswert dar, den diese Urlaubsform zu bieten hat.

Wer bei Agriturismo an eine Billiglösung denkt, irrt sich gewaltig, man muss mit Hotelpreisniveau rechnen, aber dafür gibt es schließlich einen soliden Gegenwert.

> **Tipp**: Im Reiseteil dieses Buches finden Sie jeweils unter dem Stichwort "Übernachten" bzw. "Agriturismo" mehrere kommentierte Agriturismo-Empfehlungen.

Camping (Campeggio)

Campingplätze stehen an der Küste reichlich zur Auswahl. Kaum ein größerer Badeort, der nicht über wenigstens einen Platz verfügt. Den absoluten apulischen Rekord hält die Gargano-Küste zwischen Vieste und Peschici mit über 50 Plätzen. Ansonsten bietet der gesamte adriatische und ionische Küstenstreifen ausreichende Campingmöglichkeiten. Im Hinterland gibt es hingegen so gut wie gar keine Plätze.

Wenn man die Monate Juli und August meidet, können Campingferien in Apulien viel Spaß machen. Im Hochsommer ziehen vor allem italienische Familien mit Sack und Pack aus den Großstädten ans Meer, die Plätze sind oft bis zum letzten Quadratmeter belegt. Warteschlangen bilden sich vor den Duschen, Toiletten und Waschplätzen. Dauerlärm ist garantiert. Nur der Campingplatzbesitzer reibt sich die Hände, denn der macht in dieser Zeit mindestens die Hälfte seines Jahresumsatzes. – Mai, Juni und September sind dagegen ideale Campermonate.

Die meisten Plätze liegen unmittelbar am Strand bzw. in Ufernähe, jedoch nicht selten kilometerweit von der nächsten Ortschaft entfernt. Fast überall kann man mit dem eigenen Fahrzeug bis zum Stellplatz fahren. Einlass für Autos in der Regel abends nur bis 23 Uhr, danach herrscht strikte Nachtruhe, auch das Fahrverbot während der Siesta wird strengstens eingehalten. Die Ausstattung der Plätze ist sehr unterschiedlich: Meist gibt es wenigstens eine Bar und einen Lebensmittelladen, über ein eigenes Restaurant verfügen nur größere Plätze. Sporteinrichtungen gehören nicht unbedingt zum Standard, auch der Swimmingpool ist eher Luxus. Am Strand kann man dagegen häufig Sonnenschirme und Liegen leihen. Die Duschen funktionieren mit *Gettoni*, die vorher an der Rezeption gekauft werden.

> **Tipp**: Vor allem an der Gargano-Küste tragen zahlreiche Campeggi die Zusatzbezeichnung "Villaggio" oder "Residence"; d. h. dort werden auch **Bungalows** und **Apartments** angeboten, zum Teil zu attraktiven Preisen.

Öffnungszeiten: Am Meer beginnt die Saison im Mai und endet im Oktober. Häufig wird aber trotz der angegebenen Zeiten rigoros zugemacht, wenn die Nachfrage nachlässt – viele Plätze haben wir bereits Ende September verschlossen vorgefunden. Nur ganz wenige Plätze bleiben das ganze Jahr über geöffnet!

Preise: Sie sind je nach Lage, Ausstattung und Saison sehr unterschiedlich. Verwirrung stiftet manchmal die Zusammensetzung der Preise: Mal sind Auto und Stellplatz im Personenpreis inbegriffen, mal geht alles extra, und nicht selten wird ein Preisunterschied zwischen großen und kleinen Zelten gemacht (Tenda canadese = kleines Zelt). Unbedingt die Preise vergleichen, bevor man sich für einen Platz entscheidet.

Internationaler Campingausweis (CCI): Dieser Ausweis bringt in Italien keine Ermäßigung auf die Platzgebühren, außerdem wird die mit dem Ausweis verbundene Haftpflichtversicherung nicht akzeptiert.

Essen und Trinken

Erwartungsgemäß gut – viele regionale Spezialitäten (Cucina tipica) – Hausmannskost heißt Cucina casareccia oder Cucina casalinga – starker Wein – süßes und salziges Hartgebäck

Mangiare e bere (Essen und Trinken), das machen uns die Italiener eindrucksvoll vor, gehört mit zu den Lebensfreuden des Landes – und Apulien bildet da keine Ausnahme!

Das fruchtbare Land und zwei Meere haben in Apulien bis heute keinen Mangel an Nahrungsmitteln aufkommen lassen. Die weite Tiefebene Tavoliere di Foggia im Norden liefert Getreide für Pasta und Brot, aus dem Murgia-Hochland kommen Fleisch, Wurst und Käse, die Adria und das Ionische Meer liefern den frischen Fisch. Obst-, Gemüse- und Weinanbaugebiete sind unerschöpfliche Vorratskammern in der Landschaft. Die großen Olivenbäume bescheren reiche Ernten, und das kaltgepresste Öl hat eine gute Qualität.

Die apulische Küche steht in der Tradition der **Cucina povera** – einfache Hausmannskost. Mikrowelle, Tiefgefrorenes, Fertiggerichte und dergleichen kennt die apulische *Mamma* nicht. Ihre Zutaten sind alle frisch, möglichst vom Markt oder sogar auf der eigenen Scholle geerntet. Die Jahreszeit und das jeweilige Angebot bestimmen, was auf den Teller kommt. Und sogar **La Pasta**, der Nudelteig, entsteht noch in Heimarbeit. Man sieht die Teigwaren in den kleineren Städten und Dörfern schon am frühen Vormittag vor den Haustüren zum Trocknen ausgebreitet. Die *Nonna* (Großmutter) sitzt meist geduldig daneben und passt auf, dass dem weltweit geliebten Heiligtum der italienischen Küche nichts passiert. Aber auch in den größeren Städten lebt die stolze Tradition der selbstgemachten nahrhaften Mahlzeit fort. Wenn der Essensduft so durch die Gassen zieht – pünktlich zweimal am Tag –, möchte man sich am liebsten mit an den gedeckten Tisch setzen und zusammen mit der ganzen Familie zulangen. Aber so weit geht die apulische Gastfreundschaft natürlich nicht.

Frühstück (Colazione)

Wer morgens noch etwas verschlafen und ohne Frühstück aus dem Hotel kommt, sollte ohne Umwege eine **Bar/Pasticceria** aufsuchen und ein italienisches Frühstück zu sich nehmen. *Colazione,* das ist eine schnelle, unkomplizierte und senkrechte Angelegenheit. Man sucht sich in der Glasvitrine seine *Pasta* (namensgleich mit dem Nudelteig, der eigentlich *Pastasciutta* heißt) aus; das kann ein trockenes *Cornetto* (Hörnchen) sein oder auch eine cremige *Torta* (Tortenstück). Wer seinen Geschmacksorganen morgens noch nichts Süßes zumuten mag, findet eine große Auswahl an belegten *Panini* (Brötchen) und *Tramezzini* (dreieckige Weißbrotschnitten) vor. Dazu bestellt man sich den ersten *Cappuccino* des Tages oder gleich einen *Caffè* (= Espresso) – und das Frühstück ist komplett. In der Regel bezahlt man vorher an der Kasse und gibt den *Scontrino* (Kassenbon) bei der Bestellung am Tresen ab. Umgekehrt macht es nur die Stammkundschaft, die rennt direkt zur Theke und stillt erst einmal den morgendlichen Kaffeedurst. Wenn nur eine Bar (ohne Pasticceria) in der Nähe ist, bedeutet das meistens eine wesentlich geringere Auswahl an Hörnchen, Tortenstücken, Brötchen und Weißbrotschnitten. Viele Einheimische machen sich offenbar recht wenig aus der ersten Mahlzeit des Tages. Ihnen scheint ein Hörnchen und ein hastig hinuntergekippter Kaffee bis zum Mittagessen zu reichen! Nicht so dem Gast aus dem Norden, der wiederholt diesen Vorgang in der Regel beliebig oft, denn Bars gibt es wie Sand am Meer, und vom *Caffè italiano* kann man nie genug kriegen.

Mittag- und Abendessen

Auf **Pranzo** (Mittagessen) und **Cena** (Abendessen) wird in Italien großer Wert gelegt. Es handelt sich jeweils um reichhaltige Mahlzeiten mit mehreren Gängen, wobei das Abendessen im Vergleich vielleicht etwas üppiger ausfällt. Im **Ristorante** oder der **Trattoria** beginnt eine komplette Mahlzeit mit dem *Antipasto* (Vorspeise), das manchmal auf Vitrinentischen irgendwo im Lokal zur Selbstbedienung steht. Danach geht's weiter mit dem *Primo piatto* (erster Gang), entweder einer Pastasciutta (Nudelgericht), einem Risotto (Reisgericht) oder einer Minestra (Suppe). Das anschließende Hauptgericht Secon*do piatto*, Fleisch oder Fisch, wird durch ein extra zu bestellendes *Contorno* (Beilage) ergänzt. *Formaggio* (Käse) schließt bekannt-lich den Magen. Der Nachtisch, *Frutta* (Obst) und/oder *Dolce* (Süßspeise) setzt den Schlusspunkt. Danach helfen nur noch *Caffè* und *Grappa!*

Wem das alles zuviel ist, der sollte gezielt kombinieren. Der Wirt erwartet zwar grundsätzlich, dass eine komplette Mahlzeit verzehrt wird, toleriert je-doch einige individuelle Kombinationen. Der Gast kann z. B. auf die Vor-speise, die Beilage und die Nachspeise verzichten. Eine zweite Version wäre, den ersten Gang zu überspringen und die Nachspeise zu streichen. Wer es jedoch mit der Reduzierung übertreibt, vielleicht sogar auf das Hauptgericht verzichten will, der bekommt in einigen Lokalen zumindest die Andeutung einer geringschätzigen Bemerkung zu spüren.

Platzwahl: Man stürzt beim Restaurantbe-such nicht auf den erstbesten freien Tisch zu, sondern wartet, bis man vom Kellner ei-nen Tisch zugewiesen bekommt. Selbst-verständlich kann man Wünsche äußern.

Speisekarte: Die Originalfassung von *La lista* entpuppt sich oftmals als ein Buch mit sieben Siegeln, das die spezialitäten-hungrigen Gäste mit Namen bombardiert,

die absolut im Unklaren lassen, was es da nun eigentlich Leckeres gibt. Viele Gerich-te sind sogar im Dialekt geschrieben, und das liest sich dann so: *U rutle, Zavi-zicchje, Cauzuni, Cicatill-e ruchele* etc. Eine kleine Hilfe, um nicht ständig ins Blaue tippen zu müssen, bieten unsere vielen kulinarischen Tipps.

▶**Il conto, per favore**: Dem Sättigungsvorgang folgt die Bitte um die Rech-nung. Der Preis für eine komplette Mahlzeit im Restaurant oder in der Trattoria dürfte sich je nach Standort und Qualität ungefähr zwischen 20 und 30 € bewegen (teurer geht's natürlich auch). Darin sind der Posten *Ser-vizio* (Bedienung, 15 %) sowie eine Pauschale für *Pane e coperto* (Brot und Gedeck, 1–2 €) enthalten; beides wird auf der Rechnung in der Regel extra aufgeführt. *Mancia* (Trinkgeld) gibt nur ein zufriedener Gast (ca. 10 %). Die *Ricevuta fiscale* ("**Quittungen und Belege**", S. 104) muss unbedingt mitge-nommen und eine Weile aufbewahrt werden, um sie bei eventuellen Kon-trollen der Finanzpolizei vorzeigen zu können.

Die Preisangaben im praktischen Reiseteil dieses Buches sind pauscha-le Durchschnittspreise und beziehen sich auf ein 3-Gänge-Essen à la carte (Antipasto oder Primo piatto, Secondo piatto mit Contorno und Nachspeise) ohne Getränke. Wir orientieren uns dabei an der landesüblichen Praxis in Gastronomieführern und -verzeichnissen. Der Einfachheit halber heißt es dann bei den jeweiligen Restaurantbeschreibungen: Menü ca. 25 € bzw. ab 18 € oder 25–30 €. Gibt es ein *Menu turistico* (s. u.), wird der Preis dafür eben-falls genannt.

Kellner-Konversation: Die bei uns typi-sche Höflichkeitsfrage, ob es denn ge-schmeckt habe, ist in Italien nicht üblich. Dafür wird vor dem Abräumen mit "Posso, signori?" um Erlaubnis gefragt.
Obst, Dessert und Kaffee werden stets angeboten: "Desidera altro – Frutta, Dol-ce, Caffè?".
Bezahlen: Die Rechnung kommt diskret verdeckt auf einem Tellerchen, man legt

sein Geld darauf und erhält darauf auch das Wechselgeld zurück. Es kann nicht schaden, gelegentlich die Preise anhand der Speisekarte zu überprüfen, dabei aber nicht die Extras (s. o.) vergessen. Das Trinkgeld lässt man beim Gehen auf dem Tellerchen liegen.
Unbeliebt ist die Angewohnheit "jeder zahlt für sich". In Italien heißt das u. a. *pa-gare alla romana* und bereitet den meis-

ten Kellnern wenig Freude. Wenn es keinen besonderen Grund gibt, getrennt zu zahlen, sollte die Gesamtrechnung einfach durch die Anzahl der Tischrunde geteilt werden.

Lokale

Leider gilt die Faustregel: je touristischer die Gegend bzw. der Ort, desto eher läuft man Gefahr, für mittelmäßiges Essen zu viel zu zahlen. Dort wo mit *Cucina casalinga* oder *Cucina casareccia* (Hausmannskost) geworben wird, werden in der Regel schmackhafte Speisen zu ehrlichen Preisen serviert.

In den stark frequentierten Urlaubsorten stößt man immer häufiger auf Lokale, die ein **Menu turistico** zum Festpreis *(Prezzo fisso)* anbieten. In der Regel handelt es sich dabei um preiswerte 2- bis 3-Gänge-Mahlzeiten von durchschnittlicher Qualität, häufig inkl. Wein, Wasser und Caffè.

Ristorante: Das edlere, preislich gehobene Speiselokal mit steif gestärkter, gebügelter weißer Tischdecke und gut erzogenem Kellner in Uniform. Hier essen die Einheimischen bei entsprechenden Anlässen mit Freunden oder führen ihre Geschäftspartner hin. Es werden lokale und nationale Spezialitäten serviert. Vorsicht, ein gutes Ristorante kann sehr teuer sein. In der Regel werden vorzügliche regionale und überregionale Flaschenweine angeboten. Kein Grund jedoch, prinzipiell an einem Speiselokal mit der Aufschrift Ristorante vorbeizugehen, es gibt zahlreiche Ristoranti mit einem ausgewogenen Preis-Qualitäts-Verhältnis. (Am besten immer erst die Preisliste am Eingang anschauen, dann entscheiden; wenn keine zu sehen ist, darf ruhig der Verdacht auf überzogene Preise aufkommen.)

Trattoria: Die Kategorie, die wohl am schwersten zu beschreiben ist, denn sie kann sowohl mit lokalen Spezialitäten zu günstigen Preisen aufwarten als auch geschmackloses Essen vor folkloristischer Kulisse zu hohen Preisen anbieten. In der Regel handelt es sich jedoch um einen gemütlichen Familienbetrieb, wo die Mamma kocht, der Padrone auf die Zufriedenheit der Gäste achtet, und der Nachwuchs bedient. Eine solche Trattoria ist meistens rustikal eingerichtet und hat eine persönliche Note, und sei es auch nur das Gründungsfoto von 1921, auf dem die Großeltern zu sehen sind. Manchmal hängt das Lokal auch mit Trophäen voll, weil Papa gerne zur Jagd geht. In den größeren Städten sollte man in Marktnähe nach einer Trattoria Ausschau halten, da findet man die urigsten und preiswertesten.

Osteria: Sie war früher die kleine Gaststube um die Ecke, wo die Baukolonne in Arbeitsklamotten zum Mittagessen hinging und wo der kleine Angestellte die Mittagspause verbrachte und seinen Quartino (Viertelliter Wein) trank. Die ursprüngliche Osteria ist selten geworden, der Name besagt heute gar nichts mehr, dahinter kann sich auch ein gestyltes Restaurant verbergen. Zuerst mal einen Blick hineinwerfen, bevor man sich hinsetzt.

Pizzeria: für diejenigen, die kein Risiko eingehen wollen und etwas Vertrautes essen möchten. Die Auswahl ist groß – von der Pizza Margherita bis zur Pizza Gigante – in jedem Fall kommt sie aus dem mit Holz beheizten Steinofen. Zumeist trifft man auf die Kombination Pizzeria/Ristorante, wo auch Nudel- und Hauptgerichte zu bekommen sind. Häufig von Großfamilien und Jugendgruppen frequentiert, also u. U. entsprechend laut.

Tavola calda: eigentlich eine kleine Garküche mit wenigen Tischen und Stühlen, wo deftige Leckereien zu *Pane e vino* gebrutzelt werden.

Spaghetteria: eine neuere Erscheinung im Wirrwarr der italienischen Speiselokale, zumeist in größeren Städten und touristischen Zentren anzutreffen und auf eine jüngere Kundschaft zugeschnitten. Auch hier isst man nicht nur Spaghetti.

Birreria: eine Art Kneipe, in der neben Bier oft auch ganze Mahlzeiten serviert werden. Es gibt natürlich Fass- und zahlreiche internationale Flaschenbiere. Hier trifft sich ein junges Publikum zum Essen und Biertrinken.

Rosticceria: eine Art Imbissstube, zumeist ohne Sitzmöglichkeit, in der die Leute mittags (bis 14 Uhr) und abends (bis 20 Uhr) Schlange stehen, um Gegrilltes sowie Beilagen und Nudelgerichte mit nach Hause zu nehmen. Es werden auch Getränke und Nachspeisen verkauft.

Self Service: moderne Erscheinung in der Großstadtgastronomie, die in der Tradition der Fast-food-Kultur steht und in der Organisationsform einer Mensa ähnelt.

Bar/Café/Pasticceria: Sie gibt es an jeder Straßenecke. Hier kehrt man tagsüber im Vorübergehen ein, um den x-ten Caffè oder Cappuccino am Tresen zu trinken, ein Gläschen Wein oder je nach Jahreszeit und Tageszeit einen Prosecco, Amaro, Campari etc. Im Gegensatz zur Bar gibt es in den Cafés gemütliche Sitzgelegenheiten und es ist zumeist auch eine Pasticceria (Konditorei) angeschlossen. Achtung, ob Bar oder Café, im Sitzen verdoppeln sich die Preise! In den Urlaubsorten avanciert so manche Bar zum beliebten Treffpunkt, serviert abends auch Cocktails und bleibt lange geöffnet.

Gelateria: die Eisdiele. Italienisches Gelato gilt weltweit als das beste. Gelato artigianato heißt keineswegs künstlich hergestellt, sondern vielmehr kunstfertig.

Grundnahrungsmittel

Die apulische Küche setzt auf einfache und frische Zutaten, die hauptsächlich mit Olivenöl, manchmal auch mit Schweinefett, Bauchspeck oder Schmalz zubereitet werden. Reichlich finden Knoblauch, Zwiebeln, Basilikum, Petersilie, Kapern und Sellerie Verwendung. Teigwaren und Gemüse geben eindeutig den Ton an, während Fleisch (mit örtlichen Ausnahmen) und Fisch (abgesehen von der Küste) eher eine bescheidene Rolle spielen.

Zu den bekanntesten **Nudelsorten** Apuliens zählen die *Orecchiette* (Öhrchen) und die ausgezeichneten *Fusilli* (Spiralen). Zwei andere Teigleckerbissen sind die *Strascinati* und die *Troccoli*, die ziemlich lange gekocht werden müssen, bevor sie mit den unterschiedlichsten Soßen auf den Tisch kommen.

Die **Gemüseregion Apulien** zaubert exquisite Gerichte mit Chicorée (begehrt sind die kleinen *Cicorini* aus Brindisi), Brokkoli, Blumenkohl, Auber-

ginen, Saubohnen, Kartoffeln, Wiesenpilzen und Feldspargel. Die *Fave* (weiße Saubohnen) kommen als Suppe auf den Tisch, als Püree und mit Pasta kombiniert. Das ideale Kraut zum Würzen der Fave ist der *Finocchietto selvatico*, der wilde Fenchel, der bevorzugt in den Olivenhainen wächst. Die leicht bitteren *Lampascioni* (wildwachsende Zwiebeln), einst sehr verbreitet, sind heute selbst in Gemüseläden schwer zu bekommen; stehen sie auf der Speisekarte, sollte man die Gelegenheit unbedingt nutzen. Weinraute, die hier ebenfalls wild wächst, wird bevorzugt mit Makkaroni serviert.

Zu den beliebtesten **Fleischsorten** gehören Lamm-, Wild-, Pferde- und Eselsfleisch sowie Innereien.

Hinter den Bezeichnungen *Gnomirielli* oder *Marro* verbirgt sich am Spieß gebratenes Lammgekröse.

Zu den **Küstenschmankerln** gehören reichhaltige Fischsuppen und leckere Tintenfischgerichte sowie Nudeln mit Muscheln oder Krebsfleisch. Auf vielen Speisekarten findet man die delikaten Mittelmeerfische, darunter auch die teuren *Dentice* und *Orata* (Zahn- und Goldbrassen).

Typische einheimische **Käsesorten** sind *Ricotta* (eine Art Quark), *Provolone di bufala* (Büffelkäse) und *Scamorza* (geräucherter Weichkäse). *Ricotta tosta* bzw. *forte* hat einen so intensiven Geschmack, dass man den Käse nur in Öl eingelegt genießen kann. Der *Cacioricotta* ist dagegen fast geschmacklos.

Apulisches Brot gibt es als helles und dunkles *Pane* in unzähligen lokalen Variationen. *Frisedde* sind harte Brötchen, und *Taralli* ist ein würziges Hartgebäck.

Spezialitäten

Zahlreiche regionale und lokale Spezialitäten *(Cucina tipica)* sind in den jeweiligen Gebietskapiteln aufgeführt; im Folgenden nur einige Gerichte, die uns besonders gut geschmeckt haben.

• *Antipasti* **Frisedde**, harte Brötchen, in Wasser eingeweicht und mit frischen Tomaten, Oregano und Olivenöl serviert.

Ostriche alla tarantina, frische Austern mit Petersilie, paniert und in Öl gebraten.

Cozze alla leccese, gekochte Miesmuscheln in Öl mit Zitrone und Petersilie.

Cocuzze alla poverella, getrocknete Zucchinischeiben, gebacken und mit Öl und Essig angemacht.

Bruschetta, Tomatenstücke, in Öl, Salz, Pfeffer und Oregano angemacht und auf gerösteten Brotscheiben serviert.

Panzerotti, mit Käse, Gemüse und Sardellen gefüllte Teigtaschen.

• *Primi* **Orecchiette con cime di rapa**, Öhrchen-Pasta mit gekochten Brokkoliröschen und scharfem Pfeffer.

Cavatiedde con la ruta, Pasta in Muschelform mit Weinraute, Tomatensoße und geriebenem Schafkäse.

Tiella, ein Auflauf aus Kartoffeln, Reis und Gemüse, dazwischen Schichten aus Fleisch, Käse oder Meeresfrüchten.

Mignuicchi, gekochte Teigklößchen (Gnocchi), mit einer Fleisch-Tomaten-Soße und Käse zubereitet.

Maccheroni al forno, im Ofen überbackene Makkaroni mit würziger Tomatensoße.

Cime con la mollica fritta, in Öl angebratene, altbackene Brotstücke, die mit Nudeln und Blumenkohl serviert werden.

Melanzane e Zucchini alla parmigiana, ausgebackene Auberginen- und Zucchinischeiben, geschichtet und mit Tomatensoße und Käse überbacken.

• *Secondi* **Agnello al cartoccio**, Lammkoteletts mit grünen Oliven und Lampascioni, einem zwiebelähnlichen, etwas bitter schmeckenden Wildgemüse, im Ofen zubereitet.

Gnomirielli, Lammgekröse, mit Schafkäse, Speck, Zitrone und Petersilie verfeinert, gerollt und am Spieß gebraten.

Casseruola di polpetti, in Öl, Zwiebeln, Weißwein, Pfeffer, Petersilie und frischen Tomaten gekochte kleine Tintenfische.

Sgombri all'aceto, gekochte Makrele, in Essig eingelegt und kalt mit Minze, Knoblauch und Öl abgeschmeckt.

• *Contorni* **Ncapriata**, getrocknete Saubohnen werden gekocht und ohne Hülsen mit Chicorée, Piment, Zwiebeln, Tomaten und viel Olivenöl zu einem Püree verarbeitet.

Cime di rape e Cicoria cimate, Brokkoliröschen und Chicorée in Öl angemacht oder ausgebacken.

• *Dolci* **Copete**, Mandelgebäck.

Ravioli, süß gefüllt.

Voglie de cecchelate, Schokoladenbrot.

Cartellate, Teigstreifen mit Marsala und Zimt, mit Honig und Weißwein serviert.

Wein

Zum guten Essen gehört selbstverständlich der einheimische Wein. Man kann sich in der Regel auf den offenen Wein, den die jeweiligen Speiselokale anbieten, verlassen. Er kommt meist aus der Umgebung, wurde mit Sachverstand ausgewählt und ist vergleichsweise preiswert. Wer einen kontrollierten apulischen Qualitätswein (DOC) ausprobieren möchte, begeht natürlich keinen Fehler, aber bezahlt dafür entsprechend mehr.

Der hiesige **Weinanbau** ist so alt wie das zivilisierte Apulien selbst. Für die alten Römer war die Region nicht nur die Kornkammer, sondern auch der Weinkeller. Ende des 19. Jh. amtierte Apulien sogar eine Zeitlang als Weinlieferant Frankreichs, als dort eine Reblausplage verheerende Schäden in den Weinbergen anrichtete. Die Ernte war zum großen Teil vernichtet, und Frankreich befand sich im Notstand. Doch lange blieb auch Apulien nicht von der letztlich gesamteuropäischen Schädlingsplage verschont.

Bis heute ist die Region für den überreichlichen Export an **Verschnittweinen** bekannt. Der Weingigant Apulien übertrifft mit ca. 1 Milliarde Liter jährlich alle anderen Regionen des Landes in puncto Quantität (nur Sizilien produziert noch mehr). Die hohen Erträge erklären sich u. a. dadurch, dass die Weinfelder in dieser flachsten Region Italiens bequem zu bearbeiten sind. Hochwertige Weine bringt Apulien in geringerem Maße hervor; aber immerhin gibt es seit Einführung der kontrollierten Namens- und Herkunftsbezeichnung DOC eine deutliche Tendenz zum **Qualitätswein**.

Weinsorten

Vino rosso, der apulische Rotwein, ist traditionell stark und aromatisch wie z. B. der *Primitivo di Puglia,* der Urtyp des regionalen Verschnittweins. Auch der karminrote *Aleatico di Puglia* kann um die 17 Vol.-% erreichen. Aber mit Hilfe moderner Techniken werden zunehmend leichtere Rotweine erzeugt, deren robuster Charakter allerdings erhalten bleibt.

Vino bianco, der apulische Weißwein, besitzt eine ausgeprägte Frucht, vor allem wenn er kühl vergoren wurde. In jüngerer Zeit wurden auch internationale Rebsorten wie Pinot bianco, Chardonnay und Sauvignon eingeführt.

Vino rosato, der apulische Roséwein, besitzt ein Aroma, das woanders nur selten erreicht wird; denn die Weine werden nach dem sog. *Lacrime-Verfahren* gekeltert. Dabei findet nur etwa die Hälfte des Safts der ungequetschten Trauben Verwendung.

Im folgenden einige charakteristische *DOC-Qualitätsweine:*

Castel del Monte, Apuliens bekanntester DOC-Wein (weiß, rosé, rot), benannt nach dem Stauferkastell Friedrichs II., wo sich das Anbaugebiet befindet. Inzwischen haben auch die toskanischen Weinbarone Antinori erfolgreich in der Gegend investiert.

Salice Salentino, DOC-Rot- und Roséweine aus der Gegend westlich von Lecce, gehören seit langem zur Spitzenklasse der Salento-Weine. Seit kurzem gehört auch ein Bianco (Chardonnay) dazu.

Locorotondo, einer der besten DOC-Weißweine Apuliens aus den heimischen Traubensorten Verdeca und Bianco-d'Alessano gedeiht im Itria-Tal.

Martina Franca, bekömmlicher DOC-Weißwein aus dem Randgebiet des Itria-Tals. **Moscato di Trani**, einer der besten süd-italienischen Dessertweine. Es gibt ihn als Dolce naturale (15 %) und als Liquoroso (18 %).

Weinkauf

Wer ein paar Flaschen Qualitätswein mit nach Hause nehmen will, um den Urlaub nachklingen zu lassen, sollte in einer größeren Stadt eine **Enoteca** aufsuchen. In diesem auf Weine und Spirituosen spezialisierten Geschäft findet man sämtliche Spitzenweine der Region. Es ist natürlich auch möglich, direkt **beim Erzeuger** zu kaufen. Im Landesinnern führen Hinweisschilder mit der Aufschrift "Vendita diretta" zu den Verkaufsstellen der Winzer. Abgesehen vom Preisvorteil gegenüber einer Enoteca ist es interessant, einen Weinbaubetrieb aus der Nähe zu erleben.

Es war einmal ein Weinskandal

Schon vergessen? Einige schwarze Schafe unter den Weinherstellern hatten den guten Ruf des italienischen Weins durch unseriöse Manipulationen arg angekratzt. Mit Süßstoff (Frostschutzmittel) gepanscht und mit Wasser gestreckt, überschwemmten 1985 Billigweine aus Italien den europäischen Markt. Der berüchtigte Glykol- und Methanolskandal war in aller Munde. Mittlerweile hat sich der Weingigant Italien vollständig rehabilitiert und sein Ansehen wieder hergestellt. Dennoch lautet die sicherste Methode, einer unliebsamen Begegnung mit eventuell gesundheitsschädlichem Wein vorzubeugen: Billigweine im Tetrapak und in Großflaschen vermeiden!

Sonstige Getränke

Wein ist zwar das klassische Getränk Italiens, aber längst nicht mehr das einzige. Man sieht auch in den Ristoranti immer häufiger einheimische Gäste, deren Tische mit Coladosen, großen Fanta- und Bierflaschen vollgestellt sind – ein ungewohnter Anblick im ansonsten so stilvollen italienischen Gastro-Ambiente.

Mineralwasser (Acqua minerale): Die obligatorische Frage im Restaurant lautet "gasata o naturale?" (mit oder ohne Kohlensäure).

Bier (Birra): Landesweit steigt der Bierkonsum, während der Weinkonsum nachlässt. In den Bars und Birrerie gibt es neben nationalen undinternationalen Flaschenbieren oft auch Fassbier (Birra alla spina); aber längst nicht alle Speiselokale haben Bier auf der Karte.

Limonade (Spuma oder Gassosa): gibt es in den Bars in allen erdenklichen Farben und Geschmacksrichtungen.

Fruchtsaft (Spremuta): Orangensaft (Spremuta d'arancia) wird in den Bars häufig frisch gepresst.

Schnäpse (Grappe): Die hochprozentigen italienischen Tresterschnäpse erfreuen sich bei den deutschen Urlaubern großer Beliebtheit. Die Marken Julia und Nardini sind in den Bars verbreitet, in den Restaurants es gibt zumeist bessere und mildere. Die noch milderen Branntweine (Aquavite) sind etwas für Genießer.

Magenbitter (Amari): Süditaliener ziehen den Amaro dem Grappa vor, der ja fast ausschließlich im Norden des Landes produziert wird. Amaro Lucano heißt der legendäre Magenbitter, der "Jägermeister"

Reisepraktisches

Süditaliens. Und lange vor dem singenden Eros Ramazzotti gab es den Gleichnamigen in der Flasche.

Zitronenschnaps (Limoncino): Wird als Digestif getrunken und ist zumeist hausgemacht. So mancher Wirt lässt es sich nicht nehmen, einen Limoncino gratis auszuschenken.

Caffè (= Espresso): ein Lebensgefühl! Es gibt ihn klein und schwarz (Caffè), doppelt (Caffè doppio), besonders stark (Caffè ristretto), mit etwas mehr Wasser (Caffè lungo bzw. Caffè alto), mit einem Schuss Milch (Caffè macchiato), magenschonend (Caffè hag!), natürlich als Milchkaffee mit Schaum (Cappuccino) oder mit einem Schuss Schnaps (Caffè corretto).

Straßenverkauf mit "APE"

Reisepraktisches von A bis Z

Adressen

Die Suche nach Adressen schickt den Urlauber oft auf einen Zickzackkurs, zumal die Beschilderung ganz im Gegensatz zum deutschen Schilderwald nicht gerade üppig ist. Wer versucht, sich durchzufragen, erhält in kleineren Orten nicht selten ein ahnungsloses Schulterzucken als Antwort, da sich die einheimische Bevölkerung nicht unbedingt an offiziellen Straßen- und Platzbezeichnungen orientiert. In den Städten wird die Orientierung durch den Gebrauch unterschiedlicher Hausnummertypen noch erschwert: Die **schwarzen Nummern** ohne Zusatz (z. B. 25) gelten zumeist für Privathäuser sowie Hotels, die **roten Hausnummern** mit dem Zusatz "r" für *rosso* (z. B. 25 r) vorwiegend für Geschäfte. Schwarze und rote Hausnummern verlaufen kreuz und quer, und oftmals ist die rote Farbe der Rosso-Nummern bis zur Unkenntlichkeit verblasst. – Wie heißt das passende Sprichwort doch gleich? – Wer suchet, der findet.

Bezeichnungen via, strada = Straße; viale = Allee; piazza, piazzetta = Platz; vicolo, viuzza = Gasse; lungomare = Uferstraße; numero di casa = Hausnummer.

Adressen-Geschichte: Viele italienische Straßennamen und Platzbezeichnungen erinnern noch an die Zeit von **L'Unità**, der Vereinigung Italiens zu einer konstitutionellen Monarchie. Es gibt kaum eine italienische Ortschaft, die keine Piazza Vittorio Emanuele, Via Risorgimento oder Via Garibaldi etc. vorweisen kann; auch der "Mezzogiorno" macht da keine Ausnahme, obwohl sich die süditalienische Begeisterung über das neue Königreich seinerzeit in Grenzen hielt ("Geschichte", S. 42).

Ärztliche Hilfe

Wer in einer gesetzlichen Krankenkasse ist, sollte sich den **Anspruchsschein E 111** für EU-Länder, mit denen ein Sozialversicherungsabkommen besteht, rechtzeitig besorgen. Das Formular und ein detailliertes Merkheft gibt es bei der zuständigen Geschäftsstelle Ihrer Krankenkasse – Anruf genügt. Es empfiehlt sich, den E-111-Schein schon vor der Abreise auszufüllen.

Im Krankheitsfall geht man damit zunächst zur nächsten **Azienda Sanitaria Locale (A.S.L.)** – vormals U.S.L. (Unità Sanitaria Locale) –, der örtlichen Niederlassung des staatlichen italienischen Gesundheitsdienstes. Dort bekommt man einen italienischen Krankenschein sowie Rezeptformulare. Die Adressen der örtlichen A.S.L.-Büros stehen im Telefonbuch unter "A", am besten jedoch im Infobüro oder im Hotel nach dem Weg fragen. Mit dem glücklich erworbenen Krankenschein kann man dann endlich einen Arzt aufsuchen und sich kostenfrei behandeln lassen – allerdings nur in einer Praxis, die das Papier der staatlichen Krankenkasse auch anerkennt. Die italienische Kasse rechnet später mit der des ausländischen Patienten ab. Weil viele Ärzte den Krankenschein des staatlichen Gesundheitsdiensts nicht annehmen, kann es vorkommen, daß man bar bezahlen muß. Gegen eine detaillierte Rechnung (Ricevuta fiscale) des behandelnden Arztes, die Diagnose, Art und Kosten der Behandlung beinhalten sollte, erstattet Ihnen die Krankenkasse zu Hause die Auslagen zurück – jedoch nicht in jedem Fall den vollen Betrag! Deshalb ist der Abschluss einer zusätzlichen **privaten Reisekrankenversicherung** durchaus sinnvoll, die die meisten privaten Krankenversicherer (auch für Mitglieder gesetzlicher Kassen) und manche Automobilclubs preiswert anbieten. Darin ist auch der aus medizinischen Gründen notwendige Rücktransport nach Hause eingeschlossen.

Für **Österreicher** ist der oben beschriebene Ablauf identisch; das Anspruchsformular heißt SE 100-07. **Schweizer** hingegen müssen ihre Behandlungskosten selbst tragen.

● *Notfall* (Soccorso pubblico di emergenza): ☎ 113 wählen (einheitlich in ganz Italien), Aufenthaltsort möglichst genau angeben und um "Pronto soccorso" bitten – die Polizia am anderen Ende der Leitung schickt dann eine Ambulanz.

● *Erste Hilfe* (Soccorso medico urgente): In Urlaubsgebieten gibt es während der Saison in fast jedem Ort eine von der Gemeinde unterhaltene Sanitätsstation, die

Guardia medica turistica, in der zumeist angehende Ärzte ihren Erste-Hilfe-Dienst ableisten. Eine vorbildliche Einrichtung, aber auch dort ist der A.S.L.-Krankenschein Voraussetzung für eine kostenfreie Behandlung.

In größeren Städten kann man auch direkt die Erste-Hilfe-Station eines Ospedale (Krankenhaus) aufsuchen.

Apotheken

Die **Farmacia** kann bei kleineren Wehwehchen den Arzt ersetzen. Viele Medikamente sind rezeptfrei erhältlich, darunter auch einige Antibiotika.

Öffnungszeiten Mo–Sa 9–12.30 und 15.30–19.30 Uhr. Die **Not- und Wochenenddienste** sind an jeder Apotheke angeschlagen *(Farmacia di turno)*.

Baden

▶ **Die Wasserqualität** der Adria weist in Italien ein deutliches Nord-Süd-Gefälle auf, d. h. **je weiter südlich, desto sauberer.** Als südlichste Region der italienischen Adriaküste schneidet Apulien nach dieser Faustregel am besten ab. Die Gewässer um den Gargano und die Salento-Halbinsel zählen zu den saubersten Baderevieren Italiens. 2002 hat der 25 km lange salentinische Küstenabschnitt zwischen Sant' Andrea und Porto Badisco sogar die begehrte **Cinque-Vele-Auszeichnung** für die sauberste und intakteste Küste Italiens erhalten.

▶ Von der verheerenden **Algenpest**, die 1988 und 1989 die nördliche Adria heimgesucht hat, ist Apulien absolut verschont geblieben. Bei den alljährlichen nationalen Wasserqualitätsuntersuchungen erzielt Apulien vergleichsweise gute Ergebnisse, obwohl viele Küstenorte ihre **Abwässer** mangels eigener Kläranlage immer noch ungereinigt ins Meer leiten. Doch eine Laune der Natur scheint die südliche Adria zu begünstigen: Dank der Sogwirkung der Meeresenge von Otranto wird so manche Umweltsünde ins offene Mittelmeer gespült. Für Badeurlauber ist es nicht einfach, zuverlässige Daten über die aktuelle Strand- und Wasserqualität zu bekommen, zumal der Bade-Sommerservice des ADAC Süditalien (noch) nicht berücksichtigt. Wer sich außerhalb der touristisch erschlossenen Küstengebiete in die Fluten stürzen will, sollte auf jeden Fall Flussmündungen und ihre Umgebung meiden – und natürlich den Einzugsbereich industrialisierter Küstenstädte.

▶ **800 Küstenkilometer und zahlreiche feinsandige Strände,** damit gehört Apulien zu den großen italienischen Baderegionen. Der hochsommerliche Andrang von ausländischen und italienischen Touristen ist jedoch längst nicht mit dem Gedränge an der nördlichen Adria zu vergleichen!

▶ **Strandkultur:** Laut Gesetz sind alle Strände der apulischen Küste frei zugänglich. Tatsächlich sind die schönsten Badestrände jedoch von den gebührenpflichtigen Badeanstalten, den sog. **Stabilimenti balneari** oder

Weiße Sandbucht an der Garganoküste

Bagni, besetzt. Sie nehmen mit ihren Sanitäranlagen, Umkleidekabinen und Liegestuhl-Sonnenschirm-Paraden oftmals den größten Teil der verfügbaren Strandflächen der Ferienorte ein. Während der Saison werden diese Strände täglich gesäubert. – Ab September nimmt der Rummel in den Urlaubsorten rapide ab, die Bagni werden langsam wieder abgebaut und man hat so manchen Strand fast für sich allein.

Bagni-Preise Etwa 10 € kostet pro Person/Tag die Benutzung aller Serviceeinrichtungen inkl. Liegestuhl und Sonnenschirm. Auch Wochen- und Monatsabonnements sind möglich.

▸ **FKK** ist in Italien nicht üblich, oben ohne schon eher. Es gibt jedoch öffentliche Strände, wo auch barbusige Damen nicht gern gesehen sind. Im Zweifelsfall sollten Urlauberinnen sich an den einheimischen Sitten orientieren.

▸ **Die Seen**: Die salzhaltigen Küstengewässer (z. B. Lago di Varano, Lago di Lésina) eignen sich nicht zum Baden, es sind äußerst flache und unzugängliche Brackwasserseen. Die Alimini-Seen (Süßwasser) sind fischreich und ebenfalls nicht zum Baden geeignet!

Einige Badetipps

- die weißen Sandbuchten der idyllischen Gargano-Küste (S. 150 ff.)
- die Tremiti-Inseln, Badevergnügen am zerklüfteten Steinufer mit Nadelwaldschatten (S. 176 ff.)
- die nordöstliche Salento-Küste; z. B. der helle, dünengeschützte Sandstrand bei Torre Chianca oder der lange weiße Dünenstrand oberhalb von Casino dei Turchi (Nähe Otranto) mit Pinetawald (S. 346 ff.)
- die fjordähnlichen Küsteneinschnitte bei Porto Badisco und Aquaviva (südlich von Otranto) (S. 361 ff.)
- die helle und sichelförmige Dünenbucht Baia verde südlich von Gallipoli (S. 371)
- die flache Felsküste mit kleinen Sandbuchten nördlich von Gallipoli (S. 382 ff.)

Genauere Informationen dazu und viele weitere Badetipps finden Sie in den jeweiligen Orts- und Gebietskapiteln.

Botschaften und Konsulate

Nur in Notfällen, z. B. bei Verlust sämtlicher Reisefinanzen, dorthin wenden. Mit Überbrückungshilfe sieht es aber schlecht aus. Meist wird man aufgefordert, sich das nötige Geld für die sofortige Heimreise von Angehörigen/Freunden schicken zu lassen. Verständlich, wenn man bedenkt, dass jährlich weltweit Hunderte, wenn nicht Tausende von deutschen Urlaubern bei ihren Botschaften und Konsulaten anklopfen und um Geld bitten, das sie dann oft nur nach zähen Mahnungen zurückzahlen. Im wirklich akuten Notfall wird aber weitergeholfen – Bahnkarte plus etwas Verpflegungsgeld für unterwegs. Selbstverständlich sind alle Auslagen zurückzuzahlen.

Deutsche Botschaft: Via San Martino della Battaglia 4, I-00185 Roma, ☎ 06/492131.

Deutsches Honorarkonsulat: Piazza Umberto I 40, I-70125 Bari, ☎ 080/5244059.

Österreichische **Botschaft**: Via Pergolesi 3, I-00198 Roma, ✆ 06/8543058.
Österreichisches **Konsulat**: Via Dalmazia

179, I-70121 Bari, ✆ 080/5531995.
Schweizer Botschaft: Via Barnaba Oriani 61, I-00197 Roma, ✆ 06/8088398.

Bücher

Wer sich eingehender mit seinem Reiseziel beschäftigen will, dem stehen mehrere Publikationen der verschiedensten Genres zur Auswahl. Sollten einige der unten genannten Titel im Buchhandel vergriffen sein, einfach mal die nächste öffentliche Bibliothek aufsuchen.

‣ Da gibt es unter den deutschen Italienreisenden des späten 19. Jh. den Nach-Romantiker **Ferdinand Gregorovius**. Seine "Wanderjahre in Italien" (1856–1877) hat der Beck-Verlag wiederveröffentlicht, über 100 Seiten sind Reisezielen in Apulien gewidmet. Gregorovius (1821–1891) hat über 20 Jahre seines Lebens in Italien verbracht, dort historische Studien betrieben, aber auch als eine Art Auslandskorrespondent für deutsche Zeitungen gearbeitet. Amüsant sind aus heutiger Sicht seine Reisebeobachtungen über Land und Leute. Immer noch aufschlussreich sind die geschichtlichen Exkurse, die in einer leicht verdaulichen Form erzählt werden. Einige Zitate bereichern auch dieses Buch.

‣ Der Bauernsohn und Arbeiterschriftsteller **Tommaso Di Ciaula** widmet sich thematisch sowohl den Traditionen als auch der Modernisierung seiner Heimatregion. Er schreibt u. a. mit deftigen Worten literarische Elendsprotokolle aus dem heutigen Apulien. Zwei Veröffentlichungen sind bei Wagenbach erschienen: "Das Bittere und das Süße" und "Der Fabrikaffe und die Bäume".

‣ **Peter O. Chotjewitz** verfasste zusammen mit **Aldo De Jaco** "Die Briganten" (Wagenbach, 1976), von **Raffaele Nigro** stammt "Die Feuer am Basento", beides Bücher über die Zeit des apulischen Brigantentums um die Jahrhundertwende ("Geschichte", S. 42). Die Briganten waren zumeist landlose Bauern, Opfer des unbarmherzigen Feudalsystems ihrer Zeit, die schließlich wie Partisanen im Hinterland lebten und sich vor dem Zugriff des Gesetzes versteckten. Nigros Familiensaga erfasst einen weiteren Zeitaspekt, nämlich die apulische Emigration ins Eldorado Amerika.

‣ Für das speziell kunstgeschichtliche Interesse empfiehlt sich der "DuMont Kunst-Reiseführer Apulien". Qualifiziert und ausführlich wird dort u. a. die Stilepoche der apulischen Romanik beschrieben.

‣ Für Reisende auf den Spuren der Staufer gibt es ein Buch von **Horst Stern** über Friedrich II. mit dem Titel "Mann aus Apulien" (Knaur Taschenbuch). Das lebendige Porträt dieser schillernden Figur des späten Mittelalters ist in Form einer Ich-Erzählung geschrieben.
Eine weitere lesenswerte Kaiser-Biografie stammt von **Eberhard Horst**, "Friedrich II., der Staufer. Kaiser, Feldherr, Dichter" (Heyne).
Das literarisch glanz- und anspruchsvollste Werk über Friedrich II. hat **Ernst H. Kantorowicz** 1927 vorgelegt (neu aufgelegt bei Klett-Cotta). Seine wissenschaftliche Heldenbiografie beschäftigt sich auf 550 Seiten ausführlich mit der Zeit, in der der legendäre Stauferkaiser lebte. Ein brillantes

Geschichtswerk auf höchstem akademischen Niveau, und etwas für Spezialisten: "Kaiser Friedrich der Zweite".

Einkaufen

Gebrauchsgegenstände, Kleidung etc. wechseln in Italien überwiegend in kleineren Fachgeschäften den Besitzer. **Kaufhäuser** wie UPIM oder Standa findet man nur in den größeren Städten, sie rangieren allerdings im unteren Qualitätsbereich. **Supermärkte** wie Coop oder Esselunga sind auch in ländlichen Gebieten verbreitet und für Lebensmitteleinkäufe sehr zu empfehlen. Günstige Preise darf man jedoch nirgendwo erwarten außer auf den bunten **Mercati settimanali** (Wochenmärkte), wo vor allem Haushaltswaren, Kleidung und Lebensmittel angeboten werden. Oftmals bereichern zahlreiche fliegende Händler die örtlichen Wochenmärkte. Die Zeiten, als an den Marktständen um Preise gefeilscht wurde, sind lange vorbei. Trotzdem kann man hier immer noch sein Schnäppchen machen, z. B. die neue Ba-

Schwätzchen am Vormittag

dehose, die modische Sonnenbrille, Zubehör für die Campingausrüstung oder die neueste Italo-Schlager-Kassette. Da die Waren auf den Wochenmärkten nur selten ausgepreist sind, können Touristen leicht übers Ohr gehauen werden, indem von ihnen einfach ein höherer Preis verlangt wird als von den Einheimischen. **Tipp:** Wer den Eindruck hat, dass zu viel Geld gefordert wird, probiert es einfach nochmal bei der Konkurrenz am nächsten Stand.

Die **Mercati coperti** (städt. Markthallen, nur vormittags geöffnet) sind ideal für Selbstversorger: Fleisch, Fisch, Käse, Schinken und Wurst, Obst und Gemüse – die frische Ware wird im Vergleich zum Einzelhandel erheblich günstiger angeboten. Aber auch hier sollte man sich nicht übers Ohr hauen lassen; einige Sprachkenntnisse sind nützlich. Der Bummel durch die Markthalle ist außerdem ein deftig-sinnliches Erlebnis und deshalb nicht unbedingt etwas für geruchsempfindliche Zeitgenossen.

> **Saldi (Schlussverkauf)**: Die elegante italienische Mode, die in den schicken Boutiquen der Ferienorte und in den vornehmen Einkaufsmeilen der Provinzhauptstädte angeboten wird, sprengt normalerweise die Reisekasse. Die Schlussverkäufe im August/September und Februar bieten eine erstklassige Gelegenheit für modische Anschaffungen.

Eintrittspreise

In Apulien ist der Zugang zu den Kunstschätzen und Baudenkmälern locker bezahlbar. Die Eintrittspreise für Museen und historische Bauten sind moderat. Studenten- und sonstige Ermäßigungen gibt es in der Regel zwar nicht, dafür heißt es aber recht häufig "Ingresso libero" (Eintritt frei). Bei den Vergnügungseinrichtungen wie Disco, Clubs und Kino herrscht allerdings ein relativ hohes Preisniveau.

Kirchen: erfreulicherweise immer frei – Sakristei und Kirchenschatz kosten dafür meistens eine Kleinigkeit. Bitte darauf achten: Der Besuch ist nur "angezogen" erlaubt – keine Shorts, Träger-Shirts und nackten Schultern.

Museen und archäologische Parks: Die Preise richten sich nach der Bedeutung des Gebotenen und liegen zwischen 1,50 und 3 €, in Ausnahmefällen auch darüber. Bei kleineren Museen ist "Ingresso libero" hingegen keine Seltenheit.

Kastelle: preislich ähnlich wie Museen und archäologische Parks, manchmal inkl. Führung bzw. Informationsmaterial.

Diskotheken: teuer, unter 10–15 € läuft selten etwas (manchmal ist ein Getränk inbegriffen).

Musikclubs: In den größeren Städten wird oft eine Mitgliedskarte verlangt, die sog. *Tessera*. Sie kostet meist nur ein paar Euro, und ihr Erwerb ist auch bei einem einmaligen Besuch unverzichtbar. Eintritt ohne Tessera wird nur gelegentlich gewährt.

Kinos: In den Zentren größerer Städte gibt es oft mehrere Häuser mit internationalem Programm. In den Urlaubsorten werden im Sommer mitunter Freilichtkinos eingerichtet. Eintritt 5–6 €.

Feiertage

Am 15. August, an Mariä Himmelfahrt, wird in ganz Italien **Ferragosto** gefeiert. Dieses Hauptfest der Marienverehrung ist außerdem das größte Familienereignis Italiens und Höhepunkt der Urlaubssaison – daran denken, dass an diesem Tag alles geschlossen hat!

• *Gesetzliche Feiertage* **Weihnachten, Neujahr** und **Dreikönigstag** (6.1.) wie in der Heimat. **Karfreitag** ist kein Feiertag, **Ostermontag** jedoch wie gewohnt. **25. April** – Tag der Befreiung (von der deutschen Wehrmacht). **1. Mai** – selbstverständlich. **Pfingsten** – nur der Sonntag. **6. Juni** – Republikgründung. **15. August** (s. o.) – Maria Himmelfahrt, absolutes italienisches Hauptfest! **1. November** – Allerheiligen, wie bei uns. **8. Dezember** – Marias unbefleckte Empfängnis.

Finanzen

Seit der Einführung des Euro im Januar 2002 ist es für Italienurlauber endgültig aus mit dem Millionärsgefühl. Geldwechsel (Cambio) ist für Deutsche und Österreicher Schnee von gestern. Empfehlenswert sind jetzt **Euro-Reiseschecks**; sie werden u .a. von American Express, Thomas Cook und

Visa angeboten. Kaufquittung und Schecks immer getrennt aufbewahren. Bei Verlust oder Diebstahl wird Ersatz geleistet, falls man die Kaufquittung für die Schecks vorweisen kann.

▶ **Öffnungszeiten der Banken** sind landesweit einheitlich von Montag bis Freitag von 8.30 bis 13.30 Uhr und von 14.45 bis 16.30 Uhr.

▶ **EC-Geldautomaten (Bancomat)** gibt es mittlerweile flächendeckend. Mit EC-Karte und Geheimnummer kann man auch an Wochenenden problemlos Bargeld bis zu 250 € bekommen – vorausgesetzt, die Apparate funktionieren. Zu Hause werden 2,56 € Gebühren für jede Abhebung berechnet, die an die ausländische Bank gehen.

> Bei **Verlust der EC-Karte** sofort das Konto über die Frankfurter Zentrale sperren lassen. Von Italien unter ✆ 0049/69/740987 (24-Std.-Service).
> Bei **finanziellen Nöten**, die eine sofortig Überweisung aus der Heimat nötig machen, ist der Postbank Minuten-Service das beste Mittel ("Post", S. 103).

▶ Die gängigen **Kreditkarten** werden in vielen Geschäften, Hotels und zunehmend auch Restaurants und größeren Tankstellen akzeptiert; verbreitet sind *Eurocard* und *Visa*. Geldautomaten können mit der Kreditkarte ebenfalls benutzt werden, wenn sie das entsprechende Zeichen aufweisen.

Hunde

Wer seinen Waldi liebt, will ihn natürlich mit auf die Reise nehmen und nicht im Tierasyl deponieren. Kontaktieren Sie Ihren Tierarzt ungefähr einen Monat vor Reiseantritt. Benötigt wird ein tierärztliches Gesundheitszeugnis, das nicht älter als 30 Tage sein darf, außerdem muss das Tier nachweislich (Impfpass) gegen Tollwut geimpft sein, und zwar frühestens 11 Monate, spätestens aber 20 Tage vor Reiseantritt. Maulkorb und Leine müssen außerdem im Gepäck sein.

Viele Hotels und Campingplätze akzeptieren, wenn überhaupt, nur kleine Hunde. In den offiziellen Unterkunftsverzeichnissen der Fremdenverkehrsämter weist das Hundesymbol auf tierfreundliche Quartiere hin. Im Speisesaal, am Strand oder im Poolbereich werden jedoch selbst wohlerzogene Tiere nicht geduldet.

Information/Fremdenverkehrsämter

▶ **Information vor der Reise**: Für erste Anfragen wenden Sie sich am besten telefonisch an das staatliche italienische Fremdenverkehrsamt **ENIT** (Ente Nazionale Italiano per il Turismo). Es unterhält in Deutschland drei Niederlassungen, in der Schweiz und in Österreich je eine.

> **Gebührenfreie ENIT-Service-Nummer** für die kostenlose Bestellung von Prospektmaterial: ✆ 0080000482542.
> ENIT im Internet: www.enit.it

Lassen Sie sich allgemeine Informationen über Apulien, eine Landkarte und bei Bedarf die Unterkunftsverzeichnisse schicken. Am Urlaubsziel kann man gezielter nachfragen und sein Prospekt- und Infomaterial noch beliebig aufstocken.

ENIT-Büros in Deutschland: Kaiserstr. 65, 60329 Frankfurt, ☎ 069/237434, 📠 232894, E-Mail: enit.ffm@t-online.de; Kontorhaus Mitte, Friedrichstr. 187, 10117 Berlin, ☎ 030/2478398, 📠 2478399, E-Mail: enit-berlin@t-online.de; Goethestr. 20, 80336 München, ☎ 089/531317, 📠 534527, E-Mail: enit-muenchen@ t-online.de.

ENIT-Büro in Österreich: Kärntnerring 4, 1010 Wien, ☎ 01/505163912, 📠 5050248, E-Mail: delegation.wien@enit.at.

ENIT-Büro in der Schweiz: Uraniastr. 32, 8001 Zürich, ☎ 01/2113031, 📠 2113885, E-Mail: enit@bluewin.ch.

▶ **Information in Apulien**: Fast jeder größere Ferienort hat ein offizielles **Ufficio informazioni** (Informationsbüro). In den Provinzhauptstädten gibt es das **APT** für die gesamte Provinz (= Azienda Provinciale per il Turismo) und das **IAT** für die Stadt (= Ufficio di Informazioni e Accoglienza Turistico). Beide Einrichtungen können zwecks Information aufgesucht werden. In kleineren Ortschaften heißt das Informationsbüro manchmal **Pro Loco**.

Öffnungszeiten schwanken von Ort zu Ort erheblich, wahrscheinlichste Auskunftszeiten Mo–Fr 9–13 Uhr und 15–19 Uhr, Sa/So nur vormittags (wenn überhaupt).

Falls man länger als einige Stunden in einem Ort verweilt, lohnt sich ein Gang zum offiziellen Informationsbüro immer. Kostenlos ausgegeben werden Stadtpläne, Unterkunftsverzeichnisse und reichhaltiges Prospektmaterial zu Sehenswürdigkeiten etc. Dabei auch auf aktuelle Veranstaltungshinweise achten und die zahlreich ausliegenden Handzettel privater Anbieter (Segel-, Surf- und Tauchschulen, Reedereien, Fahrzeugvermietungen etc.) durchforsten. Gelegentlich spricht jemand hinter dem Schalter Deutsch oder Englisch. Ein **Zimmervermittlungsservice** ist leider selten anzutreffen.

Hinweis: Aufgrund der schlechten Finanzlage sind die offiziellen Informationsbüros Apuliens nur im Sommer bzw. gar nicht mehr besetzt. In den Urlaubsgebieten übernehmen örtliche Hotelverbände und private Tourismusunternehmen zunehmend deren Funktion. Diese **privaten Informationsbüros** machen natürlich vor allem Eigenwerbung für ihre Hotels, Dienstleistungen etc.

Die aktuellen Adressen der offiziellen Informationsbüros finden Sie in den jeweiligen Ortskapiteln unter dem Stichwort "Information".

Fast jede Gemeinde hat mittlerweile eine eigene Website: www.comuni.it

Kinder

Die Kinderfreundlichkeit der Italiener ist geradezu sprichwörtlich – daran hat sich nichts geändert, obwohl Italien mittlerweile ans Ende der europäischen Geburtstatistik gerutscht ist. In puncto Kindersegen hat sich ein deutlicher Wandel vollzogen. Während früher die kinderreiche Großfamilie vorherrschte, setzt sich heute die Tendenz zur statistischen 1,5-Kinder-Kleinfamilie durch. Wer jedoch mit "Bambini" in den Stiefel reist, wird bestätigen, dass die Geburtenentwicklung keinen negativen Einfluss auf die allgemeine Kinderfreundlichkeit genommen hat.

Ideale Bedingungen für Urlaub mit Kindern bieten vor allem die Küstenorte mit langen Sandstränden, wo das Wasser relativ seicht ist. Dort kann nach Herzenslust geplanscht werden, Spielkameraden sind schnell gefunden, und jeden Tag gibt es eine neue, noch größere Sandburg.

Land- und Straßenkarten

Karten zu Italien und Süditalien gibt es jede Menge, die meisten sind gut – man hat die Qual der Wahl. Karten speziell zur Region Apulien gibt es im deutschen Handel zur Zeit nur zwei (s. u.). Beides sind brauchbare Faltkarten, hundertprozentig genau ist aber keine.

Kümmerly & Frey, Apulien (1:200.000), eine Lizenzausgabe des italienischen Touring Club (TCI), detailgetreu, übersichtlich und ästhetisch ansprechend.
RV Reise- und Verkehrsverlag, Apulien (1: 300.000), schlechterer Maßstab, aber recht übersichtlich.
Außerdem sind fünf **Provinzkarten** (Foggia, Bari, Brindisi, Lecce und Tarent) von

Litografica Artistica Cartografica Firenze (1:100.000 bzw. 1:150.000) im dt. Buchhandel erhältlich, ca. 9 € je Karte.
Bei den **ENIT-Büros** (Adressen siehe "Information") ist eine brauchbare Faltkarte (1:350.000) zur Region kostenlos erhältlich. Vor Ort geben die **Informationsbüros** der Ferienorte i. d. R. nützliche Stadt- und Orientierungspläne gratis aus.

Notruf

Polizeinotruf/Unfallrettung in ganz Italien unter ✆ 113 bzw. ✆ 112 (auch über das Handy).

Pannenhilfe leistet der italienische Automobilclub **ACI** (Automobil-Club d'Italia), in ganz Italien rund um die Uhr zu erreichen unter ✆ 800116800 (Fest- und Mobilfunknetz). Alles Wichtige zum Thema Pannenhilfe finden Sie im Kapitel "Anreise mit dem eigenen Fahrzeug" auf S. 51.

Deutschsprachige Notrufstation des ADAC in Mailand, ganzjährig rund um die Uhr besetzt, ✆ 02/661591.

Öffnungszeiten

Wie in allen Mittelmeerregionen, werden die Geschäfts- und Öffnungszeiten vom heiligen Grundprinzip der **Siesta** diktiert. Zum Ausgleich für die vor allem im Sommer lange Mittagspause bleiben die Geschäfte abends länger auf.

Bezüglich der Museen zeichnen sich landesweit großzügigere und damit touristenfreundlichere Öffnungszeiten ab.

Apotheken: s. "Apotheken", S. 94.
Banken: s. "Finanzen", S. 99.
Geschäfte: generell nicht so starr geregelt wie nördlich der Alpen. In der Regel Mo–Sa vormittags ca. 9–13 Uhr, nachmittags ca. 16–20 Uhr. In den Urlaubsgebieten bleiben die Geschäfte oft weit über

die normalen Öffnungszeiten hinaus geöffnet. Vor allem Souvenirläden und Geschäfte mit touristischem Bedarf schließen ihre Pforten erst sehr spät – je nach Kundeninteresse.
Informationsbüros: s. "Information/Fremdenverkehrsämter", S. 100.

Kirchen: zumeist von 7 Uhr früh bis 12 Uhr mittags offen; dann wird unbarmherzig geschlossen und frühestens gegen 16, oft erst 17 Uhr wieder aufgemacht, um bis 19 oder 20 Uhr geöffnet zu bleiben. Sonntags während der Messen ist selbstverständlich keine Besichtigung erwünscht.

Leider werden immer mehr Gotteshäuser nur noch zur Messe aufgeschlossen – der Grund ist die steigende Anzahl von Kunstdiebstählen in den unbewachten Kirchen.

Museen: Hier herrschen nach wie vor verwirrende Verhältnisse, die Zeiten unterliegen häufigen, vor allem jahreszeitlich bedingten Änderungen. Eine erfreuliche Tendenz zu durchgehenden Öffnungszeiten von 9–19 Uhr zeichnet sich jedoch neuerdings landesweit zumindest für die größeren Museen ab. Der wöchentliche Ruhetag aus Gründen der "Museumshygiene" fällt normalerweise auf den Montag.

Post, s. unten.

Restaurants: "Durchgehend geöffnet" oder "durchgehend warme Küche" gibt es in ganz Italien nicht, die Öffnungszeiten (mittags 13–15 Uhr, abends 20–23 Uhr) werden landesweit ziemlich streng eingehalten.

Post

Die italienische Post genießt nicht gerade den besten Ruf. Die Karte an die Lieben daheim dauert ihre Zeit. Briefe laufen etwas schneller. Der Luftpost-Vermerk "Posta aera" ist bei Karten und Briefen überflüssig, da sie generell durch die Luft befördert werden. Dauer nach Deutschland etwa eine Woche.

• *Öffnungszeiten* Mo–Fr 8.30–14 Uhr, Sa 8.30–12 Uhr, Hauptpostämter in größeren Städten Mo–Fr durchgehend 8.30–18 Uhr, Sa nur vormittags.

• *Briefe und Postkarten* **Francobolli (Briefmarken)** kauft man nicht bei der Post, sondern in autorisierten Tabacchi-Läden und -Bars. Das **Porto** für eine Postkarte bzw. einen Standardbrief in EU-Länder beträgt 0,41 €, in die Schweiz sind es 0,52 €. Die italienischen **Briefkästen** sind rot.

• *Postbank Minuten-Service* Wenn Not am Mann ist, ist dieser Service, den die Western Union Financial über die deutsche Postbank anbietet, **der schnellste Weg, um an Bargeld zu kommen**, und zwar innerhalb von wenigen Stunden! Zu Hause anrufen, Aufenthaltsort angeben und bitten, die gewünschte Summe per Postbank Minuten-Service unter Angabe des Empfängernamens nach Italien zu schicken. Der Empfänger bekommt die Auszahlungsstelle in Italien (ein Postamt oder eine Agentur der Western Union) sowie die Geldtransferkontrollnummer vom Einzahler mitgeteilt. Gegen Vorlage des Ausweises (bzw. einer Kopie) und Nennung der Kontrollnummer wird der Betrag vor Ort in bar ausgezahlt. Diese Transaktion kostet eine Gebühr von ca. 10 % der Transfersumme (vom Absender zu zahlen).

Informationen unter ☎ 0180-3040500 (0,09 €/ Min.).

Die Möglichkeit der **telegrafischen Postüberweisung** gibt es nicht mehr.

Presse

Trotz der alarmierenden Medienkonzentration, verkörpert durch den Medienzaren Silvio Berlusconi, der über den größten Teil des Privatfernsehens herrscht und obendrein noch die auflagenstärksten Tageszeitungen besitzt, ist das journalistische Niveau der überregionalen **Tageszeitungen** vergleichsweise hoch. Das vollständige Fehlen populistischer Massenblätter à la Bild-Zeitung spricht außerdem für den guten Geschmack von Herausgebern und Lesern. Das Gesamtangebot an italienischen **Zeitschriften** ist schlichtweg erschlagend.

Die geschrumpfte italienische Linke liest traditionsgemäß *L'Unità*. Der harte linksintellektuelle Kern bevorzugt *Il Manifesto*. Gemäßigter und breiter in der Berichterstattung ist *La Repubblica*. Traditionell konservativ schreibt der *Corriere della Sera*. Die rosa

Gazzetta dello Sport dürfte wohl weltweit die größte, täglich erscheinende reine Sportzeitung sein. Immer wieder kam es in den letzten Jahren zur Gründung neuer Zeitungen (z. B. *Independente, La voce*), deren Existenz jedoch selten von Dauer war.

Die Bahnhofskioske der Provinzhauptstädte und die Zeitungskioske der Ferienorte bieten vor allem während der Urlaubssaison zahlreiche **deutsche Tageszeitungen und Zeitschriften** an.

Vom Ende einer Institution

Seit eh und je besitzen die italienischen Zeitungskioske das Verkaufsmonopol für sämtliche Presseerzeugnisse. Rund 38.000 solcher **Edicola** gibt es landesweit, an denen sich die ganze Nation mit frisch gedruckten Zeitungen, Beilagen etc. versorgt. Der tägliche Gang zum Edicola hat in Italien Tradition und erlangt für viele sogar die Bedeutung eines Rituals wie etwa der sonntägliche Kirchgang.

Mit Blick auf die europäischen Gepflogenheiten wurde das bisherige Kioskmonopol jedoch versuchsweise aufgehoben. Bereits seit 1999 dürfen die meisten Presseerzeugnisse auch an Tankstellen, in Bars, Tabacchi-Läden, Supermärkten und im Buchhandel verkauft werden, womit sich die Zahl der Verkaufsstellen mehr als verdreifacht hat. Außerdem bieten die auflagenstarken Tageszeitungen in den großen Städten einen kostenlosen Zustellservice an.

Diese Veränderungen zerstörten ein authentisches Stück Italien und bescherten den Kioskbesitzern neben drastischen Umsatzeinbußen auch einen enormen Wertverlust ihrer bislang heiß begehrten Lizenzen, deren Wert bei 125.000 € und darüber lag.

Quittungen und Belege

Ob Hotel, Pension, Campingplatz oder Restaurant: War man Gast sollte man immer die **Ricevuta fiscale** (Quittung) verlangen und nicht leichtfertig abwinken. Auch in der Bar oder irgendeinem Geschäft ist es notwendig, sich den **Scontrino** (Kassenbon) geben zu lassen. Das ist in Italien eine Bürgerpflicht und dient der Belebung der Steuermoral, die traditionell nicht besonders ausgeprägt ist. Die Logik ist entwaffnend: Wo keine Rechnung bzw. kein Kassenbon ausgehändigt wird, wird natürlich auch nichts versteuert. Selbst Touristen werden von der italienischen Finanzpolizei, der *Guardia di finanza*, nicht verschont und bei stichprobenartigen Kontrollen zum Vorzeigen von Ricevuta bzw. Scontrino aufgefordert. Ein Fehlen derselben kann unangenehme Folgen haben, denn es sind hohe Bußgelder für beide Seiten vorgesehen. – **Ein kurzfristiges Aufbewahren der Belege ist ausreichend!**

Ausgenommen sind lediglich Marktstände und fliegende Händler, die keine Registrierkassen haben und folglich ohne Beleg kassieren dürfen.

Radio und Fernsehen

Die **privaten Radiosender** gehen in die Hunderte und liegen auf der Frequenzskala entsprechend nah beieinander. Hinzu kommt, dass sie oft nur eine extrem kurze Reichweite haben. Besonders Autofahrer haben ständig einen Finger am Sendersuchlauf. Wenn der Radioempfang dann letztlich stimmt, wird man nicht selten von einem nervtötenden Geplappere und Gedudel terrorisiert, so dass die Freude über den Empfang nicht lange anhält.

Folgende **deutsche Radioprogramme** empfangen Sie im Kurzwellenbereich rund um die Uhr: Deutsche Welle auf 6075 kHz; Deutschland Radio auf 6005 kHz; Bayern 1 auf 6085 kHz; Radio Bremen auf 6190 kHz; Südwestrundfunk auf 7265 kHz.

Der **TV-Bildschirm** ist in Italien allgegenwärtig. In kaum einer Bar ist man vor ihm sicher, auch in Restaurants hat er längst Einzug gehalten. Oft wird schon vormittags geglotzt. Mittags und abends regieren die Seifenopern in den italienischen Haushalten. Die täglichen Folgen der beliebtesten Fernsehserien versetzen nicht selten ganze Familien in höchste Begeisterung. Beim Essen verschlingt man die neuesten Ereignisse der Lieblingsserie und gibt dazu auch mal lautstark seinen Kommentar ab. Viele Haushalte haben zwei und mehr Fernsehapparate in der Wohnung verteilt stehen, damit kein Streit aufkommt, wenn die gemeinsame Lieblingsserie vorbei ist.

Wer ein **Hotelzimmer mit TV** hat und sich aus Spaß einmal durch die Programme zappt, wird feststellen, dass die zahlreichen Kanäle und lokalen Werbesender das heimische Angebot bei weitem an Temperament überbieten: Die Show- und Quizsendungen vibrieren nur so vor bunter Hektik, die Werbung ist geradezu penetrant, und im Abendprogramm fallen die Hüllen viel früher.

Reisedokumente

Für die Einreise nach Italien und einen Aufenthalt bis zu drei Monaten genügt der Personalausweis *(Carta d'identità).* Wer auf Nummer Sicher gehen will, nimmt außerdem seinen Reisepass *(Passaporto)* mit und zusätzlich noch Kopien beider Dokumente.

Warum Ausweis und Pass mitnehmen? Während ein Papier sicher bei der Hotel- oder Campingplatzrezeption liegt, kann man mit dem zweiten jederzeit Schecks eintauschen; auch die Fahrzeugvermietung will ein Dokument sehen. Bei Diebstahl oder Verlust eines Ausweises kann man zudem mit dem anderen (nach der Verlustmeldung) problemlos wieder ausreisen.

▶ **Diebstahl oder Verlust**: In jedem Fall sofort zur Polizei gehen. Falls dies der einzige Ausweis war, den man dabei hatte, bekommt man ein Formular, das zum einmaligen Überschreiten der Grenze berechtigt. Eine Kopie des verloren gegangenen Dokuments ist nützlich, weil sie der Polizei bei der Identitätsüberprüfung hilft.

▶ **Kinder und Jugendliche** unter 16 Jahren benötigen einen Kinderausweis oder müssen im Pass der Eltern eingetragen sein. Allein reisende Jugendliche benötigen außer ihrem Ausweis eine schriftliche Reiseerlaubnis der Elziehungsberechtigten, die auf Englisch oder Französisch, am besten aber auf Italienisch abgefasst sein muss.

▶ **Fahrzeugpapiere**: s. "Anreise mit dem eigenen Fahrzeug", S. 49.

Sport

Kein belebter Badestrand ohne provisorisches Volleyball- oder Fußballfeld. Die Italiener sind ballvernarrt; überall wird gebaggert und gekickt, und wer sich interessiert zeigt, wird schnell beteiligt. In den touristisch erschlossenen Küstenorten gibt es zahlreiche Möglichkeiten, sich sportlich zu betätigen. Das **Wassersportangebot** reicht vom Bootsverleih über Surf- und Segelschulen bis Wasserski und Fallschirmsegeln. Größere Hotelanlagen und Campingplätze verfügen meist über **Tennisplätze**.

Wanderer kommen nur im Gargano-Gebirge auf ihre Kosten (s. u.), ansonsten besitzt Apulien kaum geeignetes und erschlossenes Terrain, das Wanderfreuden aufkommen ließe, ganz abgesehen von den hohen Sommertemperaturen, die Wandern und Trekking zum Extremsport machen.

● *Bootfahren* Unbedingt das **Schlauchboot** mitbringen, falls Sie eines besitzen. Speziell an der Felsenküste des **Gargano** und im südöstlichen **Salento** ist es ideal für küstennahe Exkursionen. Mitnahme ist ohne Grenzformalitäten möglich. Bei Außenbordern über 3 PS ist eine Haftpflichtversicherung vorgeschrieben. Vor Ort sollte man sich beim Hafenamt nach eventuellen Vorschriften und Einschränkungen erkundigen.

● *Fahrradfahren* Italien ist ein radsportbegeistertes Land. Wirklich fahrradtauglich sind in Apulien jedoch nur die **Halbinseln des Gargano und Salento**. Von der *Comunità Montana del Gargano* sind Routenempfehlungen rund um den Gargano ausgearbeitet worden; insgesamt 15 mittelschwere Tagesfahrten. Die Broschüre *Bici Gargano* erhalten Sie (sofern vorrätig) in den Informationsbüros der Gargano-Städte.
Radwanderer, die im **Salento-Gebiet** zwischen Lecce und Otranto unterwegs sind, sollten sich im Infobüro von Lecce bzw. Otranto die Begleitbroschüre zum neu angelegten Radwegenetz (*Percorso Cicloturistico*) besorgen.

● *Reiten* ein Sport, der in Verbindung mit dem wachsenden **Agriturismo** (Ferien auf dem Gutshof "Übernachten", S. 81) verstärkt in Mode kommt.

● *Tauchen und Schnorcheln* Unterwassersportler fühlen sich im glasklaren Wasser der **Tremiti-Inseln** besonders wohl. Ausrüstung kann vor Ort geliehen werden (aber Harpune zu Hause lassen, denn Unterwasserjagd ist out).

● *Wandern* In dieser Hinsicht ist Apulien weder an der Küste noch im Hinterland erschlossen. Einzig die **Foresta Umbra** im Gargano-Gebirge durchzieht ein Netz von gekennzeichneten Wanderwegen; man läuft im schattigen Hochwald ohne anstrengende Steigungen.

● *Windsurfen* Die windigsten Monate der warmen Jahreshälfte sind April und Oktober, gefolgt von Mai und September. Im Hochsommer ist der Wind dagegen eher flügellahm. Ein super Starkwindrevier ist der weit vorspringende Sporn des **Gargano**, beste Jahreszeit ist hier der Herbst, optimal weht dann der Maestrale. Geeignete Strände liegen um den touristischen Haupтort Vieste. Am Ionischen Meer bieten die langen Strände südwestlich von Tarent meist gleichmäßige und auflandige Winde, ideal für Anfänger.

Sprachkurse

Wer würde nicht gern fließend Italienisch sprechen. Ein erster Schritt dahin könnte der preisgünstige Sprachkurs an der heimischen Volkshochschule sein. Im Urlaub kann man dann seine frisch erworbenen Sprachkenntnisse ausprobieren. Wer es langfristig ernst meint mit dem Spracherwerb, sollte einen Intensivkurs in Italien in Erwägung ziehen. Eine umfangreiche Informationsbroschüre über Sprachreiseveranstalter sowie sämtliche italienischen Sprach- und Hochschulen erhalten Sie bei der **Aktion Bildungsinformation (ABI)**.

Bestelladresse Aktion Bildungsinformation, Alte Poststr. 5, D-70173 Stuttgart, ✆ 0711/22021630. Die Broschüre heißt "Italienisch lernen in Italien", umfasst 190 Seiten und kostet inkl. Versand ca. 16 € (gegen Rechnung).

Strom

Fließt fast überall mit 220 Volt aus der Steckdose, allerdings passen die deutschen Schukostecker nicht. **Spina di adattamento** (Adapter) kann man in italienischen Elektrofachgeschäften kaufen bzw. im Hotel ausleihen, am besten aber schon zu Hause besorgen.

Telefonieren

Die italienische Telecom hat das Fernsprechsystem in den letzten Jahren stark verbessert. Mittlerweile kann man von fast allen Telefonzellen mit Telefonkarten problemlos ins Ausland telefonieren. Und seitdem in ganz Italien das **Telefonino** (Handy) Einzug gehalten hat, gibt es auch keine Warteschlangen mehr vor den Kabinen.

● *Telefonzellen* Für **Orts- und Ferngespräche** am besten nur die modernen Apparate mit Digitalanzeige nehmen, die mit einer magnetischen **Telefonkarte** *(Carta telefonica)* funktionieren. Bei den Telefonkarten muss vor dem ersten Gespräch die rechte obere Ecke abgetrennt werden.

● *Telefonkarten* kauft man für ca. 5 € in Tabacchi-Läden, Bars und an manchen Hotel- bzw. Campingrezeptionen. Wenn die Karte leer ist, kann man ohne Unterbrechung weitertelefonieren, wenn man eine neue nachschiebt.

● *R-Gespräch* wird von der Frankfurter Vermittlungszentrale der Telekom rund um die Uhr angeboten und heißt **Deutschland direkt**. Die Zentrale erreicht man aus Italien unter ✆ 800172490 gebührenfrei. Die Vermittlungs- und Gesprächsgebühren trägt der gewünschte Gesprächspartner.

● *Tarife* Die Gebühren für Gespräche von Italien nach Deutschland sind höher als umgekehrt, deshalb unbedingt die **Billigzeiten** nutzen: Mo–Sa 22–8 Uhr und So ganztägig.

Wer mit dem **Handy** in Italien unterwegs ist, wird kaum Verbindungsprobleme haben. Das italienische Funknetz arbeitet nahezu flächendeckend, nur in abgelegenen Tälern herrscht manchmal Funkstille. Und wer es noch nicht wissen sollte: Im Ausland angenommene Gespräche zahlt man anteilig mit!

Internationale Vorwahlen

Von Italien nach Deutschland = ✆ 0049, nach Österreich = ✆ 0043, in die Schweiz = ✆ 0041.

Nach Italien aus Deutschland, Österreich und der Schweiz = ✆ 0039.

Wichtig! – Die italienische Telecom hat ihr Vorwahlsystem geändert, **jetzt zählt die Null immer mit!** Die Ortsvorwahl muss mit einer 0 beginnen, auch wenn man aus dem Ausland anruft. Im städtischen Telefonnetz gilt diese Regelung ebenfalls, also z. B. Ortsgespräche innerhalb von Bari immer mit der Vorwahlnummer ✆ 080.

Zeit

Auch in Italien gilt die Mitteleuropäische Zeit (MEZ). Für die Sommermonate ab Ende März bis Ende Oktober wurde wie in Deutschland und anderswo die Sommerzeit eingeführt. Es gibt also keine Zeitverschiebung.

Zoll

Im privaten Reiseverkehr innerhalb der EU dürfen Waren zum eigenen Verbrauch im Prinzip unbegrenzt mitgeführt werden. Um diese vage Bestimmung zu präzisieren und eine Abgrenzung zwischen privater und gewerblicher Verwendung vorzunehmen, gelten folgende **Richtmengen** pro Person:

800 Zigaretten, 400 Zigarillos, 200 Zigarren, 1 kg Rauchtabak, 10 l Spirituosen, 20 l Zwischenerzeugnisse (z. B. Campari), 90 l Wein, davon max. 60 l Schaumwein und 110 l Bier.

Bei den möglichen stichprobenartigen Kontrollen muss den Zollbeamten im Falle einer **Mengenüberschreitung** glaubhaft gemacht werden, dass die Waren tatsächlich nur für den privaten Konsum gedacht sind!

Alte Lizenz für den Verkauf von Salz und Tabak

Da die **Schweiz** bekanntlich nicht zur EU gehört, ist beim Transit eine freiwillige Deklaration der mitgeführten Waren fällig, wenn die für die Schweiz geltenden Freimengen überschritten werden (200 Zigaretten, 50 Zigarren, 2 l Wein und 1 l Spirituosen). Für Waren, die das Limit überschreiten, muss bei größeren Mengeneine Kaution in Landeswährung hinterlegt werden, die man bei der Ausreise zurückerhält. Nähere Auskünfte erteilt das Zollamt in Bern unter ☎ 0041/313226872.

Termoli (Region Molise) –
der Einstieg

ca. 27.000 Einwohner

Hier herrscht bereits ein Hauch von Apulien. Termoli ist ein beliebtes Badestädtchen in der kleinen Region Molise und liegt nur wenige Kilometer nordwestlich der Gargano-Halbinsel. Aufgrund der guten Hafensituation und der schnellen Fährverbindungen hat sich Termoli zum wichtigsten Festlandshafen der apulischen Tremiti-Inseln entwickelt.

Ausgesprochen stimmungsvoll präsentiert sich das ruhige Altstadtviertel **Borgo Vecchio** auf einer weit ins Meer vorspringenden Landzunge. Auf der Oberkante der Stadtmauer verläuft ein Rundweg mit phantastischem Blick – *Bellavista* in alle Himmelsrichtungen. Unterhalb der Altstadtmauern macht man erste Bekanntschaft mit den hölzernen Plattformen der apulischen Küstenfischer namens **Trabucchi**. Diese zumeist in den Fels gebauten, bizarren Pfahlkonstruktionen gehen angeblich auf den Einfallsreichtum gewitzter Phönizier zurück ("Phönizische Fischfangapparate", S. 154).

Der lange **Corso Nazionale** führt mit seinen gemütlichen Straßencafés hinunter zum Meer, vorbei an der palmenbestandenen **Piazza Vittorio Veneto**, dem allabendlichen Treffpunkt der Einheimischen. Den Eingang zur erhöht gelegenen Altstadt bewacht das mächtige **Kastell** Friedrichs II., in dem heute die Marine untergebracht ist. – Deshalb ist leider keine Besichtigung möglich. Gleich hinter den Festungsmauern, in den engen winkligen Altstadtgassen mit ihren niedrigen Häusern und kunstvollen Torbögen herrscht ein gemächlicher Alltag.

Die **Kathedrale** inmitten der Altstadt ist ein sehr schlichter romanischer Bau mit Blendarkaden. Die dreischiffige Basilika hat einen erhöhten Chor und eine interessante Holzbalkendecke. Neben dem Altar stehen zwei gläserne Sarkophage, in einem davon ruhen die Gebeine des Hl. Timotheus, die von Kreuzfahrern einst aus Konstantinopel entführt wurden.

Der gepflegte **Stadtstrand San Antonio** im **Norden**, ein schmaler weißer Sandstrand, beginnt direkt unterhalb der Stauferburg und bietet im Hochsommer den gewohnten Anblick: Badekabinen, Liegestuhl- und Sonnenschirmparaden bis auf den letzten Meter. Aber bereits ab Mitte September ist es hier wochentags selbst bei schönstem Wetter schon menschenleer. Parallel zum Strand verläuft der viel befahrene **Lungomare** – die Uferstraße nach Norden.

Der breite sandige **Muschelstrand im Süden** grenzt unmittelbar an den Hafen. Die lange schützende Hafenmole sorgt für eine spiegelglatte Wasseroberfläche. Strandbars, Sonnenschirm- und Tretboottourismus erstrecken sich auf einen halben Kilometer.

Der relativ große **Fähr- und Fischerhafen** liegt direkt am Fuß der Altstadt, eine moderne Wendeltreppe führt hinunter zur breiten Kaianlage. Der angrenzende Großparkplatz signalisiert, dass Termoli der wichtigste Fährhäfen zu den apulischen **Tremiti-Inseln** (S. 176) ist. Neben Fährschiffen füllen bauchige Fischerboote das Hafenbecken. Die Verkaufsstände des turbulenten **Fischmarkts** befinden sich am Ende des Hafenplatzes **Piazza dei Pescatori.**

Information/Anfahrt & Verbindungen

• *Information* **Ufficio turistico** am Busbahnhof an der Piazza Melchiore Bega (s. u.), unregelmäßige Öffnungszeiten, ✆ 0875/703913.

• *Auto* von Norden kommend die **A 14** bereits in Vasto/Sud verlassen, dann auf der **S 16** bis Ausfahrt Termoli/Lungomare. Kostenfreie **Parkmöglichkeiten** am Hafen.

• *Bahn* Der **FS-Bahnhof** liegt in der Neustadt, an der Piazza Garibaldi. Von dort zur Altstadt den Corso Umberto entlang bis zur Piazza Veneto und links weiter den Corso Nazionale hinunter.

• *Bus* **Busbahnhof** an der Piazza Melchiore Bega, 50 m vom FS-Bahnhof entfernt, am Corso Umberto, rechts hinter den Betonarkaden.

• *Fähre* ganzjährige Verbindungen zu den **Tremiti-Inseln** mit dem *Motonave* (Fährschiff) der staatlichen *Reederei Adriatica*. Abfahrt tägl. 9 Uhr, Fahrzeit ca. 1,5 Std., Ticket (hin/zurück) 14,50 €. Von Juni–Sept. werden auch die schnellen *Aliscafi* (Tragflügelboote) bis zu 4x tägl. eingesetzt, Abfahrt ca. 8.30, 10.45, 15.30 und 17.15 Uhr, die Fahrzeit beträgt rund 50 Min., Ticket (hin/ zurück) 25 €.

Tickets: Kartenschalter am Hafenkai. Aktueller Fahrplan, Information und Reservierung im Adriatica-Büro am Corso Umberto 93, ✆ 0875/705343.

Ein nur in den Sommermonaten bewachter **Parkplatz** befindet sich direkt am Anleger: *Autoparcheggio del Porto*. Pro Tag ca. 4,50 €.

Übernachten/Essen & Trinken

• *Übernachten* Die **Hotels** am nördlichen Lungomare sollte man eher meiden, es handelt sich vorwiegend um 5- bis 6-geschossige Wohnblocks mit kantinenartigen Restaurants, die auf den Massenbetrieb in den Monaten Juli und August eingestellt sind.

** Villa Ida, eine günstige Stadtunterkunft an der ansteigenden Via Mario Milano 27, freundliche kleine Pension im Neubau, Nähe Altstadt, DZ 47 € inkl. Frühstück, ✆ 0875/706666.

**** Corona, modernes Cityhotel in altem Palazzo, vis-à-vis vom Bahnhof, Via Mario Milano 2 a, internationaler Standard, DZ 104 €, EZ 62 € inkl. Frühstück, ✆ 0875/84041.

Camping Cala Saracena, ca. 3 km nördlich, zwischen Küstenstraße und Strand, kleiner Platz, spärlicher Baumschatten, Busverbindung nach Termoli, ✆ 0875/52193.

• *Essen & Trinken* mehrere kleine Trattorie in der Altstadt, z. B. das elegante **San Carlo** in einem Gässchen bei der Kathedrale, Ableger eines gleichnamigen Lokals in Neapel. Spezialitäten aus Neapel und lokaltypische Adria-Küche, Menü inkl. Getränke um die 35 €, ✆ 0875/705295, Di Ruhetag.

Taverna Lucullo, Via Pustiera 30, gemütliches Altstadtlokal, hübsch dekoriertes Kellergewölbe, lokale Fisch- und Fleischspezialitäten, leckere Primi, akzeptable Preise, Mi Ruhetag.

Pizzeria Sognadoro, Via Fante Mugnano Rocco 34, verstecktes Altstadtgässchen, kühles Gewölbe, 30 verschiedene Pizze ab 4 €, offener Wein und Bier vom Fass.

Da Antonio, alteingesessene beliebte Trattoria am Corso Umberto/Ecke Piazza Veneto, volkstümlich und preiswert, kein Ruhetag.

Museums-Tipp: Archivio storico termolese, direkt am Altstadttor, mit Räumen in der *Torretta Belvedere*, privates historisches Stadtarchiv, ständige Ausstellung mit allerlei Kuriositäten und Souvenirs. Der Besitzer, ein leidenschaftlicher Sammler und gut informierter Lokalpatriot, handhabt die Öffnungszeiten großzügig (kein Eintritt)

Provinz Foggia
Karte S. 115

*Garganoküste – das fotogene Felsentor Arco San Felice
ziert auch unser Buchcover*

▶ **Umgebung/Marina di Chieuti:** Über die ufernahe S 16 erreicht man diesen
ersten apulischen Küstenort; eine wild zersiedelte Feriensiedlung ohne jegli-
chen Reiz, aber mit einem **endlosen Sandstrand**, der von dichten Pinien-
und Eukalyptuswäldchen gesäumt wird. Landeinwärts beginnen bereits die
ausgedehnten Anbaugebiete Apuliens ("Der Tavoliere", S. 122ff.).

Provinz Foggia

**Die Provinz Foggia ist die größte und abwechslungsreichste der fünf apu-
lischen Provinzen. Flüsse, Berge und das Meer bilden ihre natürlichen
Grenzen. Endlose Anbauflächen prägen die Landschaft im Innern. Sanfte
Hügel begrenzen den fruchtbaren Tavoliere, der sich um die Provinzhauptstadt Foggia erstreckt. Überall stößt man auf historische Siedlungen aus daunischer, römischer und mittelalterlicher Zeit. Der grüne Nationalpark des Gargano bietet viel Raum für Naturgenüsse, während sich
die herrlich zerklüftete Gargano-Küste als die mit Abstand schönste Badeküste der gesamten italienischen Adria offenbart!**

Das Kerngebiet der Provinz, die ehemals Capitanata oder Daunia genannt
wurde, bildet der **Tavoliere**, eine schier endlose Tiefebene mit sanft ansteigen-
dem Hinterland. Auf dem dunklen, fruchtbaren Boden wird heute vor
allem Weizen und Mais angebaut, aber auch Tafeltrauben und Tomaten. Aus
der großen faschistischen Urbarmachungskampagne – der legendären
"Weizenschlacht" – ging der Tavoliere als reines Ackerland hervor; die Weide-
wirtschaft spielt seitdem eine untergeordnete Rolle ("Geschichte", S. 44).

Noch erinnert hier vieles an die Zeit des feudalen Großgrundbesitzes. Einzelne, sehr rentable **Masserie** (Gutshöfe) erstrecken sich mit ihren Ländereien auf 200 bis 300 ha und mehr. Unter gleißender Sonne werden noch immer riesige Felder von einheimischen und fremden **Braccianti** (Tagelöhner) abgeerntet. Der Tavoliere mit seinen weiten Feldern bietet vor allem im Frühjahr ein eindrucksvolles und farbenprächtiges Bild. Im Herbst hingegen dominieren dunkle Erdfarben, kontrastiert von einem tiefblauen Himmel.

Das geschichtsträchtige urbane Zentrum des Tavoliere bildet die Provinzkapitale **Foggia**, die einstige Lieblingsstadt des Staufers Friedrich II. Die Nachbarstadt **Lucera** mit der denkwürdigen Sarazenenburg und dem römischen Amphitheater ist ein bedeutender kultureller Anziehungspunkt der Provinz, ebenso die daunisch-römische Ausgrabungsstätte **Herdonia** beim heutigen Ordona. Eine prächtige romanische Kathedrale macht das bescheidene **Troia** am Rand des Tavoliere zu einem wahren kunstgeschichtlichen Kleinod. **Bovino**, ein sympathisches Bergstädtchen, liegt bereits im Schatten der Apenninausläufer.

Der 1991 zum Nationalpark erklärte **Promontorio del Gargano**, so die offizielle Bezeichnung des Gargano, formt den gebirgigen Sporn des italienischen Stiefels. Rein geologisch gehört dieses Gebiet nicht zu Italien, sondern zum gegenüberliegenden dalmatinischen Festland. Wahrscheinlich handelte es sich in grauer Vorzeit, als der Tavoliere noch unter dem Meeresspiegel lag, um eine vorgelagerte Insel. Im Südwesten steigt das beeindruckende Kalksteinmassiv des Gargano fast senkrecht auf ca. 600 m an und begrenzt abrupt den brettflachen Tavoliere. Das Landschaftsbild der oberen Region wird von kahlen Bergkuppen, fruchtbaren Becken und einem dichten Mischwald, der artenreichen **Foresta Umbra**, bestimmt. Der weit über die Landesgrenzen hinaus bekannte Wallfahrtsort **Monte Sant'Angelo**, die 1.000-jährige apulische Residenz des Erzengels Michael, ist das religiöse Zentrum und die Touristenattraktion dieser Gebirgsregion. Im Norden fällt der Gargano recht flach gegen die beiden Küstenseen ab; ertragreiche Haine voller knorriger Olivenbäume bedecken dort die sanften Hänge. Obwohl diese beiden salzhaltigen **Küstenseen Lago di Lésina** und **Lago di Varáno** von kilometerlangen hellen Sandstränden gesäumt werden, dient das Gebiet vorwiegend als Urlaubertransitstrecke hinüber zur beliebten Gargano-Küste.

Die **Tremiti-Inseln** sind dem Nordufer des Stiefelsporns auf Sichtweite vorgelagert. Ein mediterranes Inselparadies im glasklaren Adriawasser – fast noch ein Geheimtipp.

Den absoluten Höhepunkt der Provinz stellt die malerisch zerklüftete **Gargano-Küste** dar, die zwischen Rodi Garganico und Mattinata – ohne Übertreibung – **den schönsten Abschnitt der gesamten italienischen Adriaküste** bildet! Intakte Natur, blendend weiße Kalkklippen mit eingestreuten Sandstränden, dazwischen Wälder mit kräftigen alten Pinien und üppige Macchia. Die wohlproportionierten Küstenorte wirken ausgesprochen anmutig, sind unglaublich verwinkelt und reichen mit ihren schneeweiß getünchten Häusern bis an die Klippen.

Karte S. 115

Provinz Foggia

Den südlichen Schlusspunkt der Gargano-Küste setzt die etwas von der Industrie gebeutelte Stauferstadt **Manfredonia**, deren archäologisches Museum im imposanten Castello einzigartige daunische Stelen beherbergt. Der eher langweilige Küstenstreifen des **Golfo di Manfredonia** bis zur Ofanto-Mündung bietet außer langen montonen Sandstränden und gefluteten Salzfeldern nichts. Hauptort ist das Thermalbad **Margherita di Savoia**, eine kompakt gebaute Küstenstadt mit wenig Atmosphäre.

Die Provinz Foggia auf einen Blick

- **Schöne Orte**: Rodi Garganico (S. 155), Peschici (S. 158) und Vieste (S. 161) – schneeweiß getünchte, idyllische Gargano-Küstenorte; Rignano Garganico (S. 139) – der Balkon des Gargano-Gebirges.

- **Landschaftliche Höhepunkte**: Tremiti-Inseln – ein Adriaarchipel wie aus dem Mittelmeerbilderbuch (S. 176ff.); Gargano-Küste – blendend weiße Klippenküste (S. 150ff.); Foresta Umbra – dichter Mischwald (S. 149); Tavoliere – endloser Agrarteppich aus abgezirkelten Feldern (S. 122ff.).

- **Kunst und Kultur**: Tremiti-Insel San Nicola – Klosterkirche Santa Maria a Mare (S. 186); Troia – romanische Kathedrale Santa Maria Assunta (S. 132); Lucera – Sarazenenburg und römisches Amphitheater (S. 126f.); Siponto – Kirche Santa Maria Maggiore aus dem 12. Jh. (S. 175); Manfredonia – daunische Stelen und Staufer-Castello (S. 173); Ordona – daunisch-römische Ausgrabungsstätte Herdonia (S. 137); Rignano Garganico (S. 139) – das neue Museo civico zeigt steinzeitliche Höhlenfunde aus dem gesamten Gargano-Gebiet.

- **Baden**: Tremiti-Inseln – Badefelsen und kleine Strände (S. 176ff.); Gargano-Küste – märchenhafte Sandstrände zwischen weißen Kalkklippen (S. 150ff.).

- **Kurios**: Monte Sant'Angelo – Höhlenheiligtum, Erzengelkult und geschäftstüchtige Frömmigkeit (S. 144ff.).

- **Eher abzuraten**: Küstenstreifen des Golfs von Manfredonia (S. 170); Margherita di Savoia – reizloses Thermalbad (S. 175).

Reisepraktisches zur Provinz Foggia

Anfahrt & Verbindungen

Auto Die A 14 durchquert die Provinz Foggia von Norden nach Südosten.
Schnellste Verbindung **zur Gargano-Küste**: A-14-Abfahrt Poggio Imperiale und dann auf der *SSV del Gargano* vorbei an den beiden Küstenseen Lago di Lésina und Lago di Varáno nach Rodi Garganico.
Alternative zur Autobahn: Küstenstraße **S 16** bis Ripalta und dort auf die *SSV del Gargano*.
Von Südwesten auf der **A 16** direkt zur Gargano-Küste: Abfahrt Candela und weiter auf der S 655 Richtung Foggia, von der Stadtumgehung auf die S 89 nach Manfredonia.

Die **Gargano-Küstenstraße** ist recht gut ausgebaut, nur die Ortsdurchfahrten sind eng und stauanfällig.
Allgemeines: Auf den Schnellstraßen der Provinz kommt man gut voran; auf Landstraßen hingegen, vor allem im Tavoliere-Gebiet, fehlen oftmals Hinweisschilder. Die Gefahr, sich zu verfahren, ist relativ groß.
Bahn Zugfahrer können die **FS-Hauptstrecke Ancona–Bari** in San Severo unterbrechen und dort auf die **Ferrovia del Gargano** umsteigen. Die Schmalspurbahn von San Severo an die Gargano-Küste wird mit kleinen modernen E-Zügen be-

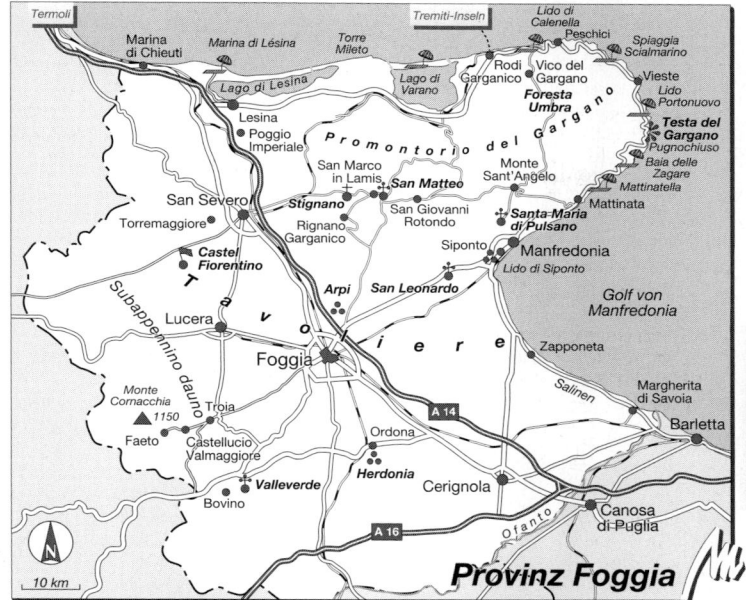

trieben und endet kurz vor Peschici (bis 10x tägl. von und nach San Severo, 1 Std. 45 Min. Fahrzeit) Die gemächliche Fahrt geht anfangs durch die weiten Felder des Tavoliere und führt dann vorbei an Sannicandro und Cagnano durch eine herrliche Olivenlandschaft. Vom Endbahnhof geht's mit Bahnbussen weiter nach Peschici und den anderen Orten der Gargano-Küste.

Auf der **FS-Strecke Foggia–Manfredonia** erreicht man die südliche Gargano-Küste in knapp 30 Min., 15x tägl. in beide Richtungen.

An der **FS-Strecke Foggia–Potenza** liegt der Tavoliere-Ort Ordona (Ausgrabungsgelände Herdonia).

● *Bus* gute **SITA-Linienbusverbindung** zwischen Foggia und Manfredonia sowie entlang der Gargano-Küste mit **Bahnbussen** der Ferrovia del Gargano; sehr zäh dagegen im Tavoliere-Gebiet samt Hinterland.

● *Fähre* von Rodi Garganico schnellste Fährverbindung auf die Tremiti-Inseln. Tremiti-Fähren auch ab Peschici, und Manfredonia (via Vieste). **Ausflugsfahrten** entlang der Küste ab Peschici, Vieste und Manfredonia.

Übernachten

● *Hotels* Die **Gargano-Küste** ist gut mit Hotels versorgt, preiswerte Herbergen mit einem oder zwei Sternen sind allerdings nicht sonderlich dicht gesät. Im Hochsommer gibt es an der Küste fast überall Pflicht zur Halb- oder Vollpension.

Auf den **Tremiti-Inseln** sollte man sicherheitshalber auch in der NS reservieren.

Im **Gargano-Gebirge** konzentriert sich fast das gesamte Hotelangebot auf die Padre-Pio-Stadt San Giovanni Rotondo.

Achtung – im touristisch kaum erschlossenen **Hinterland** der Provinz findet man nur vereinzelt Unterkünfte (siehe unsere Empfehlungen in den jeweiligen Ortskapiteln).

● *Agriturismo* Im **Gargano-Gebiet** gibt es nur wenige empfehlenswerte Möglichkeiten für Ferien auf dem Gutshof.

● *Camping* Die **Gargano-Küste** ist eine der reizvollsten Campingregionen in Süditalien und dementsprechend gut versorgt, nahezu jede Bucht besitzt mindestens einen Platz. Den absoluten Camping-platzrekord hält der Küstenstreifen zwischen Peschici und Vieste mit über 50 offiziellen Plätzen. Aber nur wenige Plätze sind ganzjährig geöffnet!

Essen & Trinken/Spezialitäten

Die Küche der Provinz schöpft im Wesentlichen aus den Hauptquellen Getreide- und Gemüseanbau, Fischfang und Viehzucht. Was daraus gezaubert wird, ist in erster Linie nahr- und schmackhaft, zudem auch noch was fürs Auge. Dazu wird einfacher trockener Landwein serviert. Weich- und Hartgebäck sowie Eis und Sorbets gehören zum reichhaltigen Nachspeisenangebot.

● *Antipasti und Salate* Die berühmte italienische Vorspeise **Bruschetta** ist in der Provinz Foggia nicht nur in den Privathaushalten beliebt, sondern steht auch auf den Speisekarten der Restaurants: leicht geröstete Bauernbrotscheiben, mit Knoblauch, frischen Tomaten, Olivenöl, Salz und evtl. Oregano zubereitet.
Variantenreiche **Omeletts** mit Spargel, Zucchini, Artischocken, *Lampascioni* (wilde Zwiebeln) oder Brokkoli.
Cardone: Distelsalat, nur mit Öl, Salz und Pfeffer abgeschmeckt.
Orangen- und Zitronensalat, süß-sauer auf apulisch: Dünne Obstscheiben schließen Freundschaft mit Öl, Salz, Essig und Sardellenfilets.
● *Primi piatti* Lokaltypisch sind z. B. **Troccoli**. Die geriffelten Troccoli-Nudeln werden mit einer Fleischsoße und geriebenem Pecorino oder mit einer Soße aus frischen Tomaten und geriebenem Ricotta serviert.
Semola battuta: Tavoliere-Couscous. Ein Grießteig wird in Hühner- oder Rindfleischbrühe gekocht und mit einer etwas flüssig gehaltenen Tomatensoße serviert.
Foggia mestecate, eine aromatische grüne Suppe aus verschiedenen Blattgemüsen.
Lagane, diese Bandnudeln sind eine Spezialität aus Monte Sant'Angelo.
● *Secondi piatti* Lammfleisch wird auf verschiedenste Arten zubereitet, z. B. als **Pedeja**: Bauchfleisch, gefüllt mit Eiern, Pecorino, Knoblauch, Petersilie, Basilikum und Zwiebeln, gekocht in einer Wein-Tomaten-Soße.
Galluccio ist ein Festessen, ein mit Hackfleisch, Käse und Kräutern gefüllter Hahn.

Tiella im Ofenrohr: Zickleinfleisch, Kartoffeln, Pecorino, Kräuter und Tomaten.
Meeresfrüchte und **Frischfisch** (auch Aal) aus den Küstenseen sind Hauptbestandteile der garganischen Fischküche.
Fischsuppe: Fischmix ohne Muscheln, mit Tomaten, Zwiebeln und geröstetem Bauernbrot.
Scapece auf garganisch: frittierter Fisch in Weißweinessig und Minze eingelegt.
Aal: Küstenseeaal gegrillt, mit Fenchel.
Sepia: Tintenfisch, mit Brot, Käse und Kräutern gefüllt.
● *Contorni und Desserts* Eine Beilagenspezialität heißt **Lampascioni**, wildwachsende Zwiebel, gekocht, leichter Bittergeschmack.
Gratinierte **Artischocken**.
Pilze aus den Gargano-Wäldern.
Die örtliche Käsespezialität ist der **Scamorza**, ein gelagerter, trockener Mozzarella, er wird in Scheiben gegrillt.
Frutta: Kleine Birnen, Quitten und Kaktusfeigen sind einige der örtlichen Früchte.
Dolci: Das hiesige Hart- und Weichgebäck erinnert an unsere Weihnachtsplätzchen, z. B. **Crustoli**, ein Kranzgebäck mit viel Honig.
Das **Pilz-Eis** sollte man sich nicht entgehen lassen. Es ist in San Marco in Lámis auf dem Gargano zu Hause. Zutaten sind frische Anispilze, Milch, Zucker, Eier und Schlagsahne.
● *Vino* Obwohl die Provinz Foggia keine besondere Weingegend ist, gibt es gute offene Landweine sowie DOC-Qualitätsweine in allen drei Farben. Vorsicht – starke Sonne, starker Wein!

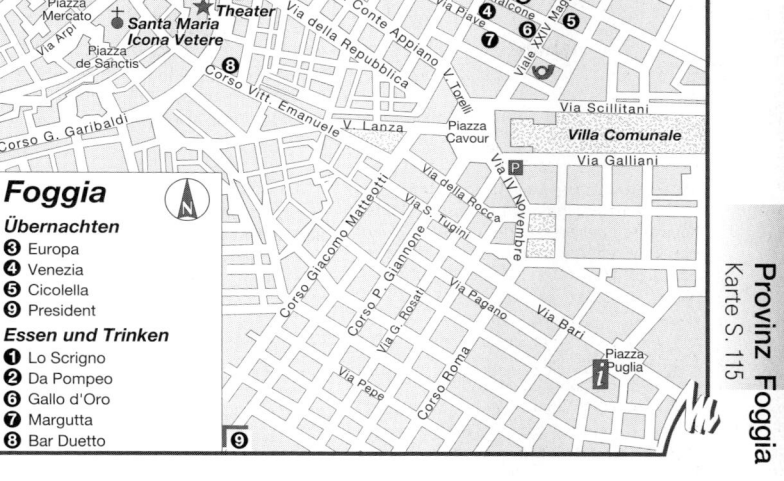

Foggia

ca. 160.000 Einwohner

Das mehrfach zerstörte Foggia ist keine Augenweide, auch wenn die touristische Eigenwerbung unermüdlich von einer der schönsten Städte Apuliens spricht. Gleißende Sonne macht die Stadt in den Sommermonaten nahezu unbewohnbar. Aber wohin man seinen Fuß in der Altstadt auch setzt, betritt man unvermutet historischen Boden.

Der Normannenherzog **Robert Guiscard** ist der erste große Herrscher, der in der Stadtchronik eine ehrenvolle Erwähnung findet. Er begann mit der Trockenlegung der sumpfigen Tiefebene und ebnete damit der Agrarmetropole Foggia den Weg. **Wilhelm II.**, normannischer König von Sizilien, baute die Kathedrale, deren romanischer Baukörper seine Stilreinheit nach der barocken Überblendung eingebüßt hat. Die schillerndste Blütezeit erlebte Foggia jedoch unter staufischer Herrschaft, als **Friedrich II.** sie zu seiner Lieblingsstadt erkor und hier seinen prunkvollen Kaiserpalast errichten ließ. Doch die Staufervernichtungspolitik des Hauses Anjou hat dafür gesorgt, dass aus dieser Blütezeit nur wenige architektonische Fragmente übrig geblieben sind.

Ferdinand I. von Aragon war es, der im 15. Jh. das vorläufige Ende des daunischen Agrarzeitalters einläutete, indem er den fruchtbaren Tavoliere als

Borgo Vecchio –
obere Fassade des Doms

Winterweide für die Apenninschafe freigab und dafür Zölle erhob. In Foggia wurde das Zollamt **Palazzo della dogana** errichtet, wo man das Wegegeld für die Schafherden einkassierte. Erst im 18. Jh. hob man die so genannte *Dogana della mena delle pecore* auf, und das Weideland konnte somit wieder in Ackerland umgewandelt werden.

1731 zerstörte ein schweres **Erdbeben** die Stadt fast vollständig. Ferdinand Gregorovius beschreibt die Hauptstadt der Capitanata um 1870 als einen Ort mit modernen Straßen und Plätzen, an dem das Mittelalter, scheinbar ohne Spuren zu hinterlassen, vorübergegangen war. Nur einige Kirchen existierten noch als steinerne historische Dokumente, darunter der **Dom Santa Maria**, ein bemerkenswertes Gebäude aus dem 13. Jh. Gregorovius erlebte bereits die städtebaulichen Veränderungen des späten 19. Jh., als die Stadt ihren mittelalterlichen Charakter längst verloren hatte. In den anschließenden faschistischen Jahrzehnten änderte Foggia sein Aussehen wieder, dieses Mal unwiderruflich: Die letzten Reste der alten Stadtviertel wurden dem Erdboden gleich gemacht. Foggia entstand neu im Stil eines **faschistischen Neoklassizismus**. Der **2. Weltkrieg** hinterließ erneut schwere Schäden, die wiederum entscheidende Auswirkungen auf das heutige Stadtbild hatten. In der Peripherie entstanden Neubausiedlungen, und ein bisschen Kleinindustrie siedelte sich an. Ansonsten bestimmen Agrarbusiness und Dienstleistungsgewerbe den wirtschaftlichen Rhythmus der Stadt.

Das letzte Jahrhundertereignis in Foggia war der kurzfristige Aufstieg der heimischen Fußballmannschaft in die erste Liga. Wer den italienischen Fußball kennt, weiß, was das bedeutet hat – Forza Foggia!

Information/Anfahrt & Verbindungen

● *Information* Für die Stadt und die gesamte Provinz zuständig ist das **APT-Büro**; es liegt etwas versteckt in der Via Perrone 17 (Piazza Puglia), werktags 9–13 Uhr, ✆ 0881/723141.

● *Auto* Viele Wege führen an Foggia vorbei, aber auch einige hinein. Von Norden ist die **A 14** bzw. die parallele **S 16** die schnellste Straßenverbindung nach Foggia-City. Wer aus Südwesten kommt, muss die

A 16 in Candela verlassen und auf der schnurgeraden Schnellstraße **S 655** weiter. Um nicht im Stadtverkehr zu versinken, am besten über den Stadtring und den Corso Roma direkt zur Villa Comunale (Stadtpark) vorfahren; hier gibt's **Parkmöglichkeiten**, und das Sehenswerte lässt sich dann gut zu Fuß abwickeln.

● *Bahn*   Der **FS-Bahnhof** liegt günstig; über die Viale XXIV Maggio erreicht man in 5 Min. den Stadtpark. Mehrmals tägl. Züge nach Manfredonia.

● *Bus*   Der Busbahnhof befindet sich am FS-Bahnhof. **Überlandbusse** zur Gargano-Küste und in den Rest der Provinz, z. B. nach Lucera, Manfredonia, Monte Sant'Angelo, Ordona (Herdonia) und Troia. Der **Stadtbus** Nr. 1 fährt vom Bahnhof fast bis vor die Kathedrale (Piazza XX Settembre).

Übernachten/Essen & Trinken (s. Karte S. 117)

● *Übernachten* Foggia ist ein Handels- und Geschäftszentrum und keine Touristenhochburg, entsprechend ist das Hotelgewerbe organisiert. Hotels aller Kategorien konzentrieren sich in Bahnhofsnähe, besonders in der Via Monfalcone.

> ***** Venezia (4),** Via Piave 40, modernes 3-stöckiges Haus, außen und innen frisch renoviert und dadurch vom 1-Stern- zum 3-Sterne-Hotel aufgestiegen, gut geführt und relativ preiswert, unser **Tipp**, DZ 41–67 €, EZ 36–44 €, ✆ 0881/ 770903.

**** Grand Hotel Cicolella (5), Viale XXIV Maggio 60, schönste und teuerste Unterkunft in Foggia, herrschaftlicher Stadtpalazzo, vornehmes Restaurant, DZ 150–170 €, EZ 88–114 €, ✆ 0881/566111.

**** President (9), Viale degli Aviatori 130, Nähe Flughafen, großes modernes Businesshotel, geräumige funktionale Zimmer, klimatisiertes Großraumrestaurant, Garage, DZ 78–98 € EZ 52–72 €, ✆ 0881/618010.

*** Europa (3), Via Monfalcone 52, im hinteren Teil eines 5-stöckigen Wohnhauses, jüngst renoviert, internationaler Standard, kein Restaurant, Zimmer alle mit Bad, aber mit unterschiedlichem Komfort, DZ 96–145 €, EZ 80–106 €, ✆ 0881/721743.

● *Essen & Trinken* Die städtische Primo-Spezialität heißt **Spaghetti al cutturiedde**, Spaghetti mit Lammfleisch und viel Knoblauch.

Die **Bruschetta** wird in Foggia ganz besonders reichhaltig beladen, es gibt sie mit Käse, Tomaten, aber auch mit Blattgemüse.

Margutta (7), Via Piave 33, verspielt-gemütlich eingerichtet, einige Tische auf dem Bürgersteig, vorwiegend Fischküche, durchschnittliche Qualität, auch Pizza (allerdings nicht jeden Abend), Menü ca. 22 €, ✆ 0881/608060.

> **Da Pompeo (2)**, Vico al Piano 14, Altstadt, unmittelbare Theaternähe, über die Stadtgrenze hinaus bekanntes Schlemmerrestaurant, ein **Tipp**. Hausgemachte Pasta mit Gemüse-, Fleisch- und Käsesoßen, Lamm-, Kalbs- und Schweinefleisch sowie *Salsiccia* (Würste) vom Grill, Frischfisch gegrillt, gegart und aus dem Ofen; eine weitere Spezialität sind Pompeos Mürbeteigplätzchen *Biscotti di pasta frolla*. Menü ca. 25 €, ✆ 0881/ 724640, So Ruhetag.

Lo Scrigno (1), Via XXV Aprile 22, freundlicher Familienbetrieb, nettes Ambiente, Spezialitäten aus der Emilia-Romagna und aus Apulien zu akzeptablen Preisen, Menü ca. 20 €, etwas abseits gelegen, ✆ 0881/ 708404, Di Ruhetag.

Bar Duetto (8), gemütliches Straßencafé am verkehrsberuhigten Teil des Corso Vittorio Emanuele (Nr. 64).

> **Trattoria Gallo d'oro (6)**, Via Piave, schräg gegenüber vom Margutta, unser **Tipp** für ganz einfache, volkstümliche Küche, kleine Preise, große Portionen und ständig der Fernseher.

Diverses/Feste & Veranstaltungen

● *Mietwagen*   **Avis**, am Hauptbahnhof, ✆ 0881/778912. **Maggiore**, Viale XXIV Maggio 76, ✆ 0881/773173.

● *Einkaufen* Die zentralen **Einkaufsmeilen** mit schicken und teuren Boutiquen heißen Via Lanza und Corso Vittorio Emanuele.

Mercato Arpi, täglicher Lebensmittelmarkt an der schmalen Piazza Mercato (Nähe Kathedrale), stimmungsvolles Markttreiben in halboffenen Hallen.

● *Feste & Veranstaltungen* **Madonna dei Sette Veli**, großes Fest zu Ehren der "Schleiermadonna", Prozession und Feuerwerk, am 3. Sonntag im März.

Messe des apulischen Kunsthandwerks, Sept./Okt.

Foggia Estate, Theater- und Musikveranstaltungen in der Villa Comunale (Stadtpark) im August.

Festival del Jazz, überregional beliebtes internationales Jazzfestival im September.

Sehenswertes in Foggia

Foggia hat leider keine beschauliche Altstadt zu bieten. An den Shoppingmeilen **Via Lanza** und **Corso Vittorio Emanuele** stehen einige neoklassizistische Prunkbauten. Das imposante neoklassizistische Theater befindet sich unweit der **Piazza Umberto Giordano**; der Platz mit seinen Bronzefiguren ist dem Werk des in Foggia geborenen Musikers gewidmet. Die bescheidenen Sehenswürdigkeiten im Zentrum erschließt man sich am besten von der **Piazza Cavour** vor dem Stadtpark (Villa Comunale).

Die orientalische Kaiserstadt Foggia

"Als ersten und prächtigsten seiner Paläste ließ Friedrich 1223 Foggia bauen, und schon bald wurde Foggia im nördlichen Apulien, mitten in der weiten Ebene der Capitanata, Sitz des Großhofs und der königlichen und kaiserlichen Kanzlei.

Foggia lag äußerst günstig, denn hier kreuzten sich alte wichtige Heerstraßen, die von Rom und Neapel heraufkamen oder von Venedig her an der adriatischen Küste entlang und weiter zu den apulischen Häfen führten. Als Residenzschloss war Foggia nicht oder nur dürftig befestigt, jedenfalls nicht nach dem Beispiel der Kastelle. So war es kluge Berechnung, dass Friedrich im 18 km entfernten Lucera die Sarazenen ansiedelte, dort also eine ständige Garnison unterhielt.

Friedrichs Residenzschloss muss ein ungewöhnlich prächtiges Bauwerk gewesen sein, dessen reiche und großzügige Ausstattung noch am ehesten an die palermitanischen Schlösser erinnerte.

Zeitgenössische Chronisten sprechen von einem prunkvollen Palast mit Wasserspielen und erlesenem Marmorschmuck, sie berichten von orientalischem Glanz und sagenhaften Hoffesten.

In Foggia vor allem entfaltete Friedrich einen kalifenhaften Luxus, dessen fremdartige, verschwenderische Pracht Anlass zu Gerüchten und Erzählungen gab. Mitunter sollen Tausende von Gästen aus allen Ländern, Ritter und fremde Gesandtschaften zusammengeströmt sein, für die ein Meer von bunten, seidenen Zelten bereitstand. Aus der nahen Sarazenenkolonie Lucera kamen die Scharen der Bediensteten, aber auch arabische Tänzerinnen, Musikanten und Gaukler.

Die Gäste mögen die Tiergärten des Kaisers bewundert haben, die kaiserlichen Falken und Habichte, alle Arten von Wasservögeln, darunter Pelikane, Kraniche und Reiher. Bei Foggia hatte der Kaiser Sümpfe regulieren

lassen und Teiche angelegt, wo er einheimische und fremde Wasservögel
jeder Art hielt, um sie zu beobachten. Wie seine normannischen Vorfahren hatte Friedrich eine Vorliebe für exotische Tiere. In den Tiergehegen
von Foggia und Lucera gab es Elefanten, Kamele und Dromedare, Löwen,
Leoparden und Affen. Mochte man Friedrichs Tiergehege noch mit seinen wissenschaftlichen Interessen rechtfertigen – aber wie groß musste
das Aufsehen gewesen sein, wenn der christliche Kaiser mit einem leibhaftigen Elefanten, mit vierundzwanzig Kamelen, fünf Leoparden und anderen wilden Tieren, die von Sarazenen und Negern bewacht wurden,
durch Norditalien zog, durch Verona, Parma oder Ravenna. Friedrich liebte dieses spektakuläre Schauspiel. Er sah darin wie ein orientalischer Potentat eine Bestätigung seiner kaiserlichen Majestät.
Foggia war Mittelpunkt dieser aufwendigen und eher orientalischen Prachtentfaltung des christlichen Kaisers."

Aus: Eberhard Horst, Friedrich II., der Staufer ("Bücher", S. 97)

Provinz Foggia
Karte S. 115

Villa Comunale: Park und Platz entstanden 1820, als die Stadtverwaltung
anordnete, Bäume zu pflanzen. Hinter der monumentalen Säulenvorhalle
erstreckt sich der erholsame Park mit Beeten, Palmen, Steineichen, Brunnen
und Statuen illustrer Persönlichkeiten. Hier flanieren die Städter am Abend
(bis 22 Uhr geöffnet).

Kathedrale Santa Maria Icona Vetere (Piazza De Sanctis): Das ursprünglich
normannisch-romanische Gotteshaus, im 12. Jh. von Wilhelm II. errichtet, erfuhr nach dem Erdbeben von 1731 barocke Veränderungen. Im Innern die
reich ausgeschmückte Kapelle mit der hochverehrten byzantinischen Ikone
der Madonna mit den sieben Schleiern. Diese Icona Vetere symbolisiert die
Gründungslegende der Stadt: Einigen Hirten erschien im Sumpf des Tavoliere
die in Schleiern gehüllte Gottesmutter, nachdem ihnen drei Flammen den
Weg gewiesen hatten. Außerdem eilten flüchtende Menschen aus der nahe gelegenen zerstörten daunischen Metropole Arpi herbei, um das Ereignis zu würdigen. An der von der Madonna bezeichneten Stelle soll Foggia entstanden
sein. Die drei wegweisenden Flammen zieren übrigens auch das Stadtwappen.

Palazzo Arpi mit Fragmenten des Kaiserpalasts: Ein reich verzierter Torbogen
mit Adlerkonsole im Mauerwerk des Patrizierhauses an der Piazza Nigri ist alles,
was vom prachtvollen Palast Friedrichs II. aus dem 13. Jh. übrig geblieben ist. Die
Stelle ließ im 19. Jh. Ferdinand Gregorovius Schauer den Rücken hinunterlaufen:

Mit tiefer Erregung wird jeder Deutsche vor diesem letzten Rest des kaiserlichen Palastes stehen, in welchem der genialste der Hohenstaufen so
oft wohnte, versunken in seine das Abendland und Morgenland umfassenden Herrscherideen und ratschlagend mit seinem vertrauten Kanzler
Piero delle Vigne über die Pläne und Mittel seines ungeheuren Kampfes
mit den Guelfen Italiens und dem römischen Papsttum."

Aus: Ferdinand Gregorovius, Wanderjahre in Italien ("Bücher", S. 97)

Museo civico im Palazzo Arpi: archäologisches Stadtmuseum mit mehreren Abteilungen. Zu sehen sind u. a. Fundstücke aus der daunisch-römischen Zeit, die aus den stadtnahen Ausgrabungen von Arpi und Herdonina stammen. Die angeschlossene **Pinakothek** zeigt Werke einheimischer Künstler sowie neapolitanische Malerei des 18. und 19. Jh. Das Museum wird voraussichtlich 2003 renoviert und neu bestückt wieder eröffnet.

Chiesa di Monte Calvario (Piazza San Eligio): Die Kalvarienberg- oder Kreuzwegkirche wurde zwischen 1693 und 1740 errichtet. Der barocke Bau mit großem Portal und dem anschließenden Kapellenweg (fünf Kapellen hintereinander) birgt im Innern ein Fresko mit der Darstellung des Leidenswegs Christi zum Berg Golgatha. Der Kirchenentstehung ging folgende überlieferte Begebenheit voraus: In einer Zeit extremer Not, bedingt durch eine anhaltende Trockenheit, lockerte sich die Moral unter den verzweifelten Bewohnern, und Unkeuschheit machte sich breit. Einem Moralapostel gelang es, die enthemmte Bevölkerung wieder auf den richtigen Weg zu führen. Daraufhin öffnete der Himmel seine Schleusen, und die reuigen Sünder errichteten aus Dankbarkeit ein neues Gotteshaus.
Öffnungszeiten täglich 9–12.30 Uhr und 18–20 Uhr.

Der Tavoliere (Tavoliere di Foggia)

Das riesige Becken um Foggia, das seit der Römerzeit als Tavoliere bekannt ist, erstreckt sich auf einer Fläche von 800 italienischen Quadratmeilen, das sind 300.000 ha. Wo in erdgeschichtlicher Vorzeit das Meer wogte, wogt heute der Weizen.

Meeressediment hat die weite Ebene fruchtbar gemacht, und schon seit den Anfängen menschlicher Besiedlung wird hier der Boden bestellt. Vor ungefähr 3.000 Jahren ließen sich die **Daunier**, sozusagen die Ur-Apulier, hier nieder – nachweislich die ersten bodenständigen Tavoliere-Siedler. Im Nordwesten von den Apenninausläufern und im Osten vom Meer geschützt, säten sie erstmals Getreide aus. (In den 30er Jahren dieses Jahrhunderts fanden Archäologen in der Ausgrabungsstätte Arpi, die nicht zur Besichtigung freigegeben ist, sogar frühgeschichtliche Weizenkörner.) Die städtischen Zentren der Daunier waren **Arpi** und **Siponto**. Das ehemalige daunische Arpi liegt in der näheren Umgebung von Foggia, und die Gründungslegende der heutigen Provinzhauptstadt besagt, dass es von den Bewohnern des zerstörten Arpi gegründet worden sei. Siponto war die Hafenstadt der Daunier; heute ist das nebenan entstandene Manfredonia die wichtigste Hafenstadt der Provinz Foggia.

Die ewige Bestimmung des Tavoliere zum reinen Agrarland, zur natürlichen Vorrats- und Kornkammer der Daunier, der Römer, des faschistischen Italiens und der Gegenwart kam im 15. Jh. heftig ins Wanken, als nach der Einführung der **Dogana della mena delle pecore** Schafherden über das Gebiet getrieben wurden und die fruchtbare Ebene weitgehend versteppte. Wandertrassen, sogenannte **Tratturi**, wurden für die Schafherden abgesteckt und wie Chausseen mit Grenz- und Meilensteinen versehen. Über diese

Der Tavoliere – die Kornkammer des Südens

Triften trieb man Herden mit bis zu 10.000 Tieren vom Apennin hinunter auf die Winterweiden des Tavoliere.

Dieser für den Tavoliere und seine Bewohner so unwürdige Zustand einer bloßen Schafweide fand erst im 18. Jh. ein Ende, als das Zwangssystem der öffentlichen Weiden per Dekret von den bourbonischen Machthabern aufgehoben wurde. Weideland und Tratturi verwandelten sich wieder in Ackerland, und der Hirte tauschte den Stock gegen den Pflug. Die einstige Bedeutung von "Tratturo" ist fast in Vergessenheit geraten; heute findet man das Wort nur noch als Straßenbezeichnung wieder. In jeder Tavoliere-Kleinstadt gibt es mindestens eine Gasse namens *Tratturo delle pecore*.

Zeit der Schafe

Nichts sei sonderbarer als diese Tratturi, bemerkte schon Ferdinand Gregorovius auf seiner vielzitierten Italienreise. Jahrhundertelang durchzogen diese markierten Triften einen großen Teil Süditaliens, von den Abruzzen herab bis nach Kalabrien und Apulien. **Der große Tratturo Apuliens**, von den Abruzzen kommend, zog sich durch das gesamte Tavoliere-Gebiet, vorbei an der Stadt Andria und weiter in Richtung Bari – ein Streifen, der auf eine Breite von 40 bis 100 m von den Tieren kahlgefressen war.

Eine zusammengehörende Herde nannte man **Punta**, sie bestand bisweilen aus über 10.000 Tieren. Jede Punta war eine wohlgeordnete wandernde Armee, die in Abteilungen von 300 bis 400 Tieren zerfiel, von denen jede sechs und mehr gewaltige Hunde bei sich hatte. Zur Seite ritten die Hirten mit Lanzen in den Händen, stolz wie Generäle.

Mit der neuen Bewirtschaftung des Tavoliere entstanden auch die für dieses Gebiet so typischen **Masserie** (Gutshöfe). Man findet sie zwar in ganz Apulien, sie weisen aber regionale Unterschiede auf. Die Masserie des Tavoliere sind vorwiegend große Getreidefarmen mit nicht selten weit über 300 ha Ackerland. Sie wurden früher von *Fattori* (Verwaltern) geleitet, während die *Latifondisti* (Großgrundbesitzer) in den Städten in Saus und Braus lebten. Der Gebäudekomplex einer Masseria besteht aus einem herrschaftlichen Haupthaus sowie zahlreichen bescheideneren Nebengebäuden für das Gesinde, das Vieh und die Gerätschaften. Je nach Entstehungszeit befestigte man die Gutshöfe aus Furcht vor den raubend durchs Land ziehenden Brigantenbanden mit Wehrtürmen, Schießscharten und ähnlichem. Wie kleine Festungen waren die Masserie ausgestattet, bereit, jedem Feind zu trotzen.

Der Einzug moderner landwirtschaftlicher Produktionsmethoden im 20. Jh. hat dazu beigetragen, dass die Masserie heute überwiegend verfallen und verlassen sind. Im Kerngebiet des Tavoliere sieht man zahlreiche Masseria-Ruinen, für die jeglicher Denkmalschutz oder Sanierungsversuch zu spät kommen würde.

Der Reiz dieser weitläufigen Agrarlandschaft lässt sich natürlich nicht vergleichen mit der Idylle eines gepflegten Gartens; vielmehr ist es die einzigartige Komposition aus dunklen Erdfarben, blühenden Feldern und blauen Himmelsfarben, die den Charme des Tavoliere ausmacht. Auf staubigen Asphaltstraßen unter gleißender Sonne auf der Suche nach daunischen, römischen und staufischen Relikten, in Lucera, Castel Fiorentino oder Ordona, das ist – wenn überhaupt – echtes Tavoliere-Vergnügen.

Im **südwestlichen Hinterland** beginnt die Tiefebene langsam aufzubrechen, die Landschaft wird etwas kantiger, vereinzelt zeigen sich dichte niedrige Baumgruppen. Aber auch hier dominieren nach der Erntezeit die Farben der *Terra brusciata*, der sonnenverbrannten Erde. Kleine stille Agrarstädte tauchen im Randgebiet des Tavoliere auf, von weitem sichtbar auf Hügelkuppen plaziert, beherrschen sie die Umgebung. Wir nähern uns den Apennin-Ausläufern, dem **Subappennino dauno**. Troia befindet sich bereits auf 439 m Höhe und liegt wegen seiner berühmten Kathedrale wie eine kunsthistorische Perle mitten im Bauernland. Und auf dem beachtlichen Höhenrücken von Bovino (646 m) sorgt der Schatten der nahegelegenen Apennin-Ausläufer schon für sinkende Temperaturen.

Lucera   ca. 35.000 Einwohner

Wacker und anmutig thront Lucera über der weiten Landschaft. Schon von fern erkennt man – in baugeschichtlicher Reihenfolge – zuerst die mächtige Sarazenenburg mit der durch einen Park verbundenen Altstadt. Daneben erstreckt sich die zweckmäßig konzipierte Neustadt den sanften Hang hinab.

Aus der römischen Kaiserzeit stammt das gut erhaltene **Amphitheater** am östlichen Stadtrand. Die Altstadt, deren **Mauerring** noch zwei intakte Stadttore bewahrt, versprüht architektonische Geschlossenheit. Auf dem weitläufigen

Mediterrane Piazza-Gesellschaft in Lucera

Vorplatz der Kathedrale, um den sich auch einige frequentierte Versammlungsräume der politischen Parteien gruppieren, herrscht gegen Abend eine mediterrane Piazza-Atmosphäre, wie sie ein stimmungsvoller italienischer Heimatfilm nicht besser inszenieren könnte.

Wegen seiner geografischen Position auch **Schlüssel Apuliens** genannt, war Lucera schon in frühgeschichtlicher Zeit bewohnt. In den fabelhaften Chroniken des antiken Griechenland findet die Stadt als Aufenthaltsort des **Diomedes**, einer der Sieben gegen Theben, Erwähnung. Dieser soll auf seinen Eroberungsfahrten nach dem Trojanischen Krieg seine goldene Rüstung hier abgelegt haben. Trotz der Nähe zur daunischen Hauptstadt Arpi gründeten die **Daunier** an der Stelle des heutigen Lucera ein weiteres Zentrum innerhalb ihres Siedlungsgebiets. Die Geschichtsschreiber des **Römischen Reichs** erwähnen Lucera als treuen Verbündeten Roms und als die älteste römische Kolonie des Bundesgenossen Apulien. Das Amphitheater stammt aus der glorreichen Augusteischen Zeit. Nach dem Niedergang Roms war Lucera erst gotisch, dann Zankapfel zwischen Byzantinern und Langobarden. Den langobardischen Herzögen von Benevent entrissen schließlich die Normannen die Stadt. Später machte sie **Friedrich II.** zum stärksten Stützpunkt seines Reichs und siedelte seine muselmanischen Getreuen, die Sarazenen, hier an.

Unter dem orientbegeisterten Staufer verwandelte sich Lucera für ein halbes Jahrhundert in eine arabische Stadt – **Lucera Saracenorum**. Die Sarazenen genossen Glaubensfreiheit, errichteten Moscheen und hatten natürlich auch ihre beeindruckenden kunsthandwerklichen Fertigkeiten mitgebracht.

Der Burgpalast Friedrichs erstrahlte in orientalischem Luxus, und die Sarazenenkolonie erblühte zum Leidwesen des Papstes. 1269 vollzog sich die abrupte Wende. Die papsttreuen Anjou eroberten Lucera und brachten auch das letzte Minarett zum Einsturz. Bis ins frühe 19. Jh. hinein blieb Lucera das politische und wirtschaftliche Zentrum im Norden Apuliens, dann fiel diese Rolle endgültig an die benachbarte Agrarmetropole Foggia.

Lucera Saracenorum – die Sarazenenkolonie Friedrichs II.

"Der Anblick ihrer langen, hohen und gewaltigen Mauern von tiefbrauner Farbe und ihrer Türme, die noch zum Teil aufrecht stehen, macht eine großartige Wirkung, zumal sich dieses Schloss in feierlicher Einsamkeit auf einer kahlen Höhe erhebt, deren Abhänge, von Gras bekleidet oder gelbe Steinflächen darbietend, in kühnen oder langen Linien sich niedersenken. Als noch alle zwanzig Türme und die Umfassungsmauern ganz aufrecht standen, muss diese Burg eine Festung ersten Ranges gewesen sein; sie war der Schlüssel Apuliens und der Stützpunkt der hohenstaufischen Herrschaft in Süditalien.

Friedrich II. erbaute die Burg im Jahre 1233, nach dem er den verzweifelten Aufstand der Sarazenen in Sizilien unterdrückt hatte. Wenn er ein Fanatiker gewesen wäre wie Ferdinand der Katholische oder wie Philipp von Spanien, so würde auch er diese Mohammedaner entweder nach Afrika zurückgetrieben oder zur Ehre Gottes samt und sonders umgebracht haben. Aber statt dies zu tun, verpflanzte er die tapferen, fleißigen und kunstfertigen Kinder des Orients auf das Festland nach Apulien.

In Apulien fanden sich diese Fremdlinge auf einem Boden, welchen ihre Stammesgenossen schon vor Jahrhunderten betreten und teilweise beherrscht hatten, als nämlich noch ein arabischer Sultan in Bari wohnte und das Garganusland von Sarazenen besetzt war.

In der Zitadelle muss man sich die Waffenplätze und Kasernen der sarazenischen Krieger denken, die Arsenale und Fabriken mancher Art, wie auch die Moscheen. Sodann werden sich auch außerhalb Wohnungen des arabischen Volks vorstadtartig ausgebreitet haben.

Die Gründung dieser Sarazenenburg mitten in Apulien war begreiflicherweise ein Dorn im Auge des Papstes. In früheren Jahrhunderten hatte die römische Kirche und hatten die germanischen Kaiser nur mit der größten Anstrengung den Raubzügen der Araber in Italien ein Ende gemacht und ihre festen Burgen in Campanien zerstört; jetzt war es der Kaiser selbst, der diese Heiden in das Herz Italiens verpflanzte, um sich ihrer wider die Kirche oder den Papst zu bedienen.

Nie besaß ein Monarch dankbarere und treuere Untertanen als Friedrich II. an den Sarazenen Luceras hatte. Sie waren seine Prätorianer, seine Zuaven und Turkos. Ihre leichte Reiterei, welche mit Speeren und vergifteten Pfeilen kämpfte, bildete allein den stehenden Teil seines Heeres. Die große Sarazenenkaserne hier war das immer gerüstete Arsenal für seinen Kampf mit dem Papsttum.

Diese Moslems plünderten und verbrannten auf manchem Kriegszuge christliche Bistümer und Klöster, und gegen sie half kein päpstlicher Bannstrahl.

Auch nach dem Tode Friedrichs II. blieben die Sarazenen in Lucera dem Hause der Schwaben unerschütterlich treu, während der Papst eilte, diesem Apulien zu entreißen. Manfred verdankte es nur ihnen, wenn er sich auf den Thron seines Vaters zu schwingen vermochte.

Indes forderte der Papst mit Entschiedenheit die Ausrottung dieser Heiden, und Karl II. [Karl I.!], fügte sich endlich in sein Gebot. Ohne andere Veranlassung ließ er die Burg Lucera überfallen und die Sarazenen darin niederhauen. Was verschont ward und übrig blieb, musste das Christentum annehmen. Die Moscheen wurden dem Erdboden gleichgemacht, die christliche Kathedrale ward neu erbaut, und selbst der uralte Name Lucera wurde in den von Santa Maria verwandelt. Doch dieser behauptete sich nicht. – So erlosch die Sarazenenburg im Jahre 1300 [1269!], nachdem sie fast 80 [50!] Jahre gedauert hatte."

Aus: Ferdinand Gregorovius, Wanderjahre in Italien ("Bücher", S. 97.)

Information/Anfahrt & Verbindungen

● *Information* **IAT-Büro** am Vorplatz der Kathedrale; es gibt u. a. einen nützlichen Stadtplan. Mo–Sa 9–12 und 17–20 Uhr, ✆ 0881/546878.

● *Auto* Lucera sollte man von San Severo über die **S 160** bzw. von Foggia über die **S 17** anfahren; Nebenstrecken sind wegen der häufig fehlenden Ausschilderungen nicht ratsam! Gute **Parkmöglichkeiten** an der *Villa Comunale* (Stadtpark).

● *Bahn* Lucera ist per Bahn nur von Foggia aus zu erreichen; die Verbindung endet am südlichen Stadtrand in einem Sackbahnhof.

● *Bus* schnelle und häufige Linienbusse zwischen Foggia und Lucera.

Übernachten/Essen & Trinken/Nachtleben

● *Übernachten* ** **Al Passetto**, Piazza del Popolo 30, am südlichen Altstadttor, älteres Gebäude, in die mittelalterliche Stadtmauer integriert, DZ 52–62 €, EZ 31–41 €, Rezeption im benachbarten Hotel La Balconata, da mittlerweile gleicher Besitzer.

*** **La Balconata**, Viale Ferrovia 15, südliche Verlängerung der Piazza del Popolo, mehrgeschossiger Nachkriegsbau, renoviert, mit Restaurant und Garage, DZ 59–67 €, EZ 39–46 €, ✆ 0881/546725.

● *Essen* **La Contessina**, Via Mazzaccara 4, große Keller-Pizzeria in Domnähe, etwas stickig, da nicht klimatisiert, große Pizzaauswahl sowie recht preisgünstige Primi und Secondi, ✆ 0881/540168, Montag Ruhetag.

Alhambra, Via de Nicastri 10–14, an der Rückseite der Kathedrale gelegen, hat sich in den letzten Jahren erheblich vergrößert, geschmackvoll eingerichtet, auf Fischgerichte spezialisiert, dekorative Antipasti-Vitrine, abends auch Pizza, akzeptable Preise, Fisch-Menü ab 25 €, Menu turistico ca. 15 €, ✆ 0881/547066, Mi Ruhetag.

Lupus in Fabula, Via Gramsci 10, Weinschenke (Enoteca) und Osteria, etwas versteckt im Centro storico gelegen, von jungen Leuten geführt, große Antipasti- und Bruschetta-Auswahl, nur ein tägl. wechselndes Primo- und Secondo-Gericht, regionale und nationale Weine, Musik von Pop bis Jazz, lange geöffnet, ✆ 348/0815081.

● *Bars/Treffs* Am **Domplatz** befinden sich einige Bars sowie die Versammlungsräume der politischen Parteien. Im Sommer werden die Stühle einfach vor die Tür gestellt, und in den frühen Abendstunden bilden sich bunte Menschentrauben. Die

Provinz Foggia
Karte S. 115

PDS-Casa del Popolo hat den größten Zulauf. Mediterrane Geselligkeit zum Zuschauen oder Mitmachen.

Tartan, gemütlicher Scottish Pub mit Tischen auf der Dompiazza, kalte und warme Snacks, Bier und Mixgetränke, junges Publikum, bis Mitternacht geöffnet.

Diverses/Feste & Veranstaltungen

● *Einkaufen* Im Bereich der Kathedrale erstreckt sich eine weitverzweigte **Fußgängerzone** mit zahlreichen netten Geschäften; gegen Abend ist ein Bummel am stimmungsvollsten.
Markt: immer mittwochs.
Antiquitätenmarkt: am 1. Sonntag jeden Monats, Piazza Duomo.
● *Feste & Veranstaltungen* **Via Crucis**, traditionelle Kreuzwegprozession zum rö-

mischen Amphitheater (Karfreitag).
Sarazenengedenktag, ein folkloristischer *Corteo storico* (histor. Umzug) erinnert an das Ende der Sarazenenkolonie, viel Musik und mittelalterliche Gewänder. Im Anschluss an den Umzug beginnt das **Torneo delle Chiavi**, bei dem sich die Vertreter der fünf Stadtteile im Armbrustschießen, Tauziehen, Klettern und anderen Wettbewerben messen (14. August).

Sehenswertes in Lucera

Fortezza svevo-angioina, das staufisch-angiovinische Fort oberhalb der Altstadt: Ein schöner Spaziergang vorbei am Stadtpark (Villa Comunale) führt hinauf zu diesem Castello. Von der gewaltigen Festungsanlage sind noch der Mauerring sowie die Fundamente der Wachtürme und die des staufischen Wehrturms erhalten. Schon 1525 erlebten damalige Zeitzeugen "die Zitadelle Lucera in Trümmern und von Vieh bewohnt". Die außergewöhnlich große mittelalterliche Militäranlage wurde unter Karl I. von Anjou zwischen 1269–1283 auf den Trümmern der **Sarazenenburg Friedrichs II.** erbaut. Die wehrtechnische Leistung bestand vor allem in der Errichtung der 900 m langen Umfassungsmauer mit 24 Wachtürmen und vier Eingangstoren. Den Kern der älteren Sarazenenburg Friedrichs bildete ein kompakter geschlossener Wehrturm mit dem kaiserlichen Wohnbereich. Eine genaue Rekonstruktion dieser Stauferburg ist nicht mehr möglich. Man nimmt jedoch an, dass es sich bei dem palaststartigen Kastell Friedrichs II. um ein deutliches Herrschaftszeichen des Kaisers gehandelt hat. Allein schon die Tatsache, dass hier der Staatsschatz aufbewahrt wurde, lässt vermuten, dass kein anderer Platz sicherer war.
Innerhalb des Mauerrings kommt man sich ein bisschen wie im Gehege vor; erst der Blick auf die endlose Weite der Umgebung verleiht der Festungsbesichtigung etwas Majestätisches.
Öffnungszeiten tägl. außer Mo, im Sommerhalbjahr 8–20 Uhr, im Winterhalbjahr 9–14 und 15–20 Uhr, Eintritt frei.

Kathedrale Santa Maria Assunta: Das dreischiffige Gotteshaus war die christliche Anwort auf die muselmanische Präsenz in Lucera. Karl II. legte um 1300 den Grundstein zum Bau des Doms und unterstrich damit die neue päpstlich-angiovinische Herrschaft in der Stadt. Der frühgotische Baustil zeigt sich besonders an den spitz zusammenlaufenden Strebepfeilern der Apsiden. Die Querhausbögen ruhen auf zwölf dunkelgrünen Säulen, die zuvor eine sarazenische Moschee schmückten und ursprünglich aus einem römischen Stadtpalast stammen. Die Holzstatue der **Madonna della Vittoria**

aus dem 13. Jh. ist der älteste Kirchenschmuck, dicht gefolgt von dem rheinischen Kruzifix und dem Grabmal mit Reiterbild (beide 14. Jh.). Der Hauptaltar besteht aus einer Steintafel, die aus Castel Fiorentino stammt. Das Fest zu Ehren der Madonna della Vittoria findet am 12. September statt.
Öffnungszeiten tägl. 7–12 Uhr und 16.30–19 Uhr.

Museo civico G. Fiorelli: Das Museum ist in einem der schönsten Stadthäuser, dem **Palazzo Nicastri** aus dem 18. Jh., untergebracht. Es beherbergt historisches Mobiliar und wurde bereits 1931 eröffnet. Der Grundstock der Sammlung besteht aus zahlreichen privaten Schenkungen. Bei den ältesten Ausstellungsstücken handelt es sich um frühgeschichtliche und antike Keramiken. Das Mittelalter ist mit einigen interessanten Exponaten aus der staufisch-angiovinischen Zeit vertreten. Die numismatische Abteilung erinnert an das Münzrecht der Römerstadt Lucera. Die angeschlossene **Pinakothek** besitzt Gemälde aus dem 16. bis 20. Jh. Eine gut erhaltene **Venusstatue** aus dem 1. Jh. v. Chr. ist das Vorzeigestück der insgesamt etwas verstaubt und konzeptlos wirkenden Sammlung.
Öffnungszeiten Mo–Fr 9–13 Uhr, Eintritt ca. 1 €.

Amphitheater von Lucera – eines der größten Apuliens

Amphitheater: Es liegt ca. 1 km außerhalb der Altstadt, am Ende der Viale Augusto. Die römische Arena stammt aus dem 1. Jh. v. Chr., als auch die wichtigsten Städte der römischen Kornkammer Apulien den Glanz des Augusteischen Zeitalters widerspiegeln sollten. Das fast 100 m breite, ovale Bauwerk steht auf den Resten einer älteren Römersiedlung, die ihrerseits auf einer frühgeschichtlichen Nekropole entstanden war. Das aus wenigen Fragmenten zusammengesetzte Nordwestportal wirkt etwas improvisiert, täuscht aber – aus dem richtigen Blickwinkel fotografiert – ein vollständig erhaltenes Bauwerk vor. Erst 1966 wurden die Fundamente der **Gladiatorenzellen** freigelegt. Eine Besichtigung lohnt sich auf jeden Fall.
Öffnungszeiten tägl. außer Mo, im Sommerhalbjahr 8–20 Uhr, im Winterhalbjahr 9–14 und 15–20 Uhr, Eintritt frei.

Castel Fiorentino (Gemeinde Torremaggiore)

Die Ruine von Castel Fiorentino liegt im Tavoliere-Dreieck zwischen Lucera, Torremaggiore und Castelnuovo versteckt. Die Burg, die als Sterbeort Friedrichs II. mittlerweile zum Pilgerort des regen Staufertourismus avanciert ist, gehörte zu denjenigen Stauferfestungen, die, in langen Verteidigungslinien angeordnet, ganz Apulien beherrschten.

Anfangs nutzte **Friedrich II.** die vorhandenen, vorwiegend normannischen Burgen zur militärischen Sicherung des Königreichs. Erst nach seinem Jerusalem-Kreuzzug (1228–29) begann seine eigene, geradezu besessene Bautätigkeit. Der Sarazenenburg Lucera vorgelagert, bildete Castel Fiorentino den nördlichsten Stützpunkt der **mittleren Festungskette**, die Zentralapulien sicherte und über Castel del Monte bis nach Oria reichte.

Die **Stauferburgen Apuliens** waren größtenteils quadratische Vierflügelanlagen, die mit Ecktürmen versehen waren. Im massiven Innern befand sich oftmals ein herrschaftlicher Wohnbereich. In ihrer Grundform ähnelten die wehrturmartigen Festungen dem römischen Castrum, waren aber keineswegs auf absolute Uneinnehmbarkeit hin konzipiert, sondern hatten eher eine symbolische Verteidigungsfunktion. Ihre Standorte markierten das Stauferterritorium und signalisierten kaiserliche Macht.

> Der Tod Friedrichs II. im Castel Fiorentino war auch der Anfang vom Ende des schwäbischen Hauses in Italien. Der Kaiser, der diese Burg vorher angeblich niemals betreten hatte, starb hier am 13. Dezember 1250: "Offenbar überraschte ein schwerer Anfall den Kaiser während eines längeren Jagdritts; denn man brachte den Erkrankten nicht nach Foggia oder Lucera, sondern zum Castel Fiorentino, das vor diesem Ereignis in den Quellen unerwähnt blieb. Wahrscheinlich war das Kastell mit dem Blumennamen, etwa 12 km nördlich von Lucera, einfach der nächstgelegene Ort. Es muss damals eine größere Anlage mit Türmen und Festungsmauern gewesen sein, umgeben von einer Ansiedlung oder Stadt. Die Vermutung, dass hier, ähnlich wie in Lucera, Sarazenen angesiedelt waren, liegt nahe. Wahrscheinlich wurden Festung und Stadt bei der späteren Ausrottung der Sarazenen völlig zerstört."
>
> *Aus: Eberhard Horst, Friedrich II., der Staufer ("Bücher", S. 97)*

Vor einigen Jahren musste man die Burgruine noch mit viel Geduld und Spürsinn suchen. Heute findet dank der neuen Ausschilderung jeder leicht hierher; eine ausführliche Wegbeschreibung ist mittlerweile überflüssig. Wer den geschichtsträchtigen Ort erreicht, sieht **kümmerliche Mauerreste** der einstigen Festung auf einer kahlen Hügelkuppe. Inmitten der trostlosesten Tavoliere-Landschaft, fast bis zur Unkenntlichkeit verfallen, liegt der Sterbeort des Kaisers.

Die Gemeinde Torremaggiore versuchte Anfang der 90er Jahre mit eigenen Mitteln und mit Hilfe eines italienisch-französischen Archäologenteams, die verschütteten Fundamente systematisch freizulegen. Die Errichtung eines

Sterbeort Friedrichs II. – das zerstörte Castel Fiorentino

archäologischen Parks war geplant. Von Anfang an erinnerte das Projekt allerdings ein wenig an den hoffnungslosen Versuch, die Wüste mit der Gießkanne zu bewässern. Bescheidenes Resultat sind die konservierenden Zementierungen an einigen undefinierten Mauerresten.

Erst im Jahr 2000, anlässlich des 750. Todestages Friedrichs, errichtete der Stauferverein Göppingen hier eine achteckige Gedenksäule mit der Inschrift: "Um diese Zeit aber starb Friedrich, der Größte unter den Fürsten der Erde, und ihr wunderbarer Wandler (Matthäus von Paris)." Dieser Privatinitiative ist es zu verdanken, dass aus Castel Fiorentino letztlich doch noch eine würdige Gedenkstätte geworden ist.

● *Anfahrt* Die Ruine von Castel Fiorentino liegt westlich der S 160 von San Severo nach Lucera und ist ab Lucera und Torremaggiore gut ausgeschildert. Wer der Ausschilderung folgt, wird während der Fahrt natürlich schon mit Kennerblick die Hügelkuppe erspähen, auf der die Festung platziert war! Ein geschotterter Feldweg führt dann durch Getreidefelder hinauf (mit dem Auto nicht unbedingt ratsam). Der etwas beschwerliche, halbstündige **Aufstieg zu Fuß** ist natürlich nur etwas für Friedrich-Enthusiasten.

Troia

ca. 9.000 Einwohner

Die nur namentlich an das Homerische Zeitalter erinnernde Stadt erstreckt sich auf einer Anhöhe des hügeligen Tavoliere-Randgebiets. Vor mehr als 1.000 Jahren standen sich hier zwei Siedlungskerne gegenüber; der eine umschloss ein Basilianerkloster, während der andere zum benachbarten Benediktinerkloster gehörte.

1019 vereinigte der byzantinische Statthalter Boioannes die beiden Klostersiedlungen und gründete Troia. Nach dem unfreiwilligen Rückzug der

Byzantiner aus Nordapulien avancierte Troia zur Diözesanstadt, und Rom entsandte einen Bischof. Die Zeit der Normannenherrschaft verlief recht friedlich. Doch Friedrich II. zerstörte 1229 die Bischofsstadt wegen ihrer Parteinahme für Papst Gregor IX. völlig. Obwohl sich Troia unter den Anjou, die auch den Wiederaufbau der Kathedrale förderten, einigermaßen erholen konnte, blieb es im weiteren Verlauf der Geschichte glanzlos.

Das romanische Gotteshaus, die unbedingt sehenswerte **Königin unter den nordapulischen Kathedralen**, macht die Stadt zu einem kunsthistorischen Kleinod inmitten eines schier endlosen Bauernlandes. Bevölkerungsmäßig hat Troia – wie zahlreiche andere apulische Provinzstädte auch – ein Nullwachstum zu verzeichnen; seit einigen Jahrzehnten bleibt die Einwohnerzahl nahezu konstant. Fast alle Sehenswürdigkeiten, derer sich das antike **Aecae** rühmen kann, liegen an der breiten, leicht ansteigenden Durchgangsstraße **Via Regina Margherita**, wo sich auch das städtische Leben abspielt. Aus touristischer Sicht ließe sich Troia durchaus auf diese Hauptader der Altstadt reduzieren.

● *Information* **Ufficio turistico comunale**, an der Dom-Piazza, täglich 10–13 Uhr und 15–19 Uhr. Postkarten- und Bücherverkauf sowie wechselnde Ausstellungen.

● *Anfahrt & Verbindungen* **Auto**, ca. 20 km südwestlich von Foggia gelegen; auf der S 546 schnell zu erreichen. Gute **Parkmöglichkeiten** am Altstadtrand, dem Parkleitsystem *Camper Service* folgen.
Bus: regelmäßiger Linienbusverkehr zwischen Foggia und Troia.

● *Übernachten/Essen & Trinken* * Albergo **Alba d'Oro**, Viale Kennedy 24, am Ortsausgang an der Hauptstraße. Das "goldene Morgengrauen" ist das **einzige**

Quartier im Ort, untere Kategorie, nur als Notunterkunft geeignet, DZ 41 €, EZ 26 €, ✆ 0881/970940.
D'Avalos, schön gelegen, an der Piazza della Vittoria/Via Regina Margherita, alteingesessener Familienbetrieb, solide Hausmannskost, leckere Fleisch-Secondi, Menü ca. 17 €, abends auch Pizza, ✆ 0881/970067, Mo Ruhetag.

● *Einkaufen* **Markt** am 1. und 3. Sa im Monat.

● *Fest* Hauptereignis ist die **Prozession** mit den Statuen der fünf Schutzpatrone, 18.–20. Juli.

Sehenswertes in Troia

Kathedrale Santa Maria Assunta: bedeutendstes romanisches Kirchenbauwerk in Nordapulien. Der Grundstein zu dieser breiten dreischiffigen Basilika wurde um 1070 gelegt. Das schlichte Hauptportal mit Architrav (Säulenquerbalken) rahmt die **Bronzetür** aus dem frühen 12. Jh., ein Meisterwerk des *Oderisius von Benevent*. Die in der so genannten **Niellotechnik** gearbeitete Tür ist aus einzelnen Hochreliefplatten zusammengesetzt. Die plastischen Darstellungen zeigen u. a. Löwenköpfe und Drachenleiber. Auch die kleine Bronzetür im Seitenschiff ist eine bemerkenswerte Arbeit von Meister Oderisius. Die phantastische Rosette über dem weit vorkragenden Gesims gilt als Glanzleistung der filigranen Steinbearbeitung. Im harmonisch gegliederten Langhaus stehen 13 Marmorsäulen; außergewöhnlich ist allerdings die **13. Säule** (auf der rechten Seite), die als freie Christussäule neben den zwölf tragenden Apostelsäulen gedeutet wird. Bemerkenswert schön ist die **Steinkanzel** von 1158, die ursprünglich in der kleinen Kirche

San Basilio (s. u.) stand und erst seit Mitte des 20. Jh. die Kathedrale ziert. Man achte auf das seitliche Tierkampfmotiv: Löwe frisst Lamm, während er selbst von einer Hyäne angegriffen wird. Vorne dient ein flügelschlagender Adler als Buchstütze.

Zum **Kirchenschatz** gehören u. a. wertvolle Pergamentrollen und Elfenbeinkästchen sowie zwei neapolitanische Goldschmiedearbeiten, die Büsten der Heiligen Anastasio und Urbano.

Öffnungszeiten tägl. 7–13 Uhr und 16–21 Uhr.

Kirche San Basilio: ein typisch romanischer Sakralbau aus dem frühen 11. Jh. Der schlichte Baukörper hat in späteren Jahren seitlich noch einen Turm dazu bekommen. Bemerkenswert im Innern ist die Sakristei mit den vier gemauerten Säulen. Die kleine dreischiffige Kuppelkirche hat eine **Krypta**, deren Eingang von einer Steinplatte verdeckt wird (vorne rechts, unterhalb der Jesusstatue). Das steinerne Weihwasserbecken am Eingang stammt aus der Kirchengruft.

Öffnungszeiten tägl. 9–13 Uhr und 17–19 Uhr, aber es gibt einen bereitwilligen **Kustoden**, der auch zwischen 13 und 17 Uhr aufschließt. Man findet ihn im gegenüberliegenden Haus (Nr. 18). Einfach anklopfen, und Trinkgeld nicht vergessen.

Museo civico: an der Piazza della Vittoria. Verstaubtes, aber sehenswertes kleines Stadtmuseum mit einem Sammelsurium von Relikten aus Troia und Umgebung. Darunter sehr interessante daunische Keramiken, mittelalterliche Steinsärge und Familienwappen sowie ein Meilenstein der Via Traiana.

Öffnungszeiten Mo–Fr 9–12 und 16.30–19.30 Uhr, Sa/So nur vormittags.

Via Regina Margherita: zieht sich durch die Altstadt; bei einem Bummel entdeckt man, abgesehen von den oben beschriebenen Hauptsehenswürdigkeiten noch viele interessante "Nebensächlichkeiten", etwa die Gedenktafel zu Ehren Antonio Salandras, ein Politiker der vorfaschistischen Ära, oder das Gefallenendenkmal auf der Piazza della Vittoria.

Umgebung/Castelluccio Valmaggiore

Ein Ausflug in die sanfte Bergwelt des **Subappennino dauno**, ein Randgebiet der Region Foggia. Lang gezogene Täler, abgezirkelte Felder und bewaldete Hügelkuppen begleiten einen auf der Fahrt in Richtung **Monte Cornacchia**, mit 1.150 m die höchste Erhebung Apuliens. Castelluccio Valmaggiore selbst ist ein kleines, verschlafenes Bergdorf (630 m ü. d. M.), das von der Landwirtschaft lebt. Zu sehen gibt es nicht viel – aber ganz in der Nähe soll sich ein historisches Ereignis der Superlative abgespielt haben, die vielleicht **tragischste Schlacht der Antike**, wie der passionierte Freizeitarchäologe Dr. Izzo überzeugend behauptet (s. u.).

• *Anfahrt* von Troia ca. 5 km auf der S 160 in Richtung Lucera, dann links die Landstraße nach Faeto und Castelluccio Valmaggiore (ca. 13 km).

• *Übernachten/Essen & Trinken* * **Albergo Lucia**, einzige Unterkunft in Castelluc-cio, einfache und saubere kleine Pension; nur Zimmer ohne eigenes Bad, DZ 21 €, EZ 10,50 €, volkstümliches Ristorante, HP 20 € pro Person. Largo Umberto I 13, ℘ 0881/972185.

Dottore Izzo, Hannibals Schlachtfeld und die offizielle Geschichtsschreibung

Unterhalb von Castelluccio öffnet sich das schmale Celone-Tal. Hier haben Generationen von Landwirten und Anwohnern immer wieder erstaunliche Funde zutage gefördert, die rätselhaft blieben. Bei der Feldarbeit steckten die Pflüge oft genug im Boden fest – Ursache waren so merkwürdige Gegenstände wie Schwerter, Lanzenspitzen, Helme, Rüstungen und vieles mehr. Nach den Hintergründen fragte lange Zeit niemand, bis Dr. Izzo Anfang der 70er Jahre die Geschichtsbücher wälzte und seitdem sehr überzeugend die Behauptung vertritt, dass sich die berühmte Schlacht zwischen dem legendären Hannibal und den übermächtigen Römern am 2. August 216 v. Chr. hier im Celone-Tal und nicht im ca. 100 km entfernten **Canne della Battaglia** – wie es die offizielle Geschichtsschreibung ausweist – abgespielt hat. Doch seit über 30 Jahren mangelt es an der längst fälligen Anerkennung dieser sensationellen These.

Dr. Izzo vertiefte sich in die überlieferten Darstellungen der römischen Geschichtsschreiber Livius und Polybios und folgte so den Spuren Hannibals. Nach den Kämpfen am Ticinus, an der Trebbia und am Trasimenischen See zog der Karthager mit seinem erschöpften Heer hinunter nach Apulien und belagerte dort die wichtige römische Getreidestadt Geronium. Die römischen Chronisten erwähnen neben Geronium auch die drei nahegelegenen römischen Festungen Vetrusci, Vetruscelle und Seicelinum. Anhand der überlieferten Daten hat Dr. Izzo die Lage aller erwähnten Orte ermittelt und auf einer Karte verzeichnet. Ruinenfragmente bestätigten dabei die Positionen; sogar das befestigte Lager Hannibals konnte identifiziert werden.

Durch die lange Belagerung und Plünderung von Geronium muss es zur provozierten Schlacht mit dem anrückenden Römerheer (70.000 Legionäre) gekommen sein – zur tragischen **Battaglia di Canne**, die kein Römer überlebte. Auf einer Fläche von 40 qkm hat Dr. Izzo Kriegsgräber entdeckt, karthagische Soldaten mit den eigenen Waffen als Grabbeigabe und entwaffnete römische Legionäre ohne jegliche Beigabe. Bei den Skeletten handelt es sich ausschließlich um die Überreste junger Männer im Alter zwischen 25 und 40 Jahren. Alle sieben Schritte ein Grab, bedeckt mit gebrannter Tonerde (Cotto). Und im Celone-Tal wimmelt es wie gesagt von "rätselhaftem" Kriegsmaterial aus der Antike.

Zahlreiche Wissenschaftler haben sich bereits mit dem Sachverhalt von Dr. Izzos Hannibal-Recherche beschäftigt. Positive Radiokarbonuntersuchungen von schweizerischen Universitäten liegen vor, parlamentarische Anfragen hat es gegeben – aber die "heilige" Geschichtsschreibung in Sachen 2. August 216 v. Chr. ist bisher noch nicht revidiert worden. Wesentliche Verhinderer sind natürlich auch die Kuratoren des immer noch offiziellen Schlachtorts Canne della Battaglia, 100 km weiter südöstlich (S. 236).

Bovino

ca. 6.000 Einwohner

Diese sympathische Kleinstadt mit der nahe gelegenen Wallfahrtskirche Valleverde liegt bereits im Schatten der Apenninausläufer. Schon die kurvige Fahrt hinauf stellt ein Erlebnis dar. Am baumbestandenen Corso Vittorio Emanuele und in der anschließenden Altstadt herrscht ein gemächlicher Alltag.

Hinauf ins 646 m hoch gelegene Bovino geht es mit Blick auf grüne Täler und sanfte Bergkuppen. Die Laub- und Nadelwäldchen an der Strecke lassen das gleißende Sonnenlicht in der heißen Tiefebene schnell vergessen.

Einst war diese Gegend für Reisende gefährlich, denn hier befanden sich die Verstecke der legendären Wegelagerer, die den reichen Herzögen so manchen Goldklumpen aus der Tasche gezogen haben. Das ortsansässige Adelsgeschlecht der Guevara thronte über drei Jahrhunderte in der örtlichen Schlossfestung und bestimmte das wirtschaftliche und soziale Leben von Bovino und Umgebung bis ins 19. Jh.

Bereits Hannibal schlug um 200 v. Chr. ein befestigtes Lager in der Nähe von Bovino auf und schmiedete hier wahrscheinlich seine Pläne für die Entscheidungsschlacht gegen die Römer (Canne della Battaglia, S. 236, und Castelluccio Valmaggiore). Im frühen Mittelalter baute der byzantinische Statthalter Nordapuliens den Ort zur Festung aus. Nach einem langobardischen Intermezzo ließen sich die Normannen hier nieder und bauten die städtische Burg, der Friedrich II. wenig später seinen Stempel aufdrückte. Auch als Bischofssitz machte Bovino eine bemerkenswerte Karriere; an der Diözesanpforte lösten sich in fast 1.000 Jahren in rascher Folge mehr als 70 hohe Prälaten ab. Die nahe gelegene Wallfahrtskirche Valleverde zieht seit dem 13. Jh. zahlreiche Pilger an.

Das dichte Gassengewirr der intakten Altstadt beginnt unmittelbar hinter dem Stadttor. Fröhliche Gesichter und liebevoll dekorierte Geschäfte bereichern das beschauliche Leben im historischen Stadtkern.

- *Information* **Pro Loco**, Corso Vittorio Emanuele 1, wenn überhaupt, nur im Hochsommer geöffnet.
- *Anfahrt* von der S 161 führt eine kurvenreiche Straße hinauf; am Corso Emanuele gibt es gute **Parkmöglichkeiten**.

- *Übernachten/Essen & Trinken* Seitdem das **Albergo Gran Turismo** geschlossen hat, ist Bovino nachts wieder touristenfrei. **Pizzeria D'Aquino**, direkt am Stadtpark (Villa Comunale) gelegen, nur in den Sommermonaten geöffnet.
- *Einkaufen* jeden Samstag **Markt**.
- *Feste & Veranstaltungen* **Festa della Madonna di Valleverde**, Prozession hoch zu Ross zu Ehren der Madonna (Ende August). **Sagra della bruschetta**, kulinarisches Fest mit leckeren Bruschetta-Variationen und anderen örtlichen Spezialitäten (Ende August). **Sagra della castagna**, Esskastanienfest (1. Oktoberwoche).

Osteria Zi Gennaro, volkstümliche Osteria im Stil einer offenen Garküche mit wenigen Tischen, schmackhafte Hausmannskost, ehrliche Preise, **Tipp!** Menü inkl. Getränke ca. 16 €, Corso Vittorio Emanuele 44, ✆ 333/2202845, Mo Ruhetag.

Provinz Foggia
Karte S. 115

Sehenswertes in Bovino und Umgebung

Kathedrale Santa Maria Assunta: Durch maßgebliche Veränderungen der byzantinischen Vorgängerkirche am Anfang des 13. Jh. erhielt der Dom seinen apulisch-romanischen Baukörper. Die Fassade von 1220, die auch gotische Stilelemente aufweist, steht als edelster Teil des Gotteshauses unter Denkmalschutz, seitdem die Kathedrale nach einem Erdbeben Mitte des 20. Jh. wieder neu aufgebaut wurde. Oberhalb der Fensterrose erkennt man den steinernen **Bovino** (Ochse), dem der Ort seinen Namen verdankt.

Über dem Mittelschiff schwebt eine Holzbalkendecke und über dem Hauptaltar eine lebensgroße, gekrönte Madonna mit gekröntem Kind. In der rechten Apsis befindet sich eine relativ große Seitenkapelle. Aufmerksamkeit verdient auch der kleine Nebenaltar aus Marmor im linken Querschiff.

Im verputzten Mauerwerk erkennt man stellenweise freigelegte Säulenfragmente und Ornamente des Vorgängerbaus.

Castello: Die Via Castello beginnt links vor dem Altstadttor und führt direkt hinauf zum Burgeingang. Den Seiteneingang der Burg erreicht man hingegen von der Kathedrale aus. Dieser Weg führt am Ende der Via Seminario durch einen Bogengang und dann die Via Guevara entlang bis zum unscheinbaren hölzernen Portal.

Die herrschaftliche Schlossfestung war bis in die 50er Jahre des 20. Jh. in großherzoglichem Besitz. Heute sind hier zwei kirchliche Internate untergebracht. Die vom Erdbeben 1930 noch lädierte Burg ist im Wesentlichen ein **normannischer Bau**, den einst Drogone de Hauteville errichten ließ. Die Rundturmruine zeigt beispielhaft die Merkmale normannischer Militärarchitektur. Friedrich II. ließ das Castello im 13. Jh. umgestalten, danach war es über Jahrhunderte hinweg Wohnsitz zahlreicher Herzöge und Landgrafen, vor allem der Guevara. Eine Teilbesichtigung ist möglich.

Museo civico Nicastri: bescheidenes städtisches Museum, im Rathaus im **Palazzo Pisani** untergebracht. Zu sehen ist ein buntes Sammelsurium aus frühgeschichtlichen, antiken und mittelalterlichen Fundstücken aus der Umgebung.
Öffnungszeiten tägl., außer So, 9–13 Uhr, Eintritt frei.

Santuario Incoronato di Valleverde: ca. 5 km unterhalb der Stadt an der Straße. Wallfahrtskirche und Kloster entstanden im 13. Jh., etwa zeitgleich mit dem Dom von Bovino. Über Jahrhunderte hinweg war das Santuario ein bedeutendes Pilgerziel. Das bereits erwähnte schwere Erdbeben begrub diese mittelalterliche Pilgerstätte 1930 unter Schutt und Asche.

Der **Neubau** wurde 1987 fertig gestellt und von Papst Johannes Paul II. höchstpersönlich eingeweiht. An diesem futuristisch anmutenden Kirchentempel mit dem raketenförmigen Spitzdach sollte man nicht einfach vorbeifahren, auch der kitschig wirkende Zauber im Innern lohnt einen Blick. Unten, in der Auferstehungskapelle steht hinter Glas eine Miniaturholzrekonstruktion der alten Klosteranlage, außerdem viel Sakrales. Lediglich drei Ordensbrüder halten hier die Stellung.

Ordona, das antike Herdonia

Mitten in der trockenen Tavoliere-Landschaft liegt das kleine unbedeutende Agrarstädtchen Ordona auf dem Scherbenhaufen des großen antiken Herdonia.

Die nordwestliche Ortseinfahrt, Via Ascoli, wird von seltsamen, im Schatten hoher Bäume liegenden Häusern gesäumt, die Rätsel über ihre Entstehungszeit aufgeben. Unscheinbar steht das kleine Bahnhofsgebäude am unteren Stadtrand. Das neue *Municipio* (Rathaus) ist ein moderner Mehrzweckbau, in dem auch der Sitz der *Vigili urbani* (Stadtpolizei) untergebracht ist. In Ordona sucht der müde gewordene Durchreisende wieder einmal vergebens nach einem Hotel.

▶ **Zona archeologica (Ausgrabungsgelände):** Unter der Leitung eines belgischen Professors wurden in den 60er Jahren des 20. Jh. daunische Nekropolen und Reste des römischen Herdonia ans Tageslicht geholt. Die Grabbeigaben und andere Kostbarkeiten erhielt das archäologische Museum von Foggia. Die Ausgrabungsstätte selbst war Jahrzehnte lang ein jederzeit zugängliches Freigelände, der Witterung und menschlicher Willkür schutzlos ausgesetzt. Seitdem bei jüngsten Grabungen die antiken Thermen von Herdonia entdeckt worden sind, erhielt das Gelände eine Teilumzäunung, und die Anlage eines archäologischen Parks ist ernsthaft im Gespräch.

Einst stand hier eine bedeutende **daunische Siedlung**, bevor sie von Pyrrhus zerstört, und dann als **römisches Munizipium** wieder aufgebaut wurde. Die freigelegten Fundamente der alten Römerstadt aus der Kaiserzeit umfassen eine rechteckige Fläche von ca. 700 x 300 m. Reste eines Amphitheaters, Säulenstummel, Halbbögen und vieles mehr ist zu sehen. Bei der kopfsteingepflasterten Straße mit den tiefen Spurrillen handelt es sich um ein Teilstück der römischen Heeresstraße **Via Traiana**.

Insgesamt ein lohnenswerter Ausflug in die Vergangenheit – auch wenn das Gelände seit der Teilumzäunung nicht mehr begehbar ist. Wer hier von einer leicht erhöhten Position auf die weite Tavoliere-Landschaft blickt und sich vorstellt, die geometrisch angeordneten Olivenplantagen in der Ferne seien römische Garnisonen, die jederzeit losmarschieren könnten, bringt Bewegung in das antike Bild.

● *Anfahrt & Verbindungen* **Auto,** 6 km von Orta Nova entfernt liegt Ordona. Am südlichen Stadtrand, direkt an der S 161, das Hinweisschild "Zona archeologica" beachten, dann ca. 500 m Feldweg, bis ein kleiner Bauernhof auftaucht. Hinter dem Hauptgebäude erstreckt sich das Ausgrabungsgelände.

Bahn: Am südwestlichen Stadtrand befindet sich die kleine Bahnstation der FS-Hauptstrecke Foggia–Potenza, an der längst nicht alle Nahverkehrszüge halten.

● *Essen & Trinken* **Quattro stagioni,** Ristorante und Pizzeria, einziges Lokal in Ordona, Mo Ruhetag.

Provinz Foggia
Karte S. 115

Mini-Felder auf dem Gargano

Das Gargano-Gebirge (Promontorio del Gargano)

Das so genannte Vorgebirge (= Promontorio) des Gargano steigt auf eine Höhe von maximal 1.000 m an, im Nordwesten sanft und bewaldet, im Südwesten kahl und abrupt in der Form eines überdimensionalen Treppenabsatzes. Zur Küste hin fällt das Kalksteinmassiv schroff in die Tiefe. 1991 wurde das gesamte Gebiet zum Parco nazionale del Gargano erklärt.

Rein geologisch gehört das Gargano-Massiv nicht mehr zur italienischen Apenninhalbinsel, es weist eindeutige Übereinstimmungen mit dem gegenüberliegenden dalmatinischen Festland auf. Das wellige Kalksteinplateau mit den abgeflachten Bergkuppen steckt landschaftlich voller Überraschungen: Teils ist es steinig und zerklüftet, dann tun sich unvermittelt fruchtbare Becken auf, oder ein kräftiger Mischwald breitet sich aus.

Die einst vollständig bewaldete Gargano-Halbinsel, die schon Horaz als undurchdringliche Wildnis beschrieb, war später das bevorzugte Jagdrevier Friedrichs II. Von diesem apulischen Urwald ist nur noch ein letzter Rest übrig geblieben, die **Foresta Umbra**, ein ca. 11.000 ha großer Hochwald, der sich zwischen Vico del Gargano und Mattinata erstreckt. Dieser herrliche Mischwald steht unter besonderem Naturschutz.

Wer von Nordwesten ins Gargano-Gebirge vorstößt, erlebt dichte Hänge voller knorriger Olivenbäume, die eine der ältesten Kulturlandschaften Nordapuliens bilden. Aus dem Südwesten kommend, sollte man sich den einzigartigen Blick vom Gargano-Balkon Rignano Garganico (590 m) auf den weiten Flickenteppich des Tavoliere nicht entgehen lassen. Anschließend geht es dann vorbei an rätselhaften Steinfeldern und fruchtbaren Miniaturtälern über San Marco in Lamis und San Giovanni Rotondo nach Monte Sant'Angelo, zum Grottenheiligtum des Erzengels Michael.

Ein Gargano-Reisebericht aus dem Jahr 1874

"Schon im Altertum war der Garganus durch seine herrliche Flora und seine finsteren Pinien- und Eichenwälder berühmt. Sie sind heute stark gelichtet, bedecken aber noch immer weite Strecken des Gebirges, namentlich in seiner Mitte, wo sich der große Eichenwald befindet, Bosco delle Umbrie genannt. In den Tälern gibt es Ackerbau und Viehzucht, und die Abhänge sind meist terrassenförmig angebaut und mit Weinreben und Olivenbäumen bedeckt.

Ein kräftiges Volk von einfachen Sitten bewohnt dieses Gebirge. Seine Tracht ist eigenartig und malerisch, besonders die der Männer. Sie tragen einen weiten mantelartigen Rock von brauner Wolle mit Kapuze, welcher meist noch mit schwarzem Schafpelz gefüttert ist, einen roten Gürtel und eine phrygische Mütze von blauer Farbe. Diese Nationaltracht ist wahrhaft schön, und viele Apulier mit ihren gebräunten und edel geformten Gesichtern sehen darin recht vornehm aus, zumal wenn jene Kleidung von feinerem Stoffe ist. Wir sahen ihrer ganze Scharen den Weg entlang, da es Sonntag war.

In den Jahren 1860 bis 1869 wimmelte dieses Gebirge von Briganten ("Geschichte", S. 42) gleich den Abruzzen; heute ist es von dieser Plage gesäubert. Die Regierung sorgt dafür, alle Orte im Garganus durch Straßen und Telegrafen miteinander zu verbinden, was das sicherste Mittel ist, dieser vereinsamten Gebirgswelt eine höhere Kultur zu geben."

Aus: Ferdinand Gregorovius, Wanderjahre in Italien ("Bücher", S. 97)

Provinz Foggia
Karte S. 115

Rignano Garganico

Wer aus Foggia kommt und das Gebiet der längst erloschenen daunischen Hauptstadt Arpi (bei Arpinova) hinter sich gelassen hat, stößt bald auf den riesigen Treppenabsatz des Gargano-Massivs, auf dessen Rand das friedliche Rignano thront.

Das kleine verträumte Bergdorf wird zu Recht als der **Gargano-Balkon** bezeichnet, denn dort oben in 590 m Höhe genießt man einen Ausblick der Superlative: Im Osten zeichnet sich die Küstenlinie des Golfs von Manfredonia ab, und am südwestlichen Horizont, hinter der weiten Tiefebene erkennt man an klaren Tagen sogar die Umrisse der Apenninausläufer.

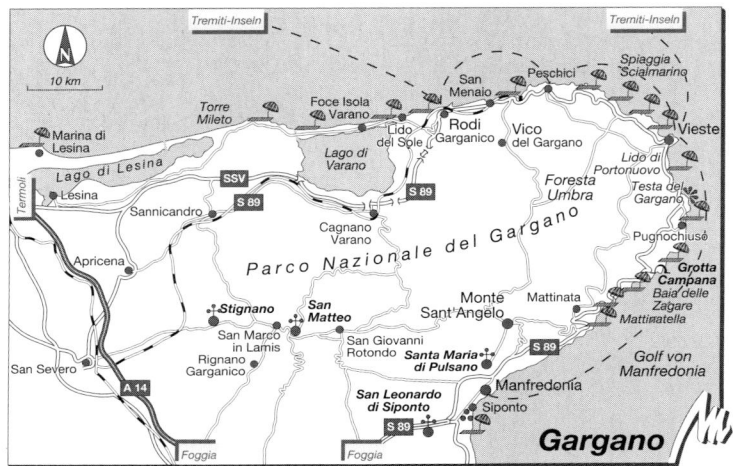

Der Ortskern von Rignano offenbart ein überraschend beschauliches Gassenlabyrinth, in dem die Bescheidenheit des dörflichen Alltags noch Realität ist. In den gepflegten, verwinkelten Altstadtgassen hängt die Wäsche vor den weiß getünchten Fassaden, überall sieht man die Tagesernte (Tomaten, Paprika, Peperoni etc.) ausgebreitet, und daneben trocknet appetitlich die selbstgemachte Pasta. Während die Dorfältesten vor und in der Piazza-Bar hocken, Karten spielen oder engagiert diskutieren, versammeln sich die Frauen vor der Kirche, und das nicht nur sonntags. Auf den Gesichtern der auffällig zahlreichen Greise liegt ein zufriedenes Lächeln, das allerdings nicht verrät, warum man in Rignano so alt wird. Vielleicht liegt es an der frischen Luft – ein wirklicher Genuss, wenn man aus dem Hitzekessel des Tavoliere aufgestiegen ist. Gedankt sei denjenigen, die verhindert haben, dass aus Rignano ein modern-mondäner Luftkurort für asthmatische Großstädter geworden ist.

Im Volksmund heißt der Ort auch **Paese delle vedove** (Stadt der Witwen), schlicht und ergreifend deshalb, weil sich früher alle arbeitsfähigen Männer auf den Feldern des Tavoliere verdingten und der Ort allein von den Frauen bewohnt wurde.

Eine Panoramastraße führt um den alten Ortskern herum. An der kleinen baumbestandenen **Piazza mit Brunnen** rückt der gewaltige Treppenabsatz des Gargano-Gebirges am eindrucksvollsten ins Bild. Angesichts dieser strategischen Position ist es schon verwunderlich, dass Rignano in der ereignisreichen Geschichte Nordapuliens ganz ohne Festung und Wehranlagen geblieben ist.

● *Anfahrt* von Foggia auf die S 89 nach Manfredonia; nach ca. 2 km folgt man der Ausschilderung mit den beiden Pinienbäu-men und der Aufschrift "Gargano".

● *Essen & Trinken* **Azienda Fiore**, großer Gutshof mitten im Grünen, an der

Fischerort Savelletri (MM) ▲▲

Küstenstadt Giovinazzo (MM) ▲

▲▲ Hausverkauf an der Costa di Bari (MM)
▲ Alberobello: Trulli-Königin (MM)

Altstadtgasse in Gravina in Puglia (MM) ▲

Masseria in der Murgia (MM) ▲ ▲
Polignano a Mare (MM) ▲

Egnazia, Museum: Fußbodenmosaiken (MM)

Bizarres Steinfeld auf dem Gargano

Landstraße nach Foggia, im ca. 8 km entfernten Ort Madonna di Cristo. Beliebtes Ausflugsrestaurant, deftige Landküche unter Verwendung eigener Erzeugnisse, Menü 18 €, ✆ 0882/820882.

● *Einkaufen* jeden Montag **Markt**.

● *Feste & Veranstaltungen* **Sagra Popolare della Carne di Capra**, folkloristisches Dorffest, auf dem es u. a. ein spezialitätenverdächtiges Ziegenfleischgericht gibt (1. Augustsonntag).

Festa di San Martino, Weinfest und -markt mit kleinen Leckereien zu Ehren des Hl. Martin (11. November).

▶ **Umgebung/Grotta Paglicci:** Weit unterhalb des Bergdorfs, an den Hängen des großen Treppenabsatzes, befindet sich diese prähistorische Felshöhle. Sie ist wegen der gut erhaltenen **neolithischen Wandmalereien** von größtem archäologischem Interesse. Wichtigster Fund in der Höhle war das **Skelett einer jungen Frau** aus der Steinzeit, eingebettet in ein schützendes Bodengrab und bekrönt mit einer Kopfbedeckung aus durchbohrten Hirschzähnen. Laut dem Ergebnis einer Radiokarbonuntersuchung wurde sie vor etwa 23.000 bis 24.000 Jahren hier beerdigt. In der Höhle befanden sich außerdem Pfeilspitzen und Faustkeile der jagenden Urzeitmenschen sowie kunstvoll verzierte Steine und Tierknochen.

Das **Centro Studi Paglicci** richtet z. Zt. ein kleines **Museo civico** im Gemeindehaus (Casa comunale) von Rignano Garganico ein, in dem voraussichtlich ab 2003 steinzeitliche Fundstücke und Rekonstruktionen aus der Grotta Paglicci sowie den Küstengrotten des Gargano zu sehen sein werden. Nähere Informationen unter www.paglicci.org.

San Marco in Lamis

ca. 17.000 Einwohner

Nur noch 1 km bis San Marco in Lamis, und noch immer ist nichts zu sehen. Doch plötzlich taucht eine Senke auf – zur Abwechslung mal eine Gebirgsstadt, deren Ortskern tiefer liegt als die angewachsene Peripherie.

Die Altstadt von San Marco in Lamis hat einen einfachen Grundriss: eine Hauptstraße und rechtwinklig davon abgehende Nebenstraßen. Die leichten Höhenunterschiede in diesem geometrischen Straßengeflecht mit den spätmittelalterlichen Reihenhauszeilen werden durch breite Steintreppen ausgeglichen, denen man ihr Alter ansieht. Durch die kompakte Bebauung ist die Ortschaft relativ dicht besiedelt. Die Gründungsgeschichte von San Marco in Lamis ist eng verbunden mit dem **Kloster San Matteo** (s. u.); so wie dieses liegen auch die anderen Sehenswürdigkeiten außerhalb der Stadt.

● *Anfahrt & Verbindungen* Mit dem **Auto** 8 km von Rignano Garganico auf einer kurvigen, leicht ansteigenden Landstraße. **SITA-Busse** von und nach Foggia.

● *Feste & Veranstaltungen* **Processione delle Fracchie**, Karfreitagsprozession, dabei werden lange Holzbündel, sog. *fracchie*, auf Eisenräder montiert und angezündet. Die lodernden Holzstöße werden zusammen mit der Madonnenstatue aus der Kirche durch die Straßen der Ortschaft gezogen.

San Marco/Sehenswertes in der Umgebung

Die Landschaft um San Marco in Lamis ist stellenweise recht karg. Auf kleinen Ackerflächen stehen die charakteristischen **Schutzhütten** der Bauern. Sie sind in Trockenbauweise zusammengesetzt und heute größtenteils verwittert. Zum Teil sehen sie aus wie überdimensionale Bienenstöcke aus Stein. Ab und zu tauchen bizarre **Steinfelder** auf – ein seltsamer Anblick, als wären Steine gleicher Größe in die Erde gepflanzt worden, in der Hoffnung, sie würden so genießbar.

▸ **Convento di San Matteo**: Stattlich wie eine Burg steht das Kloster San Matteo ca. 4 km hinter San Marco in Lamis an der Straße nach San Giovanni Rotondo. Die wuchtige Abtei klebt förmlich am Felsen. Sie wurde bereits in der langobardischen Epoche (6. Jh.) von den Benediktinern gegründet. Seine Blütezeit erlebte das Kloster im 11. und 12. Jh., als Byzantiner und Normannen dem Orden großzügige Schenkungen machten (meist Grundbesitz). 1578 fiel die Anlage schließlich an den Franziskanerorden, von dem sie ihren jetzigen Namen erhielt.

Heute ist das gepflegte Kloster mit der **frühchristlichen Gebetsgrotte** ein beliebtes Ziel des internationalen Pilgertourismus. Die Ordenskirche ist innen relativ bescheiden geschmückt, dafür ist das Souvenirangebot aber um so größer. Schon am Eingang entsteht der Eindruck, einen Laden voller religiöser Kuriositäten zu betreten. Den Innenhof zieren skurrile Grottenfragmente, um die sich bisweilen weiße Tauben scharen.

Öffnungszeiten tägl. 7–13 Uhr und 15–19 Uhr.

▸ **Santuario della Madonna di Stignano**: Von San Marco in Lamis geht es in Richtung San Severo nach Stignano. Auf dem Weg begegnet man nicht selten hupenden Autokonvois, denn die Konventskirche ist eine weithin beliebte Hochzeitskirche. Zunächst erkennt man die bunt gekachelte Vierungskuppel. Hinter der rötlich schimmernden Fassade verbirgt sich ein Innenraum, der von einer bemerkenswerten **Renaissancearchitektur** erfüllt ist. Die hochverehrte Madonnenfigur ist ausgesprochen anmutig. Besichtigt werden kann auch der angrenzende Kreuzgang mit dem schönen Renaissancebrunnen (Klingel neben der Tür zur Sakristei).

Öffnungszeiten tägl. 9–12 Uhr und 16–18 Uhr.

San Giovanni Rotondo 26.500 Einwohner

Wer in San Giovanni Rotondo ein ruhiges Plätzchen zum Verschnaufen vermutet, korrigiert diesen fatalen Irrtum auf den ersten Blick. Auch hier sorgt – wie so oft in dieser Gegend – die Frömmigkeit für die vielen Besucher.

Die Kleinstadt am Hang des **Monte Calvo** (1.055 m) ist der Heimatort des weit über die Grenzen Italiens hinaus verehrten **Padre Pio** (1887–1968). Popularität erlangte der charismatische Kapuziner wegen zahlreicher Wunderheilungen und nicht zuletzt wegen seiner blutenden Wundmale. Aber auch, weil er angeblich in Rom vor der Kurie erschien, während sein Körper auf dem Gargano tief und fest schlief, er also über die Gabe der Bilokation verfügte, die gleichzeitige Anwesenheit an zwei verschiedenen Orten. Der Vatikan wollte Padre Pios Wunder nie so recht anerkennen, schickte gar seine Inspektoren nach San Giovanni Rotondo und verweigerte lange Zeit die Kanonisation. Erst 1999 gab der Heilige Stuhl dem Begehren der ständig wachsenden Anhängerschaft nach und sprach Padre Pio in einer feierlichen Zeremonie selig. Nur drei Jahre später, am 16. Juni 2002, folgte die Heiligsprechung, an der etwa 40.000 Gläubige in San Giovanni Rotondo und über 300.000 in Rom teilnahmen.

Jährlich besuchen mehr als 7,5 Millionen Pilger den Wallfahrtsort. Das Fassungsvermögen der **Basilika Santa Maria delle Grazie**, in der sich das Grab Padre Pios befindet, ist längst ausgeschöpft – eine neue, eine riesige Kirche muss her. Derzeit baut der renommierte Architekt **Renzo Piano** an dieser neuen, futuristischen Wallfahrtskirche, die die **größte Kuppel der Welt**

Provinz Foggia Karte S. 115

Padre Pio – ein Popstar der katholischen Kirche

erhalten wird. Unter der Kuppel wird es Sitzplätze für mehr als 7.000 Menschen geben – der größte Kirchenraum nach dem Petersdom. Und auf dem Vorplatz der Kirche sollen 30.000 Besucher Platz finden. Nur schade, dass der monumentale Kirchenneubau zur Heiligsprechung noch nicht fertig war. Mit seiner Einweihung wird frühestens 2004 gerechnet.

Die **Casa Sollievo della Sofferenza** (Haus zur Linderung des Leidens) ist der zweite Anziehungspunkt des Orts. Das moderne Hospital, das auf Initiative Padre Pios errichtet wurde, zählt zu den allerbesten Kliniken Italiens. Hier werden jährlich 60.000 Patienten stationär und 400.000 ambulant behandelt. Um den großen Klinikkomplex mit der klassizistischen Hauptfassade ist eine Infrastruktur gewachsen, die mit einem Mega-Skiort vergleichbar ist.

Die **ca. 100 örtlichen Hotels** sind selbstverständlich keine touristischen Einrichtungen, sie beherbergen weit gereiste Padre-Pio-Pilger und Kranke aus ganz Italien, die eventuelle Wartezeiten zu überbrücken haben. Autoschlangen, Reisebusse, Familienverbände und Besuchergruppen – insgesamt ein unüberschaubares Treiben, dennoch erst ein Vorgeschmack auf den benachbarten Wallfahrtsort Monte Sant'Angelo.

Der **alte Ortskern** von San Giovanni Rotondo liegt unterhalb des Krankenhaus- und Pilgerszenarios. Am Ende der Durchgangsstraße, an der Piazza del Carmine, steht die einzige Sehenswürdigkeit, der namengebende Rundtempel **San Giovanni Battista**, kurz **La Rotonda** genannt. Es handelt sich dabei um einen Nachbau eines antiken Janustempels, der 996 Johannes dem Täufer geweiht wurde.

Anfahrt & Verbindungen 6 km mit dem **Auto** von San Marco in Lamis auf gut asphaltierter Landstraße. **SITA-Busse** von Foggia und Manfredonia.

Monte Sant'Angelo   ca. 17.000 Einwohner

Ein Wallfahrtsort der Superlative. Hier dreht sich seit dem 5. Jh. alles um den Erzengel Michael. Kein Wunder, dass zu den Patronatsfesten am 8. Mai und am 29. September hier die "Hölle" los ist.

Durch einen doppelbogigen Portikus aus dem 14. Jh. gelangt man hinunter zur heiligen **Grottenkirche**, wo das Marmorstandbild des Erzengels Michael den Altar ziert. Der älteste oberirdische Sakralbau ist die **Tomba di Rotari**, vermutlich ein Baptisterium aus dem späten 11. Jh. Die Ortschaft, die um das Grottenheiligtum herum entstanden ist, breitet sich auf einer Bergkuppe aus und fasziniert vor allem durch ihre einheitlichen Reihenhauslinien. Über die Leute von Monte Sant'Angelo hieß es noch vor 100 Jahren, dass sie Haufen von Gold und Silber in der Erde vergraben halten und das ärmlichste Leben führen, während ihre Söhne in Neapel studieren.

Ende des 5. Jh. siedelte der Erzengel aus dem Morgenland nach Apulien über, bestimmte den Gargano zu seinem Aufenthaltsort und erschien erstmals den Menschen.

"In Sipontum lebte ein reicher Mann, Garganus genannt, dessen Herden auf dem Vorgebirge weideten. Eines Tages verschwindet ihm ein schöner Stier. Lange sucht er diesen mit seinen Hirten in allen Schluchten des Gebirges, bis er ihn am Eingang einer Grotte findet. Ergrimmt über die lange Mühe seines Suchens will er den Stier erschießen, aber der abgeschossene Pfeil wendet sich um und verwundet den Schützen selbst. Man meldete dieses Wunder dem Bischof Laurentius in Sipontum, und dieser ordnete ein dreitägiges Fasten an. Am dritten Bußtage, dem 8. Mai des Jahres 493, erschien ihm der Erzengel und verkündigte ihm: dass die Grotte durch ihn selbst geheiligt sei und fortan eine Stätte des Kultus zu seiner und der andern Engel Ehre sein solle. Er erschien dem zaudernden Bischof noch einigemal, bis dieser endlich Mut fasste und mit anderen Gläubigen die schauerliche Grotte betrat, nachdem auch den Sipontinern derselbe Erzengel bereits als Retter in einer Schlacht gegen Heiden erschienen war, welche die Stadt bedrängten. Als die Christen in jene Höhle eintraten, fanden sie dieselbe von einem himmlischen Licht erleuchtet, von Engelhänden in eine Kapelle verwandelt und an der Felswand einen mit Purpur bedeckten Altar errichtet. Laurentius baute vor dem Eingange der Grotte eine Kirche und weihte dieses Heiligtum dem Erzengel mit Bewilligung des Papstes Gelasius am 29. September 493."

Provinz Foggia
Karte S. 115

Schnell entwickelte sich die **Erzengel-Grotte** auf dem Gargano zum ersten Pilgerzentrum des christlichen Mittelmeerraumes, und von hier aus verbreitete sich der **Engelskult** bald in andere Länder, nach England, Frankreich, Spanien und Deutschland, wo aus den Heiligtümern lokaler heidnischer Gottheiten Andachtsstätten zu Ehren des Hl. Michael gemacht wurden. Im Lauf der Jahrhunderte ließen sich übrigens die namhaftesten Persönlichkeiten des Mittelalters in Monte Sant'Angelo sehen:

"Hätten die Tempelhüter dort oben seit dem 11. Jh. den modernen Gedanken gehabt, ein Fremden- oder Pilgerbuch in der Kapelle des Erzengels aufzulegen, so würden wir in ihm die größten Namen des Mittelalters lesen.

Die Pilgerfahrt des Kaisers der Römer [Otto III.] auf den Garganus machte großes Aufsehen in der damaligen Welt, und sie steigerte ohne Zweifel die Verehrung des Erzengels in allen Ländern des Westens. Langobarden Nord- und Süditaliens, Franken, Sachsen, Angeln, Normannen, Große und Geringe sah man seither jahraus jahrein die steilen Pfade zum Kap emporklimmen, in der heiligen Grotte ihre Gebete zu verrichten und Opferspenden darzubringen, und dann herabsteigen mit geweihten Amuletten, an Hut und Kleid mit der apulischen Pilgermuschel geschmückt und in den Händen den garganischen Pilgerzweig."

(Beide Zitate aus: Ferdinand Gregorovius, Wanderjahre in Italien, "Bücher", S. 97.)

Monte Sant'Angelo – faszinierend die Gleichförmigkeit der Häuserreihen

Um das **Grottenheiligtum** entstanden zwischen dem 6. und 11. Jh. feste Gebäude, die auch der ständig wachsenden Zahl der Wallfahrer Unterkunft boten. Unter den Normannen, die die garganische Kultstätte ähnlich sorgsam wie ihren heimischen Michaeltempel in Mont-Saint-Michel hüteten, entwickelte sich das charakteristische **Stadtviertel Junno**. Noch heute prägt dieser mittelalterliche Ortskern das Erscheinungsbild von Monte Sant'Angelo ganz wesentlich. Einfach faszinierend, wie sich die gleichförmigen Giebelhäuser mit ihren weiß getünchten Fassaden, den verblichenen Dachziegeln und unförmigen Schornsteinen über den Stadthügel erstrecken.

Information/Anfahrt & Verbindungen

● *Information* **Pro Loco**, an der Ortsdurchgangsstraße Via Reale Basilica 40, 8–13 Uhr und 16.30–21 Uhr, ✆ 0884/565520.

● *Auto* von Foggia aus am schnellsten über Manfredonia zu erreichen. Von der S 89 führt eine steile Serpentinenstraße hinauf nach Monte Sant'Angelo (796 m). Landschaftlich reizvolle **Alternative: Gargano-Hochstraße** von Foggia über Rignano Garganico, San Marco in Lamis und San Giovanni Rotondo.

Der gesamte Stadtbereich ist **gebührenpflichtige Parkzone**; den Parkwächtern entkommt man nicht, sie verfolgen auch diejenigen, die die vorgesehenen Großparkplätze (2 € ohne Zeitbegrenzung) meiden wollen.

● *Bus* mehrmals täglich **SITA-Busse** ab Manfredonia.

Übernachten/Essen & Trinken

● *Übernachten* **Foresteria del Santuario**, Via D'Angio, in unmittelbarer Nähe der Grottenkirche, gehört der Kirchengemeinde von San Michele, modernes 40-Zimmer-Pilgerhotel mit strengen Regeln und dem Charme eines Krankenhauses, ruhige Gäste erwünscht, ab 22 Uhr Nachtruhe (im Sommer ab 23 Uhr), DZ ca. 30 € (ohne Frühstück), ✆ 0884/562396.

*** **Hotel Michael**, Via Reale Basilica 86,

restauriertes mittelalterliches Stadthaus am Eingang zum Santuario, 1999 eröffnet, geschmackvoll eingerichtete Zimmer, große Frühstücksterrasse mit Panoramablick, DZ 52–115 €, EZ 36–52 € inkl. Frühstück, ✆ 0884/565519.

*** **Hotel Rotary**, 1,5 km außerhalb (Richtung Pulsano), gut beschildert, einsam an der Straße gelegener Neubau im Landhausstil mit mehreren Nebengebäuden und Restaurant, DZ 62–72 €, EZ 49–52 €, ✆ 0884/562146.

• *Essen & Trinken* **Da Costanza**, am oberen Ende des Corso Garibaldi (Nr. 67), lokaltypische Hausmannskost im schlichten Kellergewölbe, eigene Pastaproduktion (Orecchiette, Fusilli, Troccoli), Lammgerichte und Kalbfleischrouladen gehören zu den Secondo-Spezialitäten, Menü inkl. Getränke ca. 18 €, ✆ 0884/561313.

La Caravella, schräg gegenüber vom Santuario-Eingang, Orecchiette aus eigener Produktion, leckere Fleischgerichte vom Zicklein und Kalb, aufgrund der bevorzugten Lage aber ein Massenbetrieb mit Hang zur Schnellabfertigung, Touristenmenü 13 €, Via Reale Basilica 84, ✆ 0884/561444.

> **Al Grottino, Tipp!** Ristorante des Hotel Michael (s. o.), hintere Altstadt, alteingesessener Familienbetrieb, beliebt bei den Einheimischen, herzhafte Antipasti (Wurst, Schinken, Käse) und Primi (z. B. Orecchiette mit Pilzsoße), Fleisch vom Grill, Menü ab 12 €. Corso Vittorio Emanuele 179, ✆ 0884/ 561132, Mo Ruhetag.

Einkaufen/Feste & Veranstaltungen

• *Einkaufen/Spezialitäten* jeden Samstag **Markt**.
Überall in den Cafés und Pasticcerie werden die lokalen Süßigkeiten **Ostie ripiene** (gefüllte Hostien) angeboten: ein Oblatengebäck mit Honig und Mandeln. Besonders gut schmecken sie in der **Pasticceria Franco**, Corso Garibaldi 15.

• *Feste & Veranstaltungen* **Processione di Venerdì Santo**, Karfreitagsprozession.

Michaelswallfahrten, am 8. Mai feiert die katholische Kirche die Erscheinung des Erzengels auf dem Gargano und am 29. September das Fest der Engelserscheinung überhaupt.

Sfilata dei Muli bardati, folkloristische Wanderung mit geschmückten Eseln zur Abtei von Pulsano (8. Sept.).

Esskastanienkirmes, Ende Okt.

Sehenswertes

Grottenheiligtum Santuario di San Michele Arcangelo: Am Eingang zur Grottenkirche steht der achteckige **Glockenturm** von 1273, den der neapolitanisch-sizilianische König Karl I. von Anjou errichten ließ. Gleich dahinter das doppelbogige **Eingangsportal** aus dem späten 14. Jh., wovon allerdings nur der rechte Flügel ein Original von 1395 ist, während es sich beim linken um eine spätere Replik handelt. Einen Blickfang am Ende des Treppenabgangs zum Grottenheiligtum bildet die kunstvoll gearbeitete **Bronzetür** aus dem 11. Jh., auf der u. a. Szenen aus den zahlreichen Michaelslegenden dargestellt sind. Die Türflügel, ein Geschenk des adligen Amalfitaners Pantaleone, wurden 1076 in Konstantinopel gegossen. Sie bestehen jeweils aus 24 Flachreliefplatten. Unmittelbar dahinter öffnet sich ein gewölbter Raum aus angiovinischer Zeit (1273). Rechts daneben erinnert der **Franziskusaltar** an den Besuch des Heiligen. In den Ecken befinden sich zwei später entstandene Kapellen. Dann folgt der **Petrusaltar** und in der hintersten Wölbung der **Altar der Gottesmutter**. Die kunstgeschichtliche Perle der Grottenkirche bildet der reliefverzierte **Sede vescovile** (Bischofsthron). Die **Marmorstatue des Erzengels** und eine dahinter liegende Öffnung, aus der

Eingang zum Erzengel Michael

wunderwirkendes Wasser austritt, bilden den krönenden Abschluss.

Öffnungszeiten tägl. 8–12 Uhr und 15–17 Uhr, Eintritt frei. In der Grottenkirche werden regelmäßig Messen abgehalten. Angemessene Bekleidung ist vorgeschrieben, schon die Parkwächter weisen einen darauf hin, wenn man z. B. mit kurzen Hosen aus dem Auto steigt.

Tomba di Rotari, San Pietro und **Santa Maria Maggiore**: Wieder ans Tageslicht zurückgekehrt, erblickt man schräg gegenüber vom Eingangsportal den ältesten oberirdischen Bau. Die **Tomba di Rotari** wurde lange Zeit irrtümlicherweise für das Grabmal des Langobardenkönigs Rotari (7. Jh.) gehalten, deshalb ihr Name. Es handelt sich aber mit ziemlicher Sicherheit um ein Baptisterium aus dem 11. Jh. In dem hohen Kuppelbau mit den gotischen Spitzbögen, der darüber entstanden ist, sind verblasste Freskenfragmente zu sehen. Nebenan steht die Apsisruine von **San Pietro**, einer frühromanischen Kirche. Ein Stück weiter rechts erhebt sich die Kirche **Santa Maria Maggiore** (12. Jh.), der Überlieferung nach ein Bau, den Bischof Leo aus Siponto in Auftrag gegeben hat.

Öffnungszeiten tägl. 8–12 Uhr und 15–17 Uhr, Eintritt 1,55 €.

Altstadt: Beim anschließenden Bummel durch das heimelige Gassenlabyrinth des abschüssigen **Stadtviertels Junno**, stößt man u. a. auf das **Museo Giovanni Tancredi**. Dieses 1971 gegründete Museum in der Unterstadt zeigt die volkskundliche Sammlung des 1948 verstorbenen Ethnologen und Philologen Giovanni Tancredi aus Monte Sant'Angelo. Neben traditionellem Kunsthandwerk gibt es zahlreiche Gegenstände aus dem Alltag sowie dem festlichen und religiösen Leben der Gargano-Bevölkerung zu sehen.

Öffnungszeiten tägl. (außer Mo) 9–13 Uhr und 15–19 Uhr, Eintritt 1,55 €.

Castello: Auf dem höchsten Punkt der Oberstadt haben die Normannen ein Castello hinterlassen, das alle nachfolgenden Herrscherdynastien baulich veränderten. Die jüngst restaurierte Burgruine mit der intakten Umfassungsmauer ist schon allein wegen der tollen Fernsicht sehenswert.

Öffnungszeiten tägl. 8–19 Uhr, Eintritt 1,55 €.

▶ **Umgebung/Badia Santa Maria di Pulsano**: Etwa 10 km südwestlich von Monte Sant'Angelo steht die wuchtige **Abteiruine von Pulsano**. Die Fahrt dorthin führt durch eine karge, eher melancholisch stimmende Landschaft, aber die Lage der weitgehend zerstörten Klosteranlage ist atemberaubend.

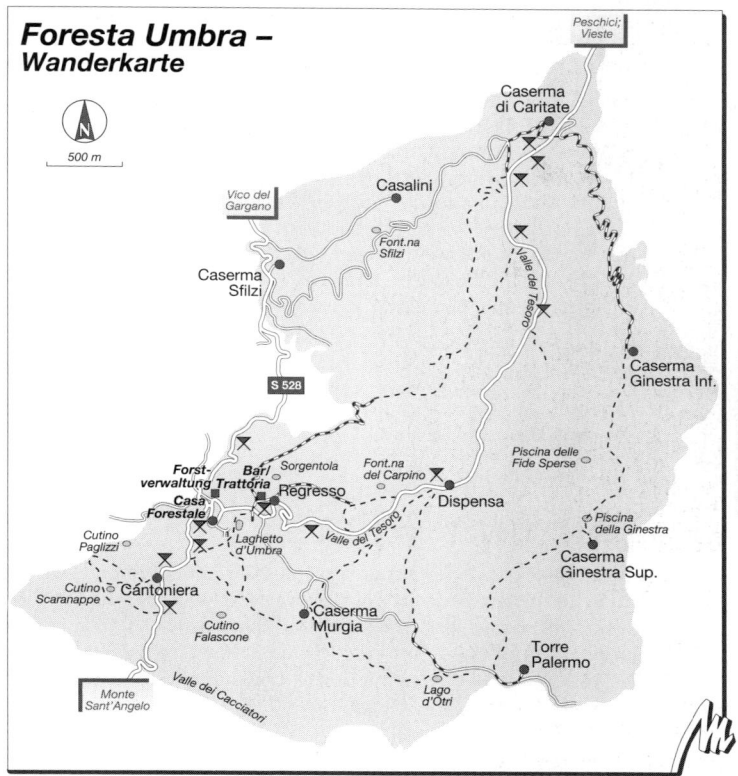

Foresta Umbra –
Wanderkarte

500 m

Peschici;
Vieste

Caserma
di Caritate

Vico del
Gargano

Casalini

Font.na
Sfilzi

Caserma
Sfilzi

Valle del Tesoro

S 528

Caserma
Ginestra Inf.

Piscina delle
Fide Sperse

Forst- **Barl** Sorgentola Font.na
verwaltung Trattoria Regresso del Carpino
Casa
Forestale

Dispensa

Piscina
della Ginestra

Cutino
Paglizzi

Laghetto
d'Umbra

Valle del Tesoro

Caserma
Ginestra Sup.

Cutino
Scaranappe

Cantoniera

Cutino
Falascone

Caserma
Murgia

Torre
Palermo

Monte
Sant'Angelo

Valle del Cacciatori

Lago
d'Otri

Provinz Foggia
Karte S. 115

Am äußersten Rand des steil abfallenden Gargano-Massivs kleben die mittelalterlichen Abteimauern förmlich am Abhang. Noch ist nicht sehr viel von der einstigen Pracht der Abteikirche zu erkennen, die gerade mit europäischen Mitteln restauriert wird, aber der phantastische Panoramablick auf den Golf von Manfredonia macht einen Abstecher hierher allemal lohnenswert.

Foresta Umbra

Ein Naturparadies ersten Ranges. Der Hochwald erstreckt sich auf einer Fläche von 11.000 ha inmitten des Parco nazionale del Gargano. Er stellt den allerletzten Rest der großen Wälder dar, die Apulien einst vollständig bedeckten.

Den herrlich schattigen Mischwald durchziehen mehrere **Spazier- und Wanderwege**. Unter dem grünen Dach der gewaltigen Kiefern, Buchen, Eichen, Ulmen, Linden und Kastanien herrscht eine paradiesische Ruhe. Nur nicht an heißen Wochenenden, denn dann füllt sich der Märchenwald mit hitzegeplagten und Erfrischung suchenden Gruppen von Städtern aus dem Tavoliere-Gebiet, die sogar das Vogelgezwitscher weitgehend verstummen lassen. Die Foresta Umbra wird streng überwacht, um sicherzustellen, dass die Besucher die markierten Wege nicht verlassen; picknicken ist nur auf den vorgesehenen Plätzen erlaubt.

Im Zentrum dieses gehegten Naturschutzgebiets befindet sich die **Casa Forestale (Centro visitatori)**, ein Forsthaus mit kleinem Forstmuseum, in dem die ausgestopfte Waldfauna sowie sämtliche Baumarten zu sehen sind (Eintritt 1 €). Im angeschlossenen Informationsbüro gibt es Kartenmaterial für Wanderer zu kaufen. In den weitläufigen Gehegen der Casa Forestale leben braune Wildschafe (Mufflons) und Damwild.

● *Anfahrt & Verbindungen* Das eigene **Auto** gewährt hier größere Mobilität als der **SITA-Bus**, der nur – bis 2-mal täglich zwischen Monte Sant'Angelo und Peschici pendelt. Von Rodi, Peschici oder Vieste kommend, anfangs schönes Küstenpanorama mit Macchia, Feldern und niedrigem Baumbestand, bis sich schließlich die Foresta Umbra bemerkbar macht.

● *Essen&Trinken* Am besten Getränke und Verpflegung mitbringen, da die kleine Erfrischungsbar **Posto di Ristoro** (von Ostern bis Ende Sept. geöffnet) nicht viel zu bieten hat. Lediglich im Juli und August hat die benachbarte **Trattoria** geöffnet, ℡ 0884/560980 (Bar und Trattoria).

Die Gargano-Küste

Ohne Übertreibung! Die steile Klippenküste des Gargano offenbart sich als der allerschönste Küstenabschnitt der gesamten italienischen Adria. Südlich von Vieste läuft diese Bilderbuchküste zur Höchstform auf, und lässt sich in ihrer ganzen Formen- und Farbenpracht am besten vom Meer aus erschließen – z. B. auf einer Bootstour mit Grottenbesichtigung und Badestopp.

Die kleinen Städtchen thronen hoch über dem türkisfarbenen Küstengewässer zwischen knorrigen alten Pinienwäldern und schneeweißen Kalkklippen – ein erfrischender Kontrast zur staubigen Ebene um Foggia. Die intakte Natur, die feinsandigen Strände, das klare Wasser und die bildhübschen Orte machen diesen Küstenabschnitt zum wahren Ferienparadies. Doch die zum **Parco nazionale del Gargano** gehörende Traumküste ist verständlicherweise kein Geheimtipp mehr.

Die **Küstenorte Vieste**, **Peschici** und **Rodi** sind ausgesprochen anmutig, unglaublich verwinkelt und mit zahllosen steilen Treppengassen geädert. Immer wieder stößt man auf Ausblicke, wo einem der frische Seewind um die Nase weht. In den engen Ortskernen herrscht meist noch ein ganz normaler Alltag, da wird Waschwasser über die Stufen gekippt, und vor den Haustüren trocknet die selbstgemachte Pasta auf großen Holztabletts. Ohne uns Touristen wäre dies eine der entspanntesten Ecken der Region. – Wer in der Nebensaison kommt, macht es goldrichtig; denn so vermeidet man den Juli-August-Horror mit überhöhten Preisen, belegten Unterkünften, Gedränge in den steilen Orten und Verkehrschaos auf der Küstenstraße.

Alle Küstenorte besitzen **lange Sandstrände**, und zwischen den Ortschaften findet man zahlreiche **geschützte Badebuchten**. In jeder Bucht steht mindestens ein Zeltplatz. Surfer, Taucher, Schnorchler und andere Wasser-

Zerklüftete Garganoküste

Provinz Foggia
Karte S. 115

ratten kommen hier voll auf ihre Kosten. Und wer sich den Luxus einer ganz privaten Bootstour in den Abendstunden leistet, der erlebt bizarre Grotten und Klippenformationen, die ihresgleichen suchen.

Ganz anders das Gebiet um die beiden salzhaltigen **Küstenseen Lago di Lésina und Lago di Varáno**, die das Gargano-Gebirge im Nordwesten begrenzen. Dort findet man auch im Hochsommer noch Platz an den kilometerlangen, hellen Sandstränden. Aber ein wirklich konkurrenzfähiges Urlaubsidyll ist das Seengebiet mit den vorgelagerten Stränden nicht.

Reisepraktisches zur Gargano-Küste

Anfahrt & Verbindungen

• *Auto* Schnellste Verbindung **zur nordöstlichen Gargano-Küste** ist die A 14. Von Norden kommend, die Autobahn in Poggio Imperiale/Lésina verlassen und die **Schnellstraße SSV del Gargano** entlang, vorbei an den Küstenseen Lago di Lésina und Lago di Varáno nach Rodi Garganico.

• *Bahn/Bus* Zugfahrer verlassen die **FS-Küstenlinie Ancona–Bari** in San Severo und steigen dort in die private **Ferrovia del Gargano** um. Etwa 10x täglich schöne gemächliche Fahrt bis kurz vor Peschici, von dort weiter mit **Bahnbussen**.

Alternative: Von Foggia einen der häufigen FS-Züge nach Manfredonia nehmen und von dort weiter mit Bussen oder mit dem **Fährschiff** zu den Küstenorten des Gargano.

Übernachten

Die Gargano-Küste ist sehr gut mit **Hotels** versorgt. Preiswerte Ein-Stern- oder Zwei-Sterne-Hotels sind allerdings nicht sonderlich dicht gesät. Im Hochsommer gibt es fast überall Pflicht zur Halb- oder Vollpension. Den absoluten **Campingplatzrekord** Apuliens hält der Küstenstreifen zwischen Peschici und Vieste mit weit über 50 offiziellen Plätzen – allerdings sind nur wenige das ganze Jahr über geöffnet.

Das Gebiet der Küstenseen

Die Schnellstraße *SSV del Gargano*, die an den beiden Küstenseen vorbeiführt, ist die **Transitstrecke zur nordöstlichen Gargano-Küste**; sie wurde ausschließlich für den ständig wachsenden Urlaubsverkehr gebaut. Dicht am Asphaltband der SSV ziehen Gemüseplantagen auf rostbrauner Erde vorüber, landeinwärts erkennt man die Umrisse des Gargano-Gebirges.

Das ansteigende Vorland ist mit **uralten Olivenhainen** überzogen. Sie bilden den natürlichen Reichtum der Gegend. Zur Erntezeit sieht man überall die feinmaschigen Auffangnetze gespannt. Aus der alljährlichen tonnenschweren Ernte wird eines der besten Olivenöle der Gegend gepresst. Hier ist neben der sanften Per-Hand-Methode auch die maschinelle Ernte verbreitet: Die Bäume werden durch Seile mit einer Rüttelmaschine verbunden und so lange bewegt, bis auch die letzte Olive fällt. Es wird nach wie vor diskutiert, auch diese alten Ölbaumpflanzungen in den Parco nazionale del Gargano zu integrieren. Jedoch würde das erhebliche Ernteeinbußen zur Folge haben, da die Bäume dann nicht mehr mit Chemikalien gegen die verbreitete Ölfliege geschützt werden dürften.

Lésina und Lago di Lésina

Hübscher Hauptort am Lago di Lésina, dem neuntgrößten See Italiens. Das sumpfige Ufer der salzwasserhaltigen Lagune hat eine Länge von 50 km. Im Schilfdickicht nisten seltene Wasservögel. Hier kommen nur Aalangler auf ihre Kosten, zum Baden ist der 1,5 m tiefe Brackwassersee nicht geeignet.

Der kleine Fischerort mit den etwas misstrauisch wirkenden Bewohnern – vielleicht können sie nicht verstehen, dass sich jemand hierher verirrt – besitzt eine breite Hafenbucht. In dem seichten Wasser dümpeln zahlreiche Boote zwischen den **Trabucchi**, den typischen Holzkonstruktionen der nordapulischen Fischer ("Phönizische Fischfangapparate?", S. 154).

Der Ort selbst soll von Küstenfischern aus Dalmatien gegründet worden sein, die sich bereits im 6. Jh. hier ansiedelten. Mehrfach fiel Lésina Erdbeben und Sturmfluten, die in den See einströmten, zum Opfer. Laut einer Legende sollen die Wassermassen im Jahr 1089 die Häuser der jungen *Carnali* (so hießen hier damals die Playboys) mitgerissen haben, zur Strafe dafür, weil sie die Dienerinnen im Gefolge der Mathilde von Canossa auf deren Wallfahrt zum Michaelsheiligtum belästigt hatten.

Am Ende des Corso Vittorio Emanuele beginnt die breit angelegte **Altstadt** mit ihrem behäbigen Innenleben. Die beste Zeit für eine Besichtigung sind die Vormittags- und Abendstunden; ansonsten zeigt sich der Ort völlig verschlossen und menschenleer. Den Blick auf die Hafenbucht und den See sollte man sich jedenfalls nicht entgehen lassen.

● *Information* An der Piazza, neben dem Hotel Ricci, ist eine **Orientierungstafel** angebracht; ein kurzer Blick, und man hat alles im Griff.

● *Anfahrt* erste Abfahrt an der SSV del Gargano; kurz vor der Ortseinfahrt dann die Abzweigung nach Marina di Lésina.

Fischreicher Küstensee – der Lago di Lésina

● *Übernachten/Essen & Trinken* *** **Albergo Ricci**, Corso V. Emanuele 57, liegt konkurrenzlos am Eingang zur Altstadt, 10 schlichte Zimmer, als Notunterkunft geeignet, mit Hotel-Ristorante. DZ 52 €, ohne Bad 41 €, ✆ 0882/991016.

Osteria La Locanda, an der Altstadt-Piazza, in Kirchennähe, auf Pizza spezialisiert. Am Seeufer stehen einige kleine Fischrestaurants zur Auswahl, z. B. das alteingesessene **Ristorante San Clemente**, Spezialität: frischer Aal aus dem See.

▶ **Umgebung/Marina di Lésina**: Das pure Gegenteil von der Mutterstadt am See. Hektische Feriensiedlung im farblosen Betonbaustil mit Supermärkten, Wasserrutschen, Open-Air-Discos etc. Am **Lido Ponente**, einem breiten hellen Sandstrand, gibt es mehrere lebhafte Strandbars. Ende September herrscht hier bereits absolute Urlaubsflaute, dann hat man etliche Strandkilometer für sich allein.

● *Übernachten* **** **Albatros**, großes gepflegtes **Feriendorf** am Ortseingang, mit Hotel, Bungalows und Campingplatz, alles nur von Mitte Juni bis Mitte Sept. geöffnet, Hotel und Bungalows in der HS nur wochenweise zu mieten (490–878 €), Zelten für 2 Personen mit Auto 7,80–19,60 €, Sportanlagen, Mensarestaurant, ✆ 0882/995272.

Lago di Varáno

Die grünen Ausläufer des Gargano-Gebirges versinken im trüben Wasser des Varáno-Sees, der an manchen Stellen überraschenderweise wie ein Kratersee wirkt.

Der Lago di Varáno ist ähnlich wie sein Nachbar in einer Kampfzone von Süß- und Salzwasser entstanden. Kleine Flüsse haben Sand angeschwemmt, der dann durch die Küstenströmung verschoben wurde. Die Brandung hat hohe Sandwälle aufgebaut, und durch Dünenbildung ist es dann zur Absperrung der Buchten gekommen.

Jahrzehntelang florierte die **Miesmuschelzucht** im Varáno-See, die vom kleinen Seehafen **Bagno** aus betrieben wurde. Im Seewasser züchtete man die *Cozze* (Miesmuscheln) in großen Netzen monatelang vor, um sie dann bis zur vollständigen Reife ins Meerwasser umzusetzen. Mittlerweile ist die Muschelzucht im See unmöglich geworden, da er biologisch nahezu abgestorben ist. Nur den **Zugvögeln**, die hier noch zahlreich rasten, scheint das nichts auszumachen. Die Lagunenfischer hingegen haben ihre Arbeitsgrundlage wahrscheinlich für immer verloren. Seit 1997 werden die Miesmuscheln ausschließlich im Meer, ca. 4 km vor der Lagune gezüchtet.

Phönizische Fischfangapparate?

Die **Trabucchi**, die man vor allem entlang der nordapulischen Felsküste häufig sieht, gehen angeblich auf phönizische Fischfangtechniken zurück. Heute mehr oder weniger funktionstüchtig, geben diese merkwürdigen Pfahlkonstruktionen Rätsel auf. Wir haben den Mechanismus natürlich recherchiert, der zum Fischen auf Sichtweite benutzt wurde. Von der Holzplattform ragten Pfahlantennen weit aufs Wasser, die ein ca. 45 x 50 m großes Netz (das eigentliche Trabucco) hielten, das mittels einer Winde zumeist vom Ufer aus ins Wasser gesenkt werden konnte. Vom Ausguck der Plattform beobachtete jemand die Fischsituation im Netzbereich, und auf sein Zeichen hin bediente ein anderer die Winde und zog das Netz hoch. – Das muss funktioniert haben!

▶ **Lido di Torre Mileto**: ein wuchtiger aragonesischer Küstenwachtturm und sonst nichts. Eine geschmacklose kleine Bungalowsiedlung am reichlich schmutzigen Felsufer lässt Nichts-wie-weg-Stimmung aufkommen.

▶ **Isola di Varáno**: Auf dieser Landenge, die den See vom Meer trennt, wuchert dichter Pinien- und Eukalyptuswald, davor kilometerlanger feiner Sandstrand.

Von der Küstenstraße führen Fußpfade durch den Wald zu den wacholderbewachsenen Dünen. An der nordwestlichen Mündung des Sees befindet sich der Kanalhafen **Capoiale**, wo tagtäglich Fischkutter einlaufen. Noch immer ist der Ort ein Umschlagplatz der Cozze-Zucht. Turbulenter Fischmarkt und Fischbratereien an der Straße, hier lohnt sich ein kleiner Zwischenstopp.

• *Übernachten/Camping* Mehrere Campingplätze (mit Bungalowvermietung) auf der Isola di Varáno.

*** Village Uria (✆ 0884/917541), ein Riesenplatz unter Pinien auf Waldboden, 2 Personen, Zelt und Auto 11,20–20,50 €.

*** Rancho (✆ 0884/917814), hohe Pappeln und Eukalyptus, 2 Personen, Zelt und Auto 11,60–23 €.

*** Viola (✆ 0884/917548), gepflegter Platz mit Swimmingpool, viel Grün, etwas teurer als die anderen, 2 Personen, Zelt und Auto 16,60–29,20 €.

▶ **Foce di Varáno**: nordöstliches Ende der Isola di Varáno. Eine wild durcheinandergewürfelte Strandsiedlung in Einfachbauweise und eine endlose Durchgangsstraße. Daran schließt sich der schöne **Lido del Sole** an. Dieser lange, feinsandige "Sonnenstrand" zieht sich bis Rodi Garganico. Mehrere Campingmöglichkeiten ("Rodi Garganico/Übernachten", S. 156).

Rodi Garganico

ca. 4.000 Einwohner

In diesem reizvollen Städtchen stimmen sowohl Lage als auch Architektur. Hoch über dem Meer erstreckt sich das beschauliche Altstadtlabyrinth. Eine schöne Panoramastraße umrundet den dicht bebauten Stadthügel und mündet am Fährhafen.

Die weite **Hauptpiazza Rovelli** mit den glatt gescheuerten Quadern verwandelt sich im Sommer allabendlich zum touristischen Flanierzentrum mit Straßenhändlern, Buden und Menschengetümmel. Abseits davon entdeckt man andere Vorzüge: weiß getünchte Häuser bis zu fünf Stockwerke hoch, versteckte Winkel, in die sich selten Urlauber verirren. Durch die engen Treppengassen säuselt immer frische Seeluft, und unvermittelt erblickt man das Meer – einfach auf Entdeckungsreise gehen!

Zu beiden Seiten der Stadt liegen **schöne lange Strände**. Im Juli und August ist der Andrang groß, aber schon Anfang September haben sich die Liegestuhlreihen deutlich gelichtet, und man hat so manchen Strandabschnitt für sich allein.

Hinsichtlich der touristischen Bedeutung hat Rodi Garganico gegenüber den beliebteren Nachbarorten Peschici und Vieste seit einigen Jahren deutlich das Nachsehen. Der große Urlauberstrom rauscht zunehmend an Rodi vorbei. Diese Entwicklung, die die Einheimischen mit Besorgnis beobachten, kommt vor allem Low-Budget-Reisenden entgegen, denn das Preisniveau bewegt sich deutlich nach unten – und der Kunde ist wieder König.

*I*nformation/*A*nfahrt & *V*erbindungen

• *Information* **Ufficio turistico**, an der Hauptpiazza Rovelli. **Informationsbüro** des örtlichen Hotelverbands an der Durchgangsstraße (gegenüber Esso-Tankstelle): Hotelprospekte und Zimmervermittlung.

• *Auto* im Hochsommer nervtötender Stop-and-go-Verkehr, freie **Parkplätze** (im Ort und am Hafen) haben dann Seltenheitswert.

• *Bahn* Die Linie führt am Meer entlang, der Bahnhof befindet sich direkt am

Fährhafen, etwa 10x tägl. Züge von und nach San Severo.

• *Fähre* häufige Verbindungen zu den **Tremiti-Inseln**, mit der *Motonave Freccia* bzw. *Onda Azzurra* (Fahrzeit ca. 1,5 Std.),

im Sommer verkehren auch die schnelleren, aber teureren *Aliscafi* (hin und zurück ca. 25 € plus 1 € Kurtaxe für die Tremitis), Abfahrt gegen 9 Uhr, Fahrplan und Tickets am Hafen.

*Ü*bernachten/*E*ssen & *T*rinken

• *Übernachten* *** **Baia Santa Barbara**, etwas außerhalb, gut geführte Hotel- und Apartmentanlage am Weststrand von Rodi, Zimmer mit großem Balkon und Blick aufs Meer, mensaartiges Hotelrestaurant, DZ 62–72 €, ✆ 0884/965253.

*** **Albano**, Via Scalo Marittimo 33, am Hafen und direkt an der Bahnlinie, frisch renoviert und hübsch eingerichtet, Balkonzimmer mit Meeresblick, schöne Dachterrasse, Hotelrestaurant, DZ 62–93 €, EZ 31–52 €, ✆ 0884/ 965138.

*** **Borgo Marina**, Via Trieste 6, ebenfalls am Fährhafen, einer der größten Hotelbetriebe im Ort, auch in der HS manchmal noch Zimmer frei, DZ 42–62 €, EZ 27–37 €, ✆ 0884/966411.

** **Albergo Sabbia d'Oro**, Via Varáno 34, etwas abseits am westlichen Stadtstrand gelegen, kleiner gepflegter Hotelbetrieb an der Bahnlinie, Balkonzimmer mit Blick aufs Meer, DZ 44 €, EZ 23 €, ein nettes kleines Ristorante gehört dazu, ✆ 0884/ 965289.

* **Pensione La Scogliera**, Via Scalo Marittimo 13, neueres Haus am Hafen, gepflegter Gesamteindruck, mit Restaurant, DZ 34–46,50 €, EZ 18–26 €, ✆ 0884/ 965422.

• *Camping* Westlich der Ortschaft führt eine Abzweigung von der Küstenstraße zum *Lido del Sole* hinunter; dort ein gutes halbes Dutzend Campingplätze direkt am Strand, z. B. * **Stella del Sud**, viel Grün und Schatten, auf Ruhe wird Wert gelegt, unmittelbare Strandnähe, 2 Personen, Zelt und Auto ab 13 €, ✆ 0884/917022.

** **Lido del Gargano**, gepflegtes Gelände, viel Grün, auch Bungalowvermietung, 2 Personen, Zelt und Auto ab 12,50 €,

✆ 0884/917044.

*** **Siesta**, ebenfalls am Lido del Sole, großer, gut ausgestatteter Platz, mit Animationsprogramm, vorwiegend junges Publikum, Strand ca. 100 m entfernt, 2 Personen, Zelt und Auto ab 13 €, auch Bungalows, ✆ 0884/917111.

• *Essen & Trinken* **Borgo San Pietro**, volkstümliches Ristorante, leckere Fischküche mit Frischegarantie, kleine Karte, immer nach den aktuellen Tagesgerichten fragen, eine Primo-Spezialität ist das Risotto mit Garnelen und Artischocken, Menü ab 20 €. Via Mazzini 28, etwas versteckt in der Altstadt gelegen, ✆ 0884/ 966187.

Gianpizzaiolo, stimmungsvolle Pizzeria, gleich oberhalb der Durchgangsstraße, große Pizzaauswahl, akzeptable Preise. Corso Madonna della Libera 2, ✆ 0884/ 966363.

L'Enopolio Musicheria, große Weinschenke und Kneipe, offener Wein, Bier vom Fass, kalte und warme Snacks, etwas versteckt an der Piazza Rovelli gelegen, nur in den Sommermonaten geöffnet, gute Musik, vorwiegend junges Publikum, lange geöffnet, ✆ 0884/966445.

Regina, direkt an der Hauptstraße, gegenüber der Esso-Tankstelle, gute Meeres- und Landküche, ehrliche Preise, die Chefin spricht Deutsch. **Lesertipp!**

Tipp: Wer unten am Hafen essen möchte, sollte das **Capriccio** dem **Dai Pescatori** vorziehen!

*D*iverses

• *Einkaufen* jeden 1. und 3. Samstag im Monat **Markt**.

• *Veranstaltungen* Kino, Konzerte und folkloristische Abende im Freien (Juli/August).

• *Bootstouren* mit kleinen Motorbooten, **Grottenbesichtigung und Bade-Stopp** an abgelegenen Stränden, im Sommer täglich ab 9.30 Uhr am Fährhafen.

Sehenswertes in Rodi Garganico

Die Stadt Rodi beherbergte den Napoleon-Gefährten und neapolitanischen Interimskönig Joachim Murat. Auf seiner Flucht Anfang des 19. Jh. fand er Unterschlupf in einem kleinen Häuschen, das **Toretta del Re** (Königstürmchen) genannt wird.

Unter den historischen Bauten sticht die romanische **Kuppelkirche Madonna della Libera** hervor, in der ein byzantinisches Bildnis der Heiligen Jungfrau aufbewahrt wird. In der Hauptkirche **San Pietro** stehen zwei interessante Statuen aus dem 16. Jh.

Wer länger in Rodi weilt, sollte außerdem die Ruinenreste des antiken Hafens und der mittelalterlichen Stadtmauer aufspüren.

Rodi Garganico/Umgebung

▸ **San Menaio**: Zwischen Rodi Garganico und San Menaio zieht sich ein einziges Strandband entlang, an dem sich auch im Hochsommer alles verläuft. San Menaio selbst ist eine weit auseinandergezogene Feriensiedlung ohne erkennbaren Ortskern.

● *Übernachten* *** **Park Hotel Villa Maria**, stattlicher Palazzo mit Palmengarten, ruhige Lage im Wald oberhalb des Strands, komfortabel, ohne Restaurant, DZ 50–90 €, EZ 35–85 €, Via del Carbonaro, ☎ 0884/968700.

*** **Hotel Sole**, großes älteres Strandhotel mit Stil, direkt an der Küstenstraße, vornehmes Ristorante, DZ 72–124 €, ☎ 0884/968621.

** **Camping Valle d'Oro**, außerhalb, an der Straße nach Vico, ruhiger gepflegter Platz mitten im Grünen, 2 Personen, Zelt und Auto Personen, Zelt und Auto 9,10–15,50 €, ☎ 0884/991580.

▸ **Bucht von Calenella**: Bis Peschici **herrliche Steilküste** mit uralten Pinienwäldern, zwischen den hohen Bäumen lugt immer wieder das Meer hindurch. Kurz vor Peschici erstreckt sich die weite Bucht mit **langem Sandstrand**. Direkt an der *Litoranea* (Küstenstraße) befindet sich auch die Endstation der *Ferrovia del Gargano* ("Unterwegs in Apulien", S. 72).

Camping **** **Calenella**, großer gut ausgestatteter Platz am Strand, Sporteinrichtungen, Mountainbike-Center, Unterhaltungsprogramm, vorwiegend jüngeres Publikum, 2 Personen, Zelt und Auto 12,10–26,80 €, auch Bungalowvermietung, ☎ 0884/968105.

▸ **Vico del Gargano**: Küstennahes Bergstädtchen (ca. 9.000 Einwohner) mit einer **sehenswerten Altstadt**. Ein Abstecher hierher lohnt sich vor allem für Liebhaber mittelalterlicher Bausubstanz. Um den Ort herum befinden sich die einzigen **Quellen** des Gargano-Massivs. Mehr als 80 davon werden zur Bewässerung der örtlichen Orangenpflanzungen und Obstgärten genutzt, aber auch als Trinkwasser sind diese Quellen ein reiner Genuss. Aus der ganzen Umgebung kommen die Leute, um es sich abzufüllen.

Ein Streifzug durch das Centro storico sollte am **Staufer-Castello** beginnen, das wahrscheinlich 1240 unter Friedrich II. nach einem Einfall der Venezianer errichtet wurde. Vom ursprünglichen Bau ist jedoch nur noch der Rundturm erhalten; ansonsten ist der Komplex im Laufe der Zeit vollständig mit dem bewohnten Ortskern verschmolzen. Zusammen mit der Hauptkirche **Chiesa Madre** steht das Kastell am höchsten Punkt der Altstadt, wo

Provinz Foggia
Karte S. 115

sich ein intaktes Gassenlabyrinth verzweigt, in dem es noch viel zu entdecken gibt – z. B. uralte Werkstätten, verwitterte Brunnen, kleine Kapellen, Reste der mittelalterlichen Stadtmauern, und natürlich die prächtige Fassade des herrschaftlichen **Palazzo della Bella**.

● *Essen & Trinken* **Da Miki il Federiciano**, im Hof des ehemaligen Stauferkastells, kühler Gewölbesaal, viel mittelalterliche Bausubstanz, lokaltypische Land- und Fischküche, deftige Portionen, Menü ca.

20 €, ✆ 0884/994879.
Da Toni, Lesertipp! Sehr einfache Pizzeria am Ortsrand. Der Hit ist hier die *Pizza Paposciola*, eine längliche Calzone, gefüllt mit Pecorino-Käse und Olivenöl.

Peschici mit Badebucht

Peschici
ca. 4.000 Einwohner

Schon von weitem ein traumhafter Anblick – die alten Häuser drängen sich auf einer steilen Felsnase über dem Meer, während die große Sandbucht unterhalb des Ortes zum Baden lockt.

Auf kurviger Straße geht es hinauf ins **Centro storico**, das auf einem Grat verläuft und Rodi Garganico architektonisch sogar noch übertrifft. Die alten Bruchsteinhäuser sind teils grau verwittert und unverputzt, teils grell weiß gestrichen. Gassen und Treppen nehmen den unmöglichsten Verlauf und münden in versteckten Winkeln und Ecken. Die zahlreichen Kuppeldächer versprühen ein wenig **orientalische Atmosphäre**. Blumenschmuck hier und dort setzt farbliche Akzente. An der äußersten Spitze der Landzunge stehen die Reste eines früheren Kastells mit Panoramablick aufs Meer.

Überall in den **Treppengassen** der Altstadt, die man durch einen Torbogen betritt, haben sich kleine Boutiquen eingenistet, die Kunsthandwerk aus

Holz, Keramik und Leder anbieten, Souvenirs jeglicher Art und appetitlich präsentierte Lebensmittel ergänzen das Angebot. Und hinter dieser lebhaften touristischen Kulisse hat sich Peschici noch viel sympathische Alltäglichkeit bewahrt.

Information/Anfahrt & Verbindungen

• *Information* Corso Garibaldi 57, **Informationsbüro** des örtlichen Hotelverbands, Hotelprospekte, Zimmer- und Ferienhausvermittlung sowie ein nützlicher Stadt- und Umgebungsplan, auf dem alle Badebuchten östlich von Peschici verzeichnet sind, ✆ 0884/962796.

• *Auto* ist in der Ortschaft ein wahres Hindernis, deshalb gleich die vorgesehenen **Parkplätze** am Ortseingang benutzten.

• *Bahn* Endstation der **Gargano-Bahn** an

der Bucht von Calenella, wenige Kilometer westlich des Orts. Weitertransport nach Peschici und Vieste mit Bahnbussen.

• *Fähre* zu den **Tremiti-Inseln** mit den Fährschiffen und Schnellbooten der C.T.M.-Reederei, Abfahrt ca. 9 Uhr, Rückkehr ca. 18 Uhr, Tickets kurz vor der Abfahrt am Hafen bzw. im C.T.M-Büro (Corso Garibaldi/Corso Umberto) rechtzeitig reservieren.

Übernachten/Essen & Trinken

• *Übernachten* * **Locanda al Castello**, Via Castello 29, an der Spitze der Felsnase, auf der die Altstadt liegt, kleiner, freundlicher Familienbetrieb, schlichte Zimmer, herrliche Dachterrasse, im Sommer allerdings Pensionspflicht, DZ 57 €, ✆ 0884/964038.

** **Albergo Villa a mare**, Via Marina 1, am Eingang zur Hafenbucht gelegen, Landhaus im eigenwilligen maurischen Stil mit kleinen 2-Bett-Bungalows im Pinienhain, geschützte Lage, sehr sauber, Hotelrestaurant mit guter Fisch- und Fleischküche, DZ 55–80 €, ✆ 0884/963414.

** **Albergo Verderame, Tipp!** Am Stadtrand Richtung Rodi, trotz Straße angenehm ruhig, freundlicher Familienbetrieb, haziendaartiges Landhaus, Garten, Terrasse, Parkplatz, blitzsaubere DZ mit orthopädischen Betten, Ristorante mit lokaltypischer *Cucina casalinga*, täglich wechselnde Gerichte, 300 m zum Strand, DZ 41,50–52 € inkl. Frühstück, ✆ 0884/963392.

** **Hotel Coppa di Cielo**, außerhalb der Ortschaft, an der Küstenstraße nach Vieste am Abzweig zur Kirche Madonna di Loreto, moderne Hotelanlage mit Garten, großem Swimmingpool und Hotelrestaurant, DZ 31–36 €, ✆ 0884/964207.

*** **Hotel Peschici**, Via San Martino 31, moderner Bau, herrliche Lage auf den

Klippen unterhalb der Altstadt, mit Hotelrestaurant, DZ 37–50 €, EZ 29–37 €, ✆ 0884/964195.

• *Camping* *** **Camping Parco degli Ulivi**, an der großen Badebucht unterhalb von Peschici, 200 m vom Strand, schönes Gelände mit alten Olivenbäumen, 2 Personen, Zelt und Auto ab 12 €, auch Bungalowvermietung, ✆ 0884/963404.

** **Camping Bellariva**, ebenfalls an der *Baia di Peschici*, gepflegter schattiger Platz am Strand, 2 Personen, Zelt und Auto ab 12 €, ✆ 0884/963423.

• *Essen & Trinken* **Grotta delle Rondini**, unten am Hafen (nicht mit La Grotta an der Durchgangsstraße verwechseln!), z. T. in die Felsen hineingebaut, Speiseterrasse mit Hafenblick, hervorragende Fischküche, eine Primo-Spezialität sind die Troccoli alla Grotta (Troccoli-Nudeln mit Meeresfrüchten), Menü ab 20 €, ✆ 0884/964007.

La Torretta, Zugang sowohl von der Durchgangsstraße als auch vom Centro storico, große Dachterrasse mit Blick auf den Hafen und den Strand, leckere Fischküche, z. B. *Zuppa di cozze*, *Risotto alla marinara*, Menu turistico ohne Getränke 13 €, Via Torretta 50, ✆ 0884/962935, auch Zimmervermietung.

Al Castello, Restaurant der Locanda al Castello (s. o.), an der Altstadtspitze, beim Bummel stößt man unweigerlich darauf, uriges Lokal voller Pflanzen und Bilder, gute Hausmannskost, Menü inkl. Getränke ca. 20 €.

Provinz Foggia
Karte S. 115

Vecchia Peschici, Tipp! alteingesessener Familienbetrieb, am Anfang der Altstadthauptgasse, gemütlicher Speiseraum und schöne Terrasse mit *Bellavista*, große Primi-Auswahl, z. B. hausgemachte Orecchiette mit Garnelen und Gemüse, lokale Fisch- und Fleischspezialitäten, Menü ab 18 €, Via Roma 31, ✆ 0884/962053.

Panificio Sant'Elia, für den kleinen Hunger zwischendurch, Pizzabäckerei, gleich hinter dem Torbogen zur Altstadt links, einige Tische im Freien.

Godenizzo, ca. 3 km außerhalb, an der Straße nach Vieste, beliebtes Ausflugslokal in schöner Panoramalage, unverfälschte Hausmannskost, Primo-Spezialität *Troccoli del pescatore* (mit Meeresfrüchten und Tomaten), schmackhafte Fisch- und Fleisch-Secondi, Menü ab 17 €, der Weg lohnt sich. DZ im angeschlossenen Albergo 38 € mit Frühstück, ✆ 0884/911100.

Diverses/Feste & Veranstaltungen

- *Einkaufen* jeden 1. und 3. Sa im Monat **Markt**, jedoch nicht Mitte Juli bis Ende August.
- *Baden/Wassersport* **Bagno Lido Orchidea**, eins der ältesten und nettesten Strandbäder am örtlichen Stadtstrand. Angefangen hat alles vor ungefähr 20 Jahren, als Pepito seine Strohdachhütte am schönsten Strandabschnitt aufstellte. Mittlerweile ist ein modernes Bagno daraus geworden mit Umkleidekabinen, Liegestühlen, Duschen, Barbetrieb und kleinem Restaurant. Die Söhne Keyn und Max geben Surf- und Segelunterricht für Anfänger und Fortgeschrittene, während Vater Pepito seiner alten Leidenschaft frönt und für den Restaurantbedarf fischt. Anfang März bis Ende Okt. geöffnet, ✆ 08844/964563.
- *Feste & Veranstaltungen* **Festa di Sant'Antonio**, Heiligenfest mit abendlicher Prozession und Feuerwerk (Mitte Juni).
Festa di Sant'Elia: Schutzheiligenfest mit mitternächtlichem Feuerwerk über dem Meer (19.–21. Juli).

Umgebung/Manacore Gargano

Manacore Gargano, so heißt der schöne zerklüftete Küstenabschnitt zwischen Peschici und Vieste mit vielen **geschützten Sandbuchten** zwischen Kalkklippen, die man alle bequem auf kleinen Stichstraßen erreichen kann. Im dichten Nadelwald finden **Camper** ausgezeichnete Plätze in ruhiger Lage. Die große, sichelförmige **Scialmarino-Bucht** ist das absolute **Surferzentrum** der Gargano-Küste. Auch in den heißen Monaten Juli und August herrschen hier meist gute Windverhältnisse. Doch wenn der feucht-heiße Wüstenwind *Scirocco* peitscht, dann ist an Surfen nicht zu denken. Auch der ablandige *Libeccio* kann sehr gefährlich für Surfer und kleine Segelboote sein. Optimal hingegen weht der *Maestrale*.

- *Camping* ****** Villaggio turistico Baia di Manaccora**, großes Ferienzentrum, mit Zeltplatz, Bungalows, Swimmingpool, Sportanlagen und Supermarkt, nimmt einen Großteil der gleichnamigen Bucht ein, 2 Personen, Zelt und Auto ab 17 €, ✆ 0884/911050.
*** Camping La Gemma, kleiner, gut ausgestatteter Platz an der Baia di Manaccora, guter Waldboden, viel Schatten, 300 m zum Strand, Barbetrieb und kleines Restaurant, 2 Personen, Zelt und Auto ab 10,50 €, ✆ 0884/911010.

*** Villagio Camping Internazionale Manacore, riesiges Feriendorf an der Punta Manacore, nimmt die ganze **Baia di Bescile** ein, dichter Pinetawald, Einkaufsmöglichkeiten und Sportanlagen, 2 Personen, Zelt und Autoonen, Zelt und Auto ab 16 €, auch Bungalowvermietung, ✆ 0884/911020.
Die folgenden Campingplätze liegen direkt an der breiten **Spiaggia Scialmarino** (s. o.) und sind alle ideal für Surf-Ferien: ***** Capo Vieste** (✆ 0884/706326) ***** Le Diomedee** (✆ 0884/706472) und ***** Oriente** (✆ 0884/707709) sind drei große, gut aus-

gestattete Plätze. *** **Le Orchidee**, kleine gepflegte Bungalowanlage, 2-Personen-Bungalow ab 35 € pro Tag, ✆ 0884/ 708256. ** **Umbramare**, schattiger, gut ausgestatteter Platz mit Surfschule und Shop, vorwiegend junges Publikum, 2 Personen, Zelt und Auto ab 12 €, ✆ 0884/706174.

*** **La Giara**, großer Platz, direkt an der kleinen, nicht ganz so hübschen **Sandbucht Molinella** gelegen, ca. 5 km nördlich von Vieste, Zufahrt von der Küstenstraße, preiswert, 2 Personen, Zelt und Auto ab 6,50 €, auch Bungalows, ✆ 0884/ 706550.

Provinz Foggia
Karte S. 115

Pizzomunno-Fels – das Wahrzeichen von Vieste

Vieste

ca. 13.000 Einwohner

Größte Stadt und touristisches Zentrum der Gargano-Küste. Vieste erstreckt sich malerisch über und zwischen zwei verwitterten Felsarmen. Zu beiden Seiten wird der Ort von Sandstränden flankiert.

Unbedingt sehenswert ist das **Centro storico** auf dem südlichen Felsgrat. Enge, parallel laufende Treppengassen durchziehen den Altstadtkern, der abrupt von einer Steilwand begrenzt wird. Gegenüberliegende Häuser stützen sich zum Teil durch gemauerte Bögen gegenseitig. Insgesamt ein Ort mit viel Atmosphäre, auch wenn er im August förmlich aus den Nähten platzt. – Wer die Gargano-Küste nur kurz besucht, sollte Vieste auf keinen Fall vergessen.

Wer etwas länger bleibt, wird auch die ruhige, romantische Seite von Vieste entdecken. In der Altstadt kann man – abseits vom abendlichen Trubel rund um den Corso Lorenzo Fazzini – bis zum Sonnenuntergang die zahlreichen Schwalben und Mauersegler beobachten, die unermüdlich um die felsige Landzunge schwirren, dicht an den Häusern und Köpfen vorbei.

Vieste ist der Heimathafen einer großen **Fischkutterflotte**. In den Abendstunden kehren die meisten Schiffe in den Hafen zurück, dann wird der

Frischfisch an die örtliche Gastronomie verkauft bzw. verladen. Nur im August haben die Fischer Zwangsurlaub, denn dann schlüpfen die Jungfische, und für die gesamte italienische Adria herrscht striktes Fangverbot. Aber der **Leuchtturm**, der auf einer nackten Felsscholle vor dem Hafenbecken steht, sendet seine regelmäßigen Lichtsignale auch im August; über 25 Seemeilen weit sind sie zu sehen – schließlich handelt es sich um das drittwichtigste Leuchtfeuer Italiens.

Von den beiden **Sandstränden** ist der nördliche **Spiaggia di San Lorenzo** rau und windig, der südliche **Spiaggia della Scialara** dagegen vorbildlich ausgestattet und auch abends – zur Party-hour – gut besucht. Am Südstrand erhebt sich der schneeweiße, 20 m hohe **Pizzomunno-Fels**, das Wahrzeichen der Stadt.

Information/Anfahrt & Verbindungen

• *Information* **Ufficio informazioni**, Piazza Kennedy 1, am meerseitigen Ende des Corso Fazzini, Prospektmaterial über Vieste und den Gargano-Nationalpark, nützlicher Stadtplan, unbedingt die zahlreichen Handzettel (Grottontouren, Exkursionen etc.) durchforsten und nach aktuellen Veranstaltungen fragen, ✆ 0884/708806.
• *Auto* **Großparkplätze** liegen in Hafennähe, von dort ca. 15 Min. zu Fuß in die Altstadt.
• *Bus* Busbahnhof an der Piazzale Manzoni. Die angrenzende Viale XXIV Maggio führt ins Zentrum. Häufig **Bahnbusse** nach Peschici und **SITA-Busse** Richtung Manfredonia mit Anschlussverbindungen nach Monte Sant'Angelo und zur Foresta Umbra.
• *Fähre* zu den **Tremiti-Inseln** mit Fährschiffen der Reederei *Adriatica*. Die *Aliscafi* (Schnellboote) bewältigen die Strecke in ca. 1 Std., Abfahrt ca. 9 Uhr, Rückkehr gegen 18 Uhr, ca. 30 € inkl. Tremiti-Kurtaxe. Büro an der Piazza Roma 7, Ticketbude am Hafenkai, in der HS die Tickets besser einen Tag vor dem geplanten Inselausflug sichern.

Übernachten

*** **Albergo del Seggio (10), High-Budget-Tipp!** Via Vieste 7, stilvolle Unterkunft mitten im historischen Zentrum, alter Palazzo (das ehemalige Rathaus), von Kopf bis Fuß renoviert, eine Wendeltreppe führt zum Meer, dort kleiner Pool, Bade- und Bootssteg, und abends ins Freiluft-Ristorante des Hauses, Einrichtung sachlich-elegant, kühl gefliese Zimmer, z. T. optimaler Meeresblick, DZ 62–129 €, ✆ 0884/708123.

*** **Merinum (12)**, modernes Strandhotel, komfortabler Neubau am Südstrand, Höhe Pizzomunno-Fels, fast alle Zimmer mit Balkon und Blick aufs Meer, hoteleigenes Strandbad, Restaurant, DZ 44–96 €, ✆ 0884/706721.
*** **Punta San Francesco (6)**, ruhige Lage, fast an der Spitze der Altstadt, am Aufgang zum gleichnamigen Konvent, geschmackvoll restaurierter Gebäudekomplex mit schöner Dachterrasse, gemütliche Zimmer mit Holz verkleidet, z. T. Blick aufs Meer, DZ 44–110 €, EZ 30–68 €, Via San Francesco 2, ✆ 0884/701422.

* **Pensione al Centro Storico (2)**, seit Jahren ein zuverlässiger **Low-Budget-Tipp!** Via Mafrolla 32, uriges altes Gemäuer mit steilen Treppen, fast am Ende der Altstadtlandzunge (ab Piazza Vittorio Emanuele beschildert), ruhige Lage, freundlicher kleiner Familienbetrieb, schlichte saubere Zimmer, wohnlicher Frühstücks- und Aufenthaltsraum mit historischen Möbeln, herrlicher Frühstücksbalkon mit Meeresblick, DZ 37–62 €, EZ 21–37 €, ✆ 0884/707030.

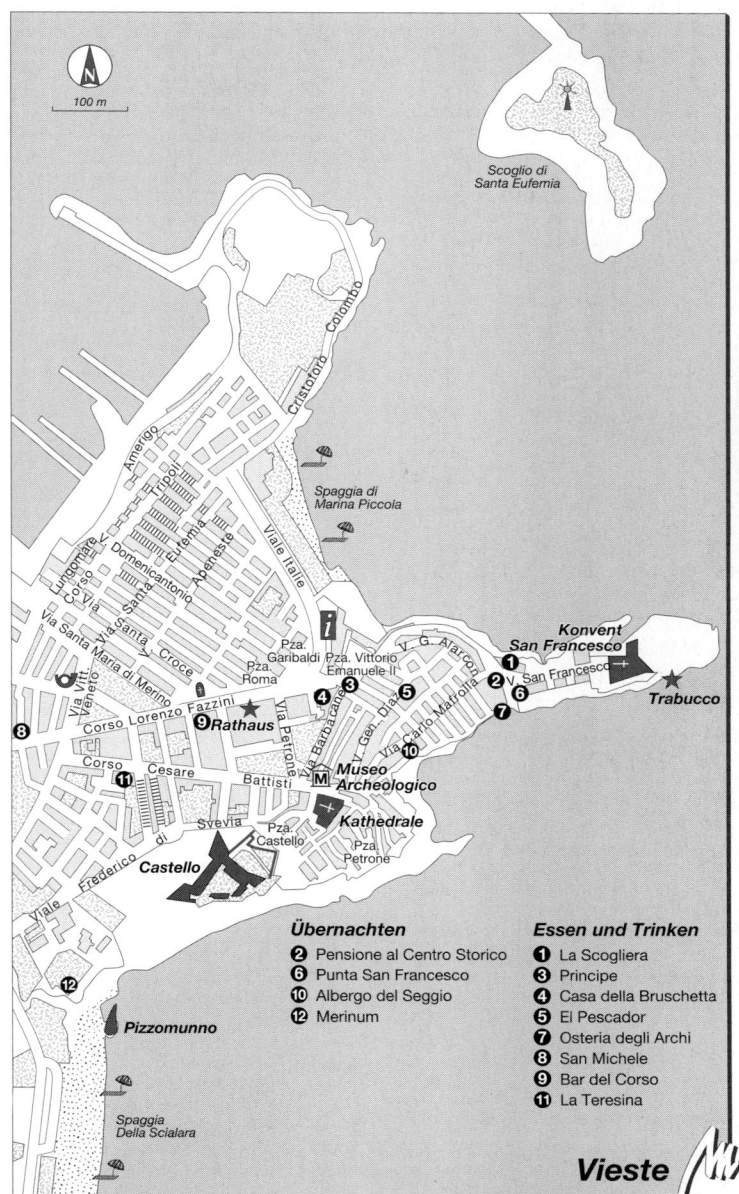

Übernachten

❷ Pensione al Centro Storico
❻ Punta San Francesco
❿ Albergo del Seggio
⓬ Merinum

Essen und Trinken

❶ La Scogliera
❸ Principe
❹ Casa della Bruschetta
❺ El Pescador
❼ Osteria degli Archi
❽ San Michele
❾ Bar del Corso
⓫ La Teresina

Vieste

● *Camping/Bungalows* *** **Centro Vacanze Resega Royal**, größtes **Bungalowferiencamp** des Gargano-Gebiets, ca. 10 km von Vieste an der Inlandsstraße S 89 nach Peschici gelegen (gut beschildert), ca. 250 Bungalows verteilen sich im 200 ha großen Pinienwald, in der HS Mindestaufenthalt 1 Woche, 2 Schwimmbäder, Tennisplätze und Restaurant auf dem Gelände; geöffnet von Juni bis September, Bungalows 36–67 € pro Tag, ✆ 0884/706921.

Zahlreiche Campingplätze an den städtischen Stränden, die meisten direkt an der Strandstraße südlich von Vieste – man hat die Qual der Wahl:

*** **Camping Del Turco** (✆ 0884/707153)

großer, gut ausgestatteter Platz am Scialara-Strand, mit guten Sanitäranlagen, 2 Personen, Zelt und Auto ab 13 €.

Gleich angrenzend ** **Camping del Sole** (✆ 0884/708084), großer schattiger Platz, gut geführt, 2 Personen, Zelt und Auto ab 11 €.

* **Piccolo Paradiso** (✆ 0884/708049), kleiner schattiger Platz, fast am Ende der südlichen Strandstraße, einer der ganz wenigen Plätze auf der Strandseite, 20 m und man steht im Wasser, 2 Personen, Zelt und Auto ab 11,70 €.

*** **Camping Baia Turchese** (✆ 0884/708587), mittelgroßer, gut ausgestatteter Platz am San-Lorenzo-Strand nördlich von Vieste, Bushaltestelle direkt am Eingang.

Essen & Trinken *(s. Karte S. 163)*

La Scogliera (1), Via Pola 29, Fischrestaurant an der Spitze der Altstadt, kurz vor der Konventskirche, in einer ehemaligen Ölmühle mit angrenzendem Küstenwachturm eingerichtet, lauschige Panoramaterrasse direkt über den Klippen, gute Fischküche, eine Primo-Spezialität sind die Cavatelli Ortomare (hausgemachte Cavatelli-Nudeln mit Gemüse und Meeresfrüchten), Menü ca. 22 €, abends auch Pizza, ✆ 0884/708107.

Trattoria El Pescador (5), Via C. Arcaroli 18, etwas versteckt in der Altstadt gelegen, helles, geräumiges Kellerlokal mit maritimer Einrichtung und einigen Tischen vor der Tür. Die Trattoria wird von einer Fischerfamilie betrieben, 1a Fischqualität und recht günstige Preise, u. a. sehr leckere Fischspieße, Menü ca. 17 €, ✆ 0884/707130.

San Michele (8), Viale XXIV Maggio 74, in der Neustadt, Nähe Markt und Busbahnhof. Kleines, volkstümliches Speiselokal, freundlicher Familienbetrieb, beliebt bei Einheimischen, gute Land- und Meeresküche, Menü ca. 20 €, ✆ 0884/708143.

La Teresina (11), Corso Cesare Battisti 55, seit fast 30 Jahren eine regelrechte Gastro-Institution in Vieste, riesiger Speisesaal und Tische im schlauchförmigen Hof, oft geht es hoch her, lokaltypische Fischküche sowie einige nationale Klassiker, Menü ab 25 €, auch Pizza, ✆ 0884/701773.

Casa della Bruschetta (4), Nähe Piazza Vittorio Emanuele, auf Holzbrettern wird *Bruschetta* in mehreren, auch optisch ansprechenden Variationen serviert, dazu offener Hauswein.

Principe (3), Via Barbacane 1, zentral gelegene Pizzeria, Tische draußen, von denen aus man das Piazza-Treiben gut beobachten kann, Pizza ab 4 €.

Osteria degli Archi (7), Tipp! Osteria im Centro storico, am Steiluferweg Via Ripe 2/Ecke Vico San Pietro, kühles Kellergewölbe, ausgezeichnete lokaltypische Land- und Meeresküche, die Veronelli-Auszeichnung 2002 hat das relativ junge Lokal in den gastronomischen Himmel gehoben, vorzügliche Fisch-Meeresfrüchte-Antipasti, eine Secondo-Spezialität ist Seebarsch in Salzkruste (Branzino a sale), regionale und nationale Flaschenweine, Menü schon ab 20 €, ✆ 0884/705199.

Bar del Corso, Corso Fazzini 45, gemütliches Straßencafé an der örtlichen Flaniermeile, gute Pasticceria und Gelateria.

Ranch dell'Ambrenella, etwa 4 km landeinwärts an der S 89 Vieste–Peschici (beschildert). Lauschiger **Agriturismo-Landgasthof**, umgeben von Olivenhainen, Zitrusgärten und blühenden Sträuchern. Die ehemalige Ölmühle ist liebevoll eingerichtet, unter der Pergola sitzt man allerdings am gemütlichsten. Serviert werden authentische, herzhafte Gerichte. Dass die Ambrenella-Ranch mehrmals süditalieni-

Pittoresk – die Altstadt von Vieste ragt auf einem Felssporn weit ins Wasser

scher Gastronomiepreisträger des *Concorso per la gastronomia e l'ospitalità rurale del sud* war, spricht für sich – der Weg lohnt sich zu diesem überaus freund-lichen Familienbetrieb, obwohl die Preise mittlerweile etwas gestiegen sind, Menü um die 20 €, 0884/705778..

Wassersport/Nachtleben/Feste & Veranstaltungen

• *Wassersport* **Lido Paradiso selvaggio**, am städtischen Südstrand Scialara, eins der beliebtesten Strandbäder, vorwiegend junges Publikum, Surfschule, Bootsverleih und immer die neuesten Fun-Sportarten wie Kite-Surfen etc., Lungomare E. Mattei, ✆ 0884/701139.

• *Nachtleben* Vieste ist in den Sommermonaten auch das Zentrum des Gargano-Nachtlebens. Am Scialara-Strand ist immer was los, hier trifft sich die Szene. Abends werden viele Strandlokale zu kleinen **Freiluft-Discos** umfunktioniert – angesagt ist die große **Beach-Disco La Ghironda**, die jeden Abend andere Events zu bieten hat.

In der City allabendlich turbulente **Passeggiata** auf dem Corso Lorenzo Fazzini, zwischen den Giardini pubblici und der Piazza Vittorio Emanuele. Dutzende von Straßen- und Eiscafés mit Videowänden, von denen fetzige Rockmusik dröhnt, Straßenhändler dicht an dicht – bis Mitternacht.

• *Feste & Veranstaltungen* **Sagra del Pesce Azzurro**, kulinarisches Sommerfest rund um den Fisch, mit Probierständen (im August, genauen Termin im Informationsbüro erfragen).

Santa Maria di Merino: Feierlichkeiten zu Ehren der Schutzpatronin, Prozession zum 7 km entfernten Santuario und Feuerwerk (7.–10. Mai).

Sant'Antonio: feierliche Prozession durch die Altstadt und Feuerwerk (13. Juni).

Viestestate, Kunst, Film, Musik und mehr für jedermann, im Rahmen der öffentlichen Kulturveranstaltungen von Juni bis September.

Sehenswertes in Vieste

▸ **Altstadt**: Die langen weißen Treppengassen des Centro storico führen an mehreren Stellen zu schier phantastischen Aussichtspunkten, wo sich besonders schöne Perspektiven auf die steile Landzunge der Altstadt ergeben. Der weiße Kalkfels bricht in gewaltigen Höhlungen ins Meer ab und direkt darüber sind Häuser gebaut. Dass der Abbruchrand im Laufe der Zeit immer weiter ausgehöhlt wurde, zeigen die Häuserruinen, die wegen Einsturzgefahr nicht mehr bewohnbar sind.

Majestätisch ragt die **Kathedrale Santa Maria Oreta** mit ihrem barock verschnörkelten Turm aus dem Gassengewirr der Altstadt. Zahlreiche An- und Umbauten haben die ursprünglich im apulisch-romanischen Stil errichtete Kirche gründlich verändert. Vom romanischen Innenraum aus dem 11. Jh. sind lediglich einige Marmorsäulen unverändert erhalten geblieben.

Da das nahe **Staufer-Castello** am höchsten Punkt der Altstadt heute militärische Einrichtungen beherbergt, darf es nicht besichtigt werden. Der tolle Blick vom Plateau auf den Südstrand mit dem weißen Pizzomunno muss genügen.

Der **Konvent San Francesco** bildet den krönenden Abschuss der langgestreckten Altstadt. Unmittelbar unterhalb der Spitze ragt ein besonders schönes Exemplar dieser hölzernen garganischen Fischerplattformen namens **Trabucchi** ins Meer.

Ein lebhaftes Zentrum des Stadtlebens bildet am unteren Rand des historischen Bezirks die **Piazza Vittorio Emanuele**. Hier befindet sich auch das private **Museo Malacologico** mit der skurrilen Muschelsammlung. Von dort sind es nur wenige Meter zur Palmenpromenade am kleinen Stadtstrand.

Museo civico archeologico: kleines archäologisches Museum am Altstadttorbogen in der Via Celestino V 67 mit frühgeschichtlichen, antiken und mittelalterlichen Fundstücken aus Vieste und Umgebung.
Öffnungszeiten im Sommer tägl. (außer So) 17.30–22.30 Uhr, Eintritt 1 €.

‣ **Neustadt:** Ein farbenprächtiges Schauspiel bietet der tägliche **Gemüsemarkt** an der Piazzale Manzoni (neben dem Busbahnhof) – ein Stand schöner als der andere, eingelegte und getrocknete Peperoncini, dazu Oliven, Kapern und Artischocken, die verschiedensten Kräuter, korbweise kleine feste Tomaten, Pyramiden aus Melonen und anderes Obst ...

Vieste/Umgebung

‣ **Grotten an der Gargano-Küste**: Hier kommen Anhänger einer geheimnisvollen Meereshöhlenwelt auf ihre Kosten. Die weiße Felsküste wird von zahllosen Grotten unterhöhlt und ist mit natürlichen Felsarkaden verziert. Die schönsten und bizarrsten Gewölbe sind allerdings nur vom Meer aus zugänglich. Kleine **Motorboote** starten am frühen Vormittag im Hafen von Vieste und bringen die Besucher zu den **Kunstwerken der Natur**; es konkurrieren mehrere Anbieter. Die ungefähr dreistündigen Touren beinhalten auch Fahrten ins Innere einiger Höhlen und Badestopps an abgelegenen Stränden. Die übliche Route führt vorbei am wuchtigen **Testa del Gargano**, dem felsigen "Kopf" des Gargano, steuert anschließend das fotogene Felsentor **Arco San Felice** an, und kommt dann zur **Grotta Campana Grande**, die

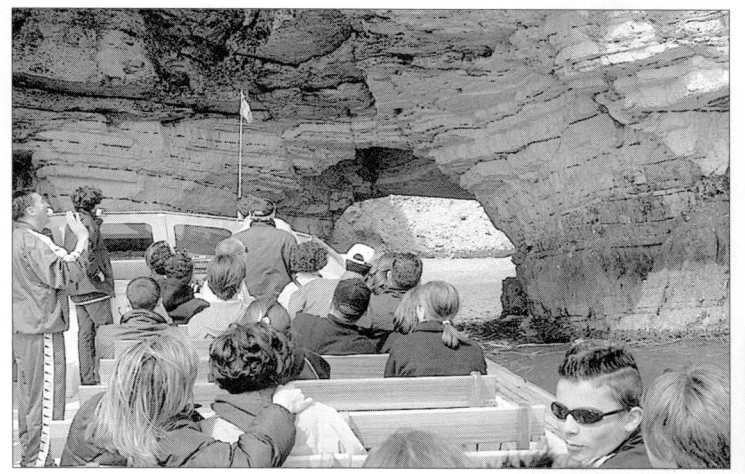

Bootstour durch geheimnisvolle Grotten an der Gargano-Küste

die Form einer riesigen Glocke hat und 60 m hoch aufragt. An der abgelegenen **Baia delle Zagare**, einem echten Strandidyll, das auch vom Land aus zu erreichen ist, wird nach dem ausgiebigen Badestopp wieder gewendet.

Preise je nach Umfang des Besichtigungsprogramms pro Person ab 10 €; **Abfahrt** um ca. 9 Uhr und 15 Uhr.

> Empfehlenswert ist es, die Bootstour vormittags zu machen, da dann die Lichtverhältnisse idealer sind als nachmittags. Farben und Formen kommen wesentlich besser zur Geltung.

▶ **Lido di Portonuovo**, die erste einladende **Badebucht** an der Gargano-Küste südlich von Vieste. Gut zu erreichen über die *Litoranea* (Küstenstraße) in Richtung Mattinata.

● *Übernachten/Camping* *** Hotel Gargano, Lido di Portonuovo, ansprechendes, weißes Strandhotel, DZ 73–155 €, ✆ 0884/700911.

** **Camping Gargano**, Lido di Portonuovo, gut ausgestatteter, mittelgroßer Strandplatz im dichten Pinetawald, ✆ 0884/700929.

▶ **Weiter an der Küste bis Mattinata**: hinter Portonuovo immer steiler werdende, unzugängliche Felsküste und satte Küstenvegetation. Am vorspringenden Aussichtspunkt **Testa del Gargano** erhebt sich ein gut erhaltener, spätmittelalterlicher Küstenwachturm; hier bietet sich auch das bizarre Felsentor **Arco San Felice** für das schönste Urlaubsfoto an ("Grotten an der Gargano-Küste", s. o.).

Dann führt die kurvenreiche Küstenstraße hinunter nach **Pugnochiuso**, zu einer exklusiven Ferienanlage, die eine ganze Bucht in Beschlag nimmt.

Traumhafte Baia delle Zagare

Hinter Pugnochiuso lohnt sich wieder ein Abstecher zur einsamen **Cala della Pergola**: Baden am zerklüfteten Felsufer – sonst nichts. Unbedingt empfehlenswert ist auch die traumhafte **Baia delle Zagare**, sicherlich der **schönste Strand** an diesem Küstenabschnitt. Öffentlicher Zugang über das Gelände des Hotels Dei Faraglioni (s. u.). Parken muss man allerdings außerhalb der Hotelanlage irgendwo an der Straße, es sei denn man ist Hotelgast.

● *Übernachten* **** **Dei Faraglioni**, komfortable bis luxuriöse Hotelanlage an der Baia delle Zagare, absolut ruhig im Pinetawald gelegen, DZ 52–225 €, ✆ 0884/559584.

Bei **Mattinatella** wieder herrliche Steilküste mit feinem Kies-Sand-Strand, den man über eine holprige Stichstraße erreicht.

● *Übernachten/Camping/Essen & Trinken* in Mattinatella, **Villaggio San Michele**, ✆ 0884/550314, freundlicher kleiner Landgasthof, direkt an der Küstenstraße, gemütliches Terrassenrestaurant, DZ 36–41 € inkl. Frühstück, HP-Pflicht im August 46 € pro Person.

*** Camping **Fontana delle Rose** (✆ 0884/550028), großer, gut ausgestatteter Platz am Mattinatella-Strand, im dichten Olivenhain, 2 Personen, Zelt und Auto ab 12,30 €, auch Bungalowvermietung.

Mattinata
ca. 6.000 Einwohner

Weitläufige Ortschaft auf sanfter Hügelkuppe, inmitten von Ölbaumpflanzungen. Niedrige weiße Häuser säumen die langen geraden Straßen. Im Gegensatz zu anderen Orten des Gargano sieht man sich hier schnell satt.

Wenige Kilometer unterhalb der Ortschaft erstreckt sich ein langer **Kiesstrand**, dahinter ein gutes Dutzend meist kleinerer Campingplätze. Die Zufahrt zum Strand erfolgt über enge Feldwege zwischen Olivengärten – am

Ende gebührenpflichtige Parkplätze. In der Saison herrscht hier ein unglaublicher Rummel; die einzige grüne Oase ist dann die *Azienda agrituristica Giorgio* (s. "Übernachten").

● *Übernachten/Camping* Im Ort selbst gibt es zwei **Hotels**, beide liegen an der Hauptstraße. Die bessere Wahl ist das *** **Albergo Alba del Gargano**, modern, gut geführt, DZ 50–94 €, ohne Bad 45–85 €, in der HS Pensionspflicht, ✆ 0884/550771, Corso Matino 102.

*** **Albergo La Rotonda**, schöne Lage, 50 m vom Strand, weißer Flachbau zwischen Olivenbäumen, Balkonzimmer mit Blick aufs Meer, DZ 72–92 €, ✆ 0884/550100.

** **La Veranda**, hübsche Hotelanlage am Ortsrand, Hafennähe, direkt am örtlichen Nordstrand, mit Ristorante und Pizzeria, DZ inkl. Frühstück 31–41 €, ✆ 0884/550521.

** **Camping Ombra degli Ulivi**, kleiner sauberer Platz im Olivenhain, mit Swimmingpool, freundliche Platzleitung, 2 Personen, Zelt und Auto ab 10,30 €, ✆ 0884/559076.

Azienda Agrituristica Giorgio, am südwestlichen Ortsrand gelegen. Einer der wenigen **Agriturismo-Höfe** der Gegend und in den hektischen Sommermonaten eine wirkliche Oase. Mehrere komfortable Zimmer im Hauptgebäude sowie etwa 30 hübsche 2- bis 6-Bett-Bungalows, die sich auf dem 15 ha großen Olivenhang verteilen.

Die alte Ölmühle ist noch in Betrieb, allerdings mit modernster Technik. Das Anwesen befindet sich seit über 200 Jahren in Familienbesitz, üppig wuchert die Pflanzenpracht, sogar ein kleiner Zitrusgarten gehört dazu. Die ausgezeichnete, herzhafte Landküche arbeitet vor allem mit eigenen Erzeugnissen. Auch ein privater Strandabschnitt *(Lido Monsignore)* am Sand-Kies-Strand von Mattinata steht den Gästen zur Verfügung. Insgesamt eine recht exklusive Variante des garganischen Agriturismo. Übernachtung 21–41 € pro Person, Menü 18 €. ✆ 0884/551477

● *Essen & Trinken* **Trattoria Dalla Nonna**, schöne Lage direkt über dem Strand, Einrichtung im Liberty-Stil, raffinierte Fischküche und leckere Primo-Spezialitäten wie *Linguine al trabucco* (mit Meeresfrüchten und frischen Tomaten), ausgewählte Flaschenweine, Menü ca. 30 €, ✆ 0884/559205.

Alla Fontana, Corso Matino 102, oben im Ort, im Hinterhof des Albergo Alba del Gargano gelegen.

Al Faro, einfache Pizzeria und Tavola calda, direkt am Hafen, kleine Terrasse im Baumschatten.

Gargano-Küste – verborgene Strände von Mattinatella

Provinz Foggia
Karte S. 115

Der Golf von Manfredonia (Golfo di Manfredonia)

Sumpf, Salz, Sand und platte Felder – das sind die charakteristischen Merkmale der Küstenlandschaft am Golf. Unterhalb von Manfredonia münden mehrere kleine Flüsse, die im fernen Apennin entspringen, in der weiten Meeresbucht. Links und rechts der Flussufer breiten sich noch heute kleinere Feuchtgebiete aus.

Früher wurde der malariaverseuchte, sumpfige Küstenstreifen von Mensch und Tier streng gemieden. Erst die faschistische Urbarmachungskampagne, die u. a. auch die Trockenlegung des apulischen Sumpflands vorsah, machte aus diesem Gebiet endgültig ein ertragreiches Ackerland. Überall leuchten seitdem knallrote Peperoncini und Tomaten auf dem fruchtbaren Boden; bis zu viermal im Jahr wird geerntet. Die Felder ziehen sich teilweise bis zum Dünenstrand – nur 10 m weiter wogt das Meer. Gebietsnamen wie *Alma Dannata*, was so viel heißt wie "verdammter Kerl", erinnern noch an das einstige Sumpfgebiet, das nur sehr mühsam urbar gemacht werden konnte.

Weit vor **Margherita di Savoia** beginnt das enorme Salinengebiet der sandigen Golfküste. Über 20 km erstrecken sich die gefluteten Salzfelder parallel zum Strand, immer wieder erheben sich glitzernde **Salzberge**. In mehr als 500 Verdunstungsbecken werden hier jährlich ca. 5 Millionen Doppelzentner des würzigen Kristalls gewonnen, das sind ca. 50 % der gesamten italienischen Produktion. Auf kilometerlangen Transportbändern wurde das Salz jahrelang direkt in den Hafen von Barletta befördert, mittlerweile setzt man wieder auf Lkw-Transport.

Der schmale **Dünenstrand** beginnt kurz hinter **Manfredonia** und wird bis **Zapponeta** nur von den schmalen Mündungstrichtern der nicht ständig wasserführenden Flüsse aus dem südlichen Apennin unterbrochen. Abgesehen von wenigen hellen Flecken ein durchweg grauer, monotoner Strand – insgesamt kein attraktiver Küstenstreifen.

Manfredonia   ca. 53.000 Einwohner

Wer gerade die Gargano-Küste hinter sich gelassen hat, vielleicht noch Sandkörner aus den idyllischen Badebuchten in den Schuhen spürt und zufrieden vom türkisfarbenen Wasser träumt, erlebt ein böses Erwachen angesichts der dampfenden und stinkenden Industrieanlagen vor den Toren Manfredonias.

Die staatlichen **EniChem-Petrochemiewerke** haben einen beträchtlichen Teil des städtischen Ufers im Norden in Beschlag genommen. Hat man den beschäftigungspolitisch natürlich zu entschuldigenden Schandfleck erst einmal geschluckt, sollte man sich Zeit für die schöneren Seiten der Königsstadt nehmen, die von Manfred, einem Sohn Friedrichs II. in der Mitte des

Imposantes Staufer-Kastell in Manfredonia

13. Jh. gegründet wurde. Das mächtige **Stauferkastell** beherbergt das **Museo Nazionale di Manfredonia**, das für Urlauber, die den Spuren der **Daunier** folgen, unbedingt zum Pflichtprogramm gehört.

Der Deutsche *Ferdinand Gregorovius* schildert, noch ganz ein Sohn der Romantik, seinen Einzug in die Stadt vor ca. 120 Jahren im abenteuerlichen Stil eines Entdeckungsreisenden ("Bücher", S. 97):

"Als wir in Manfredonia einfuhren, ungewiss ob und wo wir eine Herberge finden würden, stürzte uns ein Schwarm von braunen, halbnackten und verwildert aussehenden Menschen entgegen, mit heftigen Gebärden und Ausrufen, ein jeder sich erbietend, unsere Sachen zu tragen und uns in ein Gasthaus zu bringen. Der Anblick dieser Burschen, welche man ohne weiteres für Galeoten eines Bagno hätte halten können, machte den übelsten Eindruck auf uns; ich erinnerte mich dabei alles dessen, was man mir von der Wildnis des Gargano-Landes erzählt hatte, welches von Banditen erfüllt und deshalb nicht ohne Gefahr zu durchstreifen sei. In der Folge, und nachdem wir uns von jenen Zudringlichen befreit hatten, fanden wir eine ruhige und stille Bevölkerung [...], auch eine recht gute Wohnung in dem größten Gasthaus der Stadt im Corso Manfredi." – Na bitte!

Die Entstehungsgeschichte der Stadt beginnt mit dem **Erdbeben von 1223**, das das benachbarte, antike Siponto zerstörte, einst ein wichtiger römischer Hafen, der bereits von den Ureinwohnern Apuliens, den Dauniern, gegründet worden war. Die Initiative zur Umsiedlung der Überlebenden von Siponto ergriff der **Kaisersohn Manfred**. Er konstruierte sein Manfredonia auf streng rechtwinkligem Grundriss und setzte das quadratische Staufer-Kastell beherrschend davor. In der anschließenden Zeit unter den Anjou erhielt die Burg ihre heutige Form.

Um das Castello herum entstand in jüngerer Zeit eine schattige **Parkanlage** – idealer Ausgangspunkt für eine Stadtbesichtigung. Über die lebhaften Geschäftsstraßen **Corso Roma** und **Corso Manfredi** erreicht man den Vorplatz des Doms, ausnahmsweise einmal kein kunstgeschichtliches Kleinod. An der Flanke der Kathedrale standen einst drei sehenswerte Damen aus Bronze; sie symbolisierten Ackerbau, Schafzucht und Fischfang, die wirtschaftlichen Fundamente der Stadt. – Seitdem die EniChem-Raffinerie diese Funktion übernommen hat, sind die drei Damen verschwunden.

Information/Anfahrt & Verbindungen

• *Information* **APT-Büro**, Piazza del Popolo 10, am Corso Manfredi, ✆ 0884/581998. Wer einen etwas längeren Aufenthalt plant, findet hier viel nützliches Material über die Stadt und die südliche Küstenregion. Mo–Sa 8–14 Uhr.

• *Auto* Von Foggia aus geht es über den schnellen **Raccordo Foggia–Manfredonia** (S 89) hierher.

• *Bahn* von Foggia täglich mehr als 10 Direktzüge.

• *Bus* täglich mehrmals mit **Autoservizio Pullman** von Foggia (Abfahrt FS-Bahnhof);

mit **SITA-Bussen** Richtung Monte Sant' Angelo und Gargano-Küste.

• *Fähre* Fährschiffe der Reederei Adriatica **entlang der Gargano-Küste**, mit Stopp in Vieste, und dann hinüber zu den **Tremiti-Inseln** – tolle Ausblicke auf Buchten, Grotten und Felsarkaden. Von Juni bis September auch mit den schnellen *Aliscafi* (ca. 2 Std. Fahrzeit, ca. 35 €). Kartenschalter an der südlichen Hafenmole Molo di Ponente, ansonsten bei der **Agenzia Marittima Galli**, Corso Manfredi 4, ✆ 0884/582520.

Übernachten/Essen & Trinken

• *Übernachten* ****** Hotel Gargano**, Viale Beccarini 2, fast am nördlichen Ende der langen Uferpromenade, moderner Hotelbunker, jedoch mit südländischer Lässigkeit geführt; feines Ristorante. Hier verkehrt eine gute Mischung aus Geschäftsreisenden und Touristen, DZ 93 €, EZ 73 €, ✆ 0884/587621.

*** Hotel Azzurro, Via Di Vittorio 56, Bahnhofsnähe, kleiner moderner Bau, internationaler Drei-Sterne-Standard, mit Restaurant, DZ 49–52 €, EZ 30–33 €, ✆ 0884/581498. Ein weiteres **Hotel**: Lido di Siponto, s. u.

Posta del Falco, Landhotel, restaurierte Masseria, 10 km südwestlich von Manfredonia, am Raccordo (Verbindungsstraße) Foggia–Manfredonia (Nähe San Leonardo di Siponto, S. 175), Swimmingpool, Restaurant und Disco, DZ 41–49 €, EZ 26–41 €, ✆ 0884/543980.

• *Essen & Trinken* **Il Baracchio**, Corso Roma 38, volkstümliche Trattoria, herzhafte Speisen, ehrliche Preise, ✆ 0884/583874, Do Ruhetag.

Coppolarossa, Tipp für gute Fischküche! Via dei Celestini 13, Seitenstraße des Corso Manfredi, hübsch eingerichtet, klimatisiert, netter Familienbetrieb, sehr beliebt bei Einheimischen, zu den Spezialitäten gehören die *Troccoletti allo scoglio* (kleine Troccoletti-Nudeln mit Meeresfrüchten), außerdem reichhaltige Fischsuppen, Menü ca. 20 €, ✆ 0884/582522, Mo Ruhetag.

Zwei weitere **Speiselokale** s. unter "Lido di Siponto", S. 174.

Einkaufen/Feste & Veranstaltungen

- *Einkaufen* Jeder Mittwoch ist großer **Markttag**.
- *Feste* **Carnevale Dauno**, daunischer Karneval mit Umzügen und zahlreichen Folkloregruppen aus der Umgebung (Anfang Feb.).

Processione a Mare, festliche Bootsparade zu Ehren des Hl. Andreas (Anfang Sept.).

Sehenswertes in Manfredonia

Castello Svevo-Angioino: Das heute noch intakte Kastell ist eine Gemeinschaftsproduktion zweier verfeindeter Herrscherfamilien. Karl I. von Anjou komplettierte die von König Manfred begonnene Festung nach dem blutigen Ende der Staufer. Der quadratische Kernbau der Vierflügelanlage hat drei äußere Rundtürme und einen eckigen, spitz zulaufenden Wehrturm.

Im Castello ist das **Museo Nazionale di Manfredonia** untergebracht, eines der wichtigsten Museen zur apulischen Frühgeschichte. Diese Bedeutung verdankt es vor allem seinen **daunischen Stelen**. Diese quaderförmigen Steinblöcke haben ein keilartiges Kopfende. Die Stelenverzierungen lassen stilisierte menschliche Gestalten erkennen, deren Arme in Hüfthöhe verschränkt sind. Die zahlreichen figürlichen Darstellungen lesen sich wie Bildergeschichten, sie zeigen Szenen aus dem Alltag, beziehen sich auf den Totenkult oder auf rituelle Handlungen. Die Stelen wurden erst Anfang des 20. Jh. entdeckt, als die moderne Altertumswissenschaft begann, nach frühgeschichtlichen Relikten Ausschau zu halten. Teils fand man sie auf alten Gutshöfen, wo sie als Baumaterial dienten, teils einfach auf dem freien Feld liegend. Da ihre ursprünglichen Standorte unbekannt geblieben sind, ist ihre genaue Funktion schwer

Daunische Stelen im archäologischen Museum von Manfredonia

zu bestimmen – wahrscheinlich handelte es sich um Grab- oder Grenzsteine. Erstaunlich ist vor allem die Anzahl der insgesamt gefunden Stelen: ca. 1.500!

Öffnungszeiten tägl. 8.30–19.30 Uhr, am ersten und letzten Mo im Monat geschlossen, Eintritt 2,58 €.

Santa Maria Maggiore di Siponto – Schulklasse beim anschaulichen Heimatkundeunterricht

Siponto und Lido di Siponto

Die spärlichen Reste des antiken Siponto liegen 3 km südlich von Manfredonia. Heute hat sich an seiner Stelle mit dem Lido di Siponto ein moderner Badevorort breitgemacht.

Ursprünglich war es eine daunische Gründung und zählte auch später, in der Blütezeit des Römischen Reichs zu den wichtigsten Häfen in den Orient. Später stand Siponto Jahrhunderte lang unter der Verwaltung des Oströmischen Reichs und blieb bis ins Mittelalter hinein eine bedeutende Hafenstadt, um die sich die jeweiligen Herrscher heftig stritten. Zuletzt gehörte es zum Herzogtum Benevent, bevor 1223 ein schweres Erdbeben die Stadt fast vollständig zerstörte – Anlass für die Neugründung von Manfredonia.

Lido di Siponto ist heute die Badewanne von Manfredonia. Über dem breiten, gräulichen Sandstrand schwebt allerdings der Schatten der nahen EniChem-Industrieanlage. Mit der Kombination aus Schwerindustrie und Tourismus wird der Badeort wohl niemals den Anschluss an die touristische Entwicklung der Gargano-Küste finden.

● *Übernachten/Essen & Trinken* ★★★
Hotel Gabbiano, Viale Eunostides 20, komfortabler Neubau, gut geführt, die Alternative zu Manfredonia-Downtown, in einer ruhigen Nebenstraße des Badevororts gelegen, mit Ristorante, ganzjährig geöffnet, DZ 75–80 €, ℆ 0884/542554.

La Conchiglia, am Lungomare, klimatisiertes Strandrestaurant, sehr elegant, gehobene Preise, ℆ 0884/542911, Fr Ruhetag.

Regina, im Ortskern an der Kirchenpiazza, preiswerte kleine Trattoria und Pizzeria, Tische auch im Freien, Mi Ruhetag.

Sehenswertes: Die Kirche **Santa Maria Maggiore di Siponto** am südwestlichen Ortsrand von Lido di Siponto ist das einzige aufrecht stehende Relikt aus dem alten Siponto. Das gedrungene Bauwerk mit dem prächtigen Säulenportal ist in eine Oberkirche (12. Jh.) sowie eine romanische Krypta (11. Jh.) unterteilt. Die frühere Zentralkuppel hat das Erdbeben von 1223 nicht überdauert.
Öffnungszeiten tägl. 9.30–12.30 Uhr und 15.30–19 Uhr.

Direkt nebenan ist in den letzten Jahren ein weitläufiger **Parco archeologico** entstanden, in dem die Fundamente der alten Stadtmauern sowie die Überreste einer **frühchristlichen Basilika** mit teilweise erhaltenen Mosaikfußböden zu sehen sind. Im angeschlossenen **Centro visita** informiert eine multimediale Dokumentation über das daunisch-römische Siponto.
Öffnungszeiten tägl. 9.30–13 Uhr und 17–21 Uhr, Eintritt 2 €.

Umgebung von Siponto

▶ **Kloster San Leonardo di Siponto**: Wenige Kilometer landeinwärts, an der Schnellstraße von Manfredonia nach Foggia (S 89), liegt die ehemalige Abtei von San Leonardo. Sie gehörte dem **Deutschritterorden** vom 13. Jh. bis zum 16. Jh. Obwohl der Gebäudekomplex nur von außen besichtigt werden kann, lohnt sich der Abstecher, denn allein das großartige **Löwenportal** ist eine wahre Augenweide.

▶ **Weiter an der Küste bis Margherita di Savoia**: Die Küstenstraße *S 159 delle Saline* führt vorbei an Gemüsefeldern, Gewächshäusern und Brachland; dazwischen einige Feriensiedlungen und Campingplätze am schmalen Dünenstrand, die im September jedoch schon verriegelt sind. Dann folgt **Zapponeta** – ein Ort, der Nichts-wie-weiter-Stimmung aufkommen lässt. Dahinter hört der scheinbar endlose Golfstrand bald auf. Jetzt beginnen die weiten **Salinenfelder**: geflutete Verdunstungsbecken, von niedrigen Erdwällen begrenzt, verbunden durch Kanäle, dazwischen im Sonnenlicht glitzernde Salzberge.

Margherita di Savoia
ca. 13.000 Einwohner

Die Salzmetropole mit königlichen Namen, der nicht hält, was er verspricht: Margherita di Savoia ist ein Bade- und Kurort mit wenig Atmosphäre. Auch auf den zweiten Blick erscheint die Stadt merkwürdig unübersichtlich, mit durchweg vier- bis fünfstöckigen Wohnhäusern und einem total verbauten Lido. Wer sich jedoch einer **Salzkur** unterziehen möchte, ist hier an der richtigen Adresse.
Übernachten **** **Gran Hotel Terme**, mit Thermalbad und Kurabteilung, DZ 108–144 €, ☎ 0883/656888.

▶ **Umgebung**: Kurz hinter der Stadtausfahrt in Richtung Süden mündet der **Ofanto**, Apuliens einziger, ständig wasserführender Strom – anschließend beginnt die **Costa di Bari** (S. 209ff.) mit ihren sehenswerten Küstenstädten.

Provinz Foggia
Karte S. 115

Das adriatische Inselparadies vor Apuliens Küste

Die Tremiti-Inseln

Der kleine Archipel ist der nördlichen Gargano-Küste auf Sichtweite vorgelagert. Die drei Hauptinseln, San Domino, San Nicola und das unbewohnte La Caprara, schwimmen im tiefblauen bis smaragdgrünen Adriawasser. Die Entfernungen untereinander betragen nur einige 100 m.

Der Hauptverbindungshafen zur Inselgruppe ist **Termoli**, eine mittelgroße Küstenstadt, die zur Region Molise gehört (S. 110). Der Archipel ist vor allem ein beliebtes Ziel für **Tagesausflüge**. In den Vormittagsstunden bringen zahlreiche Fährboote aus den Hauptorten der Gargano-Küste Scharen von Touristen. Die Ankömmlinge lassen sich grob in zwei Gruppen einteilen: einerseits die Badegäste, die sich sofort auf die wenigen, kleinen Buchten von **San Domino** verteilen, und andererseits die Kunstinteressierten, die ohne Umwege dem befestigten Inselheiligtum Santa Maria a Mare auf **San Nicola** zustreben. Die Restaurants und Bars sind gut für den Andrang gerüstet. So wie die Inselgäste kommen auch das gesamte Lebensmittel und Getränke vom Festland. Zwar ist alles zu haben, aber nicht selten für den doppelten Preis. Nur der Fisch ist "made in Tremiti". Die wenigen Feldfrüchte und die kleine Menge einheimischer Wein reichen nicht einmal für die etwa 30 echten Insulanerfamilien, die auch im Winter hier leben.

Das Problem der **Wasserknappheit** existiert seit der ersten Besiedlungsphase bis heute. Der Regen ist die einzige natürliche Wasserquelle. Deshalb sind die beiden bewohnten Inseln mit kleinen und großen Zisternen aus allen Jahrhunderten gespickt. Dennoch gehören Trinkwasserlieferungen vom

Festland – früher nur in Notzeiten erforderlich – heute zum Alltag. Die Tages-, Wochenend- und Langzeiturlauber sorgen für einen Wasserbedarf, der dem einer Kleinstadt entspricht. Obwohl die Trinkwasserdepots von San Domino ständig vergrößert werden, fehlen auch in den Vier-Sterne-Hotels die Aufforderungen zum sparsamen Umgang mit dem kostbaren Nass nicht.

Für die Sauberkeit der Inseln wird alles getan. Die Müllbeseitigung funktioniert gut, und auf die mahnenden Hinweisschilder, keinen Abfall zu hinterlassen, stößt man auch in entlegenen Ecken. Der Archipel ist trotz der Touristenmassen ein gepflegtes und **intaktes Ökosystem** geblieben. Am späten Nachmittag, wenn die letzte Fähre in Richtung Gargano-Küste abgelegt hat, kehrt wieder Ruhe auf den Inseln ein, und wer geblieben ist, fühlt sich ein bisschen wie Robinson Crusoe.

San Nicola, die kahle, steil aufragende Hauptinsel mit dem ältesten Siedlungskern ist auch das kulturelle Zentrum der Inselgruppe. Die Geschichte der befestigten Klosteranlage lässt sich bis ins 8. Jh. zurückverfolgen. Die **Abteikirche Santa Maria a Mare** beherbergt die ältesten griechisch-byzantinischen Kunstimporte auf apulischem Boden. Der Klosterkomplex wurde mit EU-Mitteln teilrestauriert und ist jetzt wieder vollständig zugänglich.

San Domino ist die eigentliche Ferieninsel, ein fast vollständig bewaldetes Eiland mit bizarren Küstengrotten, winzigen Badebuchten und kurvigen Wanderwegen durch das schattige Inselinnere.

La Caprara ist unbewohnt, nahezu unzugänglich und liegt wie eine hochgestellte, steinerne Eisscholle im Wasser.

Cretaccio und **La Vecchia** heißen die beiden zerklüfteten Felsen im Zentrum des Archipels, sie sehen aus wie tief im Meeresboden verankerte Steinpflöcke, an denen die drei Hauptinseln unsichtbar befestigt sind.

> **Tremiti-Obolus**: Seit Juni 2002 hat jeder Tremiti-Besucher 1 € zu entrichten, so hat es das italienische Umweltministerium entschieden. Es handelt sich dabei um eine Art Kurtaxe, die in Verbindung mit dem Fährticket bezahlt werden muss. Der Gesamtertrag fließt in die Erforschung und den Schutz der Uferzone der Inseln, der **Area Marina Protetta Isole Tremiti**.

Tremiti-Inseln (Provinz Foggia)
Karte S. 179

Reisepraktisches zu den Tremiti-Inseln

Diverses

- *Vorwahl* ☎ 0882. Muss auch bei Inselgesprächen immer mitgewählt werden.
- *Information* Auskünfte erteilt die Gemeindeverwaltung, ☎ 0882/463063.
- *Bank* Eine Filiale der **Banca Carime** befindet sich an der Dorfpiazza von San Domino.
- *Bootsvermietung* mit und ohne Bootsmann bei **Da Tullio** auf San Domino am Hafen.
- *Fahrradvermietung* **Jimmy Bike**, im In-

seldorf von San Domino.
- *Gepäckaufbewahrung (Deposito bagagli)* Der Weg zur Klosterfestung ist sehr steil. Wer einen Tagesaufenthalt geplant hat, kann an der Hafenmole von San Nicola sein Gepäck abladen. Pro Gepäckstück werden ca. 2 € verlangt.
- *Inselrundfahrten* Bootstouren in die **bizarre Grottenwelt** der Tremitis; die Standardroute führt rund um San Domino.

Auf umgerüsteten Fischerbooten bzw. brandneuen Motorbooten finden bis zu 50 Personen Platz, die Preise liegen mittlerweile bei 10 € pro Person.

Anfahrt & Verbindungen

• *Auto* Das eigene Fahrzeug (ausgenommen das Fahrrad) darf nicht mit auf die Inseln genommen werden. Das Auto lässt man am besten auf einem bewachten **Parkplatz** der Hafenorte Térmoli, Rodi, Peschici, Vieste oder Manfredonia stehen.
• *Fähre* Die staatliche Reederei **Adriatica** unterhält regelmäßige Fährverbindungen zwischen den Tremiti-Inseln und den wichtigsten Küstenorten des Gargano.
Es verkehren *Motonave* (Fährschiffe) von Térmoli, Vieste, Peschici, Rodi und Manfredonia, ganzjährig jedoch nur von Térmoli. Von Juni bis September gibt es zusätzliche Schnellbootverbindungen per *Monostab* und *Aliscafo*. Die Abfahrtszeiten vom Festland schwanken je nach Saison, Fährhafen und Bootstyp, liegen jedoch in der Regel zwischen 8 und 10 Uhr.

> **Tipp**: Vor der Abfahrt, vor allem in der NS, unbedingt die gewünschte **Fähre für die Rückfahrt** bestätigen lassen!

Neben der staatlichen Adriatica verkehren auch private Reedereien (CTM etc.). Es ist ratsam, Fahrzeiten und Preise genau zu vergleichen. Vor allem bei Tagesausflügen spielt die Fahrtdauer (sprich: der Bootstyp) eine wichtige Rolle. Die Fährschiffe brauchen im Vergleich zu den Schnellbooten fast doppelt so viel Zeit für die Überfahrt.
Preisbeispiele (hin/zurück pro Person): Motonave von Térmoli 14,50 €, Aliscafo von Peschici 25 €, Aliscafo von Manfredo-

nia ca. 35 €.
Telefonische Ticket-Reservierung der Adriatica-Reederei: in Térmoli ✆ 0875/705343, auf den Tremiti-Inseln ✆ 0882/463006, in Manfredonia ✆ 0884/582520.
Gepäck: Auf den Fähren wird auch Sperriges befördert, es gibt z. T. aber Extra-Tarife für Fahrräder, Schlauchboote, Surfbretter, Kinderwagen etc.
Anlegestellen befinden sich auf den Tremiti-Inseln San Domino und San Nicola, die Fähren legen in der Regel an derjenigen Hafenmole an, an der gerade Platz ist. **Zwischen den beiden Hauptinseln** San Domino und San Nicola, die ca. 300 m voneinander entfernt liegen, verkehren ständig kleine **Inselfähren**; der Einheitspreis (hin/zurück) beträgt 3 €. **Achtung** – wenn die letzten Fähren in Richtung Festland abgelegt haben, wird auch der Verkehr zwischen den Inseln langsam eingestellt.
• *Flugzeug* Eiligen bietet die *Alidaunia* im Sommerhalbjahr täglich einen **Hubschrauberflug vom Aeroporto Foggia** nach San Domino, hin/zurück pro Person ca. 100 €, ✆ 0881/617916.
• *Inseltaxis* Auf San Domino sind nur Autos einheimischer Bewohner und Gewerbetreibender zugelassen. Die Kleinbusse der Hotels und Feriencamps warten vormittags an der Hafenmole und stehen natürlich nur den Gästen zur Verfügung. Einige Inseltaxis warten ebenfalls am Hafen von San Domino; eine Fahrt ins zentrale Inseldorf (ca. 1,5 km) kostet mit Gepäck ca. 5 €. Einen öffentlichen Inselbus gibt es leider nach wie vor nicht!

• *Tauchen* Unterwassersportler kontaktieren das **Diving Center Isole Tremiti**, ✆ 0882/463209.

Übernachten

Generell – das Preisniveau auf den Inseln liegt deutlich über dem auf dem Festland! **Hotels gibt es nur auf San Domino!** Sie konzentrieren sich zudem im zentral gelegenen Inseldorf; alles sehr saubere Quartiere mit Restaurant. In der HS besteht **Pensionspflicht**, teils mit **Mindestaufenthalt** von einigen Tagen. Halbpension ist in den meisten Fällen sogar empfehlenswert, da die Restaurantpreise hoch sind! Einen **Campingplatz** gibt es auf den Tremitis nicht – eine gesetzliche Verordnung verbietet das Zelten in jeder Form! **Privatzimmer** findet man vor Ort mit Glück auf San Nicola.

• *Hotels* *** **Hotel Gabbiano (10)**, direkt an der Dorfpiazza von San Domino. Das

Hauptgebäude ist ein moderner Flachbau, einige komfortable Steinbungalows in

Innerhalb des Bildes:

Übernachten
- ❶ Villaggio Punta del Diamante
- ❸ Rossana
- ❺ Kyrie
- ❻ Villaggio T.C.I.
- ❼ Eden
- ❿ Gabbiano
- ⓫ La Bussola
- ⓭ San Domino

🅰 **Anlegestelle**

500 m

Cala dei Turchi
(Felsbucht)

La Caprara

Diamantenspitze

Cretaccio

San Domino

Cala degli Inglesi
(Felsbucht)

Cala dei Benedettini
(Felsbucht)

Belvedere
Bank

Hubschrauber-
landeplatz

Cala Matano
(Felsbucht)

Pineta-
Wald

Falken-
steilwand

Einsiedler-
hügel

Elefantenfelsen

Cala delle Rosselle
(Felsbucht)

Veilchengrotte

Faro di San
Domino

Cala di Zio Cesare
(Felsbucht)

Cala delle
Arene
(Sandstrand)

Gepäckauf-
bewahrung

Festung
Dorf

Kirche
Santa Maria
a Mare

Grab der Julia
Diomedes-Grab

Friedhof
72

San Nicola

**Essen und Trinken/
Nachtleben**
- ❷ La Livornese
- ❹ Diomedea
- ❽ Il Galeone
- ❾ Disco La Furmicula
- ⓬ Disco Diomede

Tremiti-Inseln

Hanglage gehören zum Hotel, modern eingerichtete Zimmer, Panoramaterrasse, gutes Fischrestaurant, Bar, Minibus-Service, DZ 62–230 € (!), EZ 31–115 €, ☎ 0882/463410.

*** Hotel Kyrie (5), teuerstes Haus auf der Insel, Bungalowanlage im Waldgrundstück, Pool, vornehmes Restaurant, DZ 77–326 €, EZ 41–115 €, ☎ 0882/463241.

*** Hotel San Domino (13), Nähe Dorfpiazza, Garten, Restaurantterrasse mit Blick auf San Nicola, DZ 62–131 €, ☎ 0882/463430, Via dei Cameroni.

*** Hotel Eden (7), ältestes und beliebtestes Inselhotel, oberhalb der kleinen Bucht Cala Matano, gutes Restaurant, DZ 83–114 €, EZ 42–57 €, ☎ 0882/463211.

* Pensione La Bussola (11), zwei Schritte von der Dorfpiazza entfernt, gepflegte kleine 7-Zimmer-Pension, freundlich und familiär,

kein Restaurant, DZ 46,50–62 €, ☎ 0882/463421.

* Albergo Rossana (3), ein Stück oberhalb des Hafenstrands, saubere kleine Pension, sympathischer Familienbetrieb, kein Restaurant, DZ 41–93 €, ☎ 0882/463298.

● *Feriencamps* Villaggio Internazionale Punta del Diamante (1), am nordwestlichen Zipfel von San Domino, im Nadelwald, geräumige Bungalows und einfache Wohnhütten (2–5 Schlafplätze), mensaähnliches Restaurant und Gemeinschaftsräume, von Anfang Juni bis Mitte September geöffnet, Übernachtung je nach Komfort und Saison pro Tag 28–41 € pro Person, ☎ 0882/463405.

Villagio Touring Club Italiano (6), komfortables Bungalowferiendorf im Inselinnern, TCI-Clubmitgliedschaft erforderlich! Informationen unter ☎ 0882/463402.

Gemütliche Inselrundfahrt

● *Privatzimmer* Im Inseldorf von **San Nicola** nach Zimmern fragen, das ist die einzige Möglichkeit, um an ein günstiges Übernachtungsquartier zu kommen. Die Unterkünfte sind z. T. allerdings sehr bescheiden, etwa ausgeräumte Kinderzimmer in kleinen Privatwohnungen. 3 DZ (15,50–31 €) bietet z. B. Lucia Carducci, die Betreiberin des Ristorante Diomedea (s. u.) ✆ 0882/463025.

Essen & Trinken/Nachtleben (s. Karte S. 179)

Mit dem Essen ist es wie mit dem Übernachten – nämlich **generell teuer!** Alle Lebensmittel (mit Ausnahme von Fisch) und Getränke müssen aufwendig vom Festland hergebracht werden, das treibt die Preise hoch. Die Hafengastronomie ist vor allem auf Mittagstisch für Tagesbesucher eingerichtet. Abends stehen vorwiegend die Hotelrestaurants und die Fischrestaurants im Inseldorf von San Domino zur Auswahl.

> **Tipp: Halbpension** ist oftmals die preisgünstigste Art zu essen.

Das schön gelegene **La Conchiglia** direkt am Hafenstrand von San Nicola bietet zwar gute Fischküche ist aber auf Massenabfertigung eingestellt, Menu turistico 30 €. Preiswerter isst man oben im Inseldorf im volkstümlichen **Ristorante Diomedea (4)**, leckere Hausmannskost, Fisch, Meeresfrüchte und mehr, Menu turistico 15 €, lauschige Gartenterrasse, ✆ 0882/463025

Gabbiano (10), San Domino, Hotelrestaurant, am Dorfplatz, gemütliche Speiseterrasse, gehobene Küche, Krustentiere und frische Fische werden nach Wunsch zubereitet, eine Antipasto-Spezialität ist das *Carpaccio Ricciola* (roher weißer Adriafisch, hauchdünn geschnitten), Menü ab 25 €, ✆ 0882/463410.

Il Galeone (8), San Domino, zwei Schritte vom Dorfplatz entfernt, große Gartenterrasse, vor allem als Pizzeria zu empfehlen, ✆ 0882/463293.

La Livornese (2), San Domino, am Hafenstrand Cala delle Arene, gute Meeresküche, mittags Massenabfertigung, abends o. k., ✆ 0882/463224.

La Furmicula (9), die beliebtere der beiden Inseldiskotheken, unter freiem Himmel, an der Strada San Domino, unweit des Dorfplatzes, Eintritt ca. 10 €.

Die **Disco Diomede (12)** ist zum Verdruss vieler Einheimischer im Zentrum des Inseldorfs eröffnet worden; ab und zu erwirkt jemand eine einstweilige Verfügung, aber wenig später dröhnt es wieder bis tief in die Nacht hinein.

Bei **Dolce del Mare**, der "Meeressüßspeise", die überall auf den Inseln in Geschenkpackungen angeboten wird, handelt es sich übrigens um einen Schokoladenkuchen, der unserem Marmorkuchen ähnelt.

Idyllische Badebucht auf San Domino

San Domino

San Domino ist mit 2.600 m Länge und 1.700 m Breite die größte Insel des Archipels. Ein grüner Steinpilz, der sich aus dem tiefblauen Wasser emporgeschoben hat. Der dichte, im Sonnenlicht hellgrün schimmernde mediterrane Nadelwald, der fast die ganze Insel wie ein Schirm überspannt, zieht sich nicht selten direkt bis ans steinige Ufer.

Unglaublich, wie die Pinien auf dem Felsboden Wurzeln schlagen konnten. Das zerklüftete Ufer bäumt sich im Nordteil der Insel zu einer regelrechten Steilküste auf. Auch an anderen Stellen, wo raue Felsbuckel langsam im Meer zerbröckeln, gibt es kaum Zugang zum Wasser. Die kleinen **Badebuchten** von San Domino sind, abgesehen von der sandigen **Hafenbucht Cala delle Arene**, nicht immer leicht zu finden und teilweise mühsam zu erklettern. Zu den schönsten Badestellen des flacheren Ostufers gehört die **Cala Matano**; hier gibt es einen winzigen Sandstrand und einigermaßen glatt gespülte Felsen mit Einstiegsmöglichkeiten ins Wasser. Romantische Sonnenuntergänge kann man hier allerdings nicht genießen, denn zu früh verschwindet die Sonne auf dieser Seite hinter den Baumkronen. Zur

Erkundung abgelegener Badebuchten ist, abgesehen von viel Entdeckungs-
lust, eine genaue **Inselkarte** unbedingt notwendig (schon auf den Fähren
erhältlich).

Die Inseln des Diomedes – eine Tremiti-Legende

Früher war der kleine Archipel auch bekannt unter dem Namen **Isole di
Diomede**. Der griechische Held Diomedes – so berichten die Chronisten
der griechischen Antike – zog sich entkräftet auf die Inseln zurück, gefolgt von seinen Kampfgefährten aus dem Trojanischen Krieg. Auch nach
dem plötzlichen Tod des Diomedes wichen die Getreuen nicht von seiner
Seite. Als diese schließlich von illyrischen Eroberern ermordet wurden,
kamen die Götter auf die Inseln geeilt. Zeus ließ die Leichname der Griechen verschwinden, um sie vor Schändung zu bewahren, und Venus verhalf den Seelen zur Wanderung in die Körper der Nachtvögel. Ovid erwähnt in diesem Zusammenhang die "göttlichen Schwäne" der adriatischen Inseln, andere Erzähler sprechen von Reihern. Tatsache ist, dass auf
den Tremitis Gelbschnabeltaucher leben, die im Mittelmeerraum nur an
hohen Felsküsten vorkommen. Das Gekreisch dieser Sturmvögel – in denen ja die Seelen der Diomedes-Getreuen fortleben – gleicht ungefähr
dem Geschrei von Kleinkindern. Manchmal versammeln sich die **Vögel
des Diomedes** auf der Kanonenbastion von San Nicola und gelegentlich
veranstalten sie nachts ein derartiges Konzert, dass einem das Blut in den
Adern gefriert – Hitchcocks Vögel klingen harmlos dagegen.

Die Küstenlinie von San Domino ist rundum mit **bizarren Grotten** und anderen Felsformationen gespickt, die sich so richtig nur vom Wasser aus erkunden lassen. Jede Bucht, jede Grotte, Klippe und Felsgestalt hat einen
verheißungsvollen Namen, z. B. Schwalbenbucht, Veilchengrotte, Falken-
steilwand und Elefantenfelsen. – Eine **Inselrundfahrt** ("Diverses", S. 177) ermöglicht zumindest einen eiligen Blick auf diese zum Teil wirklich eindrucksvollen Naturschönheiten.

Im Normalzustand ist das weitläufige **Inseldorf von San Domino**, schlicht
"Paese" (Dorf) genannt, nichts weiter als eine friedliche Streusiedlung. Die
kleine Inselkirche steht am Rand der Piazzetta, und zur Messe kommt der
Pfarrer von San Nicola herüber. Bei besonderen Anlässen, z. B. einer Taufe,
ist das Fassungsvermögen der kleinen Kirche schnell überschritten und die
Gemeinschaft zieht dann samt Altar und Sitzbänken auf den Dorfplatz um,
wo der Pfarrer im Schatten der Schirmpinien, von Passanten und gelegentli-
chem Motorenlärm unbeeindruckt, seine Arbeit verrichtet.

Sobald man das Inseldorf auf den holprigen Straßen verlässt, bieten sich
zahlreiche Wanderwege an, auf denen sich die Insel bequem zu Fuß erkunden lässt. Schnell hat man die höchste Erhebung (116 m) erreicht, wo auch
die Ruine einer ehemaligen **Einsiedelei** steht. Oder man umrundet den
Westteil der Insel mühelos auf schattigen Waldwegen, die mit einer wei-

chen, federnden Schicht aus Piniennadeln bedeckt sind. Wer jedoch die Absicht hat, das steile Nordufer bis zur **Diamantenspitze** zu erklettern, braucht unbedingt festes Schuhwerk und sollte außerdem schwindelfrei sein.

Übrigens: Der weit über die Landesgrenzen hinaus bekannte italienische *Cantautore* (Liedermacher) **Lucio Dalla** besitzt seit langem ein Haus an der Cala Matano. Als Tremiti-Liebhaber und selbsterklärter Schutzherr von San Domino finanziert er so manches Inselprojekt und gibt gelegentlich sogar Freiluftkonzerte, die allerdings nicht öffentlich angekündigt werden.

Tremiti-Tiere

San Domino und San Nicola – wie Hund und Katze! Diese Tiere gehen sich in der Regel aus dem Weg, und so ist es auch auf den Tremitis. Während die Katzen San Nicola bevorzugen, leben zahlreiche Setter und Settermischlinge auf San Domino. Die streunenden Hunde sieht man überall dort, wo sich Menschen tummeln – im Dorf, am Hafenstrand und an der Mole. Es sind anhängliche Einzelgänger, ständig auf der Suche nach einem Frauchen oder Herrchen auf Zeit. Sie schließen sich einem Fremden ihrer Wahl an und begleiten ihn, so lange es ihnen gefällt. Spätestens gegen Abend verziehen sie sich, wenn zu Hause, beim tatsächlichen Padrone, Fütterung angesagt ist. Auf dem Dorfplatz scheinen sie manchmal eine Art Vollversammlung abzuhalten, dann kommen dort um die 50 Hunde zusammen, verfolgen sich gegenseitig, bellen laut und veranstalten einen unglaublichen Tumult – bis es den Leuten zu viel wird und jemand vehement dazwischengeht. Erst dann trollen sie sich, und der Platz gehört wieder allein den Menschen. Am nächsten Tag sieht man die Streuner erneut am Hafenstrand, an der Cala delle Arene, durch das Wasser staksen und Fische jagen – Katzen jedenfalls kennen sie nicht.

San Nicola

Direkt an der Hafenbucht beginnt der bebaute Teil der hoch aufragenden Felseninsel. Der schmale Hafenstrand zwischen den beiden Molen gleicht einem zu klein geratenen Bootsparkplatz. Bunte Fischerboote, dicht an dicht aufs Trockene gezogen, verbreiten ein wenig Fischerromantik.

Auf handtuchgroßen Fleckchen behaupten sich einige unbeirrbare Sonnenanbeter am Hafenstrand. Andere Bademöglichkeiten sucht man auf San Nicola vergebens. Besucherziel ist vielmehr die **Abtei mit dem befestigten Inseldorf**. Nach oben führt ein steiler Weg, eine breite mittelalterliche Transporttreppe, über die ehemals Esel die Lasten getragen haben; heute übernehmen das treckerähnliche Motorfahrzeuge. Der hintere Teil der Felseninsel ist baumlos und karg, überall stößt man auf senkrecht abfallende Steilhänge, einen Zugang zum Meer gibt es nirgendwo. Anspruchslose Sträucher und Gräser haben hier einen undurchdringlich stachligen Vegetationsteppich geknüpft.

Tremiti-Inseln (Provinz Foggia)
Karte S. 179

Beschauliche Hafenbucht ...

Angeblich war ein Eremit der erste Inselbewohner. Dieser fromme Robinson soll, von Marienerscheinungen geleitet, einen Schatz gefunden haben, der den Grundstock für den Kirchenbau bildete. Die überlieferte Geschichte beginnt mit der Ankunft der **Benediktinermönche** von Montecassino. Sie errichteten im 11. Jh. den baulichen Kern der Abtei, die bis ins 13. Jh. hinein diesem Orden gehören sollte. Die nachfolgenden **Zisterzienser** wurden Mitte des 14. Jh. von Piraten vertrieben. Erst auf Veranlassung von Papst Gregor XII. ließen sich Anfang des 15. Jh. hier erneut Geistliche nieder. Diese **Canonici Regulares** (dt. Regularkanoniker; eine Gemeinschaft, die keine Ordensregel hatte, sondern sich an die Richtlinien für Kleriker hielt) lebten allerdings unter ständiger Bedrohung durch das Osmanische Reich. Die Bourbonen lösten das Kloster im 18. Jh. auf, während des Faschismus diente es schließlich als Staatsgefängnis. Ende des 20. Jh. wurde es mit EU-Mitteln restauriert.

Inseldorf, Abtei und Nekropole

Torre dei Cavalieri del Crocefisso (Turm der Kreuzritter): Am Ende der ersten Rampe befindet sich der Wehrturm mit kleiner Votivkapelle. Die Architrav-Inschrift über dem Eingang weist den Besucher freundlicherweise darauf hin, was ihm beim Eintreten blüht: *Coteret et Confriget,* das heißt in etwa: "Wer diese Schwelle übertritt, wird zerrissen und zermalmt". Die zwei intakten Pechnasen über und eine Schießscharte links neben dem Eingang unterstreichen die entschlossene Haltung der einstigen Hausherren. Im Bogengang des Turms steht die kleine Kapelle mit der **Madonna delle Grazie**, die im August bei der Marienprozession auf dem Meer eine Hauptrolle spielt. Über dem Ausgang ein gekreuztes Symbol mit dem Baujahr 1512.

... und Klosterfestung auf San Nicola

Bastione del Cannone (Kanonenbastion): Hinauf geht es durch den **Torre del Pennello**, einen rechteckigen Wehr- und Aussichtsturm. Die Festungsspitze bildet das Herzstück der Wehranlage. In der Schlacht gegen die osmanischen Belagerer wurden hier 1567 schwerste Artilleriegeschütze aufgefahren. Im 2. Weltkrieg erhielt die Bastion eine drehbare Kanone, die allerdings nicht oft zum Einsatz kam – geblieben ist der wuchtige Zementring sowie die angrenzende Waffenkammer.

Inseldorf: Der bewohnte Teil von San Nicola zieht sich am **Corso Diomede** entlang und lässt verschiedene Bauperioden erkennen. Die ersten Gebäude wurden 1792/93 auf Veranlassung des neapolitanisch-sizilianischen Königs Ferdinand IV. errichtet, das so genannte **Ina-Wohnhaus** ist der letzte Inselneubau (1956). Er steht am Ende der Dorfstraße und ist geradezu ein Affront gegenüber der ursprünglichen Dorfanlage. Wie auf der Nachbarinsel San Domino wird auch hier der Ort stets schlicht "Paese" genannt.

Torre Angioina (Angiovinischer Turm): Oberhalb des Dorfs beginnt der Klosterbereich von San Nicola. Der Rundturm, das erste eindeutige Wehrelement der Abtei, wurde 1294 errichtet. Er war ein Geschenk Karls II. aus dem Hause Anjou an den Zisterzienserorden, dem das Kloster in jener Zeit gehörte.

Porta Imprendibile (Uneinnehmbare Tür): Der Eingang zur Abtei ist eine ausgetüftelte Verteidigungsschleuse mit mehreren unauffälligen Pechnasen. Der gotische Triumphbogen mit dem Tabernakel, der die Statue der **Santa Maria a Mare** mit Jesuskind birgt, lässt den Eingang auf den ersten Blick ziemlich harmlos erscheinen.

Loggia und Cisterna della Meridiana: Am Ende des Aufgangs steht die niedrige Loggia mit der "Sonnenuhrzisterne". Der aus massiven Kalksteinblöcken gehauene Zisternenüberbau stammt aus einer kritischen Phase der Klostergeschichte. Damals vergrößerten die Brüder angesichts der osmanischen Bedrohung ihren Trinkwasserspeicher vorsorglich und schützten ihn mit dieser Loggiaüberdachung. Vor der Überbauung der alten Zisterne funktionierte hier eine Sonnenuhr.

Unica Scalinata (Treppe): Von der Loggia führen 35 breite Stufen hinauf zur Kirche. Die aus Tremiti-Stein gearbeitete Treppe hat Abmessungen, die der Größe und der Schrittlänge von Eseln entsprechen, denn alles, was die Klostergemeinschaft benötigte, wurde damals auf dem Rücken dieser Grautiere transportiert.

Belvedere dal Sagrato: Die Terrasse oberhalb der Steintreppe ist die höchste Aussichtsplattform von San Nicola.

Chiesa Santa Maria a Mare – das Klosterheiligtum

Die Kirche Santa Maria a Mare ist ein schlichter weißer Schrein, der einige der ältesten Kunstwerke des Christentums auf apulischem Boden beherbergt.

Die blendend weiße **Fassade** von 1473 ist aus **Perlinato svevo** gemauert, dem Lieblingsbaustein Friedrichs II. Die Architekten und Bildhauer, allesamt Experten in der Bearbeitung des weichen Kalksteins, wurden von den Klosterleuten aus Mittelitalien angefordert. Die schlichte Linienführung der Fassade gibt die Größenverhältnisse des Innenraumes exakt wieder. Die vier Strebepfeiler enden jeweils in Fialen, die ihrerseits mit Basreliefarbeiten verziert sind. Einzig die Fensterrose durchbricht den glatten oberen Teil der Giebelwand.

Das **Portal** wird zu beiden Seiten von korinthischen Doppelsäulen flankiert. Die beiden zentralen Hochreliefs werden von vier, stark beschädigten Heiligenfiguren begrenzt, die in identisch gearbeiteten Muschelnischen stehen. Das alles überspannende Feston ist nicht mehr vollständig erhalten, englische Kanonen haben 1807 einiges zerstört.

Der dreischiffige, fast quadratisch wirkende **Innenraum** wird durch wuchtige Pfeiler mit aufgesetzten Halbsäulen unterteilt. Die beiden kleinen Seitenschiffe haben ein Kreuzgewölbe und enden in Apsiden (noch die Originale). Den lichtdurchfluteten gotischen Chor im Mittelschiff führten die Zisterzienser um 1300 aus.

Fußbodenmosaik: Die Arbeit stammt noch aus der frühen, benediktinischen Zeit des Klosters und wurde um 1045 angefertigt. Die motivreiche Mosaikarbeit ist nur noch teilweise erhalten. Die Fußbodenmitte ziert ein quadratischer Rahmen mit einem großen Rund in der Mitte und kleinen Medaillons in den vier Ecken. Im Zentrum erkennt man einen geflügelten Greif, auch in den kleinen Medaillons und den Zwischenräumen sind Vögel und andere Tiermotive dargestellt, u. a. die erwähnten Sturmvögel der Insel

(Kasten S. 182). Das mehrfarbige Rundbild mit den gezackten konzentrischen Kreisen steht in der Tradition byzantinischer Mosaikkunst.

Holzdecke: Die Decke des Mittelschiffs ist 1755 entstanden. Die geometrisch-plastischen Elemente dieser spätbarocken Arbeit zielen auf die optische Erweiterung der schmalen Decke. Die zentrale bildliche Darstellung zeigt die Himmelfahrt der Gottesmutter sowie die ehrfürchtigen Apostel.

Polittico Veneziano (Flügelaltar): über dem Hauptaltar. Dieses hölzerne Polyptychon schufen venezianische Meister im 15. Jh. Baldachine krönen die beiden Mariendarstellungen in der Mitte. In den kunstvoll geschnitzten mehrfarbigen Nischen stehen acht Heiligenfiguren, darunter die des Hl. Gregor, der als Papst Gregor I. der vehemente Förderer des Benediktinerordens war. Besonders filigrane Arbeiten sind die fein geschnitzten Putten auf den zehn Abschlussspitzen. Der vergoldete Flügelaltar wurde 1962 restauriert.

La Madonna Nera: Die anmutige Holzstatue der lächelnden Gottesmutter mit dem Jesuskind ist ein früher Kunstimport aus Byzanz. Die

Nach der aufwendigen Klosterrestaurierung strahlt auch die Kirchenfassade wieder

dunkle Hautfarbe von Mutter und Kind verweist auf Heiligendarstellungen, wie sie im Byzantinischen Reich üblich waren (sog. Kult der schwarzen Madonna). Die Benediktiner hatten diese Statue im 11. Jh. hierher gebracht.

Kruzifix: Unter dem linken Bogen des vorderen Kirchenraums steht das wundersame, fast 4 m große Holzkreuz, eine unglaublich alte Kostbarkeit. Es handelt sich um ein Kunstwerk griechisch-byzantinischer Machart, das in ganz Italien einzigartig ist. Bei der Restaurierung von 1922 hat man folgende Inschrift gefunden und übersetzt: "im Jahr 747 von griechischen Ufern über das Meer hierher gelangt ...". Die Kirchengeschichtsschreibung erwähnt den Besuch von Papst Zacharias im Jahr 747 auf den Tremiti-Inseln – zwei verschiedene Ereignisse, ein Datum, das ergibt fast einen Zusammenhang! Das Kreuz mit den ungewöhnlichen Abmessungen zeigt neben der halbverhüllten, mageren Jesusgestalt auch die Gottesmutter und den treuen Jünger Johannes. Der leicht geneigte kleine Kopf der Jesusfigur zeigt durch den konkaven Untergrund (Heiligenschein) Perspektive – eine geniale Technik der damaligen Portraitmalerei. Auch die Rückseite des Kreuzes ist bemalt und verziert, die Bedeutung konnte allerdings noch nicht entschlüsselt werden. – Um welches Tier mag es sich da wohl handeln in der Mitte?

Kreuzgang: Links neben der Kirche befindet sich der erste Kreuzgang mit den angrenzenden Schlafzellen, die in der Benediktinerzeit des Klosters den Pilgern vorbehalten waren. Die zentrale Zisterne und die Arkadengänge sind bereits restauriert worden, während die Wohnzellen noch darauf warten.

In den Gebäuden hinter dem zweiten, später errichteten Kreuzgang ist ein Teil der Inselverwaltung samt Bürgermeister untergebracht. Von der Terrazza del Municipio blickt man fast senkrecht auf die tosende Meeresbrandung, während sich im Hintergrund die steile Diamantenspitze von San Domino abzeichnet.

Wehrturm Torrione dei Cavallieri di San Nicola: das höchste und wuchtigste Befestigungselement der Abtei. Der rechteckige Turm von 1538 mit der gigantischen Pechnase begrenzt die Klosterfestung nach hinten. Der Ausgang am Fuß des Torrione führt über drei Rampen im Zickzack auf das nahezu kahle Inselplateau. Hier weideten früher die Esel des Klosters. Nach einigen hundert Metern beginnt das archäologische Freigelände von San Nicola.

Nekropole: Ungefähr in der Mitte des Plateaus erstreckt sich das Gräberfeld. Überall sieht man offene Grabstätten aus dem ersten vorchristlichen Jahrtausend. Bei den gut erhaltenen rechteckigen Ausschachtungen handelt es sich um in den Kalksteinboden gemeißelte Gräber, die noch in der Tradition eines jungsteinzeitlichen Bestattungsritus stehen. Man erkennt kleine Nischen und Aushebungen für die Grabbeigaben, während die schmalen Grabkammern auf eine Beisetzung in Kauerstellung hindeuten.

Griechisches Hauptgrab La Tomba di Diomede: Der runde Kultbau inmitten der Grabstätten wurde aus einem kleinen Kalksteinhügel gehöhlt. Die etwas unheimliche Gruft mit der halbrunden Öffnung gilt als letzte Ruhestätte des legendären Griechen Diomedes, des unbesiegbaren Helden von Troja und Königs von Argos.

Römisches Hauptgrab La Tomba di Giulia: Unweit der Diomedesgruft befindet sich das bescheidene Kammergrab der verbannten Julia, einer Enkelin des römischen Imperators Augustus. Kaiser Tiberius verurteilte Julia wegen Ehebruch zu lebenslänglichem Exil auf den Tremiti-Inseln, wo sie nach 20-jähriger Einsamkeit starb.

Kurz vor dem Abgrund der **Punta del Camposanto** erstreckt sich der neuzeitliche Friedhof von San Nicola. Er liegt in einer natürlichen Vertiefung und wurde Anfang des 19. Jh. unter französischer Besatzung angelegt.

Trutziges Hafenbecken in Giovinazzo

Provinz Bari

Die "Terra di Bari" ist die zweitgrößte und bevölkerungsreichste Provinz Apuliens. Hier schlägt das Herz der Geschichte noch am lautesten, denn die Besiedlung Apuliens hatte in der heutigen Provinz Bari ihr geografisches Zentrum. Es ist das Gebiet frühgeschichtlicher Städte, römischer Schlachtfelder und Munizipien, staufisch-angiovinischer Burgen, mittelalterlicher Hafenstädte und apulisch-romanischer Kathedralen.

Bari, die verkehrsgeplagte, quirlige Hauptstadt der Region, ist der industrielle und verwaltungspolitische Mittelpunkt der Provinz. Die Altstadt dieser kontrastreichen Mezzogiorno-Stadt ist faszinierend proletarisch und versprüht viel Atmosphäre. Das Geschäftsviertel Quartiere Murattiano mit seinen Hauptschlagadern Via Sparano und Corso Cavour zeigt sich weltoffen. Die Kathedrale ist eine kunstgeschichtliche Kostbarkeit ersten Ranges. Die Straßenkriminalität liegt mit an der Spitze aller italienischen Städte. – Insgesamt erwartet die Besucher ein großstädtisches Abenteuer, auf das man sich nicht unvorbereitet einlassen sollte.

Die **Costa di Bari** wird von einer Kette prächtiger Hafenstädte gesäumt. Alles mittelalterliche Küstenorte mit eigener Geschichte, urbaner Schönheit, architektonisch-künstlerisch interessanten Gotteshäusern und intakten Befestigungsanlagen. **Trani** und **Polignano** sind die touristischen Perlen dieses dicht besiedelten Küstenstreifens, an dem das Badevergnügen ausnahmsweise mal eine untergeordnete Rolle spielt.

Das apulische Kernland, die Murgia, beginnt im Küstenhinterland und zieht sich bis tief in die Nachbarprovinzen Brindisi und Tarent hinein. Eine wechselhafte Landschaft voller Überraschungen, die von einer jahrhundertelangen bäuerlichen Tradition geprägt ist. – Farbe und Geschmack von Oliven, Mandeln, Wein, Obst und Gemüse sind die sinnlichen Komponenten dieser abwechslungsreichen Hügel- und Karstlandschaft.

Damit aber nicht genug der Reize: Kleine **Murgia-Städte** krönen die kahlen Hügel mit ihren weißen Häuserkränzen. Und im romantischen **Valle d'Itria (Itria-Tal)** erstreckt sich über viele Quadratkilometer ein Meer von eigenartigen, oft blendend weiß gekalkten Bauernhäuschen, den berühmten **Trulli.** Andernorts hingegen stehen mitten im weiten, fruchtbaren Bauernland herrschaftliche **Masserie,** umgeben von alten Weinfeldern,.

Im Süden beginnt die Hoch-Murgia zu zerklüften und tiefe Schluchten, so genannte **Gravine** (S. 233), tun sich auf. **Gravina in Puglia** ist eine der schönsten Schluchtenstädte der Provinz Bari.

Eine weitere geomorphologische Besonderheit der Murgia ist die **Grottenbildung** – ein natürliches Phänomen des karstigen Bodens. Die 3 km lange **Tropfsteinhöhle von Castellana** ist das größte und schönste Höhlensystem ganz Italiens und eine der touristischen Hauptattraktionen Apuliens!

Puli, Singular **Pulo,** so heißen übrigens die eingestürzten Bodenhöhle der Hoch-Murgia, die in frühgeschichtlicher Zeit als Siedlungsstätten dienten und ihren Bewohnern Schutz boten.

Einen weiten Sprung in die frühapulische und antike Vergangenheit machen Bildungsreisende auf den Ausgrabungsfeldern von **Cannae** bei Canosa, **Egnazia** bei Monopoli und **Monte Sannace** bei Gioia del Colle, sowie auf der Suche nach den prähistorischen **Dolmen.**

Majestätisch wie kein anderes Bauwerk krönt das **Castel del Monte** – die magische, achteckige Burg Friedrichs II. – die weite Hügellandschaft der Provinz Bari.

Die Provinz Bari auf einen Blick

- **Schöne Orte:** Trani (S. 215) – Hafenidylle; Polignano (S. 225) – waghalsig bebaute Klippen; Alberobello (S. 259) – Trulli-Königin; Minervino Murge (S. 238) – abgeschieden und anmutig steil; Gravina in Puglia (S. 246) – bizarre Schluchtenstadt; Locorotondo (S. 262), Cisternino in der Nachbarprovinz Brindisi (S. 264) – beschauliche Ortskerne.
- **Landschaftliche Höhepunkte:** Castellana Grotte (S. 255) – gigantisches Höhlenareal; Itria-Tal (S. 257ff.) – fruchtbare Kulturlandschaft voller Trulli-Romantik.
- **Kunst und Kultur:** Castel del Monte (S. 238) – die magische Krone Apuliens; Canosa (S. 233) – römisches Munizipium und mehr; Canne della Battaglia (S. 236) – vermeintliches legendäres Schlachtfeld; Egnazia (S. 228) – frühapulische und antike Küstensiedlung, gehört bereits zur Nachbarprovinz Brindisi; Bari (S. 194), Trani (S. 215), Ruvo (S. 242) und Bitonto (S. 206) – apulisch-romanische Kathedralen; Gravina in Puglia (S. 246) – fünfschiffige Höhlenkirche; Ruvo (S. 242) – umfangreiche antike Vasensammlung;

Altamura (S. 250) – Skelett des über 200.000 Jahre alten "Mannes von Altamura"; Monte Sannace, größte bisher freigelegte peuketische Stadt (S. 254).

- **Kurios**: Pulo di Altamura (S. 252) und Pulo di Molfetta (S. 223) – frühgeschichtliche Krater-Siedlungen; Dolmen di Chianca (S. 221) – prähistorische Grabkammer.

- **Eher abzuraten**: Andria

Reisepraktisches zur Provinz Bari

Anfahrt & Verbindungen

- *Auto* Von Norden aus bietet die **A 14** die schnellste Verbindung zur *Terra di Bari*; bei Canosa di Puglia überquert die Autobahn den Ofanto (die Grenze zwischen den Provinzen Foggia und Bari) und zieht sich durchs küstennahe Murgia-Randgebiet bis an die Peripherie von Bari, wo sie dann nach Süden in Richtung Tarent abknickt.

Die **A 16**, die Querverbindung mit der Autobahn Rom–Neapel an der Westküste, stößt kurz vor Canosa auf die A 14.

Wer von Manfredonia kommt, hat in Barletta die Wahl zwischen der gut ausgebauten Küstenstraße S 16 und der **parallelen Schnellstraße** nach Bari. Die Küstenstraße führt direkt durch die Ortszentren der sehenswerten Hafenstädte.

Im Hinterland verbindet die S 98 Canosa mit Bari. Leider fließt auf dieser Strecke der Verkehr sehr zäh, obendrein ist sie ohne besonderen landschaftlichen Reiz.

Durch die reizvolle Hoch-Murgia führt hingegen die **S 97** von Canosa über Minervino und Spinazzola nach Gravina, von dort weiter über Altamura (S 96/S 171) und Gioia (S 604) ins Itria-Tal.

Vorsicht bei den seltenen, aber heftigen Regenfällen – dann verwandelt sich die **S 97** oftmals in eine gefährliche, nahezu unpassierbare Schlammpiste.

Vorsicht auch auf der S 16/S 379 Bari–Brindisi, diese Strecke ist u. a. wegen des hohen Lkw-Aufkommens die unfallreichste Küstenstrecke der Region.

Landschaftlich **besonders reizvoll** ist die **S 378** zwischen Corato und Gravina.

- *Bahn* Die **FS-Hauptstrecke** Foggia–Bari–Brindisi verbindet alle wichtigen Hafenstädte der Provinz mehrmals täglich miteinander.

Bari ist der **Knotenpunkt** mehrerer Bahngesellschaften: Die **Ferrovia del Sud-Est** führt über Castellana Grotte ins Trulli-Land nach Alberobello und Locorotondo, dann weiter in die Provinz Lecce.

Die **Ferrotranviaria Bari-Nord** verbindet die mittelgroßen Städte des Murgia-Randgebiets miteinander: Barletta–Andria–Bitonto–Bari.

Die **Ferrovia Calabro-Lucane** führt von Bari über Altamura nach Matera und endet in Potenza.

> **Tipp**: Bahnreisende mit Zeit können auf dem Schienenstrang **durch die Hoch-Murgia** reisen. Ab Barletta über Canne, Canosa, Minervino nach Spinazzola (Achtung – sonntags verkehren keine Züge); dort umsteigen auf die Strecke nach Gravina/Altamura, von dort weiter nach Bari oder Gioia del Colle.

- *Bus* Zwischen den Küstenstädten unterhalten die **SITA** und andere Busgesellschaften einen regelmäßigen Linienbusverkehr. Von Bari gibt es Verbindungen ins Hinterland der Provinz, z. B. nach Altamura, Gravina und Matera (Basilikata).

- *Fähre* In Bari starten im Sommer täglich mehrere **Autofähren nach Griechenland**. Bari entwickelt sich mehr und mehr zum apulischen Griechenland-Hafen und gräbt damit Brindisi – der traditionellen Nr. 1 – langsam das Wasser ab ("Bari/Verbindungen", S. 197).

- *Flugzeug* **Bari-Palese**, Hauptflughafen der Region. Charter- und Linienflüge von/nach Deutschland ("Anreise", S. 68).

Provinz Bari

Karte S. 192/193

Übernachten

● *Hotels* Die **Hafenstädte der Costa di Bari** sind gut mit Hotels aller Kategorien versorgt, in der Hauptsaison kann es dennoch Engpässe geben.

Bari hat ein langes Hotelverzeichnis, darunter einige ordentliche Zwei-Sterne-Hotels.

> **Tipp**: Abgesehen von wenigen Ausnahmen ist im gesamten **Bareser Hinterland** Vorsicht geboten. Hier kann es ernsthafte Unterbringungsprobleme geben – deshalb sollten Sie bei Übernachtungsabsichten, vor allem in den entlegenen Gebieten der Hoch-Murgia, unbedingt vorher telefonisch reservieren! (Unterkünfte und Adressen finden Sie hier im Buch).

Das gut erschlossene **Itria-Tal** ist das ganze Jahr über gut besucht, die dortigen Hotelpreise liegen allerdings leicht über dem Provinzdurchschnitt.

First-class-Reisende finden in Bari und im Landesinnern einige interessante Luxusherbergen; z. B. in Altamura ein nur von außen unscheinbares Altstadthotel.

● *Agriturismo* Ferien auf einer apulischen *Masseria* kann man in der Provinz Bari durchaus empfehlen. Für apulische Verhältnisse ist das Bareser Hinterland gut mit Agriturismo-Gutshöfen bestückt, vor allem in der Umgebung von **Castel del Monte** und im **Itria-Tal**.

● *Camping* An der **Costa di Bari** sind Campingplätze eher selten, nur **Monopoli** bildet mit mehreren Uferplätzen eine Ausnahme. Im Landesinnern gibt es so gut wie keine Campingmöglichkeiten.

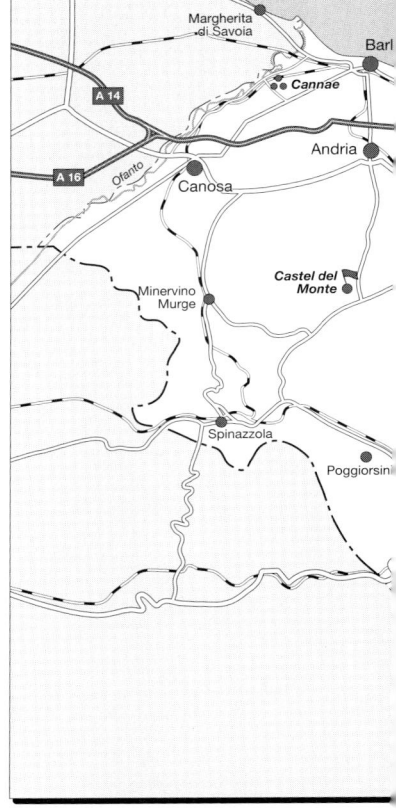

● *Jugendherberge* Seitdem die einzige Jugendherberge der Provinz **in Palese Marina geschlossen** hat, haben Low-Budget-Traveller das Nachsehen.

Essen & Trinken/Spezialitäten

Die Terra di Bari ist vor allen anderen Provinzen die Heimat der **Orecchiette**, der kleinen muschelförmigen Nudel. Bari ist sozusagen die Hauptstadt dieser apulischen Pastaspezialität; hier erlebt man die lukullische Faszination der hausgemachten Orecchiette noch als tägliche Inszenierung. Unermüdlich formt die fleißige baresische Mamma die kleinen Nudelmuscheln, die in den Gassen der Altstadt auf großen Holztabletts zu bewundern sind. Was die Familie nicht verzehrt, wird an die örtliche Gastronomie verkauft.

Die Orecchiette-Nudel wird oftmals nur mit Blattgemüsen bzw. Feld- und Gartenkräutern zubereitet. Für die reichhaltigeren Varianten verwendet man Fleisch- oder

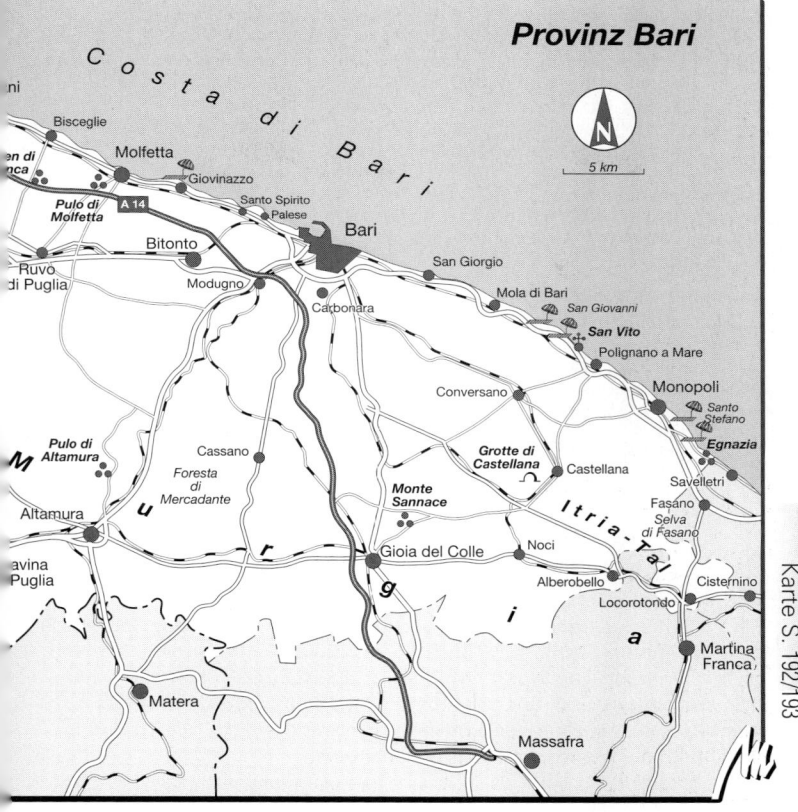

Provinz Bari

5 km

Bisceglie
Molfetta
Giovinazzo
Pulo di Molfetta
A 14
Santo Spirito
Palese
Bari
Bitonto
San Giorgio
Ruvo di Puglia
Modugno
Carbonara
Mola di Bari
San Giovanni
San Vito
Polignano a Mare
Conversano
Monopoli
Santo Stefano
Egnazia
Pulo di Altamura
Cassano
Foresta di Mercadante
Grotte di Castellana
Castellana
Savelletri
Altamura
Monte Sannace
Fasano
Selva di Fasano
Gioia del Colle
Noci
avina Puglia
Alberobello
Cisternino
Locorotondo
Martina Franca
Matera
Massafra

Costa di Bari

Itria-Tal

Fischragouts. Eine schmackhafte Nudelsuppe entsteht, wenn man die Orecchiette zusammen mit Gemüse oder Hülsenfrüchten kocht.

● *Pane e Vino:* Nicht nur die Pasta, auch das **Brot** gehört vielerorts zu den Spezialitäten. Nirgendwo anders ist es so schmackhaft wie in Altamura, wo es mit fast schwarzer Kruste **aus dem Holzofen** kommt.

Zwar bleibt die große Masse der **Bareser Weine** anonym, aber einige Gebiete haben aufgrund ihres DOC-Prädikats bereits einen Handelsnamen von überregionaler Bedeutung, darunter die Bianco-, Rosato- und Rosso-Weine aus der Gegend um Castel del Monte und Gioia del Colle.

Weinkauf: Eine gute Auswahl und Beratung bieten die *Enoteche* in den Städten.

● *Antipasti* **Auui nn'acque**, hinter dem Dialekt-Zungenbrecher verbergen sich schmackhafte große, grüne Oliven in Salzlake, die wegen ihrer Größe übrigens auch *Mele* (Äpfel) genannt werden.

Sott'olii, in Öl eingelegte Artischockenherzen, Auberginenscheiben und getrocknete Tomaten.

Sgombri all'aceto, Makrelenfiletstücke in Essig und mit Kräutern.

● *Primi piatti* **Broccoli di rapa con orecchiette**, Orecchiette-Nudeln mit Brokkoligemüse und Sardellen zubereitet.

Maccheroncini con ricotta forte, kleine Makkaroni-Nudeln mit kräftigem Ricotta-Käse.

● *Secondi piatti* **Agnello e patate cotti al forno**, Lamm mit Kartoffeln aus dem Ofen.

Focaccia barese, Pizzatasche aus Brotteig mit einer Füllung aus gebratenen Zwiebeln, schwarzen Oliven, Sardellenfilets und scharfem Ricotta-Käse.

Sogliole gratinate, Scholle mit Öl, zahlreichen Kräutern, geriebenem Brot und Käse im Ofen überbacken.

Melanzane ripiene, mit Kräuter-Allerlei gefüllte Auberginen.

● *Contorni* eine verbreitete, schmackhafte Beilage zu Fleischgerichten ist **Gemüse** (Brokkoli oder Blattgemüse) mit gerösteten Brotkrümeln.

● *Dolci* Die Süßspeisenauswahl ist groß; lecker sind vor allem die Mandel-Nachspeisen, z. B. **Castagnedde**. Einfach unschlagbar ist das Schokoladenbrot **Pane di cioccolata** bzw. **Voglie di coccolata**.

Steuer-Spezialitäten

Zur Zeit der spanischen Herrschaft erfuhren die Besatzer, mit welcher revolutionären Vehemenz die Bareser ihre Orecchiette-Mütter verteidigen. Anlass zu dieser Demonstration gab 1647 die Einführung einer **Mehlsteuer**. Zunächst akzeptierten die wehrlosen Bewohner Baris widerwillig die neue spanische Schikane. Als sie aber sahen, dass die Soldaten bei der Steuereintreibung ihre Frauen belästigten, hielt sie nichts mehr. Es brach ein Aufstand aus, und acht Tage hagelte es Prügel, bis die Spanier schließlich auf die verhasste Abgabe verzichteten.

Bari

ca. 400.000 Einwohner

Eine chaotisch-lebendige Mezzogiorno-Großstadt mit harten Gegensätzen, die ihren Charme für Touristen durchaus nicht verloren hat. Der dichte, vorstädtische Wohn- und Industriegürtel umschließt einen ziemlich kompakten und überschaubaren Stadtkern. Bari-Centro teilt sich kompromisslos in einen Alt- und einen Neustadtbereich – die Trennungslinie bildet der breite Corso Vittorio Emanuele.

Und wie bei Manhattan und Harlem sind auch die beiden zentralen Stadtteile von Bari extrem gegensätzlich: Während "oben" die fleißigen Hausfrauen und die jugendlichen Scippatori regieren, bestimmen "unten" Nadelstreifenanzüge und exklusive Einzelhandelsgeschäfte das Stadtbild. In der faszinierend proletarischen Altstadt mit dem angrenzenden Hafenviertel stehen die wuchtigen, spätmittelalterlichen Baudenkmäler, wohingegen die Neustadt – insbesondere das Murat-Viertel – an die ruhmreiche Zeit des bürgerlichen Aufschwungs erinnert.

Die engen Gassen der gepflegten **Altstadt** gehören ganz zum privaten Lebensraum ihrer Bewohner. Manchmal misstrauisch, bisweilen herzlich werden Fremde in dieser öffentlichen guten Stube des Altstadtviertels empfangen. Wenn man die emsigen Frauen bei ihrer täglichen **Orecchiette-Herstellung** beobachtet, fühlt man sich fast schon an sozialromantische Genrebilder erinnert. Vor großen Holztabletts sitzend, schneiden sie den zu langen Würsten gerollten Teig in Stücke und gleichzeitig, für den Betrachter fast unsichtbar, modellieren sie mit dem Daumen die muschelähnliche Form –

Trügerische Altstadtidylle

unermüdlich, wie am Fließband. Was den Familienbedarf übersteigt, wird unter dem Torbogen der Strada Arco Basso am nordwestlichen Altstadtrand (gegenüber dem Eingang zur Festung) an die örtliche Gastronomie verkauft. Die Altstadtgassen sind blitzblank, denn die Hausfrauen scheuern mehrmals täglich die paar Quadratmeter vor ihrer Haustür. Vorbeischlendernde Touristen hören dann immer wieder diesen Satz: *"State attenti alle borse!"* Es ist die eindringliche Warnung, um Gotteswillen auf die Taschen aufzupassen. Der freundliche Hinweis mahnt unbekümmerte Besucher zur Wachsamkeit, denn, so will es nun mal der schlechte Ruf des Viertels, an jeder Ecke lauert Gefahr. Die jugendlichen Scippatori, die es auf die Habseligkeiten ahnungsloser Touristen und neugieriger Bareser abgesehen haben, machen die Altstadt nach wie vor unsicher!

Und tatsächlich, unaufhörlich knattern Mofas und Motorroller mit hoher Geschwindigkeit durch die engen Gassen – ab und zu wird im Vorbeifahren einem Passanten blitzschnell die Tasche entrissen – und weg sind die Diebe auch schon wieder. Die Kids sind so geschickt und variantenreich, dass sie auch vorbereitete Altstadtbummler überraschen können. Meiden sollte man vor allem den Bereich der **Via Venezia**. Die Carabinieri-Patrouillen erweisen sich gegen diese Form der Straßenkriminalität als relativ machtlos. Ernst genommen werden die *Poliziotti* ("Bullen") von den Minderjährigen des Viertels, die den Schutz der organisierten Unterwelt genießen, sowieso nicht; provozierend lungert der Nachwuchs um die Streifenwagen herum und zeigt deutlich, wer hier daheim ist. Nachts ist die Altstadt so gut wie ausgestorben. An dieser Stelle sei ganz deutlich gesagt: Ein Altstadtbesuch nur ohne Wertsachen jeglicher Art und nur tagsüber! – Doch Ausnahmen bestätigen bekanntlich die Regel, so auch im Centro storico von Bari, wo sich die Situation im Bereich der Piazza Ferrarese und der Piazza Mercantile deutlich entspannt hat. Durch belebende Baumaßnahmen und Sanierung hat sich dieser südöstliche Zipfel der Altstadt innerhalb kurzer Zeit vom schlechten Ruf befreit. Viele neue Lokale und eine friedliche Stimmung ziehen abends immer mehr Bareser und Touristen in diesen Teil der Altstadt.

Neustadt: 1813 legte **Joachim Murat** den Grundstein zum Bau des nach ihm benannten Stadtviertels. Die streng geometrisch angeordneten Einkaufsstraßen des **Quartiere Murattiano** gleichen sich wie ein Ei dem anderen. Schicke Einzelhandelsgeschäfte Tür an Tür, oft mit Heizungen vor den Schaufenstern, damit auch an kalten Tagen die Käufer vor den Auslagen stehen bleiben. Die weitgehend zur Fußgängerzone ausgebaute **Via Sparano** ist neben dem **Corso Cavour** die Hauptschlagader dieser Konsumcity. An der Ecke zur **Via Putignani** erfüllt seit 1895 der edle Damen- und Herrenausstatter *Mincuzzi* in einem klassizistischen Prachtbau die Wünsche der solventen Bareser Oberschicht. Die gesamte Neustadt wäre ein einziges Shopping-Paradies, gäbe es da nicht die zahlreichen **Gründerzeitbauten** zu besichtigen, die architektonischen Sehenswürdigkeiten aus der bürgerlichen Blütezeit der Stadt, etwa das **Teatro Petruzzelli** oder das Zentralgebäude der **Universität**, in dem auch das archäologische Museum untergebracht ist.

Bari/Geschichte

Das **römische Barium** der Antike lag zwar etwas abseits der großen Heeresstraßen, die Apulien damals durchzogen, war aber bereits ein bedeutender Handelshafen des südöstlichen Mittelmeerraums. Im 9. Jh. führte die Stadt einige Jahrzehnte lang eine orientalisch-arabische Existenz, nämlich als Zentrum eines sarazenischen **Emirats**. Noch im gleichen Jahrhundert eroberten die **Byzantiner** Bari zurück und errichteten einen prunkvollen Statthalterpalast, von dem heute allerdings nichts mehr steht.

Die **Normannen** läuteten zu Beginn des zweiten Jahrtausends die apulisch-romanische Blütezeit der Stadt ein. Sie begannen mit der Errichtung der wuchtigen Wehr- und Sakralbauten. Bari war damals aber auch das Zentrum des Widerstands gegen den spätmittelalterlichen "Imperialismus" der Normannen und provozierte dadurch 1156 seine vollständige Zerstörung durch Wilhelm den Bösen. Bereits 10 Jahre später begann der Wiederaufbau, den im folgenden Jahrhundert **Friedrich II.** bis zum wirtschaftlichen Aufschwung vorantrieb. Nach der Vernichtung der Staufer lenkten die **Anjou** die Geschicke der Stadt und sorgten für einen gründlichen Niedergang. Die **Spanier** glänzten in erster Linie durch unbarmherzige Steuererlasse ("Steuer-Spezialitäten", S. 194). Zu allem Übel tobte im Jahr 1656 die Pest und rottete fast die gesamte Bevölkerung aus.

Erst **Joachim Murat**, der französische Revolutionsheld und Kurzzeitkönig von Neapel, verhalf der Stadt zu neuen Ehren, als er sie Anfang des 19. Jh. zur Provinzhauptstadt erklärte und mit dem Bau der Neustadt begann.

Nach der **Einheit** Italiens und mit dem bürgerlichen Aufschwung entwickelte sich Bari wirtschaftlich und kulturell zu einem maßgeblichen Zentrum im Süden Italiens.

Die eilige Expansion in der Gegenwart verweist hingegen auf die Probleme des gesamten **Mezzogiorno**: Die urbane Entwicklung geht weitgehend an den realen Bedürfnissen einer rapide wachsenden Bevölkerung vorbei. Industrieller Wildwuchs an der Peripherie und extreme soziale Kontraste im Zentrum bestimmen das Stadtbild heute wesentlich mit.

Information/Anfahrt & Verbindungen

• *Information* **EPT-Büro**, am Bahnhofsvorplatz, Piazza Aldo Moro 33 a, ☎ 080/5242361. Wenn man aus dem Bahnhof kommt, an der rechten Seitenflanke in einer Passage. Hier sind Stadtplan und diverses Informationsmaterial über Bari und ganz Apulien erhältlich. Nur vormittags geöffnet.

• *Auto* Das eigene Fahrzeug ist sicherlich das größte Hindernis bei einem Bari-Besuch! Die Stadt schlägt alle Chaosrekorde hinsichtlich Straßenführung, Beschilderung, Vorwärtskommen und Parken. Wer sich dennoch hineinwagt, sollte keine Kosten scheuen und ohne Umwege eine **Parkgarage** aufsuchen (in der Neustadt mehrfach vorhanden, z. B. Via Niccolò Piccinni/Ecke Via Quintino Sella bzw. am Bahnhof, pro Std. ca. 2 €, ganzer Tag ca. 20 €); denn selbst um laut quäkende Alarmanlagen kümmert sich niemand. Die organisierte Kriminalität gehört leider zur Realität in Bari – und das Auto ist ein beliebtes Objekt krimineller Begierde.

> **Tipp für Camper** – empfehlenswert ist das Villaggio turistico Sea World im Küstenvorort San Giorgio (S. 198), es gibt eine Busverbindung ins Zentrum von Bari.

• *Bahn* Bari ist der Knotenpunkt mehrerer Bahngesellschaften, deren Bahnhöfe sich alle um die Piazza Aldo Moro am Südrand der Neustadt gruppieren.

Vom **FS-Bahnhof** gehen mehrmals täglich Fernzüge über Foggia und Ancona nach Norditalien: etwa 10x täglich von und nach Mailand, außerdem 2- bis 3x täglich von und nach Rom. Auf derselben Strecke verkehren häufig Nahverkehrszüge nach Giovinazzo, Molfetta, Bisceglie, Trani und

Barletta. Weitere FS-Verbindungen führen nach Brindisi und Lecce (über Polignano und Monopoli) und nach Tarent (S. 71). Die private **Ferrovia del Sud-Est** (S. 72) startet auf den westlichen Gleisen des FS-Bahnhofs in die Trulli-Region (Alberobello und Locorotondo), nach Martina Franca (Provinz Tarent) und zu anderen Zielen. An der Westflanke des Platzes befindet sich der moderne Bahnhof der **Ferrovia Tranviaria Bari-Nord** mit einer Linie durchs Murgia-Randgebiet (Bitonto, Ruvo, Andria, Barletta). Hier ebenfalls Abfahrt der Züge der **Ferrovia Calabro-Lucana** ins Hoch-Murgia- und Gravine-Gebiet (Altamura, Matera) bis nach Potenza (S. 72).

• *Bus* **SITA-** und **Marozzi-Busse** starten am Bahnhofsvorplatz (Piazza Aldo Moro); **AMET-Busse** am Largo Eroi del Mare, an der südlichen Hafenmole. Relativ häufige Verbindungen ins Landesinnere (Altamura, Gravina, Gioia) und die Küste entlang (Barletta, Monopoli) sowie in andere Provinzen und Regionen. **Stadtbus**: vom Bahnhof und den Altstadtrand (Piazza Libertà) mit Bus Nr. 2.

• *Fähre* Der Passagierhafen liegt westlich der Altstadt. Hier befinden sich auch die Büros der Reedereien **Ventouris Ferries**, **Arkadia Lines** und **Poseidon Lines**. Die Route aller Griechenlandfähren führt von Bari über Korfu, dann Igoumenitsa nach Patras.

• *Flugzeug* **Aeroporto Bari-Palese**, 9 km nordwestlich von Bari, an der S 16. Charter- und Linienflüge von/nach Deutschland. Hier auch die Büros der **Fluggesellschaften** Lufthansa und Alitalia.

Transfer: Busse der privaten Gesellschaft Tempesta Autoservizi verkehren stündlich zwischen dem Flughafen und dem FS-Bahnhof, Einzelticket 4,13 €, Fahrzeit ca. 30 Min. Ein **Taxi** ins Zentrum kostet ca. 20 €.

Provinz Bari
Karte S. 192/193

Adressen/Einkaufen

- *Diplomatische Vertretung* **Deutsches Honorarkonsulat**, Piazza Umberto I 40, ✆ 080/5244059. **Österreichisches Konsulat** Via Dalmazia 179, ✆ 080/5531995.
- *Medizinische Versorgung* **Croce Rossa Italiana** (Rotes Kreuz), Erste Hilfe, ✆ 080/5041733.
U.S.L. Bari, Piazza A. Moro 21, ✆ 080/5726111.
Apotheke (Farmacia Berrino), Corso Cavour 47, ✆ 080/5212615.
- *Mietwagen* **Avis** (✆ 080/5316168) und **Europcar** (✆ 080/5316144) am Flughafen.
- *Post* Hauptpostamt, Via Garuba 1, Nähe

Piazza Umberto I (Universität).
- *Einkaufen* schicke Einzelhandelsgeschäfte und kleine Kaufhäuser in der gesamten Neustadt, vor allem in der **Via Sparano da Bari**.
Libreria Villari, Via Lombardi 28, am Hotel Palace, gut sortierte Buchhandlung mit Sach- und Kunstbüchern zur Region, zum Stöbern, für Leute mit Italienischkenntnissen.
Enoteca De Pasquale, Via Marchese di Montrone 87 (Neustadt), wer auf der Suche nach guten apulischen Qualitätsweinen ist, kann sich hier ausgiebig beraten lassen.

Übernachten/Camping (s. Karte S. 201)

Die Hotels der gehobenen Kategorie befinden sich im oberen Teil der Neustadt und werden v. a. von Geschäftsleuten frequentiert. Einige **ordentliche Zwei- bis Drei-Sterne-Hotels** liegen in der relativ lauten Via Crisanzio, wenige Schritte vom Bahnhof entfernt. **Camper** finden ca. 10 km südwestlich der Stadt einen idealen Platz. Die **Jugendherberge** in Bari-Palese bleibt leider bis auf unbestimmte Zeit geschlossen.

- *Hotels*   ****** Palace (7)**, Via Lombardi 13, herrschaftlicher Palazzo an der Grenze zwischen Alt- und Neustadt, modernisiert, klimatisiert und komfortabel eingerichtet, alle Zimmer mit PC, 🖳 und Internetanschluss, Hotelrestaurant, DZ 192–212 €, EZ 130–150 €, ✆ 080/5216551.
*** Boston (8), Via Piccinni 155, Neubau in der oberen Neustadt, internationaler Standard, relativ kleine, picobello saubere, funktional-moderne Zimmer, DZ 88–140 €, EZ 57–98 €, ✆ 080/5216633.
*** Grand Hotel Oriente (12), Corso Cavour 32, Nähe Teatro Petruzzelli, stilvoller Gründerzeitbau, recht komfortabel, DZ 83–155 €, EZ 36–93 €, ✆ 080/5244011.
*** Albergo Moderno (14), Via Crisanzio 60, internationaler 3-Sterne-Standard, insgesamt etwas nüchtern, aber recht preiswert, DZ 80 €, EZ 50 €, ✆ 080/5213313.
** Albergo Giulia (15), Bahnhofsnähe, Via Crisanzio 12, im ersten Stock, hübsch ausgestattet und ordentlich geführt, DZ

62 €, ohne Bad 47 €, EZ 41,50–46,50 €, ohne Bad 30–41,50 €, ✆ 080/5216630.
** Albergo Romeo (16), wo Giulia ist, ist auch Romeo nicht weit weg, ebenfalls Via Crisanzio 12, im zweiten Stock, preiswerter, aber dafür ziemlich nüchtern, DZ 36–54 €, EZ 18–36 €, ✆ 080/5237253.

- *Camping:* ****** Villaggio turistico Sea World (17)**, im Küstenvorort **San Giorgio**, an der Via Adriatica (S 16), etwa 10 km südöstlich vom Zentrum. Einer der ganz wenigen Plätze, die ganzjährig geöffnet bleiben. Relativ tristes Gelände mit Eukalyptusbäumen, direkt über der flachen Klippenküste, gut bewacht, Bademöglichkeit. 2 Personen, Zelt und Auto 15,50–28,50 €, Vermietung von Trulli-Hütten pro Tag 21–26 € pro Person. Insgesamt ein reiner Übernachtungsplatz, aber ideal für Autoreisende, die nicht nach Bari hineinfahren wollen! Stadtbus (Nr. 12) ins Zentrum. ✆ 080/5491175.

Essen & Trinken (s. Karte S. 201)

Die **Orecchiette**, die Bareser Pasta-Spezialität, sollte man in einem der unten empfohlenen Restaurants auf jeden Fall ausprobieren! Außerdem gibt es an der alten Hafenmole **Molo San Nicola** auf sehr originelle Art zubereitete, frische Meeresspezialitäten. Schon am frühen Vormittag geht's hier hoch her. Die Einheimischen nennen ihren Gang zum alten Landungsplatz *nderre alle lanze*. Straßenhändler verkaufen u. a. frische Austern, weich-geklopfte Tintenfische, Seeigel, Mies-muscheln und sog. Meeresnüsse. Nichts für empfindliche Mägen – alles wird roh und mit viel Zitronensaft ange-boten! Die sehenswerte **Fischmarkt-halle** befindet sich ein Stück weiter in Richtung Altstadt, an der Piazza Ferra-rese, gleich hinter dem monumentalen **Teatro Margherita**, das z. Zt. aufwen-dig restauriert wird.

In der Neustadt und am Altstadtrand hat man die Wahl zwischen feinen Ris-toranti, volkstümlichen Trattorie und urigen Osterie. Eisliebhaber kommen am Corso Cavour auf ihre Kosten, dort wimmelt es geradezu von Gelaterie.

● *In der Neustadt* **Antica Bari/Refugium Peccatorum (10)**, Via Putignani 123, Ris-torante und Pizzeria, hoher kühler Gewöl-besaal, recht vornehm, aber nicht unge-mütlich, gute pugliesische Küche, abends auch große Pizzaauswahl, Menü ca. 25 €, Pizza 3,50–6 €, So Ruhetag, ☎ 080/5216827.

Nuova Vecchia Bari (13), Via Dante 47, großes Souterrain, modern eingerichtet, eine der ersten Gastro-Adressen der Stadt, dementsprechend teuer, ausge-zeichnete Fleisch- und Fischgerichte nach traditionellen Rezepten zubereitet, ☎ 080/5216496, Freitag Ruhetag.

Private Orecchiette-Nudel-Produktion

> **Terranima (11), Tipp!** Via Putignani 213, freundliches, kleines Ristorante, geschmackvoll eingerichtet, heller Steinfußboden wie ein Trottoir, lo-kaltypische Küche mit vegetari-schem Schwerpunkt, zu den Spezia-litäten gehören Gemüsetorten und Orecchiette mit Brokkoli und Zucchi-niblüten, leckere Zitronennachspei-sen, Menü ca. 18 €, Wein in Flaschen und glasweise, ☎ 080/5219725. Die Be-sitzer betreiben auch das benach-barte Caffé Batafobrle (s. unter "Cafés").

El Pedro (9), Via Piccinni 152, akzeptables Self-service-Restaurant, mittags und abends geöffnet, große Primi-Auswahl, Fisch- und Fleischgerichte mit Contorno, preiswert.

● *In der Altstadt* **Al Pescatore (2)**, direkt am Castello, Piazza Federico II di Svevia 8,

alteingesessenes beliebtes Fischlokal, hübsch aufgemacht, große Terrasse, zur Straße hin durch Blätterwerk und Marki-sen geschützt. Eine Spezialität ist die reichhaltige Fischsuppe, Menü inkl. Ge-tränke ca. 30 €. Kein Ruhetag, ☎ 080/5237039, kein Ruhetag.

> **Osteria al Gambero (1), Tipp!** Eben-falls am Castello, Corso de Tullio 8, reines Fischrestaurant, unter großem Zeltdach, viel Atmosphäre, Fisch und Meeresfrüchte in allen Variationen (auch roh), Linguine mit Hummer (con l'astice), reichhaltige Fischsup-pen, Seebarsch (Spigola) in Salzkruste, Menü 20–25 €, So Ruhetag, ☎ 080/5216018.

La Cecchina (3), Neueröffnung an der stimmungsvollen Altstadt-Piazza Ferra-rese, großer Gewölbesaal, Tische im Frei-en, Fisch und Fleisch von Holzkohlegrill, Menü inkl. Getränke ca. 20 €, ☎ 080/5214147.

Vini e Cucina (6), typische Nachbarschafts-Osteria seit 1870, Strada Vallisa 13, Nähe Piazza Ferrarese, kühles Kellergewölbe, schnörkellose Hausmannskost, deftige Portionen, volkstümlich und preiswert, offener Wein, So Ruhetag, ✆ 330/433018.

Osteria Delle Travi (4), Tipp! Largo Chiurlia 12, Verlängerung der Via Sparano da Bari, etwas versteckt am Altstadtrand gelegen, abends düstere Umgebung. Die fast schon legendäre Osteria, die mittlerweile von den Enkelkindern des Gründers geführt wird, bietet solide lokaltypische Küche mit einigen selten gewordenen Spezialitäten, z. B. jeden Freitag *Tiella di riso patate e cozze* (eine Art Primo-Auflauf mit Reis, Kartoffeln und Miesmuscheln), ehrliche Preise, Menü ab 16 €, ✆ 339/1578848, Mo Ruhetag.

• *Cafés/Nachtleben* Bari ist nicht gerade die Straßencafé-Metropole des Südens. Wer sucht, wird jedoch am lauten Corso Vittorio Emanuele fündig. Eine echte Institution ist das **Gran Caffè** am Corso Cavour. **Abends** bevölkern sich neuerdings die beiden Altstadtplätze Piazza Ferrarese

und Piazza Mercantile wieder mit Einheimischen und Touristen. Grund dafür ist die weiträumige Sanierung dieses ufernahen Altstadtviertels. Viele neue Lokale haben eröffnet und die friedliche Stimmung hält sich hier bis in die späten Abendstunden. Gemütlich sitzt man z. B. im **Caffè Nero (5)**, Stradella Vallisa 19 (Seitenstraße der Piazza Ferrarese), junges Publikum.

Vorsicht: Abends sollte man die Bars im Bereich der alten Hafenmole Molo San Nicola am Lungomare N. Sauro meiden; sie haben keinen guten Ruf, hier treffen sich angeblich die Scippatori und Topini, die städtischen Street-Corner-Kriminellen!

Caffè Batafobrle La Puglia (11), **Tipp!** Neustadt, Via Putignani 213, ein gemütliches, aber eher unitalienisches kleines Kaffeehaus mit geschmackvoller Einrichtung, besonders in den Abendstunden stark frequentiert, kurzer Tresen, eng gestellte Tische. Interessantes Bari-Antiquariat zum Durchblättern liegt aus. Zum Aperitif werden schmackhafte Oliven und Hartgebäck serviert. – Der merkwürdige Name setzt sich übrigens aus den Abkürzungen der fünf Provinzhauptstädte zusammen: BA-TA-FO-BR-LE! ✆ 080/5219725.

Feste & Veranstaltungen

Processione dei Misteri, feierlicher Karfreitagsumzug.

Sagra di San Nicola, großes Fest zu Ehren des Schutzheiligen am Lungomare. Die Holzstatue des Hl. Nikolaus wird feierlich aus der Kathedrale geholt und aufs Meer hinausgefahren, wo sie am Abend

von zahllosen Booten begrüßt wird – in Erinnerung an die Rückkehr der Gebeine des entführten Heiligen im Jahr 1087 (7.–9. Mai).

Festival Castello, Theater-, Musik- und Kinoveranstaltungen im Castello (Juli/August).

Teatro Piccinni, Stadttheater, Corso Vittorio Emanuele 88, ✆ 080/5213717.

Sehenswertes in der Bareser Altstadt

Castello normanno-svevo: am südwestlichen Altstadtrand. Der **Normanne Robert Guiscard** ließ diese trapezförmige Wehranlage auf römischen Fundamenten direkt am Hafenbecken errichten (Baubeginn 1071). Von der Festung aus konnte man dem patriotischen Widerstand in der Stadt gut imponieren, denn Bari war zur damaligen Zeit das hartnäckigste Zentrum des apulischen Kampfs gegen die Besatzungsmächte. Die Festung wurde von **Friedrich II.** zwischen 1233 und 1240 völlig neu ausgebaut. Sie erhielt u. a. das Westportal, das ganz nach dem Geschmack Friedrichs eher an orientalische

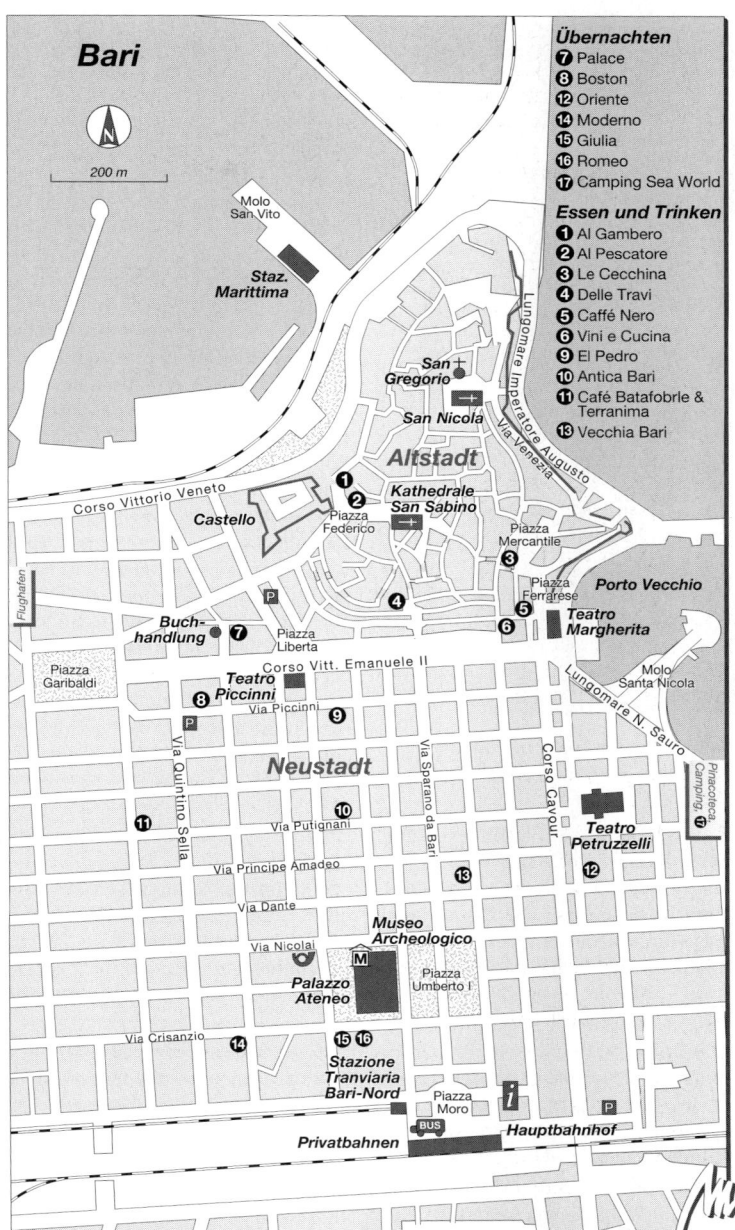

Bari

200 m

Molo
San Vito

Staz.
Marittima

San
Gregorio

San Nicola

Altstadt

Corso Vittorio Veneto

Castello

Piazza
Federico

**Kathedrale
San Sabino**

Piazza
Mercantile

Piazza
Ferrarese

Porto Vecchio

Buch-
handlung

Piazza
Liberta

**Teatro
Margherita**

Molo
Santa Nicola

Teatro
Piccinni

Corso Vitt. Emanuele II

Via Piccinni

Piazza
Garibaldi

Neustadt

Via Putignani

Via Principe Amadeo

Via Dante

Via Nicolai

**Museo
Archeologico**

Piazza
Umberto I

**Palazzo
Ateneo**

Via Crisanzio

**Stazione
Tranviaria
Bari-Nord**

Piazza
Moro

Privatbahnen

Hauptbahnhof

Lungomare Imperatore Augusto

Via Venezia

Lungomare N. Sauro

Corso Cavour

Via Sparano da Bari

Via Quintino Sella

**Teatro
Petruzzelli**

Pinacoteca
Camping

Flughafen

Provinz Bari
Karte S. 192/193

Übernachten
7 Palace
8 Boston
12 Oriente
14 Moderno
15 Giulia
16 Romeo
17 Camping Sea World

Essen und Trinken
1 Al Gambero
2 Al Pescatore
3 Le Cecchina
4 Delle Travi
5 Caffé Nero
6 Vini e Cucina
9 El Pedro
10 Antica Bari
11 Café Batafobrle &
Terranima
13 Vecchia Bari

Die Altstadtgasse gehört zum privaten Wohnbereich

Formen als an die abendländische Gotik erinnert. Die feierliche Loggia (Eingangshalle) und die Freitreppe, die vom Hof in die Obergeschosse führt, sind ebenfalls staufische Leistungen. **Isabella von Aragon** ließ später prunkvoll anbauen, z. B. die Ecktürme an der der Stadt zugewandten Seite. **Bona Sforza**, die Königin von Polen und letzte Herzogin von Bari, residierte ebenfalls in diesem massiven Gemäuer. Den spanischen **Bourbonen** fiel nichts anderes ein, als die Burg in einen Kerker umzuwandeln.

Die mächtige Vierflügelanlage betritt man von der Piazza Federico II di Svevia über eine Brücke, die den Burggraben überspannt. Zunächst geht es durch die Eingangshalle in den weitläufigen Innenhof. Einige Räumlichkeiten der Festung sind für wechselnde Ausstellungen reserviert, der Rest beherbergt die Büros von Ämtern und Behörden. Im Kastell ist außerdem eine sog. **Gipsoteca** untergebracht, eine interessante Sammlung von Gipsabdrücken berühmter Plastiken sowie historischer apulischer Architekturfragmente.

Öffnungszeiten tägl. (außer Mo) 9–13 und 15–19 Uhr, Eintritt 2 €.

Kathedrale San Sabino: Unverkennbar ragt sie spitz betürmt aus der Altstadt heraus. Der Bau wurde im letzten Drittel des 12. Jh. auf den Trümmern des von Wilhelm I. im Jahr 1156 zerstörten byzantinischen Vorgängerbaus begonnen. Die Fassade wirkt mit den wenigen noch vorhandenen byzantinisch-maurischen Verzierungen und den Portalen aus dem 18. Jh. ziemlich uneinheitlich. Vom einzigen noch stehenden Turm an der Ostfassade – den nur Auserwählte betreten dürfen – soll man einen wunderschönen Panoramablick haben.

Das Innere wurde jüngst von barocken Zutaten befreit und verkörpert wieder **reinsten apulisch-romanischen Stil**. Reste des alten Fußbodenmosaiks (8. Jh.) stammen noch vom Vorgängerbau. Architektonisch interessant ist die sog. **Trulla** neben dem linken Seitenschiff. Dieser ehemals frei stehende Rundbau aus dem 11. Jh. beherbergt seit dem 18. Jh. die Sakristei.

Die **Krypta** im Untergeschoss ist noch weitgehend barockisiert. Über dem Hauptaltar in der Krypta steht die hochverehrte byzantinische **Ikone der**

Maria Odegitria. Basilianermönche (S. 29) retteten sie einst vor den Bilderstürmern aus Konstantinopel.

Museo della Cattedrale: Im angrenzenden **Bischofspalast** (Via Dottula) wird das Glanzstück der Bareser Kirchenschätze aufbewahrt, eine über 8 m lange **Exultetrolle** aus dem frühen 11. Jh. Die Liturgie auf dieser byzantinisch beeinflussten Buchrolle wurde immer am Karsamstag verlesen. Der vorlesende Priester ließ die Rolle dabei über die Kanzelbrüstung herabhängen, so dass die Illustrationen neben dem Text – die auf dem Kopf standen! – für die Gläubigen im Kirchenschiff sichtbar waren.

Öffnungszeiten Do, Sa und So 9.30–12.30 Uhr, Sa auch 16.30–19 Uhr.

Basilika San Nicola: Eine romanische Prachtkirche mit schwerem Mauerwerk und gedrungener Form aus dem weißem Kalkstein Pietra Tranese. Früher stand an dieser Stelle der Palast des Gouverneurs aus Konstantinopel, der so genannte **Katapanspalast.** Diese Residenz war der Inbegriff byzantinischer Präsenz in Apulien. Die Normannen überbauten den Katapanspalast in über 100-jähriger Arbeit (1087–1189) vollständig und errichteten eine der größten Kirchen Apuliens. Die massive Eckturm-Einfriedung – als Ausdruck normannischer Stärke gedacht – lässt die Kirche tatsächlich wie eine Festung erscheinen.

Durch das reich geschmückte **Hauptportal** gelangt man ins Innere. Die üppig verzierte barocke Holzdecke stammt aus dem 17. Jh. Der Altar ist mit einem prächtigen

Basilika San Nicola

Baldachin überdacht, der die Statue des Hl. Nikolaus schützt, die mit bischöflichen Gewändern behangen ist. Dahinter, auf dem byzantinischen Mosaikboden, steht ein wertvoller **Bischofsthron** (11. Jh.), dessen Sitzfläche von schmerzverzerrten Menschlein getragen wird.

Die vermeintlichen Überreste des Hl. Nikolaus befinden sich in der **Krypta** – noch heute ein vielbesuchtes internationales Wallfahrtsziel. Inzwischen hat man auch eine Kapelle für orthodoxe Pilger eingerichtet. Die Krypta wurde 1089 von keinem Geringeren als Papst Urban II. geweiht. Er reiste extra aus dem vornehmen Rom ins damals hinterwäldlerische Apulien, um die heiligen Reliquien in ein tiefes Grab unter schwere Steinplatten zu betten. Aus dem Grab träufelt angeblich eine wundersame Flüssigkeit, heiliges Manna genannt, die einst flaschenweise zu horrenden Preisen reißenden Absatz fand.

Provinz Bari
Karte S. 192/193

Trani wetteiferte damals mit Bari um den größten und schönsten Dombau an der Costa di Bari, Näheres zu diesem **Kirchenwettstreit** siehe unter Trani (S. 216).

Museo Nicolaiano: Diese Schatzkammer – gleich rechts am Haupteingang – beherbergt die zahlreichen Geschenke an den Schutzheiligen sowie wertvolle Urkunden vom byzantinischen Gouverneur und von Friedrich II., außerdem die Krone des normannischen Königs Roger II. von Sizilien, Votivbilder der Zaren von Russland, illuminierte Gebetbücher und die Reste jener Kiste, in der die Gebeine des Hl. Nikolaus aus Myra entführt wurden.

Öffnungszeiten Im Souvenirshop neben der Kathedrale um Einlass in die Schatzkammer bitten, es kommt jemand mit.

Santa Claus

In Bari machten einst die Pilger und Kreuzfahrer auf dem Weg ins Heilige Land Zwischenstopp, um vor dem Kirchenschatz von San Nicola niederzuknien. Die Basilika war nämlich eigens als würdige Herberge für die Gebeine des San Nicola entstanden – eben des Heiligen, der als (vor-)weihnachtlicher Kinderbeschenker noch heute fast überall populär ist.

1087 waren die Gebeine des wundertätigen Bischofs aus Myra in Kleinasien "geholt" worden. Die Legende besagt, dass 62 tapfere Seeleute die Reliquien des Heiligen in Myra geraubt und nach Bari gebracht haben (jedoch halten sich ernstzunehmende Gerüchte, dass die Italiener den falschen Sarg erwischt hätten). Alljährlich am 8. Mai wird dieser gelungene Coup mit einer großen Bootsprozession gefeiert.

Kirche San Gregorio: Dieser elegante romanische Sakralbau (11. Jh.) befindet sich in unmittelbarer Nähe der Kathedrale San Nicola. Die Gewölbe des Innenraums ruhen auf schmalen Säulen mit reich verzierten Kapitellen. Das zumeist verschlossene Gotteshaus ist die beliebteste Bareser Hochzeitskirche.

Sehenswertes in der Bareser Neustadt

Teatro Petruzzelli: am belebten Corso Cavour. Der eindrucksvolle Bau mit der rotbraunen Fassade enstand um die Jahrhundertwende und war Anfang des 20. Jahrhunderts das kulturelle Zentrum des liberalen Bareser Bürgertums. Im Oktober 1991 brannte das Theatergebäude vollständig aus. Die kollektive Trauer um das **kulturelle Wahrzeichen der Stadt** war groß.

Im Petruzzelli trafen sich nicht nur die Opern- und Theaterfreunde Apuliens. Dank der hervorragenden künstlerischen Leitung war es über die Landesgrenzen hinaus bekannt und hatte Anschluss an die internationale Kulturszene. In den Bereichen Konzert, Tanz, Oper, und Varieté gastierten namhafte Gruppen und Solisten aus aller Welt.

Über den Außenbalkonen befinden sich die **Gipsbüsten** von Verdi, Rossini und Bellini. Im ca. 200 qm großen Foyer stehen die Statuen der bekanntesten apulischen Komponisten, Nicola De Giosa, Saverio Mercadente, Giovanni Paisiello und Niccolò Piccinni (dem die Stadt ein eigenes, sehenswertes und regelmäßig bespieltes Theater am Corso Vittorio Emanuele gewidmet hat, s. "Feste & Veranstaltungen"). Die immer noch verschleppte Restaurierung des Teatro Petruzzelli ist längst zum kulturpolitischen Skandal geworden.

Pinacoteca Provinciale: in der Via Spalato 19, Ecke Lungomare Nazario Sauro. Die Landespinakothek ist im ehemaligen **Palazzo della Provincia** untergebracht. Es handelt sich um die umfangreichste Gemäldesammlung der Region mit Werken aus dem 15. bis 19. Jh., wobei die heimische neben der neapolitanischen und venezianischen Malerei den Schwerpunkt bildet. Außerdem gibt es eine mittelalterliche Abteilung mit Skulpturen und Ikonen zu sehen.
Öffnungszeiten Di–Sa 9–13 Uhr und 16–19 Uhr, So nur vormittags, Mo und an Feiertagen geschlossen, Eintritt 2,50 €.

Museo Archeologico: im **Palazzo Ateneo**, dem Zentralgebäude der Universität an der Piazza Umberto I/Via Sparano. Das archäologische Museum zeigt vor allem apulische Vasenfunde. Die übersichtliche Anordnung der Sammlung veranschaulicht die Unterschiede messapischer, peuketischer und daunischer Keramik recht augenfällig. Leider ist das Museum seit Jahren geschlossen – ein weiterer kulturpolitischer Skandal.

Stolz ist Bari auf seinen neuen **Skulpturenpark** auf der Piazza del Mediterraneo im Nordwesten der Stadt, der 1997 im Rahmen des internationalen Künstlertreffens **Giochi del Mediterraneo** errichtet worden ist. Im Zentrum der weitläufigen, quadratischen Platzanlage stehen zahlreiche, zum Teil monumentale Objekte und Installationen. – Interessant für Liebhaber zeitgenössischer moderner Kunst.

Fußballstadion San Nicola: vor den Toren Baris, an der Stadtautobahn bei Carbonara. Ein futuristischer Bau, anlässlich der Fußballweltmeisterschaft 1990 vom italienischen Stararchitekten Renzo Piano entworfen. Als ein

Provinz Bari
Karte S. 192/193

WM-Fußballstadion – Calcio italiano

Austragungsort der **Mondiale '90** legte sich Bari damals mächtig ins Zeug und zeigte den Arbeitern in der industrialisierten Vorstadt und den Bewohnern der Armutsviertel am Stadtrand, wozu das Stadtparlament fähig ist, wenn es um Fußball und Prestige geht.

Bitonto   ca. 50.000 Einwohner

Ein Ausflug in die Kleinstadt lohnt sich allein wegen des hübsch-verwinkelten, mittelalterlichen Stadtkerns, dessen Atmosphäre gern mit Neapel verglichen wird. Mitten im Borgo Vecchio steht die Kathedrale San Valentino (13. Jh.) mit strahlend weißer Kalksteinfassade – eines der ausgereiftesten Beispiele apulisch-romanischer Sakralarchitektur.

Gleich hinter dem Dickicht der stark zersiedelten Peripherie von Bari beginnt das flache Randgebiet der Murgia. Das eher bäuerlich geprägte Bitonto liegt eingebettet in endlosen Olivenbaumpflanzungen. Hier wird ein Großteil des apulischen Olivenöls produziert. Das einheimische Speiseöl mit dem Handelsnamen **Cima di Bitonto** ist wegen seiner guten Qualität weit über die Landesgrenzen hinaus bekannt. Die ertragreichen Bäume, die in dieser Gegend außergewöhnlich groß sind, werden noch überwiegend manuell abgeerntet. Diese Arbeit verrichten wie in alter Zeit vor allem *Braccianti*, einheimische und ausländische Tagelöhner.

Das Frühjahr 1999 wird den örtlichen Olivenölproduzenten wohl noch lange in Erinnerung bleiben, denn Anfang Mai ereignete sich hier eine kleine Naturkatastrophe: ein kurzer, aber sehr heftiger Hagelschauer beschädigte die jungen Triebe der Olivenbäume so stark, dass die Ernteeinbußen bis zu 80 % betrugen. Außerdem benötigen die Bäume mindestens drei Jahre, um sich zu erholen und wieder die gleiche Menge an Oliven zu tragen.

Bitonto ist ein altes Siedlungszentrum des **peuketischen Volkstamms** und war bereits im 4. vorchristlichen Jahrhundert ein bedeutender Handelsplatz. Die **Via Traiana**, die römische Heeresstraße und Handelsroute in den Fernen Osten, verband das Munizipium Bitonto über den Hafen von Bari mit dem Oströmischen Reich. Die erste gewaltsame Zerstörung erlebte die Stadt um 975, zur Zeit der byzantinischen Herrschaft in Bari. In der **normannisch-staufischen Periode** entstand das mittelalterliche Stadtbild, das im Lauf der Jahrhunderte schichtweise überlagert wurde – die auffallenden Höhenunterschiede der Altstadtbepflasterung machen die jeweiligen Bebauungsphasen deutlich sichtbar. 1734 schlugen die **Bourbonen** vor den Toren Bitontos eine entscheidende Schlacht gegen die expandierenden Österreicher; der **Obelisk** auf der Piazza 26 Maggio 1734, am Ende der Via della Repubblica, erinnert daran. Heute führt das Städtchen trotz der bedrohlichen Nähe zu Bari ein eigenständiges Dasein.

● *Anfahrt & Verbindungen* **Auto**, den Schnellstraßenring um Bari in Richtung Modugno (beschildert) verlassen, von dort am besten auf der S 98 weiter. **Parkmöglichkeiten** an der östlichen Altstadt-Piazza Marconi.

Bahn: Von Bari-Zentrum aus empfiehlt sich die Ferrotranviaria Bari-Nord. Täglich mehrmals Züge in beide Richtungen (25 Min. Fahrtzeit). Vom Bahnhof führt die Via della Repubblica zur Altstadt.

Romanischer Prachtdom – San Valentino

● *Übernachten/Essen & Trinken* *** **Hotel Nuovo**, einzige Unterkunft in der City, Altstadtnähe, steriler Neubau im Wohngebiet, kleine Zimmer, leidlich sauber, vorwiegend von kleinen Geschäftsleuten frequentiert, kein Hotelrestaurant mehr, DZ 67 €, EZ 46,50 € ohne Frühstück, Via E. Ferrara 21, ✆ 080/3751178.

La Frisola, beliebtes Ristorante mit Pizzeria, an der zentralen Piazza Marconi (Nr. 39), modern eingerichtet, solide Küche, gute Pizza, akzeptable Preise, Mi Ruhetag.

Il Barbecue, etwas versteckt in einer Nebenstraße der Piazza Marconi gelegen, kleines volkstümliches Ristorante, einfache Hausmannskost, Fleisch vom Holzkohlegrill, def-

tige Primi, Menü mit Getränken max. 20 €, Via Petrarca 11, ✆ 080/3748831, So Ruhetag.

● *Einkaufen/Spezialitäten* in der belebten Einkaufsmeile Corso Vittorio Emanuele **Boutiquen** und **Cafés**.

Bocconotti, städtische Gebäckspezialität mit Ricotta-Käse, ausgezeichnet schmecken sie in der Bar/Pasticceria Ecke Piazza Moro/Piazza Marconi.

● *Feste & Veranstaltungen* **Festa dei Santissimi Medici**, Stadtfest zu Ehren der beiden heiligen Ärzte und Zwillinge Kosmas und Damian. Mehrtägiges Stadtfest mit großen Votivkerzen überall in der Stadt und Prozession zur Wallfahrtskirche am Stadtrand (Ende Sept., Haupttag am 26. Sept.).

Sehenswertes in Bitonto

Altstadt/Borgo Vecchio: Das alte Stadttor **Porta Baresana** an der Piazza Marconi führt direkt hinein. Gleich am Anfang des verwinkelten Viertels die Piazza Cavour mit dem Rundturm aus dem späten 14. Jh. und der barocken Kirche San Gaetano. Interessant sind auch die beiden Renaissancepaläste mit den katalanischen Architekturelementen.

Den bewohnten Teil der Altstadt durchzieht ein weitverzweigtes Gassenlabyrinth, das man sich aufmerksam erschließen sollte. Die trichterförmige Anlage des Borgo Vecchio weist etliche Höhenunterschiede auf, die die verschiedenen Bebauungsphasen verdeutlichen. Die Dächer der mittelalterlichen Häuser am südlichen Mauerring sind teilweise begehbar – sie erhielten ihre Bepflasterung während der zweiten Altstadterweiterung. Insgesamt ein sehenswertes Potpourri aus kleinen Wohnhäusern, herrschaftlichen Adelspalästen, aufgegebenen Kirchen und mittelalterlichen Stadttoren.

Kathedrale San Valentino: an der Piazza Cathedrale. Ist ganz aus Pietra tranese gebaut, dem harten, weißen Kalkstein, der in der Gegend von Trani gebrochen wird. Ein vollkommenes Beispiel apulisch-romanischer Sakralarchitektur aus der zweiten Hälfte des 13. Jh. Die restaurierte Fassade unterteilen zwei kantige Strebepfeiler; über den beiden doppelbogigen Mittelfenstern sieht man eine kunstvoll gearbeitete Fensterrose, die das Giebeldreieck fast ganz ausfüllt. Beachtenswert ist vor allem das geschmückte **Portal**, das von Löwen und Fabelwesen flankiert wird. Aufgrund ihrer exponierten Lage ist auch die Seitenfassade reich geschmückt mit sechs Arkaden und einem galerieartigen Überbau.

Im Innern der dreischiffigen Basilika verdient die **Kanzel** (1229) besondere Aufmerksamkeit. Ihre Reliefverzierungen zeigen u. a. einen thronenden Fürsten mit Krone und Zepter – nach Ansicht einiger Kunsthistoriker handelt es sich dabei um ein Porträt Friedrichs II. Im linken und rechten Seitenschiff befinden sich jeweils Bischofsgrabmäler aus dem 17. Jh. In der großen Krypta sind Fresken (14. Jh.) und ein großartig skulptiertes Lesepult zu bewundern.

Museo civico Eustacchio Rogadeo: in der Nähe der Kathedrale, Via G. Rogadeo 52. Das Museum beherbergt interessante Fundstücke aus der Gegend, eine Münzsammlung und Kostbarkeiten aus der Zeit des Risorgimento.

Öffnungszeiten   Mo, Mi und Fr 10–12 Uhr, Di und Do 15.30–17.30 Uhr, Eintritt ca. 2 €.

Hafenidylle an der Costa di Bari

Costa di Bari

Die apulische Küste ober- und unterhalb von Bari ist mit hübschen Hafenstädten gespickt. Auf diesen etwa 110 km zeigt Apulien als die küstenreichste Festlandsregion Italiens sein seestädtisches Gesicht am deutlichsten.

In Abständen von 10 bis 20 km säumen idyllische, mittelalterliche Hafenstädte das Meeresufer. Die durchweg niedrige Klippenküste der Costa di Bari ist zwar für Wasserratten wenig attraktiv, aber dafür kann man in Kunstgeschichte geradezu eintauchen – und erlebt obendrein viel Hafenatmosphäre. **Trani** mit der Königin der apulisch-romanischen Kathedralen und **Polignano** mit den waghalsig bebauten Klippen sind die Reisehöhepunkte an diesem dicht besiedelten Küstenstreifen, dessen Endpunkte **Barletta** und **Monopoli** bilden.

● *Anfahrt*   Die S 159 (von Manfredonia) und die S 16 (von Foggia) führen beide nach Barletta; dort beginnt die **Küstenentlastungsstraße** (parallel zur weiterführenden S 16). Die zeitaufwendigere, aber schönere Küstenstraße (S 16) führt mitten durch die Ortskerne der Hafenstädte Barletta, Trani, Bisceglie, Molfetta und Giovinazzo. Von Bari nach Monopoli gibt es keine Alternative zur stark frequentierten und in diesem Abschnitt leider auch unfallträchtigen S 16.

Barletta

ca. 80.000 Einwohner

Wichtige Hafenstadt und neben Bari der größte Warenumschlagplatz der Provinz. Auf den ersten Blick wirkt das abgasgeschwärzte Zentrum wenig einladend, auch die städtische Zementfabrik erhöht nicht gerade die Attraktivität – aber wer erst einmal ins alte Hafenviertel und zu den gut erhaltenen Baudenkmälern vorgedrungen ist, der kommt mit Sicherheit auf seine Kosten.

Das **Kastell** (13. Jh.), das früher direkt am Meeresufer stand, gehört nach der aufwendigen Restaurierung wieder zu den eindrucksvollsten spätmittelalterlichen Wehrbauten Apuliens. Der **Dom Santa Maria Maggiore** (13. Jh.), einer der wuchtigsten romanischen Sakralbauten an der Küste, wurde Anfang der 90er Jahre für die stolze Summe von 1,6 Millionen Euro komplett restauriert. **San Sepolcro** ist die älteste Kirche (Ende 12. Jh.), die Barletta zu bieten hat. Eindrucksvoll steht der **Bronzeherkules Colosso di Barletta** daneben (Alter 1.500 Jahre, Größe 5 m) und schaut sehnsüchtig über die Altstadt und das Meer hinweg in Richtung seines Geburtsorts Konstantinopel.

Im **quirligen Hafenviertel** erinnern nicht nur die Namen der Plätze (Piazza Pescheria, Piazza Marina) an die Fischfang- und Seehandelstradition – überall stößt man noch heute auf Fischereibetriebe und Niederlassungen kleiner Handelsgesellschaften. Der **Fischmarkt** an der barocken Porta Marina, dem alten Hafentor, ist allmorgendlicher Schauplatz einer Inszenierung rund um den Fisch – und im Hintergrund sorgen die hohen Silos und modernen Industrieanlagen für einen bizarren Kontrast. **Im Labyrinth** der engen Gassen, schmalen Treppen und überbauten Mauerbögen gibt es viel zu entdecken. Mitunter sieht man die Hausfrauen, wie sie den frischen Tintenfisch auf den Pflastersteinen direkt vor ihren Haustüren weich klopfen. Reste der dunklen Flüssigkeit spritzen dabei in alle Richtungen. Der betriebsame Hafen selbst ist wenig beschaulich, aber eine Stippvisite ans Ende der unteren Hafenmole mit angrenzendem Badestrand lohnt sich wegen der gut erhaltenen Holzplattform für die Fischer, einem so genannten **Trabucco** (S. 154).

Klein-Hollywood an der Adria

Barletta, die Filmstadt: In der Patricia-Highsmith-Verfilmung von "Nur die Sonne war Zeuge" durch René Clément (1960) schippert Alain Delon mit einem Hochseesegler und bösen Absichten durchs Hafenbecken von Barletta. Und der italienische Regisseur Franco Zeffirelli lässt seinen *Otello* (1988) im Castello von Barletta singen.

Großstädtisch gebärdet sich Barletta vor allem am **Corso Vittorio Emanuele**. Die dortigen Einzelhandelsgeschäfte preisen in ihren Auslagen feine Waren an, und elegante Menschen treffen sich in schicken Bars. In den frühen Abendstunden füllt sich die zentrale **Piazza Aldo Moro**, wo das temperamentvolle Menschengetümmel bisweilen einem Volksaufstand gleicht, aber dabei geht es doch "nur" um Geselligkeit, ein mediterranes Schauspiel, das in Barletta besonders intensiv zelebriert wird.

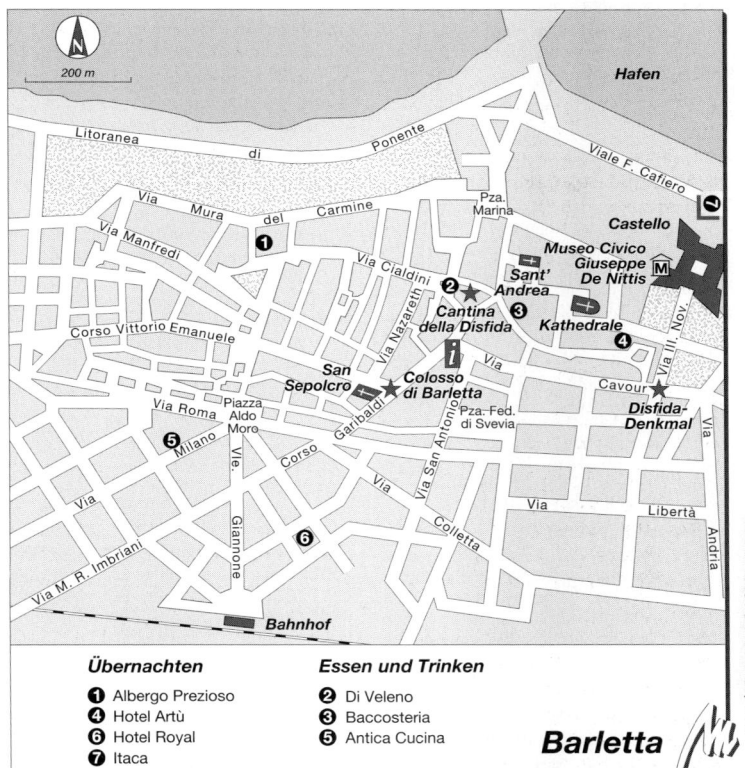

200 m

Hafen

Litoranea di Ponente

Viale F. Cafiero

Via Mura del Carmine

Pza. Marina

Castello

Via Manfredi ➊

Via Cialdini

Museo Civico Giuseppe De Nittis Ⓜ

Sant' Andrea ➋★

Corso Vittorio Emanuele

Via Nazareth

Cantina della Disfida ➌

Kathedrale ✠ ➍

San Sepolcro

Colosso di Barletta ★

Via

Cavour ★

Disfida-Denkmal

Piazza Aldo Moro

Via Roma ➎

Milano

Vie. Giannone

Corso Garibaldi

Via San Antonio

Pza. Fed. di Svevia

Via

Via M. R. Imbriani

Via

Colletta

Via

Libertà

Andria

➏

Bahnhof

Provinz Bari
Karte S. 192/193

Übernachten	**Essen und Trinken**
➊ Albergo Prezioso	➋ Di Veleno
➍ Hotel Artù	➌ Baccosteria
➏ Hotel Royal	➎ Antica Cucina
➐ Itaca	

Barletta

Information/Anfahrt & Verbindungen

● *Information* **IAT-Büro**, Corso Garibaldi 204, ✆ 0883/331331, Mo–Fr 9–13 Uhr, Di/Do auch 16.30–19 Uhr. Erhältlich ist ein Stadtplan sowie Prospekte (teilweise auf Deutsch) über Barletta und Umgebung (z. B. Cannae).

● *Auto* Von der A 14 führt ein kerzengerader Zubringer ins Zenrum. Die S 159 (Golfküste) stößt auf die S 16 und führt ebenfalls direkt ins Zentrum. Gute **Parkmöglichkeiten** am Castello. Für die ge-

bührenpflichtigen Parkplätze im Zentrum muss man sich eine Parkkarte kaufen, und sie im Rubbellosverfahren entwerten (1 Std. 0,52 €).

● *Bahn* **FS-Bahnhof** der Adria-Hauptstrecke Ancona–Foggia–Bari. Außerdem ist Barletta der Endbahnhof der **Ferrotranviaria Bari-Nord** (S. 197). Der Bahnhof liegt relativ zentral; über die Viale Giannone erreicht man schnell die belebte Piazza Aldo Moro.

Übernachten/Essen & Trinken

● *Hotels* ****** Itaca (7)**, Via Regina Elena 30, modernes komfortables Strandhotel, an der südlichen Uferstraße Litoranea di

Levante, DZ 88–98 €, EZ 54–62 €, klimatisiertes Hotelrestaurant, ✆ 0883/347741.

**** Hotel Artù (4), Piazza Castello 67, am Castello, komfortabler Neubau, gut geführtes Business- und Touristenhotel mit Restaurant, DZ 67–98 €, EZ 36–62 €, ✆ 0883/332121.

*** Hotel Royal (6), Via De Nittis 13, zentral, internationaler 3-Sterne-Standard, ohne Restaurant, DZ 62–93 €, EZ 36–57 €, ✆ 0883/531139.

* Albergo Prezioso (1), Via Teatini 11, Hafenviertelrandlage, Nähe Piazza Plebiscito, akzeptable Unterkunft, wenn man keine Ansprüche stellt, DZ 36 €, EZ 18 €, ✆ 0883/520046.

● *Essen & Trinken* **Antica Cucina (5)**, Via Milano 73, zentral (Nähe Piazza Aldo Moro), Trattoria mit Tradition und Michelin-Stern, Fischgerichte mit Frischegarantie, ausgezeichnete Fleisch-Secondi (z. B. Zicklein), regionale Käsespezialitäten und vorzügliche Ricotta-Nachspeisen, ausgewählte Flaschenweine, Menü 25–36 €. Mo Ruhetag, Sonntagabend ebenfalls geschlossen, ✆ 0883/521718.

L'Osteria di veleno (2), Via Cialdini 21, ehemalige Enoteca mit Flaschen- und Fässerdekoration im Herzen des alten Hafenviertels, auch Tische im Freien. Die gemütliche Osteria ist im Stil der historischen Cantina della Disfida eingerichtet

(s. u.) und serviert solide Fischküche, eine Spezialität ist die Fischsuppe, 80 verschiedene Weine und 20 Grappe, Menü ca. 30 €, ✆ 0883/532880, Mo Ruhetag.

> **Baccosteria (3), Tipp!** Via San Giorgio 5, mitten im alten Hafenviertel, modern-rustikal eingerichtet, transparenter Boden mit Blick in den Weinkeller, allererste Adresse für gute lokaltypische Küche und trotzdem keine überzogenen Preise. Zu den Spezialitäten des Hauses gehören Spaghetti mit Seeigeln (Ricci), Calamari mit Ricotta-Füllung und Capretto (Zicklein) in Moscato di Trani (Dessertwein) geschmort. Menü 20–25 €, ✆ 0883/534000, Mo Ruhetag, Sonntagabend ebenfalls geschlossen.

● *Abends* In der Altstadt haben in den letzten Jahren etliche Pubs, American Bars, Enoteche und Birrerie eröffnet, in denen häufig auch kalte und warme Snacks serviert werden. Uns hat das **Cafè Fanfulla** am besten gefallen, Tische auf der Piazza Sfida, offener Wein, Bier vom Fass, Cocktails, Crepes, junges Publikum, lange geöffnet, Mi Ruhetag.

Feste & Veranstaltungen/Baden

Großes Stadtfest in Erinnerung an die **Disfida di Barletta** mit folkloristischem Umzug und Reitturnier, Mitte September. Folgendes Ereignis stand Pate: Am 13. Februar 1503 fand im Hinterland von Barletta ein Kampf zwischen 13 italienischen und 13 französischen Rittern statt – dem Turnier war ein heftiger Wortwechsel in

einer Altstadtkneipe vorausgegangen, der heute noch erhaltenen Cantina della Disfida ("Die große Herausforderung", S. 213). Der **Lido** von Barletta befindet sich an der **Litoranea di Levante**, östlich der zweiten Hafenmole. Neben den zum Teil eingezäunten **Bagni** mit Barbetrieb findet man auch frei zugängliche Strandabschnitte.

Sehenswertes in Barletta

Castello mit Museo civico Giuseppe De Nittis: Seit dem Ende der Restaurierungsarbeiten in den 80er Jahren beherbergt das Kastell auch das städtische Museum. Der wuchtige quadratische Flügelbau mit den weit vorspringenden Eckbastionen ist eine eindrucksvolle Wehranlage, an deren Errichtung alle Herrscherdynastien, die Apulien zwischen dem 13. und 16. Jh. regierten, beteiligt waren. Vor dem Aufbruch ins Heilige Land verkündete der **Stauferkaiser Friedrich II.** auf dem Vorplatz des Kastells den kirchlichen und weltlichen Würdenträgern seines unteritalienischen Königreichs höchstpersönlich sein politisches Testament. Es sollte im Falle einer ausbleibenden Rückkehr vom Kreuzzug in Kraft treten. **Kaisersohn Manfred** war als

Thronfolger vorgesehen, in der Tat machte dieser die Burg von Barletta 1259 (neun Jahre nach dem Tod des Vaters) zu seiner Residenz. Im Museumstrakt des Kastells wird eine (allerdings etwas angenagte) Büste Friedrichs II. aufbewahrt – eine der ganz wenigen plastischen Darstellungen des Staufers. Hauptsächlich aber widmet sich das Museum dem Werk des **Malers Giuseppe De Nittis**. Der Künstler behauptete sich im 19. Jh. erfolgreich im Umfeld der Pariser Impressionisten. Die umfangreiche Ölgemäldesammlung

Die große Herausforderung – Disfida di Barletta

"Eine Stunde von der Stadt entfernt liegt mitten im Felde der Kampfplatz der berühmten 'Disfida di Barletta'. Dort fochten am 13. Februar 1503 dreizehn italienische Ritter mit ebenso vielen auserwählten Franzosen einen Zweikampf aus, welchen höhnische Bemerkungen französischer Edler über die Kriegsuntüchtigkeit der Italiener veranlasst hatten. [...] Das militärische Ansehen Italiens war so tief gesunken, dass es mit Recht den Spott der Franzosen erregte. [...] Die Ausforderung der Italiener galt der Ehre des Vaterlandes, und der ritterliche Zweikampf sollte dartun, dass in dem unglücklichen, zerrissenen, von Spaniern und Franzosen zerfleischten Lande, wenn auch nicht mehr die politische Kraft und Tugend, so doch die Tapferkeit der Väter noch fortlebte. Der Zweikampf erhielt eine nationale Bedeutung, und in Wahrheit ist nie ein so vernünftiger irgendwo ausgefochten worden.

Seine Ordner waren für die beiden Parteien die berühmtesten Kriegsmänner jener an Helden so reichen Zeit, der Ritter Bayard und der Römer Prospero Colonna, der Ritter und die Zeugen waren die Tapfersten beider Heere, angehörig den drei romanischen Nationen. Man hatte festgesetzt, dass jeder Besiegte seine Pferde und Waffen und hundert Golddukaten dem Überwinder ausliefern solle. Die tapfern und fröhlichen Franzosen erschienen in ihrem nationalen Übermut so siegesgewiss, dass ihrer keiner jene Summe Geldes mit sich gebracht hatte. Aber das Los fiel anders aus als ihre Erwartung; ein Franzose blieb tot auf dem Kampfplatz, die anderen wurden verwundet in das Kastell Barletta abgeführt, wo sie erst ihr Lösegeld aufzubringen hatten und dann freundlich entlassen wurden. [...] Ganz Italien jubelte, nur mischte sich in diese patriotische Freude das demütigende Bewusstsein, dass der ritterliche Sieg nicht für die Freiheit des Vaterlandes, sondern unter den Fahnen des spanischen Eroberers erfochten war, der bald darauf halb Italien knechten sollte."

Aus: Ferdinand Gregorovius, Wanderjahre in Italien ("Bücher", S. 97.)

Das Kellergewölbe der Cantina della Disfida, in der der berühmte historische Konflikt ausbrach, kann in der Altstadtgasse Via Cialdini 1 besichtigt werden. Hier befindet sich auch das Gipsdenkmal mit den zwei kämpfenden Rittern, das seinerzeit am Kampfplatz der Disfida aufgestellt wurde. Eine Kopie davon steht auf dem Vorplatz des Castello.

Öffnungszeiten Mo–Sa 9–13 Uhr, Eintritt frei.

Provinz Bari
Karte S. 192/193

enthält zahlreiche Hauptwerke De Nittis und repräsentiert in hervorragender Weise das außergewöhnliche Talent des Malers aus Barletta.

Öffnungszeiten Castello und Museo tägl. (außer Mo) 9–13 Uhr und 16–19 Uhr, Eintritt 3,62 €.

Kathedrale Santa Maria Maggiore: Das Gebäude erstrahlt nach der Restaurierung innen und außen wieder in vollem Glanz. Der romanische Kirchenbau in unmittelbarer Kastellnähe stammt aus dem 13. Jh. Die dreischiffige Basilika mit den fünf Chorkapellen, die nach den Entwürfen einheimischer Architekten entstand, besitzt sakrale Kostbarkeiten aus allen Jahrhunderten; darunter natürlich auch ein Tafelbild der **Madonna della Disfida**.

Colosso di Barletta: Seit 1491 steht die riesenhafte Bronzefigur unbeweglich an der Längsseite der Kirche San Sepolcro. Über 5 m misst der Gigant

mit dem erhobenen Kreuz in der Rechten und den halbmeterdicken Waden. Es handelt sich um die **größte Gussskulptur Italiens!** Die Statue der Superlative stammt aus dem 4. Jh. und stellt wahrscheinlich einen spätrömischen Kaiser, möglicherweise Valentinian I., dar. Der Riese stand ursprünglich in Konstantinopel, der Hauptstadt des byzantinischen Kaiserreichs. Nach der Eroberung der Stadt im Jahr 1204 durch Kreuzritter, wurde der Koloss von Venezianern per Seefracht nach Westen geschickt. Die Reise endete jedoch mit einem Schiffbruch vor der apulischen Küste. 1309 wurden der Statue im Auftrag Karls II. von Anjou die Extremitäten amputiert, um aus der Bronze Glocken gießen zu können. Erst später wurde der Torso wieder zu einer vollständigen Skulptur ergänzt.

Bronzekoloss

San Sepolcro: 1972 wurde die Kirche vollständig restauriert, dabei hat man versucht, den schlichten Charakter der ursprünglich romanischen Kirche aus dem 12. Jh. zu rekonstruieren. Vom Originalbau stammen heute nur noch Teile der Fassade sowie ein großes Taufbecken. Im rechten Seitenschiff erkennt man vorne das hübsche Bildnis einer Madonna im Ikonenstil. Beachtenswert sind vor allem die Freskenfragmente aus dem 14. Jh. auf den Emporen über der Eingangshalle. Der aus dem weißen Kalkstein Pietra tranese errichtete Kirchenbau wirkt hell und luftig.

Eine Legende über den Giganten erzählt, dass er die Stadt einst durch eine List gerettet haben soll, und zwar vor der Zerstörungswut der Sarazenen, die einen Vergeltungsschlag gegen die Kreuzritter führten. Beim Marsch auf Barletta, das die Schutztruppen bereits verlassen hatten, trafen die muselmanischen Krieger den Koloss weinend am Hafen sitzen. Auf die mitleidige Frage nach dem Grund seiner Trauer antwortete er, dass er den Schmerz nicht überwinden könne, wegen körperlicher Untauglichkeit ausgemustert worden zu sein – fluchtartig bliesen die Sarazenen zum Rückzug.

Trani

ca. 45.000 Einwohner

Eine stolze Hafenstadt an der Adria, die man unbedingt gesehen haben muss. Der strahlend weiße Dom – die Königin unter den apulisch-romanischen Kathedralen – steht "mit einem Bein" fast im Wasser. Das große Hafenbecken mit der weiträumigen Uferbefestigung ist ein luftiges Plätzchen, an dem auch im Hochsommer der erfrischende Venticello, ein leichter Windzug, nicht ausbleibt.

Der schönste Blick auf die saubere und lichterfüllte Hafenstadt ergibt sich von der leicht erhöhten **Villa comunale**, dem meerseitig gelegenen Stadtpark. Der für süditalienische Verhältnisse peinlichst gepflegte Stadtkern strotzt geradezu vor monumentalen Stadtpalästen mit imposanten Fassaden aus den verschiedensten Epochen. Das Stauferkastell, die uneinnehmbare Hafenbastion, wurde gründlich restauriert und ist wieder zu besichtigen.

Provinz Bari
Karte S. 192/193

Hafenpromenade von Trani

Trani stritt mit Bari im Mittelalter um die Position als bedeutendste See-handelsstadt an der unteren Adria. In dieser Zeit entstand auch die Hafen-befestigung, und Trani gab sich als erste italienische Hafenstadt 1063 ein eigenes **Seerecht**. Den genauen Wortlaut dieser **Ordinamenta Maris** kann man heute auf einem Denkmal im Stadtpark nachlesen. Vergleichbar mit den Hansestädten im Norden Europas war Trani zu dieser Zeit eine ge-schäftige Handelsstadt mit tüchtigen Kaufleuten und Reedern, die sich trotz der normannischen Eindringlinge, der Kreuzzugunruhen, der venezia-nischen Adria-Vorherrschaft und Bari im Nacken eine weitgehende Autono-mie bewahren konnte. – Dieses historisch gewachsene Selbstbewusstsein strahlt die Stadt noch heute aus.

Trani und Bari stritten damals nicht nur um die wirtschaftliche Vorherr-schaft, sondern auch um die geistige Führungsrolle als christliche Pilger-stätte an der Costa di Bari. Beide Städte widmeten ihre eindrucksvollen Gotteshäuser jeweils einem (natürlich unterschiedlichen) Hl. Nikolaus. Der Traneser **Dom San Nicola Pellegrino** (1097) geht – nach Meinung von Kunstkennern – als Gewinner aus dem mittelalterlichen Zwei-Städte-Ka-thedralen-Wettstreit hervor.

Unter dem Staufer Friedrich II. prosperierte die Stadt weiter, und die Er-richtung des Kastells im 13. Jh. machte die ohnehin schon sichere Hafenan-lage schier uneinnehmbar. Mit den Anjou begann die Rezession. Im 16. Jh. fiel Trani mehrmals in die Hände der Venezianer. Unter spanischer Herr-schaft verlor die einst glorreiche Seestadt zunehmend an Bedeutung, denn die spanischen Seefahrer hatten – wie wir spätestens im Kolumbusjahr 1992 gelernt haben – andere Kontinente und andere Seewege im Auge. Auch mit den Franzosen konnten die Traneser, ganz im Gegensatz zu ihren Bareser Nachbarn, nicht so richtig. Im Zuge der napoleonischen Eroberung Italiens verweigerten die Bürger Tranis den französischen Generälen sogar den Ein-zug in die Stadt. Doch dieser Widerstand hat sich nicht ausgezahlt. Trani wurde gebrandschatzt (1797) und klein gehalten, während das franzosen-freundliche Bari aufblühte.

Pietra tranese

In der Peripherie der Stadt wimmelt es von Marmor-, Granit- und Stein-sägereien, die die Umgebung mit einem zementfeinen Staub bedecken. Schon zur Zeit der mittelalterlichen Bauperiode wurde hier der blendend weiße Pietra tranese gebrochen, ein harter Kalkstein, aus dem u. a. die Ka-thedralen von Trani, Bari und Bitonto gebaut sind.

Information/Anfahrt & Verbindungen

● *Information* **Ufficio informazioni**, Piazza Trieste 10, im Palazzo Palmieri, ☏ 0883/588830.

● *Anfahrt/Verbindungen* **Auto**: An der Küstenstraße, die ins Zentrum von Trani führt, befinden sich zahlreiche steinverar-beitende Betriebe ("Pietra tranese"). Der Corso Vittorio Emanuele, eine prächtige

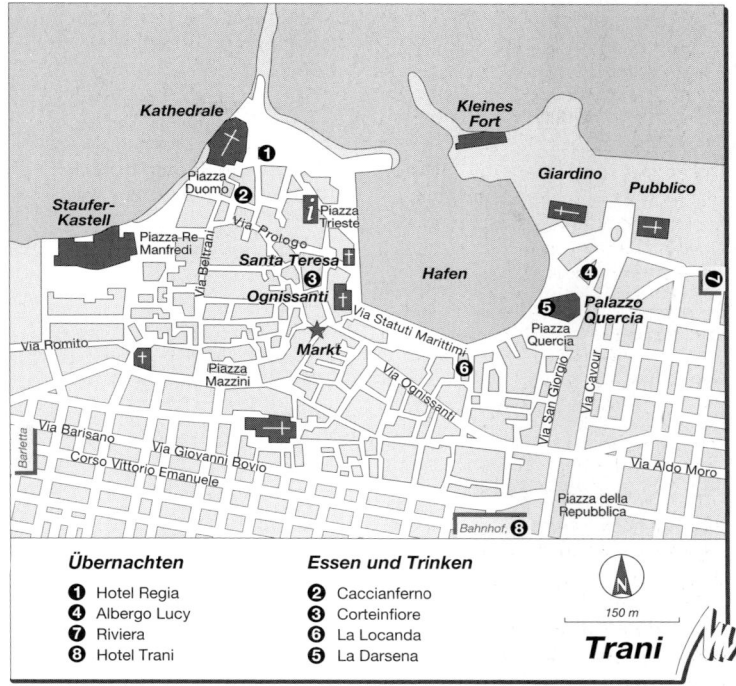

Übernachten

❶ Hotel Regia
❹ Albergo Lucy
❼ Riviera
❽ Hotel Trani

Essen und Trinken

❷ Caccianferno
❸ Corteinfiore
❻ La Locanda
❺ La Darsena

150 m

Trani

Allee, führt direkt auf die moderne Piazza della Repubblica; links geht es hinunter zur Villa comunale (Stadtpark) und zum Hafenbecken.

Gute **Parkmöglichkeiten** hat man an der Piazza Plebiscito (Haupteingang zum Stadtpark); ein bewachter Parkplatz befindet sich zwischen Dom und Castello

Bahn: Trani besitzt eine **FS-Bahnhof**. Wer mit dem Zug ankommt, hat zunächst

nicht die schönste Ecke der Stadt vor sich. Auf dem schnurgeraden Corso Cavour erreicht man den Porto in ca. 15 Min. zu Fuß.

> **Tipp:** an der Stadtausfahrt in Richtung Bisceglie mal auf die verfallenen **Jugendstilvillen** achten.

Übernachten/Essen & Trinken

● *Übernachten* **** **Hotel Regia (1)**, Piazza Duomo 2, in unmittelbarer Domnähe, herrschaftlicher Palazzo, innen vollständig modernisiert, das Hotelrestaurant hat eine lauschige Speiseterrasse mit Hafenblick, DZ 109–130 €, ✆ 0883/506595.

*** **Hotel Trani (8)**, Corso Imbriani 137, Bahnhofsnähe, relativ frischer Neubau, Garage, Restaurant, DZ 36–72 €, EZ 21–46,50 €, ✆ 0883/588010.

* **Albergo Lucy (4)**, Piazza Plebiscito 11, am Haupteingang zur Villa comunale (Stadtpark), kleiner Hotelbetrieb in Hafennähe, älteres Haus, aber ganz gut in Schuss, recht große Zimmer, DZ 41 €, ✆ 0883/481022.

*** **Riviera (7)**, am östlichen Stadtrand, Nähe Kloster Santa Maria di Colonna, Neubau mitten in einem nüchternen Wohngebiet gelegen, ohne Restaurant,

DZ 62–67 €, EZ 41–46,50 €, Via Galilei 6, ℘ 0883/403222.

● *Essen & Trinken* Dessertweinliebhaber sollten hier den samtigen **Moscato di Trani** mal probieren, es gibt ihn als *Dolce naturale* (15 %) und *Liquoroso* (18 %).

La Darsena (5), Via Statuti Marittimi 98, an der Hafenfront, in einem Gewölbesaal des historischen Palazzo Palazzo Quercia, seit 20 Jahren für ausgezeichnete Fischküche bekannt, Menü 30 €, ℘ 0883/487333, Mo Ruhetag.

La Locanda (6), Hafennähe, in der Seitengasse Via Zanardelli 12, geschmackvoll eingerichtet, Tische auch auf der Gasse, schnörkellose lokaltypische Küche, Menü ca. 25 €, ℘ 0883/480218, Mi Ruhetag.

Corteinfiore (3), Neueröffnung, im Innenhof eines historischen Palazzo, der einem Paradiesgarten gleicht, mit alten Zitrus- und Granatapfelbäumen, raffinierte Fisch- küche, elegantes Publikum, gehobene Preise, Menü ca. 35 €, Via Ognissanti 18, ℘ 0883/508402, Mo Ruhetag.

Osteria Caccianferno (2), Tipp für Nicht-Fischesser! Via San Nicola 9, eine Seitengasse vom Domplatz, kühles Gewölbe, Tische auch draußen. Primi und Hauptgerichte nur auf Fleisch- und Gemüsebasis; knuspriges Grillfleisch. Deutliche Aschenbecherinschrift: "Gäste sind wie Fisch, nach drei Tagen stinken sie". Menü ca. 20 €, Mo Ruhetag.

La Nicchia, Lesertipp! In der Neustadt, Corso Imbriani 22, schlicht eingerichtet, leckere Fischgerichte in allen Variationen, ehrliche Preise, Menü 23 €, ℘ 0883/ 482020, Do Ruhetag.

Feste & Veranstaltungen

Stadtfest zu Ehren des Schutzheiligen **San Nicola il Pellegrino** mit Fackelum- zug, Musik und Feuerwerk (1. Sonntag im August).

Sehenswertes in Trani

Kathedrale San Nicolo Pellegrino: Jede ordentliche Kathedrale braucht eine/n Heilige/n! In Trani war es der aus Griechenland stammende **Pilger Nicolo**, der 1094 vor der damaligen Stadtkirche Santa Maria della Scala zusammenbrach und starb. Papst Urban II. sprach diesen griechischen Pilger auf Drängen der Traneser Kirchenlobby wegen dessen wunderwirkender Aura heilig; womit Trani endlich auch seinen Heiligen San Nicolo il Pellegrino hatte und mit dem Bau der gleichnamigen Kathedrale beginnen konnte. Baubeginn war 1097 – zehn Jahre nach der Grundsteinlegung zum Nikolausdom in Bari. Die Baugeschichte des Traneser Doms liest sich wie ein einziger Wettstreit mit dem Bareser Dom in Sachen Größe und Aussehen. Erst im 13. Jh. war die **Königin der Kathedralen**, einer der eindrucksvollsten Kirchenbauten Apuliens vollständig fertig.

Die doppelläufige **Freitreppe**, die zum Eingangsportal hinaufführt, entstand nicht etwa aus Furcht vor einer Springflut, sondern war notwendig, da die Vorgängerkirche Santa Maria della Scala in den Kathedralenbau integriert wurde (sie bildet Teile der Unterkirche). Der mittlere Arkadenbogen der Fassade rahmte einst eine kostbare **zweiflügelige Bronzetür**, die der heimische Meister namens Barisanus Ende des 12. Jh. unter Verwendung byzantinischer und romanischer Stilelemente schuf. Heute wird diese wertvolle Tür nach gründlicher Restaurierung im Innern der Kirche aufbewahrt, wo sie effektvoll angestrahlt wird.

San Nicolo Pellegrino – die Königin der Küstenkathedralen

Der schlanke **Campanile** entstand in mehreren Bauphasen, der obere Abschluss wird um 1360 datiert. 1952 war der Glockenturm vom Einsturz bedroht; er wurde vollständig abgetragen und originalgetreu wiederaufgebaut. Die ummauerten Apsiden der Rückfront wirken im Gegensatz zur ansonsten eleganten Gesamterscheinung wie ein Bollwerk.

Das **Kircheninnere** ist ein lichtdurchflutetes zweigeschossiges Arkadengewölbe, das auf Doppelsäulen ruht. Darunter befinden sich die Reste der erwähnten Vorgängerkirche, die erst in jüngerer Zeit freigelegt wurden; und noch weiter darunter die Gebetszelle eines gewissen San Leucio aus rohem Bruchstein, wahrscheinlich 6. Jh. Die Halle der **Säulenkrypta** ist über die Seitenschiffe zu erreichen. Die Gebeine des Nicolo Pellegrino ruhen in einem Silberschrein unter dem Altar der **Mittelapsis**. Im linken Kirchenschiff sei noch auf die Fresken im byzantinischen Stil hingewiesen.

Stauferkastell: quasi in Rufweite zum Dom gelegen. Die zwischen 1233 und 1249 unter Friedrich II. errichtete Vierflügelanlage war ein Repräsentationsbau des mächtigen Staufers. Die Wehranlage wurde in den folgenden Jahrhunderten nur geringfügig verändert und ist damit – wie Castel del Monte – einer der wenigen rein staufisch gebliebenen Bauten Apuliens. Friedrichs unehelicher Sohn und Nachfolger König Manfred feierte hier seine Hochzeit mit Helena von Epirus (1259). Das Castello, das im 20. Jh. als Gefängnis diente, ist nach jahrelangen Restaurierungsarbeiten endlich wieder zu besichtigen.

● *Öffnungszeiten* tägl. 8.30-19.30, Eintritt 2 €. **Deutschsprachige Führungen** können mit der *Cooperativa Metapuglia* vereinbart werden, ☏ 339/1146908.

Villa comunale (Stadtpark) und Hafenbecken: erholsamer Uferpark mit dem Seerechtsdenkmal und zwei angrenzenden Kirchen, einem Renaissancebau aus dem 16. Jh. und einem ursprünglich romanischen Gotteshaus. An der meerseitigen Spitze des Parks befindet sich ein **kleines Fort** – und der schönste Aussichtspunkt mit Blick auf das fast geschlossene Hafenrund. Am Hafenbecken selbst hat man nahezu den ganzen Tag über die Gelegenheit, den Fischereibetrieb zu beobachten. Fischmarkt direkt am Hafen und auf dem Marktplatz in der Altstadt.

Museo delle Carrozze (Kutschenmuseum): Dieses Privatmuseum befindet sich im herrschaftlichen **Hafenpalazzo Telesio**. Hier kann man ca. 40 Edelkutschen aus verschiedenen Jahrhunderten bewundern. Die z. T. sechsspännigen Pferdelimousinen und -coupés der Adels- und Bürgerschicht waren damals die Ferraris und Lamborghinis auf den apulischen Landstraßen.
Öffnungszeiten seit einiger Zeit geschlossen, das Infobüro weiß mehr.

Kloster Santa Maria di Colonna: Das Kloster befindet sich am Ende der östlichen Stadtbucht auf der Spitze einer Halbinsel und ist allein schon wegen der phantastischen Lage sehenswert. Die Restaurierung des ehemaligen Benediktiner- und späteren Franziskanerklosters mit der dreischiffigen Kirche ist jüngst abgeschlossen worden. Die Benediktiner errichteten diesen Klosterkomplex im 12. Jh., nachdem sie wegen des Kathedralenneubaus aus ihrem städtischen Domizil Santa Maria della Scala weichen mussten.

Bisceglie

ca. 45.000 Einwohner

Bescheidene Kleinstadt mit mittelalterlichem Ortskern neben einem beschaulichen Naturhafen. Vom normannischen Kastell sind nur mehr Turmruinen vorhanden. Der Dolmen di Chianca, ein gut erhaltenes Megalithgrab, liegt ein paar Kilometer entfernt im Landesinnern – ein lohnenswerter Ausflug ins fruchtbare Küstenhinterland voller Olivenbäume.

Die **Kathedrale Santissimi Pietro e Paolo** (Bauzeit 1073–1295) steht mit ihrem winzigen Vorplatz im Zentrum der Altstadt. Sie führt im Schatten der strahlend weißen Dombauten der Nachbarstädte eher ein Aschenputteldasein. Die bescheidene dreischiffige Emporenbasilika mit Holzdecke wurde zwischen 1962 und 1975 von allen Barockisierungen des 18. Jh. befreit. Interessant ist die wohlproportionierte Baldachin-Säulen-Konstruktion an der Frontfassade. Innen und außen sind zahlreiche Reliefverzierungen zu bewundern.

Von Norden kommend erreicht man auf der Durchgangsstraße zwangsläufig die zentrale Piazza – wie sollte sie auch anders heißen – Vittorio Emanuele II (Parkmöglichkeiten). Hier kann der Altstadtbummel beginnen. Vor der imposanten Fassade des unübersehbaren Teatro Garibaldi geht es links hinunter zum alten Hafenviertel und im Zickzackkurs vorbei an einsturzgefährdeten Altbauten, balkengestützten Mauern, Turmruinen und bossierten Häuserfronten aus dem 15. Jh. Unversehens steht man vor dem kleinen Becken des Fischer- und Sporthafens.

Am Altstadt-Torbogen steht das schmale **Kirchlein Sant'Adoeno** aus dem 11. Jh., dessen Stein heute vom Ruß geschwärzt ist. Im barockisierten Innern ist ein Taufbecken mit einer meisterlichen Reliefverzierung am Rand zu sehen. Die interessante **Kuppelkirche Santa Margherita** von 1197 (hinter dem Teatro Garibaldi) ist eine kleine Privatkirche mit den Grabmälern der Adelsfamilie Falcone an der Außenwand. Die drei aufwendig gearbeiteten Grabmäler sind Meisterwerke aus dem 13. Jh.

● *Übernachten* ****** Salsello**, Via Siciliani 29, am städtischen Nordufer, phantasieloser Neubau, gut geführt, Hotelrestaurant, DZ 77,50 €, EZ 57–65 €, ✆ 080/3955953.

*** Europa, Via Piave 21, im lärmenden Wohn- und Geschäftsviertel der Innenstadt, als Notunterkunft geeignet, DZ 49 €, EZ 33,50 €, ✆ 080/3921577.

● *Essen & Trinken* **Taverna del Porto**, Largo Porta di Mare 8, stimmungsvolle Trattoria am Hafen, herzhafte Küche, Mo Ruhetag.

La Sirenella, am nördlichen Ende der Hafenbucht, angesagtes Sommer-Open-air-Restaurant, jugendliches Publikum, ideal für den Pizzahunger.

Enoasi, Tipp! Via Pio X 72, etwas versteckt am Altstadtrand, keine schöne Lage, aber dafür ausgezeichnete Land- und Meeresküche, Spezialitäten des Hauses sind Troccoli-Nudeln mit Fischragout (Troccoli con stracciatella e dentice), gefüllter Tintenfisch und Kalbshaxe (Stinco di vitellino), Menü 20 €, ✆ 080/3953749, Mo und Sonntagabend geschlossen.

Provinz Bari
Karte S. 192/193

Umgebung/Dolmen di Chianca

Dem Hinweis "Dolmen" an der Durchgangsstraße von Bisceglie landeinwärts folgen. Kurz vor der Autobahn links, auf einer engen Asphaltpiste geht es ein ganzes Stück durch Olivenbaum- und Weinplantagen.

In der Geschichte der europäischen Grabriten steht der Dolmen für den Übergang von der Höhlen- bzw. Grottenbestattung zur künstlich angelegten

Grabstätte. Der Dolmen di Chianca wurde erst Anfang des 20. Jh. entdeckt, von dem ihn umgebenden Erdhügel befreit und zugänglich gemacht. Das prähistorische Steinplattengrab gehört zu den wenigen gut erhaltenen Megalithgräbern Italiens. Die Grabbeigaben für die in Kauerstellung gefundenen Toten befinden sich im Museo Archeologico von Bari (S. 205).

Molfetta

ca. 65.000 Einwohner

Grandiose Hafenkathedrale mit drei Kuppeldächern und zwei flankierenden Glockentürmen. Hinter hohen Häuserfronten verbirgt sich die langsam wieder erwachende Altstadt – ein weitgehend baufälliges Gassenlabyrinth, das man entdecken sollte.

Im großen Hafenbecken liegt die stattliche Fischereiflotte Molfettas vor Anker. An der Hafenfront steht der spätmittelalterliche **Duomo Vecchio San Corrado** (Grundsteinlegung 1150). Weit über 100 Jahre zog sich die Errichtung dieses eingekeilten Prachtbaus hin, dessen Kuppeln und Türme der Altstadt-Skyline einen markanten Verlauf geben. An den hellen Außenwänden der Kathedrale unbedingt auf die grotesken, figürlichen Verzierungen achten! Im Innern sind byzantinisch-orientalische und abendländisch-romanische Stilelemente vereint; gleich am Eingang ein Weihwasserbecken mit einer Sockelfigur in der Gestalt eines Sarazenen. Romanische Reliefverzierungen schmücken auch den Altar. Architektonisch interessant ist vor allem die lichtdurchflutete ovale Zentralkuppel.

Gleich hinter dem "alten Dom" beginnt die baufällige, labyrinthische **Altstadt**, die nach und nach wieder zu neuem Leben erwacht. Eifrig wird restauriert, und dort, wo die Balkone schon wieder trittfest sind, sprießen liebevoll gepflegte Topfpflanzen – viel Grün zwischen mittelalterlichem Mauerwerk.

Außerhalb der Altstadt ist Molfetta touristisch uninteressant, eine in die Breite wachsende, moderne Stadt mit starker Industrieansiedlung in der Peripherie.

● *Anfahrt & Verbindungen* **Auto**, am Ortseingang der Ausschilderung "Porto" folgen und an der breiten Uferstraße oder an der Piazza Mazzini (mit dem Monument in der Mitte) **parken**, so hat man Altstadt und Dom gleich in der Nähe.
Bahn: Ankunft am ungünstig gelegenen FS-Bahnhof; der lange Corso Umberto führt in die Altstadt.

● *Übernachten* *** **Hotel Garden**, am Stadtrand, an der Straße nach Terlizzi, kleiner gepflegter Hotelbetrieb an lauter Ausfallstraße, Hotelrestaurant, DZ 77,50 €, EZ 52 €, ✆ 080/3341722.

● *Essen & Trinken/Cafés* **Borgo Antico**, an der Altstadtpiazza Municipio 20, alteingesessenes Ristorante mit häufig wechseln-

der Karte, ausgezeichnete Fischgerichte, aber relativ teuer, Menü 30 €, ✆ 080/3974379, Mo und Sonntagabend geschlossen.
Isola di Sant'Andrea, Via Dante 98, an der Piazza Mazzini, dunkles, aber gemütlich eingerichtetes Gewölbe, große Auswahl an Meeresfrüchte-Antipasti, Seeigel immer frisch, das Preis-Qualitäts-Verhältnis stimmt, Menü ca. 20 €, ✆ 080/3354312.
I due Foscari, Via San Domenico 15, klimatisiertes Hafenrestaurant in einem historischen Palazzo, geschmacklose Holzveranda an der Hafenpromenade, Menu turistico 18 € (ohne Getränke), Pizzeria im Nebengebäude, ✆ 080/3974497, Do Ruhetag.
Bistrot, Corso Dante 33, mitten in der Altstadt, heller Gewölbesaal, nahezu ohne

Dekoration, die Suche lohnt sich schon allein wegen der köstlichen Primi, z. B. *Linguine al limone e prosciutto* und *Risotto con carciofi e gamberi*, Menü 25 €, ☏ 080/3975812, Mi Ruhetag.

Caffeteria del Borgo, überdachtes Straßencafé mit Gelateria, an der Piazza Mazzini, Jugendtreff.

Weitere gemütliche **Straßencafés** ein paar Schritte weiter an der breiten Hafenpromenade, z. B. das **Café al Duomo**.

Umgebung/Pulo di Molfetta

Bei dieser geomorphologischen Attraktion handelt es sich um eine eingestürzte Bodenhöhle, die in frühgeschichtlicher Zeit bewohnt war. Diesen zweitgrößten Pulo der Provinz; kann man leider nur noch durch die Maschen eines Drahtzauns bewundern, da das massive Eingangstor immer verschlossen ist. – Kein Wunder eigentlich, denn als die Bodenhöhle noch frei zugänglich war, verkam sie zur Müllhalde.

Der Pulo liegt ca. 4 km landeinwärts in Richtung Ruvo; kurz hinter der Brücke über die S 16 rechts einbiegen (beschildert). – Größer und eindrucksvoller ist allerdings der Pulo di Altamura (S. 252).

Giovinazzo

ca. 20.000 Einwohner

Schmucke kleine Küstenstadt, im Bereich des winzigen Naturhafens fast verdächtig sauber. Wäre die Stirnseite nicht zubetoniert, könnte man sogar von einer idyllischen Hafenbucht sprechen.

Die leicht erhöht stehende romanische Kathedrale (13. Jh.) hat in jüngerer Zeit eine vollständige und sorgfältige Restaurierung erlebt. Nun thront sie hell leuchtend über dem Hafenbecken und der Altstadt. Gleich dahinter erstreckt sich das **historische Zentrum**, ein stellenweise orientalisch anmutendes Gassengewirr mit viel Atmosphäre.

1283 begann man mit dem Bau der kuppellosen **Kathedrale** mit den beiden Ecktürmen. Im 18. Jh. fiel die schlichte romanische Kirche der damals grassierenden Barockisierungsmode zum Opfer; im Gegensatz zu vielen anderen Sakralbauten hat man sie aber niemals von dem barocken Zierat befreit. Beeindruckend ist die **Krypta** mit den romanischen Kapitellen. Der ziselierte Silberschrein in der **Sakristei** stammt aus dem 13. Jh.

Neben der Kathedrale befindet sich der meerseitig befestigte **Herzogspalast** aus dem 17. Jh., der heute noch teilweise bewohnt ist.

● *Übernachten/Camping* * **Albergo Mediterraneo**, Via Molfetta 118, direkt an der Durchgangsstraße, bescheidener kleiner Familienbetrieb mit benachbarter **Tavernetta da Gino** (Ristorante und Pizzeria), DZ 46,50–52 €, EZ 31–36 €, ☏ 080/3947625.

** **Hotel Lafayette**, Cala Arena, recht komfortables Strandhotel an der nördlichen Stadtausfahrt, Balkonzimmer mit Blick aufs Meer, DZ 57–88 €, EZ 47–62 €, ☏ 080/3947022.

*** **Riva del sole**, etwas außerhalb, südliche Stadtausfahrt, architektonisch ansprechende Hotel- und Apartmentanlage am Ufer, Restaurant, DZ 98–134 €, ☏ 080/3943166.

** **Camping La Baia**, nördliche Ortseinfahrt, direkt am Ufer, einer der wenigen Campingplätze an der felsigen Costa di Bari, kleiner Platz hinter Mauern, schattig, Mitte September bereits geschlossen, 2 Personen, Zelt und Auto 18–20 €, ☏ 080/3945165.

Provinz Bari
Karte S. 192/193

San Vito – abgeschiedenes Küstenkloster

*** Camping Campofreddo, am südlichen Stadtrand, windige Uferzone, wenig Schatten, überwiegend Wohnwagendauerstellplätze, 2 Personen, Zelt und Auto 18–20 €, ℘ 080/3943864.

• *Essen & Trinken* **Al Porticciolo**, direkt am zubetonierten Altstadtstrand, in einem alten Garagengewölbe unterhalb der Straße, kleines Ristorante mit Pizzeria.

Fondaco dei Guelfi, außerhalb, an der Küstenstraße nach Santo Spirito, stilvoller Landgasthof mit lauschigem Garten, hervorragende Landküche, erstklassige Gemüse-Primi und delikate Fleischgerichte, Menü 30 €, Ortsteil **Torre San Matteo**, ℘ 080/3948008, kein Ruhetag, nur abends geöffnet.

La Creperia, im historischen Palazzo Zurlo mitten in der Altstadt, Crêpes, Snacks und mehr, Tische im Freien, vorwiegend junges Publikum, lange geöffnet.

• *Baden* Die Felsküste ist hier stark zerklüftet, aber die glattgespülten Felsnasen und -becken bieten gute Einstiegsmöglichkeiten ins Wasser.

Weiter in Richtung Bari

Über Santo Spirito und Palese geht es im Schneckentempo ins Zentrum der Regionsmetropole. Relativ zügig umfährt man Bari hingegen auf der Schnellstraße. Alles Wissenswerte zu Bari finden Sie ab S. 194, im Folgenden geht es die südliche Costa di Bari entlang.

San Vito

Es lohnt sich, bereits ca. 3 km vor Polignano a Mare nach San Vito abzuzweigen. Der Weg führt vorbei an dunklen rotbraunen Feldern mit Feigen- und dickstämmigen Ölbäumen. Die wenigen Häuser der verschlafenen Ortschaft gruppieren sich um eine idyllische Bucht. Der wuchtige Klosterkomplex des **Convento di San Vito** mit der ursprünglich romanischen Kirche steht direkt am felsigen Ufer. Die einstige Abtei der Benediktiner (11. Jh.) und später

der Zisterzienser (13. Jh.) wirkt wie eine befestigte Masseria am Meer. Der bewohnte Klosterkomplex, der seit Generationen im Besitz der Adelsfamilie La Greca ist, befindet sich in einem anmutig verwitterten Zustand.
Essen & Trinken/Baden: siehe unter "Polignano a Mare".

Polignano a Mare

ca. 15.000 Einwohner

Eine touristische Perle an der südlichen Costa di Bari, die nicht durch ein anmutiges Gotteshaus besticht, sondern durch eine schier göttliche Lage.
Malerisch waghalsig klammert sich die **bildhübsche Kleinstadt** an die Ränder der grottengespickten Steilküste. Die schmalen Gassen der schneeweiß getünchten Altstadt führen an verschiedenen Stellen zu **spektakulären Aussichtsplattformen** direkt über dem Meer, wo man atemberaubende Blicke auf Höhleneingänge, poröse Felswände, stufenförmige Steingebilde und prächtige Häuserfronten am Klippenrand hat. Senkrecht darunter das smaragd- bis türkisfarbene Meer. Die tief ins Felsinnere verzweigte **Grotta Palazzese** ist vom gleichnamigen Hotelkomplex überbaut (an der Rezeption um Erlaubnis für eine Besichtigung fragen).

Aus dem engen Ortskern ragt die städtische **Hauptkirche Santa Maria Assunta**, die bereits 1205 geweiht, aber im Lauf der Jahrhunderte wiederholt verändert wurde. Das Hauptportal ist im Stil der Spätrenaissance gehalten, während der Innenraum der dreischiffigen Kirche sich weitgehend barock zeigt. Chorgestühl und Flügelaltar sind äußerst kunstvoll gearbeitet.

Polignano ist übrigens eine der feierfreudigsten Städte der Provinz Bari; mehrere kulinarische Feste und folkloristische Veranstaltungen erhöhen die Attraktivität dieses ohnehin schon reizvollen Städtchens noch um einiges. In diesem Zusammenhang muss unbedingt erwähnt werden, dass es sich bei Polignano um den Heimatort des 1994 verstorbenen, unvergesslichen *Domenico Modugno* handelt, der mit seinem Schlager "Volare" musikalisch mehrfach die Welt eroberte. Ein respektables Denkmal haben die Polignaneser ihm jedoch noch nicht gesetzt.

Provinz Bari
Karte S. 192/193

Anfahrt & Verbindungen

● *Auto* Am besten schon in San Vito von der S 16 abfahren und von dort **über die Küstenstraße** ins Zentrum.

● *Bahn* Station an der **FS-Linie Bari–Brindisi**. Der Bahnhof liegt etwas ungünstig in der Neustadt.

Übernachten/Essen & Trinken

● *Hotels* **** **Grotta Palazzese**, Via Narciso 59, First-class-Hotel, direkt über der gleichnamigen Grotte, einzigartiges Grottenrestaurant mit suggestiver Atmosphäre, eigene Muschelbecken, Fischküche auf Gourmetniveau, relativ kleine Zimmer, DZ 93–134 €, EZ 57–83 €, ✆ 080/4240677.

*** **Covo dei Saraceni**, Via Conversano 1, ebenfalls schöne Klippenlage, modern, jüngst renoviert und gut geführt, Restaurantterrasse direkt über dem Meer; starke saisonbedingte Preisschwankungen, DZ 36–103 €, EZ 28–77,50 €, ✆ 080/4241177.

**** **Castellinara**, ca. 3 km außerhalb der Stadt an der nördlichen Badebucht von San Giovanni, luxuriöses Strandhotel an kleinem geschütztem Privatstrand, vornehmes Hotelrestaurant, DZ 83–139,50 €, EZ 57–83 €, ✆ 080/4240233.

• *Essen & Trinken* **La Colonna**, beliebtes Fischrestaurant an der kleinen Bucht von San Vito, schöne Lage, große Speiseterrasse, schmackhafte Bareser Fischküche, auch Pizza, Menü inkl. Getränke ca. 20 €, ✆ 080/4265733.

Trattoria della nonna, Altstadt, gleich hinter dem Kirchenplatz in einer Seitengasse, kühles Gewölbe mit kleiner Terrasse am Eingang, leckere Hausmannskost, ehrliche Preise, der Wirt spricht etwas Deutsch, Via San Benedetto 39, ✆ 080/4241024, Mo Ruhetag.

Antico Caffè della Piazza, gemütliches Straßencafé an der Kirchenpiazza.

La Veranda di Giselda, kleine Strandbar an der San-Vito-Bucht, mittags und abends Panini sowie einige preiswerte Fisch-Primi und -Secondi aus der Garküche, ✆ 080/4240863.

Il Grottone, Tipp! Alteingesessene Trattoria, direkt auf dem flachen Felsufer, toller Blick auf Polignano, kühler Speiseraum und lauschige Terrasse, ausgezeichnete Fischküche, Menü ab 16 €, ✆ 080/4248938.

Baden/Feste & Veranstaltungen

• *Baden* An der Küstenstraße nördlich und südlich von Polignano auf **versteckte Badebuchten** achten. Bei **San Giovanni** führt eine Stichstraße zu einem kleinen Sandstrand zwischen flachen Felsen.

• *Feste & Veranstaltungen* **Festa dell' Aquilone**, am 3. Sonntag im Mai schmücken Hunderte von bunten Papierdrachen den Himmel über Polignano.

Festa Patronale di San Vito, Schutzheiligenfeste mit Meeres- und Reiterprozessionen (4.–5. und 14.–15. Juni).

L'Estate Polignanese, Sommerfest den ganzen Juli über kulinarische und musikalische Höhepunkte.

Sagra del Pesce, Stadtfest rund um den Fisch. Leckere Fischgerichte werden auf großen Holzfeuern und in riesigen Pfannen auf offener Straße zubereitet (1. Samstag im August).

Sagra del Gnumeridd, ein weiteres kulinarisches Ereignis mit Rouladen, Lamm am Spieß und Innereien. Dem Schmaus geht eine Prozession aufs Land mit der Bitte um Regen voraus. (2. So im Sept.).

Monopoli
ca. 45.000 Einwohner

Dem Besucher offenbart sich eine mittelstark industrialisierte Hafenstadt mit regem Schiffsverkehr in den vier künstlich angelegten Hafenbecken.

Die Neustadt, eine Reissbrettanlage des 19. Jh., ist einschließlich der riesigen Piazza Vittorio Emanuele touristisch uninteressant. Begeben Sie sich lieber direkt zum breiten Südkai des Porto, denn das dortige **Hafenviertel** versprüht noch viel Atmosphäre. Ein beeindruckendes Erlebnis ist v. a. die tägliche Fischkutterparade mit anschließendem Fischmarkt in den frühen Abendstunden – größte **Fischauktion** an der Costa di Bari! Abenteuerlich sehen die älteren Kutter aus, die mit ihren aufgequollenen Holzrümpfen wenig Vertrauen erwecken. Die Aufbauten – riesige Fangnetze an lanzenartigen Stangen – ähneln den nordapulischen Trabucchi ein wenig.

Direkt am Hafen befindet sich auch das **Castello** mit dem mächtigen Rundturm, das unter den spanischen Habsburgern im 16. Jh. errichtet wurde und ähnlich wie die Spanier-Festungen im Salento dem Osmanischen Reich trotzen sollte. An der Hafenmauer des Kastells erkennt man ein interessantes Reliefbild mit einem Fischkutter im Hintergrund. Dieses **Gedenkrelief** erinnert an die wahre Geschichte einer Rettungsaktion der Fischer von Monopoli, die vor über 20 Jahren die Besatzung einer havarierten griechischen

Fähre zum größten Teil retten konnten. – Seit 1999 ist das Castello wieder zur Besichtigung freigegeben, man betritt es durch den Rundturm.

Am südlichen Ende des weitverzweigten mittelalterlichen Hafenviertels liegt in kaum erwarteter Abgeschiedenheit und Ruhe die **Kathedrale Madonna della Madia**. Der prachtvolle Barockdom aus der Mitte des 18. Jh. ist ziemlich untypisch für die Bareser Gegend und erinnert – wie das Castello auf seine Weise – bereits an die charakteristische Architektur des Salento. Bei dem über alles verehrten Kirchenschatz handelt es sich um eine Madonnendarstellung im Ikonenstil. Wenn man der Legende Glauben schenkt, ist sie wundersamerweise auf einem Floß an den Ufern der Stadt gestrandet.

• *Anfahrt & Verbindungen* Wenn Sie mit dem **Auto** unterwegs sind, der Ausschilderung "Porto" folgen; **Parkmöglichkeiten** am Hafen.

Bahn: Station an der FS-Linie Bari–Brindisi. Vom Bahnhof führt die Via Magenta hinunter zum Hafen.

• *Übernachten/Essen & Trinken* **** **Vecchio Mulino**, Viale Aldo Moro 192, ☏ 080/777311; an der südöstlichen Stadtausfahrt, komfortabler und architektonisch ansprechender Neubau mit Restaurant und Privatstrand (auch für Nicht-Hotelgäste, s. unter "Umgebung/Santo Stefano"), DZ 116,50–139,50 €.

*** **Hotel Clio**, Via Kennedy 20, ☏ 080/802711; Neubau am städtischen Nordufer, ca. 300 m vom Zentrum, internationaler Standard, Swimmingpool, DZ 54,50–77,50 €.

Ristorante Porto Rosso, Via T. Moro 2, Stadtausfahrt in Richtung Capitolo, das einfache Fischrestaurant schwebt förmlich über den Klippen, angrenzend eine kleine Badebucht, von der lauschigen Speiseterrasse herrlicher Blick aufs Meer

und die Altstadt. Frischfisch in allen Variationen zu vernünftigen Preisen, der Weg lohnt sich, ☏ 080/777059.

Osteria Perricci, Tipp! In der Via Orazio Comes 1/3, mitten im Centro storico; seit drei Generationen beliebte Nachbarschaftstrattoria, deftige Fisch- und Fleischgerichte zu ehrlichen Preisen, Menü 15 €, eine Primo-Spezialität sind die Cavatelloni-Nudeln mit Tunfisch und weißen Bohnen (tonno e fagioli). Die Kellner sind wahre Akrobaten, denn der Durchgang zwischen Küche und Speiseraum ist so niedrig, dass sie sich jedes Mal bücken müssen, ☏ 080/9372208, Mi Ruhetag.

Caffè Roma, am Marktplatz (Piazza XX Settembre/Piazza Vescovado), kleines Straßencafé mit Blick auf das quirlige Markttreiben, leckeres *Gelato al tartufo*.

Provinz Bari
Karte S. 192/193

Monopoli/Umgebung

▶ **Capitolo/Lamandia**: Südlich von Monopoli bricht die flache Felsküste mehr und mehr auf; zahlreiche kleine **Sandbuchten** liegen eingebettet zwischen niedrigen Klippen direkt an der kurvenreichen Küstenstraße. Ein überraschend touristischer Küstenstreifen mit mehreren **Strandhotels und Ferienanlagen** der gehobeneren Kategorie sowie eleganten **Fischrestaurants** direkt am Meer.

Camping *** **Atlantide**, gepflegter gut ausgestatteter Strandplatz in Lamandia, 2 Personen, Zelt und Auto ab 18,50 €, ☏ 080/4829082.

▶ **Santo Stefano**: Etwa 4 km südlich von Monopoli führt eine Stichstraße zum "Castello". Das alte **Benediktinerkloster** ist in einem Top-Zustand, allerdings befindet es sich in Privatbesitz und ist fest verschlossen. Unmittelbar daneben erstreckt sich eine geschützte **Badebucht**; hier hat sich das gepflegte

Die Via Traiana durchläuft das Ausgrabungsgelände

Bagno des Hotels Vecchio Mulino breit gemacht (s. "Monopoli/Übernachten"), Eintritt für Nicht-Hotelgäste 5 €.

Camping ** **Santo Stefano**, kleiner schattiger Platz an der gleichnamigen Badebucht, von Mai bis Sept. geöffnet, 2 Personen, Zelt und Auto ca. 22 €, ☎ 080/777065.

Egnazia

Die frühapulische Küstensiedlung Egnazia ist ein unbedingtes Muss für Geschichtsbegeisterte. Das gesamte Ausgrabungsgebiet ist zugänglich, und ein angeschlossenes, didaktisch vorbildliches Museum zeigt interessante Grabungsfunde und rekonstruiert wichtige Zusammenhänge.

Egnazia liegt an der Küstenstraße, ca. 10 km südlich von Monopoli, unmittelbar an der Grenze zur Provinz Brindisi. Jahrelang befand sich der Eingang zum Gelände direkt an der Küstenstraße, jetzt hat man ihn samt Parkplatz verlegt, so dass die Besichtigung vernünftigerweise im Museum beginnt.

Museo di Egnazia

Das moderne Museum zeigt neben anschaulichen Rekonstruktionen der Stadtanlage vor allem motivreiche Bodenmosaiken, Terrakottafiguren, mehrfarbige Keramiken, Schmuck, Büsten und Architekturfragmente. Direkt unterhalb des Museums liegt ein zugängliches Kammergrab. Jüngst hinzu gekommen ist die Ausstellung der prähistorischen Geländefunde. Im gut sortierten Museumsshop gibt es auch aktuelle deutschsprachige Publikationen zur Ausstellung.

Öffnungszeiten Ausgrabungsgelände und Museum tägl. 8.30–19.30 Uhr, Eintritt 3 €.

Ausgrabungsgelände

Die ältesten Spuren der frühapulischen Stadt Egnazia führen in die **späte Bronzezeit** (13./12. Jh. v. Chr.). Aus der messapischen Besiedlungsperiode um das 5. Jh. v. Chr. stammt die fast 2 km lange Befestigungsmauer, die die Stadt halbkreisförmig abschirmte. Eindrucksvolle Reste dieser **Muraglia**

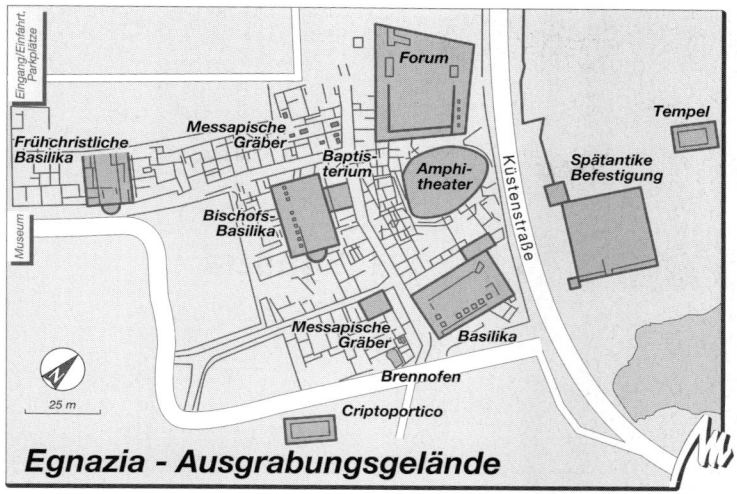

Egnazia - Ausgrabungsgelände

messapica, die stellenweise eine Höhe von 7 m erreichte, sind noch am nördlichen Felsufer zu sehen. **Messapische Gräber** wurden inner- und außerhalb des Mauerrings freigelegt. Die Grabbeigaben, vorwiegend kunstvoll gearbeitete Tonwaren, so genannte **Egnaziakeramik**, beherbergt das Museum.

Die **Hellenisierungsphase** von Egnazia konnten die Archäologen am Übergang von der Rundhauskonstruktion hin zur rechteckigen Häuserform mit rechtwinkliger Straßenführung und zentraler Agora (Platzanlage) deutlich erkennen.

Eine Blütezeit erlebte Egnazia zur Zeit der **Romanisierung** ab dem 3. Jh. v. Chr., vor allem aber durch den Bau der römischen Heeresstraße **Via Traiana** (1. Jh.). Sie durchläuft die Stadt in Längsrichtung und war damals die bequemere Alternative zur Via Appia auf dem Weg von Rom nach Brindisi. Man beachte die tiefen Spurrillen der breiten Pflastersteinstraße. Die römische Stadt selbst bestand aus unregelmäßig angeordneten Häuserblocks und besaß ein ausgeklügeltes **Wasserversorgungssystem** mit Steinrinnen, Zisternen und Sammelbecken auf unterschiedlichen Niveaus.

Die Errichtung des **Hafens** in der Bucht nördlich der Akropolis geht auf die frühe Kaiserzeit zurück, ebenso das **Amphitheater**. Aus dem 4.–5. Jh. stammen die beiden **frühchristlichen Basiliken**. In der Spätantike war Egnazia ein blühendes Gemeinwesen mit Bischofssitz.

Der **Einfall der Ostgoten** unter ihrem König Totila (545) hatte die vollständige Zerstörung der Stadt zur Folge. Später dienten die Ruinen von Egnazia als Steinbruch zur Errichtung von Monopoli. Noch Anfang des 20. Jh. wurde hier ausgiebig geplündert. Erst die Eröffnung des Ausgrabungsgeländes im Jahr 1912 schützte die Ruinen von Egnazia.

Antike Mosaikkunst

Einen Höhepunkt der Geländebesichtigung bildet der unterirdische **Cripto-portico**, dabei handelt es sich um ein begehbares, nahezu quadratisches Gängesystem mit regelmäßigen Mauernischen und Lichtschächten, dessen ursprüngliche Bedeutung den Archäologen nach wie vor Rätsel aufgibt.

Die drei Grazien

Eine brillante Mosaikarbeit im Museum von Egnazia variiert das berühmte Motiv der drei Grazien. Im römischen Altertum wurden diese göttlichen Frauengestalten mit den Künsten assoziiert, die lateinischen Gratiae waren zugleich Sinnbilder für jugendliche Anmut und Lebensfreude. Den drei Grazien entsprechen in der griechischen Mythologie die Chariten, die drei anmutigen und segenspendenden Töchter des Zeus und der Nymphe Eurynome, Aglaia (Glanz), Euphrosyne (Frohsinn) und Thalia (Blühende), s. Bild S. 34.

Savelletri

Südlich von Egnazia taucht dieser sympathische, kleine Fischerort auf, der bereits in der Provinz Brindisi liegt. Im natürlichen Hafenbecken ist die stattliche Fischfangflotte der Ortschaft daheim, die sich auf den Fang großer Tiefseefische und kleiner Haie spezialisiert hat. Im Mai 1999 dümpelten die bunten Fischkutter tagsüber jedoch im Hafen, und ich sah die Fischer von Savelletri mit resignierten Gesichter an ihren speziellen Fangvorrich-

Großer Fang am Hafen von Savelletri

tungen werkeln. An diesem Tag durften sie wieder einmal nicht auslaufen wegen des Kriegs im benachbarten Kosovo. Seitdem die Adriafischerei keinen kriegsbedingten Einschränkungen mehr unterliegt, kann man auch den täglichen Fang der Fischer von Savelletri wieder bestaunen, entweder direkt am Kai, wo die zum Teil zentnerschweren Fische sofort verladen werden, oder in der örtlichen Fischmarkthalle.

• *Essen & Trinken* **Il Veliero**, Fischrestaurant, direkt am Hafenbecken von Savelletri, gemütliche Speiseterrasse mit Blick auf den Hafen, fangfrische Ware, Menu turistico 12,50 €, ✆ 080/729071.

Weiter in Richtung Brindisi

Alles Wissenswerte zum weiteren Küstenverlauf wird im Kapitel zur Provinz Brindisi vorgestellt, den Anschluss finden Sie unter "Ostuni/Baden", S. 283.

Einsame Masseria in der Murgia-Landschaft

Die Murgia

Das apulische Kernland, die Murgia, beginnt südlich des Flusses Ofanto in der Provinz Bari und zieht sich bis tief in die Provinzen Brindisi und Tarent hinüber. Die unruhige Karstlandschaft ist trotz des chronischen Wassermangels und der oberflächlichen Trockenheit keineswegs unfruchtbar und versteppt. Das abwechslungsreiche Gebiet steckt voller Überraschungen und entwickelt im Frühjahr stellenweise eine Farbenpracht, die ihresgleichen sucht.

Schon früh beginnt das intensive Farbenspiel der blühenden Mandel- und Obstbäume vor allem das idyllische **Valle d'Itria (Itria-Tal)** zu verzaubern. Die silbriggrünen Olivenhaine und die dichten Steineichen- und Pinienwälder der **Selva di Fasano** sorgen für farbliche Kontraste. Erst im weiten Hinterland beginnt die Hoch-Murgia langsam zu zerklüften und zieht sich in langen **Gravine** (canyonartige Schluchten, siehe Kasten S. 233) den Apenninausläufern entgegen. Nicht nur in prähistorischer Zeit dienten die Höhlen in diesen tiefen und engen Schluchten den Menschen als natürliche Zufluchts- und Siedlungsstätten.

In der apulischen Kernlandschaft, in der auch knorrige Weinreben und rostrote Felder nicht fehlen, lauern einige urbane und architektonische Höhepunkte. **Minervino Murge** thront anmutig auf einem Karsthügel, und das berühmte **Castel del Monte** setzt der Murgia geradezu eine Krone auf. **Gravina in Puglia** hingegen ist eine der schönsten Schluchtenstädte der Provinz Bari, und **Alberobello** schmeichelt mit romantischer Trulli-Architektur.

Höhlensiedlungen, Grottenkirchen und Schluchtenstädte

Die **Gravine** der Hoch-Murgia sind Erosionstäler, die wahrscheinlich in der letzten Eiszeit vor etwa 15.000 Jahren entstanden sind. Die Höhlen- und Grottenbildung in diesen Schluchten ist ein Phänomen, das sich durch die geologischen Eigenschaften des Karstbodens erklärt. Die zahlreichen Höhlen in den Schluchten boten den Menschen bereits **in prähistorischer Zeit** Schutz. Genaueres weiß man allerdings erst aus der Zeit des **frühen Mittelalters**, als die ersten Höhlensiedlungen entstanden.

Vor allem die **Mönchsgemeinschaften aus dem Byzantinischen Reich**, die den Häschern der ikonoklastischen Kaiser zu entkommen suchten, fanden in den Schluchten ideale Zufluchtsstätten ("Das 'griechische' Apulien", S. 28). Ihre Siedlungskerne bestanden aus Wohn- und Wirtschaftsbereichen sowie einem sakralen Raum – in der Regel einer Grottenkirche, die dem byzantinischen Ritus entsprach. Das gemeinschaftliche und religiöse Leben in den Gravine ist zwar längst erloschen, aber darüber sind im Lauf der Jahrhunderte faszinierende **Schluchtenstädte** entstanden – wie Gravina in Puglia (S. 246), Massafra (Provinz Tarent; S. 308) und vor allem Matera (Region Basilikata; S. 313).

Canosa

ca. 30.000 Einwohner

Geschichtsträchtige Kleinstadt, die mit "Canossa" nichts zu tun hat. Das insbesondere zur Römerzeit zu Ruhm und Ansehen gekommene Munizipium Canusium hält heute allerdings nicht ganz, was seine große Vergangenheit verspricht.

Soweit vorweg: Die Baudenkmäler und Ausgrabungsstätten im Stadtbereich und in der näheren Umgebung sind absolut unzulänglich ausgeschildert – was den aufgeschlossenen Besucher erheblich verärgert. Das kleine Pro-Loco-Büro ("Information") kann diesen Missstand leider auch nicht ausbügeln. Trotzdem lohnt der Besuch Canosas allein schon wegen der zentral gelegenen **Kathedrale San Sabino**. In der südlichen Peripherie findet man – wenn man sie denn findet – die freigelegte, frühchristliche **Basilika San Leucio**. Ein weiterer Anziehungspunkt ist die weit außerhalb gelegene Ausgrabungsstätte von **Cannae**.

Die legendäre Überlieferung, dass der griechische Trojakämpfer **Diomedes** (der mit den schnellen Pferden, dem wir schon auf den Tremiti-Inseln begegnet sind S. 182) die Stadt gegründet haben soll, widerspricht nicht der historischen Tatsache, dass die Römer ihr **Munizipium Canusium** zu einer ihrer wichtigsten Kolonien im apulischen Herrschaftsbereich gemacht haben. Im 4. Jh. war Canosa eine der bedeutendsten Bischofsstädte im römisch-katholischen Süden und verwies Bari in dieser Hinsicht bis ins 11. Jh. hinein auf den zweiten Platz. Dann zog der Bischof der **Doppeldiözese Canosa-Bari** nach Bari um. Die Verlegung des bischöflichen Amtssitzes löste einen Streit zwischen den beiden Städten aus. Die Rivalität steigerte sich so weit, dass der neue Erzbischof von Bari die Echtheit der Gebeine des **Hl. Sabino** in Canosa bestritt und statt dessen diejenigen in der Kathedrale San Sabino von Bari als Originale bezeichnete. Erst eine vehemente päpstliche Intervention beendete die Auseinandersetzung zugunsten der Gebeine Canosas.

Die geografisch günstige Lage bedingte die frühe militärische Bedeutung der Stadt – obwohl Canosa niemals eine nennenswerte Festung besaß. Die berühmte **Schlacht von Cannae** fand (angeblich – dazu auf S. 236 gleich mehr) in der weiten Ebene nördlich von Canosa statt. Mit Sicherheit aber kam es hier zu kriegerischen Auseinandersetzungen zwischen den Normannen und den Byzantinern, und später schlugen auch die Spanier hier ein militärisches Hauptquartier auf.

● *Information* **Pro Loco**, Via J. F. Kennedy 49 (Piazza Ferrara), ☎ 0883/611619. Das kleine Informationsbüro gleicht in den Nachmittagsstunden eher einem Pensionärsklub, aber eine kompetente und freundliche Auskunft bekommt man allemal. Manchmal sind auch Stadtpläne und Prospekte vorrätig. Werktags großzügige Öffnungszeiten.

● *Anfahrt & Verbindungen* **Auto**, auf der A 14 von Foggia kommend, Abfahrt Canosa nehmen, auf der S 93 weiter ins Zentrum.

Wer aus Foggia/Cerignola (S 16/98) kommt, überquert ca. 4 km vor Canosa den Grenzfluss Ofanto. Aufgepasst – rechts sieht man eine alte **Ponte romano** (röm. Brücke, Bild S. 237), die zur **Via Traiana** gehörte. Sie ist teilweise von der Uferböschung überwuchert (Hinweisschild beachten!).

Bahn: Eine **FS-Nebenstrecke** verbindet Barletta mit Spinazzola; Stopps in Canosa und Minervino Murge, mehrmals täglich in beide Richtungen.

● *Übernachten/Essen & Trinken* Canosa ist überraschenderweise kaum auf Tourismus eingestellt.

Unser langjähriger **Tipp**, mittlerweile klimatisiert, renoviert und umbenannt (früher Principe Boemon): *** **Albergo del Centro**, Corso San Sabino 86, an der Piazza Veneto gegenüber der Kathedrale, in der ersten Etage eines Stadthauses von 1830 untergebracht; kleiner Familienbetrieb, 10 modern eingerichtete Zimmer; gemütliches **Restaurant** mit antiquarischer Einrichtung und deftiger Kost; es gibt u. a. selbstgemachte schwarze *Troccoli* (Nudeln) mit verschiedenen Soßen und je nach Saison leckere Pilz- und Wildgerichte. DZ 62 €, ohne Bad 41 €, Menü ca. 20 €, ☎ 0883/ 612424.

*** **Hotel Canusium**, etwas komfortabler als das Albergo del Centro, Piazza Oristano 32, ☎ 0883/662508; am Stadtrand, Richtung Andria, flacher Neubau mitten in einem Wohngebiet; gut geführter kleiner Hotelbetrieb, DZ 75 €, EZ 49 €. **Ristorante/ Pizzeria Lady Bloom** gleich nebenan.

Lama di Luna, Agriturismo-Tipp! Neu eröffnete Azienda Agrituristica, im ca. 10 km entfernten **Montegrosso**, Anfahrt über die S98 in Richtung Andria. Bei dieser sog. *Biomasseria* mit dem schönen Namen "Wasserader des Mondes" handelt es sich um eine geschmackvoll restaurierte wehrhafte Masseria aus dem 19. Jh., auf deren flachen, weiten Feldern heute biologischer Obst- und Gemüsebau betrieben wird. Die großen, komfortablen Gästezimmer (mit Bad und antikem Kamin) werden mit Sonnenenergie beheizt und sind so wie die gesamte Masseria nach den Prinzipien des Feng-Shui, der chinesischen Kunst der harmonischen Lebens- und Wohnraumgestaltung eingerichtet. Insgesamt ein ruhiger Ort zum Wohlfühlen. DZ inkl. Frühstück 130 €, Abendessen 20 €. ☎ 0883/569505, www.lamadiluna.com.

Sehenswertes in Canosa

Kathedrale San Sabino (Piazza Boemondo): namensgleich mit der Kathedrale von Bari. Während der Bauphase (11./12. Jh.) führten Canosa und Bari einen heftigen Kampf um die Führungsrolle als Bischofssitz, was sich auch in den jeweiligen Bauvorhaben niederschlug. Für Bari war es bereits der zweite Wettkampf dieser Art ("Trani", S. 216 und S. 218). Im Grundriss gleichen sich die beiden Kathedralen auch wie zwei Serienautos, aber bekanntlich macht ja die Ausstattung den Unterschied aus. San Sabino di Canosa besticht durch eine meisterhafte **Fünf-Kuppel-Kombination** (nur von innen zu erkennen!). Die auf einem hohen Bogengewölbe ruhende **Steinkanzel** (1040) ist die älteste Kanzel ganz Apuliens. Der von zwei Elefanten getragene **Bischofsstuhl** ist von seiner Machart her ein ebenso seltenes Exemplar und gehörte dem letzten Erzbischof von Canosa.

Sitzt Ihr bequem, Exzellenz?

Nachdem Kaiser Konstantin der Große im Jahr 313 das Christentum anerkannt hatte, wurden die Bischöfe den weltlichen Würdenträgern gleichgestellt und hatten somit auch Anspruch auf einen repräsentativen Thron. Die **apulischen Bischofsstühle** waren seinerzeit einzigartig, sie entsprachen in ihrer Grundform nicht etwa der üblichen römischen *Sella curulis*, einem flachen, oft von menschlichen Gestalten getragenen Sitz mit niedriger Lehne, sondern dem antiken *Solium*, einem kastenförmigen, recht unbequemen Sitz mit hoher, steifer Lehne, geraden Armstützen und einer Fußbank. Das bevorzugte Trägertier der apulischen Bischofsthrone war der Löwe. Eine Ausnahme macht der Stuhl in der Kathedrale von Canosa, er ruht auf zwei Elefanten. Außerdem ist es der einzige apulische Thron, mit dem christlichen Symbol des Kreuzes. Ansonsten fehlt den Bischofsstühlen nämlich jeder Hinweis auf ihre sakrale Funktion.

Provinz Bari
Karte S. 192/193

Nach einem Erdbeben im 17. Jh. fanden an der Kirche einige bauliche Veränderungen statt; das Langhaus wurde gestreckt, und die heutige Fassade weicht stark vom Original ab.

Tomba di Boemondo: Das **Mausoleum des Bohemund**, des normannischen Abenteurers, Kreuzritters und schließlich Fürsten von Antiochia ist ein eigenständiger, kleiner Kuppelbau (neben der Kathedrale), dessen zwei Bronzetüren ein weiteres Superlativ-Erlebnis bieten. Es handelt sich um die ältesten Türen dieser Art, die im Land selbst hergestellt wurden (Anfang 12. Jh.): In der rechten Flügeltür ist die halbe normannische Guiscard-Dynastie im Flachrelief-Format zu erkennen: Bohemund, Roger Borsa, Wilhelm und Tankred.

Basilika San Leucio: auf der Via J. F. Kennedy etwa 2 km stadtauswärts in Richtung Andria, dann rechts ins Olivenfeld. Dort verbergen sich die ausgegrabenen Fundamente einer frühchristlichen Basilika (4./5. Jh.) mit antiken Säulen und Kapitellen sowie bemerkenswerten Fußbodenfragmenten. Die schönste Entdeckung auf diesem kleinen Ausgrabungsgelände ist sicherlich

Ausgrabungsgelände San Leucio

der in Fels skulptierte Hera-Kopf. Die makaberste Entdeckung hingegen das Steingrab mit dem Totenschädel.

Nebenan steht ein kleines **Antiquarium** mit interessanten Grabungsfunden.
Öffnungszeiten Zwar fehlen die Hinweisschilder, aber dafür sind die Öffnungszeiten endlich geregelt, Mai–Sept. tägl. 9–13 Uhr und 17–19 Uhr, Okt.–April tägl. 9–14 Uhr, Eintritt frei.

Museo Civico: Via Varrone 63, nördlich der Piazza della Repubblica. Frühgeschichtliche, antike und hochmittelalterliche Funde aus Canosa.
Öffnungszeiten Di–Sa 9–13 Uhr und 17–19 Uhr, So 8–14 Uhr, Mo geschlossen, Eintritt ca. 2 €.

Canne della Battaglia/Cannae

Canne della Battaglia bezeichnet das berühmte Schlachtfeld von Cannae. Vermeintlicher Austragungsort der legendären kriegerischen Auseinandersetzung zwischen dem jahrelang unbesiegbaren Karthager Hannibal und einer übermächtigen Römerlegion am 2. August 216 v. Chr.

Wie mit Zaubertrank gestärkt, erteilte der punische Kriegsheld den Römern eine bittere Lektion und führte sie als militärstrategische Dilettanten vor. Doch da in dieser nördlich von Canosa gelegenen Ebene bisher noch keine antiken Waffen und Rüstungen gefunden wurden, sondern "nur" Knochen, bestehen seit geraumer Zeit berechtigte Zweifel an der Authentizität des berühmten Schlachtfelds. Der tatsächliche Austragungsort wird erheblich weiter nördlich vermutet, nämlich in **Castelluccio Valmaggiore** (S. 133)!

Mit Sicherheit jedoch war die Ebene nördlich von Canosa im Mittelalter Schauplatz einer anderen entscheidenden Schlacht, die für das Schicksal Apuliens von größter Bedeutung war. Unter der Führung des Freiheitshel-

den und Widerstandskämpfers **Melo**
kämpfte hier ein apulisch-normanni-
sches Heer erfolgreich gegen die Macht
aus Byzanz (1018).

Anfahrt & Verbindungen **Auto**, von Canosa in Richtung Cerignola und ca. 1 km
hinter der Bahnüberführung rechts nach
Cannae; nach der A-14-Unterführung noch
ca. 10 km geradeaus.
Bus: Ab Barletta soll eine Art Shuttle-Bus
nach Cannae eingerichtet werden; Näheres weiß das dortige Informationsbüro.

Ausgrabungsgelände von Cannae

Es ist eines der ältesten und größten
archäologischen Areale Apuliens –
und eines der umstrittensten. Freigelegt werden hier angeblich die Reste
einer frühgeschichtlichen Siedlungs-
stätte – aber vieles deutet darauf hin,
dass es sich allenfalls um eine früh-
mittelalterliche Stadt handelt.

Öffnungszeiten täglich (außer So) März–
Okt. 8.30–19.30 Uhr, Nov.–Feb. 8.30–16.30
Uhr, Eintritt 2 €.

▶ Der weitläufige **archäologische Park**
kann seit Jahren besichtigt werden.
Durch die zitadellenartige Anlage
führt ein von Steinquadern und Säu-
lenfragmenten gesäumter Weg. Am
höchsten Punkt des Ausgrabungsgeländes hat man einen ungetrübten

Römerbrücke bei Canosa

Blick auf Hannibals umstrittenes Schlachtfeld. – Die verblichenen Schautafeln, die hier jahrelang den Verlauf der tragischen Schlacht erläuterten, sind
mittlerweile entfernt worden!

▶ Das 1999 eröffnete **Antiquarium** am Eingang des Ausgrabungsfeldes ist ein
ausgesprochen gut bestücktes archäologisches Museum mit seltenen Kera-
mikfunden und Bronzearbeiten aus verschiedenen Jahrhunderten und
unterschiedlicher Provenienz. Schmuck und Münzen verschiedenster Herkunft sind ebenfalls ausgestellt. Eines der interessantesten Exponate ist
wohl die **kleine Tonfigur** (erste Vitrine) aus dem 5. Jahrtausend v. Chr., die
in ihrer Form ein wenig an die daunischen Stelen erinnert.
Doch das Rätsel hinsichtlich des berühmten Schlachtfelds löst auch dieses
kleine Museum nicht: Warum, fragt sich der wissbegierige Laie, werden hier
keine Beweisstücke für das offiziell ausgewiesene Schlachtfeld von Cannae
ausgestellt? Außer dem stolz präsentierten Langobardenschwert, so könnte
man (durchaus ein wenig schadenfroh) vermuten, sind hier wahrscheinlich
keine Waffenfunde gemacht worden!

Minervino Murge

Ein weiterer Balkon Apuliens, ca. 450 m über dem Meeresspiegel. In imposanter Lage thront Minervino am Rand der Hoch-Murgia. Es gilt als das schönste Bergdorf im dünn besiedelten Hinterland der Provinz Bari.

Abenteuerlich-riskant klammern sich die Häuser um die Kuppe eines kargen Hügels. Noch liegt das kleine bäuerliche Zentrum in idyllischer Abgeschiedenheit, was hoffentlich auch so bleibt, wenn die fast fertige Schnellstraße die Stadt mit der Autobahn verbindet.

Vorsicht bei der Einfahrt ins **Centro**, die Straßen sind so eng und steil, dass auch routinierte Fahrer die Nerven bewahren müssen! Mit dem Auto am besten bis ganz nach oben fahren und auf der **Piazza Trento e Trieste** parken; guter Ausgangspunkt für eine Stadtexkursion.

Die Stadt ist römischen Ursprungs, und ihr Name leitet sich von **Minerva**, der Göttin der Weisheit, ab, der hier einst ein Tempel geweiht war. Die Sarazenen brandschatzten Minervino 862 und läuteten damit das vorläufige Ende ein. Erst unter den Normannen blühte die Stadt wieder auf und bekam ihre **Kathedrale Santa Maria Assunta**. Die sehenswerte Kirche erhielt später ein Rennaissancekleid. Um die zentrale Kirchen-Piazza herum erstreckt sich die heimelige Altstadt – einfach auf Erkundung gehen, schöne Aussichtspunkte aufstöbern und die Seele baumeln lassen.

● *Anfahrt & Verbindungen* **Auto**, von Canosa über die S 98/97 anfahren. Die Strecke führt durch eine typische Murgia-Landschaft.

> **Achtung** – nach den seltenen, aber heftigen Regenfällen fließt das Wasser in Sturzbächen über die Landstraßen und macht sie streckenweise unpassierbar.

Bahn: Der Ort liegt an der FS-Nebenstrecke Barletta–Minervino–Spinazzola.

● *Übernachten/Essen & Trinken* **L'Arcangelo**, Corso De Gasperi 9, schöner Altstadt-Palazzo, volkstümliches Ristorante und **Zimmervermietung**, DZ 52–72 €, EZ 31–41 €, ☎ 0883/692272.

> **La Tradizione, Tipp!** Alteingesessene Trattoria mit ausgezeichneten lokaltypische Gerichten, eine Primo-Spezialität sind die *Troccoli alla murgese*, unter den Contorni findet man herzhafte *Lampascioni* (wildwachsende Zwiebeln) und Cardoncelli-Pilze, am besten zu *Agnello a cutturiello*, (Kalbsgulasch), ehrliche Preise, Menü 18–20 €, relativ zentrale Lage in der Via Imbriani 11, Tel 0883/691690, Do Ruhetag.

Castel del Monte

Magischer Ort und steinerne Krone Apuliens. Unvermeidlicher Anlaufpunkt deutscher Reisebusgesellschaften auf den Spuren der Staufer. Die geheimnisvolle Burg Kaiser Friedrichs II. thront von weitem sichtbar auf einer Anhöhe (540 m ü. d. M.) in der flach-hügeligen Murgia-Landschaft, die zu Kaisers Zeiten im Mittelalter noch dicht bewaldet war.

Der eigenwillige achteckige Bau mit den acht achteckigen Türmen und dem achteckigen Innenhof, um den sich auf zwei Stockwerken jeweils acht Säle

Castel del Monte – die steinerne Kaiserkrone Friedrichs II. ziert im neuen Währungszeitalter die italienischen 1-Cent-Münzen

gruppieren, besaß einst eine prunkvolle Ausstattung. Obwohl er in den letzten Jahrhunderten gründlich geplündert wurde, geht von ihm noch immer eine eigenartige Wirkung aus, der man sich nicht entziehen kann. Von außen fasziniert der monumentale Bau durch seine organische Geschlossenheit und von innen durch seine geometrisch-labyrinthische Anlage. Die hohen Räume waren einst vollständig mit Marmor und anderen edlen Materialien verkleidet, die Tür- und Fensterrahmungen sind teilweise noch mit Halbsäulen aus Porphyr besetzt. Rundum laufen Sitzbänke, Reste von meterhohen Kaminen sind noch erhalten, ebenso das raffinierte System von Lüftungsschächten und Wasserleitungen über beide Stockwerke.

Castel del Monte ist im eigentlichen Sinn des Wortes kein Kastell, sondern eher ein **Repräsentationsbau** Friedrichs II., dessen Errichtung (ca. 1240) zeitlich zusammenfällt mit dem Wiedererstarken der kaiserlichen Macht und dem neuen kaiserlichen Selbstverständnis nach seiner Rückkehr vom Kreuzzug nach Jerusalem. Viele Aspekte, die die Friedrich-Forschung über das Wesen des Herrschers zusammengetragen hat, manifestieren sich in diesem achteckigen Gemäuer. Castel del Monte steht für dessen Lebensgefühl, Weltbild, Machtanspruch und vor allem für die messianische Überzeugung vom ewigen, weltlichen Herrscher in der Person Friedrichs II.

Lage und Position der Burg entsprachen der Vorstellung von der kaiserlichen Präsenz im Königreich Apulien. Friedrich, dem immer vorgeworfen wurde, keine Kirchen, sondern nur Profanbauten in Auftrag gegeben zu haben, errichtete ein auf Allgegenwärtigkeit und Abschreckung ausgerichtetes **Verteidigungskonzept**. Castel del Monte erfüllte diese Strategie von allen süditalienischen Burgen des Regenten am augenfälligsten: Es stand im

Zentrum des apulischen Kernlands, war von weitem zu sehen und wirkte dabei äußerst bedrohlich.

Das Gefängnis der Prinzen

Das rätselhafte Kaiserschloss war vermutlich das ewige Gefängnis der beiden Enkelsöhne Friedrichs II., die nach dem Tod ihres Vaters Manfred hier auf unbarmherzige Weise von den Anjou eingekerkert wurden:

"Sollen wir uns in diesem Schlosse irgendeinen der Säle als das Gefängnis der armen Prinzen denken? Ein menschlich fühlender Schlossvogt konnte das den Enkeln eines Kaisers, den Kindern eines Königs gönnen; aber ich glaube, dass selbst Karl II. diese Räume für die Söhne Manfreds zu groß und schön gefunden hat, und dass er sie in den kleinen Turmgemächern einsperren ließ. Denn auch dieser König, welcher doch selbst die Bitterkeit der Gefangenschaft, obwohl in anständigem Gewahrsam, erfahren und alle Mächte Europas um seine Befreiung angefleht hatte, war so gefühllos, dass er jene Prinzen, die schuldlosesten unter allen seinen Staatsgefangenen, fortdauernd in Ketten hielt. In Ketten waren sie groß geworden; aus Kindern Jünglinge, aus Jünglingen Männer werdend, hatten sie an dem veränderten und zunehmenden Gewicht der Eisenlast das Wachstum ihres Leibes und Leidens ermessen können. Wie Bettler waren sie gekleidet und genährt, und sicherlich ließ man sie absichtlich in Unwissenheit und Elend zu Idioten werden. Spätere Berichte wollen sogar wissen, dass man sie geblendet und verstümmelt hatte; doch die Wahrheit dieser Angaben entziehen sich unserem Urteil, auch machen sie einige Reskripte des Königs nicht glaubwürdig."

Aus: Ferdinand Gregorovius, Wanderjahre in Italien ("Bücher", S. 97.)

Die **raffinierte Innenausstattung** machte die Burg zu einem Schloss, in dem es sich angenehm wohnen ließ und das dem kaiserlichen Hedonismus und seinem prunkvollen Lebensstil Rechnung trug.

Castel del Monte vereint auch merkwürdige **Widersprüche** Friedrichs: einerseits die mathematische Strenge und Rationalität seiner Architektur, andererseits die Neigung zur orientalischen Prachtentfaltung und Mystifikation.

Die tiefere Bedeutung der **oktogonalen Form** ist bis heute nicht zufriedenstellend enträtselt. Der Goldene Schnitt, Planeten- und Sonnenkonstellationen, Bezug zu antiken Heiligtümern, orientalischen Moscheen und esoterischen Theorien – alles wurde herangezogen, um das Geheimnis des Bauwerkes zu lüften, aber Fragezeichen sind geblieben. Vielleicht ist Castel del Monte ja der steinerne Ausdruck einer ganzheitlichen staufischen Kaiserideologie. Das magische Achteck – ein ewiges Kaisersymbol? So wie der Kreis das Unendliche, Göttliche und Metaphysische beschreibt und das Quadrat das Irdische, Profane und Rationale ausdrückt, könnte das Achteck als geometrischer **Zustand zwischen Kreis und Quadrat** interpretiert werden. Castel del Monte, das vollkommene Achteck, wäre somit das Bindeglied zwischen Diesseits und Jenseits. Vielleicht handelt es sich aber auch nur um ein mittelalterliches Observatorium mit einer originellen Form – wer weiß? Esoteriker zieht der Ort jedenfalls magisch an. Empfehlenswert ist eine Mußestunde im erfrischend schattigen Innenhof, die man mit Meditationen und Träumereien über die wundersame Achterkombination verbringen kann – oder auch nicht – und danach das obligatorische Erinnerungsfoto von der Hofmitte im Liegen nach oben.

Manchmal spielen sich hier tatsächlich eigenartige Dinge ab: Am 22. September 1992, als die Schattenlinie des Baus – wie jedes Jahr zur gleichen Zeit – mit der Außenbegrenzung der Türme zusammenfiel, zog plötzlich ein Unwetter heran, wie ich es zuvor noch nie erlebt hatte. Grelle Blitze durchzuckten den Himmel, entluden sich im Innenhof und erleuchteten die Krone Apuliens gespenstisch. Das ohrenbetäubende Dröhnen gewaltiger Donnerschläge erschütterte die Innenräume, und die Regentropfen prasselten wie Hammerschläge gegen das kompakte Gemäuer. – Hatte Friedrich vielleicht gegrollt?!

Öffnungszeiten tägl. 10–14 Uhr und 14.30–18.30 Uhr, Eintritt 3,10 €, ☏ 0883/569997.

Karte S. 192/193

Provinz Bari

• *Anfahrt & Verbindungen* **Auto**, von Minervino Murge über die S 170 durch eine bizarre Hügellandschaft. Von der A 14 Autobahnausfahrt Andria-Barletta, dann quer durch Andria, wo man sich wegen schlechter Beschilderung leicht verirrt.

Bus: Von Andria (Bahnhof) fährt 3x täglich – nur im Juli und August! - ein öffentlicher Bus nach Castel del Monte (Abfahrt 8.30, 13.30 und 17 Uhr) und wieder zurück (Abfahrt 10.15, 14.15 und 19 Uhr). Die Fahrzeit beträgt knapp 30 Min. Andria liegt an der Strecke der Ferrotranviaria Bari-Nord, die Bari mit Barletta verbindet.

• *Übernachten/Essen & Trinken* In der weiteren Umgebung von Castel del Monte haben wir drei empfehlenswerte **Agriturismo-Gutshöfe** entdeckt. Das Gastronomie- und Agriturismo-Angebot in der unmittelbaren Nähe von Castel del Monte empfehlen wir hingegen zu meiden. Akzeptabel ist jedoch *** **Hotel Parco Vecchia Masseria**, ca. 2 km von Castel del Monte, an der Landstraße nach Andria (beschildert), rustikales Landhaus auf schattigem Grundstück, man wohnt in kleinen, separaten Steinbungalows, Restaurant und Swimmingpool, DZ 55–60 €, von April bis September geöffnet, ☏ 0883/569866.

Eine weitere Agriturismo-Masseria liegt bei **Poggiorsini**, ca. 30 km südlich von Castel del Monte, abseits der S 97 zwischen Spinazzola und Gravina, an der Regionalgrenze zur Basilikata: **Il Cardinale**, herrschaftlicher

Gutshof mit 200 ha Getreidefeldern. Die stilvoll ausgebaute Masseria ist eine schattige Oase in einer sanften, aber weitgehend baumlosen Hügellandschaft. Hier herrscht

Azienda Agrituristica Tenuta Pedale, Tipp! An der S 170 in Richtung Ruvo auf die Ausschilderung achten. Zentrale Lage für Ausflüge in alle Richtungen. Stattliche Masseria mit prächtiger Türmchenfassade und weitläufigem Hof. Die Unterbringung erfolgt in den umgebauten Nebengebäuden und Stallungen, alles große Räume mit rustikaler Einrichtung hinter massivem Mauerwerk, schattige Terrasse vor jedem Zimmer. Großes **Restaurant** mit Bauernmöbeln auf zwei Etagen, **beliebtes Ausflugslokal** an den Wochenenden; Öl, Wein, Gemüse, Fleisch, Obst u. v. m. aus eigener Produktion; schnörkellose, deftige Landküche, große Portionen; Halbpension ist empfehlenswert. Das "italienische" Frühstück wird auf der Restaurantterrasse serviert. Reitunterricht möglich. DZ 42 €, Menü 20 €, Halbpension pro Person 42–49 €; ganzjährig geöffnet, ☏ 080/8980948.

ein wenig ländlicher Luxus mit ritterlichem Speisesaal, Billardzimmer, Ruhegarten und Swimmingpool. Man wohnt in den zu kleinen Apartments ausgebauten Nebengebäuden; gutes Restaurant; Halbpension 44 € pro Person plus Extras wie Poolbenutzung etc. Reservierung obligatorisch, ✆ 080/3237279.
Eine weitere empfehlenswerte Agriturismo-Masseria s. "Ruvo/Übernachten".

• *Flug über das Castel del Monte* mit einem kleinen Motorsegler (Zweisitzer), ein nachhaltiges Erlebnis; ca. 15 Min. dauert ein **Rundflug** inkl. Start/Landung im Stoppelfeld der **Tenuta Tannoia**. Das Gehöft Tannoia liegt an der S 170, ca. 5 km von Castel del Monte entfernt in Richtung Ruvo. Buchung und Information unter ✆ 0883/545731, 15 € pro Person.

Andria
ca. 90.000 Einwohner

Friedrich II. liebte die Stadt ihrer Treue wegen, das belegt eine von ihm selbst diktierte Inschrift auf der Porta Sant'Andrea, dem einzig erhaltenen Stadttor. Dort heißt es: "Andria fidelis nostris affix medulis", was man mit "Das treue Andria ist unserem Herzen innig verbunden" übersetzen könnte. Heute ist Andria ein quirliges Zentrum der landwirtschaftlichen Verarbeitungsindustrie, das keine touristische Attraktivität mehr besitzt. Auch wer gezielt kommt, um die Grabstätten der beiden Friedrich-Ehefrauen *Isabella von Jerusalem* und *Isabella von England* aufzusuchen, erlebt eher eine Enttäuschung, denn in der nahezu schmucklosen Krypta der **Kathedrale Santa Maria Assunta** befindet sich lediglich eine kleine Gedenktafel.

Ruvo di Puglia
ca. 25.000 Einwohner

Im küstennahen Hinterland der Costa di Bari auf einem sanften Murgia-Hügel gelegen. Ein gepflegtes, wohlhabendes Städtchen mit einer bedeutenden romanischen Kathedrale und einem unbedingt sehenswerten Museum, prallvoll mit frühgeschichtlichen und antiken Vasenfunden aus der nahen Umgebung.

Überraschend viel Grün erwartet den Besucher, und das nicht nur an der baumbestandenen Durchgangsstraße und auf der zentralen Piazza. Auch in der beschaulichen Altstadt wuchert ein Pflanzenmeer von Balkonen und Fenstervorsprüngen. Das intakte Zentrum erstreckt sich um die Kathedralen-Piazza – ein picobello sauberes Wohnviertel mit prächtigen Fassaden und heimeligen Gassen, in denen man mehr freundlichen Menschen begegnet als anderswo. Der Volksmund sagt: Aus Sparsamkeit und Geiz hätten die Ruvaner ihre Altstadt Jahrhunderte lang gehegt und gepflegt, anstatt sie wegen der doch recht engen Wohnverhältnisse zu verlassen und eine moderne Vorstadt zu errichten. Das Beharrungsvermögen hat sich gelohnt, jedenfalls aus touristischer Sicht.

• *Information* **Pro Loco**, an der Hauptpiazza Giovanni Bovio 35, werktags großzügige Öffnungszeiten.
• *Anfahrt & Verbindungen* **Auto**, an der S 98 zwischen Bitonto und Andria gelegen. **Bahn**: Station der Ferrotranviaria Bari-Nord zwischen Bari und Barletta.

• *Übernachten/Essen & Trinken* ***** Hotel Pineta**, Via Carlo Marx 5, ✆ 080/3611578; ansehnlicher weißer Neubau am Stadtrand, neben einem dichten Pinetawäldchen. Leser haben uns darauf hingewiesen, dass einige Zimmer des Hotels ziemlich abgewohnt sind – deshalb unbedingt

Romanik pur in Ruvo

vorher einen Blick in die Zimmer werfen, Hotelrestaurant, DZ 62 €, EZ 41,50 €.

*** Talos, das zweite Hotel im Ort, Neubau mitten im Wohnviertel, gut geführt und hübsch eingerichtet, ohne Hotelrestaurant, Garage, DZ 67–77,50 €, EZ 44–49 €. Via Morandi 12, ✆ 080/3611645.

Masseria Modesti, Azienda agrituristica ca. 20 km südlich der Stadt, an der S 378 nach Altamura und Gravina. Großer Gutshof inmitten weiter Getreidefelder; rustikal eingerichtete Zimmer im Haupthaus und in den Nebengebäuden. Das **beliebte Ausflugsrestaurant** in den massiv gemauerten ehemaligen Stallungen gleicht einem mittelalterlichen Rittersaal. Ein Schwimmbad gehört zu diesem stattlichen Agriturismo-Anwesen; Reitmöglichkeit. DZ 62 €, Halbpension 46,50 € pro Person. Zur Masseria gehört auch ein **kleiner Zeltplatz**, ✆ 080/3601799.

Hostaria Pomponio, Tipp! Kleine Altstadt-Osteria, eng und rustikal, von jung und alt frequentiert, deftige Fleischgerichte wie Rouladen mit Innereien (Gnumarelli), Leberspieße (Spiedini di fegato) und knusprig gebratenes Lamm (Costatine di agnello), Menu turistico 16 €, nur abends geöffnet, So Ruhetag. Vico Pomponio 3, ✆ 080/3629970.

La Taverna del Conte, am baumbestandenen Corso Cavour 52, kühl-modernes Ambiente in altem Gemäuer, als Pizzeria zu empfehlen, ✆ 080/3612805, Mo Ruhetag.

Cafè Cafè, Bar mit lauschiger Terrasse an der Kathedralen-Piazza, von jungen Leuten geführt, Bier vom Fass, Mixgetränke, lange geöffnet.

Sehenswertes in Ruvo

Kathedrale Santa Maria Assunta: Apulisch-romanischer Prachtbau mit schnittigem Vorplatz. Der gut erhaltene Kirchenbau gehört zu den bedeutendsten Nachfolgebauten von San Nicola in Bari ("Il Romanico pugliese", S. 38). Nicht ganz stilecht ist allerdings der freistehende **Campanile**. Friedrich II. war ein wesentlicher Förderer des Baus, der bereits Ende des 12. Jh. begonnen wurde. Allein die makellose **Fassade** mit dem reich verzierten **Portal** wird auch Kirchenmuffel beeindrucken. Löwen und geflügelte Fabeltiere flankieren den Eingang. In der Lünette des zweiteiligen Fassadenfensters schwebt der Erzengel Michael, und oberhalb der zwölfspeichigen Rosette thront gar eine Figur Friedrichs II.

Vasengräberei im 19. Jh.

"Ruvo bot damals im kleinen den Anblick der Goldgräbereien Kaliforniens dar. Es bildeten sich Gesellschaften; man durchwühlte die ganze Umgebung der Stadt. Die Felder verwandelten sich in Märkte. Wenn man alle Vasen, so erzählte Jatta, die man damals ausgrub, in eine Sammlung vereinigt hätte, so würde dieselbe durch ihre Zahl und ihren Wert vielleicht jede andere in der Welt übertroffen haben. Giovanni Jatta und sein Brüder Giulio gründeten ein Museum der Tongefäße im Jahr 1820 und vollendeten dasselbe im Jahr 1835.

Die Vasen Ruvos zeigen mehrere Epochen der Kunst. Viele gehören schon der Zeit des ins Barocke gefallenen Geschmacks dieser schönen griechischen Industrie an. Und sie gibt uns, wenn auch nur in handwerksmäßigem Betriebe, noch heute einen Begriff von der Blüte der hellenischen Malerei überhaupt, deren stofflicher Inhalt, deren vollendeter Adel in der Form im öffentlichen und häuslichen Leben des Volkes sich abgespiegelt hat. In der Blütezeit jener Vasenkunst, die man in Italien die etruskische zu nennen pflegt, erschienen die Figuren in der Regel rot oder gelblich auf dem glänzend schwarzen Grunde des Gefäßes. Der ältere, strengere Stil hat schwarze Figuren auf rotem Grunde."

Aus: Ferdinand Gregorovius, Wanderjahre in Italien ("Bücher", S. 97.)

Die Proportionen des **Innenraums** sowie die gestreckten Arkaden- und Säulenreihen lassen noch erkennen, dass das schmale Mittelschiff ursprünglich zweigeschossig geplant war. Die kunstvoll mit Menschenköpfen verzierten Konsolen des Blendarkadenfrieses sind kleine Meisterwerke. Erwähnenswert sind außerdem die Freskenfragmente im Chorraum.

Museo Jatta im Palazzo Jatta: Der aus Ruvo stammende Giovanni Jatta legte den Grundstock zu dieser umfangreichen Sammlung, die insgesamt über 2.000 Einzelstücke umfasst, und die die Räumlichkeiten dieses relativ kleinen Museums bis in den allerletzten Winkel ausfüllt. Alles begann mit dem Zufallsfund einer gut erhaltenen antiken Vase im Jahr 1810; anschließende systematische Grabungen auf dem Gelände der alten Nekropole von Ruvo brachten dann Tausende von italo-griechischen Vasen des 6.–3. Jh. v. Chr. ans Licht, darunter peuketische, korinthische, attische und lokale Keramik.

Abgesehen von der unglaublichen Vielfalt beeindruckt der erstaunlich gute Erhaltungszustand der meisten ausgestellten Vasen, Amphoren, Schalen, Krüge und Becher. Ein wahres Erlebnis für kunstgeschichtlich Interessierte. Das Schmuckstück dieser kostbaren Sammlung ist ein attischer Krug aus dem 5. Jh. v. Chr.

Das Glanzstück des Jatta-Museums

mit der Darstellung des Todes des Attalo (= Talos, ein kretischer Dämon), **Morte di Attalo** – es handelt sich um den großen Krug auf dem Säulenstumpf im letzten Raum (siehe Foto).

Öffnungszeiten tägl. 8.30–13.30 Uhr, Sa auch 14.30–19.30 Uhr, Eintritt frei.

Gravina in Puglia

ca. 35.000 Einwohner

Eine der schönsten Schluchtenstädte Apuliens. Sie erstreckt sich an den zerklüfteten Rändern einer canyonartigen Schlucht (Gravina) und ist über prähistorischen, peuketischen, frühchristlichen und neuzeitlichen Grotten- und Höhlenbehausungen entstanden.

Ein nachhaltiges Erlebnis verspricht die Besichtigung der fünfschiffigen **Grottenkirche San Michele**, die vor dem Bau der oberirdischen Kathedrale als städtische Hauptkirche diente.

Die Schlucht von Gravina in Puglia war schon in der Bronzezeit besiedelt und entwickelte sich später zu einem Zentrum der ur-apulischen Peuketier. In römischer Zeit erlangte der Ort Bedeutung als Handelsposten an der Via Appia. Im frühen Mittelalter ließen sich hier **Mönche** aus Sizilien nieder, die vor den Sarazenen geflohen waren. Die bilderverehrenden Brüder schufen die mit byzantinischen Fresken verzierte Grottenkirche San Michele als religiösen Mittelpunkt ihrer Höhlensiedlung. Erst unter den Normannen (11. Jh.) begann die Stadt, verstärkt an der Erdoberfläche zu wachsen. Die Höhlenbehausungen wurden jedoch keineswegs vollständig aufgegeben; bis ins 20. Jh. hinein dienten noch einige – natürlich weitgehend modernisiert – den Bewohnern von Gravina in Puglia als Wohnungen.

● *Anfahrt & Verbindungen* **Auto,** zwei landschaftlich schöne Anfahrten: von Trani/ Corato auf der S 378 und von Canosa/Minervino auf der S 97. Die S 96 von Bari über Altamura hingegen ist stark befahren und reizlos.
Bahn: gute Zugverbindungen mit der Ferrovia Calabro-Lucane nach Bari und mit der Ferrovia dello Stato nach Spinazzola bzw. Canosa (schöne Fahrt durch die Hoch-Murgia) und Altamura bzw. Gioia del Colle.

● *Übernachten* ***** Peucezia,** Viale Bari 96, nüchterner Neubau an der Stadtausfahrt Richtung Bari, DZ 60 €, EZ 45 € ✆ 080/ 3269815.
Große, hübsch eingerichtete Doppelzimmer vermieten die Besitzer der Trattoria Zia Rosa. Die Unterbringung erfolgt in frisch renovierten **Altstadthäusern** in unmittelbarer Nähe der Trattoria (s. u.), DZ 55–60 €.

● *Essen & Trinken* **Café Risorgimento,** gemütliches Straßencafé an der Piazza della Repubblica.

Trattoria Zia Rosa, Tipp! Via Marconi 18, gleich hinter dem Brunnen am Abstieg zur Grottenkirche San Michele. Beliebte Trattoria im Centro storico, solide Hausmannskost nach traditionellen Rezepten, große Portionen, zu den Primo-Spezialitäten gehören Cavatelli-Nudeln mit Pilzen (funghi cardoncelli) und Gemüsesuppen, unter den herzhaften Fleisch-Secondi findet man auch Pferdefleisch und Zicklein, Menü inkl. Getränke 20 €, ✆ 080/3256369, Mi Ruhetag.

Sehenswertes in Gravina

Kirche Madonna delle Grazie: Wer mit dem Zug ankommt, sieht gleich am Bahnhof die eigenwillige Fassade der Barockkirche von 1602, die ein selbstherrlicher Bischof während seiner Amtszeit errichten ließ. Die Fassade wird oberhalb des imitierten Bossenwerks von einem riesigen Adler mit ausgebreiteten Flügeln beherrscht – dem bischöflichen Wappen.

Altstadt: Bevor man die verwinkelte, spätmittelalterliche Altstadt mit ihren Baudenkmälern und Museen besichtigt, sollte man im gemütlichen **Café**

Gravina in Puglia – mittelalterliche Schluchtenstadt

Risorgimento an der Piazza della Repubblica eine Stärkung zu sich nehmen. Noch weiß man nicht, dass der alte Stadtkern ein beschaulich verwinkeltes Wohnviertel ist, das aufgrund der Schluchtenrandlage viele überraschende Höhenunterschiede aufweist. Mittendrin entdeckt man die verschiedensten Kirchenfassaden sowie herrschaftliche Palazzi und zahlreiche übermauerte Höhlenbehausungen – und plötzlich steht man vor schwindelerregenden Aussichtspunkten mit Blick in die breite, grottenzerfurchte Gravina.

Kathedrale: Die Baugeschichte des Doms überspannt nahezu sieben Jahrhunderte. Den Grundstein legten die Normannen 1092. Von der romanischen Form ist allerdings wenig übrig geblieben, denn im frühen 15. Jh. wurde der Dom gotisch erweitert und 1447 durch einen Brand stark beschädigt. Der Wiederaufbau ereignete sich dann bereits unter dem Einfluss der aufkommenden Renaissance, woran vor allem die großartige Fensterrose erinnert. Der Glockenturm, die letzte Baumaßnahme, wurde erst Anfang des 18. Jh. fertiggestellt. Die in den 90er Jahren begonnene Restaurierung ist abgeschlossen und lässt die Kathedrale in neuem Glanz erstrahlen.

Im angeschlossenen **Museo capitolare arte sacra** kann der umfangreiche Kirchenschatz bewundert werden.

Öffnungszeiten tägl. (außer Mo) 9–13 Uhr und 17–20 Uhr, Eintritt frei.

Chiesa del Purgatorio Santa Maria dei Morti: Die jüngst restaurierte Privatkirche (Baujahr 1644) der feudalen Orsini-Familie mit den etwas makabren Skelett- und Totenkopfverzierungen über dem Portal steht ebenfalls an der Kathedralen-Piazza. Von 1420 bis 1807 gehörte Gravina zur Grafschaft der Orsini, aus deren Adelsdynastie 1724 immerhin der 250. Papst der katholischen

Abstieg zur Höhlenkirche San Michele

Kirche, *Benedikt XIII.*, hervorging. Im Innern der Grabkapelle hängen einige großformatige Gemälde aus der barocken neapolitanischen Malerschule. (Zur Besichtigung muss man sich an das oben genannte Museo capitolare arte sacra wenden.)

Biblioteca Finya, die älteste Bibliothek Apuliens (1688), gegenüber der kleinen Orsinikirche, wartet noch geduldig auf ihre Restaurierung und Wiedereröffnung.

Höhlenkirche San Michele: Die Calata di San Michele (gegenüber der Orsinikirche) führt hinunter zu dieser halboffenen Grottenkirche. Gleich am Eingang steht das Grottenheiligtum, eine **Statue des Erzengels Michael**. Der Schutzheilige wird in Gravina in Puglia ebenso wie in Monte Sant'Angelo auf dem Gargano am 8. Mai und 29. September gefeiert. Der fünfschiffige pfeilergestützte Innenraum, der Altarraum und die Nebenräume der Höhlenkirche wurden im frühen Mittelalter wahrscheinlich von **Basilianermönchen** in den weichen Kalkstein hineingegraben. An den byzantinischen Fresken, den Altarverzierungen und den Nischendekorationen haben Mutwille und Zerstörungswut noch im späten 20. Jh. irreparable Schäden angerichtet. Eine massive Einzäunung schützt die Grottenkirche vor weiterem Vandalis. Zutritt erhält man nur, wenn man sich freundlich an das oben genannte Museo capitolare wendet, es kommt jemand mit.

Museo civico archeologico: In diesem neu eröffneten Museum an der Kathedralen-Piazza werden erstmals archäologische Funde aus Gravina und der unmittelbaren Umgebung gezeigt. Eindrucksvoll sind vor allem die großen apulischen Amphoren mit Fuß, die Waffenfunde aus dem frühen Mittelalter sowie die Rekonstruktionen frühgeschichtlicher Gräber mit Skeletten und Grabbeigaben.

Öffnungszeiten tägl. (außer Mo) 9–13 Uhr und 17–20 Uhr, Eintritt frei.

Museo Pomarici Santomasi: gut bestücktes Stadtmuseum in einem herrschaftlichen Palazzo aus dem 17. Jh. mit einer umfangreichen archäologischen Sammlung, der Rekonstruktion einer Grottenkirche mit byzantinischen

Fresken, Inkunabeln, Münzen, Waffen, Uniformen, Barockgemälden und historischem Mobiliar – insgesamt eine recht bunte, aber interessante Mischung. Zur Münzsammlung gehört übrigens eine Goldmünze mit dem Wappen Friedrichs II.

Öffnungszeiten Mo–Fr 9–13 Uhr und 16–19 Uhr, So 9–12 Uhr, Eintritt ca. 3 €, Via del Museo 20.

Gravina in Puglia/Umgebung

Ruinen eines Stauferkastells: nördliche Stadtausfahrt; an der Verbindungsstraße zur S 378 stehen die Überreste einer kleinen Burg Friedrichs, die der Stauferkaiser angeblich zur Falkenjagd benutzte. Zwar ist die Burgruine nicht zugänglich, aber dahinter breitet sich eine großartige Murgia-Kulturlandschaft aus – eine gute Gelegenheit, um das schönste Urlaubsfoto von der apulischen Kernlandschaft zu schießen!

Altamura

ca. 60.000 Einwohner

Hier zeigte sich Friedrich II. von seiner frommen Seite, auf seinen ausdrücklichen Befehl wurde die Kathedrale Santa Maria Assunta errichtet. Auch seine religiöse Toleranz stellte Friedrich in Altamura unter Beweis und gestand der griechischen Bevölkerung eine Kirche zu – San Nicola dei Greci ist bis heute erhalten. Die Reste der Megalithmauer aus peuketischer Zeit sind die steinernen Zeugen der Frühgeschichte, während der "Mann von Altamura" die vorgeschichtliche Besiedlung der Gegend bezeugt.

Vor ca. 80 Millionen Jahren tummelten sich große Dinosaurierherden in der Umgebung von Altamura, was durch zahllose Spuren und Abdrücke belegt ist. Auf die vor- und frühgeschichtlichen Besiedlungsphasen folgten Jahrhunderte der Bedeutungslosigkeit; weder Römer, noch Byzantiner oder Normannen interessierten sich ernsthaft für Altamura. Erst die Staufer halfen der Stadt mit der namengebenden "hohen Ringmauer" wieder auf die Sprünge. Friedrich II. siedelte hier im 13. Jh. Apulier, Griechen und Juden an. Und er nutzte die seltene Gelegenheit, einer bis dato kirchenlosen Stadt eine Kathedrale zu schenken, wodurch er den päpstlichen Vorwurf der Unfrömmigkeit ein wenig entkräften konnte. Unter der Herrschaft der Anjou wurde Altamura befestigt, und unter den Spaniern gelangte die Stadt in den Besitz der Adelsfamilie Farnese. Die Bürger von Altamura waren Ende des 18. Jh. begeisterte Anhänger der Französischen Revolution. Die größte politische Bedeutung errang die Stadt unmittelbar nach der italienischen Staatsgründung, denn 1861 wurde Altamura vorläufiger Sitz der apulischen Regionalverwaltung.

Die heute stark landwirtschaftlich orientierte Stadt hat sich zu einem wichtigen überregionalen Handelszentrum gemausert. Einen Beleg für den wirtschaftlichen Aufstieg liefert auch das örtliche Luxushotel in der Altstadt. Die Zeiten der armseligen Märkte und Behausungen sind anscheinend längst vorbei. Verschwunden ist auch der legendäre **Markt der kurzen Hosen,**

Provinz Bari
Karte S. 192/193

auf dem arme Städter ihre Söhne für einen Monatslohn ein ganzes Jahr lang an einen Hirten oder Bauern abtraten.

Ein sensationeller archäologischer Fund in der näheren Umgebung von Altamura sorgte 1993 für weltweite Schlagzeilen. In der natürlichen Bodenhöhle namens **Grotta di Lamalunga** fanden Freizeitarchäologen aus der Stadt ein vollständig erhaltenes Skelett, dessen Alter auf über 200.000 Jahre geschätzt wird. Bei diesem so genannte **Uomo di Altamura** (Mann von Altamura) handelt es sich wahrscheinlich sogar um einen Nachfahren des Heidelbergmenschen (Homo erectus heidelbergensis).

Information/Anfahrt & Verbindungen

• *Information* **Pro Loco**, Piazza della Repubblica 11, mitten in der Altstadt, am Corso Federico II. Hier verrichtet u. a. der sympathische Rentner Alessandro seinen ehrenamtlichen Dienst, sorgt für großzügige Öffnungszeiten (täglich 9–12 Uhr und 17–19 Uhr) und verteilt ein nützliches und informatives Faltblatt mit Stadtplan, ✆ 080/3143930.

• *Auto* Altamura ist von Bari am schnellsten auf der viel befahrenen S 96 zu errei-

chen; der Weg von Nordwesten (S 378 und S 97) führt durch eine schöne Murgia-Landschaft.

• *Bahn* kleiner Eisenbahnknotenpunkt; der Bahnhof liegt relativ ungünstig am nordwestlichen Stadtrand. Mit der **Ferrovia Calabro-Lucane** von/nach Bari, Gravina und Matera (Basilikata) oder mit der **Ferrovia dello Stato** nach Gioia del Colle und über Gravina nach Spinazzola-Canosa.

Übernachten/Essen & Trinken

• *Übernachten* ****** Hotel San Nicola**, Via Luca De Samuele Cagnazzi 29, Querstraße zum Corso Federico II., ca. 25 komfortable und sehr geschmackvoll eingerichtete Zimmer in einem unauffälligen, aber vorbildlich restaurierten Altstadt-Palazzo, vorwiegend von Geschäftsreisenden frequentiert, mit feinem Ristorante, DZ 113–123 €, EZ 77 €, ✆ 080/3105199.

*** Hotel Svevia, Via Matera 2, außerhalb der Altstadtmauern, Nähe Piazza Zanardelli, an der Straße nach Matera, funktionaler Neubau, sehr gepflegt und gut geführt, mit Restaurant; DZ 54–72 €, EZ 54 €, ✆ 080/3111742.

• *Essen & Trinken* **U'Cicatidde**, schickes und recht teures Restaurant am Corso Federico II. 76; ein echte Spezialität ist die *Zuppa di Scamorza* (Käsesuppe mit Kräutern), Mi Ruhetag.

Tre Archi, Via San Michele 28, im Schatten der Kathedrale, volkstümliches Ristorante, auf der Karte stehen auch einige nicht typisch apulische Gerichte wie Os-

sobuco con piselli e funghi, außerdem gibt es leckere Pizza aus dem Holzofen, Mi Ruhetag, ✆ 080/3115569.

Caffè Ronchi-Striccoli, ältestes Kaffeehaus Apuliens, seit 1905 am Domplatz, Einrichtung mit Patina, ausgefallene Mixgetränke und abendlicher Treffpunkt für Alt und Jung.

> **Federico II. di Svevia, Tipp!** Über 50 Jahre lang hieß sie Trattoria Padova, jetzt hat der betagte Besitzer Tonino seine beliebte Nachbarschaftstrattoria zu Ehren des Stauferkaisers umbenannt, schlicht und einfach ist die Einrichtung geblieben, und schmackhaft die lokaltypische Küche, ehrliche Preise, Menu turistico 15 €. Via G. Luciani 3, Nähe Piazza Republica, ✆ 080/3145699, kein Ruhetag.

Einkaufen/Feste & Veranstaltungen

• *Einkaufen* **Mostra-Mercato**, auf diesem wichtigsten **Kunsthandwerksmarkt** der Murgia-Städte findet man Souvenirs aller

Arten (1.–10. Mai).

Pane di Altamura: Selbstversorger und solche, die es werden wollen, sollten in

Altamura

- M Museo Etnografico
- Via Vittorio Veneto
- Palazzo Viti-De Angelis
- Piazza Santa Teresa
- Via Santeramo
- Corso Vittorio Emanuele II
- Piazza Repubblica
- Piazza Marconi
- Rathaus
- Kathedrale
- San Nicola dei Greci
- Via Capera
- Madonna dei Martiri
- Piazza M. Martiri
- Piazza Duomo
- Piazza San Giovanni
- Santa Chiara
- Via Genova
- Museo Archeologico
- Via Maggio 1648
- Via Fed. II di Svevia
- Piazza Don Minzoni
- San Francesco
- Palazzo Baldassarra
- Piazza Resistenza
- Corso Umberto I
- Piazza San Mercadante
- Monastero del Soccorso
- Via O. Serena
- Teatro Mercadante
- Piazza Laudati
- Piazza Zanardelli
- Viale Martiri del 1799
- San Domenico

Provinz Bari
Karte S. 192/193

einer Bäckerei *(Forno* oder *Fornaio)* unbedingt das berühmte Brot aus Altamura kaufen. Mit fast schwarzer Kruste kommt diese lokale Spezialität aus dem Holzofen.
• *Feste & Veranstaltungen* **Festa Patronale**, Fest zu Ehren der Stadtpatronin, der Hl. Irene, mit viel Folklore und Feuer-

werk (14.–16. August).
La Cavalcata, am Sonntag nach dem Patronatsfest findet eine Prozession zur Wallfahrtskirche Buoncammino statt. Der Prozession geht eine *Asta della Bandiera* (Versteigerung) voraus.

Sehenswertes in Altamura

Altstadt: Am **Corso Federico II di Svevia**, der die konzentrisch angelegte Altstadt in zwei Hälften teilt, spielt sich der eher geruhsame städtische Alltag ab, hier findet man auch die folgenden beiden Gotteshäuser – und vieles mehr.

Kathedrale Santa Maria Assunta: der Mittelpunkt der Altstadt. Die einzige von Friedrich II. errichtete Kathedrale Apuliens. Baubeginn war 1230. Bald nach ihrer Fertigstellung wurde sie durch ein Erdbeben (1316) zerstört, aber originalgetreu erneuert. Später kamen barocke Formen hinzu, so dass die ursprüngliche Raumgebung nur noch im Groben zu erkennen ist. Der

Prächtiges Löwenportal

kunsthistorisch interessanteste Teil ist das **Löwenportal** mit den zahlreichen Figuren und Szenen.

San Nicola dei Greci: die Kirche der ehemaligen griechischen Gemeinde von Altamura. Die letzte Messe nach griechisch-orthodoxem Ritus fand hier 1601 statt. Das größte Schatz der – innen wie außen im Laufe der Zeit völlig veränderten – Kirche ist die Mumie der Hl. Beatrix.

Peuketische Megalithmauer: Am nordöstlichen Stadtrand entlang der Via Mura Megalitiche sind noch einige große Steinblöcke der frühgeschichtlichen Ringmauer zu sehen, die die Stadt umgab, als sie noch von den peuketischen Ur-Apuliern besiedelt war.

Museo archeologico statale: moderner Museumsbau am südlichen Altstadtrand. Im Mittelpunkt der Ausstellung steht die Dokumentation über den **Uomo di Altamura**. Da das völlig versinterte Skelett des über 200.000 Jahre alten "Mannes von Altamura" nicht geborgen werden kann, ersetzen anschauliche Fotos und Videoaufnahmen vom Fundort Grotta di Lamalunga das Original – eine gelungene multimediale Inszenierung. Ansonsten sind sehr interessante Fundstücke aus den Grabungsgebieten von Altamura und Gravina ausgestellt. Darunter auch der ominöse **Osso a globuli** aus dem 2. Jahrtausend v. Chr., ein ca. 10 cm großer geschnitzter Knochen mit geometrischen Verzierungen. Der Knochen stammt aus dem nahen Casal Sabini und ist eine echte Rarität, da solche Objekte sonst nur im ägäisch-anatolischen Raum gefunden worden sind.

Öffnungszeiten tägl. 8.30–19.30 Uhr, Eintritt 2 €, Via Santeramo 88.

Museo etnografico, kleines Heimatkundemuseum, in einem alten Konventsgebäude an der Piazza San Teresa am Nordrand der Altstadt untergebracht. Sehenswert sind hier neben den landwirtschaftlichen Gerätschaften vor allem die Modelle alter Backöfen, in denen früher das herzhafte **Pane di Altamura** ("Einkaufen") gebacken wurde.

Öffnungszeiten Di–Sa 9.30–11.30 Uhr und 16.30–17.30 Uhr, Eintritt frei.

Altamura/Umgebung

▶**Pulo di Altamura**: lohnenswerter Abstecher zum größten Pulo Apuliens. Dieser gewaltige Naturkrater (Doline) entstand in erdgeschichtlicher Vor-

Pulo di Altamura – größter Einsturzkrater Apuliens

zeit und birgt frühmenschliche Spuren. Die über 500 m breite und ungefähr 80 m tiefe Bodenhöhle liegt in einer flach gewellten Karstlandschaft abseits jeglicher Zivilisation. Heute dient das Erdloch u. a. als Autofriedhof, einige ausgebrannte Wracks liegen auf dem Grund, auf den man sich lieber nicht begeben sollte. Riesige Kolkraben halten Wache.

Anfahrt von Altamura-Centro die nordöstliche Stadtausfahrt (Via Bari) benutzen. Hinter der Bahnüberführung der Ausschilderung "Pulo" folgen; insgesamt ca. 8 km.

▶**Foresta di Mercadante:** eines der wenigen zusammenhängenden Waldgebiete der Murgia – mit Kiefern, Zypressen und vereinzelten Eichen. Eine erholsame, schattige Abwechslung in diesem ansonsten nahezu baumlosen apulischen Kernland. Die Foresta liegt abseits der S 171 zwischen Altamura und Gioia del Colle, westlich von Cassano delle Murge.

Gioia del Colle
ca. 30.000 Einwohner

Eine quirlige Murgia-Stadt, deren ganzer Stolz das Staufer-Castello ist, in dem ein übersichtliches und sehenswertes archäologisches Museum untergebracht ist.

Die gekachelte, zentrale **Piazza Plebiscito** ist einschließlich ihrer Cafés leider nicht das Gelbe vom Ei – und die örtliche Durchgangs- und Geschäftsstraße während der Rushhour zu passieren, ist ein Abenteuer für sich. Ruhig dagegen wird es auf der ca. 4 km nordöstlich von Gioia gelegenen Ausgrabungsstätte von **Monte Sannace**, die erst seit ein paar Jahren als Parco archeologico begehbar ist.

Das **Kastell** liegt am höchsten Punkt des Altstadthügels und zählt zu den am besten erhaltenen Stauferburgen der Provinz Bari. Die Baumeister

Friedrichs II. versahen den im Grundriss quadratischen Wehrbau (1230) mit einem Bossenwerk und zwei mächtigen Ecktürmen. Erdbebengeschädigt und über mehrere Jahrhunderte den architektonischen Phantasien ihrer verschiedenen Besitzer ausgeliefert, gelangte die Anlage 1967 in Staatsbesitz. Seitdem wurde die Baugeschichte gründlich recherchiert, das äußere Erscheinungsbild harmonisiert und vielleicht das **vorbildlichste Kleinmuseum Apuliens** eingerichtet. Hier sind vor allem die Grabungsfunde aus der nahen peuketischen Akropolis des Monte Sannace ausgestellt. In einigen Räumen, die den Innenhof umschließen, kann man die regen Restaurierungsarbeiten beobachten: Geschickte Hände verwandeln ornamentierte Scherben wieder in peuketische Vasen, Krüge, Trinkgefäße und Teller. An Kaisers Zeiten erinnert nur noch der steinerne Thron im gleichnamigen Saal.

Öffnungszeiten Castello und Museo archeologico nazionale tägl. (außer Mo) 9.30–19.30 Uhr, Eintritt 2,50 €.

● *Anfahrt & Verbindungen* **Auto**, Gioia liegt an der A 14 von Bari nach Taranto. Gut erreichbar von Gravina/Altamura auf der S 171. **Bahn**: zentral gelegener Bahnhof. Mit der FS nach Bari, Tarent und Altamura/Gravina.

● *Übernachten* *** Albergo Moderno**, Via Dante 79, stadtauswärts Richtung Santeramo kurz vor dem Bahnübergang, preiswerte Unterkunft, solide eingerichtet, aber keine Ansprüche stellen, DZ 31 €, ohne Bad 26 €, EZ ohne Bad 15,50 €, ✆ 080/3483720.

** Albergo Ferrhotel, zentral, ebenfalls einfach und preiswert, DZ 31 €, EZ 26 €. Piazza J. F. Kennedy 33, ✆ 080/3431996.

*** Hotel Svevo, Stadtausfahrt Richtung Santeramo, ca. 200 m hinter dem Bahnübergang, Nähe Autobahnabfahrt, phanta-

sieloser Neubau, Business-Kategorie, gut geführt, mit Restaurant, Garage, DZ 120 €, EZ 77,50 €, ✆ 080/3482739.

● *Essen & Trinken* **All'ombra del Castello**, Pizzeria und Pub an der baumbestandenen Piazza dei Martiri direkt neben dem Eingang zum Castello, vorwiegend junges Publikum, leckere Pizza und Bier vom Fass (u. a. Augustiner), Mo Ruhetag. **Federico II**, alteingesessene Trattoria, hübsch eingerichtet, ganz dem Namen verpflichtet, mit Stauferwappen und alten Fotos vom örtlichen Castello, deftige Landküche, hausgemachte Pasta, Menü max. 20 €. Via Gioberti 35, unweit der Hauptkirche Chiesa madre, gut ausgeschildert, ✆ 080/3430879, Di Ruhetag.

Umgebung/Monte Sannace

Parco archeologico di Monte Sannace: ein bemerkenswert weiträumiges archäologisches Freigelände. Zu sehen sind die spektakulären Überreste der größten bisher freigelegten **peuketischen Stadt**. Ein mehrfacher Mauerring umschloss die auf einem sanften Hügel (382 m ü. d. M.) gelegene Akropolis. In den Nekropolen konnten zahlreiche Keramik- und Bronzearbeiten peuketischer Machart geborgen werden, die zum Teil im **Museum von Gioia** zu bewundern sind. Die Altersbestimmungen der Grabungsfunde lassen auf eine Blütezeit im 6. und 5. vorchristlichen Jahrhundert schließen. Die dramatische Entvölkerung im 4. bis 3. Jh. v. Chr. gibt den Wissenschaftlern allerdings Rätsel auf: Waren es die landhungrigen Spartaner aus dem nahegelegenen Tarent oder die bereits heranrückenden Römer, die die friedlichen Ur-Apulier vom Monte Sannace vertrieben haben?

● *Anfahrt/Öffnungszeiten* Monte Sannace liegt ca. 4 km nordöstlich von Gioia inmitten der Felder und ist an der Landstraße nach Turi ausgeschildert. Tägl. (außer Mo) 8.30–15 Uhr, Eintritt 2,50 €. Auf dem Gelände ist auch ein ausgedehnter **Naturpfad** angelegt worden.

"Lebendige" Stalaktiten

Castellana-Grotten (Grotte di Castellana)

Größte unterirdische Touristenattraktion Italiens mit einer Viertelmillion Besuchern jährlich! Das bizarre Höhlenlabyrinth von Castellana erstreckt sich tief ins Innere einer zerklüfteten Hügellandschaft, die mit dichten Olivenhainen und Mandelbaumplantagen bedeckt ist.

Die zum Teil **gigantischen Tropfsteinhöhlen** werden seit 1938 systematisch erforscht. Die Wissenschaftler mussten sich anfangs allerdings erst einmal durch einen stinkenden Berg aus landwirtschaftlichen Abfällen und Tierkadavern graben, bevor sie ins weitverzweigte Innere der Grotten vordringen konnten; denn das Wurfloch, durch das sich die unterirdische Müllhalde gefüllt hatte, war die einzige natürliche Öffnung des Höhlensystems. Bisher ist das faszinierende Labyrinth über eine Länge von ca. 1.600 m erforscht und der Öffentlichkeit zugänglich gemacht worden.

In ca. 70 m Tiefe offenbart sich dem Betrachter eine phantastische **Märchenwelt** unter dem Dach riesiger Höhlengewölbe, die durch enge, tunnelartige Gänge miteinander verbunden sind. Die bauchigen Hallen bergen wundersame Steinformationen, die so bildhafte Namen wie Tempelschiff, Turm von Pisa oder Mailänder Dom tragen. Überall sieht man bizarre Stalagmiten- und Stalaktitengebilde, zu deren Erschaffung die Natur Jahrtausende gebraucht hat. Wo jedoch Menschenhand an die Steinzapfen reicht, fehlt hier ein Stückchen und dort eine Spitze. Aber die gezackten Naturgebilde an den Höhlenwände sind sozusagen noch lebendig; denn bei einer seit ewigen Zeiten konstanten Temperatur von ca. 15 °C tropft und wächst noch alles vor sich hin.

Provinz Bari
Karte S. 192/193

Durch den 450 m langen **Wüstengang** gelangt man zum End- und Höhepunkt des großen Erkundungsgangs – zur eindrucksvollen **Grotta Bianca**. Diese weiße Grotte ist ein filigraner Naturschrein aus feinsten Steinhäuten und -fäden, dessen effektvolle Beleuchtung ihren Zweck nicht verfehlt.

● *Besichtigung/Öffnungszeiten*   Es gibt einen **großen Erkundungsgang** (3 km, 2 Std., 13 €) und einen **kleinen Erkundungsgang** (1 km, 50 Min., 8 €), wobei nur der große die Besichtigung der Weißen Grotte einschließt. Auf alle Fälle aber eine Jacke und feste Schuhe nicht vergessen, weil es unter Tage kühl und glitschig ist! **Mitte Okt. bis Mitte März**: täglich, kleiner Erkundungsgang um 9.30, 10.30, 11.30, 12.30, 15 und 16 Uhr; großer Gang um 10, 12 und 15.30 Uhr. **Mitte März bis Mitte Okt.**: täglich, kleiner Gang ab 8.30–12.30 Uhr stündlich und um 13 Uhr, nachmittags ab 14.30–18.30 Uhr wieder stündlich, letzte Führung um 19 Uhr; großer Gang von 9–12 Uhr und von 15–18 Uhr stündlich. **Führungen auf Deutsch** (nur Mitte März bis Mitte Okt.): kleiner Gang tägl. 9.30 und 14.30 Uhr, großer Gang tägl. 11 und 16 Uhr.

● *Anfahrt & Verbindungen* **Auto**, die S 634 von Bari über Conversano führt durch eine schöne Gegend voller Wein-, Oliven- und Mandelbäume. Von Gioia auf der S 604 bis Noci und dann weiter über Putignano nach Castellana – auf dieser Strecke erste Begegnungen mit den Trulli-Bauernhäus-

chen. **Gebührenpflichtige Parkplätze** am Grotteneingang. **Bahn**: von Bari mit der Ferrovia del Sud-Est bis **Stazione Castellana G. Grotte** – nicht mit der Stadt Castellana Grotte verwechseln! Vom Bahnhof ca. 200 m zu Fuß bis zum Grotteneingang.

● *Übernachten/Essen & Trinken* **Masseria Serragambetta**, Agriturismo-Gutshof in **Castellana Grotte**, stattliches Anwesen mit Oliven-, Obst- und Gemüseanbau. Gemütlich-rustikale Unterbringung in den Nebengebäuden des Haupthauses; herzhafte Hausmannskost. Halbpension 46,50–54 € pro Person, ✆ 080/4962181.

Azienda agrituristica Vallata Verde, Bauernhof inmitten dichter Kirschenplantagen an der Landstraße von Castellana-Stadt in Richtung Selva di Fasano, auf die Ausschilderung achten. Die Unterbringung erfolgt in zwei kleinen Trulli-Häuschen und in rustikalen Apartments. Die freundliche Bauernfamilie sorgt für eine nette Atmosphäre. Ein kleiner Swimmingpool gehört zum Anwesen. Gute, deftige Landküche, große Portionen; an Wochenenden **beliebtes Ausflugslokal**. Halbpension 33,50–36 € pro Person, ganzjährig geöffnet, ✆ 080/4961256.

▶ **Grotte di Castellana (Ort)**: Um den Grotteneingang herum ist ein Pseudodorf dieses Namens aus Hotels, Restaurants und Souvenirboutiquen entstanden, das man meiden sollte. Die nahegelegene gleichnamige Stadt **Castellana Grotte** ist ebenfalls kein lohnenswertes Touristenziel – Conversano dagegen umso mehr.

Conversano   ca. 24.000 Einwohner

Größeres Städtchen im Küstenhinterland mit einigen interessanten mittelalterlichen Großbauten. Am besten begibt man sich gleich auf den weitläufigen Vorplatz des weithin sichtbaren Kastells; dann hat man alle Sehenswürdigkeiten in unmittelbarer Nähe: das normannische Castello, die angrenzende romanische Kathedrale und das nur ein paar Schritte entfernte Benediktinerkloster mit dem Museo Civico.

● *Information/Führungen:* **Pro Loco**, Piazza Castello, ✆ 080/4951228. An der Piazza Castello, neben dem Caffè Aragonese, hat der örtliche Kulturverein **Armida** sein Büro, der u. a. Führungen durch die bereits restaurierten Räumlich-

keiten des Castello anbietet.

● *Essen & Trinken* **Carpe Diem**, vornehmes Feinschmeckerlokal, regionaltypische Küche, heller, kühler Gewölberaum, Speiseterrasse im Innenhof des Castello, ausgewählte Flaschenweine, Menü ab

30 €, ☎ 080/4958524, Di Ruhetag.

Vecchi Ricordi, gemütliche Osteria, mitten in der Altstadt, zwei rustikale Speisesäle und Tische in einem angrenzenden Kreuzgang, herzhafte Landküche, leckere Gemüsesuppen und -Contorni, auch Pferde-

und Eselfleisch-Secondi, Menü 18 €, Via Porta Antica 27, ☎ 080/4959137, Mo Ruhetag.

Caffè Aragonese, lauschiges Straßencafé zwischen Castello und Kathedrale, leckeres Eis und Granite.

Sehenswertes in Conversano

Das trapezförmige **Normannenkastell** wurde im 14. Jh. durch einen Rundturm erweitert. Im Innern werden derzeit die zum Teil mit monumentalen Deckengemälden verzierten Prunkräume restauriert.

Die **Kathedrale** ist vom 11.–14. Jh. im Stil der apulischen Romanik errichtet worden und trägt dadurch sowohl Züge der Früh- als auch der Spätform dieser berühmten Epoche, von der die herrlich verwitterte Fassade noch Bände erzählt.

Ein wahrer Genuss ist auch der Anblick des verspielten Turms des **Klosters San Benedetto**, das bereits im 10. Jh. erwähnt wurde. Das **Klostermuseum**, das sich im Kreuzgang der Anlage befindet, besitzt eine interessante archäologische Sammlung. Die Exponate reichen von primitiven Tonarbeiten aus dem Neolithikum bis hin zu formschöner bemalter Egnazia-Keramik (S. 228). *Öffnungszeiten* tägl. (außer Mo) 9–12 Uhr und 16–19 Uhr, So nur vormittags, Eintritt frei.

Kirche Santa Catarina: Das kleine Gotteshaus aus dem 12. Jh. steht etwa 1 km nordöstlich von Conversano, an der Landstraße nach San Vito. Santa Catarina hat einen kleeblattförmigen Grundriss – eine Bauform, die in erster Linie aus Syrien bekannt ist. (Keine Innenbesichtigung möglich!)

Valle d'Itria – das Trulli-Land

Das idyllische Itria-Tal gehört zu den schönsten Kulturlandschaften des Südens. Das sanft wellige Becken ist eine äußerst fruchtbare Oase. Die Obst- und Mandelbaumblüte verwandelt die Landschaft schon früh im Jahr in einen farbenprächtigen Garten. Endlose Wein- und Olivenpflanzungen zieren die rostroten Hänge. Dazwischen verlaufen niedrige, krumme Mauern aus aufgesammelten Feldsteinen. Und die kräftigen Steineichen- und Kiefernwälder der Selva di Fasano krönen die flachen Hügelkuppen im Nordosten des Tals.

Die landschaftlichen Reize allein sind es allerdings nicht, die das Valle d'Itria zur beliebtesten Ecke der Provinz Bari machen. Die große Attraktion der Gegend ist die eigenwillige **Trulli-Architektur**. (Wer kennt sie nicht, die "Pizzeria Trulli" aus der Heimat!?) Über viele Quadratkilometer streuen sich die kegel- und pyramidenförmigen, spitz zulaufenden, blendend weiß gestrichenen Steinhäuschen. **Alberobello** ist mit über 1.000 dieser Rundhäuser die absolute Trulli-Königin – die romantische Märchenstadt im idyllischen Bilderbuchtal. Fast schon ein bisschen zuviel Disneyland! Kein Wunder, dass man überall Reisetrecks sichtet, die Besucher kommen sogar aus den USA und aus Japan. Und jeder brave Tourist hält das obligatorische Souvenir in der Hand, einen Miniatur-Trullo, der übrigens aus kleinen Natursteinen zusammengesetzt und nicht etwa aus Gips oder gar Kunststoff gepresst sein sollte.

Provinz Bari
Karte S. 192/193

Il Trullo

Wie Zipfelmützen ragen die Land-Trulli aus den grünen Olivenhainen und Weingärten heraus, zumeist handelt es sich um schlichte Bauernhütten, die aus rohem Feldgestein geschichtet sind. Aber man sieht auch kunstvoll gemauerte Landhäuschen, wobei oftmals mehrere Trulli zu ganzen Komplexen verbunden sind. Rund 5.000 dieser markanten Trulli-Bauten hat man im gesamten Itria-Tal gezählt ("Ländliche Architektur – Steine in der Sonne", S. 17ff.).

Entstehungsgeschichtlich gehen die apulischen Trulli auf antike Vorbilder zurück, obwohl die ältesten Trulli gerade mal 300 Jahre alt sind. Ihre Form ähnelt einem altgriechischen runden Kultbau, dem Tholos. Von dieser frühmykenischen Bauform gibt es im Mittelmeerraum zahlreiche andere und vor allem viel ältere Nachbildungen, z. B. die rätselhaften Nuraghi auf Sardinien oder vergleichbare Kult- und Profanbauten auf Pantelleria (Insel in der Straße von Sizilien) und auf den spanischen Balearen.

Die Bauweise ist im Prinzip immer die gleiche: Auf einer annähernd quadratischen Grundfläche werden rohe Feldsteine in Trockenbauweise zu dicken Grundmauern übereinandergesetzt. Die Kegelform der Dächer ergibt sich durch schräg aufeinandergeschichtete **Chiancarelle** (Steinplatten). Das unerschöpfliche Baumaterial liefert der Boden gratis.

Trulli-Varianten: Die Technik der reparaturanfälligen Trockenbauweise wurde von Generation zu Generation weitergegeben und immer phantasievoller umgesetzt. So wurden aus den einfachen Bauernhütten, die der Unterbringung von Vieh und der Gerätschaften dienten, bald kleine Landhäuschen, die sogar mit geräumigen Nischen, Fenstern und Zisternen ausgestattet waren. Bei größerem Platzbedarf wurden die normalerweise einräumigen Trulli einfach miteinander verbunden und zu bequemen Trulli-Konglomeraten zusammengefügt.

Der **Pinnacolo** (Dachspitze) ist meistens kugel- oder sternförmig verlängert. Mauerwerk und Spitze sind schneeweiß gekalkt, während das konische Dach die charakteristische grauschwarze Natursteinfarbe behält. An den Dächern entdeckt man die vielfältigsten **Verzierungen und Symbole**: einerseits, um die Häuser einer Trulli-Siedlung zu individualisieren (Prinzip Hausnummer), und andererseits, um die überirdischen Kräfte zum Schutz herbeizurufen (Prinzip Aberglaube). Initialbuchstaben, heidnische, christliche und astrologische Zeichen sind kunstvoll aufgepinselt und von weitem sichtbar.

Die sicherlich netteste der zahlreichen **Trulli-Entstehungslegenden** berichtet von Giangirolamo II. Aquaviva, im 17. Jh. Feudalherr der Gegend. Schon damals mussten Hausbesitzer an den König eine Art Grundsteuer abführen. Um seinen Untertanen diese Abgabe zu ersparen, ließ Giangirolamo die Bevölkerung mörtellose Steinhütten bauen, die sie vor den Steuereintreibern als Steinhaufen deklarierten. So überlistete der Feudalherr den König und dessen offensichtlich blinde Beamte – und trieb die Steuern dann angeblich selber ein.

Trulli-Romantik in Alberobello

Alberobello

ca. 1.000 Trulli und 10.000 Einwohner

Geschäftstüchtige Hauptstadt des Itria-Tals und unangefochtene Trulli-Königin. Zahlreiche Schnelltouristen aus allen Erdteilen und entsprechend viel angepasste Folklore. Sehenswert sind sie dennoch, die beiden Trulli-Viertel Rione Aia Piccola und Rione Monti, die seit 1996 unter dem Schutz der UNESCO stehen.

Bereits Ende des 16. Jh. sollen die ersten steinernen Iglus in Alberobello entstanden sein. Die **Zona dei Trulli** erlebte ihren Bauboom jedoch erst im 18./19. Jh. und brachte es bald auf über 1.000 Zipfelmützen. Oberhalb des steil ansteigenden Viertels **Monti** thront die **Kirche San Antonio**. Der über 20 m hohe Kuppelbau hat, wie sollte es auch anders sein, eine Dachkonstruktion im Trulli-Stil.

Am anderen Ende der Stadt kann der **Trullo Sovrano** bewundert werden, der einzige Trullo mit Obergeschoss. Er steht hinter der **Chiesa Santissimi Medici Cosma e Damiano**, einer Kirche aus dem späten 19. Jh. in undefinierbarem Baustil. Das Zentrum der gepflegten Neustadt bildet die hübsche **Piazza del Popolo** – guter Ausgangspunkt für einen beschaulichen Bummel.

Besonders sehenswert ist das **Museo del Territorio**, ein beispielhaftes Trulli-Konglomerat aus ca. 20 Häuschen oberhalb des Viertels Aia Piccola. Eine Art Heimat- und Bauernmuseum mit Dokumentationen über den Ursprung der Trulli und die Entstehung der Stadt Alberobello. Zu sehen ist auch eine originelle Sammlung von Trulli-Dachspitzen (Pinnacoli). Offene Feuerstellen

(Focarili), bäuerliche Gerätschaften und typische Haushaltsgegenstände geben Einblick in die traditionelle Wohn- und Arbeitskultur.

Öffnungszeiten tägl. (außer Mo) 10–20 Uhr, Eintritt 3,10 €, Nähe Piazza del Popolo.

Information/Anfahrt & Verbindungen

• *Information* Ufficio turistico mit dem schönen Beinamen **Casa d'Amore**, Piazza Ferdinando IV/Piazza del Popolo, ℡ 080/4325171.

• *Auto* von Bari am schnellsten über die S 100 und S 172 zu erreichen; von der Küstenstraße führen mehrere landschaftlich reizvolle Landstraßen gemächlich ins Trulli-Land. Von Gioia über Noci schöne Fahrt auf der S 604 durch ein ausgedehntes Walnussbaumgebiet.

Auf den **Parkplätzen** am Largo Martellotta (unterhalb der Trulli-Viertel) werden bis 21.30 Uhr Parkgebühren verlangt. Am besten man besorgt sich die entsprechende Parkkarte, denn sonst ist garantiert ein Strafzettel (ca. 30 €) fällig!

• *Bahn* mit der **Ferrovia del Sud-Est** von Bari erreichbar. Der Bahnhof liegt günstig, ca. 10 Min. zu Fuß zur Piazza del Popolo.

• *Bus* Busse der Gesellschaft **Marozzi** fahren mehrmals tägl. von und nach Bari (S. 197).

Übernachten

• *Hotels* **★★★★★ Dei Trulli**, Via Cadore 32, oberhalb des Trulli-Viertels Monti, Hotelanlage aus den 60er Jahren, Trulli-Apartments in einem gepflegten Nadelwäldchen, die gesamte Anlage ist mittlerweile etwas in die Jahre gekommen und verdient ihre 5 Sterne nicht mehr, dennoch die beste Adresse im Ort, aber überteuert, Hotelrestaurant vorhanden, DZ 119–145 €, EZ 72–98 €, ℡ 080/4323555.

★★★★ Astoria, Viale Bari 11/Ecke Viale Margherita, Bahnhofsnähe, altgedientes Stadthotel, jüngst komplett modernisiert, große funktionale Zimmer, akzeptables Restaurant, Parkplatz, DZ 56–85 €, EZ 39–58 €, ℡ 080/4323320.

★★★ Lanzillotta, Piazza Ferdinando IV 30, an der Piazza del Popolo, schönes und gut geführtes Stadthotel in zentraler Lage, mit Restaurant, von einigen Zimmern Blick auf die Trulli-Viertel, DZ 57 €, EZ 39 €, ℡ 080/4321511.

★★★ Albergo Miniello, Via Balenzano 14, unterhalb der Piazza del Popolo, kleiner, sympathischer Hotelbetrieb, günstige Lage, preiswert, DZ 42–47 €, ℡ 080/4321188.

• *Camping* **Camping comunale** bzw. **Bosco selva**, unter städtischer Verwaltung, kleiner Platz im Steineichen- und Pinienwald, am oberen Stadtrand, gut beschildert, blieb 2002 leider geschlossen, Wiedereröffnung geplant, das Infobüro weiß mehr.

★★★ Camping Dei Trulli, in **Pantanella**, an der Landstraße nach Castellana, großer, komfortabler und schattiger Platz mit Swimmingpool, Pizzeria und Disco, 2 Personen, Zelt und Auto ab 14 €, ℡ 080/4322145.

• *Agriturismo* **Agriturismo Le Casedde**, im 10 km entfernten **Noci**, direkt an der S 604 (von Alberobello kommend hinter Noci, einem quirligen, sympathischen Städtchen). Die kleine Azienda agricola (1,5 ha) bietet neben den Zimmern im Hauptgebäude auch vier Trulli-Unterkünfte – eine recht romantische Angelegenheit. Das Restaurant serviert herzhafte Landküche mit vie viele Agriturismo-Gasthöfe an Wochenenden ein **beliebtes Ausflugslokal**. DZ 46,50–57 €, Halbpension 41–52 € pro Person, Menü 22 €, ℡ 080/4978946.

Essen & Trinken

Il Guercio di Puglia, am Largo Martellotta 12, untergebracht im Gewölbe des ehemaligen Wehrturms, einem der ältesten Gebäude der Stadt. Hier residierte einst Feudalherr Giangirolamo II. Noch schöner

als im massiven, ritterlichen Speisesaal sitzt man auf der lauschigen Terrasse mit halbem Blick auf die Trulli-Viertel Monti. Kleine, aber feine Speisekarte, leckerer Fleischspieß mit fünf Fleischsorten, hier

vielleicht mal das Püree aus Fave (Saubohnen) probieren, Menü ca. 18 €, ✆ 080/ 4321816, Mi Ruhetag.

Il Poeta Contadino, Via Indipendenza 21, etwas abseits zwischen den beiden Trulli-Vierteln gelegen, stilvolles Ambiente, gehobene Spezialitätenküche, teuer, Menü ca. 40 €, ✆ 080/4321917.

Hostaria del sole, an der Kirchenpiazza, nach dem letzten Besitzerwechsel hat die alteingesessene Osteria ein wenig an Atmosphäre und Qualität eingebüßt, jetzt auch Pizza, Menu turistico 14 €. Piazza Curri 3, ✆ 080/4323904, Fr Ruhetag.

La Cantina, Tipp! Osteria im traditionellen Stil, alteingesessener Familienbetrieb, helles Kellergewölbe, klein und gemütlich, Hausmannskost vom Allerfeinsten, alles frisch und sehr fein zubereitet, immer nach den aktuellen Tagesgerichten fragen, Menü ca. 18 €, rechtzeitig reservieren, da nur wenige Tische und sehr beliebt, ✆ 080/ 4323473, Vico Lippolis 9, am zentralen Corso Vittorio Emanuele.

Feste & Veranstaltungen

Festa di Sant'Antonio, Trulli-Kirchenfest im historischen Viertel Monti (13. Juni).

Festa sull'Aia, Fest im Trulli-Viertel mit Wein, Spezialitäten und Musik (2. Julihälfte).

Città dei Trulli, Veranstaltung mit mehreren überregionalen Folkloregruppen (3. Augustwochenende).

Patronatsfest zu Ehren der Heiligen Kosmas und Damian mit Jahrmarkt, Prozession, Volksmusik und Feuerwerk. Es gibt u. a. **Oliven**, die speziell für dieses Fest ausgesucht und in einer Geheimrezeptlauge eingelegt werden – unbedingt probieren! 25.–28. Sept.

Alberobello/Umgebung

Zwei landschaftlich besonders schöne Strecken führen von Alberobello ins unbedingt sehenswerte **Martina Franca** in der Provinz Tarent (S. 304) – ca. 15 km schmale Landstraße, weitgehend von niedrigen Feldmauern begrenzt, und von Alberbello nach Locorotondo (9 km, S 172).

Locorotondo
ca. 12.000 Einwohner

La città del vino bianco – die Stadt des Weißweins. Ein strahlend weißer Häuserkranz bedeckt die Kuppe des Weinbergs von Locorotondo. Die Hauptkirche San Giorgio Martire ragt beinahe störend aus dem weißen Häusermeer des organisch-runden Stadtkerns. Uralte Weinterrassen ziehen sich den Stadthang hinunter und erstrecken sich weit in die Umgebung hinein.

Obwohl einige Trulli-Häuschen in der Ortschaft nicht zu übersehen sind, prägt ein anderer Häusertyp das Stadtbild: das kleine **Giebelhaus** mit der extrem schrägen **Cummersa** (Dach) aus aschgrauen Ziegeln. Die niedlichen Hexenhäuschen mit den gemauerten Schornsteinen stehen dicht an dicht und verleihen der Altstadt einen fast museulen Charakter. Außerdem erinnern die Konturen dieser Giebelhäuser an die Strichzeichnungen von Kinderhand. Zumindest ist ihre Form zum Markenzeichen geworden, denn sie zieren die Etiketten des fruchtig-trockenen örtlichen DOC-Weißweins. Die **Cantina del Locorotondo** ist die älteste Winzergenossenschaft Apuliens und wurde bereits 1929 gegründet.

Den Spaziergang durch die Altstadt beginnt man am besten an der **Porta di Napoli**, dem Südtor. Davor befindet sich der Stadtpark **Villa comunale**, eine kleine begrünte Aussichtsterrasse mit phantastischem Blick auf das ziemlich zersiedelte Itria-Tal. Die Stradelle (Gassen) im historischen Zentrum sind sehr gepflegt, überall hängen Blumenampeln, und üppiges Grün ziert die weiß gekalkten Fassaden. Ältere Menschen sitzen in mediterraner Manier grüppchenweise vor ihren Häusern – zufrieden und freundlich.

An der Dorfpiazza steht die **Hauptkirche San Giorgio Martire**, ein neoklassizistischer Bau aus dem 19. Jh., der kunsthistorisch wenig interessant ist. Sehenswert hingegen, und vor allem ins Stadtbild passend, die kleine frühchristliche **Chiesa San Nicola** aus dem 6. Jh. Am nördlichen Altstadtrand dann die **Chiesa Madonna della Greca** nicht vergessen; im Innern wartet die orientalisch anmutende Madonna mit den vier Heiligen. Einzigartig auch das Standbild eines betenden Kreuzritters.

Typische Giebeldacharchitektur in Locorotondo

Karte S. 192/193 **Provinz Bari**

• *Information* **Pro Loco**, an der Piazza Vittorio Emanuele, gleich hinter der Porta Napoli, dem Bogentor zur Altstadt. Hier ist ein informativer und aufwendig gemachten Stadtführer (auch auf Deutsch) erhältlich (so lange der Vorrat reicht). Tägl. 9–12 Uhr und 14–19 Uhr.

• *Feste & Veranstaltungen* **Festa di San Rocco**, Prozession, großes Feuerwerk und festliche Aktivitäten im gesamten Centro storico (15.–18.Aug.).

• *Übernachten/Essen & Trinken* ** **Al Casale**, Via Gorizia 41, bescheidenes kleines Stadthotel mit Ristorante/Pizzeria, an der Stadtausfahrt nach Alberobello, DZ 39–41 €, EZ 23–26 €, ✆ 080/4311377.

Centro Storico, Via Eroi di Dogali 6, gemütliche Altstadt-Trattoria, schnörkellose

Hausmannskost, kleine Preise, Menü ca. 15 €, ✆ 080/4315473, Mi Ruhetag.

U'Curdunn (Dialektausdruck für Locorotondo), Via Dura 19, in der Altstadt, Nähe Chiesa San Giorgio, stilvoll eingerichtetes kleines Restaurant, hausgemachte Pasta, eine Primo-Spezialität sind die *Orecchiette con rape*, Menü ab 15 €, der Padrone spricht etwas Deutsch, ✆ 080/4317070, Mo Ruhetag.

L'Affresco, herrschaftlicher Altstadtpalazzo, elegant eingerichtet, pastellfarbene Wände betonen das großartige Deckengemälde im Speisesaal, ausgesuchte regionale und nationale Gerichte, gutes Preis-Qualitäts-Verhältnis, Menü ca. 20 €, abends auch Pizza. Via Nardelli 25, ✆ 080/4316848, Mo Ruhetag.

Locorotondo/Umgebung

▶ **Selva di Fasano**: Dieses schattige Naherholungsgebiet erstreckt sich ca. 10 km nördlich von Locorotondo über einen bewaldeten Karstbuckel. Trotz deutlicher Zersiedlung und viel eingezäuntem Privatbesitz eine lohnenswerte

Selva di Fasano – vegetationsreich, aber zersiedelt

Ecke, vor allem wegen der satten, abwechslungsreichen Vegetation. Kurvige Landstraßen führen durch Weinterrassen, Steineichen- und Pinienwälder, dazwischen Mandelbaumfelder und uralte Olivenhaine, jeder Baum mit eigener, entsteinter Terrasse. Oben genießt man eine tolle Aussicht ins grün-weiß-rote Trulli-Land und hinüber zur grün-weiß-blauen Adriaküste. Hier muss man einfach den Fotoapparat zücken, z. B. bei der kleinen, schneeweißen und einsam gelegenen **Kirche San Michele**.

▶ **Fasano** und **Zoosafari di Fasano**: Die Stadt selbst ist in der Peripherie relativ stark industrialisiert und absolut kein Touristenziel, aber 2 km außerhalb der Ortschaft, die schon zur Provinz Brindisi gehört, befindet sich der **größte Safaripark** des Landes:
Safari in Apulien – größter befahrbarer Zoo Italiens, eine Mischung aus Disneyland und Tierpark. Über 1.000 exotische Groß- und Kleintiere aus fünf Kontinenten kreuchen und fleuchen durch eine mediterrane Pampa. Dromedare grasen unter Olivenbäumen, Affen schaukeln in Mandelbäumen, und Tiger gähnen in Baumkronen. Vogel- und Tropenhäuser, Delphinshow und *Fantasylandia* auf insgesamt 120 ha Freigehege – vor allem ein Erlebnis für Kinder. Jährlich kommen fast 700.000 Besucher – Vergnügen ist garantiert.

● *Öffnungszeiten* tägl. (je nach Jahreszeit) ab 9, 9.30 bzw. 10 Uhr bis Sonnenuntergang. Eintritt 10 € pro Person im eigenen Auto, Kinder unter 4 Jahren frei. Fantasy-landia, der Spielpark mit seinen Attraktionen, ist im Ticket eingeschlossen. Die Delphinshow kostet extra.

▶ **Cisternino** (ca. 12.000 Einwohner): Ein weiteres urbanes Schmuckstück im Trulli-Land und wie Fasano bereits in der Provinz Brindisi gelegen. Auf einer weithin sichtbaren Hügelkuppe breitet sich dieser freundliche Ort aus – eine herrliche Position zwischen dem flachen Küstenhinterland und der nahen Selva di Fasano.

Das kleine blitzsaubere Altstadtlabyrinth ist vom Feinsten und die zentrale **Altstadtpiazza Vittorio Emanuele** kann sich hinsichtlich harmonischer Platzgestaltung mit vielen berühmteren Ortschaften der Region durchaus messen. Einen Altstadtbummel beginnt man am besten an der deutlich sichtbaren **Chiesa Matrice.**

● *Essen & Trinken* **La Bell'Italia,** die gemütlichste Altstadt-Osteria, wohnlich eingerichtet, mit der amüsanten, aber ernst gemeinten Küchenbeschreibung *"Cucina tipica e atipica";* eine Primo-Spezialität sind die *Orecchiette frucid* (mit Ricotta-Käse, Rucola und kleinen frischen Tomaten), Menü ca. 20 €, ✆ 080/4444798, Di Ruhetag.

Cisterninos beschauliche Piazza

Brindisi – römisches Tor in den Orient

Provinz Brindisi

Das Stiefkind der Region. Die Gründung der flächen- und bevölkerungsmäßig kleinsten Provinz Apuliens erfolgte im Jahr 1927. Bei der Grenzziehung schnitt Brindisi, verglichen mit den drei Nachbarprovinzen, nicht besonders gut ab. Die schönsten Ferienorte des Itria-Tals, Alberobello, Locorotondo und Martina Franca, wurden Bari bzw. Tarent zugesprochen. Aber Ostuni, die schneeweiße Hügelstadt am Murgia-Rand, blieb großzügigerweise auf Brindisi-Territorium.

Das knapp 2.000 qkm große Hinterland der Provinzhauptstadt ist eine einzige landwirtschaftliche Nutzfläche, deren Haupterzeugnisse Wein, Tafeltrauben und Tabak sind. Einen landschaftlichen Höhepunkt der Provinz bildet die Gegend um **Ostuni**. Abseits des sanften Itria-Tals und der waldreichen Selva di Fasano und unbehelligt von jeglicher Trulli-Romantik, liegt die strahlende Vorzeigestadt Ostuni auf dem allerletzten Treppenabsatz des apulischen Kernlands, umgeben von uralten Wein- und Ölbaumkulturen. Auch städtebaulich ist Ostuni eine Ausnahmeerscheinung, die sogar das Interesse japanischer Unternehmer geweckt hat. Zwei weitere sehenswerte Kleinstädte im Landesinnern sind **Francavilla Fontana** und **Oria**. In der Umgebung von Francavilla erhebt sich der frühgeschichtliche Steinhügel **Specchia Miano** – eine echte Kuriosität in der an altertümlichen Steinmonumenten so reichen Region. Oria hingegen besticht in erster Linie durch seine keilförmige Stauferburg, die sich in Privatbesitz befindet und dennoch zugänglich ist.

Bereits in den 60er Jahren des vergangenen Jahrhunderts hat sich die Provinzhauptstadt zu einem beachtlichen Zentrum der Petro- und Kunststoffindustrie entwickelt, auch der Hafen war und ist von großer Bedeutung. Mittlerweile ist auch das konventionelle Kraftwerk Brindisi-Cerano dazugekommen. Kein Wunder also, dass es sich bei dem hauptstadtnahen Küstenstreifen weitgehend um ein touristisches Notstandsgebiet handelt. Sauberkeit und Natürlichkeit zeichnen die Umgebung von Brindisi jedenfalls nicht gerade aus. Eine überraschende Ausnahme bildet jedoch das kleine **Küstennaturschutzgebiet Marina di Torre Guaceto**.

Die schönste Badezone der Provinz, mit hellen feinsandigen Stränden, liegt eindeutig zwischen **Marina di Ostuni** und dem Thermalbad **Torre Canne**, wo auch die besten Campingplätze zu finden sind.
Brindisi città – das römische Tor in den Orient – war im Mittelalter der Verschiffungshafen der Kreuzritter und dient heute als wichtiger Fährhafen nach Griechenland. Brindisi bleibt anscheinend die ewige Transitstadt, die seit ihrer Gründung unter der Geringschätzung ihrer stets nur durchreisenden Gäste leidet – dabei lohnt sich ein ausführliche Stippvisite durchaus.

Ein wenig kleiner als die Provinz tatsächlich ist, haben auch wir sie gemacht, indem wir aus Gründen der Übersichtlichkeit **Egnazia** (S. 228), **Savelletri** (S. 230) und **Cisternino** (S. 264) bereits im Kapitel zur Provinz Bari behandelt haben.

Die Provinz Brindisi auf einen Blick

- **Schöne Orte**: Ostuni (S. 278) – schneeweiße Hügelstadt; Cisternino (S. 264) – beschaulicher Ortskern.
- **Landschaftliche Höhepunkte**: Umgebung von Ostuni – uralte Wein- und Ölbaumkulturen; Torre Guaceto (S. 277) – Küstennaturschutzgebiet, begrenzt zugänglich.
- **Kunst und Kultur**: Brindisi (S. 269ff.) – messapisch-römische Vergangenheit; Oria (S. 285) – Stauferburg mit Museum.
- **Kurios**: Specchia Miano (S. 285) – mysteriöser Steinhügel.

Reisepraktisches zur Provinz Brindisi

Anfahrt & Verbindungen

- *Auto* **Küstenstraße S 379** Bari–Brindisi und dann weiter auf dem schnurgeraden Autobahnteilstück Brindisi–Lecce. Aus dem Itria-Tal kommend schöne Strecke über Ostuni und San Vito nach Brindisi. Die **S 7** zwischen Brindisi und Tarent ist eine viel befahrene Schnellstraße ohne besonderen landschaftlichen Reiz.
- *Bahn* **FS-Hauptstrecke Bari–Brindisi–Lecce** mit Stopp in Ostuni. **FS-Hauptstre**cke **Brindisi–Tarent** über Oria und Francavilla Fontana. Außerdem führt eine Teilstrecke der privaten **Ferrovia Sud-Est** (Martina Franca–Lecce) über Francavilla Fontana.
- *Bus* **Linienbusse** von Brindisi aus in die Kleinstädte der Provinz. Busbahnhöfe sowohl am FS-Bahnhof als auch am Hafenbahnhof.
- *Fähre & Flugzeug* Brindisi, "Anfahrt & Verbindungen", S. 271.

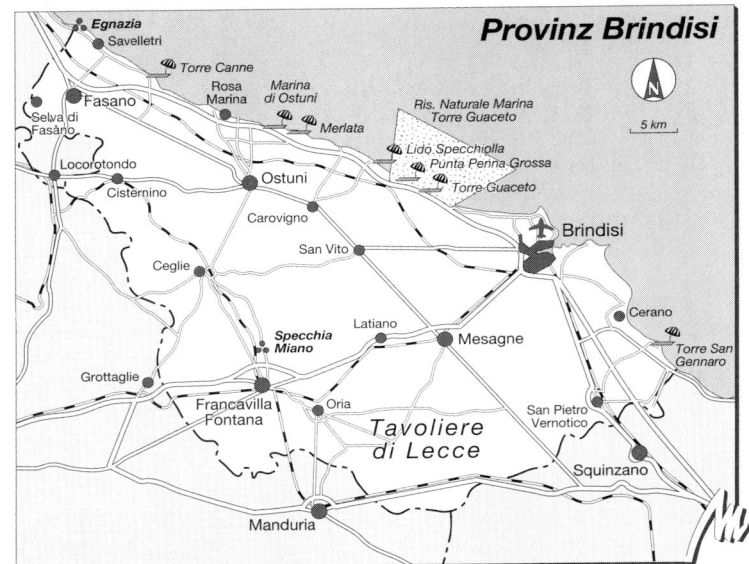

Provinz Brindisi

Egnazia
Savelletri
Torre Canne
Fasano
Rosa Marina
Marina di Ostuni
Selva di Fasano
Merlata
Ris. Naturale Marina Torre Guaceto
5 km
Locorotondo
Lido Specchiolla
Punta Penna Grossa
Cisternino
Ostuni
Torre Guaceto
Carovigno
Brindisi
San Vito
Ceglie
Latiano
Cerano
Specchia Miano
Mesagne
Torre San Gennaro
Grottaglie
Francavilla Fontana
Oria
San Pietro Vernotico
Tavoliere di Lecce
Squinzano
Manduria

Übernachten

- *Hotels* Nur in **Brindisi** und **Ostuni** kann man von einem ausreichenden Angebot sprechen, bei dem auch preiswertere Häuser nicht fehlen. In Francavilla ist das Angebot mehr als knapp, während es in Oria vollständig fehlt!
- *Agriturismo* ist die Stärke der Provinz.

Empfehlenswerte, luxuriöse Gutshöfe vor allem in der Umgebung von Ostuni.
- *Camping* Im Baderevier zwischen Torre Canne und Marina di Ostuni gibt es einige schöne Plätze.
- *Jugendherberge* Brindisi verfügt über eine gut besuchte, stadteigene Herberge (S. 272).

Essen & Trinken/Spezialitäten

- *Fisch und Meeresfrüchte* Die **Fischsuppen** von Brindisi schlagen nach Feinschmeckermeinung alle Rekorde. Roher Fisch und Meeresfrüchte in Essig bereichern das Angebot der örtlichen **Antipasti di Mare**. Reis und Nudeln werden vorwiegend mit einem gehaltvollen **Sugo di Frutti di Mare** serviert.
- *Provinzspezialitäten* Im Landesinnern sollte man die **Puddica** probieren, ein zentimeterdicker Brotfladen mit eingedrückten Tomaten- und Knoblauchstückchen, Kapern, Oregano und Olivenöl, den man in einer *Forno* (Bäckerei) kauft..
Gefülltes Gemüse (Tomaten, Auberginen und Artischocken) findet man nirgendwo so häufig auf der Speisekarte wie in der

Provinz Brindisi; das gleiche gilt für **Rostbraten** von verschiedenen Fleischsorten, dazu passen Bohnen oder Chicorée.
Ein seltenes Gericht im Landesinnern – und ein ungewöhnlicher Nudelersatz – ist **Cranu stumpatu**, gekochtes Getreide, mit verschiedenen Ragouts serviert.
- *Wein* Im Hinterland von Brindisi reift vor allem die **Negroamaro-Traube**, aus der kräftige Rosso- und fruchtige Rosato-Weine (DOC-Brindisi) gemacht werden.
Der **Malvasia Bianca di Brindisi** bildet eine Ausnahme unter den Weinen der Provinz. Mit seinem lieblichen Geschmack gleicht er dem klassischen Malvasier und ist mit knapp über 12 Vol.-% bereits ein starker Weißwein.

Brindisi

ca. 100.000 Einwohner

Seit der antiken römischen Expansion in den Orient ist Brindisi eine Transitstadt. Alle Wege führen zum Hafen, wo es schnurstracks aufs Schiff geht. Früher legten hier die römischen Galeeren ab, später die Kreuzritter und heute immer mehr Griechenlandtouristen.

Die erste Straße, die aus dem Norden zum "Tor des Ostens" führte, war die römische **Heeresstraße Via Appia**. Eine Endsäule dieser Nabelschnur zwischen Rom und Brindisi steht heute noch – wenn auch in Teilstücken – an ihrem Platz am Hafenkai. Mit durchschnittlich 1.000 Transitgästen täglich ist Brindisi der **größte Fährhafen Süditaliens**. Tourismus heißt für Brindisi, sich den Transit-Bedingungen anzupassen. In kurzer Zeit soll der eilige Gast möglichst viel Geld ausgeben. Eine schnelle Übernachtung, eine warme Mahlzeit, für Besichtigungen bleibt wenig Zeit. Das Verhältnis zwischen den Einheimischen und den rastlosen Fremden zeichnet sich deshalb nicht gerade durch besondere Freundlichkeit aus, man begegnet sich eher mit Respekt. Wer die aufgeschlossene Seite der Brindisianer kennen lernen möchte, muss schon etwas länger bleiben!

Bereits die messapischen Ur-Apulier entdeckten diesen idealen **Naturhafen** und gaben ihm seiner geweihähnlichen Form wegen den Namen **Brunda** (Hirschkopf). Das offene Meer ist durch den schmalen **Canale Pigonati** mit zwei länglichen Meerbusen, **Seno di Ponente** und **Seno di Levante**, verbunden. Die V-förmig auseinanderstrebenden Naturbuchten umschließen das historische Stadtzentrum. Trotz der massiven Kaimauern, der ansässigen Hafenindustrie und der betriebsamen Terminals, erkennt man noch heute den natürlichen Verlauf der beiden Hafenbuchten.

Die Römer machten Brunda zu **Brundisium** und bauten den messapischen Hafen zu ihrem größten und wichtigsten Handels- und Militärstützpunkt an der Adria aus. Die antike Stadt avancierte zum **römischen Tor in den Orient** und zum bedeutendsten Bindeglied zwischen dem Weströmischen Reich und den östlichen Anrainerstaaten des Mittelmeers. Die apulische Hafenkolonie entwickelte

Il Duomo

sich prächtig. Römische Kaiser und Dichter verweilten hier, und römische Prunkbauten bestimmten das Stadtbild. **Vergil**, einer der prominentesten Römer jener Tage, starb 19 v. Chr. in Brindisi, nachdem er kurz vorher auf See erkrankt war. Die Endsäule der Via Appia ist, abgesehen von den antiken Fundstücken im archäologischen Stadtmuseum, der einzige monumentale Überrest des römischen Brundisium.

Die zweite Glanzzeit erlebte die Stadt in den turbulenten Jahren der **christlichen Kreuzfahrt**. Anfangs mit den Normannen und später mit Friedrich II. öffnete sich das Tor zum Orient erneut und brachte Unheil über den Nahen Osten. Die mittelalterlichen Bauwerke, die vom 11. bis 13. Jh. in Brindisi entstanden, z. B. das **Castello Svevo**, wurden 1456 größtenteils durch ein Erdbeben zerstört.

Das Zeitalter der **Industriellen Revolution** und die weltweiten Handelsverbindungen des 19. Jh. brachten Brindisi als Hafen in den Orient ein drittes Mal ins internationale Spiel. Von der Eröffnung des Suezkanals (1869) und der Errichtung der *South Italian Railway Adriatic Line* – auch bekannt als *La Valigia delle Indie* – profitierte Brindisi in gewohnter Manier wie einst in der Antike und im Mittelalter. Von London nach Brindisi benötigte der Zug um die Wende zum 20. Jh. nur 43 Stunden, und weiter ging die Fahrt per Schiff bis nach Bombay. Die Chronik dieses altehrwürdigen Handels- und Reiseweges berichtet u. a. von der Ankunft **Mahatma Gandhis** aus Bombay, der auf dem Weg nach London war, um mit der ungeliebten Kolonialmacht zu verhandeln. Er reiste übrigens in Begleitung seiner Ziege, die dem asketischen Führer der indischen Unabhängigkeitsbewegung unterwegs die Vollverpflegung garantierte. Der Ausbruch des **1. Weltkriegs** blockierte alle Wege in den Osten. Matrosen, Kaufleute und Reisende räumten das Feld – und das Hafenbecken von Brindisi gehörte für ein paar Jahre den Fischern. Noch heute erinnert viel an die glorreiche Zeit von La Valigia delle Indie, nicht zuletzt das einst prunkvolle Hafenhotel Delle Indie, das inzwischen allerdings Hotel Internazionale heißt, aber immer noch Maßstäbe setzt.

Die **Nachkriegsgeschichte** der Mezzogiorno-Stadt Brindisi liest sich weniger ruhmreich als die vorhergegangene. Die Altstadt ist teilweise in einen so katastrophalen baulichen Zustand geraten, dass die wenigen Bewohner eigentlich täglich mit ihrer Evakuierung rechnen müssten. Vor allem die ältesten **Stadtviertel Sciabiche** und **San Pietro degli Schiavoni** befinden sich in einem mehr als sanierungsbedürftigen Stadium. Man glaubt es kaum, doch am Rande dieses Elendsviertels erhebt sich seit über einem Jahrzehnt ein hochmoderner Theaterneubau – einer der augenfälligsten Affronts gegenüber der vernachlässigten Altstadt. Bedauerlich genug, dass man das alte Stadttheater am Corso Umberto in den 60er Jahren bedenkenlos geopfert hat – doch der eigentliche Skandal ist, dass das neue Theater seit seiner Fertigstellung weitgehend leer steht und bis heute noch nicht einmal eine künstlerische Leitung hat. Sogar Angebote privater Interessenten hat die Stadtverwaltung schon ignoriert: ein modernes Denkmal korrupter Politik, das mittlerweile selbst schon sanierungsbedürftig ist?

Skandalöser Theaterneubau

Die Mezzogiorno-Skandalstadt Brindisi lebt außerdem mit dem Vorwurf, dass die vorhandenen industriellen Kapazitäten nicht ausgelastet würden und eigentlich wesentlich mehr gegen die Arbeitslosigkeit getan werden könnte. Und von dem konventionell betriebenen Kraftwerk in Cerano fürchten die Bürger schon lange den "schwarzen Regen", der die Stadt endgültig begraben würde.

Der Transittourist reist, durch all das unbekümmert, weiter; aber dem aufgeschlossenen Besucher fällt auf, dass sich endlich etwas tut in der mehrfach gestraften Hafenstadt: Die einst verkehrsgeplagte Durchgangsstraße Corso Roma/Corso Garibaldi ist größtenteils in eine Fußgängerzone umgewandelt worden, was wieder Ruhe in die Altstadt einkehren lässt und die Straßencafés zum Leben erweckt. Die meisten Baudenkmäler der Altstadt warten zwar immer noch auf ihre Restaurierung, sind aber aufgrund neuer Ausschilderung besser auffindbar als früher. Und endlich ist auch die Endsäule der Via Appia, das einzige erhaltene größere Relikt aus der Antike, nach jahrelanger restaurierungsbedingter Abwesenheit, wieder zurückgekehrt.

Information/Anfahrt & Verbindungen

● *Information* **Casa del turista**, an der Viale Regina Margherita 43, am Hafen hinter dem Hotel Internazionale, Stadtplan und Hochglanzbroschüren, Mo–Sa 8–14 Uhr, ✆ 0831/523072.

● *Auto* Wer dem Wegweiser "Porto" folgt, gelangt zwangsläufig zur nördlichen Hafenrandstraße Viale Regina Margherita/Via L. Flacco), dort gute Parkchancen.

● *Bahn* Brindisi liegt an der FS-Hauptstrecke zwischen Bari und Lecce, täglich mehrere Züge in beide Richtungen; außerdem Ausgangspunkt der FS-Hauptstrecke nach Tarent, ebenfalls häufige Verbindungen.

Der **Hauptbahnhof** liegt günstig am Altstadtrand an der Piazza Crispi. Von hier geht's über den größtenteils verkehrsberuhigten Corso Umberto I in 10 Min. zu

Provinz Brindisi
Karte S. 268

Fuß direkt zur zentralen Piazza del Popolo. Die **Gepäckaufbewahrung** im Hbf. befindet sich in der Hochsaison oft am Rand ihrer Kapazität.

Viele Züge fahren auch bis zum **Hafenbahnhof** (Stazione marittima) durch.

• *Fähre* Die kleinen **Hafenfähren** verkehren tagsüber ununterbrochen im 15-Min.-Takt; pro Fahrt ca. 0,50 €. Insgesamt gibt es **vier Anlegestellen** im großen Hirschkopf-Hafenbecken: vor dem Hotel Internazionale, am Hafenbahnhof, neben dem Monumento al Marinaio und an der rechten Ufermauer des Hafenkanals.

Mehrmals täglich starten **Autofähren** nach Griechenland; Abfahrt immer abends. Zahlreiche **Schiffsagenturen** an der Straße vom Hauptbahnhof zum Hafen, Corso Umberto I und Corso Garibaldi.

• *Flugzeug* Der **internationale Flughafen Papola** liegt ca. 5 km nördlich der Stadt; private und öffentliche Busse ins Zentrum. **Mietwagen** am Flughafen, u. a. Hertz, ☎ 0831/413060.

Übernachten

• *Hotels* **★★★★ Hotel Internazionale (2)**, Viale Regina Margherita 23, direkt am Hafen, Nähe Via-Appia-Säule. Historisches Hafenhotel aus der Zeit von La Valigia delle Indie (s. o.) mit dem Charme der Jahrhundertwende, alles ein bisschen verwelkt, aber nach wie vor sehr stilvoll. Antikes Mobiliar, Balkonzimmer mit Hafenblick; Hotelrestaurant mit geräumigem Speisesaal, der sicherlich schon einige Bankette erlebt hat. DZ 124–181 €, EZ 93-114 €, ☎ 0831/523473.

★★★★ La Rosetta (10), Via San Dionisio 2, Nähe Piazza del Popolo, relativ neues, komfortables Stadthotel mit viel Marmor; kein Hotelrestaurant mehr, DZ 93–108 €, EZ 62-72 €, ☎ 0831/590461.

★★★ Regina (12), Via Cavour 5, modernisierter Altstadtpalazzo, gut geführt, DZ 55–90 €, EZ 44–70 €, ☎ 0831/562001.

★★★ Torino (11), Largo Palumbo 6, zwei Schritte vom Regina entfernt, kleiner modernisierter Altstadtpalzzo, gepflegter Gesamteindruck, DZ 41–67 €, EZ 33–49 €, ☎ 0831/597587.

• *Jugendherberge* **Ostello per la Gioventù Casale (13)**, Via Nicola Brandi 2, stadteigene Einrichtung, 30er-Jahre-Bau, nur 2 km vom Stadtzentrum entfernt, Stadtbus Nr. 3 und 4 vom Hauptbahnhof. Ganzjährig geöffnet, in der HS oft voll, kleine Schlafsäle, Übernachtung 12 € pro Person, mit Frühstück, ☎ 0831/413123. Bei Ankunft am Bahnhof wird man auf Anruf abgeholt – funktioniert tatsächlich!

Essen & Trinken

Die **Restaurants am Corso Garibaldi** empfehlen wir nicht, da sie vorwiegend auf die schnelle Abfütterung der Transitreisenden spezialisiert sind. Gleiches gilt auch für die **Straßencafés** am Corso Garibaldi.

Ristorante del Pescatore Iaccato (1), Via L. Flacco 32, an der Uferstraße des alten Hafenviertels *Sciabiche* inmitten der Fischverkaufsstände, einfache Baracke, originell, hemdsärmelige Bedienung, schnörkellose Fischküche mit Frischegarantie, ehrliche Preise.

Cascipo (8), Via S. Benedetto 45, gemütliches Altstadtrestaurant, Nähe Chiesa San Benedetto, helle kühle Gewölbesäle, geschmackvoll eingerichtet, Land- und Meeresküche mit regionalen und nationalen Gerichten, abends auch Pizza, Menü ab 18 €, Menu turistico (mittags) ca. 10 €, ☎ 0831/528348, Mi Ruhetag.

Skipper (6), Via Dogana 2, Hafennähe, Querstraße zur Viale Regina Margherita; ideal für den Pizzahunger, ☎ 0831/523086.

La Taverna di Virgilio (5), Via Colonne 30, Nähe Via-Appia-Säule, volkstümliche Taverne, Tische auch auf der kleinen Piazza, leckere Fisch- und Fleisch-Secondi, recht preiswert.

Pantagruele (7), Tipp! Via Salita di Ripalta 1, stimmungsvolle Altstadt-Trattoria, einige Tische im Freien, raffinierte regionale Küche, mehrfach ausgezeichnet, zu den Primo-Spezialitäten gehören *Maccheroncini con funghi porcini* (Steinpilze) und *Laganari con vongole e zucchini*, Menü 25 €, ☎ 0831/560605, So Ruhetag.

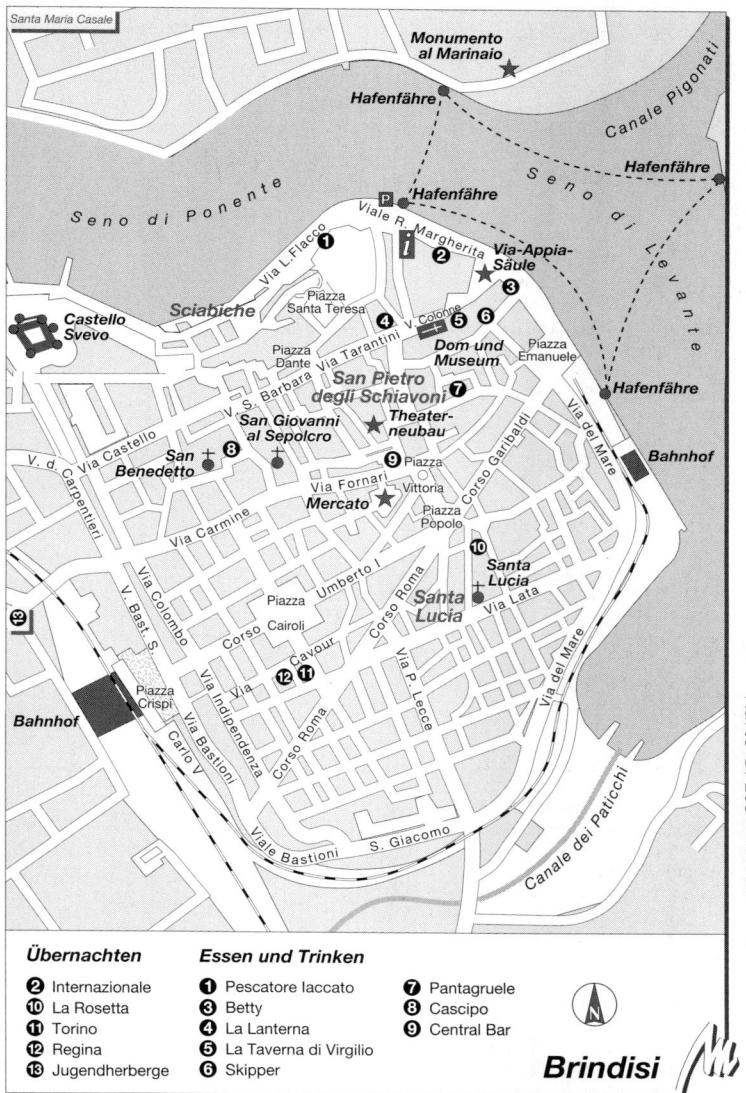

Übernachten

2 Internazionale
10 La Rosetta
11 Torino
12 Regina
13 Jugendherberge

Essen und Trinken

1 Pescatore laccato
3 Betty
4 La Lanterna
5 La Taverna di Virgilio
6 Skipper
7 Pantagruele
8 Cascipo
9 Central Bar

Brindisi

Empfehlenswert, vor allem in den Mittags- und frühen Abendstunden, ist die **Central Bar (9)** am Ende der Piazza della Vittoria, beliebtes Straßencafé mit Piazza-Atmosphäre. Zum Aperitif werden kleine *Frised-*

de, Pizze und Oliven serviert.
Betty (3), Viale Regina Margherita, tagsüber und abends der beliebteste Treff am Hafen, große, lauschige Terrasse mit Hafenblick, Snacks, Eis, Mixgetränke u. a., lange offen.

● *Einkaufen* **La Valigia delle Indie**, Via Tarantini 20, Domplatznähe. Antiquitätenhändler mit zahlreichen Originalen und Replikaten aus der glorreichen Vergangenheit der Seefahrerstadt Brindisi; auch historische Postkarten, Drucke und originelle Kleinigkeiten.

Markt, jeden Vormittag auf dem stimmungsvollen alten Marktplatz mit Überdachung (Nähe Piazza del popolo).

● *Feste & Veranstaltungen* **Processione del Cavallo Parato,** wichtigstes Stadtfest, dessen Ursprung bis ins Mittelalter zurückreicht. Der Erzbischof – natürlich

ein Strohmann – besteigt ein reichgeschmücktes Pferd und reitet mit der Monstranz in Händen durch die Straßen der Stadt (Fronleichnam).

Festa di San Teodoro e San Lorenzo, abendliche Bootsprozession zu Ehren der beiden Schutzpatrone. Die Statuen der Heiligen werden in Begleitung zahlreicher Privatboote durchs Hafenbecken geschippert; viel Rummel (Anfang Sept.).

Melonata Ferragostale, das große Wassermelonenereignis! Kollektives Melonenessen in der ganzen Stadt (15. Aug.).

Sehenswertes in Brindisi

Colonne Romane (Via-Appia-Säule): An der Uferstraße Viale Regina Margherita, vor der breiten Steintreppe, die zu ihrem einstigen Sockel führt, ist die Endsäule der römischen Heeresstraße Via Appia im Frühjahr 2002 wieder aufgestellt worden – allerdings in Teilstücken. Zwar kann man sich über die Form der

Präsentation streiten, aber ein unbestreitbarer Vorteil ist, dass man das großartige Kapitell jetzt aus der Nähe betrachten kann.

Ursprünglich waren es zwei Appia-Säulen. Sie wurden im 1. Jh. n. Chr. aufgestellt und sind aus feinstem orientalischen Marmor gefertigt. Die durch ein Erdbeben (16. Jh.) eingestürzte Säule, von der hier nur noch der Marmorsockel und ein querliegendes Säulenfragment zu sehen sind, ist in Lecce zu bewundern, wo sie die Monumentalstatue des Stadtheiligen Sant'Oronzo trägt. Die hiesige war vor ihrer Demontage fast 20 m hoch. Jetzt liegt uns ihr faszinierendes Halbbüstenkapitell, das Gottheiten aus der griechischen Mythologie zeigt, restauriert zu Füßen.

An der Fassade eines Palazzo auf dem kleinen Säulenplatz erinnert eine Gedenktafel an den römischen Epiker **Vergil,** der die letzten schöpferischen Jahre bis zu seinem Tod in Brindisi verbracht haben soll.

Kapitell der Appia-Säule

Monumento al Marinaio (Seefahrerdenkmal): Links unterhalb der Appia-Säule befindet sich eine Anlegestelle, von der aus eine kleine Hafenfähre zum Denkmal auf die andere Hafenseite hinüberschippert ("Verbindungen/Fähre", S. 272). Das faschistische Gefallenenmonument ist 52 m hoch und stellt ein überdimensionales Steuerruder dar. Ein Aufzug im Innern fährt zur Spitze hinauf – **phantastischer Blick** aus der Vogelperspektive auf den Hirschkopfhafen, die gesamte Stadt und die Küste. Leider vereiteln manchmal die unregelmäßigen Öffnungszeiten dieses großartige Erlebnis. Die Überfahrt lohnt sich trotzdem, denn schon von der unteren Aussichtsplattform hat man ein schönes Stadtpanorama vor sich; außerdem ist die andere Hafenseite eine recht ruhige Ecke, abseits vom Transitgetümmel.

Dom: ursprünglich ein romanischer Bau (11. Jh.), den ein Erdbeben Mitte des 18. Jh. nahezu völlig zerstörte. Am und im heutigen Barockgebäude erinnern nur noch wenige Details und Fragmente an den Vorgängerbau. Der alte Mosaikfußboden im Chor wird hinsichtlich der Ausführung und der Motive mit der gut erhaltenen Mosaikarbeit im Dom von Otranto verglichen. Spektakulärstes historisches Ereignis, das in diesem dunklen Gotteshaus – mit dem Reiterstandbild des San Teodoro – stattfand, war die Hochzeit von Friedrich II. und Jolanthe von Brienne, der Erbin des Königreichs Jerusalem und zweiten Frau Friedrichs (1225).

Domplatz: Aus der Zeit der Kreuzzüge stammt der zweibogige Portico dei Cavalieri Templari. Er schmückt die glatt gescheuerte Piazza ebenso wie die Madonnensäule in der Platzmitte. Erwähnenswert ist außerdem die schöne Loggia Balsamo (14. Jh.), die wie eine Theaterloge über dem Eingang zur Dompiazza hängt.

Museo Archeologico Francesco Ribezzo: gleich neben dem gekappten Glockenturm des Doms. Das archäologische Stadtmuseum mit dem gepflegten Innenhof hat zahlreiche antike Marmortorsi und Bronzestatuen zu bieten. Neben Amphoren, Figurenkapitellen und Münzen aus unterschiedlichen Epochen sind vor allem messapische Vasen, Trinkgefäße und andere tönerne Grabbeigaben ausgestellt, die auf den diversen Ausgrabungsgeländen der Provinz gefunden wurden.
Jeder neue spektakuläre archäologische Fund vor der Hafeneinfahrt oder in Küstennähe entfacht die alte Diskussion um den Museumsausbau wieder, aber antike Scherben sind ja geduldig.
Öffnungszeiten Mo–Fr 9.30–13.30 Uhr und 15–19 Uhr, Sa nur vormittags, So geschlossen, Eintritt frei.

Chiesa San Giovanni al Sepolcro: am Rande des Altstadtviertels **San Pietro degli Schiavoni.** Der kleine gedrungene Kirchenrundbau aus dem 12. Jh. gehörte zu den städtischen Besitztümern des **Templerordens.** Gesucht wird immer noch nach Indizien, die belegen sollen, dass sich an dieser Stelle ein antiker Tempel befunden hat. Die prächtige Portaleinfassung mit Löwensockeln und Figurenkapitellen verdient besondere Aufmerksamkeit.

Chiesa San Benedetto: Unweit von San Sepolcro steht der kunstgeschichtlich interessanteste Sakralbau der Stadt. Die Benediktinerkirche stammt aus

Stauferburg am Seno di Ponente

dem 11. Jh. und ist die einzige Hallenkirche Apuliens. Die Architravdarstellungen über dem Südportal zeigen byzantinische Einflüsse, während der Außenbau größtenteils noch apulisch-normannischen Stil verkörpert. Den angrenzenden **Kreuzgang** sollte man wegen der dünnen Säulen mit den übergewichtigen, aber fein skulptierten Kapitellen nicht verpassen (Zugang durch die Sakristei).

Castello Svevo: Die durch die ansteigende Straße fast verdeckte Stauferburg (1226) am Seno di Ponente, der westlichen Hafenbucht, wird von der italienischen Marine genutzt und kann deswegen nicht besichtigt werden.

Castello Alfonsino: Die auf der der Hafenöffnung vorgelagerten **Isola Sant'Andrea** gelegene aragonesische Burg (15. Jh.) steht heute ebenfalls unter Marineverwaltung. Die weitgehend zerstörte Anlage war seinerzeit das Produkt einer genialen wehrarchitektonischen Idee, die innerhalb der Kastellmauern einen kleinen Schutzhafen vorsah. Ihr Wiederaufbau mit Besichtigungsmöglichkeit würde einen unschätzbaren Beitrag zur touristischen Aufwertung Brindisis leisten.

Chiesa Santa Lucia: im Altstadtviertel **Santa Lucia**, unweit der Piazza del Popolo. Die langgestreckte romanische Kirche aus dem 11. Jh. präsentiert sich weitgehend schmucklos. Die Krypta unterhalb des rechten Seitenschiffs entstand durch den Umbau der ehemaligen Grottenkirche, die Basilianermönche im Mittelalter (ca. 8. Jh.) errichteten. Von kunstgeschichtlicher Bedeutung sind vor allem die Freskenfragmente der Krypta und der Oberkirche.

Santa Maria del Casale: auf der anderen Hafenseite, im Wohnviertel **Casale** gelegen, ca. 3 km vom Seefahrerdenkmal entfernt und mit öffentlichen

Verkehrsmitteln schlecht zu erreichen (zu Fuß ca. 45 Min.)!
Für Kirchenfans ist der gestreifte, orientalisch anmutende Bau jedoch ein Muss (im Infobüro nach den aktuellen Öffnungszeiten fragen). Bei der hochstrebenden einschiffigen Kirche handelt es sich um einen typisch gotischen Sakralbau, der 1320 unter den Anjou errichtet wurde. Die mehrfarbige Fassade und der Portalvorbau erscheinen in ihrer Kombination wenig harmonisch – doch über Geschmack lässt sich ja bekanntlich streiten.
Die Innenwände sind fast vollständig ausgemalt. Unter den erstaunlich gut erhaltenen Fresken fällt in erster Linie der **Albero della Croce** auf, ein apfelbaumähnliches Gebilde mit dem gekreuzigten Jesus inmitten der Zweige, umgeben von seinen Jüngern und anderen Heiligen.

Santa Maria del Casale

Küste südlich von Brindisi

Die hiesige Petro- und Kunststoffindustrie trägt viel dazu bei, dass die unmittelbare Küstenregion von Brindisi für Badeferien nicht zu empfehlen ist. Verlässt man die Stadt in Richtung Süden über die Küstenstraße, taucht bald nach dem vorstädtischen Industriegebiet das neue, konventionelle **Kraftwerk Brindisi-Cerano** auf. Diese grün gestrichene Energieversorgungsanlage steht in Ufernähe; gleich daneben erstrecken sich **Strandbäder** auf mausgrauem Sand. – Erst ein ganzes Stück weiter südlich wird die Küste wieder schön und badetauglich ("Salento-Küste nördlich von Otranto", S. 346 ff.).

Küste nördlich von Brindisi

Im Norden der Provinzhauptstadt führt die Küstenstraße anfangs zwar direkt am Wasser entlang, aber die flache Uferzone ist hier extrem zerklüftet, streckenweise zersiedelt und leider auch ziemlich verdreckt.

▶ **Naturschutzgebiet Marina di Torre Guaceto:** Nach dem Küstenschandfleck nördlich von Brindisi setzt das kleine **Riserva Naturale** an der Landzunge von Torre Guaceto plötzlich neue Maßstäbe. Seit 1991 wird hier ein 5 Seemeilen langer Küstenstreifen auf Initiative des WWF geschützt. Die artenreiche Uferflora ist ein ideales Biotop für Reiher und andere Stelzvögel, die anderswo längst verschwunden sind. Auch das küstennahe Gewässer steht wegen seiner intakten Unterwasserflora- und -fauna unter Naturschutz und

Beobachtung. – Betreten werden darf das Ufer nur an einer Stelle zwischen dem ehemaligen **Küstenwachturm Torre Guaceto** und der **Punta Penna Grossa**; eine Stichstraße führt zum Badestrand.

▶ **Baden zwischen der Punta Penna Grossa und Specchiolla**: An diesem Küstenabschnitt erstreckt sich ein breiter, frei zugänglicher Sandstrand. Und weiter nördlich führen mehrere Stichstraßen von der S 379 zu geschützten Badebuchten, um die herum kleine Feriensiedlungen entstanden sind.

● *Camping* **Pineta al Mare**, in Specchiolla, großer moderner Strandplatz, schattige Grünflächen, Swimmingpool, 2 Personen, Zelt und Auto ab 15,50 €, ✆ 0831/987821.

Costa Merlata, mittelgroßer gepflegter Uferplatz im gleichnamigen Ferienort **Merlata**, dessen Bungalowarchitektur eher angenehm ins Auge fällt, 2 Personen, Zelt und Auto ca. 23 €, ✆ 0831/304064.

▶ **Baden zwischen Marina di Ostuni und Torre Cane**: Zwischen diesen beiden Orten liegt mit Sicherheit die **schönste Badezone der Provinz**. Mehr zu diesem Küstenabschnitt finden Sie ab S. 283 ("Ostuni/Baden").

Ostuni

ca. 34.000 Einwohner

Die strahlende Vorzeigestadt der Provinz Brindisi. Von weitem erkennbar und unverwechselbar der helle Häuserkranz, der die Kuppen der Drei-Hügel-Stadt ziert. In der weitläufigen Neustadt lange schnurgerade Gassen in perfektem Weiß. Die Altstadt dagegen verschlungen labyrinthisch mit rätselhaften Steigungen und hundertfach gekalkten Mauern.

Der befestigte mittelalterliche Kern ist mit seinen gezackten Rundtürmen und uneinnehmbaren Stadttoren so gut wie unversehrt erhalten geblieben. Wenn man sich irgendwo in Apulien nach Griechenland versetzt fühlt, dann hier – aber die prächtigen Barockportale und die übergroßen Familienwappen, die die Häuserfronten schmücken, passen nicht so ganz ins Griechenland-Bild. Wer sich von der Küste aus nähert, dem zeigt die pittoreske Hügelstadt ihre schönste Seite; zwischen uralten Wein- und Ölbaumkulturen schiebt sich die Stadtkrone immer deutlicher heran. Am Fuß der Altstadt erstreckt sich die weiträumige **Piazza della Libertà** mit dem überschwänglich verzierten Obelisken, auf dem in 21 m Höhe die Monumentalstatue des **Hl. Oronzo** thront. Hier beginnt der steile Aufstieg ins historische Zentrum.

Links und rechts an den Treppengassen findet man Souvenir- und Keramikläden, in denen u. a. die kleinen *Fischietti* in zahlreichen Varianten angeboten werden. Diese tönernen Pfeifen waren vermutlich die ersten Musikinstrumente der Antike, und die bunten Imitationen sind heute beliebte Glücksbringer für Verliebte. Und folgendermaßen läuft das Geschäft: *Zito* (der Verliebte) schenkt *Zita* (der Geliebten) ein *Fischietto* (große Auswahl in mehrfarbigen Natur- und Phantasieformen).

Im **weißen Häusermeer der Altstadt** sollten Sie einmal auf die zentimeterdicke Kalkhaut an den Mauern und auf den Treppenstufen achten; an den abgestoßenen Ecken erkennt man die zahllosen Farbschichten am besten. Die Weißmacherei in Ostuni ist bei aller oberflächlichen Schönheit ein vielkritisierter Sauberkeitstick, der im Lauf der Zeit architektonische Strukturen

Ostunis weißer Häuserkranz

für immer zerstört hat. Dazu ein Zitat unseres aufmerksamen Mitreisenden von 1871, 10 Jahre nach Gründung des neuen Königreichs Italien:

> "Der Süditaliener liebt nicht, wie der Lateiner, die schwärzliche Naturfarbe des Steins an den Häusern; er überweißt sie, unbekümmert um den blendenden Sonnenreflex. Dadurch geschieht es, dass der Charakter altertümlicher Gebäude von der Tünche verschleiert wird. Es ist, wie wenn man vornehme Möbel mit Leinwand überzieht. Die bedauerliche Manie, ehrwürdige Paläste mit weißer Farbe anzustreichen, ist jetzt in Italien allgemein und als Missverstand des gegenwärtigen Triebes der Erneuerung zu erklären."
>
> *(Aus: Ferdinand Gregorovius, Wanderjahre in Italien ("Bücher", S. 97.)*

Die Weißmacherei ist jedoch keine modische Unsitte des 19. Jh., ihre Wurzeln reichen bis ins 14. Jh. zurück. Damals sah ein festgeschriebenes Gesetz vor, die prunkvoll verzierten Portale und Familienwappen an den Herrschaftshäusern dann mit Kalkmilch zu übertünchen, wenn die ansässige Adelsfamilie keine besonderen Leistungen vollbracht und keine Ehren für die Stadt erworben hatte.

Beim ausgiebigen Bummel durch die verwinkelte Altstadt mit den weit verzweigten Gewölbegassen und den schmalen Durchgängen, sollten Sie unbedingt auf die merkwürdigen **Höhenunterschiede** achten! Die mittelalterliche Anlage der Stadt, die sich über drei Hügelkuppen erstreckt, hat – zufällig oder absichtlich, das weiß niemand so richtig zu sagen – Steigungen, die gar

Provinz Brindisi
Karte S. 268

keine sind, und Gefälle, die letztlich nach oben führen?! Für dieses rätselhaft-labyrinthische Gassengewirr interessieren sich seit Jahren japanische Wissenschaftler. Ein Nachbau in der Heimat ist geplant: Ostuni-Disneyland in Japan, vielleicht mit Fischietti-Boutiquen und kleinen Plastikfähnchen mit dem Stadtwappen von Ostuni-Italy?

Information/Anfahrt & Verbindungen

- *Information* IAT-Büro, an der Piazza della Libertà, Corso Mazzini 8, werktags 9.30–12.30 Uhr und 16–19 Uhr (bzw. 18–21 Uhr im Juli und August). Es gibt u. a. einen aufwendig gemachten Stadtführer auf Deutsch, ✆ 0831/301268.
- *Auto* Mit Glück findet man einen **Parkplatz** an der Piazza della Libertà (Platz mit der Oronzo-Statue am Fuß der Altstadt), mit Sicherheit jedoch an der äußeren Altstadtrandstraße (s. Karte).
- *Bahn* Ostuni liegt an der **FS-Bahnlinie** Bari–Brindisi; der Bahnhof befindet sich ca. 3 km nördlich der Stadt; es gibt eine regelmäßige Busverbindung ins Stadtzentrum.

Übernachten

- *Hotels* **** **Incanto**, Strada dei Colli 7, an der Stadtausfahrt nach Fasano, komfortabler Neubau, blendend weiß gestrichen wie Ostuni selbst, Hotelrestaurant, DZ 90–110 €, ✆ 0831/301781.

> **** **Novecento, Tipp!** Contrada Ramunno, ca. 3 km südlich der Stadt, in Richtung San Michele Salentino; stilvoll restaurierte patrizische Landvilla aus dem 19. Jh. in ruhiger Lage, hier kommt tatsächlich ein wenig Novecento-Landleben-Atmosphäre auf, und das in Verbindung mit dem Komfort einer modernen Luxusherberge, großer Pool, vornehmes Ristorante, DZ 72–103 €, ✆ 0831/305666.

**** **Al Castello Marchesale**, jüngst eröffnete Luxusherberge im Centro storico, Nähe Kathedrale, herrschaftlicher Palazzo aus dem 16. Jh., mit Garten, stilvoll auch im Detail, feines Restaurant, DZ 103–124 €, Via Scipione Petrarolo 7, ✆ 0831/305925.

** **Tre Torri**, Corso Vittorio Emanuele 298, Neustadtrandlage, kleines, gut geführtes Albergo, DZ 50 €, EZ 37 €, ✆ 0831/331114.

* **Villa Radiosa**, Contrada Scopinaro 1, südöstlicher Stadtrand, an der Stadtausfahrt nach Brindisi, günstigste Unterkunft im Ort, ordentlicher Gesamteindruck, DZ 31–45,50 €, EZ 21–35 €, ✆ 0831/ 331249.

- *Agriturismo* **Castello fortilizio Lo Spagnulo**, ca. 5 km nordwestlich von Ostuni, an der S 16 nach Fasano, inmitten dichter Olivenplantagen. **Agriturismo** in einer alten Spanierfestung aus dem 16. Jh., mittelalterlich anmutendes Ambiente, rustikale Apartments in massivem Gemäuer, aber auch komfortable DZ mit historischem Mobiliar. Beliebtes Ausflugsrestaurant mit guter Landküche, Halbpension 42–52 € pro Person, ✆ 0831/350209. Da die Einrichtung insgesamt über enorme Kapazitäten verfügt und auch für Feierlichkeiten und Gruppenaufenthalte genutzt wird, finden Einzelreisende u. U. nicht die gewünschte Ruhe vor! Geradezu eine Ruhegarantie bieten aber die folgenden beiden **Agriturismo-Tipps**:

Il Frantoio, Azienda agrituristica, Agriturismo vom Feinsten für High-Budget-Urlauber, an der S 16 zwischen Ostuni und Fasano, bei Montalbano, Masseria aus dem 16. Jh. Ein bisschen Schlaraffenland – das beschreibt die Atmosphäre auf diesem Bilderbuchgutshof wohl am treffendsten. Harmonie und Ruhe, große, mit antiken Möbeln eingerichtete Zimmer, blühende Zitrusgärten, Liebe zum Detail, biologischer Anbau, mehrfach ausgezeichnete Küche, Strandbad in Torre Canne, Reiten möglich. DZ mit Frühstück 124–134 €, ✆ 0831/330276.

Masseria Ottava Piccola, kleiner freundlicher Agriturismo-Gutshof im Küstenhinterland von Torre Canne (S. 283).

Ostuni (MM) ▲

Brindisi, Strandbadtoiletten (MM) ▲▲

Olivenfeld bei Ostuni (MM) ▲

Ostuni (EPT)

▲▲ Massafra: Höhlenwohnung (MM)
▲ Massafra: Wandfresken der Grottenkirchen (MM)
(siehe auch rechts)

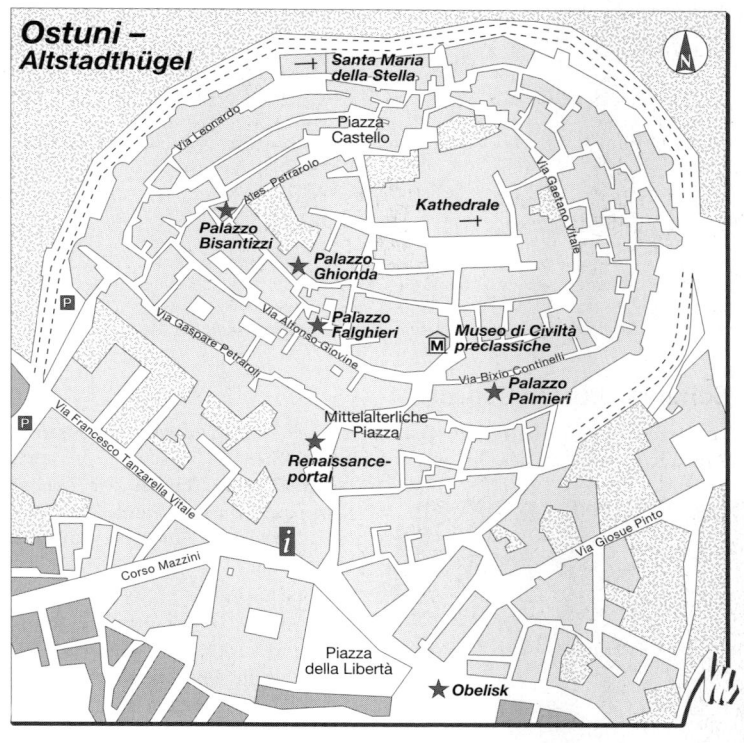

Ostuni –
Altstadthügel

Santa Maria
della Stella

Piazza
Castello

Via Leonardo

Ales. Petrarolo

Kathedrale

Via Gaetano Vitale

★ *Palazzo
Bisantizzi*

★ *Palazzo
Ghionda*

Via Gaspare Petraroli

Via Alfonso Giovine

★ *Palazzo
Falghieri*

M *Museo di Civiltà
preclassiche*

Via Bixio Continelli

★ *Palazzo
Palmieri*

Via Francesco Tanzarella Vitale

Mittelalterliche
Piazza

★ *Renaissance-
portal*

Via Giosuè Pinto

i

Corso Mazzini

Piazza
della Libertà

★ *Obelisk*

*E*ssen & *T*rinken/*N*achtleben

• *Restaurants* Einige sehr stimmungsvolle Lokale befinden sich im Centro storico:

> **Osteria del Tempo Perso, Tipp!**
> Etwas versteckt hinter der Kathedrale gelegen, aber die Ausschilderung perfekt. Eingang zwischen weiß gekalkten Felsen, gemütlich eingerichtet mit zahlreichen Gerätschaften und Bildern an den Wänden, authentische regionale Küche, gutes Preis-Qualitäts-Verhältnis, Wirt spricht tadellos Deutsch und erklärt die Speisen, Nichtraucherlokal, Menü 25 €, Via Tanzarella 47, ℘ 0831/303320, Mo Ruhetag.

La Taverna della Gelosia, Tipp! Hinter der Altstadtkathedrale, verwinkelte Trattoria mit drei kleinen Speiseräumen und mehreren Terrassen mit viel Grün, wird leidenschaftlich von der sympathischen Caterina Zecchini geführt. Experimentelle Küche nach traditionellen und mittelalterlichen Rezepten, leckere Gemüse-Antipasti und Gemüsetorten, eine Primo-Spezialität ist die *Pasta nera*: Orecchiette mit schwarzen Oliven und Kräutern in einem Brotteller (!) serviert, Menü 20–25 €. Via Andriola 26, ℘ 0831/334736.

Spessite, Ristorante tipico, in einer alten Ölmühle, schnörkellose lokaltypische Speisen, Menu turistico inkl. Getränke 18 €. Wie alle Lokale in der Altstadt gut ausgeschildert, ℘ 0831/302866.

Porta Nuova, edles Fisch-Ristorante mit Panoramaterrasse, im Rundturm eines Altstadttores, Menü ab 30 €, ℡ 0831/338983.

Vecchia Ostuni, alteingesessenes Ristorante, im unteren Teil der Altstadt, Nähe Piazza Oronzo, freundliche Wirtsfamilie, hübsch eingerichtet, die Küche bietet Fleischspezialitäten (Carne della Murgia)

aus dem Ofen und vom Holzkohlegrill, dazu leckere Gemüse-Contorni, Menü 22 €, Largo Lanza, ℡ 0831/303308.

• *Cafés/Kneipen* **Cafè Centrale**, auf der Piazza della Libertà, beliebtes Straßencafé, leckere Granite.

Sax Music Bar, Altstadtkellerkneipe, Jazzmusik, Bier und Snacks, lange geöffnet. Piazza Sansone.

Feste & Veranstaltungen

Cavalcata di Sant'Oronzo, städtisches Hauptfest, Reiterprozession mit viel Folklore zu Ehren des Schutzheiligen, der die Stadt 1657 vor der Pest bewahrte (Ende August).

Sagra dei Vecchi Tempi, ausgelassenes Ferragosto-Volksfest und großer Kunsthandwerkmarkt (15. August).

Antiquitätenmarkt, im August.

Sehenswertes in Ostuni

Hauptsehenswürdigkeit von Ostuni ist selbstverständlich die gesamte Altstadt. Besonders belohnt werden die Besucher mit Ausdauer, die auch die äußersten Winkel der oberen Ringmauer durchstöbern, hier warten herrliche Ausblicke in die Umgebung.

Die **Kathedrale** (2. Hälfte 15. Jh.) steht mitten im historischen Zentrum und verkörpert eine verspielt-harmonische Mischung verschiedener Stile. Ihre Fassade mit den drei Portalen und ebenso vielen Fensterrosen ist betont schwungvoll, wirkt aber arg eingekeilt, da ein Vorplatz fehlt. Das nicht besonders prächtige Innere zieren einige Ölgemälde venezianischer Machart: das wertvollste ist sicherlich die **Madonna in Gloria** von Jacopo Palma il Giovane.

Museo di civiltà preclassiche: Nähe Kathedrale, im ehemaligen Convento delle Monacelle untergebracht. Interessantes Museum zur frühen Besiedlungsgeschichte der Provinz, u. a. mit Knochen- und Werkzeugfunden aus der Jungsteinzeit.

Öffnungszeiten Di–Sa 8.30–13 Uhr, Do auch 15.30–19 Uhr, So 10–12 Uhr und 15–19 Uhr, Mo geschlossen, Eintritt ca. 2 €.

Japan in Ostuni

Ostuni/Baden

▶ **Marina di Ostuni** der Hausstrand von Ostuni, ausufernd zersiedelt und ohne eigentliches Zentrum. Eine moderne Feriensiedlung mit Apartmentanlagen dicht an dicht. Die flache, sandige Uferzone ist ein ideales Baderevier für kleine und große Wasserratten.

● *Übernachten* ***** Camping Pilone**, einer der größten und schönsten Strandplätze, gepflegt, viel Grün, Swimmingpool, diverse Sportmöglichkeiten, Restaurant, Pizzeria, Supermarkt, von Mai bis Sept. geöffnet, 2 Personen, Zelt und Auto ab 15 €, ✆ 0831/350135.

▶ **Villagio Rosa Marina:** Ein Stück weiter nördlich dann die Feriensiedlung Rosa Marina, die weitgehend von der exklusiven Hotel- und Apartmentanlage *Grand Hotel Rosa Marina* eingenommen wird (DZ 105–270 €, ✆ 0831/350411).

▶ **Heller feinsandiger Strand** erstreckt sich anschließend bis Torre Canne und lässt keine Wünsche. Noch vor Torre Canne liegt der gut ausgestattete ******** *Camping Villaggio Le Dune* (2 Personen, Zelt und Auto ab 12 €, ✆ 080/4829821) mit Dünenstrand unmittelbar vor dem Gelände.

▶ **Torre Canne:** Die breite Landzunge, auf der lange Zeit der namengebende Küstenwachturm das einzige Bauwerk war, präsentiert sich heute als dicht besiedeltes **Thermalbad**, das mit einem erstaunlichen Therapieangebot überrascht. Es werden u. a. Leberschäden mit Heilwässerchen behandelt, aber auch medizinische Schlammbäder verabreicht. Etliche Restaurants im Ort und an der Uferstraße sorgen für das leibliche Wohl der Gäste, und in den drei Großhotels verbringen auch zahlreiche deutsche Pauschaltouristen ihren Kur- und Badeurlaub.

An der kurzen Hafenmole von Torre Canne dümpeln zwar einige Fischerboote, aber einen beschaulich-lebendigen Fischerhafen erlebt man erst im Nachbarort **Savelletri** ("Monopoli/Umgebung", S. 230).

> **Masseria Ottava Piccola, Tipp!** Kleiner freundlicher **Agriturismo-Gutshof** im Hinterland von Torre Canne, die ländliche Alternative zu den Strandquartieren. Das gepflegte Anwesen steht mitten im Olivenfeld an der Straße nach Montalbano (gut beschildert). Fünf bequeme, rustikal eingerichtete DZ im Haupthaus und Halbpension mit deftiger Landküche, die vorwiegend eigene Produkte verarbeitet. HP 39–52 € pro Person, ganzjährig geöffnet, am besten frühzeitig reservieren, ✆ 080/4810902.

Francavilla Fontana   ca. 32.000 Einwohner

Großflächige Agrarmetropole mit einem aristokratischen Herrschaftspalast, dem Palazzo Imperiali, als Hauptsehenswürdigkeit. Außerhalb der Stadtmauern erhebt sich eine frühgeschichtliche Kuriosität aus der messapischen Zeit, Specchia Miano, der größte und besterhaltene der rätselhaften ur-apulischen Beobachtungshügel.

Durch das barocke Stadttor **Porta del Carmine** gelangt man ins weitläufige und etwas spröde historische Zentrum von Francavilla. Auffällig sind die zahlreichen **Adelsresidenzen** (17./18. Jh.), ehemals isoliert stehende barocke Prunkbauten, heute mit den Stadthäusern zusammengewachsen und in ihrer architektonischen Wirkung weitgehend neutralisiert. – Sehenswert sind sie dennoch, die hochstrebenden Fassaden der Palazzi Giannuzzi-Carissimo, Carglia-Cito, Agentina, Leo usw. mit ihren phantastischen Dekorationen und Balkonen.

Schillerndstes Baudenkmal ist der zinnenbesetzte **Palazzo Imperiali**, in dem heute das Rathaus untergebracht ist (freie Besichtigung während der Behördenzeiten möglich!). Die Entstehung dieses außergewöhnlichen feudalen Palasts geht auf das 15. Jh. zurück; aber erst die Inbesitznahme durch die namengebende Genueser Familie Imperiali (Anfang 18. Jh.) ließ diese schlossartige Herrschaftsresidenz aufblühen. Fassade, Portal, Loggia, Balkon und Innenhof wurden mit stilvermengender Überschwänglichkeit bearbeitet. Außen und innen erstickt der aus Tuff- und Sandstein gebaute Palazzo geradezu in einer Flut von unterschiedlichsten Ornamenten und Wappen, darunter auch das Stadtwappen von Francavilla – ein Olivenbaum.

Moderne Zeiten?

Heute herrschen keine Imperiali mehr, heute wehen in Francavilla Fontana die Parteifahnen der *Alleanza Nazionale,* und dennoch sorgt die örtliche Textilindustrie, im Volksmund *Patria delle camicie* (Heimat der Hemden) genannt, manchmal für Schlagzeilen. 1995 machte die Polizei bei einer Razzia in einem Textilbetrieb eine fast unglaubliche Entdeckung. Ein stadtbekannter Unternehmer beschäftigte in seiner Hemdenfabrikation über 20 minderjährige Arbeiterinnen im Alter von 12 und 13 Jahren für einen Sklavenlohn von umgerechnet 7,25 € am Tag. 12 Stunden täglich mussten die schulpflichtigen Kinder wie am Fließband Designerhemden konfektionieren. Mitschuldig an der illegalen Kinderarbeit waren die skrupellosen Eltern der Mädchen.

In den Räumen des Piano nobile (Obergeschoss) hängen zahlreiche künstlerisch wertvolle **Gemälde** (vorwiegend 17. Jh.) aus den venezianischen und neapolitanischen Malerschulen.

Der skurrilste, vielleicht auch verrückteste architektonische Eingriff, den der offensichtlich etwas ängstliche Feudaladel hat vornehmen lassen, war der Bau eines **Fluchttunnels** aus dem Palazzo Imperiali, der so großzügig bemessen war, dass er mit einer Pferdekutsche befahren werden konnte.

Im 18. Jh. ließ die Familie Imperiali die Hauptkirche **Chiesa Matrice** errichten, ein lichtdurchfluteter Barockbau mit den Monumentalstatuen der beiden Heiligen Petrus und Paulus an der Fassade. Wie bei den meisten Kirchen der Provinz ist auch dieses Kuppeldach mit farbigen Kacheln verziert.

● *Anfahrt & Verbindungen* **Auto**, der Ort liegt an der Schnellstraße Brindisi–Tarent. **Bahn**: Etappenbahnhof der *Ferrovia del Sud-Est* an der Strecke Martina Franca–Lecce. *FS-Bahnhof* an der Hauptstrecke Brindisi–Tarent.

• *Übernachten/Essen & Trinken* *** **Albergo Centrale**, Via Francesco d'Assisi 94, einziger Hotelbetrieb im Ort, jüngst renoviert. Ein gut geführtes Haus, das weniger von Touristen, dafür vorwiegend von Geschäftsleuten frequentiert wird. DZ 62 €, EZ 41 €, ✆ 0831/8411819.

Al Piccolo Mondo, Ristorante und Pizzeria neben dem Albergo Centrale, ein freundlicher Familienbetrieb mit gemütlich eingerichtetem Speiseraum, in dem nationale und internationale Küche serviert wird. Der Schwerpunkt liegt auf Fischgerichten, es gibt aber auch Pizza, gutes Preis-Qualitäts-Verhältnis, Menü ca. 20 €, ✆ 0831/853618, Mo Ruhetag.

Trattoria da Michele, Tipp! Via Dante 19, Nähe Piazza Umberto I, kleine volkstümliche Gaststube mit halboffener Küche. Kaum zu glauben, aber hier scheint die Zeit seit der Gründung im Jahr 1949 stehen geblieben zu sein. Die sympathische Giovanna Fusco führt die Nachbarschafts-Trattoria seit dem Tod ihres Vaters Michele allein – und das mit Leidenschaft. Auf den Tisch kommt schlichte Hausmannskost zu kleinen Preisen: leckere Gemüse-Antipasti und -Contorni, Pasta und Bohnen, herzhafte Fleisch-Secondi.

Umgebung/Specchia Miano di Castelluccio

Eine frühgeschichtliche Kuriosität – im Verfallszustand! Dieser Steinhügel aus der Zeit der messapischen Besiedlung steht ungeschützt auf einer Olivenplantage. Es handelt sich um den größten aller **Specchie**, die die Altertumswissenschaft als Beobachtungshügel identifiziert hat, da weder Hinweise auf eine Grabanlage noch Andeutungen einer heiligen Stätte entdeckt wurden. Ob die vier sternförmig auseinanderstrebenden, wegähnlichen Zugänge authentisch sind? Oben stehend, fragt sich der wissbegierige Laie, was hier in knapp 10 m Höhe eigentlich beobachtet werden konnte oder sollte?

• *Anfahrt* Landstraße von Francavilla Fontana in Richtung Céglie Messapico; nach ca. 4 km an der kleinen Kirche rechts abbiegen; dann noch ca. 3 km; hinter dem Bahnübergang auf der Asphaltstraße weiter bis zum Hinweisschild "Specchia".

Oria

ca. 15.000 Einwohner

Die alte Königsstadt der Messapier, aus deren Nekropole zahlreiche interessante Zeugnisse für das Leben und Sterben dieser Ur-Apulier zutage gefördert worden sind. Unermüdlich wird in Oria weiter gegraben und restauriert, neue Kleinmuseen sind entstanden – und überhaupt befindet sich diese sympathische Stadt im Aufwind.

Für den mittelalterlichen Stadtkern und seine Baudenkmäler sollte man schon ein bisschen Zeit mitbringen. Sehenswert, abgesehen vom Castello, an dem so gut wie alle Herrscherdynastien herumgebastelt haben, sind die barocke **Chiesa Matrice** und das Stadttor **Porta Ebrea** mit dem anschließenden **jüdischen Viertel Giudecca**. Nicht zu vergessen die belebte **Piazza Manfredi** mit verwitterten Prachtfassaden aus dem 18. Jh.

• *Information* **Ufficio informazioni**, im ehemaligen Gerichtsgebäude an der Piazza Manfredi, in den Sommermonaten tägl. 9.30–12.30 Uhr und 17–20 Uhr, ✆ 0831/845939.

• *Anfahrt & Verbindungen* **Auto**, Oria liegt an der Schnellstraße Brindisi–Tarent; von Brindisi kommend bereits in Latiano auf die Landstraße, die durch fruchtbares Ackerland des Tavoliere di Lecce führt.
Bahn: Station an der FS-Hauptstrecke Brindisi–Tarent. Der Bahnhof liegt außerhalb der Stadt, regelmäßige **Busverbindung** ins Zentrum.

● *Feste & Veranstaltungen* **Corteo storico di Federico II e Torneo dei Rioni**, festlicher Umzug und historisches Reiterturnier der verschiedenen Stadtteile (2. Wochenende im August). Es handelt sich um eine der bedeutendsten mittelalterlichen Gedenkfeiern in Italien; es treten rund 500 kostümierte Darsteller auf, die u. a. die Hochzeitsfeierlichkeiten Friedrichs II. mit Jolanthe von Brienne im Jahr 1225 inszenieren.

Gastronomische Wochen (im August), mit Verkostung lokaltypischer Spezialitäten und Weine (im Infobüro genaue Termine erfragen).

● *Übernachten/Essen & Trinken* Leider ist für Oria keine Hotelempfehlung möglich! Am besten nach Francavilla Fontana (S. 283) bzw. Ostuni (S. 278) ausweichen.

Vecchia Oria, Ristorante, ebenfalls an der Piazza Manfredi, großes gemütliches Kellergewölbe, auch einige Tische draußen, regionaltypische und nationale Gerichte, auch Pizza, Menü ca. 25 €, ✆ 0831/845880, Mi Ruhetag.

Ristorante Luce, Tipp! Piazza Manfredi 38. Das urigste Restaurant Apuliens, man betritt den absolut schlichten Speiseraum durch die Küche. Eigenwilliger Familienbetrieb, der von den betagten Schwestern Chichina und Titina seit Jahrzehnten energisch geführt wird. Einfache, herzhafte Hausmannskost zu kleinen Preisen: garantiert hausgemachte Pasta mit Bohnen oder Kichererbsen, Gulasch (spezzatino), Rouladen (involtini) und Hackfleischbällchen (polpette) wie bei Muttern. Mittagstisch, abends nur bis 21 Uhr geöffnet.

Sehenswertes in Oria (Rundgang)

Durch die **Porta Ebra** (Jüdisches Tor), die sich an der Ringstraße um die Altstadt befindet (Höhe Tankstelle), gelangt man ins ehemalige **jüdische Viertel**. Bereits nach dem Zusammenbruch des Römischen Reichs ließen sich in Oria zahlreiche jüdische Gelehrte nieder, und im Mittelalter, insbesondere unter den Staufern, entstand eine bedeutende jüdische Kolonie. Im **Giudecca-Viertel** erinnern zwar nur noch wenige Spuren und Symbole an die jüdische Vergangenheit, aber ein intaktes, heimeliges Wohnviertel ist es bis heute geblieben.

Die **Piazza Manfredi**, den zentralen Platz der Altstadt erreicht man durch das zweite gut erhaltene Stadttor, die **Porta Manfredi**. Auffällig ist vor allem das ehemalige Gerichtsgebäude an der Stirnseite des Platzes, in dem heute die Polizia Urbana und das Infobüro residieren.

Sagenhafte Geschichte

"Nach der Mythe war Oria (Herodot nennt die Stadt Hyria) eine Gründung des Japyx, eines Sohnes des Dädalus, also kretischen Ursprungs; ohne Zweifel war es dies meerbeherrschende Inselvolk, welches das nahe Kalabrien mit Kolonien erfüllt hat. Die Japygen vereinigten sich mit Messapiern, die sie in jenem Lande bereits vorfanden, und Oria wurde der **messapische Königssitz**. Die mächtige Stadt führte Krieg mit dem benachbarten Tarent; Hannibal eroberte sie, und nach dessen Besiegung wurde sie römisch. Sie dauerte unter dem Wechsel der Zeiten fort, doch ihre alten Monumente gingen unter."

(Aus: Ferdinand Gregorovius, Wanderjahre in Italien ("Bücher", S. 97.)

Oria – mittelalterliches Kastell mit Rundtürmen

Von der Piazza Manfredi führt eine steile Altstadtgasse zum luftigen Kirchenplatz, vorbei am verwitterten **Palazzo Martini**, in dem die Kostüme für den feierlichen **Corteo storico** ("Feste & Veranstaltungen", S. 285) aufbewahrt werden. Daneben überraschenderweise eine Filiale der Deutschen Bank!? Aber vor allem mal auf die zahlreichen Wandnischen mit den Heiligenbildern achten, von denen es in der Altstadt insgesamt über 100 gibt.

Die spätbarocke Hauptkirche besticht durch ihre bunt gefliese Zentralkuppel, die prächtige Fassade und die prunkvolle Ausstattung. In der Kellergruft dieser **Chiesa Matrice** lagern 15 aufrecht stehende Mumien – ein wirklich makabrer Anblick, der mittlerweile nur noch auf Anfrage gewährt wird.

Neben der Kirche dann der **Palazzo Vescovile** mit dem palmenbestandenen Innenhof. Hier befindet sich das kleine **Museo archeologico** (in der Pförtnerstube des Palazzo Vescovile um Einlass bitten), das seltene neolithische Fundstücke aus der näheren Umgebung von Oria beherbergt, darunter sehr interessante Zahn- und Knochenschnitzereien aus dem 4. Jahrtausend v. Chr.

Unmittelbar unterhalb des Kirchenplatzes ist 1997 das **Centro di documentazione messapico** eingerichtet worden, und zwar innerhalb der Megalithmauer, die die messapische Akropolis einst umschloss. Neben einer ausführlichen Dokumentation der messapischen Siedlungsperiode sind Grabungsfunde aus den Nekropolen der alten Königsstadt zu sehen. *Öffnungszeiten* tägl. 9–13 Uhr, Eintritt ca. 1,50 €.

Die steil ansteigende Via Castello führt vom Kirchenplatz hinauf zur **Burg**, die sich heute im Besitz der Familie der Conti Martini Carissimo befindet. Miterbauer war Friedrich II., der die einstige mittelalterliche Kathedrale von

Residenz der Stadtpolizei von Oria

Oria kurzerhand abreißen ließ, da sie der Erweiterung des Kastells (1227) im Wege stand, woraufhin der Zorn der Amtskirche auf ihn niederprasselte.

Die beiden **Rundtürme** der intakten Festung stammen aus angiovinischer Zeit, während der quadratische Turm noch ein staufisches Original ist.

Nach jahrelanger Restaurierung ist eine **Burgbesichtigung** wieder möglich. Den quadratischen Wehrturm darf man leider nicht mehr betreten, aber dafür bietet jetzt eine Aussichtsplattform (Piazza d'Armi) einen schönen Blick auf den Tavoliere di Lecce.

Das umgebaute **Burgmuseum** besitzt eine umfangreiche Sammlung mittelalterlicher Waffen, darunter auch seltene Hellebarden. Höhepunkt der geführten Castello-Besichtigung ist sicherlich die frühchristliche **Krypta Santissimi Crisante e Daria**. Dabei handelt es sich um eine byzantinische Grottenkirche, deren besagte Oberkirche Friedrich II. abreißen ließ, um die Festung auszubauen.

Öffnungszeiten Besichtigung nur im Rahmen einer Führung, Mitte Juni bis Mitte Sept. tägl. 9.30–12.30 Uhr und 17–20 Uhr, Mitte Sept. bis Mitte Juni 9.30–12.30 Uhr und 15.30–18.30 Uhr, Eintritt 5 €.

Unterhalb der Castello-Mauern befindet sich der erholsame **Parco Montalbano**. Dieser kleine Altstadtpark, der bereits 1726 angelegt wurde, ist eigentlich nicht mehr, aber auch nicht weniger als eine luftige Arkadenterrasse mit Brunnen, Grotten und viel Grün – ideal zum Ausruhen.

Massafra – faszinierende Höhlenkultur

Provinz Tarent (Taranto)

Das Küstengebiet des Golfs von Tarent wurde im Zuge der großen griechischen Expansion gegen Ende des 8. Jh. v. Chr. hellenisiert. Das schillerndste Zentrum des griechischen Kulturraums auf italischem Boden war das sagenumwobene Tarent – die Hauptstadt von Magna Graecia (Großgriechenland).

Tarent, die nach Brindisi zweitkleinste Provinz Apuliens (ca. 2.500 qkm), ist landschaftlich sehr abwechslungsreich und auch ihre kleinstädtischen Zentren sind von extremer Unterschiedlichkeit.

Das ansteigende Hinterland nordwestlich von Tarent gehört rein geologisch zum apulischen Kernland, der **Murgia** ("Provinz Bari", S. 232). Noch stärker als in der eigentlichen Zentral-Murgia haben sich hier als Folge eiszeitlicher Erosion tiefe Schluchten gebildet. An den Rändern dieser canyonartigen **Gravine** entstanden die für dieses Gebiet so charakteristischen **Schluchtenstädte**. Zu den eindrucksvollsten Beispielen zählen Massafra, Gravina in Puglia in der Provinz Bari und vor allem Matera in der Nachbarregion Basilikata. – In **Matera** erleben die legendären Höhlenwohnungen der **Sassi** gerade eine erstaunliche Wiedergeburt. Die Schluchten von **Massafra** mit ihren gigantischen Höhlenarealen und den freskenverzierten Grottenkirchen aus frühen christlichen Zeiten gewähren unvergessliche Einblicke in die faszinierende Höhlenkultur Apuliens.

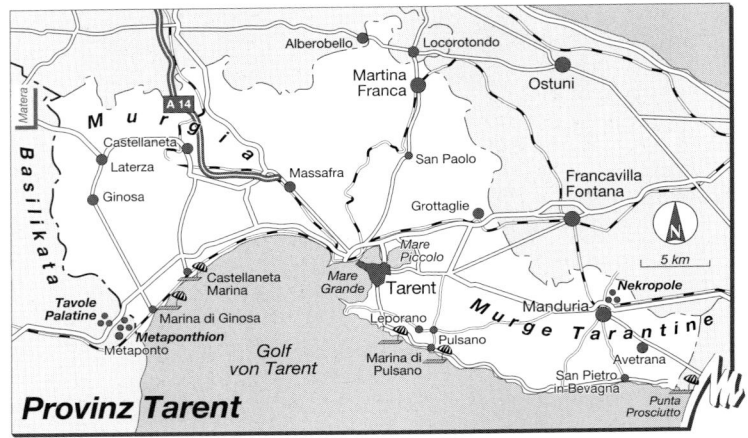

Provinz Tarent

Eine weitere Superlativbegegnung, jedoch völlig anderer Art, garantiert die außergewöhnliche **Barockstadt Martina Franca** nördlich von Tarent. Diese bürgerlich-vornehme Landmetropole am Rand des idyllischen **Valle d'Itria** ("Itria-Tal", S. 257) ist vielleicht die schönste urbane Überraschung in der kleinen Provinz Tarent.

Grottaglie hingegen offenbart sich als ein bedeutendes Zentrum der Keramikproduktion, einerseits mit umsatzstarken internationalen Handelsverbindungen und andererseits mit dem provinziellen Charme einer vom traditionellen Kunsthandwerk lebenden Kleinstadt.

Manduria, eine der ältesten Städte Südapuliens, einst von Hannibal unterworfen und später von Totila zerstört, bietet die spektakulärsten Überreste messapischer Besiedlung: meterbreite Megalithmauern und unzählige offene Kammergräber – zu sehen im neu angelegten Parco archeologico.

So abwechslungsreich und beeindruckend die Städte und das Hinterland der Provinz auch sind, so enttäuschend präsentiert sich die **Küste des Golfs von Tarent**. Östlich von Tarent ist sie planlos zersiedelt, südwestlich erstrecken sich kilometerlange monotone Sandstrände mit gesichtslosen Ferienorten.

Die **Provinzhauptstadt Tarent**, deren Ursprung im Dunkel der Göttersagen verborgen liegt, wurde 1.000 Jahre vor Rom gegründet! An die Zeit der mythischen Gründung erinnert allein der unsterbliche Name. Und aus der Epoche des byzantinischen Wiederaufbaus (10. Jh.) sind nur noch zweifelhafte Reste übrig geblieben. Dennoch und trotz der stinkenden Schwerindustrie der Neuzeit ist die Metropole des antiken Magna Graecias die eigentliche Überraschung unter den apulischen Großstädten. Zu den Höhepunkten eines Tarent-Aufenthalts gehören das **Museo Nazionale Archeologico**, das einzigartige Schätze beherbergt, sowie das muschelreiche **Binnenmeer Mare Piccolo**.

Die Provinz Tarent auf einen Blick

- **Schöne Orte**: Martina Franca – herausgeputzte Landmetropole (S. 304).
- **Landschaftliche Höhepunkte**: die zerklüfteten Schluchten von Massafra (S. 308); das sanfte Itria-Tal bei Martina Franca (S. 257); das natürliche Binnenmeer Mare Piccolo von Tarent (S. 292).
- **Kunst und Kultur**: Martina Franca – eleganter Barock (S. 304); Massafra – freskenverzierte Grottenkirchen (S. 311); Tarent – Museo Nazionale Archeologico (S. 300); Manduria – messapische Relikte (S. 323); Matera – einzigartige Höhlenkultur (S. 313); Metaponthion – griechische Kolonie aus der Zeit Magna Graecias (S. 320).
- **Eher abzuraten**: die Küste des Golfs von Tarent.

Reisepraktisches zur Provinz Tarent

Anfahrt & Verbindungen

- *Auto* Autobahn A 14 **von Bari** bis kurz vor Massafra; parallel dazu und gebührenfrei die S 100. **Von Brindisi** nach Tarent über die Superstrada S 7. Landstraße **von Lecce** über Manduria nach Tarent durch die weitgehend flache Murge Tarantine.

> **Tipp**: Landschaftlich sehr reizvoll verläuft die S 581 zwischen Massafra und Martina Franca!

Von Neapel/Salerno empfiehlt sich die gebührenfreie Basilikata-Autobahn über Potenza bis zur Golfküste; schöne Fahrt durch das Basento-Tal. Die **Küstenstraße S 106** (von Tarent Richtung Reggio di Calabria) ist eine viel befahrene, vorwiegend zweispurige Kriechstrecke mit chronischen Staus und regelmäßigen Verkehrskontrollen!

- *Bahn* Es gibt einige **FS-Hauptstrecken** in der Provinz, Bari–Tarent (über Massafra), Brindisi–Tarent (über Grottaglie) und Tarent–Potenza–Neapel.

Außerdem verkehrt die **Ferrovia del Sud-Est** zwischen Bari und Tarent (über Martina Franca).

Bahnfahrer, die von Tarent nach **Lecce** bzw. in den **Salento** wollen, müssen erst die FS nach Francavilla Fontana nehmen, um dort auf die Ferrovia del Sud-Est zu wechseln.

Übernachten

- *Hotels* Die Provinz Tarent ist geradezu beispielhaft für die unausgewogene Hotelsituation Apuliens – einige der kleineren Städte im Hinterland haben gerade mal ein Notquartier zu bieten. Einzig **Martina Franca** verfügt über ein breites und ausreichendes Hotelangebot.

Die Provinzhauptstadt **Tarent** besitzt zwar Hotels aller Kategorien, aber ein "Tutto completo" bekommt man ohne Reservierung leider oft zu hören.

In **Matera** in der Nachbarregion Basilikata findet man dagegen ziemlich problemlos ein Quartier.

- *Agriturismo:* Insgesamt nur zwei empfehlenswerte Möglichkeiten haben wir südöstlich von Manduria und bei Martina Franca entdeckt.
- *Camping* Mehrere große Plätze (oft nur in der Hochsaison mit vollem Service) findet man entlang der ionischen Badeküste.

Essen & Trinken/Spezialitäten

- *Fisch und Meeresfrüchte* Im Mare Piccolo von Tarent wird eine intensive Miesmuschel- und Austernzucht betrieben. **Ostriche alla Tarantina** heißen die schmackhaften Binnenmeeraustern mit Petersilie, paniert und in Öl gebraten.

Cozze arraganate: Die durchweg großen Miesmuscheln (Cozze nere) werden zumeist

Provinz Tarent (Taranto)
Karte S. 290

überbacken, und zwar mit Oregano, Knoblauch und Petersilie; nach halber Garzeit begießt man sie mit Weißwein – einfach mal dieses köstliche Gericht bestellen.

Tiella: wird schon seltener angeboten. Ein Auflauf aus Gemüse, Kartoffeln, Reis und Meeresfrüchten, der stark an die spanische Paella erinnert.

• *Provinzspezialitäten* Eine eher ländliche Primo-Spezialität nennt sich **Scattiata**; wer Paprikagemüse mag, sollte sich diesen Leckerbissen nicht entgehen lassen. Martina Franca bildet ein fast eigenständiges kulinarisches Zentrum der Provinz. Hier gibt es besonders guten **Pecorino** und einen sehr scharfen Ricotta namens **Cacioricotta** ("starker Quark"). Und wenn dieser starke Quark ins Bohnenpüree gegeben wird, heißt die Kreation **Ncapriata**, dazu gehören Martineser Fleischspieße. Würste, besonders die **Soppressata**, zählen ebenfalls zu den lokalen Spezialitäten. **Il Fagiolo**, die **weiße Bohne** ist die "Königin der Hülsenfrüchte". Die bäuerliche Devise lautet – abends gekocht und morgens aufgewärmt!

• *Wein* Die besten Weinanbaugebiete der Provinz liegen im Osten der **Murge Tarantine**; die bekanntesten Weinbauzentren sind Manduria und Lizzano. Der starke **Primitivo di Manduria** ist der Urtyp des apulischen Verschnittweins. Der **Lizzano** besitzt die DOC-Auszeichnung für rot, rosé und weiß. Auch ein **Martina Franca DOC** wird am gleichnamigen Ort produziert.

Tarent (Taranto)

ca. 250.000 Einwohner

Das sagenumwobene Tarent – 1.000 Jahre älter als Rom! Und die eigentliche Überraschung unter den apulischen Großstädten. Die göttliche Lage zwischen dem Binnenmeer Mare Piccolo und der Ionischen Bucht erkannte als erster der legendäre Stadtgründer Taras, ein Sohn des Neptun. Bis heute ist die Faszination, die von dieser geschichtsträchtigen Hafenstadt ausgeht, nicht erloschen. Taras würde sich allerdings im Grab umdrehen, könnte er das gigantische Industriegebiet vor den Toren seines Tarent sehen!

Das griechisch-spartanische **Taras** – damals bevölkerungsreicher als heute – war im 4. Jh. v. Chr. eine so blühende Gewerbe-, Handels- und Kulturstadt, dass begeisterungsfähige Historiker sich zu Bezeichnungen wie "Paris der Antike" hinreißen lassen. Die Hauptstadt Großgriechenlands fiel später ans Römische Reich; ihr Amphitheater würden die Römer heute allerdings vergeblich suchen. Noch im Mittelalter war Tarent die bedeutendste Griechenstadt in Apulien. All das, was aus der Frühgeschichte und der Antike ausgegraben wurde, kann im **Museo Nazionale Archeologico**, einem der besten archäologischen Museen Unteritaliens, bewundert werden: ein unbedingtes Muss für Kultururlauber!

Das Tarent des späten 20. Jh. gliedert sich grob in die drei Sektoren Bahnhofsviertel, Altstadtinsel und Neustadt, die alle an der Verbindung zwischen dem **Mare Piccolo** und dem **Mare Grande** liegen.

▶ **Das Bahnhofsviertel** erstreckt sich nordwestlich und ist touristisch eigentlich nur noch wegen des Bahnhofs selbst von Interesse– abgesehen natürlich davon, dass sich genau in diesem Stadtgebiet das Zentrum der messapischen Urbesiedlung befand. Daran schließt die Altstadt an, die seit dem Bau des **Canale Navigabile** im 15. Jh. abgetrennt auf einer lang gestreckten Insel liegt. Die Verbindung zum Bahnhofsviertel bildet eine feste Brücke, während

Castello Aragonese und Ponte Girevole

man über die **Drehbrücke Ponte Girevole** von 1887 in die östlich gelegene Neustadt gelangt.

▶ **Die Altstadtinsel** befindet sich in einem unglaublichen Zustand der Vernachlässigung – der Grad der Baufälligkeit dürfte, was den unbewohnten Teil anbetrifft, 100 % erreicht haben. Das Elendsviertel ist eine Realität des Mezzogiorno, wo sich Szenen von Armut abspielen, die man ansonsten nur aus Dritte-Welt-Ländern kennt. Deshalb handelt es sich bei der Altstadt von Tarent um eine problematische "Sehenswürdigkeit", wo die alltägliche Not der Bewohner leicht zur touristischen Sensation werden kann. – Doch die zahlreichen Baukräne, die seit einigen Jahren aus der Altstadt ragen, lassen wieder etwas Hoffnung aufkommen. Vielleicht wird die längst überfällige Sanierung der Altstadtinsel ja tatsächlich ernsthaft in Angriff genommen.

Mitten in der Altstadt stehen der **Dom San Cataldo** und die **Chiesa San Domenico Maggiore**, die beide zu den Besichtigungshöhepunkten gehören. An der oberen Seite zum Mare Piccolo drängt das unablässige Treiben des ständigen **Fischmarkts** den Verfallszustand der Altstadt etwas in den Hintergrund. Tag und Nacht werden hier Muscheln und Frischfisch verladen – Kleintransporter aus allen Teilen der Provinz und von weiter her stehen rund um die Uhr Schlange. Einen nahezu malerischen Anblick bietet die endlos lange Reihe der bunten Fischerboote, die abends dicht an dicht auf dem Altstadtstrand liegen. In Ufernähe erkennt man die zahlreichen **Sciaje** (Muschelgehege), in denen die schmackhaften **Ostriche** (Austern) und **Cozze nere** (Miesmuscheln) gezüchtet werden. Früher – zur Zeit Magna Graecias – vermehrten sich im Binnenmeer von Tarent die begehrten

Purpurschnecken, aus denen der teuerste natürliche Farbgrundstoff der Welt, der **Purpur**, gewonnen wurde (Kasten "Kostbares Rot" auf S. 296). Am unteren, südöstlichen Ende der Altstadt stehen die Säulenfragmente des **Neptuntempels** hinter Gitterstäben – ein einziger kümmerlicher Rest aus der glorreichen Antike! Imposant dagegen das 100 m entfernte **Castello Aragonese** (15. Jh.), in dem heute die Marineverwaltung residiert. Ein Teil dieser Hafenfestung steht für Ausstellungen zur Verfügung. Daneben bewegt sich die Drehbrücke, die über den **Canale Navigabile** in die Neustadt führt.

Altstadtviertel mit Industrie-Skyline

▶ **Die Neustadt** ist heute das eigentliche Zentrum von Tarent. Ihre Entstehung im großzügigen Schachbrettmuster begann im 19. Jh. Mit ihren herrschaftlichen Wohnhäusern der Jahrhundertwende und den faschistischen Monumentalbauten ist sie mehr als sehenswert. Hinsichtlich Wohnkultur und Atmosphäre kann man sie mit dem Murat-Viertel in Bari vergleichen. Die touristische Hauptattraktion bildet jedoch das **Museo Nazionale Archeologico** mit seiner beispiellos schönen und umfangreichen archäologischen Sammlung, die nur noch vom gleichnamigen Museum in Neapel übertroffen wird. Am östlichen Neustadtrand steht ein spektakulärer Kirchenbau der Neuzeit, die **Concattedrale**.

Tarent/Geschichte

Als mythischer Begründer Tarents gilt **Taras**, Sohn des griechischen Meeresgottes Poseidon (röm. Neptun) und einer Nymphe. Neben Taras wird noch eine zweite, weitaus berühmtere Heldenfigur der griechischen Mythologie mit der Stadt in Verbindung gebracht: **Herkules**, der nahezu unbezwingbare Held mit dem Löwenfell.

Die quellenkundlich belegte Gründung Tarents fällt ins späte 8. Jh. v. Chr. **Griechische Kolonisatoren** aus Sparta hatten sich zur Landnahme nach Italien aufgemacht und siedelten im Zuge der Hellenisierung Unteritaliens auch hier an der Mündung zum Mare Piccolo. Mit der Ankunft der Spartaner begann die glorreiche Phase Tarents. Die Bewunderung für den hochkultivierten Stadtstaat war auch im 19. Jh. noch nicht verstummt, so schwärmte der Deutsche Ferdinand Gregorovius seinerzeit:

> "Im sechsten Jahrhundert trat die Stadt in den pythagoräischen Bund ein; die Schule des großen Philosophen von Samos und Kroton reformierte auch sie; die Einrichtung ihres Staates wurde aristokratisch. Die pythagoräische Weisheit blühte dort in zahlreichen Schulen fort und erzeugte eine Reihe von Staatsmännern und Talenten in jeder Wissenschaft und Kunst, namentlich berühmte Ärzte und Mathematiker. Unter ihnen glänzte als der größte der Tarentiner der Pythagoräer Archytas, der Freund des Platon, ein von den Alten hoch bewunderter Mann, der weiseste Führer der Republik, der genialste Mathematiker, und zugleich ein kriegsgewaltiger Feldherr.
>
> Die glücklichste Entfaltung Tarents fällt in die perikleische Zeit, und sie dauerte bis zum verhängnisvollen Zusammenstoß mit den Römern fort. Die Stadt schmückte sich mit schönen Tempeln, Thermen, Gymnasien und Museen, und mit den edelsten Werken hellenischer Kunst. Ihr Reichtum gab dem von Syrakus nichts nach. Ihr Handel an allen Küsten des Mittelmeeres, ihre Fabriken, namentlich die Purpurfärbereien, der Fischfang in dem von Muscheln wimmelnden Golf und die Fülle der Landesprodukte auf den von der Natur überschwänglich gesegneten Fluren erzeugten einen solchen Lebensüberfluss, dass die Üppigkeit der Tarentiner sprichwörtlich wurde, wie die der Sybariten."

Langsam begann die Dekadenz dieser **antiken Überflussgesellschaft** das Staatswesen zu zernagen und die Beute witternden Römer konnten auch durch den zur Hilfe gerufenen Pyrrhus nicht aufgehalten werden. 272 v. Chr. fiel das prächtige Tarent an die römische Republik. Als Hannibal im **2. Punischen Krieg** den Legionen des Senats das Fürchten lehrte, witterten die Tarentiner noch einmal Morgenluft in Sachen Selbständigkeit. Sie ließen die Karthager in die Stadt, doch sollte es diesen nicht gelingen, die römische Garnison von der Akropolis zu vertreiben. Schließlich beendete Fabius Maximus die zweijährige Belagerung von **Tarentum** und ließ im Jahr 209 v. Chr. seine Truppen die Stadt plündern. Rund 30.000 Tarentiner sollen damals in die Sklaverei verschleppt worden sein. Erst 123 v. Chr. wurde der Stadt der Status einer römischen Kolonie zugestanden: **Colonia Neptunia**.

Kostbares Rot

Der Reichtum des antiken Tarent war auch dem natürlichen Reichtum an **Purpurschnecken** im Mare Piccolo zu verdanken. Noch heute bedeckt der Staub der stachligen Schneckengehäuse die Uferzone des kleinen Binnenmeers. Die Purpurfärbereien des alten Tarent waren in der antiken Welt berühmt und liefen auf Hochtouren. Mit in Purpurbäder getauchter feiner Schafwolle und mit gefärbten Stoffen versorgten die Tarentiner Kaufleute einst Rom und große Teile Griechenlands. Doch die Bereitung des kostbaren reinen Farbstoffs war mühsam, denn für 1,2 Gramm Purpur benötigte man sage und schreibe etwa 10.000 Purpurschnecken. Das zunächst farblose Schneckensekret verfärbt sich übrigens erst im Sonnenlicht leuchtend rot bis purpurviolett.

Nach dem **Untergang des Weströmischen Reichs** teilte Tarent das Schicksal aller ehemaligen adriatischen Kolonien Roms – es wurde zum Zankapfel "barbarischer" Goten und Langobarden, heidnischer Sarazenen und byzantinischer Eroberer. Immer war der Besitz von Tarent durch dessen Lage und Eignung als Kriegshafen besonders begehrt. Dabei ist den Herren aus Konstantinopel noch das größte Verdienst um die Stadt zuzusprechen, da diese im 10. Jh. die Stadt im Prinzip wieder neu errichteten. Bei diesem **Wiederaufbau** verschwanden schließlich die letzten architektonischen Reste der großen antiken Vergangenheit.

1063 eroberten die **Normannen** die Stadt, und Tarent wurde später (wie ganz Unteritalien und Sizilien) Bestandteil des normannischen Königreichs Neapel, das 1194 als Erbe in den Schoß der **Staufer** fiel. Anschließend tauchten die bekannten Dynastien der Neuzeit auf: Anjou, Aragonier, die spanischen Habsburger und Bourbonen.

1801 eroberten napoleonische Truppen das widerstandslose Tarent, das von 1806–1815 die wichtigste "französische" Hafenstadt des Kaisers im Kampf gegen England und Russland war. **Marinehafen** war die Stadt auch im vereinigten italienischen Königreich, Tarent wurde damals zu einem der größten Stützpunkte der Kriegsflotte ausgebaut. Am 11. November 1940 hagelte es britische Fliegerbomben, die einen Großteil der Schlachtschiffe und der Hafenanlagen zerstörten.

Aus dem 2. Weltkrieg erwachte Tarent als Provinzhauptstadt und sah sich mit den typischen Problemen des **Mezzogiorno** konfrontiert: soziale Not, *Malavita* (Unterwelt), baulicher Verfall, Arbeitslosigkeit, Korruption etc.

Eine nicht unumstrittene Großtat der verantwortlichen Politik war in den 60er Jahren die Ansiedlung der **Schwerindustrie**. Eine Industrielandschaft unvorstellbaren Ausmaßes – darunter das größte Stahlzentrum Italiens! – half zumindest die Arbeitslosigkeit in der Provinz zu reduzieren. Spekuliert wurde dabei auch auf eine wirtschaftliche Sogwirkung. Das Konzept funktionierte mehr recht als schlecht – mit allen Haken und Ösen des Mezzogiorno – bis in den frühen 80er Jahren die weltweite Stahlkrise dazwischenschlug.

Das gigantische Hafen- und Industriegebiet (heute neben Stahl auch Zement und Raffinerien) nördlich der Stadt macht, ganz zu schweigen von den ökologischen Auswirkungen, einen wahrhaft gespenstischen Eindruck. Uns hat sich beim Durchfahren unwillkürlich der Gedanke an Dantes Inferno bzw. an eine irdisch-technologische Mezzogiorno-Variante davon aufgedrängt.

Information/Anfahrt & Verbindungen

● *Information* **EPT-Büro**, Neustadt, Corso Umberto 113, Nähe Museo Nazionale. Nützliche Anlaufstelle, denn hier gibt es einen Stadtplan und Informationsmaterial zur gesamten Provinz; außerdem Hinweise zu aktuellen Ausstellungen im Altstadt-Castello und zu den Sommerveranstaltungen im Juli und August (Theater, Musik, Tanz). Werktags 9–13 und 16.30–18.30 Uhr, Sa nur vormittags, ✆ 099/4532392.

> Achtung – die **Küstenroute S 106** mit Anschluss an die Basilikata-Autobahn ist chronisch überlastet!

● *Auto* **von Bari** Autobahn A 14 bis Massafra, dann weiter auf der S 7. **Von Brindisi** auf der schnellen S 7 über Grottaglie.

Von Lecce auf der relativ gut ausgebauten Landstraße durch die Weinbaugebiete der *Murge Tarantine*.

Parken: Tagesbesucher mit Pkw sollten fast bis zur Nordspitze der Neustadt (Lungomare Vittorio Emanuele II) fahren – von dort ist alles Sehenswerte einigermaßen bequem zu Fuß zu erreichen.

● *Bahn* Das **Bahnhofsviertel** liegt im Nordwesten der Stadt; zu Fuß über die Viale Duca d'Aosta auf die Altstadtinsel und von dort über die Drehbrücke in die Neustadt; oder vom FS-Bahnhof den Bus Nr. 8 in die Neustadt nehmen.

FS-Fernzüge von/nach Bari und Brindisi. **Weiter nach Lecce und ins Salento-Gebiet**: in Francavilla Fontana aufs Streckennetz der Ferrovia del Sud-Est umsteigen.

Übernachten (s. Karte S. 301)

● *In der Neustadt* **** **Delfino (13)**, *** **Mar Grande Park Hotel (14)** und *** **Palace (15)**, drei moderne Stadthotels, alle am Viale Virgillo, dem südlichen Lungomare der Neustadt gelegen; guter internationaler Standard; DZ-Preise: Delfino (✆ 099/7323232) 114–134 € inkl. Frühstück, Mar Grande Park Hotel (✆ 7351713) 52–94 € plus 5 € Frühstück pro Person, Palace (✆ 4594771) 70–90 € plus 10 € Frühstück pro Person.

> **** **Europa (5)**, **Tipp für High-Budget-Reisende!** Schönste Lage mit Blick auf Altstadt, Mare Piccolo und den Canale Navigabile. Ehemaliges Apartmenthotel, man wohnt in großen, komfortabel ausgestatteten Apartments, z. T. auf zwei Ebenen, 2-Personen-Apartment 108,50–134 €, 1-Personen-Apartment 67–103 € inkl. Frühstück. Eingang Via Roma 2, ✆ 099/4544111.

*** **Plaza (11)**, Via d'Aquino 46, modernes Hotelhochhaus in der vorderen Neustadt, zentral, Nähe Museo Nazionale, DZ 75–95 €, EZ 55–65 €, Frühstück 6 €, ✆ 099/4590775.

> ** **Albergo Pisani (12)**, **Tipp für Low-Budget-Reisende!** Zentral, vordere Neustadt, schön im Innenhof eines älteren Stadtpalazzo gelegen, gut geführte Pension, oft voll, rechtzeitig reservieren, DZ 35–46 €, EZ 18–24 €. Via Cavour 43, ✆ 099/4534087.

● *In der Altstadt* Am oberen Ende der Altstadt, Piazza Fontana 7, direkt neben dem Fischmarkt, steht das einzige Hotel auf der Altstadtinsel: ** **Sorrentino (2)**, einst ein prächtiger Hafenpalazzo, heute wie die gesamte Altstadt mit Verfallserscheinungen; DZ 37 €, EZ 24 €, ✆ 099/ 4707456. Ratsam ist ein Kontrollblick ins Zimmer, denn die Billigherberge ist leidlich sauber.

Essen & Trinken/Nachtleben (s. Karte S. 301)

● *In der Neustadt* **Al Ristoro (8)**, Ristorante und Pizzeria, angenehme Atmosphäre, gute Meeres- und Landküche, große Pizza-Auswahl, ausgewogenes Preis-Qualitäts-Verhältnis. Via Pitagora 76, ☎ 099/4526240.

Marco Aurelio (7), Ristorante und Pizzeria, elegantes Ambiente, klimatisierter Speisesaal, vorwiegend junges Publikum, Menü ab 20 €. Via Cavour 17, ☎ 099/4527893, Di Ruhetag.

Pesce Fritto (10), Corso Due Mari 35, an der Drehbrücke, hier residierte jahrzehntelang das legendäre **Fischrestaurant Al Tartufo**. Der Nachfolger Pesce Fritto ist nur als Pizzeria empfehlenswert.

L'Approdo (9), ebenfalls an der Ponte girevole gelegen, nostalgisches Ambiente, Kellner, die ihr Handwerk beherrschen, leckere Fischküche, Menü ca. 22 €. ☎ 099/4533524, Mo Ruhetag.

> **Al Gatto Rosso (6), Tipp!** Obere Neustadt, freundliche, alteingesessene (seit 1952), volkstümliche Eck-Trattoria, stimmungsvoll und immer voll, hauptsächlich Fisch-, aber auch einige Fleischgerichte, z. B. leckere *Pappardelle agli scampi, Cassuola* (Fischsuppe) oder *Involtini di carne* (Rouladen), preisgünstig, Menü ca. 16 €, früh kommen oder reservieren. Via Cavour 2, ☎ 099/4529875, Mo Ruhetag, 1. Septemberhälfte Ferien.

● *In der Altstadt* **Al Gambero (1)** riesengroßes und beliebtes Fischrestaurant an der Brücke zum Bahnhofsviertel, Speiseterrasse am Wasser; hier zappelt der Fisch vor Frische noch auf dem Teller, und die Muscheln kommen garantiert aus dem Mare Piccolo, am besten mit *Cozze Arraganate* oder *Ostriche alla Tarantina* anfangen; preislich im Rahmen, an Wochenenden oft brechend voll. Via del Ponte 4, ☎ 099/4711190.

Unser alter Tipp, die originelle **Osteria Gambrinus (3)**, die jahrelang direkt am Fischmarkt residierte und dort in Sachen authentischer Fischküche den Ton angab, steht kurz vor der Wiedereröffnung, und zwar an der Brücke zum Bahnhofsviertel!

La Sirenetta (4), vordere Altstadt, alteingesessene Hafen-Trattoria, jüngst modernisiert und klimatisiert, passt seitdem äußerlich nicht mehr zur Umgebung, dennoch werden gute und frische Fischgerichte zu akzeptablen Preisen serviert. Via Madonna della Pace 5, ☎ 099/4600315.

● *Abends* in der Fußgängerzone der Neustadt (Via di Palma/Via D'Aquino) finden sich die Einheimischen allabendlich zur *Passeggiata* ein – dem großen Auf und Ab; fliegende Händler bieten hier ihre Ware feil.

Gemütlich sitzt man im **ältesten Kaffeehaus der Stadt**, das allerdings vollständig modernisiert worden ist: **La Nuova Sem**, Via Giovanizzi 31, am Archäologischen Museum.

Feste & Veranstaltungen

Pellegrinaggio dei Perdoni, nächtliche Gründonnerstagsprozession.

Am nächsten Tag dann die **Processione dei Misteri**, die bekannteste Karfreitagsprozession Apuliens, in historischen Gewändern.

Festa di San Cataldo, Schutzheiligenfest

mit Hafenprozession und viel Folklore (8.–10. Mai).

Palio di Taranto, historischer Ruderwettbewerb der 10 Stadtteile (20. Juli).

Stella Maris, "Meeresleuchten" mit viel Feuerzauber über dem Meer, am 1. Sa im September.

Sehenswertes in Tarent

Piazza Fontana: modernisierte Platzanlage an der nördlichen Spitze der Altstadtinsel, mit einer Brunnenschale aus der Zeit Karls V. (16. Jh.); daneben erstreckt sich der **Fischmarkt** mit der alten Markthalle. Hier ein Stimmungsbild von 1874 – vergleichen Sie selbst, über 125 Jahre später:

"Dieser Platz ist der Mittelpunkt des ärmlichen Volkslebens. Die Haupt-
straßen der Stadt münden hier. Weiß übertünchte Häuser mit platten Dächern und Balkonen umschließen ihn, darunter einige schmutzige, dürfti-
ge Gasthäuser, Kaffeeschänken und Läden. Landvolk tummelt sich herum,
Früchte und Gemüse verkaufend, halbnackte Menschen wie die Lazzaroni
Neapels. Da der Blick auf das Meer hier nicht frei ist, möchte man glauben, sich in irgendeiner kleinen Landstadt des Südens zu befinden, wenn
man nicht hin und her rennende Fischer sähe, welche in Körben Austern
und Muscheln darbieten, und wenn nicht die Luft vom scharfen Geruch
des Meeres ganz und gar durchdrungen wäre. Und nur mit wenigen
Schritten gelangt man links vom Platz durch eine kleine Halle unmittelbar
an den Rand des Mare piccolo, wo etwa zwölf Fischbänke stehen, ähnlich
denen auf Santa Lucia in Neapel."

Aus: Ferdinand Gregorovius, Wanderjahre in Italien ("Bücher", S. 97.)

Chiesa San Domenico Maggiore: Nähe Piazza Fontana. Anfang des 14. Jh.
wurde dieser romanische Kirchenbau aus dem 11. Jh. umgebaut und erhielt
sein gotisches Baldachinportal, das man heute über eine barocke Freitreppe
erreicht. Charakteristisch für den romanischen Stil der Fassade sind lediglich die Fensterrose und der Rundbogenfries. Die Brandschäden (1965) im
einschiffigen Langhaus sind vollständig behoben worden. Abgeschlossen
sind auch die Restaurierungsarbeiten im angrenzenden Kreuzgang, bei denen neben Freskenfragmenten frühantike Bebauungsspuren freigelegt worden sind.
Öffnungszeiten tägl. 8.30–19.30 Uhr, Eintritt frei.

Dom San Cataldo: Altstadtmitte, Via Duomo. Die von außen eher bescheiden wirkende Kathedrale entpuppt sich im Innern als prächtiger Kirchenbau. Aus der Zeit der byzantinischen Neugründung Tarents (10. Jh.) stammt
die Unterkirche, die heutige Krypta. Der normannische Baukörper wurde
im 11. Jh. über die Reste des zerstörten Vorgängerbaus gestülpt. Antike
Säulen mit korinthischen Kapitellen stützen mächtige Rundbögen; dazwischen schwebt die vergoldete Holzdecke aus dem 17. Jh., von der die beiden
Holzstatuen des San Cataldo und der Jungfrau Maria herabhängen. Unter
dem farbigen Breccia-Corallina-Fußboden sind noch Reste eines älteren,
mehrfarbigen Bodenmosaiks zu erkennen. Im rechten Chorraum befindet
sich die dem Schutzheiligen Cataldo geweihte **Barockkapelle**, ein Kuppelbau aus dem 17. Jh. mit viel buntem Marmorschmuck und einer silbernen
Heiligenstatue.

Neptuntempel: An der unteren Spitze der Altstadtinsel steht die Ruine eines dorischen Tempels. Dieses archaische Großrelikt stammt aus der glorreichen Zeit der Antike (6. Jh. v. Chr.). Hinter Gitterstäben sieht man mächtige Säulenfragmente, die noch eine Vorstellung von den kolossalen Ausmaßen dieses Heiligtums vermitteln.

Provinz Tarent (Taranto)
Karte S. 290

Befestigte Einfahrt ins Mare Piccolo

Castello Aragonese: Das alte Kastell befindet sich unübersehbar am Kanaleingang. Diese gut erhaltene Hafenfestung aus dem 15. Jh. sollte den zeitgleich entstandenen **Canale Navigabile** sichern, der das Mare Piccolo mit dem Mare Grande verbindet. Ein Teil dieser monströsen Militäranlage, die heute unter Marineverwaltung steht, ist für wechselnde Ausstellungen reserviert. Im Castello-Hof steht die **Renaissancekapelle San Leonardo**.

Ponte Girevole: Die fast 90 m lange Drehbrücke (Baujahr 1887) zwischen Alt- und Neustadt ist eine Eisenkonstruktion mit beeindruckender Mechanik. Geöffnet wird die viel befahrene Brücke heute vor allem für die Schiffe der Marine, die den viertgrößten Militärhafen Italiens bzw. die Reparaturwerften im Mare Piccolo anlaufen wollen.

Museo Nazionale Archeologico: Das Nationalmuseum von Tarent ist das wichtigste archäologische Museum Apuliens und – nach Neapel – das bedeutendste Unteritaliens.
Die Fülle der Exponate ist überwältigend; prähistorische Funde gehören ebenso dazu wie messapische, peuketische und daunische Ausgrabungsstücke aus der gesamten Region. Die antiken Objekte umspannen Jahrhunderte der Kunstgeschichte: griechische Keramik, attische, korinthische und apulisch-egnathische Vasen. Statuen, Torsi, Sarkophage und Architekturfragmente. Stein- und Marmorreliefs sowie Mosaiken und Bronzearbeiten. Edle Schmuck- und kostbare Filigranarbeiten gibt es in Hülle und Fülle zu sehen. Unter den Exponaten befindet sich auch der berühmte Goldschatz von Tarent, es sei denn, die **Ori di Taranto** sind gerade auf Tournee. Zu diesem antiken Schmuck gehört u. a. ein Diadem, das mit Goldblüten, Edelsteinen

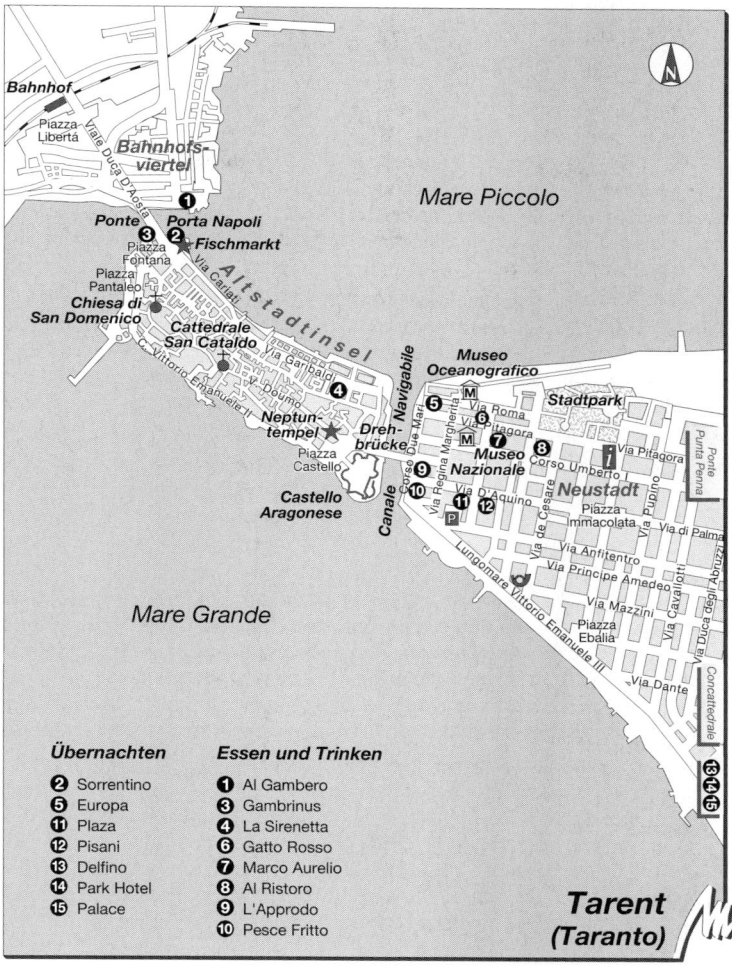

Bahnhof

Piazza
Libertà

*Bahnhofs-
viertel*

Mare Piccolo

Ponte Porta Napoli
❸ ❷ ★ *Fischmarkt*
Piazza
Fontana
Piazza
Pantaleo
*Chiesa di
San Domenico*
*Cattedrale
San Cataldo*

❹

*Neptun-
tempel* ★ *Dreh-
brücke*
Piazza
Castello

*Castello
Aragonese*

Mare Grande

*Museo
Oceanografico*
❺ M
❻ M
Via Roma
Via Pitagora
❼
*Museo
Nazionale*
❾
❿
❽
Stadtpark

Corso Umberto
Neustadt
Via Pitagora
i
Via Pupino
❶❶ ❶❷
Via D'Aquino
P
Piazza
Immacolata
Via di Palma

Lungomare Vittorio Emanuele III
Via Anfiteatro
Via Principe Amedeo
Via Mazzini
Via Cavallotti
Via Duca degli Abruzzi

Piazza
Ebalia
Via Dante

Concattedrale

Übernachten	**Essen und Trinken**
❷ Sorrentino	❶ Al Gambero
❺ Europa	❸ Gambrinus
❶❶ Plaza	❹ La Sirenetta
❶❷ Pisani	❻ Gatto Rosso
❶❸ Delfino	❼ Marco Aurelio
❶❹ Park Hotel	❽ Al Ristoro
❶❺ Palace	❾ L'Approdo
	❿ Pesce Fritto

❶❸❶❹❶❺

*Tarent
(Taranto)*

Provinz Tarent (Taranto)
Karte S. 290

und Emaillen besetzt ist. Immer wieder stößt man auf faszinierende Einzelstücke wie Masken, Terrakottafiguren oder antikes Kinderspielzeug aus Ton.
Seit 1998 befindet sich das Nationalmuseum in grundlegender Umgestaltung. Die alten Abteilungen werden neu geordnet und teilweise neu bestückt. Bis zur Wiedereröffnung ist ein **repräsentatives Ersatzmuseum im Altstadtpalazzo Pantaleo** eingerichtet worden, in dem die wichtigsten Exponate aus dem Nationalmuseum zu sehen sind.

Öffnungszeiten vorläufig im Palazzo Pantaleo, Lungomare Vittorio Emanuele II (Nähe Chiesa San Domenico), tägl. 8.30–19.30 Uhr, Eintritt 2 €.

Stadtpark Villa Peripato: Die gepflegte Anlage bietet Erholung vom Stadtrummel. Im Park befindet sich auch das Ausgrabungsgelände einer griechisch-römischen **Nekropole.**

Das **Museo Oceanografico** finden Sie in der Via Roma 3. Dieses meeresbiologische Museum beherbergt eine faszinierende Unterwasserwelt. (Zur Zeit wegen Restaurierung geschlossen, Wiedereröffnung voraussichtlich 2003.

Concattedrale: bizarre Neuzeitkathedrale von 1971, am Ostrand der Neustadt, Ende Via Dante. Der Aufsehen erregende Kirchenbau ist ein Werk des renommierten Architekten Giò Ponti und stellt in modern-gotischem Stil ein Segel dar.

Ponte Punta Penna: auch **Aldo-Moro-Brücke** genannt; ein weiterer spektakulärer Brückenbau (Baujahr 1977), im äußersten Nordosten der Neustadt. Die über 1,2 km lange Spannbetonbrücke verbindet die beiden Ufer des Mare Piccolo an der schmalsten Stelle miteinander – eindrucksvolle Überfahrt!

Tarent/Umgebung

Die "Küste westlich von Tarent" wird ab S. 320 beschrieben, die "Küste östlich von Tarent" auf S. 323.

Grottaglie · ca. 25.000 Einwohner

Diese Kunsthandwerksstadt mit internationalen Handelsverbindungen hat ihren provinziellen Charme weitgehend bewahrt. In den über 50 privaten Botteghe (Werkstätten) des Keramikviertels und auf dem alljährlichen Keramikmarkt können die örtlichen Töpferarbeiten bewundert und gekauft werden. Die Piazza Regina Margherita mit der sehenswerten Chiesa Matrice bildet den lebhaften Mittelpunkt des historischen Zentrums.

Günstiger Ausgangspunkt für den Stadtbummel und das Keramik-Sightseeing ist das mittelalterliche **Castello** mit dem neu eingerichteten **Keramikmuseum.** Die Festung gehört zu den wenigen Stadtburgen Apuliens, die nicht im Auftrag einer Herrscherdynastie entstanden sind, sondern auf Veranlassung des Erzbischofs. Unterhalb der teilrestaurierten Burg, die unverkennbar auf der Kuppe des Stadthügels thront, beginnt das **Keramikviertel** – im örtlichen Dialekt heißt es **Camenn'ri**, wegen der vielen Kamine der Töpferöfen. Durch die Hanglage des Viertels bedingt, ergeben sich fotoreife Blicke auf die mit Keramikstapeln dekorierten Flachdächer. Vor allem im August, wenn der Töpfermarkt **Agosto della Ceramica** stattfindet, steht die Stadt ganz im Zeichen der Keramik.

Die zentrale **Piazza Regina Margherita** erreicht man von der erzbischöflichen Burg aus über die abschüssige Via Castello und die Via Marano. Hier herrscht noch mediterrane Geselligkeit; vor den Cafés und im Schatten der spätromanischen Pfarrkirche versammeln sich in den späten Nachmittagsstunden die Dorfältesten von Grottaglie und diskutieren die wichtigsten Ereignisse – an die fremden Keramiktouristen haben sie sich längst gewöhnt.

Wo der Ton den Ton angibt

Die Botteghe der Töpfer von Grottaglie befinden sich größtenteils in langen Kalksteingrotten, wo noch in riesigen alten Holzöfen gebrannt wird. Auch wer keine ernsten Kaufabsichten hegt, ist in den Töpfereien herzlich willkommen. Auf Regalen und in Vitrinen sind die bunten Kreationen ausgestellt, darunter vor allem kunstvolle Majoliken, Geschirr, Miniaturen, Trinkgefäße und Weihwasserbecken – jeder Meister legt Wert auf seine unverkennbare Handschrift. Amphoren, bauchige Vasen, Töpfe und Krüge werden auf den flachen Dächern, Treppen, einfach überall, wo Platz ist, liebevoll gestapelt und gelagert. Und das wird vielleicht immer so bleiben: Die Vorräte an Tonerde in der Umgebung von Grottaglie sind fast unerschöpflich, denn die Stadt liegt inmitten ausgedehnter Tonvorkommen.

Auch für künftige Töpfer wird gesorgt, denn die Kunstfertigkeit an der Drehscheibe kann in der städtischen Fachschule für Keramik erlernt werden.

● *Adressen in Sachen Ton* **Istituto statale d'arte**, städtische Fachschule für Keramik, Via Caravaggio, ✆ 099/5667221. Hier werden spezielle Töpfertechniken in Kursen vermittelt. Außerdem besitzt die Fachschule eine sehenswerte Sammlung moderner und antiker Keramikarbeiten; Mo– von 8–14 Uhr geöffnet.

Bottega Domenico Caretta, alteingesessene (seit 1962) Majolikawerkstatt im Keramikviertel.

Bottega Nicola Bonfrate, stellt seit 1968 traditionelle Kunst- und Gebrauchskeramik her.

● *Information* **Infobüro** im Castello episcopio, tägl. 10–12 Uhr und 18–20 Uhr, ✆ 099/5623866.

● *Anfahrt & Verbindungen* **Auto**, von Tarent Schnellstraße S 7 bis Grottaglie. In der Stadt am besten der Ausschilderung "Quartiere delle ceramiche" folgen und dort parken.

Bahn: Grottaglie liegt an der FS-Hauptstrecke Tarent–Brindisi, tägl. mehrere Züge in beiden Richtungen. Der Bahnhof befindet sich am südlichen Stadtrand.

● *Feste & Veranstaltungen* **Musica Mundi**, weit über die Stadtgrenze hinaus bekanntes Ethno-Musik-Festival (im Juli), findet auf einer Freilichtbühne am Stadtrand statt (Cava di Fantiano).

Agosto della ceramica, alljährlicher Keramikmarkt (im August), mit Beteiligung der großen italienischen Keramikzentren Faenza und Vietri sul Mare.

● *Übernachten/Essen & Trinken* ***** Gill Hotel**, Via Brodolini 75, modernes großes Neustadthotel, das allerdings keinerlei Maßstäbe setzt; wegen der guten Straßenanbindung auch von Geschäftsleuten frequentiert, die in Tarent zu tun haben, DZ 54 €, EZ 41 € inkl. Frühstück, ✆ 099/5638756.

** Caesar, Via Partigiani Caduti 1, unmittelbar an der Stadtausfahrt in Richtung Tarent gelegen, deshalb u. U. laut, insgesamt aber akzeptabel, DZ 43 €, EZ 28,50 €, Frühstück 2,60 € pro Person, ✆ 099/5665224.

La Cantina di Papa Giro, Ristorante tipico in der Altstadt, gleich hinter der Chiesa Matrice, stimmungsvolles alteingesessenes Lokal, freundliche Wirtsleute, gute lokaltypische Küche, auch Pizza, Menü 21 €, Menu turistico ca. 14 €. Via Chiesa Matrice 4, ✆ 099/5623998, Mi Ruhetag.

Cabiria, Neueröffnung im Keramikviertel, in einer alten Ölmühle, auch Tische im Freien, fungiert als Ristorante, Pizzeria, Pub und Café für junge Leute, Menu turistico 9 €, lange geöffnet, ✆ 099/5623835, Mo Ruhetag.

Bar delle ceramiche, im Keramikviertel, kleines Straßencafé mit schattiger Terrasse, leckere Granite.

Keramikherstellung in Grottaglie

Sehenswertes in Grottaglie

Castello episcopio und **Museo della ceramica**: Die 1354 erbaute und jüngst teilrestaurierte erzbischöfliche Burg beherbergt das Museum der Keramik, in dem Liebhaber glasierte Keramikarbeiten aus den verschiedensten Jahrhunderten bestaunen können. Die ältesten Exponate sind Leihgaben aus dem Nationalmuseum von Tarent und stammen aus dem 5. Jh. Zugänglich sind auch die erzbischöflichen Säle im 2. Obergeschoss, die u. a. für wechselnde Ausstellungen genutzt werden.
Öffnungszeiten tägl. 10–12 Uhr und 18–20 Uhr, Eintritt frei.

Chiesa Matrice: Bei den beiden säulentragenden Stieren am Portal der Hauptkirche handelt es sich um originalgetreue Kopien der Trägerfiguren vom Domportal San Nicola in Bari – auch wenn man das heute kaum noch erkennt. Das Kuppeldach ist natürlich mit Keramikziegeln aus heimischer Produktion gedeckt. Im Innern der einschiffigen Kirche hängen einige interessante Ölgemälde aus dem 18. Jh.

Martina Franca ca. 45.000 Einwohner

Diese Barockstadt von europäischem Rang besitzt eines der interessantesten und schönsten urbanen Zentren der Region. Die Altstadt ist vom Allerfeinsten und ein Paradebeispiel dafür, wie der manchmal schwülstige barocke Baustil eleganter eingesetzt werden kann – weg von den protzigen Fürstenpalästen und Adelslogen, hin zur bürgerlichen Wohnkultur.

Martina Franca liegt auf einer weithin sichtbaren Hügelkuppe am Rand des **Itria-Tals** (S. 257), also noch im Einflussbereich der Trulli-Romantik. Man merkt sofort, dass in dieser stolzen Provinzstadt, in der architektonische Geschlossenheit und urbane Atmosphäre vorherrschen, auch aufgeschlossene und selbstbewusste Bürger leben.

Asino di Martina Franca

Es ist nicht unwahrscheinlich, dass Sie auf dem Weg nach Martina Franca einer weidenden **Eselsherde** begegnen. Denn in der Umgebung der Stadt wird seit Jahrhunderten eine ganz besondere Rasse dieser Grautiere gezüchtet. Der Asino di Martina Franca stammt vom katalanischen Esel ab, der zur Zeit der Spanierherrschaft nach Apulien gelangte. Die hiesige Rasse zeichnet sich durch eine enorme Widerstandsfähigkeit aus und eignet sich vornehmlich als Lasttier in den bergigen Regionen des Landes. Großabnehmer dieser langohrigen Tiere mit dem dunkelbraunen Fell waren bis in die 80er Jahre des 20. Jh. die Brigaden der italienischen Gebirgsjäger.

Information/Anfahrt & Verbindungen

● *Information* IAT-Büro, Piazza Roma 37, im Palazzo Ducale; nützlicher Stadtplan und aufwendig gemachter mehrsprachiger Stadtführer erhältlich; tägl. (außer So) 9–12.30 Uhr und 16.30–19.30 Uhr, ☎ 080/ 4805702.

● *Auto* **von Tarent** aus schnelle Fahrt auf der S 172. Alternative Anfahrt **über Massafra** (S 7), von dort auf der S 581 durch eine schöne, sanft ansteigende Hügellandschaft. Gebührenpflichtige **Parkplätze** im Bereich der Piazza XX Settembre (Parkkarte kaufen!).

● *Bahn* Martina Franca ist Knotenpunkt der **Ferrovia del Sud-Est**; von/nach Tarent mehrmals täglich Verbindungen (über Crispiano).

Der **Bahnhof** liegt im Südwesten der Neustadt; zur Piazza XX Settembre am einfachsten über die Viale della Libertà (links vom Bahnhof) und den Corso Italia (ca. 15 Min. zu Fuß).

Übernachten/Essen & Trinken

● *Übernachten* ****** Park Hotel San Michele**, Viale Carella 9, betagte herrschaftliche Villa am Stadtpark, Swimmingpool, viel gelobtes Ristorante, DZ 88–118 €, EZ 57–82 € inkl. Frühstück, ☎ 080/ 4807053.

*** Dell'Erba, Via dei Cedri 1, an der Stadtausfahrt in Richtung Tarent; komfortable Hotelanlage, viel Grün, Pool und lauschiges Terrassenrestaurant, DZ 62–104 €, EZ 44–80 €, Frühstück 5 € pro Person, ☎ 080/ 4301055.

** Da Luigi, Via Taranto, südliche Stadtausfahrt, preisgünstige Stadtpension, guter Gesamteindruck, mit Restaurant, DZ 46,50 €, EZ 31 €, Frühstück 2,60 €, ☎ 080/ 4301324.

Masseria Frascarosa, kleiner Agriturismo-Gutshof mit Wein-, Öl- und Obstwirtschaft, ca. 3 km außerhalb an der Landstraße nach Cisternino. 8 rustikal eingerichtete DZ, 51,50–62 € inkl. Frühstück, **beliebtes Ausflugsrestaurant**, HP 41–52 € pro Person. Via Di Cataldo, ☎ 080/4801661.

● *Essen & Trinken* **Ai Portici (3)**, Piazza Maria Immacolata 6, an der ovalen Altstadtpiazza, hübsch eingerichtetes Kellergewölbe, lokale und regionale Spezialitäten, Menü ca. 25 €, ☎ 080/4801702, Mi Ruhetag.

La Tavernetta (1), Corso Vittorio Emanuele 30, Altstadt-Corso zwischen Piazza Roma und Piazza Immacolata, nette kleine Trattoria, zuverlässige Qualität, eine Primo-Spezialität sind die hausgemachten *Spaghetti chitarra alla mediterranea* (mit einer Sauce aus 15 verschiedenen Gemüsesorten), Menü 20–22 €, ☎ 080/4306323, Mo Ruhetag.

Il Ritrovo degli Amici (5), Feinschmecker-Trattoria mit regionalen und nationalen

Perfekte Platzanlage – die Piazza Roma in Martina Franca

Spezialitäten, Nähe Piazza XX Settembre, in einem ehemaligen Pfarrhaus, geschmackvoll eingerichtet. Die mehrfach ausgezeichnete Küche lässt nichts zu wünschen übrig, Menü um die 30 €. Corso Messapia 8, ✆ 080/4839249, So Ruhetag.

Caffè Tripoli (4), Via Garibaldi 10, am Ende der Piazza Immacolta, gemütliches Straßencafé zum Verschnaufen, zum Gläschen Wein gibt es *Taralli* (Hartgebäck) mit Oliven; leckerer *Caffè freddo* (Eiscafé).

> **La Lama (2), Tipp!** Im urigen Lama-Viertel ("Sehenswertes", S. 308), volkstümliche Osteria mit Charme, schmackhafte Hausmannskost, Gemüse-Antipasti, Pasta mit Gemüse, Grillfleisch und leckere Nachspeisen, ehrliche Preise. Via Mastrovito 18, ✆ 080/ 4838299, Mo Ruhetag.

Feste & Veranstaltungen

Festival della Valle d'Itria, internationales Festival, klassische Musik, Gesang, Tanz und Theater, Mitte Juli bis Mitte August. Martina Franca ist nur einer von mehreren Veranstaltungsorten.

Mostra mercato dell'antiquariato, Antiquitätenmarkt, jeden 3. Sonntag im Monat, auf der Piazza Crispi.

Sehenswertes in Martina Franca (Rundgang)

Von der leicht ansteigenden Piazza XX Settembre gelangt man durch die **Porta di Santo Stefano** in die Altstadt. Das monumentale Stadttor von 1764 ist der klassischen Form eines Triumphbogens nachempfunden, oben thront ein kleines Reiterstandbild des Heiligen Martin.

Piazza Roma: Die anschließende dreieckige Platzanlage mit Palmen und Brunnen ist einfach pzerfekt gestylt. Gleich rechts erhebt sich der imposante **Palazzo Ducale** (1668–1742), dem man seine gewaltigen Ausmaße und

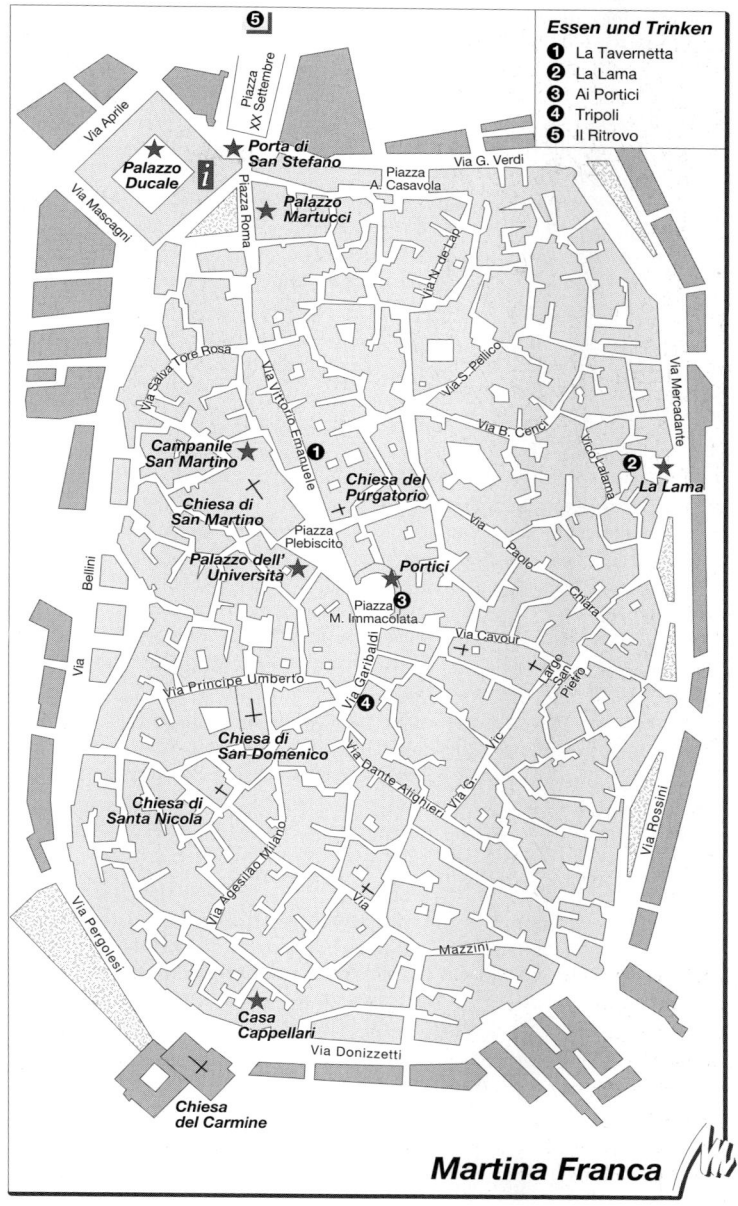

Karte S. 290

Essen und Trinken

❶ La Tavernetta
❷ La Lama
❸ Ai Portici
❹ Tripoli
❺ Il Ritrovo

Provinz Tarent (Taranto)

Martina Franca

die über 300 Räume auf den ersten Blick nicht unbedingt ansieht. Der Innenhof darf betreten werden, während der prunkvolle Ballsaal den Besuchern verschlossen bleibt. Im Palazzo Ducale residiert das Stadtparlament. Schräg gegenüber dann der bescheiden-herrschaftliche **Palazzo Martucci** (der Palazzo mit dem Tabacchi-Laden).

Die enge Shopping-Meile **Via Vittorio Emanuele** führt zum unerwartet auftauchenden, aber alles überragenden **Dom San Martino** aus dem 18. Jh. An der prachtvollen Barockfassade erkennt man das Hochrelief des reitenden Kirchenpatrons. Im Innern, an der Altarwand, sind die beiden marmornen Marienstatuen zu bewundern, links die *Abbondanza* und rechts die *Carità*. Neben der Hauptkirche die kleine Purgatoriumskirche und den Glockenturm nicht übersehen!

Ein paar Schritte weiter stößt man auf die schöne halbrunde **Piazza Maria Immacolata** mit dem ovalen Bogengang – noch in den 60er Jahren wurde hier der tägliche Markt abgehalten.

Jetzt beginnt ein völlig verschlungenes Netz von Pflastergassen, in dem man sich am besten treiben lässt, um irgendwann irgendwo wieder herausgespült zu werden: **bürgerliche Palazzi**, weiß oder pastellfarben mit prunkvollen Portalen, deren barocke Formen spielerisch verfeinert sind, ornamentierte Fensterrahmungen mit eleganten Skulpturen, weich geschwungene Balkongitter – alles auf höchstem handwerklichen Niveau. In den verwinkelten schmalen Gassen stehen die schlichten niedrigen Häuser dicht an dicht, alles ist liebevoll gepflegt. Dazwischen einige **Kirchen** mit den unterschiedlichsten Fassaden. Alles wirkt wie aus einem Guss, ein urbanes Gesamtkunstwerk, von einer architektonischer Harmonie geprägt, wie man sie in der europäischen Stadtarchitektur nur noch selten findet.

Ausnahmen bestätigen bekanntlich die Regel: am südlichen Altstadtrand befindet sich das älteste Häuserkonglomerat von Martina Franca. Die winzigen Häuschen von **La Lama** haben die willkürlichsten Bauformen und sind regelrecht zusammengewachsen. Sie gruppieren sich um einen tiefer gelegenen Platz, den man über eine Steintreppe von der Via Mercadante aus betritt.

Massafra
ca. 30.000 Einwohner

Die Schluchtenstadt mit den eindrucksvollsten Höhlenbehausungen und Grottenkirchen Apuliens! Massafra wuchs an den Rändern der canyonartigen Gravina di San Marco. Diese tiefe Erdspalte trennt Alt- und Neustadt voneinander. Über 50 freskenverzierte Chiese rupestri (Höhlenkirchen) hat man im Stadtgebiet gezählt. Die schönsten können mit grottenkundiger Führung besichtigt werden.

Am nördlichen Ortsrand öffnet sich der Schlund einer zweiten, noch größeren Schlucht, der **Gravina Principale**. Eng schmiegt sich dort die **Wallfahrtskirche Madonna della Scala** an die Felswand. Dahinter beginnt ein faszinierendes Höhlenareal, das bereits in grauer Vorzeit in den weichen Kalkstein gegraben wurde.

Die Schluchten von Massafra sind durch **eiszeitliche Erosionstätigkeit** entstanden. Der Regen, den der karstige Boden nicht speichern kann, hat sie weiter ausgehöhlt. Frühgeschichtliche Funde beweisen, dass die Höhlen in den Schluchten bereits im Paläolithikum bewohnt waren. Im frühen Mittelalter lebten hier fromme Einsiedler und Mönche, die sich vor ihren Verfolgern verbargen. Im späten Mittelalter und danach dienten sie den Einheimischen als Versteck und Zuflucht vor den Invasoren – den Langobarden, Goten, Arabern, Normannen, Türken …

Die ersten **Mönche**, die sich in den Gravine von Massafra verschanzten, kamen vom Balkan und aus Kleinasien. Sie waren auf der Flucht vor den ikonoklastischen Gesetzen, die ihnen in ihrer Heimat die Ikonenmalerei verboten, weil die byzantinischen Kaiser im 8. und 9. Jh. darin eine Form von heidnischer Götzenverehrung sahen. Insbesondere griechisch-byzantinische Mönche, für die das Ikonenmalen Erwerbsquelle und liturgische Handlung zugleich darstellte, rebellierten gegen diese Verbote. Sie wurden aber unerbittlich verfolgt und flohen u. a. ins benachbarte Apulien – hier konnten sie ihre religiösen Praktiken unbehelligt ausüben.

Anfangs gruben sie sich winzige Gebetszellen, die später zu teils dreischiffigen **Grottenkirchen** erweitert wurden. Die Freskenverzierungen malten die Mönche auf einen kalkarmen Untergrund an die Höhlenwände. Im Grunde genommen waren die Fresken nur Vergrößerungen der bekannten Ikonen, aber die Kunstfertigkeit der Malermönche ließ sie zu Bildern von bewegender Schönheit werden. Noch heute ist der farbenprächtige Wandschmuck in vielen Grottenkirchen deutlich zu erkennen – teilweise allerdings arg mitgenommen und bisweilen nur noch fragmentarisch. Nicht nur die Witterung und der abbröckelnde Untergrund nagten an der künstlerischen Hinterlassenschaft der Mönche, sondern vor allem der Vandalismus des 2. christlichen Jahrtausends. Den Anfang machten die osmanischen Invasoren (15. Jh.), die eine eher symbolische Freskenvernichtung betrieben, indem sie den Bildnissen der Heiligen die Augen ausstachen und das Herz durchbohrten. Fortgesetzt wurde der Frevel durch die Grab- und Kirchenräuber der späteren Jahrhunderte, die große Freskenstücke von den Wänden meißelten und sie auf den internationalen Kunstschwarzmarkt brachten.

Halb offene Grottenkirche mit Wandfresken

Provinz Tarent (Taranto)
Karte S. 290

Die Grottenkirchen von Massafra sind heute endlich geschützt und dürfen ohne kundige **Führung** nicht mehr betreten werden, ebenso das gigantische Höhlenareal in der Gravina Principale. Zuständig für die kompetenten Führungen ist eine Initiative junger Einheimischer, die man im örtlichen Ufficio turistico findet.

Die Alt- und die Neustadt von Massafra sind durch **drei Brücken** miteinander verbunden, die über die Gravina di San Marco führen; die mittlere Brücke führt direkt zur **zentralen Piazza Garibaldi.**

● *Information* **Ufficio turistico**, in der Altstadt, Nähe Piazza Garibaldi, im Palazzo De Notaristefano, Via Vittorio Veneto 15, ✆ 099/8804695 bzw. 338/5659601. Im Sommer (Juni–Sept.) 9–12 Uhr und 16–19 Uhr, im Winter 9–12 und 14–17 Uhr, So geschlossen.

Im Ufficio turistico residiert eine Initiative junger Einheimischer, die **Stadtführungen** (Altstadt, Grottenkirchen und Gravina Principale) anbietet; telefonische Voranmeldung bei der Touristeninformation ist notwendig.

Die italienisch- bzw. englischsprachigen Führungen (täglich um 9.30, 11.30 und 17 Uhr) kosten 5 € pro Person. Feste Schuhe für die Schluchtenexkursion nicht vergessen! Mentor dieser Initiative ist der ortsansässige Hobbyarchäologe Serafino Marchianò, der sich über ein halbes Jahrhundert für den Schutz der Höhlenkultur von Massafra engagiert hat. Dieser sachkundige Stadtführer ist mittlerweile in Ehren ergraut.

● *Anfahrt & Verbindungen* **Auto**, Massafra liegt nordwestlich von Tarent und ist auf der S 7 schnell erreichbar. Mit dem **Parken** ist es allerdings etwas komplizierter, denn für die gebührenpflichtigen Parkplätze im Stadtzentrum benötigt man Parkkarten, die zunächst in Tabacchi-Lä-

den gekauft werden müssen. Auf der erworbenen Parkkarte muss der Beginn der Parkzeit genau gekennzeichnet werden (Prinzip Rubbellos!), bevor man sie gut sichtbar hinter die Windschutzscheibe legt.

Bahn: Station an der FS-Hauptstrecke Tarent–Bari, mehrere Züge täglich.

● *Übernachten/Essen & Trinken* **** **Appia Palace Hotel**, am südwestlichen Stadtrand, komfortables Motel im Grünen, direkt an der S 7, mit Restaurant, DZ 83–103 €, EZ 62–83 € inkl. Frühstück, ✆ 099/8851501.

**** **Il Bizantino**, kleines Landhotel an der S 7, ca. 1 km vom Appia Palace entfernt, mit Restaurant, DZ 52–67 €, EZ 41–46,50 € inkl. Frühstück, ✆ 099/8804575.

Zwei Restaurantempfehlungen in der Altstadt: **Hostaria dei Mattacchioni**, gemütliches Kellerlokal, in einer ehemaligen *Vicinanza* ("Sehenswertes") eingerichtet, von der Speiseterrasse Blick auf die Gravina di San Marco und das Castello; lokaltypische Gerichte zu vernünftigen Preisen, Menu turistico ca. 10 €. Via Medici 45, ✆ 099/8807884.

La Nuova Gravina, schöne Lage am Rand der Gravina Principale, leckere Hausmannskost, ebenfalls ehrliche Preise. Corso Europa 29, ✆ 099/8801342, Fr Ruhetag.

Sehenswertes in Massafra

Altstadt

Massafra besitzt neben den Höhlenkirchen auch eine beschauliche Altstadt, vor allem im Bereich zwischen der Piazza Garibaldi und der alten normannischen Burg. Schmale Pflastersteingassen schlängeln sich über den Altstadthügel, gesäumt von weiß getünchten Häuserfronten und schön geschwungenen Mauerbögen. Interessant sind die **Vicinanze** der Altstadt; dabei handelt es sich um ehemalige Wohnhöhlen nahe der Erdoberfläche, die im Lauf der Stadtentwicklung einfach überbaut worden sind. Dort, wo unter den Altstadthäusern bauchige Kellergewölbe zu erkennen sind, hat man eine solche Vicinanza erspäht!

Am Ende der Via Laterra erhebt sich das **normannische Castello** in imposanter Hanglage. Die Burgrestaurierung ist mittlerweile abgeschlossen und die Einrichtung eines **landwirtschaftlichen Museums** (Museo dell'olio e del vino) ist beschlossene Sache (Eröffnung voraussichtlich noch 2003).

In der Gravina Principale

In der höhlengespickten Hauptschlucht von Massafra, nordwestlich der Altstadt, befindet sich auch die **Wallfahrtskirche Madonna della Scala** (der Ausschilderung "Santuario" folgen). Von der kleinen Piazzale steigt man über eine breite Freitreppe hinab zu dieser schlichten Pilgerkirche von 1730, die über einer mittelalterlichen Höhlenkirche errichtet worden ist. Der Schatz der Kirche, ein Fresko auf einer Steinplatte, hängt über dem Hauptaltar; es stellt die Madonna mit Kind dar, die von zwei zutraulichen Hirschen flankiert wird. Vom Kirchenraum führt eine Treppe zur darunter liegenden Grottenkirche, die allerdings keine Freskenverzierungen, sondern lediglich Ritzzeichnungen aufweist.

Hinter dem Santuario öffnet sich das faszinierende Höhlenareal der Gravina Principale (nur im Rahmen einer Führung zu besichtigen, s. "Information", S. 310). Der **Schluchtenweg** führt durch einen dichten Vegetationstunnel. Auch im Sommer ist es hier relativ kühl und feucht. Das besondere Schluchtenklima hat eine außergewöhnliche Flora entstehen lassen, ringsum wuchern seltene Sträucher, Blumen, Wild- und Heilkräuter.

Die zahlreichen **prähistorischen Höhlenbehausungen** in den Felswänden der Gravina Principale kann man teilweise erklettern. Die **Grotta Padronale** (Familienhöhle) stellt die charakteristische Wohnhöhle der Schlucht dar. Sie hat in der Regel einen markanten winkelförmigen Eingang, der früher vermutlich mit einer abnehmbaren Holztür verschlossen werden konnte. Im Innern der Familienhöhlen sind Feuerstellen, Lüftungsschächte, Vorratssilos, Kultnischen, Vorrichtungen für hölzerne Bettgestelle, Steinmühlen etc. zu erkennen. Die Kinder bewohnten – nach Meinung der örtlichen Höhlenforscher – die kleinen Seitenhöhlen, die durch schmale Öffnungen mit den Haupträumen verbunden sind.

Grattaciello, Hochhaus, wird die Felswand mit den auf drei bis vier Etagen übereinander liegender Höhlenwohnungen genannt. Geradezu gigantisch wirkt die bodennahe **Grotta del Ciclope**. Darüber liegt die **Farmacia del Mago Greguro**, ein gewaltiger Höhlenkomplex, der tief ins Felsinnere führt und durch mehrere miteinander verbundene Grotten gebildet wird. Es handelt sich dabei um eine so genannte Apotheke, in der die Mönche des Mittelalters vermutlich die Heilkräuter aus der Schlucht sortierten, verarbeiteten und lagerten. Abweichende wissenschaftliche Meinungen über dieses verzweigte Höhlensystem sprechen allerdings von einer ehemaligen Begräbnisstätte.

Die Grottenkirchen (Chiese rupestri)

Die folgenden vier sind die interessantesten von Massafra, sie liegen an den Rändern der 4 km langen Gravina di San Marco bzw. mitten in der Altstadt

Provinz Tarent (Taranto)
Karte S. 290

und sind wie erwähnt nur im Rahmen einer sachkundigen Führung zu besichtigen (s. "Information", S. 310):

Cripta della Candelora: Diese halboffene Höhlenkirche befindet sich auf privatem Grund und Boden, unter einem Felsvorsprung an der Westwand der Schlucht. Beeindruckend sind die sechs verschiedenen Deckengewölbe und die kantigen Stützpfeiler, die teilweise zu hängenden Pfeilerstümpfen verkümmert sind. Die Fresken in den symmetrisch angeordneten Bildernischen befinden sich in einem relativ guten Erhaltungszustand; namengebend für die Lichtmess-Grottenkirche ist die Darstellung der Maria mit Kind. Auf dem Gelände der Cripta della Candelora sieht man außerdem den Schacht eines messapischen Höhlengrabs.

Cripta di San Marco: Sie gilt als die Perle unter den örtlichen Chiese rupestri und liegt gegenüber der Cripta della Candelora an der Ostwand der Schlucht. Über eine in den Stein gehauene Treppe gelangt man in den Vorraum dieser dreischiffigen Höhlenkirche. Der Innenraum ist kreuzförmig angeordnet und schließt in einer Apsis. Unter den fragmentarisch erhaltenen Heiligenbildern erkennt man auch die Heiligen Kosmas und Damian.

Cripta di Sant'Antonio Abate: Sie liegt unter dem ehemaligen Altstadtkrankenhaus. Plötzlich öffnet sich eine Tür, und man steht inmitten der leuchtenden Freskenfragmente des griechisch und lateinisch gestalteten Kirchenraums. Die ältesten Fresken stammen aus dem 12. Jh.; als Malgrund dienten noch ältere, vermutlich byzantinische Wandmalereien. In der dem Abt Antonius geweihten Grottenkirche wurden noch im späten 18. Jh. Messen gelesen.

Cripta di San Leonardo: In dieser ehemaligen Grotte der Basilianermönche befinden sich die Freskenbilder an den Gewölbebögen in einem erstaunlich guten Zustand. Hier fallen die gezielten Verstümmelungen der Heiligenbildnisse (zerstörte Augen und Herzen) durch die osmanischen Invasoren besonders auf.

Massafra/Umgebung

▶**Castellaneta**: In diesem Provinzstädtchen nordwestlich von Massafra ist der weltberühmte **Rudolph Valentino** am 6. Mai 1895 zur Welt gekommen, der Latin lover aus Apulien, einer der großen Stars der Stummfilmzeit, auf dessen Konto zahlreiche gebrochene Herzen gingen. Nur 31 Jahre wurde er alt, mit bürgerlichem Namen hieß er Rodolfo Pietro Filiberto Raffaello Guglielmi.

An der Stadteinfahrt, in der Nähe seines Geburtshauses, steht ein lebensgroßes Denkmal, das den verehrten Sohn der Stadt in einem bunten Gewand zeigt – in Anlehnung an den erfolgreichen Valentinofilm "Der Scheich" (1921). Mittlerweile hat man ihm im Altstadtpalazzo San Domenico auch ein eigenes **Museo di Rodolfo Valentino** eingerichtet, mit persönlichen Gegenständen, Fotos, Zeitungsartikeln, Büchern, Filmrequisiten, regelmäßigen Filmvorführungen etc. – Personenkult total, ein Mekka für Valentinofans.

Öffnungszeiten tägl. (außer So) 10–13 Uhr und 16–19 Uhr, Eintritt frei.

▶ **Gravina von Laterza**: Kurz vor der Grenze zur Basilikata öffnet sich die größte Gravina der Provinz. Ein Abstieg auf eigene Faust in diese 10 km lange, 500 m breite und bis zu 200 m tiefe, unwegsame Schlucht von Laterza ist gefährlich und wird von uns nicht empfohlen – Führungen werden leider nicht angeboten. Unten herrscht ein besonderes Mikroklima, das die Entstehung seltener Biotope begünstigt hat. Die zerfurchten Felswände sind mit zahlreichen Höhleneingängen gespickt.

Matera (Region Basilikata) ca. 55.000 Einwohner

Eines der interessantesten Ziele im Süden. Am Rand des Stadtzentrums erstrecken sich in einer tiefen, bauchigen Schlucht die Sassi, eine beeindruckende Ansammlung von Höhlenwohnungen, die hier eine ganze Stadt in der Stadt bilden. In dieser Ausdehnung einzigartig in Europa!

Matera gliedert sich konsequent in zwei deutlich getrennte Bereiche – einerseits die fast leerstehenden Sassi an den Hängen der **Bradano-Schlucht (Gravina di Matera)** und andererseits die lebhafte **Neustadt** mit Geschäfts- und Wohnvierteln darüber. Die Neustadt ist eine reichlich durchwachsene Mischung aus Barock und Beton, umgeben von modernen Neubaubezirken. Schroff, fast unvermittelt bricht das Zentrum von Matera zur Schlucht des Flusses Bradano ab. An den Kalksteinhängen der Gravina di Matera öffnet sich eine labyrinthische Höhlenstadt gigantischen Ausmaßes, die sich über steile Gassen, Treppen und kleine Plätze zum Flussbett hinunterzieht.

Information/Anfahrt & Verbindungen

● *Information* **APT-Büro**, Via De Viti De Marco 9, Seitenstraße der Via Roma, zuständig für die gesamte Provinz, Mo–Sa 8–14 Uhr, ✆ 0835/331983.

Info-Box, an der Durchgangsstraße Via Lucana, täglich 9–12.30 Uhr und 16–19 Uhr, es gibt u. a. nützliche Stadtpläne. Zwei weitere Info-Boxen befinden sich im Bahnhof sowie im Sassi-Viertel Caveoso.

● *Auto* **von Tarent** auf der S 7 durch die karge Gravine-Landschaft der Provinz Tarent über Massafra, Castellaneta, Laterza. **Von Bari** kommend auf der S 96 über Altamura.

Das **Parken** im Innenstadtbereich ist von 8–14 Uhr und 16–20 Uhr gebührenpflichtig. Gute Parkmöglichkeiten an der Durchgangsstraße Via Lucana (Nähe Info-Box).

● *Bahn/Bus* Von Bari fahren Züge der **Ferrovia Calabro-Lucana** bis zu 10x täglich nach Matera (über Altamura). Das Stadtzentrum wird unterirdisch durchquert.

Außerdem verkehren von Metaponto (an der FS-Strecke Tarent–Potenza–Neapel gelegen) mehrmals täglich **SITA-Busse** nach Matera, ebenso ab Ferrandina.

Matera – unten und oben (siehe auch S. 55)

Provinz Tarent (Taranto)
Karte S. 290

● *Hotels* ***** Italia (8)**, Via Ridola 5, stilvoller historischer Palazzo am Rand der Caveoso-Schlucht gegenüber der kleinen Chiesa del Purgatorio, komfortables und gut geführtes Albergo, sehr unterschiedlich eingerichtete Zimmer (modern bis antik) mit Blick auf die Sassi, DZ ca. 100 €, EZ ca. 80 €, ℡ 0835/333561.

*** Il Piccolo Albergo (1), Via de Sariis 11, Nähe Piazza Vittorio Veneto, nüchterne kleine Stadtpension, DZ 65 €, EZ 50 €, ℡ 0835/330201.

> ***** Sassi Hotel (6), Tipp!** Das 1998 eröffnete Hotel verdient seinen Namen, denn es liegt mitten im Sassi-Viertel Barisano; wer die authentische Wohnatmosphäre in der Höhlenstadt spüren will, ist hier richtig. Man muss allerdings etwas dafür tun, denn die Hotelanlage ist nur mühsam zu Fuß zu erreichen. Man wohnt in komfortablen, geräumigen und dennoch typischen Gewölbezimmern, DZ 78–88 €, EZ 52 € inkl. Frühstück. Via San Giovanni Vecchio 89, ℡ 0835/331009, unbedingt rechtzeitig reservieren.

* Roma (3), Via Roma 62, einfaches kleines Hotel im 1. Stock eines Wohnhauses, preisgünstigste Unterkunft in der Neustadt, Zimmer mit und ohne eigenes Bad, DZ 36 €, EZ 23 €, ℡ 0835/333912.

● *Jugendherberge* **Sassi Hostel (6)**, im Sassi-Viertel Barisano, das Ostello wird von der Rezeption des Sassi-Hotels verwaltet, ganzjährig geöffnet, Einlasszeiten 7–11 Uhr und 15.30–24 Uhr, man wohnt in geräumigen Mehrbettzimmern, Übernachtung inkl. Frühstück 19,50 € pro Person, Adresse und ℡ s. oben, Sassi-Hotel.

● *Restaurants* **Trattoria Lucana (2)**, Via Lucana 48, beliebte volkstümliche Trattoria, freundliche Wirtsfamilie, klimatisierte Speiseräume für Nichtraucher und Raucher, ausgezeichnete Hausmannskost, z. B. *Cavatelli alla Lucanella* (Cavatelli-Nudeln mit Gemüse) und *Bocconcini di Matera* (gefüllte Fleischrouladen), Menü ab 15 €, im Sommer täglich geöffnet, ansonsten So Ruhetag, ℡ 0835/336117.

> **Il Terrazzino (5), Tipp!** Am Rand der Barisano-Schlucht, wenige Schritte von der Piazza Vittorio Veneto entfernt, alteingesessenes Ristorante mit Charme, kühler Speiseraum mit hohem Deckengewölbe, schöne Speiseterrasse mit halbem Blick auf die darunter liegenden Sassi, authentische lukanische Landküche, mal die Primo-Spezialität *Fogli d'ulivo con rucola e pomodoro* probieren und als Secondo das schmackhafte Grillfleisch *(Arrosto misto)*, Menü ca. 18 €. Vico San Giuseppe 7, ℡ 0835/332503, Di Ruhetag.

Trattoria del Corso (4), ebenfalls Nähe Piazza Veneto, beliebte Trattoria und Pizzeria, kleines Menu turistico 12 €, großes Menu turistico mit vielen verschiedenen Antipasti 20 €. Via La Vista 12, ℡ 0835/332892, Freitagabend geschlossen.

> **La Cantina di Ciambaril (7), Tipp!** 1999 als erste Sassi-Trattoria eröffnet, lokaltypische Küche, ehrliche Preise, mittags und abends geöffnet, auch Tische im Freien, Via Fiorentini 80, im Sassi-Viertel Barisano.

Sehenswertes in Matera – die Sassi

Die labyrinthische Schluchtenstadt wird von einem keilförmigen Felsvorsprung, auf dem der romanische Dom Materas thront, in zwei getrennte Sassi-Viertel unterteilt: den Sasso Caveoso und den Sasso Barisano.

Eine ausgiebige Besichtigung – mit oder ohne Führung (s. u.) – ist unbedingt lohnenswert, zumal langsam wieder Leben in die Schluchtenstadt einkehrt. Die Treppenwege sind weitgehend gut begehbar, und beim aufmerksamen

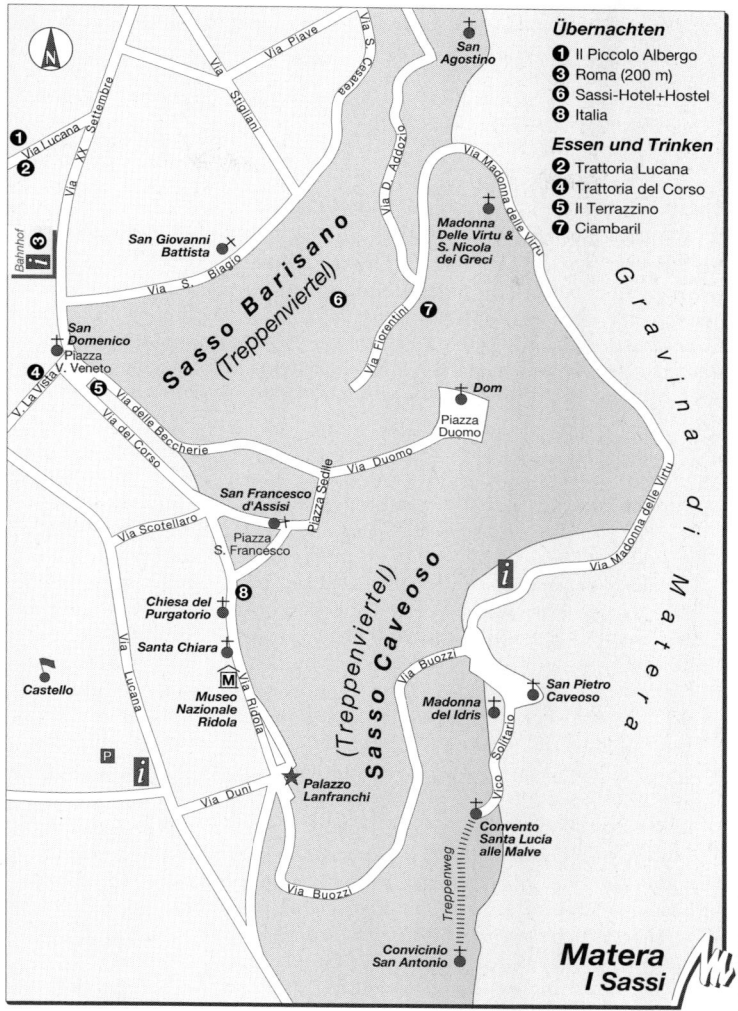

Bummel durch die beiden verzweigten Sassi-Viertel macht man so manche überraschende und interessante Entdeckung. Kunsthandwerker mit ihren Werkstätten beleben die Szenerie, und etliche Sassi-Wohnungen erstrahlen schon wieder in neuem Glanz. Abgesehen von der fortschreitenden Sanierung der Wohnviertel, gehören die zahlreichen Chiese rupestri (Grottenkirchen und -klöster) zu den Hauptattraktionen der Schluchtenstadt.

• *Führungen* Auf den Parkplätzen am Rande der Sassi lauern immer ein paar Jugendliche, die den Touristen eine ausgiebige Führung durch die Höhlenstadt anbieten – darauf sollte man nicht eingehen! Autorisierte und kompetente Führungen (Sassi, Grottenkirchen etc.) veranstalten folgende Agenturen:

Nuovi Amici dei Sassi, Piazza Sedile 20 (Neustadt), ℡ 0835/331011. Halbtägige Führungen auch auf Deutsch, für 1–4 Personen ca. 40 €.
Tour Service, Piazza Vittorio Veneto 42 (Neustadt), ℡ 0835/334633.
Amici del Turista, Piazza San Pietro Caveoso 31 (Sasso Caveoso), ℡ 0835/310113.

Sasso Caveoso (Rundgang auf eigene Faust)

Man begibt sich am besten die Via Buozzi hinunter bis zur **Chiesa San Pietro Caveoso**. Auf halber Strecke befindet sich die Werkstatt Terre del Sole, wo es u. a. eine historische **Sassi-Wohnung** mit typischer Einrichtung zu sehen gibt. An der Kirchenpiazza mit dem herrlichen Panoramablick hat die Cooperativa Amici del Turista ("Führungen", s. oben) ein interessantes kleines **Museum** in einer ehemaligen Höhlenwohnung eingerichtet.

Öffnungszeiten Museum tägl. 10–13.30 Uhr und 15.30–19.30 Uhr, Eintritt ca. 1,50 €.

I Sassi

Der Ursprung der Sassi lässt sich bis in prähistorische Zeiten zurückverfolgen – man fand sogar Siedlungsspuren aus dem 4. Jahrtausend v. Chr. Im frühen Mittelalter, zur Zeit des byzantinischen Bilderstreits waren es vor allem die vom Balkan und aus Kleinasien geflohenen Basilianermönche, die sich hier niederließen; viele ihrer Chiese rupestri (Grottenkirchen) und Wandfresken sind noch heute erhalten. Später suchten von Piraten bedrohte Küstenbewohner in den tiefen Grotten der Bradano-Schlucht Schutz. Systematisch entstanden die ersten Wohnhöhlen, die mit Leichtigkeit in den weichen Kalkstein gegraben werden konnten. Durch gemauerte Vorbauten und Fensteröffnungen erweiterte man die finsteren Wohnhöhlen später zu etwas bequemeren Behausungen. Langsam wuchs eine verschachtelte Schluchtenstadt heran, die sich aus den beiden **Sassi-Vierteln Barisano** und **Caveoso** zusammensetzte.

Erst im 19. Jh. wurden die Höhlenbehausungen zunehmend in richtige, oberirdische Häuser umgestaltet. Doch die Wohnverhältnisse in den Sassi blieben weitgehend erbärmlich. **Carlo Levi** beschrieb sie in seinem 1945 veröffentlichten Roman "Christus kam nur bis Eboli" eindrücklich. Denn die gemauerten Fronten der Sassi-Wohnungen täuschen, dahinter liegen oft nur notdürftig eingerichtete, muffige Felslöcher mit feuchten Wänden. Bis zu sieben Menschen hausten bisweilen in einem Raum – wenn sie Bauern waren, oft zusammen mit dem Vieh. Es gab kein Wasser, keinen Strom, Malaria und Ruhr waren allgegenwärtig.

In den 50er Jahren des 20. Jh. lebten noch fast 20.000 Menschen in den Sassi-Vierteln Barisano und Caveoso. Die Zustände wurden immer unhaltbarer und galten als nationale Schande. In groß angelegten Aktionen begannen die Behörden, die Sassi-Bewohner auszuquartieren und in tristen Mietskasernen unterzubringen. Trotzdem kehrten einige Familien immer wieder trotzig in die vertraute Höhlenstadt zurück, wo seit Generationen ein ausgeprägtes Gemeinschaftsgefühl geherrscht hatte. Noch in den 70er Jahren schickten die Behörden regelmäßig Carabinieri in die Sassi, um die letzten Bewohner gewaltsam umzusiedeln – zurück blieb eine verlassene Ruinenstadt.

Grandios und gespenstisch – so wirkte die Szenerie in den folgenden Jahrzehnten: Tür- und Fensterlöcher gähnten in unverputzten Ruinen, kaum ein Mensch war zu sehen. Eine unbeschreibbare Stimmung lag über der Geisterstadt. Es herrschte völlige Ruhe, nur der Wind pfiff durch die Schlucht, und aus den armseligen Löchern ließ die Phantasie in Lumpen gehüllte Leprakranke auftauchen. Für **Pier Paolo Pasolinis** Film "Das erste Evangelium – Matthäus" (1964), der hier gedreht wurde, hätte man keine suggestivere Kulisse wählen können.

1980 ereignete sich in der Basilikata ein schweres **Erdbeben**, das auch in den verlassenen Sassi-Vierteln großen Schaden anrichtete.

Mittlerweile haben die verantwortlichen Materaner den kulturellen und damit nicht zuletzt den erheblichen touristischen Wert der Sassi erkannt. Vehement bemüht man sich jetzt, den Verfall des wichtigsten Kulturerbes der Basilikata zu stoppen. Einen bedeutenden Schritt dabei stellte die Aufnahme der Sassi in die Liste des **UNESCO-Weltkulturerbes (1993)** dar. Damit verpflichtete sich Italien, dem Schutz des lange vernachlässigten Kulturguts Vorrang einzuräumen.

Revitalizzazione: Die Wiederbelebung der Schluchtenstadt mit Hilfe modernster Restaurierungstechniken hat bereits deutlich sichtbar begonnen. Die Pflastergassen, Treppen und Kanalisationsgräben der Sassi-Viertel werden gegenwärtig erneuert, und in einigen Wohnungen ist schon wieder Leben eingekehrt. Vor allem jüngere Leute – zumeist Akademiker und Künstler – sind es, die die baufälligen Behausungen mit Subventionen und eigenen Mitteln in moderne und komfortable Wohnungen und Ateliers umwandeln. Stärker als die ehemaligen Sassi-Bewohner spürt die jüngere Generation die Anziehungskraft der romantischen Schluchtenstadt. Während die Wiederbelebung langsam und kontrolliert voranschreitet, bleiben die alten Materaner, die ihre Kindheit in den primitiven Höhlenwohnungen verbracht haben, im Hintergrund. Sie wollen auch unter den veränderten Bedingungen nicht wieder hinunter in die Bradano-Schlucht, aus der sie einst gewaltsam vertrieben wurden. Aber oben in der Neustadt beobachten sie in den Abendstunden von der Piazza Vittorio Veneto, wie unten im alten Matera die Lichter wieder angehen. Vielleicht denkt dann doch so mancher an früher und zitiert wehmütig den italienischen Humanisten **Leandro Alberti**: "Jede der unten lebenden Familien setzt eine Kerze vor das Haus, so dass diejenigen, die oben leben, den Eindruck haben, unter ihren Füßen einen von Sternen übersäten Himmel zu sehen."

Provinz Tarent (Taranto)
Karte S. 290

Durch den Torbogen neben der Kirche erreicht man nach wenigen Schritten den **Convento Santa Lucia alle Malve**, eines von mehreren byzantinischen Höhlenklöstern. Der dreischiffige Raum der Klosterkirche ist tief in den Fels gemeißelt, angedeutete Bögen und Säulen grenzen die Schiffe voneinander ab. Ausgesprochen prächtig sind die gut erhaltenen Wandmalereien und Statuen aus dem 12.–17. Jh.

Kurz danach trifft man auf das **Museo della Civiltà Contadina**: Dieses Museum widmet sich dem bäuerlichen Alltagsleben in den Sassi und zeigt die gebräuchlichen Einrichtungsgegenstände und Gerätschaften. Zu sehen ist auch ein ehemaliger Weinkeller; im oberen Raum erkennt man große Wannen, in denen die Weintrauben mit den Füßen ausgepresst wurden, der Saft lief dann über Auslaufrinnen in die seitlichen Steinbecken des unteren Raums. *Öffnungszeiten* tägl. 10–13.30 und 15.30–19.30 Uhr, Eintritt ca. 1,50 €.

Der sich anschließende **Convicinio di Sant'Antonio** ist das größte der Höhlenklöster, ein ursprünglich aus vier Kirchen bestehender Komplex mit weitverzweigten Räumen und Durchlässen. Zu den erhaltenen Freskenfragmenten gehört auch eine Darstellung des Hl. Antonius (15. Jh.) sowie eine Landschaftsdarstellung.

Ebenfalls mitten im Caveoso-Viertel befindet sich die **Chiesa Madonna de Idris**, in der die Kapelle **San Giovanni in Monterrone** sehenswert ist.

Sasso Barisano (Erweiterung des Rundgangs)

Dieses Viertel kann von mehreren Punkten der Neustadt, vor und hinter der Piazza Vittorio Veneto bzw. von der Dom-Piazza aus, betreten werden. Außerdem führt die Via Madonna delle Virtù von der Chiesa San Pietro Caveoso um den Domfelsen herum ins Barisano-Viertel. Unterwegs verdienen zwei Höhlenkirchen besondere Aufmerksamkeit: die **Chiesa Madonna delle Virtù** (10. Jh., im 17. Jh. verändert) besitzt farbenprächtige Fresken, ebenso die benachbarte **Chiesa San Nicola dei Greci**.

In der anschließenden Via Fiorentini (Nr. 82) hat der sympathische Eustachio Rizzi seine **Kalksteinwerkstatt** eingerichtet, wo er in dreijähriger Arbeit die gesamte Sassi-Stadt in Miniatur nachgebaut hat – und zwar so, wie die Schluchtenstadt in den 50er Jahren ausgesehen hat, als sie noch weitgehend bewohnt war. Signore Rizzi hat mit dieser monumentalen und zugleich detailgenauen Herkulesarbeit eine eigene Kindheitserinnerung in Kalkstein verewigt – unbedingt sehenswert.

Von der Via Fiorentini/Via d'Addozio führen dann mehrere Treppenwege hinauf ins Neustadtzentrum.

Sehenswertes in Matera – das Neustadtzentrum

Piazza Vittorio Veneto: weitläufiger Hauptplatz der Neustadt, wo sich allabendlich jung und alt zur *Passeggiata* einfinden, dem großen mediterranen Auf und Ab. An dieser modernen Brunnenpiazza stehen das Rathaus und die **Kirche San Domenico** (13. Jh.) mit dem schlichten Portal und der reliefverzierten Rosette.

Unterhalb der Piazza sind die Säulengewölbe einer ehemaligen Höhlenkirche sowie andere frühchristliche Kulträume (sog. Ipogei) freigelegt worden, ebenso ein antiker Brunnen. Im Umkreis der Piazza befinden sich die wichtigsten Kirchen der Stadt:

San Giovanni Battista: hübsche Kirche aus dem 13. Jh. mit reich verziertem Portal und gotischen Säulengewölben im Innern.

San Francesco d'Assisi: große Barockkirche mit kunstvoll verschnörkelter Fassade und einem monumentalen Deckenfresko im Mittelschiff.

Dom: Er thront hoch über der Schluchtenstadt auf einem Grat, der die Schlucht Gravina di Matera in ihre zwei Wohnviertel teilt. Erbaut wurde die Kathedrale von 1230–1270 im Stil der apulischen Romanik. Der Vorplatz ist herrlich ruhig und bietet einen schönen Blick auf den Sasso Barisano. Die breite Treppenflucht wird heute immer wieder gerne als Kulisse für Hochzeitsfotos genutzt. Das Innere präsentiert sich überladen barock mit sagenhaft viel Goldüberzug und bunten Fresken neueren Datums. Die Deckenwölbung wird gekonnt vorgetäuscht. Der eigentliche Kirchenschatz ist das byzantinische Fresko der **Madonna della Bruna** – sie ist die Patronin der Stadt. Das stimmungsvolle Patronatsfest findet am 2. Juli statt.

Chiesa del Purgatorio: Vor allem das Portal dieser Fegefeuerkirche (18. Jh.) sollte man sich ansehen, es ist makaber umrahmt mit Totenköpfen und Sensenmännern.

Museo Nazionale Ridola: Dieses archäologische Museum ist im ehemaligen **Kloster Santa Chiara** untergebracht. Es besitzt eine ansprechend präsentierte Sammlung prähistorischer, antiker und mittelalterlicher Funde aus der Region. Vieles stammt aus den Grotten und Höhlen der Umgebung – Waffen, Gerätschaften, Grabbeigaben, Keramik etc.
Öffnungszeiten tägl. 9–19 Uhr, Via Ridola 24, Eintritt ca. 2 €.

Palazzo Lanfranchi: Dieser stattliche Barockpalazzo von 1670 an der Piazzetta Pascoli beherbergt eine umfangreiche **Pinakothek** mit Gemälden aus der neapolitanischen Schule des 17. und 18. Jh. Hier befindet sich auch das **Centro Carlo Levi** mit Bildern des Schriftstellers und Malers.
Öffnungszeiten Mo–Fr 9–13 Uhr, Di–Do auch 16–18.30 Uhr, Eintritt frei.

Castello Tramontano: Allgegenwärtig thront das Kastell mit den drei Rundtürmen auf einem Neustadthügel. Dieser Festungsbau aus dem 16. Jh. blieb unvollendet.

Belvedere: Aussichtspunkt mit einer faszinierenden Gesamtansicht von Matera. Der Belvedere liegt auf der anderen Seite der Bradano-Schlucht und ist nur mit dem Auto über die nordöstliche Stadtausfahrt zu erreichen. An der S 7 nach Tarent dem Wegweiser "Madonna delle Virgini" folgen. Die Straße führt an einem gewaltigen Kalksteinbruch vorbei, an den nordöstlichen Rand der Bradano-Schlucht. An mehreren Stellen ergeben sich fotogene Blicke auf Matera. Diese Seite der Schlucht ist mit zahllosen Grotteneingängen gespickt, in denen sich die meisten der insgesamt 155 Chiese rupestri (Grottenkirchen) Materas befinden.

Provinz Tarent (Taranto)
Karte S. 290

Küste westlich von Tarent

Die Sohle des Stiefels südwestlich von Tarent ist trotz der Nähe der städtischen Schwerindustrie zwar relativ sauber, touristisch jedoch nur punktuell entwickelt und landschaftlich nichts Überwältigendes. Die Küste ist durchwegs flach mit kilometerlangen monotonen, bis zu 100 m breiten Sandstränden; dahinter erstrecken sich Wacholderdünen und Pinetawälder. Die wenigen Badeorte liegen ein ganzes Stück vom Meer entfernt und platzen vor allem an den Wochenenden schier aus allen Nähten.

▶ **Castellaneta Marina** ist das größte Ferienzentrum an diesem Abschnitt, eine weitläufige Ferienhaussiedlung mit zahlreichen Strandbädern, Bars und Ristoranti am endlosen Strand – im August die reine Hölle.

▶ **Villaggio Il Valentino,** das neue Feriendorf im Hinterland von Castellaneta Marina, soll ebenfalls nicht unerwähnt bleiben. Auf 1.500 ha ist hier eine moderne Ferienanlage mit einigen hundert Apartments, Sportanlagen, einem Stadion, Restaurants, Supermarkt, Beautyfarm etc. entstanden. Auf einem Kanalsystem werden die Gäste mit kleinen Booten zum 5 km langen Privatstrand befördert.

● *Übernachten/Essen & Trinken* **** Il Valentino** (✆ 099/8432601), ganzjährig geöffnet, HP ab 88 € pro Person.

**** **Camping Internazionale** (✆ 099/8277153), in **Marina di Ginosa**, gepflegter Zeltplatz mitten im schattigen Pinetawald, 2 Personen, Zelt und Auto ab 14 €.

La Barchetta, Ristorante und Pizzeria, in **Castellaneta Marina**, fast am Ende des Lungomare. Das sympathischste Strandrestaurant in diesem gesichtslosen Badeort.

Metaponthion und Metaponto (Region Basilikata)

Die griechische Kolonie wurde gegen Ende des 8. Jh. v. Chr. von Achäern, die vom Peloponnes ausgewandert waren, gegründet. Metaponthion entwickelte sich schnell zu einem bedeutenden Zentrum Großgriechenlands (Magna Graecia).

Der berühmte Mathematiker und Philosoph **Pythagoras** lebte hier nach seiner Verbannung aus Kroton zusammen mit den Anhängern seiner religiös-politischen Lehre. Pythagoras starb um 480 v. Chr. in Metaponthion. Ihre größte Ausdehnung erreichte die Griechenstadt im 4. Jh. v. Chr., als ihr Hafen der Athener Flotte als Stützpunkt diente. Anfang des 3. Jh. geriet Metaponthion unter römischen Einfluss und hieß **Metapontum**. Gegen Ende des 2. Jh. v. Chr. verfiel die Stadt aus ungeklärten Gründen. 1826 entdeckte man durch Zufall die Ruinen des Apollotempels, und seit 1965 finden systematische Grabungen auf dem Gebiet zwischen den Mündungen der Flüsse Bradano und Basento statt. Das weitläufige archäologische Gelände besteht aus drei verschiedenen Grabungsfeldern, die mehrere Kilometer voneinander entfernt liegen: Tavole Palatine, Nekropole Crucinia und Zona archeologica della città. Seit 1991 gibt es auch ein didaktisch vorbildliches Museum, das sich im heutigen **Metaponto** befindet.

Säulen der Tavole Palatine

▶ **Tavole Palatine (Heratempel)**: Wer mit dem Auto auf der Küstenstraße S 106 von Tarent anreist und die Augen offen hält, sieht landeinwärts kurz hinter der Regionalgrenze 15 markante Säulen aufragen. Bei diesen Säulen handelt es sich um die monumentalen Überreste des dorischen Tempels von Metaponthion, der sich außerhalb der Mauern der antiken Stadt befand. Der Tempel, der ursprünglich 32 Säulen besaß und überdacht war, stammt aus dem 6. Jh. v. Chr. und war der Göttin Hera geweiht. Tavole Palatine wird diese eindrucksvolle Tempelruine seltsamerweise in Erinnerung an die Karolinger genannt, die hier im 8. Jh. gegen die Sarazenen kämpften.

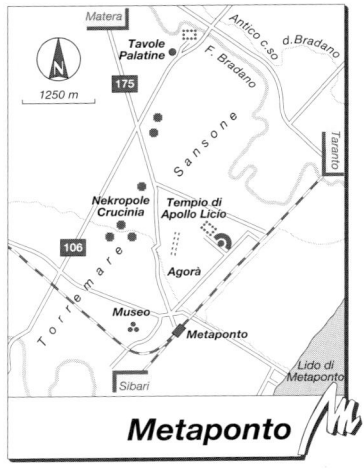

Öffnungszeiten Das archäologische Gelände, das direkt an der S 106 liegt, ist täglich von 9–19 Uhr frei zugänglich.

▶ **Nekropole Crucinia**: Ungefähr 1 km weiter, direkt an der Straße (S 175) nach Metaponto, liegt dann ein kleines Gräberfeld mit offenen Kammergräbern. Die Nekropole ist ebenfalls frei zugänglich.

▶ **Metaponto**: moderne Siedlung mit tristen Wohnblocks. Ein paar hundert Meter außerhalb der Ortschaft, die einzig wegen des Museums von Interesse ist, befindet sich der Bahnhof (Verbindungen nach Tarent). Landeinwärts, zur Schluchtenstadt Matera, bestehen Busverbindungen ab Bahnhofsvorplatz.

▶ **Museo Archeologico Nazionale di Metaponto**: Hier sind sehr interessante Grabungsfunde aus Metaponthion/Metapontum sowie aus anderen archäologischen Gebieten der Basilikata (Pisticci und Policoro) zu sehen. Wer das Nationalmuseum in Tarent besucht hat, erlebt hier hinsichtlich der antiken Kunstschätze zwar keine Steigerung mehr, dennoch ist dieses didaktisch vorbildliche Museum unbedingt sehenswert. Außerdem veranschaulichen vergrößerte Luftaufnahmen und übersichtliche Schautafeln die einstige Größe der Griechenstadt.

Öffnungszeiten tägl. 9–19 Uhr, Eintritt ca. 3 €.

▶ **Zona archeologica della città**: Die eigentlichen Ruinen und Grundmauern der Griechenstadt befinden sich ca. 2 km von Metaponto entfernt und sind an der Zufahrtsstraße zum Lido mit "Zona archeologica" beschildert. Im Zentrum des fußballfeldgroßen Ausgrabungsgeländes erkennt man die **Agora** (Marktplatz) mit dem benachbarten **Tempelbezirk**. Die markantesten Gebäudefragmente bezeichnen die Stelle, an der der Apollotempel (6. Jh. v. Chr.) stand. Dieser so genannte **Santuario di Apollo Licio** wurde ebenso wie der oben erwähnte Heratempel Tavole Palatine von 32 hohen Säulen gebildet. Neben weiteren spärlichen Tempelresten erkennt man noch die Sitzreihen eines Theaters.

Öffnungszeiten Die Zona archeologica ist täglich von 9–19 Uhr frei zugänglich.

▶ **Lido di Metaponto**: vom Bahnhof ca. 2 km Fußweg zur Strandsiedlung. Den Wanderer erwartet ein langer und breiter **Sandstrand**. Vor lauter Sonnenschirmen sieht man im Hochsommer jedoch den Sand nicht mehr. Uferpineta und Eukalyptuswälder spenden in den großen Campingplätzen ausreichend Schatten. Gebührenpflichtige Parkplätze warten nicht vergebens auf Kundschaft. – Manch einer ist froh, wieder raus aus dem Trubel zu sein!

Übernachten **Camping Magna Grecia** (✆ 0835/543488) und **Camping California** (✆ 0835/741842); zwei riesige, gut ausgestattete Strandplätze.

Küste östlich von Tarent

Der Küstenstreifen östlich von Tarent bietet stellenweise eklatante Beispiele süditalienischer Küstenurbanisierung, sprich Zersiedlung. Auf einer Strecke von fast 50 km, von Tarent bis zur Grenze der Provinz Lecce, sind zahlreiche wild gewachsene, hässliche Feriensiedlungen in Schwarzbauweise (das ist in Italien ein offenes Geheimnis) entstanden. Außerdem nimmt die Küstenstraße manchmal einen derart unregelmäßigen und überraschenden Verlauf, dass man sich fragt, welche Motive die Straßenbauer hier wohl verfolgten: Über lange Strecken führt die Asphaltpiste so dicht am Ufer entlang, dass der Sandstrand regelrecht geteilt wird – so können die Ragazzi aus Taranto beim Baden wenigstens das Autoradio hören.

Ab Tarent erstreckt sich anfangs eine flache, schroffe Felsküste mit kleinen Sandbuchten, dann folgen längere Strände. Abgesehen von einigen Hotels und Campingplätzen gibt es hier keine befriedigende touristische Infrastruktur. Zu den ganz wenigen angenehmen Überraschungen dieses insgesamt leider suspekten Küstenstreifens gehört der schöne **California Beach** in **Marina di Pulsano**. Einladender wird das Ufer des Ionischen Meers erst wieder in der Provinz Lecce ("Salento-Küste nördlich von Gallipoli", S. 382).

●*Camping* ***** Santomaj** (✆ 099/5332275), Höhe Leporano, gut ausgestatteter Küstenplatz, 2 Personen, Zelt und Auto ab 12,50 €, auch Bungalowvermietung.

** Aurora (✆ 099/9728105), in San Pietro in Bevagna, ordentlicher kleiner Zeltplatz an der Küste, schattig, 2 Personen, Zelt und Auto ca. 15 €, auch Bungalows.

Manduria

ca. 30.000 Einwohner

Verblühte Landmetropole in der welligen Karstlandschaft der Murge Tarantine. Die Altstadt ist nahezu vollständig aus gelbem Kalkstein gebaut und herrlich verwittert. In allen Richtungen erstreckt sich Bauernland, wo vorwiegend Wein angebaut wird – wo aber auch die edelsten Wildkräuter, beispielsweise Safran, gedeihen.

Schwitzend blickte ein deutscher Reisender des späten 19. Jh. aus seiner Kutsche auf die menschenleeren Straßen der Stadt und bemerkte: "wenn die Hitze in Manduria schon in der Mitte des Monats Mai so gewaltig ist, wie furchtbar muss sie erst im Juli und August wirken". Auch heutzutage ist die

Provinz Tarent (Taranto)

Karte S. 290

Messapische Stadtmauer und Kammergräber

Stadt in der sommerlichen Mittagshitze absolut menschenleer und macht einen fast unfreundlichen Eindruck.

Davon sollte man sich jedoch nicht abschrecken lassen, denn die messapische Megalithmauer und das angrenzende Kammergräberfeld gehören zu den beeindruckendsten Überresten, die es im südapulischen Siedlungsraum der **Messapier** zu entdecken gibt. Wen noch vor ein paar Jahren ein gezieltes geschichtliches Interesse hierher führte, der fand die frühgeschichtlichen Siedlungsspuren in einem unwürdigen Zustand vor. – Doch es hat sich was getan in Manduria: Ein **archäologischer Park** ist entstanden, der die alte Stadtmauer und die offenen Kammergräber der Nekropole schützt, ebenso das messapische Quellheiligtum Mandurias, von dem schon der römische Historiker **Plinius** berichtet (deshalb trägt es auch den Namen Fonte Pliniano). Das kleine **archäologische Museum** Oltre le Mura liefert einen weiteren Grund für eine ausgiebige Stippvisite in Manduria.

Last but not least der städtische Dom San Gregorio Magno und der Feudalpalast der Familie Imperiali sind imposante **Monumentalbauten** aus den glorreichen Tagen der Stadtgeschichte. Und das **jüdische Altstadtviertel** befindet sich in einem bewundernswert guten Erhaltungszustand.

● *Anfahrt & Verbindungen* **Auto**, Manduria ist über die gut ausgebaute Landstraße Tarent–Lecce schnell zu erreichen.
Bahn: von Tarent mit der **FS** nach Francavilla Fontana, dort auf die **Ferrovia del Sud-Est** umsteigen. Der Bahnhof von Manduria liegt relativ günstig am nördlichen Stadtrand.

● *Übernachten/Essen & Trinken* Seitdem das einfache Stadthotel **Marinelli** seine Pforten schloss, befindet sich die örtliche Hotellerie auf dem Tiefpunkt. Einen empfehlenswerten **Agriturismo-Hof** haben wir ca. 10 km südöstlich bei Avetrana entdeckt (s. u.).
Osteria dei Mercanti, volkstümliche Altstadt-Osteria, Nähe Palazzo Imperiali, drei

kleine Speiseräume, lokaltypische Landküche (Cucina tipica casereccia), hausgemachte Pasta, abends auch Pizza, Menü ca. 15 €. Via Lacaita 7, ℰ 099/9713673, Mo Ruhetag.

> **Primitivo di Manduria Doc** heißt der weit über die Landesgrenzen hinaus bekannte Wein der Gegend. Ein Glas dieses rustikalen Roten sollten passionierte Weintrinker hier unbedingt probieren.

● *Agriturismo in der Umgebung* **Castello di Modunato**, Azienda agrituristica für Selbstversorger in der Nähe von **Avetrana** an der Landstraße nach Salice Salentino, ca. 3,5 km von Avetrana entfernt. Zwischen Olivenfeldern und Steinbrüchen verbirgt sich diese *Masseria fortificata* (befestigter Gutshof) mit dem restaurierten mittelalterlichen Turm und den massiven Schutzmauern. Das gepflegte kleine Anwesen wird von einem sympathischen deutsch-italienischen Ehepaar geführt. Im Bioanbau werden Wein, Öl und Gemüse produziert. Man wohnt in den beiden antik eingerichteten Turmapartments (Schlafraum, Wohnraum, Küche und Bad) bzw. im etwas kleineren Gartenapartment. Nur für Selbstversorger, da kein Restaurant vorhanden! Die Familie Mannarini von Braun ist sehr bemüht, den Gästen Tipps und Anregungen für ihren Aufenthalt zu geben und Ausflüge zu organisieren. Das obere Turmapartment kostet 600 € pro Woche (max. 5 Pers.), das untere Turmapartment 520 € (max. 4 Pers.) und das Gartenapartment 350 € (max. 3 Pers.). In der NS sind auch Aufenthalte ab 3 Tagen möglich. Reservierung unter ℰ und ✆ 099/ 9704076.

Sehenswertes in Manduria

An der zentralen **Piazza Garibaldi** steht der einst prunkvolle **Feudalpalast Imperiali** (18. Jh.). Heute beherbergt dieser etwas vernachlässigte Palazzo in der unteren Etage eine Bankfiliale.

Der **Dom San Gregorio Magno**, ein ursprünglich romanischer Kirchenbau, steht mitten im Gassengewirr der Altstadt. Ein Löwenportal ziert die Fassade, im Innern beeindrucken das Renaissancetaufbecken und die Kanzel.

Gegenüber vom Dom führen mehrere Torbögen ins ehemalige **jüdische Ghetto**: ein winziges, in sich geschlossenes Altstadtviertel, zu dem einst auch eine kleine Synagoge gehörte. Die engen Gassen und gut erhaltenen Häuser sind liebevoll geschmückt und begrünt.

Parco Archeologico delle Mura Messapiche: Am nördlichen Stadtrand, nahe der einsam aufragenden Kapuzinerkirche, sind die monumentalen Überreste der dreifachen messapischen **Megalithmauer** sowie unzählige **Kammergräber** aus dem 4. bis 2. Jh. vor Chr. zu besichtigen. Das jüngst angelegte Freigelände hat beeindruckende Ausmaße und gehört mit über 150.000 qm zu den größten archäologischen Parks ganz Italiens. Hier befindet sich auch das messapische Quellheiligtum **Fonte Pliniano**, die so genannte Pliniusquelle, von der es heißt, sie würde nie versiegen. Und tatsächlich plätschert die Quelle noch heute auf dem Grund einer natürlichen Bodenhöhle, deren oberirdische Brunnenummauerung zusammen mit dem herauswachsenden Mandelbaum zum Wahrzeichen der Stadt avanciert ist. – Mal auf das alte Steinrelief am Eingang des Parks achten, auf dem das Wahrzeichen Mandurias zu sehen ist.

Eine weitere Attraktion ist die kleine Kirche **San Pietro Mandurino** (10.–12. Jh.), die über einer Grottenkirche (Chiesa rupestre) aus dem 8. Jh. entstanden ist. Die spärlichen Freskenfragmente sind sehr unterschiedlichen Alters und bei weitem nicht so gut erhalten wie diejenigen in den Grottenkirchen Massafras (S. 311).

Öffnungszeiten Parco archeologico April–Okt. tägl. (außer Mo) 8–20 Uhr und Nov.– März tägl. (außer Mo) 8–16.30 Uhr, Eintritt 5,50 €.

Mostra Archeologica Oltre le Mura: Die wichtigsten Fundstücke aus der messapischen Nekropole von Manduria sind in den Räumlichkeiten der früheren Chiesa Santo Spirito untergebracht (im Zentrum gut beschildert). Unter den Exponaten befinden sich einzigartige messapische Helme und die seltenen **Trozzelle**, dabei handelt es sich um aufwendig bemalte Tonkrüge mit kunstvoll gearbeiteten Griffen.

Öffnungszeiten tägl. (außer Mo) 9–13 Uhr und 16–19.30 Uhr, Eintritt frei.

Nachdem der besagte deutsche Reisende des späten 19. Jh. mit einem dürftigen Mittagsmahl abgefertigt worden war und sich aus der Stadt verabschiedete, geschah Folgendes:

"Als wir Manduria verließen, um die Reise nach Tarent fortzusetzen, und kaum ins Freie gelangt waren, hielt unser Fuhrwerk an, und ein großer, starkbeleibter Bürger des Orts pflanzte sich ohne Umstände neben den Kutscher hin. Wir bedeuteten dem ungebetenen Gaste wieder abzusteigen, und, wenn er nun einmal der Fahrgelegenheit sich bedienen wolle, nachzusehen, ob er hinterwärts einen Platz sich einrichten könne. Der Eindringling protestierte mit einer Entschiedenheit, als sei er der wahre Inhaber des Wagens, und da wir auf unserm Willen bestanden, entfernte er sich ungehalten, aber doch mit guter Art. Als wir hierauf von unserm Fuhrmann Aufklärung über diesen Vorfall verlangten, antwortete er uns: 'Dieser Mann ist ein wohlhabender Bürger Mandurias; er hat nach Tarent mitfahren wollen, woran ich ihn nicht hindern durfte; denn wisset, meine Herren, er ist ein Haupt der Camorra!' Also breitet auch in diesem stillen Halbinsellande jene furchtbare Genossenschaft des Betrugs und der Erpressung ihr unzerreißbares Gewebe aus."

Aus: Ferdinand Gregorovius, Wanderjahre in Italien ("Bücher", S. 97.)

Eine Szene, die wohl nur hinsichtlich des fahrbaren Untersatzes Geschichte ist. Heute heißt die apulische Mafia **Nuova Sacra Corona Unità** und hat Hochkonjunktur ("Geschichte/Apulien heute", S. 45).

Gallipoli – alt und neu

Provinz Lecce (Salento)

Der Stiefelabsatz – das Land zwischen zwei Meeren. Dieses Randgebiet der Republik wird auch als Terra d'Otranto oder schlicht als Salento bezeichnet. Südöstlicher kann man Italien nicht haben. Bei schönem Wetter lässt sich mit viel Phantasie die albanisch-griechische Küste erkennen.

Die **Provinzhauptstadt Lecce**, eine reiche und geschäftige Metropole, sauber und leistungsfähig, passt eher in den Norden Italiens als in den als chaotisch geltenden Mezzogiorno. In diesem "Florenz des Südens" prunkt der Barock mit einer ganz besonderen regionalen Prägung. Faszinierend ist vor allem die Anlage des Domplatzes. Auch die Kirche des städtischen Friedhofs, Santissimi Niccolò e Cataldo, gehört zu den kunstgeschichtlichen Höhepunkten der Provinz.

Die wichtigsten und zugleich völlig gegensätzlichen Küstenstädte des Salento heißen Otranto und Gallipoli: Schneewittchen und Aschenputtel – aber Geschmackssache! **Otranto**, ein Lichtblick an der adriatischen Küste. Die herausgeputzte Hafenstadt ist die touristische Drehscheibe der Gegend, ein teures Pflaster und Treffpunkt der Lecceser Schickeria. **Gallipoli** hingegen ist eine schwimmende Festung an der ionischen Küste mit viel lebendiger Fischeratmosphäre. Aufgrund der geschützten Insellage widersetzt sich die Altstadt jeglicher Veränderung und bleibt zeitlos wie ihre Bewohner.

Landschaftlich besitzt die Terra d'Otranto zwei Gesichter: Nordwestlich von Lecce erstreckt sich eine fruchtbare Ebene, der so genannte **Tavoliere di Lecce**, der sich bis weit in die Provinz Brindisi ausdehnt. Eine durchweg flache Gegend, die sich landwirtschaftlich fast vollständig dem Weinbau verschrieben hat und mit gut erhaltenen Masserie übersät ist. Den kunstgeschichtlichen Höhepunkt dieser Gegend bildet das Kloster Santa Maria di Cerrate bei Squinzano.

Südlich von Lecce liegt der karstige Salento-Rücken der **Murge Salentine**, der auf maximal 200 m ansteigt und dessen Faszination nicht zuletzt in der von Menschenhand geformten Steinlandschaft liegt, in der es überall üppig grünt: steinige Felder, mit steinernen *Caselle* (Schutzhütten) gespickt, von *Muretti* (Steinmauern) umgeben. Uralte Olivenhaine, niedrige Weinstöcke, Ficodindia (mexikanische Kakteen), Feigen- und Mandelbäume, das sind die Feldfrüchte dieses karstigen Bodens. Und frühgeschichtliche Steinmonumente – *Dolmen* und *Specchie* (Steinhügel) bezeugen eine jahrtausendealte menschliche Besiedlung.

Die salentinische Masseria

Inmitten der weiten Felder stehen die charakteristischen salentinischen Gutshöfe, die Masserie. Sie sind die architektonischen Blickfänge dieser Agrarlandschaft. Die wuchtigen Anwesen stammen aus dem 17., 18. und auch 19. Jh. Ihre prächtigen Fassaden im teils orientalisch anmutenden Stil verbergen sich oftmals hinter hohen Pinien, Zypressen und Palmen. Mit ihren massiven Mauern und schießschartendurchlöcherten Wehrtürmen wirken sie bisweilen wie kleine Festungen. Die Konzeption der Gutshöfe war damals tatsächlich auf Verteidigung angelegt. Früher mussten die Großgrundbesitzer ihre Ernte und ihr Leben vor Piraten schützen, und später, in den Jahren des Brigantentums, zogen landlose Bauern und verarmte Städter plündernd durch die Gegend. Viele salentinische Masserie sind heute vorbildlich restaurierte und modernisierte Gutshöfe, die noch immer voll im Dienst der Landwirtschaft stehen. Den wenigen verfallenen Höfen sieht man den einstigen Prunk noch an den Ruinen an. Einige Gutshöfe haben im Zuge der salentinischen Tourismuserwartung erfolgreich auf Agriturismo umgestellt.

Die Terra d'Otranto wird von zwei Meeren umspült – dem Adriatischen Meer und dem Ionischen Meer, die im Laufe der Zeit zwei sehr unterschiedliche Küstenverläufe geformt haben. Die schönsten und badetauglichsten Abschnitte bieten jeweils die Küsten um die Städte Otranto und Gallipoli.

Am **Adriatischen Meer**, zwischen Sant'Andrea und Porto Badisco verläuft einer der saubersten Küstenabschnitte Italiens. Er hat 2002 sogar die begehrte Auszeichnung *Cinque Vele* erhalten. Und auf der Höhe der beiden Alimini-Seen, befinden sich die einladenden Sandstrände streckenweise noch im Naturzustand, von schattigen Pinetawäldern gesäumt und fast ohne die sonst üblichen Bagni (Strandbäder). Weiter nördlich dann die lebhafteren Küstenorte Torre dell'Orso und San Foca mit schönen Stränden und

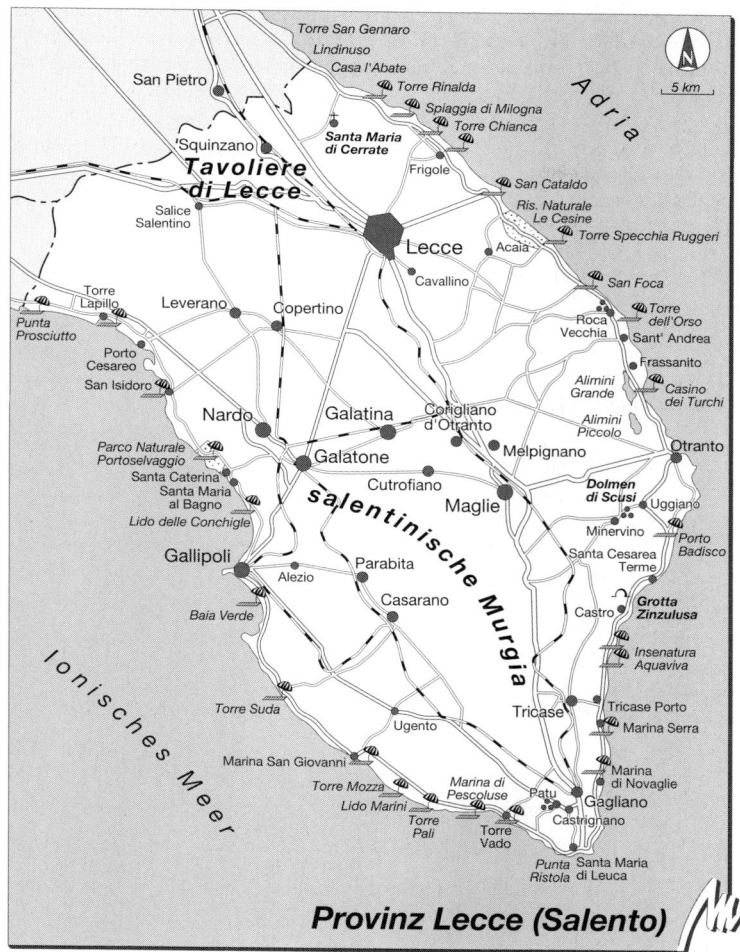

Provinz Lecce (Salento)

ausgelassenem Nachtleben in der Hochsaison. Südlich von Otranto zerklüftet die felsige Uferzone und bildet zahlreiche fjordähnliche Einschnitte. Porto Badisco zählt zu den idyllischsten Flecken an diesem Küstenabschnitt. Weiter südlich, zwischen Santa Cesarea Terme und Tricase Porto warten dann bizarre Felsengebilde und geheimnisvolle Küstengrotten.

Auf der anderen Seite, am **Ionischen Meer** bei Gallipoli, lockt die breite, sanft geschwungene Sandbucht Baia Verde Surfer und andere Wasserratten an. Und weiter nördlich bis zur Verwaltungsgrenze mit der Provinz Tarent findet man abgelegene Badebuchten und hübsche Küstenorte.

Santa Maria di Leuca ist das italienische Land's End: Hier kann man nur noch die flache Hand an die Stirn drücken und mit zusammengekniffenen Augen aufs offene Meer starren – oder sich der Weltendestimmung hingeben.

Wenn der feuchtheiße und sandige Scirocco die Salento-Küste aufwirbelt, sollte man sich ins Hinterland, in die salentinische Murgia zurückziehen. Dieser karstige Landstrich ist mit zahlreichen Kleinststädten und Dörfern übersät, einige davon offenbaren sich als lohnende Ziele. In Nardo, Maglie, Copertino, Galatina und Patu stehen sehenswerte Sakral-, Militär- und Profanbauten.

Die Provinz Lecce auf einen Blick

- **Schöne Orte**: Lecce (S. 332) – Barockmetropole; Gallipoli (S. 372) – trutzige Altstadtinsel mit viel Fischerromantik und zahlreichen Kirchen; Otranto (S. 353) – makelloser Altstadtkern und kunsthistorisches Kleinod; Santa Cesarea Terme (S. 362) – schickes Thermalbad mit Kurhotel und Liberty-Palästen.

- **Landschaftliche Höhepunkte**: die zerklüftete Felsküste zwischen Otranto und Santa Maria di Leuca (S. 361) – Fjorde und Küstengrotten; Le Cesine (S. 349) – kleines Küstennaturschutzgebiet mit Dünenstrand; Portoselvaggio (S. 383) – unberührte Felsküste mit dichtem Pinetawald.

- **Kunst und Kultur**: Lecce (S. 332), Nardo (S. 386) – Barock satt; Otranto (S. 357) – größte romanische Kathedrale Apuliens und byzantinische Kreuzkuppelkirche; Santa Maria di Cerrate (S. 344) – freskenverzierte Abteikirche und Volkskundemuseum; Casarano (S. 381) – byzantinische Kuppelmosaiken aus dem 5. Jh.

- **Baden**: helle Dünenstrände nördlich von Otranto (S. 346); Baia Verde (S. 371) – große sichelförmige Sandbucht südlich von Gallipoli; niedrige Felsküste mit Badebuchten südlich von Otranto (S. 361).

- **Kurios**: Santa Maria di Leuca (S. 367) – das Ende der Welt; Gallipoli (S. 378) – skurriles Gemeindemuseum; Patu (S. 369) – merkwürdiges Heiligtum; Dolmen di Scusi (S. 360) – prähistorische Grabkammer.

- **Eher abzuraten**: ionischer Küstenstreifen nördlich von Santa Maria di Leuca (S. 370); San Cataldo (S. 348) – Hausstrand von Lecce.

Reisepraktisches zur Provinz Lecce

Anfahrt & Verbindungen

●*Auto* Schnellstraße S 613 zwischen **Brindisi** und Lecce. Gut ausgebaute Landstraße S 7 zwischen **Tarent** und Lecce. Schnellstraße S 16 von Lecce nach Maglie, von dort durchs Landesinnere nach **Santa Maria di Leuca** über die S 275.

Die gesamte salentinische Murgia durchzieht ein **dichtes Straßennetz** – stellenweise jedoch mit unzulänglicher Ausschilderung und streckenweise schadhaftem Fahrbahnbelag! Die **Küstenstraße** befindet sich hingegen in einem tadellosen Zustand und steigert sich im Südosten sogar zu einer wahren **Panoramaroute**.

●*Bahn* **FS-Schnellverbindungen** mit mehreren IC-Zügen am Tag: Bari–Brindisi–Lecce, Tarent–Brindisi–Lecce. **Alternative**: von Bari oder Tarent mit der Ferrovia del Sud-Est nach Martina Franca, von dort mehrmals täglich in ca. 1,5 Std. nach Lecce.

Die **Ferrovia del Sud-Est** bedient den gesamten Salento mit den Hauptverbindungen Lecce–Maglie–Otranto, Lecce–Maglie–Gagliano, Lecce–Zollino–Nardo–Gallipoli, außerdem sind mehrere Querverbindungen möglich.

●*Bus* regelmäßige Verbindungen innerhalb des Salento und weiter durch **Servizio**

Autolinee Lecce; einige der wichtigsten Strecken (mindestens 2x täglich): Lecce–Manduria–Tarent, Lecce–Nardo, Gallipoli–Galatone–Lecce, Leuca–Casarano–Gallipoli, Lecce–San Foca–Otranto, Otranto–Maglie–Galatina–Lecce.

Übernachten

• *Hotels* In der Provinzhauptstadt Lecce und vor allem in den attraktiven Küstenstädten (Otranto, Gallipoli, Porto Cesareo etc.) ist es ratsam, in der HS rechtzeitig zu reservieren. Im Küstenhinterland – wie in den anderen Provinzen – generell sehr kleine Hotelauswahl.

• *Agriturismo* Oberhalb der beiden Alimini-Seen befindet sich ein regelrechtes Agriturismo-Zentrum, bestehend aus einer komfortablen Bungalowanlage sowie mehreren bescheidenen Bauernhöfen (auch **Zelten** möglich). Empfehlenswerte Agriturismo-Einrichtungen haben wir auch in der näheren Umgebung von Gallipoli und Otranto entdeckt.

• *Camping* Plätze gibt es rund um die Salento-Halbinsel. Viele schließen jedoch bereits Mitte September.

Essen & Trinken/Spezialitäten

Die salentinische Küche bietet zahlreiche Fisch-, Fleisch-, Gemüse- und Teigspezialitäten, dazu ausgezeichnete Weiß-, Rot- und Roséweine. Groß ist auch die Auswahl an Süßspeisen.

• *Suppen und Eintöpfe* In Lecce wird die **Minestra di fave e carciofi** serviert, eine leckere Gemüsesuppe. Die Hauptzutaten sind Saubohnen und Artischocken, kleine Zwiebeln und Sellerie verfeinern den Geschmack.

Die **Zuppa di pesce alla gallipolina**, ein Fischeintopf, der in Gallipoli auf den Tisch kommt, schlägt alle Geschmacksrekorde. Das Rezept hat griechische Wurzeln; mit frischem Fisch und Meeresfrüchten wird nicht gegeizt, ein bisschen Essig gehört auch dazu.

Der deftig-strenge Hammelfleischeintopf **Minestrone di castrato** wird mit verschiedenen Gemüsen (Zucchini, Tomaten, Kartoffeln, Sellerie und Zwiebeln) zubereitet.

• *Fisch und Meeresfrüchte* **Scapece** sind kleine panierte und frittierte Fische, die mit Safran gewürzt und dann in Essig eingelegt werden; sie fehlen auf keiner Küsten-Kirmes.

Die **Cozze** (Miesmuscheln) werden gekocht und anschließend mit Olivenöl, Zitrone, Petersilie und grob geriebenem Pfeffer zubereitet. Ein Zuchtgebiet mit besonders großen und leckeren Miesmuscheln befindet sich in San Isidoro.

• *Nudel-, Fleisch- und Wurstspezialitäten* Köstlich sind die dünnen **Vermicelli mit Baccalà** (Stockfisch); ein beliebter Primo auch im Küstenhinterland.

Hausgemachte, gedrehte Bandnudeln heißen zungenbrecherisch **Sagne ncannulate** und werden vorwiegend mit kräftiger Tomatensoße serviert.

Zu den Spezialitäten des Festlands gehören **Ciceri e tria**, ein Tagliatelle-Primo im Kichererbsensud mit in Öl gerösteten Crostini.

Hinter dem Zungenbrecher **Annulieddu a lu Furnu** verbirgt sich ein im Ofen gebackenes Lammfleischgericht mit Kartoffelstücken, trockenem Brot, Knoblauch und Olivenöl.

Gnemeriidde sind Innereien von Lamm, Ziege oder Hammel, zumeist mit Schinken, Schafkäse und Kräutern verfeinert und in den Naturdarm gepresst. Die Gnemeriidde-Würste werden entweder gebraten, gekocht oder im Ofen gebacken.

• *Beilagen* **Melanzanata di Sant'Oronzo** heißen überbackene Auberginenscheiben mit Tomatensoße, Zwiebeln, Basilikum und geriebenem Schafkäse.

Typische Gemüse-Contorni sind **Rape affogate**, ein gedämpftes, brokkoliähnliches Gemüse, und **Fiore di cucuzza fritti**, frittierte Zucchiniblüten.

• *Brot* Pane wird im Salento auf viele besondere Arten hergestellt.

Eine Soße aus Olivenöl, Zwiebeln und Tomaten wird im maisgelben Brotteig mitgebacken – zu diesem **Pane Puddicascu** (Gemüsebrot) passt Weißwein.

Die **Pucce** sind kleine Brote mit eingebackenen schwarzen Oliven.

Das salentinische **Pita-Fladenbrot** erinnert an Griechenland.

● *Käse* Aus Schaf-, Ziegen- und Kuhmilch werden zahlreiche Weich- und Hartkäsespezialitäten hergestellt: Burrata, Mozzarella, Ricotta, Provola und Scamorza.

● *Desserts und Gebäck* **Mustaccioli** sind lebkuchenähnliche Plätzchen.
Quittenbrot heißt **Cotognata**. **Fichi secchi con le mandorle** (getrocknete und mit Mandeln gefüllte Feigen) ist eine Nachspeise, wie sie einheimischer nicht sein könnte.
Taralli sind Hartgebäckkringel mit einem leichten Pfeffer- und Fenchelgeschmack.

● *Wein* Der Salento gibt mehreren Bian-

co-, Rosso- und Rosatoweinen seinen Namen; darunter einigen der feinsten Weine Apuliens.
Die dunkle **Malvasia-Nera-Traube** herrscht im Salento vor und wird meist zusammen mit der **Negroamaro-Traube** zu Rot- und Roséweinen verarbeitet. Zur roten Spitzenklasse gehört der **Salice Salentino DOC**, der Rosato aus der gleichen Gegend besitzt ebenfalls Format.
Die **Malvasia-Bianca-Traube** erbringt im Salento meist zusammen mit anderen Sorten trocken-fruchtige Weißweine.

Lecce

ca. 100.000 Einwohner

Lecce ist die wohlhabendste Stadt Apuliens. dafür sorgt eine gesunde Mischung aus Industrie, Dienstleistung und Landwirtschaft. Das Pro-Kopf-Einkommen kann sich mit dem der oberitalienischen Städte durchaus messen. Überhaupt erinnert Lecce viel mehr an den Norden Italiens als an den Mezzogiorno. Mit dem Lecceser Barock des 17. und 18. Jh., einer einzigartigen Variante dieses Stils, avancierte Lecce neben Neapel zur Barockmetropole des Südens.

Lecce war vor über 125 Jahren für Ferdinand Gregorovius noch das Ende der Welt. Heute merkt man überall, dass diese quirlige Provinzhauptstadt den Anschluss an die Moderne keineswegs verpasst hat.

Die antike griechische Geschichtsschreibung erwähnt Lecce nur beiläufig. Nach der Zerstörung Trojas soll es von Auswanderern besetzt worden sein, aber eine bedeutende Griechenkolonie entwickelte sich nicht. Aus der römischen Blütezeit des damaligen **Lupiae** gibt es schon Konkreteres zu berichten: Die beiden **römischen Theater** in der Altstadt sind die monumentalsten Relikte aus der Antike.

Geschichtsträchtiges hat auch die nähere Umgebung zu bieten: Südlich der Stadt, bei **Cavallino**, wurde eine rein messapische Siedlung ausgegraben (S. 343), und westlich von Lecce entdeckte man die Überreste von **Rudiae**, einer messapisch-römischen Stadt. Im Nordosten, im heutigen Badeort San Cataldo, ließen die römischen Kaiser einen der wichtigsten Orienthäfen entstehen, der noch im 15. Jh. seine Zwecke erfüllte. Die meisten Fundstücke aus der messapischen und römischen Zeit sind im **Museo Provinciale** zu besichtigen.

Von den Befestigungen des normannischen Lecce hat nur ein viereckiger Turm die Jahrhunderte heil überstanden. Die Festung der Spanier aus dem 16. Jh. ist hingegen vollständig erhalten geblieben.

Überall in der gepflegten Altstadt strahlt der goldgelbe Kalkarenit, und die einzigartige Barockarchitektur des 17. und 18. Jh. ("Lecceser Barock", S. 41) prägt das Stadtbild. Zu den bekanntesten Baumeistern des lokalen Stils zählen *Gabriele Riccardi, Francesco Antonio Zimbalo, Guiseppe Zimbalo* (genannt *Zingarello,* der Zigeuner) sowie *Guiseppe Cino* und *Mauro Manieri* in der Spätphase. Die Auftraggeber dieser schöpferischen Architekten waren sowohl die kirchlichen als auch die aristokratischen Machthaber der Zeit. Zahlreiche Platzanlagen, Klöster, Kirchen und Adelspaläste entstanden oder wurden in dieser aktivsten Bauphase der Stadt barockisiert. Das Baumaterial **Pietra Leccese** gab der Stadt ihre unverwechselbare Farbe. Goldgelb, reichverziert und stilistisch geschlossen zeigt sich die Altstadt von Barock-Lecce noch heute.

Der Stein, aus dem barocke Träume sind

Im Kerngebiet des Salento gibt es gewaltige **Kalkarenitvorkommen**, die seit Jahrhunderten abgebaut werden. Noch heute wird in den alten Steinbrüchen gearbeitet. **Pietra Leccese**, der weiche honiggelbe Stein, wird in großen Quadern direkt aus dem Boden gesägt. Die frischen Steinquader erreichen schon nach einer kurzen Trockenphase ihre baufähige Härte. Der feinkörnige Naturstein, der sich sogar drechseln lässt, war vom 16. bis 18. Jh. bei den örtlichen Bildhauern und Architekten geschätzt. Das ausreichende Vorkommen, die bequeme Bearbeitung und die intensive Farbe machten ihn zum bevorzugten Baumaterial des Lecceser Barock.

Die Entstehung der eigenwilligen lokalen Barockformen, deren Hauptmerkmal die flächendeckende, aber proportionierte plastische Dekoration ist, liegt im Baumaterial selbst begründet. Ein Stein, der sich so leicht bearbeiten lässt und erst nach der Bearbeitung vollständig aushärtet, begünstigt natürlich eine verschwenderische Verwendung und animiert zu überschwänglicher plastischer Ausschmückung.

Insgesamt erwartet den Besucher ein großartiges Ensemble von unterschiedlichsten Baudenkmälern, darunter gut 30 Kirchen und zahllose Adelspaläste. Angesichts der Fülle an Sehenswürdigkeiten vermittelt ein kurzer Tagesbesuch lediglich einen oberflächlichen Eindruck.

Information/Anfahrt & Verbindungen

• *Information* **Ufficio informazioni**, in der Altstadt, Via Vittorio Emanuele 24, ☎ 0832/248092. Sachkundiges Personal, Stadtpläne und manchmal auch deutschsprachige Prospekte. Kurzfristige **Gepäckaufbewahrung** möglich! Wer sich länger in Lecce aufhält, sollte sich das Monatsheft "Il Balocco" geben lassen; ein buntes Faltblatt mit aktuellen Veranstaltungstipps und vielen nützlichen Hinweisen. Werktags 9–13 Uhr und 17.30–19.30 Uhr, Sa nur vormittags, So geschlossen.

• *Auto* s. "Provinz Lecce/Anfahrt", S. 330. An der Ringstraße um die Altstadt relativ gute **Parkmöglichkeiten**; ansonsten die Piazza Tito Schipa hinter dem Castello anpeilen – der bewachte Parkplatz kostet dort ca. 0,50 € pro Std.

• *Bahn* Endbahnhof der **FS-Hauptlinie** Foggia–Bari–Brindisi–Lecce. Den Salento versorgt flächendeckend die **Ferrovia del Sud-Est**; Hauptverbindungen über Maglie nach Otranto und über Nardo nach Gallipoli. **Fahrplanauskünfte** auch im Informationsbüro.
Der Bahnhof befindet sich südlich der Altstadt, am Ende der Viale Oronzo Quarta, die in die Altstadt führt.

• *Bus* regelmäßiger **Linienverkehr** im gesamten Salento-Gebiet; Fahrplanauskünfte auch im Informationsbüro.

Provinz Lecce (Salento) Karte S. 329

Busbahnhof der **Autolinee Sud-Est** am FS-Bahnhof (Viale Oronzo Quarta). Busbahnhof der **Transporti di Terra D'Otranto** in

der Via Adua (Nähe Porta Napoli).
Stadtbus Nr. 1, Bahnhof–Altstadt (am Castello aussteigen).

Übernachten

• *Hotels* ***** **Patria (3)**, neu eröffnetes Luxushotel in der Altstadt, herrschaftlicher Palazzo storico, die allererste Adresse für gehobene Ansprüche, einige Zimmer mit Blick auf die Fassade der Basilika di Santa Croce, vornehmes Restaurant, DZ 215 €, EZ 160 €. Piazzetta Riccardi 13, ℰ 0832/245111.

**** **Delle Palme (18)**, Via Leuca 90, ca. 3 km südöstlich der Altstadt, modernes, gut geführtes Hotel in einem bürgerlichen Wohngebiet; gemütliche, mittelgroße Zimmer mit französischem Bett, Parkplatz, Restaurant, DZ 88–103 €, EZ 60–70 €, ℰ 0832/347171.

*** **Grand Hotel (17)**, Viale Oronzo Quarta 28, Bahnhofsnähe, älterer Stadtpalazzo, außen mit verwittertem Charme, innen mittlerweile etwas abgewohnt, deshalb immer vorher einen Blick in die Zimmer werfen, Ristorante vorhanden, DZ 76–84 €, ohne Bad 49–54 €, EZ 41–48 €, ohne Bad 32–34 €, ℰ 0832/309405.

*** **Risorgimento (10)**, Via Imperatore Augusto 19, Nähe Piazza Sant'Oronzo, stilvolle Altstadtherberge im historischen Palazzo Guarini (16. Jh.), z. T. antikes Mobiliar. Wegen Vollrestaurierung voraussichtlich bis 2004 geschlossen, eröffnet vermutlich als 4- oder 5-Sterne-Hotel wieder!

** **Cappello (16)**, Via Montegrappa 4, Bahnhofsnähe, ordentlicher mittelgroßer Hotelbetrieb, preisgünstig, ohne Restaurant, DZ 43 €, EZ 27 €, ℰ 0832/308881.

Dolce Casa (1), Affittacamere, also Bed & Breakfast auf Italienisch, Viale Marche 15, nordwestliche Stadtausfahrt, unweit der Porta Napoli. Wer es familiär mag, sollte diese kleine **Privatunterkunft** ausprobieren, DZ 47–52 € EZ 26–41 € inkl. Frühstück, ℰ 0832/231724 (Andreina Goffredo).

• *Camping* *** **Torre Rinalda (19)**, ca. 15 km nördlich, in Torre Rinalda, großer, gut ausgestatteter Küstenplatz mit Bungalowvermietung; einer der wenigen Plätze, die ganzjährig geöffnet bleiben, 2 Personen, Zelt und Auto 18–33,50 €, ℰ 0832/382161.

Die besten Badeplätze in der Nähe von Lecce finden Sie im Kapitel "Salento-Küste nördlich von Otranto" ab S. 346.

Radwanderer, die im Gebiet zwischen Lecce und Ortanto unterwegs sind, sollten sich im Infobüro die Begleitbroschüre zum neu angelegten Radwegenetz (**Percorso Cicloturistico**) holen.

Essen & Trinken/Nachtleben

Eine Snackspezialität der Lecceser Backstuben ist der **Cappello del gendarme**, eine gefüllte Blätterteigtasche in der Form eines Zweispitzes. Diese "Offiziersmütze" ist prall gefüllt mit frittierten Zucchini- und Auberginenscheiben, einem kleinen Kalbsschnitzel, gekochtem Ei in Scheiben und Scamorza-Weichkäse; sie kann kalt oder heiß verzehrt werden. In den Wintermonaten wechselt die Füllung, dann enthält die Blätterteigtasche Gemüse, Schinken und Salami.

• *Restaurants* **Villa Giovanni Camillo della Monica (20)**, Nähe Piazza Mazzini, Via Santissimi Giacomo e Filippo 40, in dieser unscheinbaren Nebenstraße befindet sich der Hofeingang zu einem restaurierten Adelspalazzo aus dem 16.Jh., stilvolles Ambiente, mehrere große Speisesäle, lauschiger Innenhof, gehobene Küche, Menü ab 25 €, ℰ 0832/458432, Di Ruhetag.

Guido e Figli (5), Viale XXV Luglio 14, Nähe Castello, alteingesessene Gastro-Institution; große, helle Räumlichkeiten, mittags Selfservice-Restaurant, abends mit Bedienung, große Speiseauswahl, kleine Preise, ℰ 0832/ 305868, Mo Ruhetag.

Locanda Caffè Rivoli (8), Neueröffnung neben dem Hotel Risorgimento, modern eingerichtetes Ristorante auf zwei Ebenen,

Kirche SS. Niccolo
e Cataldo und Friedhof

N

100 m

Lecce

Übernachten
1 Dolce Casa
3 Patria
10 Risorgimento
16 Cappello
17 Grand Hotel
18 Delle Palme
19 Camp. Torre Rinaldo

Viale Brindisi

Obelisk ★

Porta
Napoli

Via Princ. di Savoia

Viale S. Francesco d'Assisi

Pinacoteca

BUS

Universität

Viale dell'Università

Via G. Palmieri

Palazzo dei
Celestini

Stadtpark

Via Umberto

Piazza
Mazzini

20

2

4

Gesu

Mostra dell'
Artigianato

6

Santa
Croce

3

5

Viale Cavallotti

Piazza
S. Oronzo

Sant'Irene

Emanuele

9

8
10

Sedile

7

Via Vitt.

Römisches
Amphitheater

11

Santa Maria
delle Grazie

Castello

12

Piazza
Duomo

Porta
Rudiae

13

Via G. Libertini

Santa
Anna

Santa
Teresa

Palazzo
Vescovile

Dom

Römisches
Theater

Santa
Chiara

Viale G. Marconi

Rosario

San Matteo

14

15

Porta
San Biagio

Viale Gallipoli

Viale Francesco Lo Re

Via Otranto

Via di Leuca

Essen und Trinken
4 Carlo V
5 Guido e Figli
8 Rivoli
13 San Carlino
14 Borgo Antico
15 La Capannina
20 Villa Giovanni

Cafés und Treffs
2 Bar Paisiello
6 Orient Express
7 Natale
9 La Cicala
11 Alvino
12 Club Cabiria

Viale Oronzo Quarta

16

17

M

Museo
Provinciale

Piazzale
Stazione

Bahnhof

18

Provinz Lecce (Salento)
Karte S. 329

lokaltypische Küche, eine Primo-Spezialität sind die *Gnocchetti con cozze e fagioli* (kleine Gnocchi mit Miesmuscheln und Bohnen), auch Pizza, Menü ab 15 €. Via Augusto Imperatore 13, ✆ 0832/331678.

San Carlino (13), Tipp! Via Libertini 22, auf halbem Weg zwischen Domplatz und Porta Rudiae; gemütlich eingerichtete Trattoria, ausgezeichnete salentinische Küche, zu den Spezialitäten des Hauses gehören *Caponata* (Gemüsesalat), *Pennette al pesce spada e melanzane* (kleine Penne-Nudeln mit Schwertfisch und Auberginen) und *Lombata alle spezie* (Lendenbraten mit frischen Kräutern), ehrliche Preise, Menü 18–22 € ✆ 0832/331856, Mi Ruhetag.

Borgo Antico (14), Via Brancaccio 16, südöstliche Altstadt, reines Fischrestaurant, mit Spezialitäten aus Gallipoli, köstliche Antipasti, Menü ab 25 €, ✆ 0832/241569.

La Capannina (15), Via Cairoli 13, einfache, hemdsärmelige Trattoria und Pizzeria, über die Via Paladini vom Domplatz aus schnell zu erreichen, große Antipasti- und Pizza-Auswahl, gegrillte Fleisch-Se-

condi, preiswert, Menu turistico ca. 10 €, ✆ 0832/304159, Mo Ruhetag.

Pizzeria Carlo V (4), Piazzetta Falconieri 1, schöne Lage, Tische im Freien, zum Sitzenbleiben geeignet, freundliche Bedienung, Pizza und mehr, Fassbier, Flaschenwein.

● *Cafés/Kneipen/Konditoreien/Eis* **Alvino (11)**, alteingesessene Bar/Pasticceria an der Piazza Sant'Oronzo, neben der Kirche Santa Maria delle Grazie, leckere Snacks, süß und salzig, Sitzgelegenheiten draußen und drinnen, mittags und abends viel Atmosphäre.

Caffetteria La Cicala (9), im Centro Storico, schräg gegenüber der Kirche Sant'Irene, Tische auf der kleinen Piazza, abendlicher Treffpunkt für junge Leute, Cocktails und Bier.

Bar Paisiello (2), Via Palmieri 72, beliebtes Straßencafé, lauschige Terrasse, Snacks, Gelato und Mixgetränke.

Orient Express (6), Via Palmieri 31, Studententreff, Musikkneipe, lange geöffnet.

Club Cabiria (12), Via Libertini 64, Pub für Jung und Mittelalt, mit kleinem Innenhof, ab und zu Live-Musik.

Pasticceria Rudiae, Konditorei am gleichnamigen Altstadttor, große Auswahl an Lecceser Gebäck.

Natale (7), Nähe Oronzo-Platz, bestes Eis in town!

Einkaufen/Feste & Veranstaltungen

● *Märkte* **Lebensmittelmarkt**, Piazza Sant' Oronzo (Mo u. Fr vormittags).

Fiera di San Lazzaro, Ausstellung und Verkauf geflochtener Palmenzweige (1 Woche vor Palmsonntag).

Mostra del Fiore, alljährlicher Blumenmarkt (Mitte Mai).

Sagra del Pane, Brotspezialitätenmarkt (2. Juniwoche).

Die Lecceser Brotsorten gibt es in der **Panetteria Valentina**, Via Petronelli 3, (Domplatznähe). Appetitliche Auslagen, neben Brot auch Pasta, Gebäck und Eingelegtes.

● *Kunsthandwerk* Im Altstadtviertel befinden sich zahlreiche Werkstätten, in denen das traditionelle Kunsthandwerk noch betrieben wird. Die städtische Kunsthandwerkszunft zeigt die Produkte aus *Cartapesta* (Pappmaché), *Pietra Leccese* (Kal-

karenit), Holz, Stoff, Ton etc. in einer ständigen Ausstellung, der **Mostra Permanente dell' Artigianato**, Via Rubichi 21, täglich 9–13 Uhr und 16.30–20 Uhr, Montag vormittags geschlossen; hier erhält man auch das Verzeichnis der einzelnen Werkstätten.

Fiera del Giocattolo e delle Figurine di Cartapesta, traditionelle Kunsthandwerksmesse, Spielzeug und Puppen aus Holz und Pappmaché werden angeboten (Mitte Dezember).

● *Feste & Veranstaltungen* **Fiera di Sant'Irene e della Croce**, religiöses Stadtfest mit Markt (1. Maiwoche).

Lecceser Hauptfest zu Ehren der Schutzheiligen Sant'Oronzo, San Giusto und San Fortunato. Die drei Statuen dieser Heiligen werden andächtig durch die Altstadt getragen; Prozession hoch zu Ross in historischen Kostümen (24.–26. Aug.).

Festival Internazionale di Musica Barocca, Barockmusik im Freien (Mitte Okt.).

Cartapesta – Pappmaché

Die Herstellung von Pappmachéfiguren hat in Lecce eine lange Tradition. – Das Verlangen auch kleiner Leute nach Heiligenfiguren für die privaten Weihnachtskrippen machte künstlerisch begabte Handwerker einst erfinderisch. Da geschnitzte Holzfiguren bzw. Porzellanfiguren zu teuer waren, schufen sie die religiösen Objekte der Begierde aus einfachstem Material und machten sie damit für jedermann erschwinglich. So lautet jedenfalls eine plausible Entstehungstheorie der örtlichen Cartapesta-Kunst.

Das geschmeidige Material lässt sich hinsichtlich der Verarbeitungsfähigkeit in etwa mit Ton vergleichen. Zuerst wird ein Drahtgestell mit einem Strohkern angefertigt, dann die leicht formbare Masse aufgetragen, modelliert, grundiert und letztendlich lebensecht koloriert. Der unverkennbare Lecceser Stil wird vor allem durch das Einbrennen der Farben erreicht.

Ihre Blütezeit hatte die Cartapesta-Kunst im 18. und 19. Jh., damals bildeten Heiligenfiguren für Krippen und Prozessionen den Großteil des Sortiments. Noch heute gibt es zahlreiche Cartapesta-Werkstätten in Lecce, allerdings mit einem wesentlich größeren Angebot an Motiven, wie z. B. phantasievolle Masken ("Einkaufen/Kunsthandwerk", S. 336).

Sehenswertes in Lecce

Drei intakte Stadttore (Porta Rudiae, Porta San Biagio und Porta Napoli) aus verschiedenen Jahrhunderten führen in die Altstadt, in der gut 30 Kirchen und unzählige Barockpaläste geduldig auf eine Besichtigung warten. Die Sehenswürdigkeiten der Altstadt sollte man sich vom pulsierenden Zentrum, der Piazza Sant'Oronzo, aus erschließen.

Sedile: auch **Palazzo del Seggio** genannt; es handelt sich bei diesem pavillonartigen Bau um den einzigen Gebäudetrakt, der vom alten Rathaus, das 1592 erbaut und 1937 größtenteils abgerissen wurde, übrig geblieben ist. Der Sedile steht unverkennbar mitten auf dem San-Oronzo-Platz und beherbergt u. a. wechselnde **Ausstellungen**.

Amphitheater: Das römische Bauwerk – vermutlich am Ende des Augusteischen Zeitalters entstanden – wurde in den 30er Jahren des 20. Jh. zur Hälfte freigelegt und bildet heute das Zentrum des Oronzo-Platzes. In den Sommermonaten finden hier Theateraufführungen und Konzerte statt. Die römische Arena hat einen Durchmesser von 53 x 34 m. Das Theater konnte schätzungsweise 25.000 Zuschauer aufnehmen. Nahezu aller Verzierungen beraubt, wirkt es heute ziemlich kahl.

Gegenüber, auf der noch verschütteten Hälfte des Amphitheaters, steht die vom Barockarchitekten Michele Coluzio 1606 entworfene **Kirche Santa Maria delle Grazie**: barocke Fassade, schlichtes Inneres, imposante Holzdecke.

Römisches Theater: Ein weiteres römisches Theater, ebenfalls aus Augusteischer Zeit, befindet sich ganz in der Nähe, in der Via Arte della Cartapesta.

Provinz Lecce (Salento) Karte S. 329

Es ist wesentlich kleiner als das Amphitheater, fasste etwa 5.000 Zuschauer und wurde 1929 teilweise freigelegt. Sitzreihen und Bühne sind gut zu erkennen.

Sant'Oronzo – der Schutzpatron von Lecce

Die Lecceser brachten dem Hl. Oronzo zu allen Zeiten eine nahezu göttliche Verehrung entgegen; denn ihm verdanken sie schließlich, dass mehrere Pestepidemien, die ganz Apulien heimsuchten, an Lecce vorbeizogen. Der Hl. Oronzo – so berichtet eine Legende – war im Februar 1799 drauf und dran, die Stadt zu verlassen. Die Heiligenstatue (damals so wie heute auf der Via-Appia-Säule thronend) hatte plötzlich ihre gewohnte Haltung samt Gesichtsausdruck verändert: Ein Bein deutete einen Schritt an, und der Blick war sichtbar zornig. Die verängstigten Bürger erschienen zahlreich auf dem Platz, um sich von dieser Verwandlung zu überzeugen. In ihrer kollektiven Aufregung glaubten tatsächlich alle, eine Fluchtbewegung der Statue zu erkennen. In Wirklichkeit handelte es sich jedoch um ein politisch motiviertes Gerücht, das der Stadtadel und die Kirchenvertreter aus gutem Grund in Umlauf gebracht hatten. Denn aus der Residenz in Neapel war die Nachricht über den Sieg der jakobinischen Revolution und die Flucht des Bourbonenkönigs Ferdinand durchgedrungen. In Lecce und in den anderen Städten des Königreichs war daraufhin eine große revolutionäre Freude ausgebrochen. Die Menschen hatten Freiheitsbäume errichtet und feierten in Erwartung der Republik – was dem Adel und den Priestern natürlich missfiel. So verbreiteten die Oberen das Gerücht über den durch die Unruhen verärgerten Oronzo, worauf das Lecceser Volk prompt hereinfiel. Eingeschüchtert rissen die Bürger den gerade errichteten Freiheitsbaum nieder und trugen eine andere Oronzo-Statue (die im Dom aufbewahrt wurde) ehrfürchtig auf den Platz, woraufhin – zur großen Freude aller – die Monumentalstatue auf der Säule wieder ihre gewohnte Haltung einnahm.

Säule des Heiligen Oronzo: Auf einer geschichtsträchtigen Marmorsäule mit großartigem korinthischen Kapitell steht das monumentale Ebenbild des Stadtheiligen. Es handelt sich dabei um eine der beiden Säulen, die das Ende der Via Appia in Brindisi markierten. Sie gelangte im Jahr 1666 als Geschenk nach Lecce, wo sie der Barockarchitekt Guiseppe Zimbalo auf Geheiß der Bürgerschaft aufstellte. Oben thront die in Venedig gegossene Statue des Hl. Oronzo.

Kirche Sant'Irene: An der Via Vittorio Emanuele (Verbindungsstraße zwischen Piazza Sant'Oronzo und Domplatz) liegt diese Kirche des Theatinerordens aus dem frühen 17. Jh., dreischiffig und mit Holzdecke. Sehenswert sind vor allem die Barockaltäre Lecceser Machart, von *Francesco Antonio Zimbalo* persönlich angefertigt. Die anmutige Irenenstatue über dem Portal schuf sein Kollege *Mauro Manieri*.

Piazza Sant'Oronzo mit Sedile und Amphitheater

Piazza Duomo: eine geschlossene, rundum bebaute Platzanlage mit schmalem Eingang, der links und rechts von trichterförmig angelegten Propyläen (Torbauten) flankiert wird. Der weiträumige Platz besteht aus einem großen und einem kleinen Hof. Der Dom Santa Maria dell'Assunta kann von beiden Höfen aus betreten werden. Gegenüber dem Dom befindet sich der Bischofspalast Palazzo Vescovile, daneben der so genannte Palazzo del Seminario. Der Domplatz ist ein beliebter abendlicher Treffpunkt der Städter und ein häufig genutzter Veranstaltungsort – und ganz abgesehen davon, eine der gelungensten Platzanlagen barocker Stadtplanung.

Dom Santa Maria dell'Assunta: Grundsteinlegung war 1114, und Mitte des 17. Jh. wurde der Bau von *Guiseppe Zimbalo* in seine heutige Barockform gebracht. Die zweistöckige Vorderfront mit Giebel zeigt auf den kleinen Hof. Das prachtvolle Seitenportal ist ebenfalls über zwei Geschosse angelegt und wird optisch von einer Balustrade zweigeteilt. Der hohe Aufbau des Portals mit den freistehenden Figuren erreicht fast die Abschlusshöhe des Giebels an der Vorderfront. Die dreischiffige Basilika ist verschwenderisch mit einem Hauptaltar und zwölf Nebenaltären ausgestattet. Die bemalte Kassettendecke ist ein wahrer Blickfang. Die Krypta stammt aus dem frühen 16. Jh.

Palazzo Vescovile: Der angrenzende Bischofspalast mit den beiden rechtwinklig zusammenlaufenden Loggien wurde Anfang des 15. Jh. in nur 8-jähriger Bauzeit errichtet, später natürlich im Lecceser Barockfieber verändert. Prominentester weltlicher Gast im Palazzo war der Bourbonenkönig Ferdinand IV.

Santa Croce und Palazzo dei Celestini

Palazzo del Seminario: Das Gebäude des Priesterseminars, dessen Hauptfassade auf den großen Hof der Piazza zeigt, ist ein Erweiterungsbau aus dem frühen 18. Jh. und wurde von *Guiseppe Cino* konzipiert. Den Mittelpunkt des Säulenhofs bildet ein wunderschöner **Barockbrunnen** – wegen seiner üppigen Verzierungen ein beliebtes Fotomotiv.

Campanile: Der fünfgeschossige, 68 m hohe Glockenturm ist ebenfalls ein Werk von *Guiseppe Zimbalo*.

Basilika di Santa Croce und angrenzender **Cölestinerkonvent:** in der Via Umberto I. Die dreischiffige Basilika des Cölestinerordens wurde von *Gabriele Riccardi,* dem Vater des Lecceser Barock, entworfen. Er legte 1549 den Grundstein, seine namhaften Epigonen vollendeten sein Werk. Die Bauzeit betrug fast 150 Jahre. Der geometrische Grundriss der Fassade wird vor allem im oberen Bereich von überquellenden Schmuckelementen überlagert, aus denen das Rosettenfenster wie ein Zyklopenauge starrt. In der Anordnung des zweigeschossigen Mittelschiffs mit den hochstrebenden Säulenarkaden erkennen einige Kunsthistoriker Ähnlichkeiten mit den apulisch-romanischen Kathedralen. Bemerkenswert ist insbesondere der dem Hl. Francesco da Paola gewidmete Altar, links vom Kreuzpunkt. Die zwölf Bildergeschichten der Altarwand, von *Francesco Antonio Zimbalo* selbst in Pietra Leccese gearbeitet, erzählen aus dem Leben des Heiligen.

Das benachbarte Konventsgebäude **Palazzo dei Celestini** – heute Sitz der Stadtverwaltung – besticht durch eine zweistöckige Rustikafassade, die von prunkvoll verzierten Fensterrahmungen und einer markanten Säulenanordnung gegliedert wird.

Olivenfeld im Salento (MM) ▲

Santa Maria di Leuca, Hafenbucht (MM) ▲▲
Castro Marina (EPT) ▲

▲ ▲   Santa Cesarea Terme, Prachtvilla (MM)
▲   In Otranto gesehen (MM)

Lecce, Amphitheater (MM) ▲

Kloster Santa Maria di Cerrate (MM) ▲▲

Insenatura Aquaviva (MM) ▲

▲▲ Gallipoli (EPT)

▲ Santa Cesarea Terme (EPT)

▲ Anglergeschäft in Gallipoli (MM)

Castello: Die teilrestaurierte Festung betritt man von der der Altstadt zugewandten Seite. Das turmlose Kastell wurde von *Giangiacomo dell'Acaia* zwischen 1539 und 1548 auf den Trümmern normannischer und angiovinischer Vorgängerbauten errichtet. Im Zuge der Castello-Erneuerung unter den Spaniern wurden auch die angrenzenden Stadtmauern verstärkt. Die Gefahr durch das Osmanische Reich war somit vorläufig gebannt. Die Bürgerschaft errichtete Kaiser Karl V. aus Dankbarkeit einen Triumphbogen, die **Porta Napoli**. Dieses 20 m hohe Stadttor mit den korinthischen Säulen und dem kriegerischen Wappen Karls ist ein günstiger Altstadtausgang hinüber zum Stadtfriedhof.

Im Castello befindet sich der so genannte **Schlosspalast**, ein herrschaftlicher Gebäudetrakt im Renaissancestil, der für wechselnde Ausstellungen zur Verfügung steht.

Öffnungszeiten tägl. 9–13 Uhr und 17–21 Uhr, Eintritt frei.

Friedhofskirche Santi Niccolò e Cataldo

Stadtfriedhof und Friedhofskirche Santi Niccolò e Cataldo: Von der Porta Napoli, vorbei am Obelisken (1822 aufgestellt), führt eine Zypressenallee zum Friedhof. Das Friedhofsgelände ist eine Oase der Ruhe und bietet eine willkommene Erholung von Autolärm und Stadtgetümmel. Auf dem Friedhof kann man kapellengroße Grabstätten sowie bescheidene Armengräber bewundern. Aber die eigentliche Attraktion ist natürlich die Friedhofskirche Santi Niccolò e Cataldo, der älteste und eindrucksvollste unter den Lecceser Sakralbauten.

Das Gotteshaus aus der Normannenzeit wird Kunstenthusiasten garantiert in Erstaunen versetzen. Der normannische König Tankred von Lecce, ließ

Provinz Lecce (Salento) Karte S. 329

die Kirche 1180 errichten. Die romanische Fassade büßte im 18. Jh. ihre Stilreinheit ein. Sie wurde – allerdings mit viel Rücksichtnahme – von *G. Cino* barockisiert. Gerade die zurückhaltende barocke Überblendung der Fassade macht heute die Faszination der Kirche aus. Die vollplastischen Figuren und die feinen Schmuckelemente sind meisterhaft gearbeitet. Fast verdeckt die dezente Barockfassade mit dem romanischen Portal die orientalische Zentralkuppel. Die Fresken im Chorraum stammen aus dem frühen 16. Jh.

Der gepflasterte Kirchenvorplatz lädt zum Verweilen ein. Und anschließend den restaurierten Kreuzgang mit dem spätbarocken Brunnen nicht vergessen! *Öffnungszeiten* **Friedhof**, tägl. 7–12 Uhr, nachmittags Okt.–Feb. 15–17 Uhr, März–Mai, Sept. 16–18 Uhr, Juni–Aug. 17–19 Uhr. Die **Friedhofskirche** kann leider nur nach der sonntäglichen Frühmesse (8–9 Uhr) betreten werden.

Weitere Altstadt-Kirchen: Chiesa del Gesù, sehenswert ist vor allem die bemalte Decke sowie der riesige Altar mit Säulen und Skulpturen. **Chiesa di Santa Chiara**, reich verzierte Fassade an der Piazza Vittorio Emanuele, im Inneren mehrere Altäre. **Chiesa di San Matteo**, ungewöhnliche Fassade, in der unteren Hälfte konvex, darüber konkav. Gleich hinter der Porta Rudiae rechts die **Chiesa del Rosario** mit schöner Fassade, das letzte Werk von *Guiseppe Zimbalo*. Entlang der Via Libertini geht es vorbei an der kleinen **Chiesa Sant'Anna** und der unvollendeten **Chiesa di Santa Teresa**.

Altstadtpaläste: Weitere Höhepunkte des städtischen Baubooms vom 17. bis zum 18. Jh. bieten die zahlreichen Adels- und Bürgerhäuser – zumeist im Lecceser Barock, vereinzelt auch mit Renaissance- bzw. Rokokofassaden. Besonders typisch für die Stadtpalazzi sind die Ecksäulen mit den darüber angebrachten Familienwappen sowie die verzierten Konsolbalkone. Zwei interessante Beispiele mit prächtigen Fassaden befinden sich an der Piazzetta der Via Palmieri (Verbindung zwischen Domplatz und Porta Napoli) – es handelt sich um die **Palazzi Palmieri** und **Marrese**.

Museo Provinciale Sigismondo Castromediano: Das älteste archäologische Museum Apuliens wurde bereits 1868 eröffnet und trägt den Namen eines adligen Lokalpatrioten und Archäologen, dessen Privatsammlung auch den Grundstock des Hauses bildete (Eingang Viale Gallipoli 28, am Altstadtrand). Es beherbergt im Wesentlichen die messapisch-römischen Grabungsfunde aus dem Stadtgebiet und den stadtnahen Siedlungen von Cavallino und Rudiae: griechische und apulische Vasen, Säulenfragmente, Torsi von Statuen, Bronzegegenstände, messapische Helme, Grabschmuck u. v. m.

Außerdem besitzt das Museum eine sehenswerte Gemäldesammlung sowie einen beträchtlichen Bestand an historischen Kostümen. Ein Highlight ist die vollständige Ikonostase der griechisch-orthodoxen Kirche San Nicola dei Greci. *Öffnungszeiten* Mo–Fr 8.30–13.30 und 14–19 Uhr, So nur 9–13.30 Uhr, Sa geschlossen; Eintritt frei.

Piazza Mazzini: von der Altstadt aus zu Fuß über die Via Trinchese schnell zu erreichen. Eine quadratische, baumbestandene Platzanlage mit modernen Zweckbauten, in denen Banken und Versicherungen Quartier bezogen haben. Architektonisch hat Lecce den Anschluss an die Neuzeit also keineswegs verpasst. Ein Straßencafé unter Betonarkaden lädt zum Verweilen ein.

Pinacoteca d'Arte Francescana: Dieses Museum des Convento Sant'Antonio dei Frati Minori in der Via Imperatore Adriano 79 (Nähe Piazza Mazzini) beherbergt eine interessante Sammlung von über 200 Kunstwerken, die aus verschiedenen salentinischen Klöstern stammen, vorwiegend Gemälde des 16.–18. Jh. Hinzugekommen sind in jüngster Zeit einige Werke der Gegenwartskunst sowie Objekte aus Ton und Pappmaché.
Öffnungszeiten So 10–13 Uhr, Eintritt frei.

Lecce/Umgebung

Cantiere scuola di Archeologia di Cavallino: Auf dem Ausgrabungsgelände der messapischen Siedlung von Cavallino, die erst 1978 entdeckt worden ist, sind mittlerweile erste Grabungsergebnisse zugänglich gemacht worden. Das insgesamt 6 ha große Siedlungsgebiet war einst vollständig von einer Stadtmauer mit mehreren Stadttoren umgeben. Interessant ist hier vor allem, dass es sich um eine rein messapische Stadt handelt, die im Zuge der Hellenisierung Apuliens zerstört und nie wieder aufgebaut worden ist. Es gibt zwar außer den unspektakulären Fundamenten des ehemaligen Stadtkerns noch nicht viel zu sehen, aber für Interessierte durchaus eine weitere Gelegenheit, die Siedlungsspuren der südlichen Ur-Apulier in Augenschein zu nehmen.
Anfahrt/Öffnungszeiten mit dem Auto die S 16 von Lecce in Richtung Maglie, nach ca. 3 km Abzweig Cavallino. Gleich am Ortseingang Hinweise zum Freigelände beachten. Unregelmäßige Öffnungszeiten, aber in der Regel ist vormittags jemand da, der Zutritt gewährt. Eintritt frei.

Der Tavoliere di Lecce

Nordwestlich von Lecce dehnt sich der fruchtbare Tavoliere di Lecce aus – die kleinere Ausgabe des Tavoliere di Foggia. In dieser Ebene gedeiht neben Tabak und Weizen vor allem der Salento-Wein.

Wer aus der Terra di Brindisi in die Terra d'Otranto vorstoßen und dabei den Tavoliere hautnah erleben möchte, sollte die pfeilgerade S 605 (Ostuni–Salice Salentino) nehmen. Im Hochsommer ist die Landschaft nahezu menschenleer, und die glühende Sonne steht über einer endlosen Weite. Felder und Plantagen mit überwiegend niedrigen, dürren Weinstöcken bestimmen das Bild; zwischendurch ragen mächtige, befestigte **Masserie** auf, deren Zufahrten teils aus Alleen turmhoher Zypressen sind. Schnurgerade Straßen durchziehen das flache Bauernland in alle Richtungen. Ab und zu tauchen kleine Dörfer auf, die noch heute wie ausgestorben wirken – denn es handelt sich um die ehemalige Heimat zahlreicher Arbeitsemigranten. Kultureller Höhepunkt dieser monotonen und eher melancholisch stimmenden Weingegend ist das östlich von Squinzano gelegene **Klostermuseum Santa Maria di Cerrate.**

▶ **Salice Salentino**, 15 km von Lecce entfernt, ist das größte Winzerzentrum der Provinz.

**** **Villa Donna Lisa,** ein Tipp für Weinliebhaber, die direkt beim Winzer Quartier beziehen und die Hausweine genüsslich verkosten wollen. Komfortables Landhotel des renommierten **Weinguts Conti Leone De Castris** in Salice Salentino. Das Hotelrestaurant bietet ausgezeichnete salentinische Landküche. DZ 63–66 €, EZ 36,50–39 €, HP 55–58 € pro Person. Via F. Marangi, am Ortsrand, ☎ 0832/732222, www.leonedecastris.com.

Abbazia Santa Maria di Cerrate

Der mittelalterliche Klosterkomplex des Basilianerordens steht ca. 5 km östlich von Squinzano. Ein lohnenswerter Abstecher führt zu diesem Klostermuseum am küstennahen Rand des Tavoliere di Lecce.

Der genaue Entstehungszeitraum der Abteikirche von Cerrate ist nicht bekannt, aber es darf vermutet werden, dass der Grundstein Anfang des 12. Jh. gelegt wurde. Die dreischiffige Basilika durchlaufen zwei Säulenreihen mit eindrucksvollen korinthischen Kapitellen, die Decke ist holzgedeckt. Das Kirchendach hat die Form eines Hausdachs (ohne Kuppel) und gilt deshalb als architektonischer Ableger der Kathedralen von Tarent und Otranto. Die zahlreichen Freskenreste an den Innenwänden deuten darauf hin, dass die Kirche einst vollständig bemalt war. Bei der Restaurierung (1975) hat man unter dem Putz an den Säulenbögen Fresken entdeckt und freigelegt. Die kostbarsten Wandfresken wurden im Zuge der Konservierungsarbeiten abgelöst und befinden sich im benachbarten Museum.

Basilianermönche wohnten hier bereits im 5. Jh. in einer klösterlichen Gemeinschaft. Im 12. Jh. entstand dann, wie bereits erwähnt, die Abteikirche. 1531 wurde hier ein Hospital eingerichtet. 1711, so berichtet die Chronik weiter, belagerten und zerstörten die Türken das Kloster weitgehend. An

Santa Maria di Cerrate

den meisten Wandfresken erkennt man noch ganz deutliche Spuren eines systematischen Vorgehens. Anstatt die Fresken vollständig zu vernichten, begnügten sich die osmanischen Krieger mit einer eher symbolischen Zerstörung, indem sie Augen und Herzen der dargestellten Heiligen durchbohrten.

1965 kaufte die Provinz Lecce den damals in Privatbesitz befindlichen Komplex auf und traf Vorbereitungen für die Restaurierung, die auch eine Instandsetzung der zumeist im 19. Jh. entstandenen Nebengebäude vorsah; bereits in den 70er Jahren war das Projekt realisiert.

Das salentinische Volkskundemuseum **Museo delle Tradizioni Popolari del Salento** ist in den Nebengebäuden der Abteikirche untergebracht. Dieses liebevoll eingerichtete Heimatmuseum zeigt neben landwirtschaftlichen Gerätschaften auch zahlreiche Keramik- und Holzgegenstände aus dem bäuerlichen Alltag. Eine funktionstüchtige Ölmühle sowie möblierte Nutz-, Wohn- und Schlafräume gehören zu den Highlights der Ausstellung.

● *Öffnungszeiten* Di–Sa 9–13.30 Uhr und 14.30–19.30 Uhr, So nur vormittags, Mo sowie am 1.1., 6.1., 25.4., 1.5. und 25.12. geschlossen. Eintritt frei.

● *Anfahrt* Das Kloster ist nur mit dem eigenen Fahrzeug zu erreichen, sowohl über die S 16 als auch über die Schnellstraße Brindisi–Lecce. Von der Küste kommend, biegt man hinter Casalbate ins Landesinnere ab.

Copertino

ca. 24.000 Einwohner

Die größte selbständige Gemeinde in der Peripherie der Provinzmetropole Lecce gehört noch zum Tavoliere-Gebiet. Gezirkelte Weinplantagen, Gemüsefelder, uralte Olivenhaine und Gutshöfe mit kleinen Zypressen- und Pinienwäldchen prägen die kleinstädtische Umgebung.

Das mittelalterliche Städtchen erlebte seine Glanzzeit unter der Herrschaft der Anjou, aber auch die Normannen fühlten sich hier wohl. Der Besuchermagnet ist das wuchtige, unbeschädigte **Castello**, eine Gemeinschaftsproduktion der verschiedenen Herrschergeschlechter. Ein breiter Wassergraben umgibt die quadratische Vierflügelanlage. Im historischen Stadtkern, in dem die **Kollegiatskirche Madonna delle Nevi** steht, befinden sich auch einige architektonisch kuriose Profanbauten, die die Aufmerksamkeit auf sich lenken.

Das mittelalterliche Stadttor mit der Statue des Hl. Franz steht – frisch restauriert – neben dem Castello; dahinter öffnet sich der schattige Platz **Largo Castello** – ein günstiger Ausgangspunkt für die Besichtigung des historischen Teils der Stadt.

Aus Copertino stammt übrigens der 1767 heilig gesprochene Minoritenbruder Giuseppe Desa – **San Giuseppe**, der Schutzpatron der Flieger. Gegenüber seinem Geburtshaus (Nähe Castello) wurde ihm in der 2. Hälfte des 18. Jh. eine Kirche erbaut.

● *Anfahrt & Verbindungen* **Auto**, in Lecce auf den Salento-Highway S 101, bis zur Abzweigung nach Copertino.

Bahn: von Lecce aus mit der **Ferrovia del Sud-Est** (9x täglich); die Fahrt geht über Novoli und dauert knapp 30 Min., der Bahnhof liegt in der Neustadt; über die Via Antonio Quarta erreicht man die Altstadt relativ schnell.

● *Übernachten/Essen & Trinken* ** **Nuova Grottella**, Via Esterna Grottella, Peripherielage an der Ausfallstraße nach Lecce; setzt keine Maßstäbe, aber mit gutem Restaurant, DZ 41–52 €, EZ 26–31 €, ✆ 0832/930023.

*** **Tulipano**, extreme Peripherielage an der Stadtausfahrt in Richtung Nardo (beschildert); flacher Neubau in ländlicher Umgebung, kleiner Palmenvorplatz, sauber, gut geführt, mit Restaurant; DZ 44–49 €, EZ 33,50–39 €, ✆ 0832/933481.

La Lanterna, Piazza del Popolo, volkstümliche Pizzeria und Rosticceria, schöne Lage an der zentralen Piazza der Altstadt, kleine Preise.

Sehenswertes in Copertino

Castello: Die intakte Festung wurde 1540 durch den Baumeister Evangelista Menga auf den Mauern mittelalterlicher Vorgängerbauten errichtet. Eine gut erhaltene massive Steinbrücke führt zum kunstgeschichtlich interessantesten Teil des Castello, dem **Eingangsportal**, das sowohl Stilelemente aus dem Mittelalter als auch aus der Renaissance aufweist. Dahinter öffnet sich der lichtdurchflutete Innenhof. Im Innern dieser Militäranlage befindet sich die kleine **Kapelle San Marco** mit Freskenfragmenten und zwei Steinsärgen, die von sphinxartigen Geschöpfen getragen werden.

Einmal im Jahr (1. Septemberwoche) füllen sich die riesigen Säle und Gewölbe samt Innenhof mit kostbaren Antiquitäten – dann findet die **Mostra dell'antiquariato** in Copertino statt.

Öffnungszeiten tägl. 9–13 Uhr, Eintritt frei.

Chiesa Collegiata della Madonna delle Nevi (Piazza del Popolo): Sie stammt aus dem späten 11. Jh., hat ihre jetzige Form jedoch im 17. Jh. erhalten. Heute macht die Kollegiatskirche einen ziemlich ergrauten Eindruck. Der Glockenturm mit dem Säulenaufbau ist nach einem Entwurf des Castello-Erbauers Evangelista Menga errichtet worden. Im Innern hängen einige Werke des apulischen Renaissancemalers *Gianserio Strafella*.

Piazza del Popolo: Am Hauptplatz sieht man auch einige architektonische Merkwürdigkeiten. Eigenwillige Giebel-, Balkon- und Fassadenkonstruktionen "verschönern" die breite Piazza.

An der Säule, die mit dem durch Pfeile verwundeten Hl. Sebastian geschmückt ist, hat man bereits das Wesentliche der Altstadt von Copertino gesehen.

Salento-Küste nördlich von Otranto

Dieser Küstenabschnitt, den wir von Norden nach Süden vorstellen, ist zwar durchweg badetauglich, läuft aber erst zwischen Torre dell'Orso und Otranto zur Höchstform auf. Die zahlreichen Torri, die mittelalterlichen Beobachtungs- und Wachturmruinen, sind die markanten Highlights dieser sonnenverwöhnten Badeküste.

Ein fast durchgehend sandiger, ca. 35 km langer Küstenstreifen vor den Toren Lecces wird im Norden vom (schon zur Provinz Brindisi gehörenden) **Torre San Gennaro** und im Süden vom **Torre Specchia Ruggeri** begrenzt. In **Torre Chianca** haben wir den schönsten Sandstrand der Lecceser Nordküste gesehen.

Prachtvolles Burgportal in Copertino

Von Brindisi bis San Cataldo

Nördlich von Torre Rinalda macht sich noch eine Zeit lang die Nähe zu Brindisi (S. 269) bemerkbar. Das konventionelle Kraftwerk Brindisi-Cerano und die wild gewachsenen Badeorte **San Gennaro, Lindinuso** und **Casalabate** sind ein regelrechter Dorn im Auge. Die phantasielosen Flachbauten dieser Feriensiedlungen wirken wie gemauerte Käfige. Sie sind (und das ist in Italien ein offenes Geheimnis) größtenteils ohne Baugenehmigung entstanden und dehnen sich unaufhaltsam aus. Der Strand ist hier mausgrau und nicht besonders sauber.

Hinter Torre Rinalda jedoch zieht sich die **Spiaggia di Milogna** weiß und dünengeschützt bis zum **Torre Chianca**. Am Torre tut sich ein schöner, heller Sandstrand auf, an dem im Hochsommer reger Badebetrieb herrscht. Stimmungsbild am Saisonende: Die geschlossenen, geisterhaft wirkenden Strandbäder gleichen stehen gelassenen Baugerüsten auf Betonplattformen, dazwischen baufällige Badekabinen, an denen die Farbe abblättert; weit und breit einsamer Strand. Dann führt die Straße landseitig an einem unzugänglichen Küstensee vorbei. Von hier erstreckt sich der Dünenstrand bis **Marina di Frigole**. Hinter der Ortschaft **Frigole** verhindert ein militärisches Sperrgebiet den Zugang zum Strand. Die Küstenstraße verläuft hier ca. 2 km vom Meer entfernt durch ein Wald-, Wiesen- und Sumpfgelände. Panzerpisten kreuzen die Fahrbahn.

● *Übernachten/Essen & Trinken/Nachtleben*
*** Racar, Hotel- und Feriendorf in **Marina di Frigole**, ca. 1 km vom Strand entfernt, die recht komfortable Hotelanlage bleibt das ganze Jahr über geöffnet, DZ 67–82 €, Bungalows nur wochenweise, Restaurant und Pizzeria, ✆ 0832/376113.

Campingplatz *** Torre Rinalda, großer, gut ausgestatteter Platz im gleichnamigen Ort **Torre Rinalda**, viel Grün, Olivenbäume und Strandkiefern, guter Zeltboden,

weitgehend Rasen, direkter Zugang zum Dünenstrand, Swimmingpool; ganzjährig geöffnet, 2 Personen, Zelt und Auto 18–33,50 €, auch Bungalowvermietung, mit Restaurant, ✆ 0832/382161.

Am Ortseingang von **Torre Chianca** die **Pizzeria OK**, ein Megalokal mit jugendlichem Publikum; daneben **Disco/Pub** bis in die Morgenstunden. Erheblich ruhiger geht's in der Strand-Pizzeria **Circeo** zu.

San Cataldo

Der Hausstrand von Lecce. Die Städter erreichen ihn im Handumdrehen über die autobahnschnelle Direktverbindung. Die breite Sandbucht ist mit Strandbädern übersät, kein Fleckchen bleibt dabei ungenutzt.

Eine lange Kette von Bars, Gelaterie, Pizzerie und Ristoranti zieht sich am Lungomare entlang. Hier gibt es allerdings nur eine kurze und kräftige Hochsaison; danach – ab Mitte September – ist alles wieder verriegelt, und es erfordert dann sogar etwas Spürsinn, um an einen Espresso zu kommen. Die strandnahe Umgebung befindet sich vollständig in Privatbesitz: Apartmentanlagen, ummauerte Villen und halb erschlossene Baugrundstücke haben das Ausmaß einer Kleinstadt erreicht.

Das heutige San Cataldo lässt nicht einmal mehr im Traum vermuten, dass hier ein bedeutender römischer Hafen, der **Hafen des Hadrian**, gute Dienste für die Orientpolitik der Römer leistete. Die Legende erzählt, dass Oktavian – der spätere Augustus – auf der Rückkehr von einer Studienreise nach Nordafrika in San Cataldo gelandet und dann direkt nach Rom weitergereist sei, um den kaiserlichen Purpurmantel entgegenzunehmen.

● *Anfahrt & Verbindungen* **Auto**, von Lecce den pfeilschnellen Beach-Highway S 543 bis auf den Strand.
Keine Bahnanbindung! **Stadtbusse** ab Lecce/Bahnhof.
● *Übernachten* **Achtung**, kein Hotel, kein Campingplatz und die Jugendherberge Adriatico hat auch geschlossen. Es bleibt nur das **Feriendorf Terra D'Otranto Village** (✆ 0832/650311), das wir jedoch nicht mehr empfehlen.
● *Essen & Trinken* Das akzeptable Fisch-Ristorante **La Bella Firenze** befindet sich am Lungomare, Nähe Leuchtturm.
Die Jugend trifft sich zum Essen und danach in der **Windsurf-Pizzeria**.

Riserva Naturale Le Cesine (Naturschutzgebiet)

Südlich von San Cataldo führt die neue Küstenumgehungsstraße ein ganzes Stück vom Meer entfernt durch ein dichtes Waldgebiet mit Eukalyptusbäumen und Pinien. Hier erstreckt sich die Naturoase Le Cesine. Das über 600 ha große Gebiet steht unter Naturschutz und dient Zugvögeln als Zwischenlandeplatz. Das wegen seiner Artenvielfalt geschützte Areal grenzt ans Meer und schließt auch den Dünenstrand ein. Die schilfbewachsenen Teiche, Seen, Sumpffelder und Wälder gehören ebenfalls zum Schutzgebiet. Die **Masseria Le Cesine** bildet das Zentrum und dient den Naturschützern des WWF (Cooperativa Oasi) als Stützpunkt – hier ist auch ein kleines **Naturkundemuseum** (Centro visite) eingerichtet worden.

Anfahrt/Öffnungszeiten/Führungen/Essen & Trinken An der neuen Küsten-Umgehungsstraße die Hinweisschilder **Oasi WWF** (mit dem kleinen Panda-Bären drauf) beachten. Das **Centro visite** hat tägl. von 9.30–12.30 und 15.30–17.30 Uhr geöffnet, Eintritt frei. **Führungen** durch das Naturschutzgebiet tägl. um 10 und 16 Uhr, 5 € pro Person, Anmeldung unter ✆ 0832/892264. Die Cooperativa Oasi betreibt auch das **Biorestaurant Epidauro**.

Acaia (Acaya)
– Abstecher ins Landesinnere

ca. 500 Einwohner

Den Dorfkern von Acaia umschließt eine fast quadratische Festungsmauer. Dorf und Festung erscheinen auf den ersten Blick arg mitgenommen; Verfalls- und Verwitterungserscheinungen sind ganz deutlich zu erkennen. Das kompakte **Wehrdorf** mit dem linearen, militärisch strengen Grundriss betritt man durch das gut erhaltene Stadttor **Porta Terra**. Auf dem gemauerten, mit drei Familienwappen verzierten Stadttor thront wieder ein Hl. Oronzo in monumentaler Größe.

Die örtliche Hauptattraktion ist das **Aragoneserkastell** neben der Porta Terra. Es wurde 1506 errichtet und 1535 von Gian Giacomo dell'Acaya ausgebaut. Er bewies damit sein wehrarchitektonisches Talent und trat anschließend in die Dienste der Spanier. Das Kastell ist heute im Besitz der öffentlichen Hand und die von den örtlichen Denkmalschützern seit 1984 energisch geforderte Restaurierung steht kurz vor dem Abschluss.

Vom palmenbestandenen Castello-Platz geht es dann im Kasernenschritt (alles 90-Grad-Ecken) durch die engen Straßen. Auf der zentralen Piazza

Acaia – wuchtiges Stadttor

Gian Giacomo dell'Acaya steht die kleine **Pfarrkirche** mit dem romanisch-apulischen Glockenturm – das älteste Gemäuer des Dorfes. An der Piazza del Convento stößt man auf die Ruine des **Klosters Sant'Antonio**. Zeit und Plünderungen haben nicht mehr viel Sehenswertes übrig gelassen.

Doch im Zuge der Denkmalpflege (Castello-Restaurierung) scheint auch der Ort selbst, trotz all seines vordergründigen Verfalls, goldenen Zeiten entgegenzugehen. Einige Überraschungen im Stadtbild deuten schon darauf hin: das beliebte **Ausflugsrestaurant** an der Piazza Castello, der im Jahrhundertwendestil eingerichtete **Barbiere**, eine kleine **Kunstgalerie**. Und unter dem Motto "Acaia darf nicht sterben" werden in den Sommermonaten alljährlich kulturelle Veranstaltungen und kulinarische Feste abgehalten.

● *Anfahrt* Das Festungsdorf Acaia liegt ca. 15 km östlich von Lecce. Aus Lecce nimmt man am besten die Landstraße nach Vérnole und biegt ca. 4 km vor der Ortschaft links ab. Von der Küstenstraße S 611 3 km hinter San Cataldo rechts abbiegen (Ausschilderung abwarten!).

● *Essen & Trinken* **Locanda del Gallo**, Piazza Castello. Bescheiden verkündet die Speisekarte "Piatti tipici della terra salentina", doch das Ristorante wird in vielen Gastroführern erwähnt und ist mehrfach ausgezeichnet worden für seine raffinierte lokaltypische Küche; darüber hinaus sind die Preise auch noch moderat, Menü ca. 23 €. ✆ 0832/861102, kein Ruhetag, 2. Septemberhälfte geschlossen.

Von Torre Specchia Ruggeri bis Torre dell'Orso

Weiter südlich bei **Torre Specchia Ruggeri**, hier verläuft die Küstenstraße wieder am Meer, öffnet sich ein heller Dünenstrand, und ein dichter Pinetawald spendet Schatten. Anschließend niedrige Klippenküste mit geschützten Badebuchten und hübschen Küstenorten. Die Klippen und kleinen Felseninselchen kann man von der flachen Küste auch schwimmend erreichen. **Taucher und Schnorchler** finden hier ideale Bedingungen vor. Tatsächlich gilt dieser Küstenabschnitt unter Schatztauchern als beliebtes Revier, weil vermutet wird, dass hier einige havarierte Schiffe aus der Antike und dem Mittelalter auf dem Meeresboden liegen.

▶ **San Foca**: Bei San Foca unterbrechen Sandbuchten die Felsküste. Obwohl sich das ehemalige Fischerdorf mittlerweile zu einem Badeort mit Lungomare entwickelt hat, an dem einige Hotels in Leichtbauweise errichtet wurden, ist noch etwas Fischerromantik geblieben: In der Hafenbucht liegen bunt gestrichene Boote, und überall hängen Fangnetze aufgespannt – insgesamt jedoch kein Ort zum längeren Verweilen. Vor und hinter San Foca sollte man aber einige Stichpisten ans Wasser testen; sie führen zu **sandigen Badestellen** zwischen weit ins Meer ragenden Felsplatten.

Übernachten/Essen & Trinken ** **Da Romano**, San Foca, Piazza del Popolo 8, ordentliches kleines Hafenhotel mit Ristorante, DZ 57–103 €, EZ 31–59 €, ☎ 0832/881005.

▶ **Roca Vecchia**: Diese heute gesichtslose Ortschaft entstand auf den Überresten einer **messapischen Küstensiedlung** aus dem 4. Jh. v. Chr., die teilweise freigelegt worden ist. Zu sehen sind die Fundamente eines Mauerrings sowie tiefe Gräben. Eindrucksvoll ist vor allem die Nekropole, deren symmetrische Grabkammern und Stufen direkt ins raue Felsufer gemeißelt worden sind. Das Gelände ist der Öffentlichkeit nur begrenzt zugänglich, da die Arbeiten am archäologischen Park noch nicht beendet sind.

Torre dell'Orso und Umgebung

Der erste größere Ferienort der Gegend. Einer der Plätze mit jugendlichem Flair, die im Hochsommer schier aus den Nähten platzen und für den Rest des Jahres wie unwirtliche Geisterstädte wirken. Die leicht geschwungene Bucht ist allerdings vom Feinsten: Der **feinsandige Strand** wird von hohen Kalksteinklippen begrenzt und in den Felswänden stecken teilweise erkletterbare **Höhlen**. An der quadratischen Wehrturmruine hoch über dem Strand öffnet sich das schönste Küstenpanorama. Und den idyllischen Fischerort **Sant'Andrea** gleich hinter Torre dell'Orso sollte man ebenfalls nicht links liegen lassen.

● *Übernachten/Camping/Essen & Trinken* ** **Casa del Turista**, Lungomare Matteotti 11, günstigste Unterkunft im Ort, an der Durchgangsstraße, mit Restaurant, DZ 32–60 €, ohne Bad 23–37 €, ☎ 0832/841006. Gegenüber vom Torre das, obwohl frisch renoviert, eher durchschnittliche *** **Belvedere**, jedoch mit überdurchschnittlicher Aussicht, Restaurant vorhanden, DZ 76 €, ohne Bad 47–60 €, EZ ohne Bad 41–55 €, ☎ 0832/841244.

*** **Li Tamari**, beste Unterkunft im Ort, relativ neues Strandhotel mit vorgelagertem Pinetawald, Hotelrestaurant, DZ 62–67 €, EZ 41–46,50 €, ☎ 0832/841122.

*** **Camping Club Galassia**, kleiner schattiger Platz am Ortsrand, ca. 1,5 km zum Strand, 2 Personen, Zelt und Auto ab 17,50 €, ☎ 0832/841208.

Lido L'Orsetta, diese große Strandbar mit angeschlossenem Self-Service-Restaurant und Bagno (Liegen, Sonnenschirme) versorgt den gesamten Badebetrieb in der Bucht von Torre dell'Orso; jüngeres Publikum, ☎ 0832/841007.

Il Porticciolo, Tipp! Direkt an der kleinen Fischerbucht der Nachbarortschaft Sant'Andrea; einfach und freundlich, Fischgerichte mit Frischegarantie und Muscheln in allen Variationen, Menü ab 17 €, ☎ 0832/841675.

Provinz Lecce (Salento)

Karte S. 329

Alimini-Seen und Umgebung

An der Küstenstraße S 611 erstrecken sich die beiden fischreichen **Binnen-seen Alimini Piccolo und Alimini Grande**. Hier werden Aale, Meeräschen und Seezungen gezüchtet. Die beiden Seen sind in eine typisch mediterrane Uferlandschaft gebettet. In den kleineren See mündet eine kräftige Süßwasserquelle, während der größere durch einen Kanal mit dem offenen Meer verbunden ist. Oberhalb von **Casino dei Turchi**, am Verbindungskanal des großen Alimini-Sees zum Meer, beginnt ein langer Dünenstrand mit Pinetawald. Dieses **herrliche Baderevier** vor den Toren Otrantos befindet sich noch weitgehend im Naturzustand und gehört zu dem 25 km langen Küstenabschnitt zwischen Sant'Andrea und Porto Badisco, der 2002 die Auszeichnung *Cinque Vele* für die sauberste und intakteste Badeküste ganz Italiens erhalten hat. Die ansonsten üblichen Strandbäder gibt es hier zwar auch, aber schon nach wenigen Metern beginnt ein freier Strand, der in der Nachsaison fast menschenleer ist.

Kurz vor Otranto nennt der alteingesessene **Club Mediterranée** einen beträchtlichen Küstenabschnitt sein Eigen. Das Privatgrundstück, zu dem auch ein Waldgebiet und ein Sporthafen gehören, ist eingezäunt und wird nur in der lukrativen Hauptsaison touristisch bewirtschaftet ("Otranto/Übernachten", S. 355).

● *Hotel- und Apartmentanlage* *** **Solara Conca Specchiulla**, relativ neue, gepflegte Anlage im Pinetawald zwischen Torre dell'Orso und den Alimini-Seen. Die Hotelgäste werden in kleinen Apartments mit ummauerter Terrasse untergebracht; zweckmäßige Einrichtung mit Bambusmöbeln. Ristorante und Pizzeria sind vorhanden, ganzjährig geöffnet. Im Sommer Bootsshuttle zu den Stränden der Umgebung, da die Hotelküste selbst felsig ist. DZ 62–180 €, ☎ 0836/806626.

● *Agriturismo/Camping* Oberhalb der beiden Alimini-Seen, im Umkreis der Ortschaft **Frassanito** ist ein regelrechtes Agriturismo-Zentrum in Küstennähe entstanden.

Es besteht aus mehreren Höfen, die teilweise aneinandergrenzen. Es handelt sich vorwiegend um einfache und preisgünstige Einrichtungen mit geringer Aufnahmekapazität, die auch in der NS geöffnet bleiben.

> Eine Ausnahme hinsichtlich Größe und Komfort bildet die **Azienda Agrituristica Il Contadino!** Auf 15 ha mit Oliven, Pinien und Obstbäumen verteilen sich 22 komfortable Holzbungalows (für 2, 4 und 6 Personen), die mit Bauernmöbeln eingerichtet sind. Tennisplätze und Schwimmbad (25 x 15 m!) sind vorhanden, ebenso Bar und Ristorante, in dem eigene Bioprodukte verarbeitet werden. 2-Personen-Bungalow 47–68 € pro Tag, 4-Personen-Bungalow 52–88 € pro Tag, auch Campingmöglichkeit, geöffnet März–Okt., ℘ 0836/803065.

Die Bauernhöfe werden zum Teil noch ganz normal bewirtschaftet und bieten Zimmer, Halbpension und/oder Camping. Sie verfügen über bescheidene Sportmöglichkeiten und Gemeinschaftsräume, Selbstgemachtes wird zum Verkauf angeboten.

Folgende kleinere **Aziende Agrituristiche** bieten ebenfalls Zimmer, HP, Bungalows und Campingmöglichkeit: **Primizia**, ℘ 0836/803012; **Alimini**, ℘ 0836/803308; **La Pineta**, ℘ 0832/811359; **Salos**, ℘ 0836/803018.

Ebenfalls in Frassanito, *** **Camping Frassanito**, 10 ha Nadelwald, unmittelbare Strandnähe, 2 Personen, Zelt und Auto ab 21 €, ℘ 0836/803005.

● *Essen & Trinken* **Ristorante Universo**, an der Küstenstraße S 611, am Verbindungskanal des großen Alimini-Sees zum Meer, einfaches Strandrestaurant, rustikale Holzkonstruktion, serviert wird frischer Fisch aus den Alimini-Seen, ehrliche Preise, ℘ 0836/ 802689.

Otranto

ca. 50.000 Einwohner

Die fein herausgeputzte Hafenstadt gehört zu den schönsten Etappenzielen im äußersten Südosten. Ein kunstgeschichtliches Kleinod inmitten einer von der Natur begünstigten Landschaft.

Eine breite, schön geschwungene Uferpromenade führt zum befestigten Altstadtbereich hoch und läuft auf der seeseitigen Stadtmauer aus. Die beschauliche Altstadt auf dem ins Meer ragenden Felsbuckel drängt sich an den Rand des mächtigen **Spanier-Castello**. Eine breite, teils doppelte Stadtmauer umschließt die gesamte Altstadt, sie sorgte in kriegerischen Zeiten für Schutz, konnte aber eines der grausamsten Massaker des späten Mittelalters nicht verhindern. Südlich von Otranto erstreckt sich ein karstiger Felsbuckel, der teilweise steil ins Meer abfällt; am höchsten Punkt erkennt man die Ruine des einsturzgefährdeten, mittelalterlichen **Torre del Serpe** (Schlangenturm), der im Stadtwappen verewigt ist.

In Otranto herrscht heute sichtbarer Wohlstand, überall wird restauriert und investiert. Der historische Stadtkern ist autofrei, eine vorbildliche Sache, die allerdings nur den allzu schmalen, steilen Gassen und nicht etwa umweltpolitischer Vernunft zu verdanken ist. Wohlhabende Lecceser und Norditaliener haben das **Centro storico** nach und nach aufgekauft: Das Resultat ist ein sauberer, respektvoll restaurierter Altstadtkern. Verschwunden ist jedoch die authentische Atmosphäre eines Fischerorts, und die romantische Stimmung des einfachen Lebens ist so gut wie erloschen. Wie an vielen anderen schönen Orten in Europa haben die neuen bürgerlichen Ansprüche den Ort zwar optisch gerettet, aber letztlich doch verändert. Feine Restaurants, schicke Bars und Boutiquen sind entstanden sowie eine Hafenanlage, die eher den Bedürfnissen von Sport und Freizeit dient als denen der Fischerei.

Provinz Lecce (Salento)
Karte S. 329

Otranto stellt den **östlichsten Punkt von Italien** dar – die albanisch-griechische Küste ist ca. 80 km entfernt und bei klarer Sicht mit Adlerblick und etwas Phantasie zu erkennen. Während des Kosovo-Kriegs im Frühjahr 1999 war Otranto einer der Zielhäfen der albanischen Flüchtlinge. Organisierte Menschenhändler brachten mit ihren Schnellbooten tagtäglich Kriegsflüchtlinge an die apulische Küste, wo sie bald aufgegriffen und in Flüchtlingslagern untergebracht wurden. Heute stranden die Boatpeople hier nur noch selten, jetzt landen die Flüchtlingsschiffe an der kalabrischen und sizilianischen Küste.

Geschichte: Zur Römerzeit war Otranto der inoffizielle Endpunkt der Heeres- und Handelsstraße **Via Appia** mit direkter Anschlussverbindung auf dem Seeweg in Richtung Orient. Das römische **Hydruntum** besaß einen geschützten Naturhafen mit Handelskontakten in alle Welt und einem erstaunlichen Umschlagvolumen. In byzantinischer und normannischer Zeit prosperierte Otranto. Die damalige Bedeutung der Stadt brachte dem gesamten Salento-Gebiet den Namen **Terra d'Otranto** ein. Zwei sehenswerte Sakralbauten sind die einzigen Relikte aus dieser frühen Glanzzeit: die byzantinische Kreuzkuppelkirche San Pietro aus dem 10. Jh. und die auf Geheiß des Normannenkönigs Roger errichtete Kathedrale, die die salentinische Barockwut allerdings nicht unbeschadet überstanden hat.

1480 wurde das historische Schicksalsjahr Otrantos – in der nachangiovinischen, schutzlosen Zeit überfielen die Türken die Stadt, zerstörten sie weitgehend und dezimierten die Bevölkerung erheblich. Unter den Besatzern aus dem Osmanischen Reich wurde die ehrwürdige Kathedrale zum Pferdestall degradiert. In der Märtyrer-Kirche San Francesco di Paola auf dem stadtnahen Minerva-Hügel befindet sich eine Gedenktafel mit folgender Inschrift, die an den Überfall erinnert:

"Im Jahre 1480 lebte ich ungestört und vergessen, als ich mich am Morgen des 28. Juli von Schiffen und Türkenhorden umringt sah, die mich aufforderten, mich zu ergeben und mir gute Bedingungen anboten; ich weigerte mich, zählte die Feinde nicht, entledigte mich einiger hundert zaghafter Belagerer, schloss die Stadttore und warf die Schlüssel dazu ins Meer, schwor, bis zum Letzten auszuhalten, im Vertrauen darauf, das Reich und Italien durch mein Zögern retten zu können, drei Tage lang wurde ich beschossen und besaß nur Lanzen und Pfeile als Waffen. – Am 1. August stürzten meine Mauern ein, dennoch hielt ich den Feind für weitere elf Tage fern, am zwölften Tag besaß ich nichts mehr, womit ich mich hätte verteidigen können, so fiel ich, meinem Schwur treu, über den Leichen meiner zwölftausend Söhne. – Ich fiel, aber zwei Tage später fasste ich wieder Mut und ermunterte, auf diesem Hügel, weitere achthundert meiner verwundeten und entkräfteten Kinder, die der Krieg und die Belagerung verschont hatten, zum äußersten Widerstand. – Nach dreizehn Monaten erlöste mich Gott vom Feind."

Hafen von Otranto mit Castello

Wenige Jahre nach diesem schicksalsschweren Ereignis drangen die Aragonier nach Otranto vor und ergriffen vorbeugende Maßnahmen zur Verteidigung der Stadt. Bereits 1483 stand der Wehrturm Torre Alfonsina, und von 1485–98 ließ der neapolitanische König Ferdinand von Aragon das trutzige Castello mit den runden Ecktürmen errichten. Die spanischen Habsburger sorgten später für einen Ausbau der Festung wegen der Gefahr erneuter türkischer Übergriffe.

Information/Anfahrt & Verbindungen

- *Information* **IAT-Büro**, Piazza Castello, tägl. (außer So) 9–12 Uhr, ✆ 0836/801436.
- *Auto* von Lecce auf der Schnellstraße S 16 bis Maglie, dann zweispurig weiter bis Otranto; oder auf der Küstenstraße S 611 über San Cataldo und Torre dell' Orso nach Otranto.
- *Bahn* Die **Ferrovia del Sud-Est** verkehrt mehrmals täglich zwischen Lecce und Maglie, von Maglie 9x täglich weiter nach Otranto.
  Der Bahnhof liegt ca. 10 Min. zu Fuß vom Hafen entfernt.
- *Bus* Linienverkehr der **Autolinee Lecce**, sowohl über die Küstenstraße (San Foca) als auch über Land (via Calimera) nach Otranto; Verbindungen mehrmals täglich in beide Richtungen.
- *Fähre* Otranto ist heute ein unbedeutender Fährhafen mit nur einer Linie, bietet aber die billigste und schnellste Möglichkeit, im Sommer nach **Griechenland** überzusetzen, allerdings **nur über Korfu nach Igoumenitsa** (nicht nach Patras). Die tapfere "Artemis 1" tuckert seit Jahren unermüdlich 1- bis 5x pro Woche auf dieser Route, Abfahrt abends. Buchung bei **Elade Viaggi**, ✆ 0836/801005.

Übernachten

Otranto hat zwar ein relativ langes und ausgewogenes Hotelverzeichnis, trotzdem ist in der HS eine rechtzeitige Reservierung ratsam. Exklusiven Cluburlaub bietet der traumhaft gelegene Club Mediterranee. Außerdem stehen zwei stadtnahe Campingplätze zur Auswahl und eine empfehlenswerte Agriturismo-Masseria.

Provinz Lecce (Salento) Karte S. 329

• *Hotels* *** **Valle dell'Idro**, Via G. Grasso 4, der weiße Kastenbau gehört zu den besseren Herbergen im Ort, Dachterrasse mit Panoramablick, funktionale große Zimmer, Parkplatz und Restaurant, DZ 52–93 €, EZ 31–52 €, ✆ 0836/804427.

*** **Rosa Antico**, an der S 16 nach Maglie, Stadtrandlage, kleiner rosa Land-Palazzo, viel Grün, gepflegt und gut geführt, ohne Restaurant, DZ 52–93 €, EZ 37–78 €, ✆ 0836/801563.

*** **Bellavista**, Via Vittorio Emanuele 19, betagter Neubau am Eingang zur Altstadt, vor ein paar Jahren umfassend renoviert, DZ 52–93 €, EZ 42–73 €, ✆ 0836/801058.

*** **Miramare**, Großhotel am Lungomare, Zimmer mit Balkon, Ristorante am Hafenstrand, Garage, 2002 wegen Komplettrenovierung geschlossen, Wiedereröffnung voraussichtlich 2003, ✆ 0836/801023.

• *Ferienanlage* **Club Mediterranee**, exklusive Clubanlage, wenige Kilometer nördlich von Otranto; großes bewaldetes Küstengrundstück mit Sporthafen, Privatstrand, Swimmingpools, Sporteinrichtungen etc. Architektonisch ansprechende Apartments, Großrestaurant, Unterhaltungsprogramm rund um die Uhr. Geöffnet von Mitte Juni bis Mitte September, Pauschalpreis pro Person 50–100 €, ✆ 0836/805605. Am besten über das heimische Reisebüro buchen.

• *Camping* ** **Hydrusa**, kleiner Platz unmittelbar am Hafen auf einer kleinen Anhöhe im schattigen Nadelwäldchen, 2 Personen, Zelt und Auto ca. 17 €, es gibt auch zwei kleine 4-Bett-Bungalows, 31–41 € pro Tag, ✆ 0836/801255.

*** **Mulino d'Acqua**, am nördlichen städtischen Strand, große gut ausgestattete Campinganlage, 2 Personen, Zelt und Auto 24 €, auch Bungalowvermietung, ✆ 0836/802191.

Agriturismo-Tipp: Tenuta Torre Pinta, Erholung pur auf dem Land, 1,5 km südlich von Otranto inmitten eines bewirtschafteten, sanften Tals. In der Masseria aus dem 19. Jh. werden 5 kleine Apartments vermietet, die geschmackvoll mit alten Möbeln eingerichtet sind. Gegessen wird entweder im großen Gewölbesaal oder auf der überdachten Terrasse. Die **Kochkunst** von Signora Giovanna De Donno ist schon mehrfach ausgezeichnet worden; selbstverständlich werden vorwiegend eigene Produkte verwendet. Reitmöglichkeit. Halbpension ca. 50 € pro Person, Kinder zahlen die Hälfte. Am besten rechtzeitig reservieren, ✆ 360/263127 oder ✆ 0836/428358.
Sehenswertes: Die Masseria steht an einer Stelle mit großer Vergangenheit, nämlich in unmittelbarer Nähe eines **messapischen Hypogäums** (Ipogeo). Dieser unterirdischer Kultraum ist wirklich eindrucksvoll und kann nicht nur in Verbindung mit einem Aufenthalt in der Masseria besichtigt werden.

Essen & Trinken/Nachtleben

In der Altstadt findet man einige stilvolle und gemütliche Restaurants. Zu den Spezialitäten der örtlichen Fischküche gehören neben der leckeren Fischsuppe auch Aale aus den nahen Alimini-Seen. Aus der wildwachsenden Zichorienpflanze wird hier eine schmackhafte Suppe namens *Rizze in brodo* gemacht. In der Umgebung wachsen Aprikosen und schwarze Maulbeeren, ein beliebtes einheimisches Fruchtdessert.

Tipi Tabo, Tipp! Gleich hinter dem Altstadttor, heller gemütlicher Speiseraum mit halb offener Küche, Terrasse mit Hafenblick, kleine übersichtliche Karte, schmackhaft zubereitete Fisch- und Fleischgerichte, gutes Preis-Qualitäts-Verhältnis, Menü ab 18 €, ✆ 0836/802035.

Vecchia Otranto, Corso Garibaldi 98, Hauptgasse der Altstadt, vornehmes Lokal in einem historischen Stadthaus, kleine Speiseterrasse im Hof, vorwiegend Meeresküche, ausgezeichnete Primi sowie Fisch- und Muschelsuppen, Menü ab 25 €, ✆ 0836/801575, Do Ruhetag.

La Pignata, ein paar Häuser weiter auf der rechten Seite; kleine, alteingesessene Trattoria, klimatisiert, freundlicher Familienbetrieb, leckere Meeresküche, Menü ab 20 €, ℡ 0836/ 801284.

Acmet Pascia, Lungomare degli Eroi, sehr schöne Lage, integriert in die Festungsmauer, Speiseterrasse direkt an der Hafenbucht sowie drei kleine, wohnlich eingerichtete Speiseräume, moderne Kunst ziert das massive Gewölbe, tadellose Meeresküche, reiche Auswahl an erlesenen Vorspeisen, preislich Oberklasse,

Menü ab 28 €, ℡ 0836/801282, Mo Ruhetag.

Boomerang, Self-service-Restaurant, an der Arkaden-Promenade, modern, klimatisiert, preiswert, Salate, Pizza, Bier und mehr.

Mehrere gemütliche **Straßencafés** befinden sich im Bereich der Piazza Castello. Ein beliebter abendlicher Treffpunkt ist z. B. die **Blue Bar**, etwas versteckt in einer Seitengasse gelegen.

Adressen/Feste & Veranstaltungen

• *Vespaverleih* u. a. bei **Auto 2000**, Via San Giovanni 11, ℡ 0836/801218, Vespa pro Tag (9–21 Uhr) ca. 25 €, ideal für eine Küstenexkursion.

• *Feste & Veranstaltungen* **Fest der heiligen Märtyrer**, städtisches Hauptfest

zum Gedenken an die Opfer des Türkenüberfalls von 1480 (13.–15. Aug.).

Theater- und Musikveranstaltungen, im Castello (im Aug.).

Luci del Mare, Feuerwerk über dem Meer (im Sept.).

Sehenswertes in Otranto

Das historische Zentrum betritt man am besten durch das Stadttor am Torre Alfonsina, dem gewaltigen Wehrturm der massiven Stadtbefestigung. Die mit so genannten lebenden Steinen gepflasterten Altstadtgassen laufen in engen Windungen auf die Kathedrale zu.

Bescheidene weiße Hausfassaden erinnern ein wenig an griechische Wohnkultur, große bürgerliche Stadtpaläste verweisen dagegen auf eine rege Bautätigkeit im 17. und 18. Jh. Der gut erhaltene historische Stadtkern präsentiert sich in beschaulicher Schönheit und ist nicht ohne Grund ein sehr beliebter Schauplatz mediterraner Hochzeitszeremonien (Foto S. 9).

Achmet Breche Deute Pascha hieß der türkische Großwesir, der 1480 mit 200 Schiffen und 18.000 Mann den Brückenkopf Otranto einnahm, um von dort aus das ganze Abendland zu unterwerfen. Nachdem keiner der Gefangenen aus Otranto dem Kreuz abschwören und sich zum Halbmond bekennen wollte, ordnete der unbarmherzige Großwesir die Enthauptung aller an. Auf einem Seidenkissen sitzend, schaute Achmet dem blutigen Spektakel zu. Als einer der ältesten Bürger Otrantos, Antonio Primaldo, enthauptet wurde, hielt sich sein Körper weiter aufrecht – bis der letzte Landsmann zu Boden fiel. Der türkische Scharfrichter war davon angeblich so beeindruckt, dass er zum Christentum konvertierte. – Ich musste bei dieser Geschichte sofort an den norddeutschen Piraten Klaus Störtebeker denken, dessen Körper sich nach der Enthauptung sogar in Bewegung setzte; das geschah übrigens genau 78 Jahre vorher!

Kathedrale Santa Maria Annunziata

Im Herzen der engen Altstadt steht die größte aller apulischen Kirchen. Das Gotteshaus, dessen helle Fassade auf den gepflasterten Vorplatz zeigt, ist ein

Musterbeispiel des romanisch-apulischen Baustils. Im Innern sind zwei kleine Weltwunder verborgen, die niedrige Krypta mit dem dichten Säulenlabyrinth und das Fußbodenmosaik, ein enormes, nahezu vollständig erhaltenes buntes Motivpuzzle aus unzähligen Kalksteinstückchen.

Die jüngst restaurierte Kathedrale hat ihren 900. Geburtstag bereits hinter sich – sie wurde 1088 fertiggestellt. Bauherren waren die Normannen. Die 25 m breite **Fassade** hat ihre Stilreinheit eingebüßt; über dem verhältnismäßig schmucklosen Barockportal (2. Hälfte des 17. Jh.) mit den Doppelsäulen und der Figurengalerie strahlt ein kreisrundes Renaissanceauge in vollendeter Schönheit. Daneben ragt der freistehende Glockenturm auf.

Die **drei Kirchenschiffe** erheben sich über einem gewohnt strengen Grundriss. Durch den 54 m langen **Innenraum** laufen zwei Säulenreihen aus geschliffenem Granit und trennen die beiden Seitenschiffe optisch ab. Im Langhaus sieht man einige sehr interessante Kapitele aus dem 12. Jh. Die vergoldete Kassettendecke des Mittelschiffs ist ein Meisterwerk aus dem 17. Jh. Die Verkleidung des Hauptaltars repräsentiert neapolitanische Schmiedekunst des 18. Jh. Die spärlich erhaltenen Wandfresken sind byzantinischer Machart.

In der **Kapelle** der Apsis des rechten Seitenschiffs stehen sieben große gläserne Wandschränke, in denen die Reliquien der Märtyrer von Otranto aufbewahrt werden. Es handelt sich um die sterblichen Reste der 800 tapferen Bürger, die im Angesicht der Türkensäbel ihrem christlichen Glauben nicht abschwören wollten. Im Altar wird der Richtblock aufbewahrt, auf dem die Märtyrer geköpft wurden.

▶**Das Fußbodenmosaik von Santa Maria Annunziata**: Die Hauptattraktion der Kathedrale schwebt nicht etwa in himmlischen Höhen, sondern lässt

Fußbodenmosaik in der Kathedrale von Otranto

sich nur mit ehrfürchtig gesenktem Haupt erkennen. Das bunte Bodenmosaik hat enorme Ausmaße: Es zieht sich durch das ganze Mittelschiff, füllt rechtes und linkes Querhaus aus und endet in der Apsis. Jahrelang blieb es wegen Restaurierungsarbeiten weitgehend im Verborgenen – seit 1992 kann man es wieder in voller Größe und Pracht bewundern. Mit mönchischer Geduld hat der damals im stadtnahen Basilianerkloster lebende **Bruder Pantaleonis** das Wunderwerkpuzzle gelegt. In zweijähriger Arbeit (1163–1165) entstand ein allegorisches Gebilde, das biblische, mythologische und historische Motive vereint. Die Einzigartigkeit dieser bildhaften Hymne an die Menschheitsgeschichte liegt jedoch eher im guten Erhaltungszustand und in der Größe als in der Qualität der Ausführung. Streckenweise wirken die Darstellungen sogar plump und unbeholfen.

Ein Meisterwerk ist der **allegorische Lebensbaum** dennoch, an dessen Wurzeln sich der Meister übrigens selbst verewigt hat. Im Bereich des Mittelschiffs sieht man u. a. die Beladung der Arche, den Turmbau zu Babel und über den Monatsdarstellungen die Vertreibung aus dem Paradies sowie den Brudermord. In der Vierung überwiegen Tier- und Halbgöttermotive, während die Darstellungen in den Querhäusern ikonographisch größtenteils unklar bleiben. In der Apsis wird u. a. die Jonaslegende erzählt.

▶ **Die Krypta von Santa Maria Annunziata**: Diesen ältesten Teil der Kathedrale betritt man über eine Treppe im Mittelschiff oder direkt durch den Eingang an der Längsseite. Die niedrige Krypta ist ein labyrinthischer Säulenwald, in dem man sich an dorischen, romanischen und korinthischen Kapitellen satt sehen kann. Der Grundriss nähert sich dem klassischen Halbkreis mit drei vorspringenden Apsiden und fünf Schiffen. Byzantinische Fresken sind fragmentarisch erhalten. In der Krypta hat man Mauerreste eines noch älteren Kirchenbaus freigelegt.

Weitere Sehenswürdigkeiten

Basilika San Pietro: Die byzantinische Kreuzkuppelkirche befindet sich unweit der Kathedrale und ist vermutlich die alte Hauptkirche von Otranto. Wie viele Kirchenbauten ist sie zum Schutz vor Vandalismus abgeschlossen und kann nur in Begleitung des Kustoden besichtigt werden; den findet man im Haus Nr. 1 an der angrenzenden Piazza del Popolo. Der alte Herr, der das Gotteshaus für Pilger und Touristen betreut, macht das ehrenamtlich und deshalb ist ein Obolus selbstverständlich, auch wenn seine Enkelin mittlerweile die Laufarbeit verrichtet.

Die kleine kompakte, sich eher vertikal als horizontal ausdehnende Basilika steht laut Überlieferung dort, wo der **Apostel Petrus** nach seiner Landung im Abendland die erste Predigt abgehalten hat.

Die Kirche besitzt verschiedene Dächer, die – wie die umstehenden Häuser auch – mit halbrunden Ziegeln gedeckt sind. Das Giebeldach über dem Eingang wird vom zylindrischen Kuppeldach überragt; sogar der kleine Glockenbogen hat ein winziges gedecktes Giebeldach. Zwei dorische Säulen am schmucklosen Eingang deuten darauf hin, dass ursprünglich ein Portal vorhanden gewesen sein muss.

Provinz Lecce (Salento)
Karte S. 329

Byzantinische Kreuzkuppelkirche San Pietro

Die **Zentralkuppel** des Innenraums in Form eines griechischen Kreuzes wird von vier stämmigen Säulen getragen, deren Kapitelle mit Bildnissen geschmückt sind. Die byzantinischen Wandmalereien sind ausgesprochen gut erhalten; auf einem Freskenbild erkennt man Petrus bei der Arbeit, die anderen Apostel haben sich zur Fußwaschung in Reih und Glied aufgestellt. Im rechten Kirchenschiff steht eine eindrucksvolle Petrusstatue byzantinischer Machart.

Castello: Schützend überragt die Festung die Stadt. Die umfangreichen Restaurierungsarbeiten am wuchtigen Außenbau sind weitgehend abgeschlossen; die Hauptaufgabe, das Innere der Anlage, steht jedoch noch bevor. Mittlerweile konnte der zugeschüttete Schutzgraben bis auf seine ursprüngliche Tiefe freigelegt werden. Dabei kamen auch die Stützpfeiler der ehemaligen Zugbrücke wieder zum Vorschein. Das Castello selbst, verniedlichend auch "Il Fortino" genannt, kann im unteren Teil bereits besichtigt werden, auch die Aussichtsplattformen auf der Festungsmauer sind teilweise begehbar.

Unmittelbar nach dem verheerenden Türkenüberfall ließ Ferdinand von Aragon das Kastell über einer Stauferburg errichten. Die Bauzeit betrug 13 Jahre und war 1498 beendet. Die spanischen Habsburger, die einen erneuten Türkenangriff befürchteten, besorgten in der ersten Hälfte des 16. Jh. den Ausbau der Festung. Über dem Haupteingang an der Piazza Castello ist das Wappen des Habsburgerkaisers Karl V. zu erkennen. Das mächtige Bollwerk wurde von den napoleonischen Truppen Anfang des 19. Jh. erheblich zerstört.

Umgebung/Dolmen di Scusi

Ein lohnenswerter Abstecher führt ins Landesinnere nach **Minervino di Lecce**. Die S 173 zieht sich bis Uggiano durch eine leicht wellige Karstlandschaft, eine dünn besiedelte Gegend mit steinigen Weiden, etwas Macchia und rotbraunen Feldern. Ab und zu taucht ein Gutshof hinter hochgewachsenen Pinien auf. An der Landstraße von Uggiano nach Minervino steht linker Hand mitten in der Landschaft die größte und eindrucksvollste **prähis-**

torische Grabkammer der Terra d'Otranto, der Dolmen di Scusi. Ein aus Steinen gebildeter Korridor führt zu der eigentlichen Grabzelle, einer Konstruktion aus mehreren aufeinandergesetzten unbehauenen Steinplatten. Ursprünglich war auch diese Grabanlage von einem Erdhügel bedeckt.

Salento-Küste südlich von Otranto

Die Küste um Otranto ist das allerschönste Baderevier der salentinischen Halbinsel. Wie bereits erwähnt, erhielt der 25 km lange Küstenabschnitt zwischen Porto Badisco und Sant'Andrea 2002 die begehrte Cinque-Vele-Auszeichnung für den saubersten und intaktesten Küstenstreifen ganz Italiens! Südlich von Otranto zerklüftet die Felsküste und bildet idyllische kleine Fjorde, von denen einige sogar winzige Strände besitzen.

Die Qualität des je nach Untergrund tiefblauen bis smaragdgrünen Wassers ist tadellos. Die Abwässer einiger Küstenorte werden zwar leider immer noch direkt ins Meer geleitet, aber die Sogwirkung der Meerenge von Otranto meint es anscheinend gut mit dieser Badeküste und spült alles ins offene Mittelmeer. Weit und breit gibt es keine verschmutzten Flussmündungen, vor denen man sich in Acht nehmen müsste.

Von Otranto bis Santa Cesarea Terme

Die Küstenstraße schlängelt sich durch eine karstige Hügellandschaft voller ästhetischer Kargheit. Dieses äußerste Randgebiet der salentinischen Murgia lässt sich nur mühselig kultivieren – steinige Weiden dominieren, Bäume haben hier Seltenheitswert, die meisten Höfe sind längst verlassen. Noch lange sieht man den **Torre del Serpe**, das Wappenbild von Otranto, im Rückspiegel. Steil über dem Meer klaffen schwindelerregend hohe Felsvorsprünge. Erst nach einigen Kilometern senkt sich der steinige Murgia-Rücken wieder, und kleine **fjordähnliche Badebuchten** tun sich auf.

Zu Beginn des zwanzigsten Jahrhunderts wurden in den Küstengrotten und Karsthöhlen der Umgebung zahlreiche Funde aus der Steinzeit gemacht ("Tabernakel aus der Steinzeit", S. 365). Erst 1970 hat man die nördlich von Porto Badisco gelegene **Grotta del Cervo (Hirschgrotte)** entdeckt, deren prähistorische Ritzzeichnungen sich in einem erstaunlich guten Zustand befinden sollen. Diese späte Entdeckung aus der frühen Menschheitsgeschichte ist allerdings nur Wissenschaftlern zugänglich. Neben unklaren magischen Symbolen sollen schematische Tierzeichnungen zu erkennen sein, darunter auch Hirsche – daher der Name der Grotte.

Porto Badisco

Eine winzige Ortschaft an einem der schönsten Minifjorde südlich von Otranto. Dieser friedliche Küsteneinschnitt wird von Lokalpatrioten gerne mit Vergils "Äneas" in Verbindung gebracht, wo von einem malerischen Ort die

Provinz Lecce (Salento)
Karte S. 329

Rede ist, an dem der namengebende griechische Weltenbummler erstmals italischen Boden betreten habe. Doch seriösere Vergil-Interpreten wollen in den Schilderungen des großen Epikers andere Orte wiedererkennen.

Einige Villen klammern sich an die Felsen oberhalb der Bucht. Im Hochsommer bevölkern zahlreiche Tagesausflügler das Dörfchen. Um ihre Versorgung bemühen sich fahrende Händler, die am Rand der Durchgangsstraße ihre Tische aufgeklappt haben. Eine Asphaltstraße windet sich hinunter zur kleinen **Hafenbucht** mit Parkgelegenheit und Bar. Fischerboote treiben auf der ruhigen Wasseroberfläche oder sind aufs Trockene gezogen. Vielleicht mal nach einigermaßen glatt gespülten Badefelsen Ausschau halten. – Wer sich am 31. Juli in Porto Badisco aufhält, erlebt die stimmungsvolle **Sagra del riccio di mare** (Seeigelkirmes).

● *Übernachten/Essen & Trinken* **Il Veliero**, am südlichen Ortsende, großes Ausflugsrestaurant, wird von der sympathischen Wirtsfamilie betrieben, die vorher das kleine, mittlerweile geschlossene Ristorante La Triglia im Ort bewirtschaftet hat, gute lokaltypische Fischküche, Menü ab 18 €, auch **Zimmervermietung**, ℡ 0836/811639. **Skilè**, preiswerte Spaghetteria und Paninoteca an der Durchgangsstraße.

Masseria Panareo, Tipp! Kurz vor Porto Badisco liegt dieses hübsche Anwesen, weithin sichtbar auf einer bewaldeten Hügelkuppe thronend. Der ehemalige Gutshof ist geschmackvoll zum Landhotel ausgebaut worden, die insgesamt 10 Zimmer sind schlicht, aber einladend ausgestattet. Das rustikale Hotelrestaurant serviert authentische salentinische Land- und Meeresküche. DZ 41–62 €, HP 46,50-57 € pro Person, ℡ 0836/812999. Vorsicht, schmale Zufahrt von der Küstenstraße!

Santa Cesarea Terme   ca. 3.000 Einwohner

In diesem vornehmen Kur- und Kongressort sprudeln vier schwefelhaltige Warmwasserquellen, die direkt in das Kurhotel Albergo Palazzo geleitet werden. Der kleine Ort verfügt über eine gewaltige Bettenkapazität.

Die großzügig angelegten Herbergen stehen an der weit oberhalb der Uferlinie verlaufenden Promenade. Abgesehen vom Kurbetrieb gibt es einigen sehenswerten Privatbesitz, darunter phantasievolle und farbenfrohe **Prachtvillen** im maurischen Stil, daneben griechisch anmutende weiße Flachdachbauten. Von der unteren Terrasse der Kurpromenade aus erkennt man die **bizarren Felsformationen**, die die sprudelnden Thermalquellen der Ortschaft suggestiv umrahmen: stachelige Felsrücken, geschichtete monolithische Klippen und raue Felsplateaus. Santa Cesarea Terme hat sich in den letzten Jahren auch eine erhöhte Aussichtsplattform zugelegt. Eine Straße führt durch ein Waldgebiet (Hinweisschild "Pineta") hinauf zu diesem **Belvedere**, wo der Fernsicht keine Grenzen mehr gesetzt sind. Das örtliche **Felsbad Bagno Marino Archi** liegt in einem ehemaligen Küstensteinbruch und wird von hohen Felswänden eingerahmt.

Das **Thermalbad** hat von Mai bis Oktober Hochsaison und ist für Bade- und Schlammkuren ausgerüstet, außerdem gibt es ergänzende Einrichtungen für Inhalation und Dampfbäder. Bei Rheuma und Erkrankungen der Atemwege ist man hier an der richtigen Adresse.

Santa Cesarea Terme – Prachtvilla im orientalischen Stil

● *Information* **Pro Loco und Kurbüro**, im Kurpavillon an der Durchgangsstraße, Via Roma 209, ☎ 0836/944043.

● *Übernachten/Camping* Die Hotelbetriebe sind vorwiegend auf Kurbetrieb eingestellt; jedoch nicht überall besteht Pensionspflicht. Zwei Küstencampingplätze liegen wenige Kilometer südlich der Ortschaft.

*** Albergo Palazzo, Via Roma 223, jüngst renoviertes Kurhotel mit angeschlossenem Thermalbad und Ristorante, geöffnet von März bis November, DZ 45–55 €, ☎ 0836/944316.

*** Le Macine, Via Fontanelle 37, hübscher Flachbau am südlichen Ortsende, mit Ristorante, DZ 46,50–52 €, ☎ 0836/949941.

** Francis, Via Umberto I 96, südlicher Ortsausgang, kleines Albergo mit Ristorante, preisgünstigste Unterkunft, DZ 34–44 €, ☎ 0836/944129.

** Archi, Via Umberto I 82, einfache kleine Pension, Neubau, oberhalb des örtlichen Bagno Marino Archi gelegen, DZ 44–52 €, ☎ 0836/944097.

*** Camping Porto Miggiano, 2 km südlich, gepflegter kleiner Platz mit Oliven- und Eukalyptusbäumen direkt über den Klippen; schmale Hafenbucht mit Küstenwachturm in Sichtweite, 2 Personen, Zelt und Auto ab 27,50 €, ☎ 0836/944303.

*** Camping La Scogliera, ein Stück höher im Pinetawald gelegen; großer, gut ausgestatteter Platz in Hanglage, Swimmingpool, 2 Personen, Zelt und Auto ab 18,50 €, auch Bungalowvermietung, ganzjährig geöffnet, ☎ 0836/949802.

● *Essen & Trinken* **La Torre**, alteingesessenes kleines Ristorante mit Pizzeria, oberhalb der Durchgangsstraße, neben dem Rathaus, schöne Terrasse, Hausmannskost, Menu turistico 13 €, ☎ 0836/944027, Via Roma 147.

La Bettola, volkstümliche Trattoria, ebenfalls an der Durchgangsstraße; *Cucina tipica*, eine Primo-Spezialität sind die *Cavatelli con cozze e faggioli* (Cavatelli-Nudeln mit Miesmuscheln und Bohnen), Menü ca. 15 €, auch Pizza, ☎ 0836/949722, Via Roma 99.

Il Villino, vornehmes Terrassenrestaurant über den Klippen, gleich neben der auffälligen Jugendstilvilla, ausgezeichnete Fischküche, Menü ab 25 €, ☎ 0836/944202.

Porta d'Oriente, beliebtestes Straßencafé mit Gelateria, am südlichen Ende der Kurpromenade, abends lange geöffnet.

Eingang zur Grotta Zinzulusa

Grotta Zinzulusa

Zwischen Santa Cesarea Terme und Castro geht es hinunter auf einen reisebustauglichen Parkplatz mit Souvenirständen, Ristorante, Bar und Schwimmbad über den Klippen; von dort führt eine Treppe zum Grotteneingang. Die Zinzulusagrotte ist die einzige der Küstengrotten ("Tabernakel aus der Steinzeit", S. 365), die für die Öffentlichkeit freigegeben ist; kein Wunder, da es sich um ein wissenschaftlich relativ bedeutungsloses Exemplar handelt. Sie besitzt statt interessanter prähistorischer Spuren nur stalaktitische und stalagmitische Formationen von durchschnittlichem Reiz. Am Ende des ca. 150 m langen Grottentunnels **Corridoio delle Meraviglie** befindet sich eine unzugängliche Fledermaushöhle.

• *Öffnungszeiten* in der NS tägl. 10–18 Uhr, Eintritt 2,50 €, in der HS tägl. 9–19 Uhr, Eintritt dann 3 €.
• *Übernachten/Essen & Trinken* ***** Piccolo Mondo**, komfortabler kleiner Hotelbetrieb oberhalb der Grotta Zinzulusa direkt an der Küstenstraße, schöner Garten am Hang, gutes Ristorante, DZ 93–114 €, ☎ 0836/947035.

Castro

Zwischen Santa Cesarea Terme und Castro zieht sich die Küstenstraße spektakulär über das Steilufer. Castro gibt es gleich zweimal, oben und unten.

Castro Superiore, die Oberstadt, klammert sich an den Hang und wirkt trotz der bescheidenen 98 m über dem Meeresspiegel wie ein kleines Bergdorf. Der Ort hat seine Wurzeln im Mittelalter und lag einst geschützt in einem Mauerring, von dem noch vier Wehrtürme zu erkennen sind. Neben der **Burgruine** öffnet sich die zentrale Bellavista-Platzanlage. Hier versammeln sich die älteren Bewohner, deren Hauptbeschäftigung das Beobachten von Touristen zu sein scheint. Am Ende der Oberstadt steht die ergraute **Chiesa Santissima Annunziata.**

Unten im Hafenbecken kleben die Fischer- und Sportboote förmlich aneinander. Auch die Häuser und Villen von **Castro Marina** staffeln sich dicht um die Hafenbucht. Der kleine Küstenort kann den hochsommerlichen Andrang kaum bewältigen.

● *Übernachten* *** **Hotel Euromare**, kleiner Familienbetrieb mit nur 8 Zimmern, frisch renovierter Flachbau, am Anfang der Uferpromenade, mit Restaurant, DZ 52–114 €, ✆ 0836/947361.

*** **La Roccia**, architektonisch ansprechende Hotelanlage am Ende des Lungomare, ruhige Lage, Zimmer mit Balkon und Meerblick, Hotelrestaurant, DZ 64 €, EZ 32 €, ✆ 0836/943003.

* **La Tartana**, kleine Pension an der steilen Straße zur Oberstadt, Zimmer mit Küstenblick, DZ L. 41–45 €, Via IV Novembre 151, ✆ 0836/943513.

● *Essen & Trinken* **L'Aragosta**, vornehmes Ristorante mit großer Dachterrasse über den Klippen, Fisch und Meeresfrüchte in allen Variationen, Menü ca. 30 €, Menu turistico 16 €, ✆ 328/4334560.

Hostaria Vecchie Maniere, Tipp! In der Oberstadt, Via Roma 13, neben der Burgruine. Originelle, alteingesessene Keller-Osteria, historische Fotos zieren die Wände, kleine Speiseterrasse neben dem Eingang, herzhafte Land- und Meeresküche, z. B. gemischte Antipasti (Meeresfrüchte und Gemüse) oder Polipo con patate (Tintenfisch mit Kartoffeln), freundliche Bedienung, Menü ca. 20 €, ✆ 0836/943459.

Speran, Straßencafé und Gelateria, zentral gelegen, die Tische und Sonnenschirme füllen im Hochsommer fast den ganzen Balkon des Lungomare, leckere Granite, Eis und mehr.

Tabernakel aus der Steinzeit – die Küstengrotten

Nördlich und südlich von Castro konzentrieren sich die Wohnhöhlen aus grauer Vorzeit, die heute fast alle nahe der Wasseroberfläche liegen. Berücksichtigt man, dass der Meeresspiegel im Lauf der Jahrtausende erheblich gestiegen ist, wird die geschützte Lage dieser Küstengrotten besser vorstellbar.

Bei Untersuchungen zu Beginn des 20. Jh. entpuppten sich die **Grotten Romanelli, Rotundella und Verde** als prähistorische Höhlenbehausungen von größter wissenschaftlicher Bedeutung. In der kulturgeschichtlich interessantesten Höhle, der Grotta Romanelli, wurden die ältesten menschlichen Spuren und die deutlichsten Ritzzeichnungen entdeckt. Paläolithikum-Forscher aus aller Welt haben diese Steinzeithöhle bereits gründlich untersucht und umfangreiche Berichte verfasst. Sogar die klimatischen Verhältnisse (Wechsel zwischen Eiszeit und tropischem Klima) konnten lückenlos rekonstruiert werden.

Diese Küstengrotten werden wie Tabernakel aus der Steinzeit behandelt und streng geschützt – Betreten ist nur Wissenschaftlern möglich. Dem normalen Durchreisenden bleiben die Ritzzeichnungen der frühesten apulischen Küstenbewohner somit noch verschlossen.

Provinz Lecce (Salento)
Karte S. 329

Castro – Bergdorf mit Hafen

Insenatura Aquaviva

Wenige Kilometer südlich von Castro öffnet sich einer dieser fjordähnlichen Küsteneinschnitte, an dem man nicht achtlos vorbeifahren sollte. Die **schmale, stille Bucht** wirkt wie ein natürliches Schwimmbecken. In der rechten Felswand erkennt man nicht erreichbare Höhlenöffnungen. Die kleine Parkplattform, die Trinkwasserquelle am Treppenaufgang und das an die linke Felswand gequetschte Ristorante waren lange Zeit die wenigen zivilisatorischen Eingriffe in dieses winzige Fjordidyll, jetzt gibt es auch eine gemauerte Badeplattform mit Barbetrieb.

Essen & Trinken **Aquaviva**, Ristorante und Pizzeria, herrliche Lage, das kleine Ausflugslokal hängt förmlich über der gleichnamigen Bucht, schnörkellose salentinische Land- und Meeresküche, Menü 15–25 €, ✆ 0836/943309.

Tricase und Tricase Porto

Der Hauptort der beiden Tricase, das **Bergdorf**, liegt in verhältnismäßig kühl-luftiger Höhe 98 m über dem Meer. Oben sollte man sich das merkwürdige Kastell aus dem 16. Jh. nicht entgehen lassen. In der barocken Hauptkirche verdient eine fein geschnitzte Kanzel (18. Jh.) besondere Beachtung. Und überhaupt lohnt ein kleiner Bummel durch den Ort.

Das **Hafenbecken** von Tricase Porto hat eine fast parallel zur Uferpromenade verlaufende gemauerte Mole mit guten Einstiegsmöglichkeiten ins Wasser. Wer lieber natürlichen Boden unter den Füßen spürt, findet am anderen Ende der Bucht auf breiten Felsplatten den Weg ins kühle Nass. Ansonsten zeigt sich Tricase Porto verhalten mondän – hinter Palmen und Pinien versteckt sich viel luxuriöser Privatbesitz in Hanglage.

• *Übernachten/Camping* ** **Vantaggiato**, Via Caputo 15, bescheidene, preiswerte Pension mit volkstümlichem Restaurant im Zentrum von Tricase, DZ 33,50–36 €, ohne Bad 31–33,50 €, ☎ 0833/544057.

*** **Il Vascello**, südliche Ortsausfahrt, im Ortsteil Marina Serra, ruhige Lage, in Ufernähe, kleiner moderner Hotelbetrieb mit Restaurant, DZ 46,50–67 €, ☎ 0833/775060.

Komfortable Ferienhäuschen mitten im Grünen, oberhalb der Ortschaft (toller Küstenblick!), vermietet Emanuele Chiuri, ☎ 0833/541750 oder im Ristorante Bellavista (s. u.) nach Signor Chiuri fragen. 3-Personen-Häuschen inkl. Bettwäsche 63 € pro Tag.

Empfehlenswerte Küstencampingplätze sind *** **San Nicola** (☎ 0833/775115) in Tricase Porto, 2 Personen, Zelt und Auto ab 10 € und ** **Il Ponte** (☎ 0833/544535) im Ortsteil Marina Serra, südliche Stadtausfahrt, 2 Personen, Zelt und Auto ab 13 €.

• *Essen & Trinken/Nachtleben* **Bolina**, stimmungsvolles Fisch-Ristorante direkt am Hafenbecken, gut und teuer, Menü ca. 30 €, ☎ 0833/775102.

Green World, die beliebteste Bar im Ort, oberhalb des Hafenbeckens, lange geöffnet.

Bellavista, Tipp! Beliebtes Ausflugslokal, 70 m über dem Meer wie auf einer Aussichtsplattform, lauschiges Plätzchen, wenn unten die Hitze drückt, authentische salentinische Fischküche mit Frischegarantie, Menü ca. 25 €, ☎ 0833/775082.

Zum Bellavista gehört jetzt auch ein **Freiluftlokal auf mehreren Terrassen** mitten in einem mediterranen Nutzgarten; hier wird lokaltypische Landküche und Pizza aus dem Steinofen serviert.

Weiter in Richtung der apulischen Südspitze

Nach dieser letzten Badebastion südlich von Otranto steigt die Küstenstraße wieder an und verläuft bis zum apulischen Land's End durch dichte Macchia – undurchdringliches Grün, mediterraner Märchenwald. Hinter **Marina di Novaglie** schaffen nur noch versierte Gebirgler den steilen Abstieg ans Meer.

Santa Maria di Leuca ca.1.000 Einwohner

Für gläubige Katholiken stellt die hoch über dem Ort gelegene Wallfahrtskirche ein unverzichtbares Pilgerziel dar. Der weltliche Teil dieses Finibus Terrae erstreckt sich im Wesentlichen hinter der langen Uferpromenade und wirkt in der Nachsaison absolut gottverlassen.

Von der magischen Anziehungskraft, die der Ort um die Jahrhundertwende hatte, künden noch **zahlreiche Prunkvillen**. Diese Sommerresidenzen mit den phantasievollen bis absurden Formen fallen als architektonische Kuriositäten auf und beleben das ansonsten etwas farblose und unspektakuläre Nest. Teils verschlossen und verblüht, teils bewohnt und mit Hollywoodschaukel im Garten stehen die Jahrhundertwendebauten der exzentrischen Ende-der-Welt-Liebhaber am Lungomare.

Am Ende der Uferpromenade steht neben der dreibogigen Steinbrücke, die über eine flussbettartige Senke führt, der älteste Häuserverbund des Ortes. Gegenüber diesem mehrstöckigen Konglomerat aus verschiedenartigsten Zweckbauten liegt der nahezu vollständig zubetonierte **Fischereihafen**. Die großen Fischkutter mit den Fangkränen an Bord fahren von hier oft tagelang aufs offene Meer hinaus.

Weit oberhalb der Hafenbucht, auf der Kapspitze, liegt in aller Abgeschiedenheit das Santuario Santa Maria di Leuca, die Wallfahrtskirche. Vom

Provinz Lecce (Salento) Karte S. 329

großzügig angelegten Parkplatz genießt man einen wunderschönen Blick auf Meer, Ortschaft und Hinterland. Daneben der alles überragende weiße **Leuchtturm**. An der Einfahrt zur Parkplattform befindet sich eine unscheinbare **Brunnenanlage**. Es handelt sich dabei um die "Opere terminali del acquedotto pugliese", den Endpunkt des apulischen Bewässerungssystems ("Apulien erleben", S. 16). Hier kann jeder testen, in welcher Qualität das lebenswichtige Nass sein Ziel erreicht.

Santuario Santa Maria di Leuca: Die barocke Wallfahrtskirche wurde 1990 in den Rang einer *Basilica Minore* erhoben. Aus diesem Anlass wurde die Pilgerkirche einer Teilrestaurierung unterzogen. Im rechten Seitenarm des Vorraums befindet sich der eigentliche Kirchenschatz, die Madonna mit Kind im blauen Faltengewand. Im Innenraum, über dem ersten Seitenaltar rechts, ein interessantes Altarbild des Johannes von Nepomuk, des bekannten Brückenheiligen, der 1393 in der Moldau ertränkt wurde.

Den **Vorplatz** der Kirche zieren die für einen Wallfahrtsort üblichen Souvenirbuden mit Plastikstatuetten, Rosenkränzen, Bildchen etc., offensichtlich ein lukratives Geschäft.

Blickt man hinüber zum anderen Ende der Uferpromenade, erkennt man die **Punta Ristola**, den präzisen geografischen Endpunkt Apuliens. An dieser Stelle öffnen sich mehrere Küstengrotten, die nur vom Wasser aus erreichbar sind. Eine der Hauptattraktionen ist die so genannte **Grotta Treporte** (Dreitürengrotte), deren bogenförmige Stützpfeiler drei Grotteneingänge bilden. Von Land aus erreicht man nur die **Grotta del Diavolo** (Teufelsgrotte), der Fußweg ist beschildert.

● *Information*   **Pro-Loco-Büro**, am Lungomare Nr. 53 in der schmucken Säulenvilla Fuortes untergebracht, ✆ 0833/758161.

● *Anfahrt & Verbindungen* **Auto**, von Otranto über die beschriebene Küstenpanoramastraße S 173; oder von Lecce nach Maglie auf dem Salento-Highway S 16 und dann weiter auf der S 275 durch die Zentral-Murgia. **Bahn/Bus**: Die Ferrovia del Sud-Est verkehrt mehrmals täglich zwischen Lecce und Gagliano, von dort Busse nach Santa Maria di Leuca.

● *Übernachten/Camping* **** **L'Approdo**, schwebt in beherrschender Lage über dem Fischereihafen, internationaler 4-Sterne-Standard, Swimmingpool, Restaurant, DZ 80–200 €, ✆ 0833/758548.

*** **Hotel Terminal**, Lungomare Colombo 59, modernes Großhotel, geräumige Zimmer mit Balkon und Blick aufs Meer, akzeptables Ristorante, Hotelstrand, DZ 68–83 €, EZ 47–62 €, ✆ 0833/758242.

*** **Rizieri**, ebenfalls am Lungomare (Nr. 16), schön gelegen und preiswerter als die Konkurrenz, mit Restaurant, DZ 45–65 €, EZ 25–45 €, ✆ 0833/758007.

Zwei relativ günstige und ordentliche Alberghi findet man in der Via Quinto Ennio 33 und 100: ** **Minerva** (✆ 0833/758564, DZ 51 €, EZ 31 €) und ** **Due Mari** (✆ 0833/758588, DZ 26–51 €, ohne Bad 18–36 €).

*** **Camping Santa Maria di Leuca**, ca. 3 km im Landesinnern, großer Platz, schattig, gut ausgestattet mit Swimmingpool, auch Bungalowvermietung, ganzjährig geöffnet, 2 Personen, Zelt und Auto ab 12 €, ✆ 0833/548157.

● *Essen & Trinken/Nachtleben* mehrere **Fischrestaurants** an der Uferpromenade; **La Conchiglia** hat ein ausgewogenes Preis-Qualitäts-Verhältnis; **Lupo di Mare** empfehlen wir zu meiden.

> **Fedele, Tipp!** Volkstümliches Ristorante oberhalb des Fischereihafens; großer heller, etwas steriler Speiseraum, Terrasse, oft voll, da sehr beliebt bei Einheimischen; herzhafte Meeres- und Landküche, *Risotto alla pescatora* ist eine Primo-Spezialität des Hauses, Menü ca. 20 €, Menu turistico 16 €. Via Croce 55, ✆ 0833/ 758732.

Lo **Zodiaco**, an der Straße nach Castrignano; das beliebte Ristorante wird von einer Fischerfamilie betrieben, leckere Fischgerichte mit Frischegarantie, auch Pizza, ☎ 0833/758224.

Bar del Porto, der Jugendtreff, neben dem Ristorante Fedele, fetzige Musik, lange geöffnet.

Ausflugstipp Im Sporthafen (Porto turistico) am Lungomare werden u. a. **Grottentouren** angeboten. Eine 1,5-stündige Besichtigungstour führt zu 5 Grotten an der adriatischen Küste (ca. 10 € pro Person). Der Knüller ist ein **Unterseeboot** mit Tiefstrahlern, das auch für nächtliche Exkursionen ausgerüstet ist. Nähere Informationen bei **Colaci Mare**, ☎ 0833/ 758288.

Patu

Von Santa Maria di Leuca geht es über Castrignano den Murgia-Rücken hinauf in das kleine Dorf mit dem sonderbaren Heiligtum. Wenn dieser kuriose Tempel nicht wäre, würden die Dorfbewohner wahrscheinlich nur sehr selten Besuch bekommen. Alle Wege führen hier zum **Centopietre** – mitten durch den behäbigen Dorfalltag. Am Ortsrand neben der interessanten romanischen **Kirche San Giovanni** aus dem 12. Jh. (jüngst restauriert) steht der ursprünglich als messapische Kultstätte ausgewiesene "Bau aus hundert Steinblöcken". Aus der Nähe betrachtet wirkt dieser flache, rechteckige Sakralbau mit dem leicht angewinkelten Dach eher wie eine massive Schutzhütte; bestärkt wird dieser Eindruck noch durch die angrenzenden Felder. Der Innenraum soll einst mit byzantinischen Fresken verziert gewesen sein, deren Spuren heute wohl nur noch Experten erkennen können. Die Gemeinde hat sich jedenfalls im Lauf der Zeit eine eigene Erklärung für ihr – mit Verlaub – komisches Heiligtum geschaffen. Demnach soll es sich bei diesem ca. 7 x 5 x 2 m großen Steinhaus um ein Denkmal handeln, das an die Opfer der zahlreichen Türkenangriffe in dieser Gegend erinnert.

Übernachten/Essen & Trinken ** **Mamma Rosa**, Via Dante Alighieri 17, sehr bescheidene, kleine Pension, mit volkstümlichem Restaurant, als Notquartier geeignet, DZ 31– 36 €, EZ 15,50–20,50 €, ☎ 0833/752063.

Centopietre – Kultstätte aus "100 Steinen"

Salento-Küste südlich von Gallipoli

Hinter der Punta Ristola bäumt sich auf ca. 10 km Länge eine zerklüftete Felsküste auf, an der nur Ortskundige den Weg ans Wasser finden. Anschließend tauchen wieder lange Sandstrände auf, teils Dünenstrände mit niedrigen Sträuchern, selten gibt es schattenspendende Bäume.

Der Küstenverlauf von Santa Maria di Leuca in Richtung Gallipoli hält keine größeren Überraschungen bereit. Die **Badeorte** an diesem Küstenabschnitt sind wild gewachsen und zersiedelt, die Ortskerne lassen sich kaum identifizieren. Die schönste Bucht haben wir in Marina San Giovanni gesehen. Die **Torri**, die in regelmäßigen Abständen auftauchenden Küstenwachtürme, sind die eigentlichen Attraktionen an diesem sonnenreichen Küstenstreifen.

Das Hinterland, der **Süden der Murge Salentine**, hingegen ist schon eher eine Augenweide: rostbraune Erde, pralle Riesenkakteen, knorrige Ölbäume, vereinzelte Feigen- und Mandelbäume, dürre Weinstöcke, steinerne Schutzhütten, verwitterte Steinmauern, und ab und zu ein friedliches, verschlafenes Murgia-Dorf wie Patu (S. 369).

▸ **Torre Vado**: Auf der Küstenstraße in Richtung Norden erblickt man bald den gut erhaltenen Rundturm mit gezacktem Wehrgang. Der gleichnamige **Badeort**, der sich unmittelbar anschließt, besitzt eine überdimensionale Uferpromenade. Den Ort selbst begreift man auch nach dem zweiten Erkundungsgang nicht so recht. Er ist planlos gewachsen, aber erfüllt bei aller Konzeptlosigkeit und Zersiedlung anscheinend die Bedürfnisse einer kurzen, hochsommerlichen Badesaison.

▸ **Marina di Pescoluse**: Hinter Torre Vado beginnt der schöne breite **Dünenstrand** von Marina di Pescoluse – so weit das Auge reicht.

● *Übernachten* ****** Camping La Grotta**, Marina di Pescoluse, ca. 1 km von der Küste entfernt, großer, gut ausgestatteter Platz mit Sportanlagen und Pool, Olivenbäume spenden Schatten, 2 Personen, Zelt und Auto 22 €, auch Bungalowvermietung, ☏ 0833/712108.

**** Camping Ionion Club, ca. 2 km landeinwärts, im ansteigenden Hinterland von Torre Pali (s. u.), schattiger Blätterwald, moderner großer Zeltplatz mit Supermarkt, Schwimmbad, Sportanlagen etc., ganzjährig geöffnet, 2 Personen, Zelt und Auto 22 €, ☏ 0833/711289.

▸ **Torre Pali, Lido Marini und Torre Mozza**: Die anschließenden Küstensiedlungen sind zweifelhafte Ferienorte, die um kleine, natürliche Buchten herum aus dem Boden gewachsen sind – zuerst ganz harmlos und dann unaufhaltsam. Die zumeist ohne Baugenehmigung entstandenen Flachbauten erreichen manchmal eine bedrohliche Nähe zum Wasser.

▸ **Marina San Giovanni**: Wegen der schön geschwungenen Bucht mit Uferpromenade der angenehmste Ort an diesem sandigen Küstenabschnitt.

● *Übernachten/Essen & Trinken* ★★★★
Camping Riva di Ugento, überall beschildert, riesiger, gut ausgestatteter Zeltplatz, dichter Pinetawald, Pool, Disco, Tennis, davor langer Strand mit Dünen, 2 Personen, Zelt und Auto ab 22 €, ✆ 0833/933600.

★★★ **Robinson Club Apulia**, Marina San Giovanni, exklusive Clubanlage, über das heimische Reisebüro zu buchen.

Da Cosimino, in Marina San Giovanni, kleine Open-air-Trattoria am südlichen Ende des Lungomare (nach Da Cosimino fragen, da keine Beschriftung), wenige Tische unter einem Sonnendach aus Kunststoff und Palmwedel, leckere Fischgerichte aus der Garküche, kleine Preise.

▶ **Weiter in Richung Gallipoli:** Bis vor die Tore der Stadt weiterhin stark zersiedelte Küste mit dem **Torre Suda** als Highlight. Der Turm mit der ausladenden Steintreppe ist in einem sehr guten Zustand und erinnert vielleicht mehr als die anderen Küstenwachtürme an die Jahrhunderte der Bedrohung durch Angriffe vom Meer.

Baia verde – sichelförmiger Südstrand von Gallipoli

Baia Verde

Südlich von Gallipoli erstreckt sich der schmale Dünenstrand der sichelförmigen Baia Verde. Das kilometerlange helle Sandband wird streckenweise von dichter Macchia und Pinetawäldchen gesäumt. Von der Küstenstraße aus führen mehrere Fußwege ans Wasser, die Skyline von Gallipoli ist allgegenwärtig. In Richtung Südspitze der Bucht und Torre del Pizzo, hinter den Hotel- und Campingplatzanlagen, wird es zunehmend einsamer. Hier beginnt auch allmählich die flache, schwer zugängliche Felsküste.

Provinz Lecce (Salento) Karte S. 329

Blick über die Altstadt von Gallipoli mit Leuchtturm im Hintergrund

Gallipoli

ca. 21.000 Einwohner

Die schwarze Perle der Salento-Küste. Diese "Kale polis" (schöne Stadt) griechischen Ursprungs ist die eigentliche urbane Überraschung am Ionischen Meer. Wie eine uneinnehmbare Felseninsel liegt Alt-Gallipoli an der Spitze einer weit ins Meer ragenden Landzunge – von Norden wie Süden schon aus der Ferne erkennbar.

Wer sich erst einmal durch die rapide ins Hinterland gewachsene Neustadt gekämpft hat, steht vor einer schwimmenden Festung im seichten Wasser, deren befahrbare Verbindungsbrücke wie eine Ankerkette das Abdriften aufs offene Meer verhindert. Der kompakte Stadtkern ist seit der Gründung in seinen Ausmaßen unverändert geblieben, aber er hat die Patina eines antiken Ausstellungsstücks angesetzt.

Gleich hinter der Brücke erhebt sich das mehrfach erneuerte **Castello**, das zur Landseite hin vor unliebsamen Besuchern schützen sollte. Rund um die Stadt zieht sich ein breiter **Befestigungswall**, auf dem eine Ringstraße verläuft. Von dieser massiven Umfassung gehen mehrere rechtwinklige Molen ab und formen kleine geschützte Hafenbecken, in denen die allgegenwärtigen **Berufsfischer** von Gallipoli mit ihrer Arbeit für ein authentisches Bild sorgen. Netze, Reusen und Fischerzubehör, das sind auch die ersten Dekorationen, die man am Eingang der Altstadtinsel neben der Markthalle sieht.

Im faszinierend labyrinthischen **Gassengewirr**, wo mehrere Kirchen und ein uriges Museum auf Besucher warten, geht es vor allem in den Abendstunden, wenn die Einwohner ihre letzten Besorgungen machen, recht lebhaft zu. Und wenn der Essensgeruch dann durch die luftigen Gassen zieht und die Haustüren sperrangelweit offen stehen, fühlt man sich geradezu aufgefordert, in die hell erleuchteten Wohnungen zu starren. Die ungezwungene Offenheit in den Abendstunden entspricht so ganz dem Stolz der Altstadtbewohner auf ihre "Schöne Stadt", die sie im Laufe der Geschichte mehrmals energisch verteidigen mussten.

Geschichte: 265 v. Chr. verbündete sich Gallipoli mit der benachbarten griechischen Kolonie Tarent gegen die Römer. Der Widerstand wurde jedoch bald gebrochen. Die Eroberer erklärten die Stadt später zu einem römischen Munizipium und stationierten eine Garnison. Im 5. Jh. n. Chr. zogen ostgermanische Vandalen plündernd durch den Salento, auch Gallipoli blieb nicht verschont. Im Mittelalter war die Stadt zunächst normannisch, später staufisch, bevor sie 1266 unter Karl I. an die Anjou fiel. Als diese Dynastie in der Hauptstadt Neapel auf dem Thron saß, wurde das Castello errichtet und mehrfach umgebaut. Die anrückenden Venezianer waren 1484 gegen einen starken Widerstand siegreich, zeigten sich aber beeindruckt von der außergewöhnlichen Tapferkeit und ließen die Stadt deshalb unzerstört. Die letzte Schlacht führte das franzosenfreundliche Gallipoli 1809 gegen die englische Flotte und ließ dabei keinen Kanonenschuss unbeantwortet.

Enorme Bedeutung besaß der **Handelshafen** für das bäuerliche Hinterland. Hier wurden die landwirtschaftlichen Produkte gelagert und verschifft. Als größter europäischer Exporteur von **Lampenöl** – das aus minderwertigen Oliven hergestellt wurde – machte sich Gallipoli im 17. und 18. Jh. einen internationalen Namen. In den *Frantoi Ipogei* (unterirdische Ölmühlen) der Altstadt erzeugte man das Lampenöl, lagerte es dann in riesigen *Posture* (Felszisternen) im Hafengebiet, und schließlich lud man es auf Schiffe aus aller Welt. Orientalische Gewürze und südamerikanische Edelhölzer erreichten als Importprodukte den kleinen Mittelmeerhafen Gallipoli. Große europäische Handelsfirmen gründeten zu dieser Zeit Zweigniederlassungen in Gallipoli, und zahlreiche Nationen eröffneten konsularische Vertretungen. Gallipoli schwang sich zu einer kosmopolitischen Größe auf, die man heute kaum mehr nachvollziehen kann. Kupferstiche aus dem 18. Jh. zeigen einen überfüllten Hafen und eine von Menschen und Waren überquellende Stadt. Der einheimische Ingenieur *Vincenzo Ferraresi* wurde 1785 von örtlichen Autoritäten mit dem Ausbau der aus den Nähten platzenden Stadt betraut. Im darauffolgenden Jahrhundert begann Gallipoli, sich außerhalb der alten Stadtmauern auf der Landzunge auszudehnen. Heute pulsiert vor allem in dieser **Neustadt** das Leben – allabendlich Auf und Ab am kilometerlangen Corso Roma.

Information/Anfahrt & Verbindungen

● *Information* **Ufficio turistico**, am Eingang zur Altstadtinsel in der alten Markthalle, Piazza Imbriani 10, ☎ 0833/262529.

● *Auto* Parallel zur **Küstenstraße** zwischen Santa Maria di Leuca und Gallipoli verläuft die schnellere **Inlandsstrecke S 274**;

Provinz Lecce (Salento)
Karte S. 329

Gallipoli und **Lecce** verbindet der Salento-Highway S 101.

Mit Glück findet man einen **Parkplatz** an der Ringstraße um die Altstadt.

● *Bahn* Vom Bahnhof der **Ferrovia del Sud-Est**, Nähe Corso Roma, erreicht man Alt-Gallipoli gut zu Fuß. 9x tägl. Zugverbindung mit **Lecce** über Zollino und Nardo.

● *Bus* Schnelle und häufige Linienbusverbindung von und nach Lecce über Galatone mit **Autolinee Lecce**.

*Übernachten/*C*AMPING*

In Alt-Gallipoli gibt es nur einen Hotelbetrieb, der wegen seiner Lage und Ausstattung gleichermaßen empfehlenswert ist. Zwei große Strandhotels sowie zwei gut geführte Zeltplätze und einen Agriturismo-Campingplatz findet man in der stadtnahen Umgebung.

*** Le Sirenuse (10), Mammuthotel an der **Baia Verde** (S. 371), Küstenstraße ca. 4 km in südliche Richtung, über 120 modern eingerichtete, aber relativ kleine Zimmer, Hotelstrand, Ristorante, Pool und Sporteinrichtungen, DZ 119 €, ✆ 0833/202536.

> ***** Al Pescatore (2), Tipp!** Riviera Cristoforo Colombo 39, am Anfang der Ringstraße, die um die Altstadt führt, geschmackvoll restauriertes historisches Haus, einige Zimmer mit Blick aufs Meer, ausgezeichnete Hotel-Trattoria (Schwerpunkt Fisch), DZ 73–78 €, EZ 47–52 €, rechtzeitig reservieren, ✆ 0833/264331.

**** Spinola (9), Corso Roma 129, Neubau, sterile Luxusklasse, ohne Restaurant, DZ 129 €, ✆ 0833/261916.

**** Palazzo del Corso (8), Neueröffnung, modernisierter Neustadt-Palazzo im unteren Teil des Corso Roma (Nr. 145), sehr stilvoll und komfortabel, kein Hotelrestaurant, in 5 Min. ist man zu Fuß in der Altstadt, DZ 130–155 €, ✆ 0833/264040.

*** Cristina (11), Via Ariosto 2, an der südlichen Stadtausfahrt, ein bisschen abseits gelegen, aber vergleichsweise preiswert, kein Restaurant, DZ 57–65 €, ohne Bad 50 €, ✆ 0833/292569.

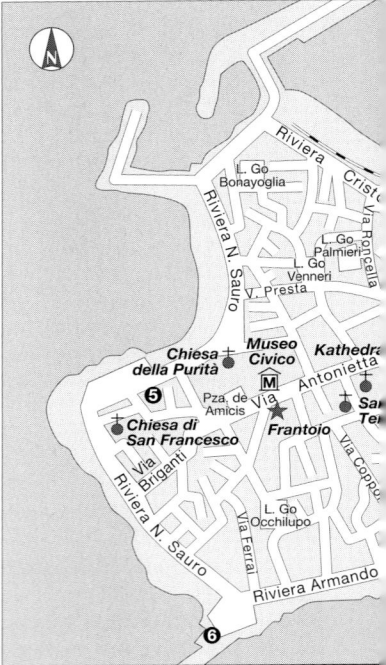

*** Camping Baia di Gallipoli, 5 km südlich von Gallipoli, ca. 1 km vom Strand entfernt, großes gepflegtes Gelände mit Rasen, Olivenhain, Pool und Sportanlagen; toller Service (Zubringerbus zum Strand), 2 Personen, Zelt und Auto ab 13 €, auch Bungalows, ✆ 0833/275405.

*** Camping La Vecchia Torre, 3 km nördlich der Stadt, gepflegter großer Platz im dichten Pinienwald, direkt am zerklüfteten Fels-Sand-Strand, freundliche Platzleitung, 2 Personen, Zelt und Auto ab 24 €, auch Bungalows, geöffnet Juni–Sept., ✆ 0833/209083.

La Masseria Coppola, Agriturismo-Camping, wenige Kilometer nördlich von Gallipoli, großes Pinienwaldgrundstück direkt am Strandufer; schattige Zeltplätze und kleine Bungalows mit Veranda; die landwirtschaftliche Produktion der Masseria beschränkt sich auf Wein und Olivenöl; ganzjährig geöffnet, 2 Personen, Zelt und Auto ab 22 €, ✆ 0833/281014.

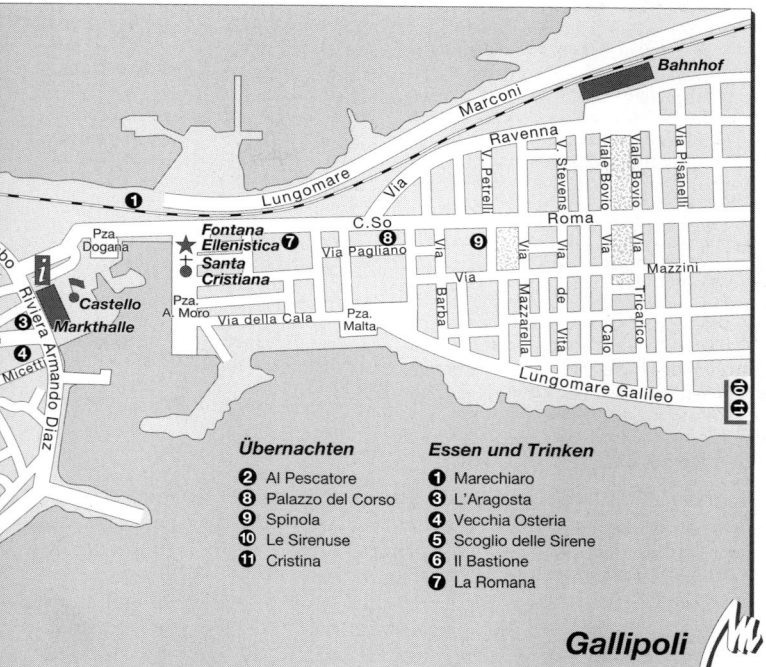

Gallipoli

Übernachten

- ❷ Al Pescatore
- ❽ Palazzo del Corso
- ❾ Spinola
- ❿ Le Sirenuse
- ⓫ Cristina

Essen und Trinken

- ❶ Marechiaro
- ❸ L'Aragosta
- ❹ Vecchia Osteria
- ❺ Scoglio delle Sirene
- ❻ Il Bastione
- ❼ La Romana

Essen & Trinken

Die schmackhafte **Meeresküche** von Gallipoli ist weithin bekannt. Hummer, Krebse, Tun- und Schwertfische gibt es das ganze Jahr über frisch. Örtliche Spezialitäten sind z. B. Fischsuppe, Spaghetti mit Krebsfleisch, frischer Rogen in einer Marinade aus Öl, Essig, Salz und Pfeffer, **Scapece**, kleine panierte und frittierte Fische mit Safran gewürzt und in Essig eingelegt.

Trattoria L'Aragosta (3), Tipp in Alt-Gallipoli! Ein regelrechter Fischtempel mit appetitlichen Auslagen, gegenüber der Markthalle, gemütlicher Speisesaal mit Patina, auch Tische im Freien, flinke Kellner, gehobene Fischküche, vom reichhaltigen Meeresfrüchte-Antipasto (auch Austern) bis zum Hummergericht (astice) alles im Angebot – man gönnt sich ja sonst nichts, Fisch-Menü ab 22 €, nur Flaschenweine. Piazza Imbriani 22, ✆ 0833/262032.

Vecchia Osteria (4), ebenfalls in Alt-Gallipoli, Via De Pace 27, schräg gegenüber der Markthalle, hübsches Gewölbe, authentische lokaltypische Fischküche, Schwertfisch-Carpaccio, gehaltvolle Fischsuppen, Menü ab 20 €, ✆ 0833/261509, Mi Ruhetag.

Scoglio delle Sirene (5), einfaches kleines Kellerrestaurant an der Ringstraße um die Altstadt, Tische auch draußen, solide Fischküche, Menu turistico 15 €, ✆ 0833/261091, Di Ruhetag.

Marechiaro (1), alteingesessenes großes, stimmungsvolles Fischrestaurant unterhalb der Verbindungsbrücke zur Altstadt, unmittelbar am Wasser, auch draußen gedeckt, der Fisch wird direkt von den Fischerbooten angeliefert. Beim letzten Besuch wegen Totalrenovierung geschlossen.

Il Bastione (6), Fischrestaurant am Scheitelpunkt der Ringstraße, Riviera Nazario Sauro 28, direkt auf der Festungsmauer, schickes Ambiente, Speiseterrasse mit Meerblick, leicht gehobene Preise, ✆ 0833/263836, Di Ruhetag.

La Romana (7), Neustadt, Corso Roma 173, nette Pizzeria, Rosticceria und Creperia für den kleinen Geldbeutel, offener Wein und Bier vom Fass.

Pasticceria Da Roberto, kleine Neustadt-Backstube, etwas versteckt am Ende des Corso Roma gelegen; aber die Suche lohnt sich, denn hier gibt es die leckeren *Quaresimali* – eigentlich ein Ostergebäck, aber da es so gut schmeckt, wird es das ganze Jahr über gemacht. Via Udine 19, ✆ 0833/202532.

Feste & Veranstaltungen

Karneval, *Focaredde* (Freudenfeuer) und brennende Olivenholzbündel überall in der Altstadt leiten die Karnevalszeit ein (Mitte Jan.). Mehrere stimmungsvolle **Karnevalsumzüge** finden im Januar und Februar statt.

Schutzheiligenfest, zu Ehren der Schutzpatronin Santa Cristina wird u. a. ein Wettrennen mit Ruderbooten des Typs *Gozzo* (kleine Barke) um die Altstadtinsel veranstaltet. Im alten Hafen steht eine Art geschmückter Maibaum (um den 25. Juli).

Sehenswertes in Gallipoli

Fontana ellenistica (Griechischer Brunnen): Dieses antike Stück steht am Ende des Corso Roma, noch auf dem Festland, an der Piazza mit dem kleinen Kirchlein der Schutzpatronin Santa Cristina. Der Brunnen mit der Reliefwand stammt aus dem 3. Jh. v. Chr., als die großgriechische Kolonie Gallipoli römisch wurde. Er war damals Teil eines Thermalbads und erhielt 1560 seinen jetzigen Platz, wobei gestalterische Veränderungen vorgenommen wurden: Ein Tympanon mit dem Wappen König Philipps II. von Spanien wurde aufgesetzt (die Habsburger hatten damals das Sagen im Königreich). Die drei unteren Basreliefs zeigen Liebesszenen aus der griechischen Götterwelt. In der benachbarten **Kapelle Santa Cristina** (16. Jh.) steht eine Pappmachéstatue der Schutzheiligen der Stadt. Kontrastreich erhebt sich dahinter der neue Wolkenkratzer von Gallipoli.

Castello: Der deutsche Kaiser Wilhelm II., so heißt es, habe 1903 zwei seiner Militärarchitekten nach Gallipoli gesandt, um die Festung vermessen zu lassen. Die ursprünglich byzantinische Wehranlage wurde im Lauf der Zeit mehrfach überbaut. Der nach staufischem Vorbild errichtete Eckturm birgt noch Reste des byzantinischen Vorgängerbaus. Anfang des 16. Jh. bekam die Festung ihr heutiges Aussehen. Der toskanische Architekt Francesco di Giorgio Martini entwarf den **Rivellino** (Diamantenspitze), das wehrarchitektonische Herzstück der Verteidigungsanlage. Die Liste der illustren Burgdamen und -herren ist lang, darunter waren der Staufer Konradin, Karl I., Johanna II., Königin von Neapel und letzter Regent aus dem Hause Anjou, Ferdinand I. etc. Heute wird in den Sommermonaten ein **Freilichtkino** im Castello betrieben.

Kathedrale Sant'Agata: Die Kirche der heiligen Märtyrerin Agatha steht auf dem höchsten Punkt der Altstadt. Vermutlich gab es einen romanisch-apulischen Vorgängerbau an dieser Stelle, von dem jedoch jede Spur fehlt. Das

Stammplatz der Fischer vor der Stadtmauer von Gallipoli

jetzige Gotteshaus stammt aus der Zeit der spanischen Herrschaft. Der Bau wurde 1630 begonnen und 1696 mit einer prunkvollen Barockfassade nach Lecceser Vorbild abgeschlossen. Der Innenraum vermittelt den Eindruck einer Gemäldegalerie: Zahlreiche großformatige **Ölbilder** aus der neapolitanischen Schule des 17. und 18. Jh. schmücken vor allem die Seitenaltäre. Der Dom hält mit Abstand den Ölgemälderekord aller apulischen Gotteshäuser. Insgesamt sind es über 100 Werke namhafter Künstler, darunter *Luca Giordano, Giovanni Andrea Coppola* und *Gian Domenico Catalano*.

Konventskirche Santa Teresa: In Domnähe (Via Muzzio/Via Duomo) befindet sich diese unscheinbare Kirche der Hl. Teresa mit dem angeschlossenen Convento delle Carmelitane Scalze. Besonders prächtig ist der Hochaltar. Das Kloster der barfüßigen Karmeliterinnen ist übrigens als einziges der Stadt noch aktiv.

Chiesa della Purità: An der Ringstraße um die Altstadt steht diese bescheidene Kirche aus dem 17. Jh. Das **Majolikatriptychon** an der Fassade zeigt die Madonna mit dem Kind sowie den Heiligen Josef und Franz von Assisi. An den Wänden des einschiffigen Innenraums wieder zahlreiche Ölgemälde, vor allem des salentinischen Malers Liborio Riccio. Auch der Kirchenboden ist mit Majolikakacheln verziert. Links vorne die Marienstatue **Nostra Signora della Purità**, die bei Prozessionen feierlich durch die Stadt getragen wird.

Chiesa di San Francesco: Ebenfalls an der Ringstraße steht die älteste Kirche Gallipolis (Grundsteinlegung 1220). Abgesehen von der Fassade sind die mittelalterlichen Stilelemente einer gründlichen barocken Überblendung zum Opfer gefallen. Den bescheidenen Franziskanern gefiel die verschnörkelte

Baukunst der Zeit anscheinend, sie haben die ehemalige Schlichtheit der Kirche im barocken Stuck beerdigt. Ein Brand in der Mitte des 20. Jh. hat große Schäden angerichtet, die immer noch deutlich zu erkennen sind.

Schön hässlich

Gallipoli, die schöne Stadt, besitzt die sprichwörtlich hässlichste Kirchenstatue Italiens, den **Mallatrone**. Diese lebensgroße Holzfigur verkörpert, so sagt man, das Böse und Teuflische im Menschen schlechthin. Schöpfer dieser gespenstischen Gestalt war der ortsansässige Bildhauer **Vespasiano Genuino** (18. Jh.). Man erzählt sich noch heute, dass der italienische Dichter und exzentrische Neuromantiker **Gabriele D'Annunzio** im Jahre 1895 extra nach Gallipoli kam, um den Mallatrone zu besichtigen, wobei ihm vor entsetzter Begeisterung oder begeistertem Entsetzen – ganz wie man will – folgender Spruch entfuhr: "Das ist das schönste hässlichste Kunstwerk Italiens". Es befindet sich in der Chiesa di San Francesco.

Chiesa del Rosario, Chiesa del Crocefisso und **Chiesa di Santa Maria degli Angeli**: Diese drei weiteren sehenswerten Kirchen befinden sich am Scheitelpunkt der Ringstraße. Sie sind jeweils mit einer kleinen Info-Tafel versehen.

Museo Civico e Biblioteca Comunale: In der Altstadt, in der Via De Pace 108, findet man dieses sonderbare Stadtmuseum, in dem etliche verstaubte Überraschungen ausgestellt sind. Den Grundstock der umfangreichen Kuriositätensammlung vermachte der einheimische Naturwissenschaftler und Mediziner Emanuele Barba 1878 der Stadt. 1898 wurde das Museumsgebäude eingeweiht, das außerdem eine historische Bibliothek, ebenfalls eine Schenkung an die Stadt, beherbergt. Seit der Eröffnung hat sich die Sammlung durch die großzügigen Geschenke der Bürger Gallipolis ins Unausstellbare erweitert.

Im Zentrum der unteren Etage empfängt den Besucher das zerlegte Skelett eines **20-m-Wals**, der 1894 im Hafenbecken von Gallipoli verendete.

Auf engstem Raum präsentieren die verschiedenen Abteilungen ihre Schätze: die Waffensammlung mit Treibminen, Revolvern, Schwertern und Degen, die Fossiliensammlung, die Münzsammlung mit byzantinischen Goldstücken und Gedenkmünzen aus dem 20. Jh., die zoologisch-mineralogische Sammlung mit Ausgestopftem sowie verwittertem Reliefgestein.

In der **archäologischen Abteilung** stehen messapische Steinsärge und Grabbeigaben, die aus dem unweit von Gallipoli gelegenen Murgia-Dorf Alezio stammen, wo eine messapische Siedlung freigelegt wurde. Korallenbewachsene Amphoren, Vasen und Bronzegegenstände aus verschiedenen Jahrhunderten runden die Sammlung ab.

Schaurig-makaber wird es im Obergeschoss, wo – nur in Begleitung des Museumspersonals – missgebildete Föten und medizinische Skurrilitäten gezeigt werden. Der Geruch, der hier aus den Gläsern strömt, in denen die Präparate aufbewahrt werden, ist im wahrsten Sinne des Wortes ätzend.

Fischer von Gallipoli bei der Arbeit

Auf dem Arkadengang hinter den Balustraden lagert die umfangreiche **historische Bibliothek**, ein 12.000 Bände zählender Bücherschatz, der vor allem aus Werken zur Geschichte des Königreichs von Neapel besteht. Die ältesten Exponate sind Inkunabeln (Wiegendrucke) aus der Frühzeit des Buchdrucks.

Überall wo noch Platz war, hängte man Gemälde und Zeichnungen von Heimatmalern, frühe Fotografien mit Stadtansichten von Gallipoli und Kirchenbilder unbekannter Herkunft auf.

Das insgesamt ziemlich verschrobene Heimatmuseum ist den Stadtoberen schon lange ein Dorn im Auge. Seit 2002 ist es geschlossen und wird angeblich umstrukturiert – mal sehen, ob es sich wesentlich verändern wird. Die Wiedereröffnung ist für 2003 geplant.

Frantoio Ipogeo: Diese **unterirdische Ölmühle** befindet sich in den Kellergewölben des Palazzo D'Acunga, Via De Pace, Eingang schräg gegenüber vom Museo Civico.

Hier und in über 30 anderen Kellermühlen der Altstadt wurde im 17. und 18. Jh. Lampenöl aus minderwertigen Oliven hergestellt. Bis ins 19. Jh. hinein war dieses Öl, das ausschließlich für den Export produziert wurde, die wichtigste Handelsware Gallipolis. Erst als billiges Petroleum die internationalen Märkte überschwemmte, stellte man die Produktion ein bzw. stellte sie auf Speiseöl um.

Die Besichtigung dieser unterirdischen Ölmühle ist angesichts des guten Erhaltungszustands absolut lohnenswert.

Öffnungszeiten/Führungen Schüler aus Gallipoli haben sich der Sache angenommen und führen die Besucher durch das Kellergewölbe der Frantoio, vom 1. Juni bis 30. Sept. tägl. 10–12.30 Uhr und 16–21 Uhr, den Rest des Jahres Mo–Fr 9–13 Uhr und 16–19 Uhr, Sa und So nur vormittags; Eintritt ca. 1,50 €.

Abstecher in die salentinische Murgia (Murge Salentine)

Es kommt nicht häufig vor, aber wenn der feuchtheiße Wüstenwind Scirocco durch Gallipoli und die salentinische Küstenregion pfeift, ist Feierabend für Fisch und Fischer.

Das ansonsten ruhige Ionische Meer gerät dann außer Rand und Band, und an Baden ist schon gar nicht zu denken. Der richtige Zeitpunkt also für einen Ausflug in ruhigere Gefilde. Ein bisschen Windschutz bieten die Murgia-Dörfer im Hinterland – und Alezio außerdem ein frühgeschichtliches Museum, während Casarano mit frühchristlichen Mosaiken glänzt.

Alezio

Der Ort liegt friedlich und etwas verschlafen auf einem küstennahen Murgia-Hügel inmitten einer steinigen Landschaft, die trotz der widrigen Bodenbeschaffenheit immer Bauernland war.

In der Ortschaft steht das sehenswerte **Santuario di Santa Maria della Lizza**. Diese spätromanische Wallfahrtskirche (13. Jh.) mit dem gotischen Zentralbogen wurde jüngst umfassend restauriert. Wer Alezio in der Zeit vom 14.–16. August besucht, erlebt während der Festtage zu Ehren der Madonna della Lizza u. a. einen der ältesten salentinischen **Jahrmärkte**.

Alezio selbst ist messapischen Ursprungs, und seit 1982 würdigt das **Museo civico messapico** die große Vergangenheit. Das kleine Museumsgebäude mit dem angrenzenden archäologischen Garten findet man mitten im Stadtgebiet in der Via Kennedy (gut ausgeschildert). Zwischen den freigelegten Grabkammern fällt eine gigantische Steinplatte besonders auf. Im übersichtlich gestalteten Museum sind die gut erhaltenen Grabbeigaben aus der örtlichen Nekropole ausgestellt (werktags 16–18 Uhr, Mo/Do bis 19 Uhr, So und an Feiertagen geschlossen).

• *Anfahrt & Verbindungen* Die **Ferrovia del Sud-Est** macht mehrmals täglich auf der Strecke Gallipoli–Nardo in Alezio Zwischenstopp; fast genauso schnell wie die Bahn ist der **Linienbus** Gallipoli–Alezio.

• *Agriturismo* An der Landstraße von Alezio nach Parabita befindet sich die **Azienda Agrituristica Santa Chiara**, schöner Landsitz, 30 ha Oliven und Wein, rustikale Zimmer und Apartments, HP 43–48 € pro Person, ganzjährig geöffnet,✆ 0833/281290 und 281708.

Casarano

ca. 20.000 Einwohner

Das Städtchen stößt mit stattlichen 107 m Höhe für salentinische Verhältnisse schon fast an den Himmel. Casarano ist ein blühendes bäuerliches Zentrum. Für Prosperität sorgt auch die örtliche Textil- und Möbelindustrie. Im Stadtzentrum herrschen starke architektonische Kontraste, die Wohlstand und Verfall gleichermaßen signalisieren. Das moderne stählerne Bankgebäude an der Piazza Indipendenza kontrastiert hart mit der verwitterten barocken Fülle des Platzes. An der Kirchenpiazza Sant'Elia zeigt sich ein ebenso krasser Wechsel von Alt und Neu: Schräg gegenüber der schäbig gewordenen Renaissancefassade hat eine Boutique mit überdimensionalen Schaufensterscheiben eröffnet, wie man sie ansonsten nur aus den Fußgängerzonen der Großstädte kennt. – Ein ausgiebiger Stadtbummel bringt weitere architektonische Kontraste und Überraschungen ans Licht.

Oder man begibt sich direkt zum südöstlichen Ortsausgang nach **Casaranello**, das angeblich schon in der Antike existiert haben soll, im 15. Jh. jedoch zerstört worden ist. Hier steht die unbedingt sehenswerte **Basilika Santa Maria della Croce**. Im hell verputzten Kircheninnern schlummern großartige byzantinisch-romanische und gotische Freskenzyklen aus dem 11. bis 14. Jh. Gar eine kunstgeschichtliche Sensation stellen die nahezu vollständig erhaltenen **byzantinischen Mosaiken** in der Kuppel und im Altarraum dar. Es handelt sich dabei um die Originale des Vorgängerbaus aus dem 5. Jh.

• *Öffnungszeiten* Mo–Sa immer 9–12 Uhr, nachmittags Okt.–Mai 16–18 Uhr, Juni und Sept. 17–19 Uhr, Juli/August 18–20 Uhr. Eintritt frei.

• *Anfahrt & Verbindungen* **Auto**, von Gallipoli am besten über die S 459 nach Parabita und von dort nach Casarano. Zwar gibt es von Gallipoli aus Nebenstrecken, doch die fehlenden Ausschilderungen an den entscheidenden Kreuzungen machen die vermeintliche Abkürzung letztlich zum Umweg. In Casarano ist der Weg zur Basilika dann gut ausgeschildert.

Bahn: 5x täglich verbindet die Ferrovia del Sud-Est Casarano mit Gallipoli, schöne 25-Min.-Fahrt durch die rostrote Murgia-Landschaft mit drei Zwischenstopps.

Provinz Lecce (Salento)
Karte S. 329

● *Übernachten* ***** Oasi**, Via G. da Bormida, einziger Hotelbetrieb im Ort, vorwiegend von Geschäftsreisenden frequentiert, mit Restaurant, DZ 47–57 €, EZ 31–44 €, ✆ 0833/505267.

● *Essen & Trinken* **Al Buongustaio**, Feinschmeckerrestaurant, kreative *Cucina tipica*, weit über die Stadtgrenze hinaus bekannt; eine Primo-Spezialität sind die *Fusilli al cartoccio* (Fusilli-Nudeln mit Meeresfrüchten, im Ofen zubereitet), der frische Seebarsch (Spigola) wird in einer Salzkruste (al sale) serviert. Via Ruffano 66, ✆ 0833/505435, Di Ruhetag.

Bar Centrale Capozza, Piazza San Giuseppe, gemütliches Jugendstilcafé mit leckeren Auslagen und langer Theke, zentraler Treffpunkt für Jung und Alt.

Salento-Küste nördlich von Gallipoli

Nördlich von Gallipoli, bis zur Verwaltungsgrenze mit der Provinz Tarent an der Punta Prosciutto, erstreckt sich eine abwechslungsreiche, badetaugliche Felsküste mit geschützten Buchten und kleinen Sandstränden.

Bereits wenige Kilometer oberhalb von Gallipoli, auf der Höhe des **Torre Sabea**, taucht der erste Sandstrand auf. Ein Stück weiter dann der schöne Muschelstrand **Lido delle Conchiglie**.

Vor Santa Maria al Bagno und Santa Caterina ragen plötzlich Felsformationen wie ein Vorgebirge auf, hier bröckelt der **Montagna Spaccata** (Gespaltener Berg) ins Meer. Die Küstenstraße windet sich in abenteuerlichen Verrenkungen um diesen Zacken, nicht selten muss die Straße wegen Steinschlag kurzfristig gesperrt werden.

Santa Maria al Bagno und Santa Caterina

Erst auf den zweiten Blick erkennt man so richtig, dass es sich bei diesen beiden zusammengewachsenen Orten um ein recht **mondänes Urlaubsrevier** mit stilvoller Villenarchitektur handelt. Die lange Uferpromenade wird in beiden Santas von beschaulichen Hafenbuchten unterbrochen, in denen weit mehr Motor- und Segelyachten vor Anker liegen als Fischerboote. Von der Terrassenbar oberhalb des Hafenbeckens von Santa Caterina kann

Torre dell'Alto

man sich einen guten Überblick in alle Richtungen verschaffen. Im Norden erhebt sich der quadratische **Torre dell'Alto** mit Bogentreppen. Unterhalb dieses wuchtigen Küstenwachturms gibt es einige schöne Felsbadestellen, Steintreppen führen hinunter ans Wasser. Die wirklich stilvolle Meile dieser vornehmen Ecke verläuft ins Küstenhinterland. An der Straße nach Cenate stehen schmucke Villen im hohen Nadelwald – alles in Privatbesitz und gut geschützt.

• *Übernachten* ****** Grand Hotel Riviera**, am Lungomare von Santa Maria al Bagno, Neubau, komfortabel, aber etwas steril, mit Hotelrestaurant, DZ 75–101 €, ☏ 0833/573221.

* Panorama, ebenfalls in Santa Maria al Bagno, kleine familiäre Pension mit Restaurant, DZ 45–60 €, Via dei Trulli 15, ☏ 0833/573325.

• *Essen & Trinken* **La Taverna**, gemütliches kleines Ristorante an der Spitze der Hafenbucht von Santa Maria al Bagno, klimatisiert und im Art-deco-Stil eingerichtet, Menü ca. 20 €, auch Pizza.

> **Ginetto, Tipp!** An der südlichen Uferpromenade von Santa Maria al Bagno, lauschige Speiseterrasse am Wasser, ausgezeichnete salentinische Meeresküche mit Frischegarantie, Fischmenü ca. 25 €. Via Lamarmora 38, ☏ 0833/573330.

Pizzeria in der 4-Türme-Ruine am südlichen Ortsausgang von Santa Maria al Bagno, schönes Ambiente, vor allem von jungen Leuten frequentiert.

Parco naturale Portoselvaggio (Naturpark)

Unberührte Natur im wahrsten Sinne des Wortes. Nördlich von Santa Caterina auf die Ausschilderung "Parco naturale Portoselvaggio" achten. Die Straße führt durch dichten Pinetawald zu diesem herrlichen Buchtenidyll, an dessen Uferrand sich bizarre Felsformen aufbäumen. Seit 1980 gibt es den kleinen Naturpark "Wilder Hafen", der von den Naturschützern aus Nardo, die sich unter dem Namen "Natura Viva" zusammengeschlossen haben, mit Nachdruck verteidigt wird. Sie fordern vor allem einen weiträumigen Schutz vor Bebauung.

Wer hierher einen Tagesausflug zum respektvollen Erkunden und ungestörten **Baden** unternimmt, sollte feste Schuhe und Verpflegung mitbringen. Es strömt übrigens eine unterirdische, eiskalte Süßwasserquelle in die Bucht, die für überraschend kaltes Wasser sorgt.

Sant'Isidoro

Hier stößt die Küstenstraße wieder ans Wasser. Das örtliche Bagno (Strandbad) sorgt im Hochsommer für den üblichen Badekomfort an der geschützten **Sandbucht**. Die kleine Ortschaft wirkt ausgesprochen friedlich. *Cozze curate*, die Miesmuschelzucht, ist die ganzjährige Hauptaktivität der wenigen Bewohner.

• *Übernachten/Essen & Trinken* ****
Camping Sant'Isidoro**, ca. 500 m von der Bucht entfernt, im Oliven- und Kiefernwäldchen; ein ganz einfacher, preiswerter Zeltplatz – wie ihn viele wahrscheinlich noch von "früher" kennen; wir haben hier ein älteres deutsches Ehepaar getroffen, das seit 20 Jahren hierher kommt, und im Lauf der Zeit keine wesentlichen Veränderungen festgestellt hat – so soll es auch bleiben, 2 Personen, Zelt und Auto ab 17,50 €, ☏ 0833/873665.

Provinz Lecce (Salento) Karte S. 329

La Nave, Tipp! Einfaches Strandrestaurant am Ende der Bucht, Muschel- und Fischgerichte mit Frischegarantie, Menü um die 15 €, der sympathische Wirt spricht gut Deutsch, ☎ 0833/579970. Hier werden die aromatischen Miesmuscheln aus der örtlichen Zucht auch verkauft.

Porto Cesareo – Hafenbucht mit vorgelagerten Badeinseln

Porto Cesareo

Die weitläufige Ortschaft erstreckt sich auf einer breiten Landzunge, begrenzt von zwei Buchten, von denen die südliche fast eine Lagune bildet. Mehrere kleine Badeinseln, die man auch schwimmend erreichen kann, sind dem Ufer im Norden des Städtchens vorgelagert.

Der Ort selbst ist nur von bescheidener Schönheit. Er lebt vom Tourismus und vom Fischfang – zwei ausgezeichnet kompatiblen Erwerbszweigen. In der Lagunenbucht gedeiht eine üppige Meeresflora, die einen schier unerschöpflichen Fischreichtum begünstigt. Tag und Nacht pendeln die bunten Fischerboote zwischen Hafen und Lagune hin und her. Die mit den Karpfen verwandten Barben, die man hier hauptsächlich fängt, werden bis in die Nachbarprovinzen exportiert, aber auch in den auffallend zahlreichen Fischgeschäften des Orts verkauft.

Beschaulich zeigt sich Porto Cesareo am breiten **Hafenkai**. In den Abendstunden herrscht hier ein reges Treiben, die Fischerboote sind unterwegs, der Blick auf die vorgelagerten Badeinseln erfreut das Auge, und gute Fischrestaurants am Wasser stehen zur Auswahl. Abgeschieden und ruhig lauert die **Hotelinsel Lo Scoglio** vor der Hafenspitze, während ein endloser Autokorso über die Uferstraße schleicht und sich die Hauptschlagader des Ortskerns langsam zum nächtlichen Auf und Ab bevölkert.

Das kleine **Museo di Biologia Marina del Salento,** das Meeresmuseum in der Via Vespucci 15, besitzt eine umfangreiche Muschelsammlung und zahlreiche Flora- und Faunakuriositäten aus dem Ionischen Meer.

● *Öffnungszeiten* tägl. (außer Mo) 10–12 und 17.30–21.30 Uhr, Eintritt frei.

● *Information* **Pro-Loco-Büro,** am Ende der Uferstraße am Weltkriegsdenkmal.

● *Feste & Veranstaltungen* **Sagra del Pesce,** um Ferragosto herum (14.-16. Aug.) findet alljährlich die stimmungsvolle Fischkirmes statt.

● *Übernachten/Essen & Trinken* ***** Porto Cesareo,** gepflegte moderne Hotelanlage am nördlichen Ortsrand, ruhig gelegen, mit ausgezeichnetem Hotelrestaurant, DZ 40–80 €. Via Monti 140, ✆ 0833/ 569094.

> ***** Lo Scoglio, Tipp!** Gut geführtes Inselhotel an der Spitze der Hafenbucht, über einen befahrbaren Steg erreichbar; flacher, verwinkelter Gebäudekomplex, ruhiger Innenhof, viel Grün, recht geräumige Zimmer; kleiner Hotelstrand, gutes Restaurant. DZ 46,50–71 €, EZ 30–42 €, ✆ 0833/569079.

*** Da Ettore, Via Parini 20, im Zentrum des Hafenviertels, nüchtern, mehrstöckig, mit Restaurant, DZ 47–52 €, EZ 21–26 €, ✆ 0833/569037.

* Miramare, Piazza Nazario Sauro, Eckhaus an der Uferstraße, kleiner Hotelbetrieb mit Restaurant, Bar und Gelateria, mitten im Geschehen, deshalb laut, DZ 34–50 €, EZ 23–34 €, ✆ 0833/ 569025.

Lo Scoglio, Restaurant des gleichnamigen Hotels, gute Land- und Fischküche, Blick auf die Bucht, große Pizzeria im Freien.

> **Al Gambero,** an der Uferstraße, direkt am Wasser, unser **Tipp** unter den Hafenrestaurants, Tische auch draußen, Fischschlemmermahlzeit ab 18 €, ✆ 0833/569123, Mo Ruhetag.

Lu Cannizzu, ein regelrechter Fisch- und Meeresfrüchtetempel (seit 1949) an der Uferstraße, Speiseterrasse mit Strohdach, immer voll, gutes Preis-Qualitäts-Verhältnis, Fischmenü ca. 20 €, ✆ 0833/560335. Nur in den Sommermonaten geöffnet; die gleiche Wirtsfamilie betreibt aber ganzjährig das Hotelrestaurant des *** Porto Cesareo (s. o.).

▶ **Weiter bis zur Punta Prosciutto:** Nördlich von Porto Cesareo, bei **Torre Lapillo,** erstreckt sich eine herrliche **Dünenbucht,** an der die Küstenstraße mit respektvollem Abstand vorbeiläuft. Kurz vor der Provinzgrenze führt eine Stichstraße zur Spitze der Punta Prosciutto, eine einsame Badestelle.

● *Übernachten/Essen & Trinken* ****** L'Angolo di Beppe,** in Torre Lapillo, komfortables Motel mit mehrfach ausgezeichnetem Restaurant. Die Gastro-Führer von Veronelli, Il Gambero Rosso und Michelin empfehlen die Meeres- und Landküche in den höchsten Tönen. DZ 62–93 €, HP 58–79 € pro Person, Menü ab 22 €, ✆ 0833/565333.

**** Camping Torre Castiglione, großer gepflegter Zeltplatz nördlich von Torre Lapillo am Ufer, viel Grün, 2 Personen, Zelt und Auto ab 15,50 €, ✆ 0833/565462.

Die salentinische Murgia (Murge Salentine)

Mitten in der salentinischen Murgia liegt der lockere Städteverbund Nardo–Galatina–Maglie. Die drei Vorzeigestädte sind traditionelle bäuerliche Zentren, die mittlerweile auch stattliche Industriegürtel an der Peripherie aufzuweisen haben.

Wein, Oliven und Tabak sind die Haupterzeugnisse, die die dunkelrote Erde der Gegend hervorbringt. Trotz der großen Mengen, die hier geerntet werden, haben sich keine sonderlich leistungsfähigen Verarbeitungsbetriebe angesiedelt. Ein Großteil der salentischen Ernte wird nach wie vor in den Nachbarregionen verarbeitet, und die Landwirtschaft ist immer noch weitgehend an den Großgrundbesitz gebunden.

Dort, wo die salentinische Murgia nicht landwirtschaftlich genutzt wird, sind garantiert Steine im Weg: Das unsägliche Feldgestein ist der natürliche Feind des Bauern. Nutzen bringt nur der Kalkarenit, der hier seit Jahrhunderten abgebaut wird. Gewaltige **Kalksteinbrüche** zerfurchen die Landschaft vielerorts – ein typischer Anblick im Kerngebiet der Murgia salentina.

Nardo

ca. 29.000 Einwohner

Wenn es Lecce nicht gäbe, wäre sicher Nardo die salentinische Barockhauptstadt. Während der Herrschaft der Spanier hat sich der regionaltypische Barockstil in der Baukunst durchgesetzt und bestimmt seitdem das Stadtbild.

Nardo ist eigentlich ein ziemlich verschlafenes Städtchen, und das nicht nur sonntags. Das geruhsame Altstadtleben spielt sich in den späten Nachmittagsstunden vor den Bars und Clubs auf der **Piazza Salandra** ab; mit verwunderten Blicken verfolgen die älteren Bürger von ihren Stühlen aus die neugierigen Touristen.

Und Nardo setzt auf seine touristischen Chancen, die Fassaden der wichtigsten Stadtpalazzi und Kirchen werden eifrig restauriert. Sehenswert ist v. a. die geschlossene Anlage der Piazza Salandra mit der Guglia dell'Immacolata in der Mitte, angrenzend der Palazzo della Pretura (Rathaus), der Sedile (Rathaus-Loggia) und die Längsseite der Chiesa San Domenico. Die Kathedrale aus dem 12. Jh. hat ihre mittelalterlichen Formen erhalten können, während das Castello Ducale aus dem 15. Jh. im Lauf der Stadtgeschichte häufig umgestaltet wurde, aber dabei nicht schöner geworden ist. Noch glänzt Nardo nicht an allen Ecken.

Geschichte: Eine Gründungslegende erzählt, dass der Ort dort errichtet wurde, wo ein stampfender

Nardo – belebte Altstadtgasse

Stier auf eine sprudelnde Wasserquelle stieß – Nardo, etymologisch gesehen, bedeutet Wasser. Die Römer zerstörten die Stadt, weil sie die Bewohner verdächtigten, mit Hannibal gemeinsame Sache gemacht zu haben. Erst im Augusteischen Zeitalter wurde es als römisches **Neretum** rehabilitiert und in der Folge sogar zum Munizipium erklärt. Verbürgt ist, dass Goten und Langobarden die Stadt nie betreten haben, dafür wurde sie unter Robert Guiscard **normannische Hochburg**.

Im 15. und 16. Jh. regierten einige lokale Fürsten *(Acquaviva* und *Personé)* die Stadt, dann folgte die lange spanische Herrschaft, die den allgegenwärtigen Barock mit sich brachte.

In den 20er Jahren des 20. Jh. ereignete sich ein politisches Kuriosum: Nardo machte als revolutionäre Enklave überregionale Schlagzeilen. Am 9. April 1920 wurde die **Sozialistische Republik Nardo** ausgerufen – sie hielt sich gut zwölf Stunden. Die Sozialistische Liga des Ortes organisierte im Morgengrauen des 9. April einen Streik und stürmte im Lauf des Tages das Rathaus, jeglicher Widerstand konnte sofort gebrochen werden. Die Revolutionäre ließen sich in den Amtsstuben der Stadtoberen nieder, hissten ihre rote Fahne und riefen die freie Republik aus. Anschließend plünderten sie erst mal die Vorratskammern einiger Bürgerhäuser, anstatt ihr politisches Programm zu verkünden. Die bereits anrückenden Soldaten des Königreichs machten dem Treiben schon nach 12 Stunden ein Ende und setzten 300 Freiheitskämpfer fest – der Spuk war schnell vorbei.

• *Anfahrt & Verbindungen* **Auto**, von Lecce kommend, die S 101 am besten schon hinter Collemeto verlassen und auf der Landstraße weiter. Die Via XX Settembre stößt dann direkt auf die Piazza della Repubblica (dort einige **Parkmöglichkeiten**).

Bahn: Der Bahnhof befindet sich nordöstlich der Altstadt, Ende Viale De Gasperi; von dort 10 Min. zu Fuß bis zur Piazza della Repubblica. Die Ferrovia del Sud-Est (Strecke Lecce–Nardo) fährt über Galatina, 9x täglich, 45 Min. Fahrzeit.

Bus: täglich mehrere Linienbusse von und nach Lecce (S. 333).

• *Übernachten/Essen und Trinken* Nardo zeigt sich hinsichtlich Unterkunft und Verpflegung wenig gastfreundlich. Seitdem die altgediente Stadtpension **Marco Polo** geschlossen hat, gibt es nur noch das kleine moderne Bahnhofshotel * **Nardo**, mit Restaurant, DZ 31–52 €, ohne Bad 28,50–49 €. Via De Gasperi 35, ☎ 0833/571994.

Am besten auf unsere Unterkunftsempfehlungen für Galatina, Porto Cesareo oder Gallipoli zurückgreifen.

Antica Trattoria Salandra, volkstümliche Nachbarschafts-Trattoria, und zwar die älteste Nardos, kleines rustikales Ambiente, solide Hausmannskost, deftige Fleisch-Secondi (auch Pferdefleisch) mit Gemüse-Contorno, Menu turistico 11 €. Via De Michele 4, Seitenstraße der Piazza Salandra, ☎ 339/5200245, Mo Ruhetag.

• *Feste & Veranstaltungen* Die Jahreszeiten Sommer und Winter würdigt die Stadt mit kulinarischen Festen, an **Ferragosto** wird die Meeresfrüchtekirmes **Sagra dei frutti di mare** veranstaltet, und in der Vorweihnachtszeit steigt die **Kirmes der frittierten Pittule**, das sind Hefeteigbällchen, gefüllt mit Sardinenfilet und in Olivenöl ausgebacken.

Das **Gedenkfest des Schutzheiligen San Gregorio** wird mit Pauken und Trompeten am 20. Feb. gefeiert.

Sehenswertes in Nardo

Bestandsaufnahme: Im Altstadtbereich einschließlich Ringstraße stehen acht Kirchen, eine Kathedrale und ein Schloss. Den Stadtbummel beginnt

Provinz Lecce (Salento) Karte S. 329

Rathausloggia mit prächtiger Skulpturengruppe

man am besten an der **Piazza della Repubblica**, von der es nicht weit ist zur Piazza Salandra.

Piazza Salandra: Der Grundstein zu dieser geschlossenen Platzanlage soll laut Stadtchronik bereits Ende des 5. Jh. gelegt worden sein. Während der wechselnden Bebauung in den folgenden Jahrhunderten blieb die dreieckige Grundkonzeption angeblich unverändert. An und in den angrenzenden Profan- und Sakralbauten ist der Salento-Barock besonders ausgeprägt vertreten, ein faszinierendes Ensemble aus Portalen, Balkonen, Reliefflächen, Arkaden und Loggien.

Guglia dell'Immacolata: Sie wurde 1769 in der Mitte des Platzes aufgestellt und vom Bischof eingeweiht. Die 19 m hohe freistehende Fiale aus gelblichem Kalkstein wirkt wie die Turmspitze einer versunkenen Kirche; auf einem kugelförmigen Sockel steht die **Marmorne Jungfrau**.

Palazzo della Pretura: Das Rathaus (Baujahr 1612) wurde durch ein Erdbeben im Jahr 1743 stark beschädigt. Der heute strahlend weiße Palazzo musste drei Jahrzehnte auf seinen Wiederaufbau warten. Seine Barock- und Rokokoformen machen ihn einzigartig.

Sedile: Die Rathausloggia – mittlerweile vollständig restauriert – entstand in der ersten Hälfte des 17. Jh. und erlebte am 22. August 1647 ihren blutigsten Tag, als der Guercio di Puglia, so der Titel des damaligen Lehnsherren der Stadt, die Anführer eines Aufstands köpfen ließ und die Häupter über dem Eingang des Sedile zur Schau stellte. **Chiesa San Trifone** heißt die schmalbrüstige Barockkirche in der Piazza-Ecke. Seit einigen Jahren leuchtet auch ihre goldgelbe Fassade wieder.

Die Trulli des Salento

Im Kerngebiet des Salento begegnet man einigen Varianten der ländlichen Schutzhütte, *Casella* oder *Casedda* genannt ("Ländliche Architektur – Steine in der Sonne", S. 18). Die steinernen Mehrzweckbauten bieten den Bauern Schutz vor Unwetter und Mittagshitze, fungieren als Unterschlupf für das Vieh und dienen als Geräteschuppen. Die Hütten sind je nach Bodenbeschaffenheit aus Platten bzw. großen Brocken zusammengesetzt, zumeist in Trockenbauweise ohne Mörtel, Stein auf Stein. Eine lokaltypische Besonderheit ist die Hüttenkonstruktion aus behauenen **Kalksteinquadern**.

Die Trulli des Salento haben entweder ein quadratisches oder ein kreisrundes Fundament. Das Mauerwerk verjüngt sich nach oben, läuft aber niemals spitz zu wie es bei den Trulli des Itria-Tals der Fall ist, sondern bleibt immer **abgestumpft**. Der geräumige Innenraum wird nicht unterteilt und besitzt selten Fenster. Eine schmale Außentreppe läuft in der Regel auf das abgeflachte Dach. Die Grundformen werden häufig variiert, je nach Phantasie und Bedarf der Bauherren; man sieht stufenförmig unterbrochene Aufbauten oder Steinhütten mit kleineren An- und Nebenbauten. Zumeist stehen die Salento-Trulli auf den Feldern der Murgia, eingerahmt von halbhohen Steinmauern, und rundherum gedeiht Essbares: Ficodindia (aus Mexiko stammende Feigenkakteen mit roten, stacheligen Früchten), Feigen-, Mandel- und Obstbäume.

Chiesa San Domenico: 1583 wurde diese Barockkirche vollendet. Baumeister war der ortsansässige *Giovanni Tarantino*. Die mit skulptierten Säulen, Halbsäulen und großflächigen Reliefs verzierte Fassade ist typisch für die Anfänge des apulischen Barock: Renaissanceformen beginnen sich mit barocken Vorstellungen zu vermischen. Das Portal ist eine wahre Pracht. Die Seitenfassade mit dem Wandbrunnen **Fontana del Toro** zeigt auf den Salandra-Platz. In der Brunnennische stampft der legendäre Stadtgründungsstier.

Kathedrale: Eine enge Verbindungsschleuse führt von der Piazza Salandra zur Kathedrale, vorbei am restaurierten Sedile. Das älteste und bedeutendste Kirchengebäude der Stadt hat einen ziemlich unwürdigen, weil zu kleinen Vorplatz. Um 1100 entstand diese romanisch-normannische Kathedrale auf den Trümmern eines alten Basilianerklosters. Zahlreiche Freskenfragmente aus dem 13. bis 15. Jh. schmücken den Innenraum. Der ganze Stolz des Gotteshauses ist der **Cristo Nero**, ein Kruzifix byzantinischer Machart aus dunklem Zedernholz, das wahrscheinlich noch aus dem alten Basilianerkloster von **Nardo** stammt. Der kleine Finger an der linken Hand dieses schwarzen Jesus ist deutlich erkennbar verwundet. Eine Legende erklärt die Umstände dieser Verletzung: Der **Cristo Nero** verletzte sich bei einer Plünderung der Stadt durch die Sarazenen, die auch vor der Kathedrale nicht Halt machten. Als das massive Kreuz beim Abtransport gegen die Wand schlug, zersplitterte der kleine Finger. Blut strömte aus der Wunde, und die Sarazenen flohen erschrocken. Man sah sie nie wieder.

Castello Ducale: Im Stadtschloss am Altstadtrand, in dem heute die Stadtverwaltung untergebracht ist, wohnte die einflussreiche Adelsfamilie Personé, die im 15. Jh. die Geschicke der Stadt lenkte. Die Schlossfassade, mehrfach verändert, zuletzt Ende des 19. Jh., ist ein Beispiel extremer Geschmacksverirrung. Auch das gegenüberliegende Gebäude der **Banca 121** strotzt vor, allerdings neuzeitlicher, Geschmacklosigkeit. Der schönste Bau dieses zufälligen Ensembles ist sicherlich die rosafarbene Villa mit dem Palmengarten vor dem Eingang. Der **Schlossgarten** des Palazzo Ducale, ein schattiger, verwunschener Skulpturenpark ist ein ideales Plätzchen zum Ausruhen und Sinnieren.

Und da wäre noch ein verwitterter, ampelfarbener **Stadtpalazzo** der das Auge erfreut. Er steht in der Via De Pandi, dem Verbindungsweg zwischen Stadtschloss und Piazza Salandra.

Galatina

ca. 28.000 Einwohner

Ein lebhafter und freundlicher Ort – mit zwei Gotteshäusern, die die beiden extremen kunstgeschichtlichen Pole von Galatina bilden.

Die Konventskirche Santa Caterina di Alessandria ist ein rein gotischer Sakralbau, während die Pfarrkirche Santi Pietro e Paolo sich im überschwänglichen Barock präsentiert.

Zur Blütezeit von Magna Graecia war Galatina eine bedeutende Kolonie und blieb bis ins Mittelalter hinein ein griechisches Zentrum auf italienischem Boden. Noch heute fühlen sich die Menschen im salentinischen Kernland, vor allem hier in Galatina, ihrer griechischen Vergangenheit stark verbunden ("Das 'griechische' Apulien", S. 28).

Die hellenische Tradition in allen Ehren, aber in diesem wichtigen **Weinanbaugebiet** wird einheimischer Salento-Wein und kein griechischer Retsina getrunken.

● *Information* **IAT-Büro**, Nähe Santa Caterina di Alessandria, Via Vittorio Emanuele II 35, im Sommer tägl. 8.30–20 Uhr, ✆ 0836/569984.

● *Anfahrt & Verbindungen* **Auto**, von Lecce Direktverbindung über die Landstraße S 476.

Bahn: Haltepunkt an der Ferrovia-Sud-Est-Strecke Lecce–Gallipoli, mehrmals täglich Züge in beiden Richtungen.

Bus: Servizio Autolinee Lecce, mehrmals täglich von und nach Lecce.

● *Essen & Trinken/Übernachten* **** **Hermitage**, komfortables Motel an der Stadtausfahrt nach Lecce mit Restaurant, Pool, Tennisplatz und Fitnessstudio, DZ 83–93 €, EZ 57–67 €, ✆ 0836/565422.

> **Ristorante Borgo Antico, Tipp!** Via P. Siciliani 80, am Altstadtrand, Nähe Piazza San Pietro, historischer Palazzo aus dem 16. Jh., kühles Gemäuer, gemütlich eingerichtet, ausgezeichnete *Cucina tipica*, täglich wechselnde Spezialitäten, z. B. *Granu stumpatu*, ein Risotto-Primo aus Getreidekörnern mit Tomatensoße, oder leckere Pilzgerichte, Menü ab 20 €, ✆ 0836/566800, Mo Ruhetag.

**** **Palazzo Baldi**, stilvolles Luxushotel in der Altstadt, 1999 eröffnet, vier miteinander verbundene historische Palazzi bilden einen gemeinsamen Innenhof, den Corte Baldi. Die Zimmer und Suiten des bis ins Detail stilvollen Altstadthotels sind thematisch eingerichtet, es gibt z. B. das Zimmer des Bischofs oder die Arabische Suite. Das Hotelrestaurant hat Gourmetniveau. DZ/Suite 90–200 €, Corte Baldi 2, ✆ 0836/568345.

*** **Masseria Appidè**, Landhotel in Corigliano d'Otranto, ca. 5 km südöstlich von Galatina. Großer Gutshof mit Pferdehaltung (Reitmöglichkeit), gepflegtes Parkgrundstück inmitten von Feldern, Swimmingpool. DZ 47–68 €, Miniapartment (2 Personen) 57–73 € am Tag. Das große Restaurant der Appidè-Masseria ist ein beliebtes **Ausflugslokal**. ✆ 0836/427968.

Eros Bar, kleines Straßencafé an der Kirchen-Piazza S. Pietro, gute Pasticceria und Gelateria.

● *Feste & Veranstaltungen* **Patronatsfest Santissime Pietro e Paolo**, letztes Wochenende im Juni.

Fest zu Ehren der **Madonna della Luce**, mit großem Kunsthandwerksmarkt, Ende April.

Sehenswertes in Galatina

Santa Caterina di Alessandria: Ende des 14. Jh. in nur siebenjähriger Bauzeit für eine franziskanische Klostergemeinschaft errichtet. Es handelte sich um eine Stiftung der reichen und offensichtlich spendablen Adelsfamilie Balzo-Orsini. Das Grabmal des Familienoberhaupts Raimondello Orsini befindet sich an der linken Chorwand. Die fünfschiffige Konventskirche ist ein rein gotischer Vorzeigebau und wird wegen einiger Details mit Santissimi Niccolò e Cataldo in Lecce in Verbindung gebracht. Auf dem Türsturz des Mittelportals befindet sich ein interessantes Halbrelief mit Christus und den Aposteln. Der Portalbogen wird von zwei – mittlerweile geköpften – Adlern flankiert. Der quadratisch wirkende lichtdurchflutete Innenraum besitzt eine prächtige Ausmalung mit nahezu vollständig erhaltenen **Freskenzyklen**. Die Ausschmückung des Kircheninnern erfolgte in der ersten Hälfte des 15. Jh. und wird Künstlern aus Mittelitalien zugeschrieben. In den zentralen Freskendarstellungen ist die Geschichte der Kirchenheiligen Katharina ausführlich thematisiert. Weitere Fresken interpretieren Szenen aus der Genesis und der Apokalypse.

Im Kreuzgang dieser noch aktiven Konventskirche gibt es weitere Fresken zu sehen, die allerdings überwiegend im 17. Jh. entstanden sind.

Santi Pietro e Paolo: Diese Pfarrkirche mit den Ausmaßen einer Kathedrale entstand im 17. Jh. in 30-jähriger Bauzeit. Fassade und Innenraum stehen voll und ganz in der Tradition des Lecceser Barock, aber ein Vorzeigebau des regionaltypischen Stils ist hier nicht entstanden.

Der grob gepflasterte **Kirchenvorplatz** ist großzügig und weiträumig angelegt. Hier spielt sich das stimmungsvolle abendliche Altstadtleben ab.

Museo Civico Pietro Cavoti: In dem städtischen Kunstmuseum sind im Wesentlichen die Werke des Malers Pietro Cavoti und des Bildhauers Gaetano Martinez ausgestellt; es handelt sich um zwei zeitgenössische Künstler aus Galatina.

Öffnungszeiten Piazza Alighieri 51, tägl. (außer Mo) 9–13 Uhr; Di, Do und Fr auch 17–20.30 Uhr. Eintritt frei.

Das Patronatsfest Santi Pietro e Paolo – und der Tanz danach

Ende Juni findet in Galatina das Fest zu Ehren der beiden Schutzpatrone und Heiligen statt. Noch in den 80er Jahren des 20. Jh. wurde bei dieser Gelegenheit ein Brauch vollzogen, der zwar im Zeichen des volkstümlichen Katholizismus stand, aber eine bedrohliche Nähe zur Schwarzen Magie aufwies. Im Anschluss an das offizielle religiöse Stadtfest begab sich ein Teil der Gemeinde zur kleinen Pauluskapelle, um dem **Taranteltanz** beizuwohnen. An diesem rituellen Tanz, der von der Amtskirche geduldet war, nahmen Bäuerinnen aus der nahen Umgebung teil, die sich – wie es hieß – vom Schmerz des Tarantelbisses befreiten. Der oftmals Stunden andauernde Tanz erreichte fast immer ekstatische Ausmaße und führte nicht selten zum Zusammenbruch einiger Tänzerinnen. In Verbindung mit der rhythmischen Tarantella-Musik und der applaudierenden Menge erreichte der Leidenstanz in den Augen kritischer Beobachter sogar die Dimension einer exorzistischen Beschwörung. Aufgrund dieser beunruhigenden Nähe zu heidnischen Praktiken geriet der Taranteltanz in Verruf. Heute, so heißt es offiziell, existiert er praktisch nicht mehr. Das Patronatsfest zu Ehren der Heiligen Peter und Paul ist somit über jeden Verdacht heidnischer Unterwanderung erhaben. – Tatsächlich?

Umgebung/Cutrofiano

Diese benachbarte Ortschaft (ca. 6 km südöstlich) ist ein Zentrum der salentinischen Keramikproduktion. Mehrere ortsansässige Töpfereien bieten solide **Gebrauchskeramik** zum Verkauf an.

Außerdem lohnt sich ein Besuch des kleinen **Museo comunale della ceramica**, das im Gebäude der Gemeindebibliothek untergebracht ist. Die Ausstellung zeigt neben örtlicher Kunst- und Gebrauchskeramik auch einige interessante archäologische Keramikfunde aus der Umgebung von Cutrofiano.

Öffnungszeiten Via Umberto I 64, Mo–Fr 16.30–20 Uhr, Sa/So geschlossen, Eintritt frei.

Maglie

ca. 15.000 Einwohner

Die zentrale Piazza Aldo Moro gilt gemeinhin als der schönste Platz, den die Kleinstädte des salentinischen Kernlands zu bieten haben. Il Novecento, das italienische Lebensgefühl des frühen 20. Jh., ist hier (fast) noch lebendig.

Einige Barockbauten aus dem 18. Jh. und ein modernes Museum der Paläontologie sind die beachtlichen Sehenswürdigkeiten von Maglie.

Bekannt ist Maglie aber vor allem als die Geburtsstadt von **Aldo Moro**, dem charismatischen Führer der mittlerweile aufgelösten Democrazia Cristiana in den 70er Jahren und prominentestes Opfer der Roten Brigaden. Am 16. März 1978, eine halbe Stunde nach einer Parlamentsdebatte, entführte ein Kommando der Roten Brigaden den Politiker und erschoss dabei seine fünf Sicherheitsbeamten. Nach fast 8-wöchiger Gefangenschaft, in denen unzählige Appelle an die Entführer gerichtet wurden, fand man seine Leiche im Kofferraum eines Autos im Zentrum Roms.

Aldo Moro war in den 70ern die Galionsfigur des linken Flügels der DC und galt als der einzige Politiker, dem man das notwendig gewordene Bündnis mit der sozialdemokratischen Partei PSI zutraute. In diese politisch brisante Zeit fiel seine Entführung und Ermordung (ungefähr ein halbes Jahr nach dem Schleyer-Attentat in Deutschland) durch die Brigate Rosse (Rote Brigaden), einer linksextremistischen Bewegung, die sich in den 70er Jahren in Italien gebildet hatte. Die Witwe des ermordeten Politikers wurde durch den landesweiten Trauertaumel fast zur Heiligenfigur stilisiert. Eine (etwas versteckt angebrachte) Gedenktafel für Aldo Moro befindet sich neben dem wuchtigen Arkadengang an der gleichnamigen Piazza.

Maglie, der wichtigste salentinische Verkehrsknotenpunkt, ist ein prosperierendes Städtchen, das an der Peripherie beträchtliche Ausmaße angenommen hat. Ein dichter Gürtel von mittelständischen Betrieben signalisiert einen relativen Wohlstand. Im Zentrum bestätigt sich dieser Eindruck durch zahlreiche schicke Einzelhandelsgeschäfte. Und die edlen **Stickereien und Spitzen**, die hier traditionell seit Generationen hergestellt werden, haben Maglie in Anlehnung an den berühmten venezianischen Spitzen-Ort den Namen "Burano del Salento" eingebracht.

Als Ausgangspunkt für alle Vorhaben in Maglie bietet sich die Piazza Aldo Moro an. In einem der Straßencafés und in Gesellschaft der Jahrhundertwendeatmosphäre des Platzes lässt es sich eine Zeit lang aushalten.

● *Anfahrt & Verbindungen* **Auto**, alle Wege führen nach Maglie, dem Knotenpunkt aller wesentlichen Provinzstraßen des Salento, nur Parkplätze im Zentrum haben Seltenheitswert.

Bahn: Haltepunkt an der Ferrovia-Sud-Est-Strecke Lecce–Gagliano, mehrmals täglich Züge in beiden Richtungen.

Bus: Linienbusse von/nach Lecce; mehrmals täglich (über Martano), allerdings ca. 1,5 Std. Fahrzeit.

● *Übernachten/Essen & Trinken* *** Hotel **Rodia**, Via Vittorio Emanuele 19, phantasieloser Neubau in Bahnhofsnähe, einzige Unterkunft in Maglie, mit Restaurant, DZ 41,50–62 € EZ 28,50–46,50 €, ✆ 0836/427111.

Basileus, Tipp! Großes Ausflugslokal im Nachbarort **Melpignano**. Geschmackvoll restauriertes ehemaliges Getreidelager; zahlreiche Tische stehen auch im Freien. Serviert wird authentische salentinische *Cucina casalinga*: reichhaltige Antipasti misti, eine Primo-Spezialität sind die Maritati-Nudeln mit Speck und Rucola, Fleisch und Fisch vom Holzkohlegrill, auch Pizza aus dem Steinofen. Ehrliche Preise, der Weg lohnt sich, Via Verdi 33, im Zentrum von Melpignano, neben der Hauptkirche, nur abends geöffnet, ✆ 0836/331828.

Pizzeria Da Vittorio, Via Roma 69, gegenüber der Barockkirche, Pizze in allen Formen und Farben.

Caffé della Libertà, das beliebteste Cafè an der Hauptpiazza, mit Pasticceria und Gelateria.

• *Feste & Veranstaltungen* **Glockenmarkt**, heimische Handwerkserzeugnisse werden angeboten, u. a. Tonglocken (am Freitag vor Palmsonntag).

Kulinarisches Straßenfest, das ringförmige Hartgebäck *Friselle* wird gratis gereicht. Es gleicht dem guten deutschen Zwieback, schlägt ihn jedoch um Längen. Außerdem gibt es *Focacce*, *Pizze*, *Taralli* sowie Kuchen und Brot in allen Formen (Mitte Juli).

Das **Patronatsfest** des Hl. Nikolaus fällt auf den 8. Mai, dann verwandelt sich die Piazza Aldo Moro in einen Jahrmarkt.

Sehenswertes in Maglie

Palazzo Capece: Neben der Piazza Aldo Moro steht dieser prächtige Barockpalast aus dem 18. Jh. Seine lang gestreckte Fassadenfront ist jüngst restauriert worden. Der herrschaftliche Bau, in dem heute ein Gymnasium untergebracht ist, besitzt ein überdimensionales Treppenhaus, das auf die Spätphase des Barock verweist.

Kathedrale San Nicola: ebenfalls ein interessanter Barockbau aus dem 18. Jh. mit phantasievoller Fassade. Die Altaraufbauten sind Beispiele feinsten Lecceser Barocks. Der Baumeister des benachbarten Glockenturms ist erstaunlicherweise unbekannt geblieben, aber sein Werk erinnert stark an den Campanile des Doms zu Lecce.

Museo civico di Paleontologia e Paletnologia: Das neu eröffnete Museum rekonstruiert mit den modernsten Mitteln der Museumsdidaktik die Entwicklung des menschlichen Lebens im Salento von der Altsteinzeit bis zur Bronzezeit. Archäologische Fundstücke und Rekonstruktionen der Ritzzeichnungen in den Höhlenbehausungen und Küstengrotten des Salento sind ebenso zu sehen wie Fossilien von Tieren und Pflanzen.

Öffnungszeiten Palazzo Ruberti, Via Vittorio Emanuele I 13, Di–Sa 9–13 Uhr und 17.30–20 Uhr, So nur 17.30–20 Uhr, Mo geschlossen. Eintritt 2,58 €.

Maglie rüstet sich fürs Volksfest

Etwas Italienisch

Aussprache

Einige Abweichungen von der deutschen Aussprache:

c: vor e und i immer *"tsch"* wie in *rutschen*, z. B. *centro* (Zentrum) = *"tschentro"*. Sonst wie *"k"*, z. B. *cannelloni* = *"kannelloni"*.

cc: gleiche Ausspracheregeln wie beim einfachen **c**, nur betonter: *faccio* (ich mache) = *"fatscho"*; *boccone* (Imbiss) = *"bokkone"*.

ch: wie *"k"*, *chiuso* (geschlossen) = *"kiuso"*.

cch: immer wie ein hartes *"k"*, *spicchio* (Scheibe) = *"spikkio"*.

g: vor e und i *"dsch"* wie in *Django*, vor a, o , u als *"g"* wie in *gehen*; wenn es trotz eines nachfolgenden dunklen Vokals als *"dsch"* gesprochen werden soll, wird ein i eingefügt, das nicht mitgesprochen wird, z. B. in *Giacomo* = *"Dschakomo"*.

gh: immer als *"g"* gesprochen.

gi: wie in *giorno* (Tag) = *"dschorno"*, immer weich gesprochen.

gl: wird zu einem Laut, der wie *"lj"* klingt, z. B. in *moglie* (Ehefrau) = *"mollje"*.

gn: ein Laut, der hinten in der Kehle produziert wird, z. B. in *bagno* (Bad) = *"bannjo"*.

h: wird am Wortanfang nicht mitgesprochen, z. B. *hanno* (sie haben) = *"anno"*. Sonst nur als Hilfszeichen verwendet, um c und g vor den Konsonanten i und e hart auszusprechen.

qu: im Gegensatz zum Deutschen ist das u mitzusprechen, z. B. *acqua* (Wasser) = *"akua"* oder *quando* (wann) = *"kuando"*.

r: wird kräftig gerollt!

rr: wird noch kräftiger gerollt!

sp und **st**: gut norddeutsch zu sprechen, z. B. *specchio* (Spiegel) = *"s-pekkio"* (nicht *schpekkio*), *stella* (Stern) = *"s-tella"* (nicht *"schtella"*).

v: wie *"w"*.

z: immer weich sprechen wie in *Sahne*, z. B. *zucchero* (Zucker) = *"sukkero"*.

Die Betonung liegt meistens auf der vorletzten Silbe eines Wortes. Im Schriftbild wird sie bei der großen Mehrzahl der Wörter nicht markiert. Es gibt allerdings Fälle, bei denen die italienischen Rechtschreibregeln Akzente als Betonungszeichen vorsehen, z. B. bei mehrsilbigen Wörtern mit Endbetonung wie *perché* (= weil, warum).

Elementares

Frau …	*Signora*
Herr …	*Signor(e)*
Guten Tag, Morgen	*Buon giorno*
Guten Abend (ab nachmittags!)	*Buona sera*
Guten Abend/ gute Nacht(ab Einbruch der Dunkelheit)	*Buona notte*
Auf Wiedersehen	*Arrivederci*
Hallo/Tschüss	*Ciao*
Wie geht es Ihnen?	*Come sta?/ Come va?*
Wie geht es dir?	*Come stai?*

Danke, gut.	*Molto bene, grazie/ Benissimo, grazie*
Danke!	*Grazie/Mille grazie/ Grazie tanto*
Entschuldigen Sie	*(Mi) scusi*
Entschuldige	*Scusami/Scusa*
Entschuldigung, können Sie mir sagen...?	*Scusi, sa dirmi...?*
Entschuldigung, könnten Sie mich durchlassen/ mir erlauben...	*Permesso...*
ja	*si*

nein	*no*	Warte/	*Aspetta/*
Ich bedaure, tut mir leid	*Mi dispiace*	Warten Sie!	*Aspetti!*
Macht nichts	*Non fa niente*	groß/klein	*grande/piccolo*
Bitte!	*Prego!*	Es ist heiß	*Fa caldo*
(im Sinne von *gern geschehen*)		Es ist kalt	*Fa freddo*
Bitte	*Per favore...*	Geld	*i soldi*
(als Einleitung zu einer Frage oder Bestellung)		Ich brauche ...	*Ho bisogno ...*
Sprechen Sie	*Parla inglese/*	Ich muss ...	*Devo ...*
Englisch/Deutsch/	*tedescso/*	in Ordnung	*d'accordo*
Französisch?	*francese?*	Ist es möglich, dass ...	*È possibile ...*
Ich spreche kein	*Non parlo*	mit/ohne	*con/senza*
Italienisch	*italiano*	offen/geschlossen	*aperto/chiuso*
Ich verstehe nichts	*Non capisco niente*	Toilette	*gabinetto*
Könnten Sie etwas	*Puo parlare un*	verboten	*vietato*
langsamer sprechen?	*po` più*	Was bedeutet das?	*Che cosa*
	lentamente?		*significa?*
Ich suche nach...	*Cerco...*	Wie heißt das?	*Come si chiama?*
Okay, geht in Ordnung	*va bene*	zahlen	*pagare*
(ab Einbruch der Dunkelheit)			

Fragen

Gibt es/Haben Sie...?	*C'è ...?*	Wo? Wo ist?	*Dove?/ Dov'è?*
Was kostet das?	*Quanto costa?*	Wie?/Wie bitte?	*Come?*
Gibt es (mehrere)	*Ci sono?*	Wieviel?	*Quanto?*
Wann?	*Quando?*	Warum?	*Perché?*

Smalltalk

Ich heiße ...	*Mi chiamo ...*
Wie heißt du?	*Come ti chiami?*
Wie alt bist du?	*Quanti anni hai?*
Das ist aber schön hier	*Meraviglioso!/Che bello!/Bellissimo!*
Von woher kommst du?	*Di dove sei tu?*
Ich bin aus München/Hamburg	*Sono di Monaco/di Amburgo*
Bis später	*A più tardi!*
Wo ist bitte...?	*Per favore, dov'è..?*

Orientierung

... die Bushaltestelle	*...la fermata*
... der Bahnhof	*...la stazione*
Stadtplan	*la pianta della città*
rechts	*a destra*
links	*a sinistra*
immer geradeaus	*sempre diritto*
Können Sie mir den Weg nach ... zeigen?	*Sa indicarmi la direzione per...?*
Ist es weit?	*È lontano?*
Nein, es ist nah	*No, è vicino*

Bus/Zug/Fähre

Fahrkarte	*biglietto*	Überlandbus	*pullman*
Stadtbus	*bus*	Zug	*treno*

hin und zurück	*andata e ritorno*
Ein Ticket von X nach Y	*un biglietto da X a Y*
Wann fährt der nächste?	*Quando parte il prossimo?*
... der letzte?	*...l'ultimo?*
Abfahrt	*partenza*
Ankunft	*arrivo*

Gleis	*binario*
Verspätung	*ritardo*
aussteigen	*scendere*
Ausgang	*uscita*
Eingang	*entrata*
Wochentag	*giorno feriale*
Feiertag	*giorno festivo*

Auto/Motorrad

Auto	*macchina*
Motorrad	*moto*
Tankstelle	*distributore*
Volltanken!	*Il pieno, per favore!*
Bleifrei	*benzina senza piombo*
Diesel	*gasolio*
Panne	*guasto*
Unfall	*incidente*
Bremsen	*freni*

Reifen	*gomme*
Kupplung	*frizione*
Lichtmaschine	*dinamo*
Zündung	*accensione*
Vergaser	*carburatore*
Mechaniker	*meccanico*
Werkstatt	*officina*
funktioniert nicht	*non funziona*

Baden

See	*lago*
Strand	*spiaggia*
Stein	*pietra*
Kies	*ghiaia*
schmutzig	*sporco*

sauber	*pulito/netto*
tief	*profondo*
Ich gehe schwimmen	*Faccio il bagno*
braungebrannt	*abbronzata (f)/ abbronzato (m)*

Bank/Post/Telefon

Geldwechsel	*cambio*
Wo ist eine Bank?	*Dove c' è una banca*
Ich möchte wechseln	*Vorrei cambiare*
Ich möchte Reiseschecks einlösen	*Vorrei cambiare dei traveller cheques*
Wie ist der Wechselkurs	*Qual'è il cambio?*
DM	*marchi tedeschi*
Postamt	*ufficio postale*
ein Telegramm aufgeben	*spedire un telegramma*

Postkarte	*cartolina*
Brief	*lettera*
Briefpapier	*carta da lettere*
Briefkasten	*buca (delle lettere)*
Briefmarke(n)	*francobollo/ francobolli*
Wo ist das Telefon?	*Dov' è il telefono?*
Ferngespräch	*communicazione interurbana*

Camping/Hotel

Haben Sie ein Einzel/Doppelzimmer?	*C'è una camera singola/doppia?*
Können Sie mir ein Zimmer zeigen?	*Può mostrarmi una camera?*
Ich nehme es/wir nehmen es	*La prendo/la prendiamo*
Zelt	*tenda*
kleines Zelt	*canadese*
Schatten	*ombra*
Schlafsack	*sacco a pelo*
warme Duschen	*docce calde*
Gibt es warmes Wasser?	*C'è l'acqua calda?*
mit Dusche/Bad	*con doccia/bagno*
ein ruhiges Zimmer	*una camera tranquilla*
Wir haben reserviert	*Abbiamo prenotato*
Schlüssel	*la chiave*
Vollpension	*pensione (completa)*
Halbpension	*mezza pensione*
Frühstück	*prima colazione*
Hochsaison	*alta stagione*
Nebensaison	*bassa stagione*
Haben Sie nichts Billigeres?	*Non ha niente che costa di meno?*

Zahlen

der erste	*il primo*
zweite	*il secondo*
dritte	*il terzo*
einmal	*una volta*
zweimal	*due volte*
halb	*mezzo*
ein Viertel	*un quarto di*
ein Paar	*un paio di*
einige	*alcuni*

0	*zero*	13	*tredici*	60	*sessanta*
1	*uno*	14	*quattordici*	70	*settanta*
2	*due*	15	*quindici*	80	*ottanta*
3	*tre*	16	*sedici*	90	*novanta*
4	*quattro*	17	*diciassette*	100	*cento*
5	*cinque*	18	*diciotto*	101	*centuno*
6	*sei*	19	*diciannove*	102	*cento e due*
7	*sette*	20	*venti*	200	*duecento*
8	*otto*	21	*ventuno*	1.000	*mille*
9	*nove*	22	*ventidue*	2.000	*duemila*
10	*dieci*	30	*trenta*	100.000	*centomila*
11	*undici*	40	*quaranta*	1.000.000	*un milione*
12	*dodici*	50	*cinquanta*		

Uhr & Kalender

Uhrzeit

Wie spät ist es?	*Che ore sono?*
mittags	*mezzogiorno*
Mitternacht	*mezzanotte* (für 12 Uhr gebräuchlich)
Viertel nach	*... e un quarto*

Viertel vor	... *meno un quarto*
halbe Stunde	*mezz'ora*

Tage/Monate/Jahreszeit

Tag	*giorno*
Woche	*settimana*
Monat	*mese*
Jahr	*anno*
halbes Jahr	*mezz'anno*
Frühling	*primavera*
Sommer	*estate*
Herbst	*autunno*
Winter	*inverno*

Wochentage

Montag	*lunedì*
Dienstag	*martedì*
Mittwoch	*mercoledì*
Donnerstag	*giovedì*
Freitag	*venerdì*
Samstag	*sabato*
Sonntag	*domenica*

Monate

Januar	*gennaio*
Februar	*febbraio*
März	*marzo*
April	*aprile*
Mai	*maggio*
Juni	*giugno*
Juli	*luglio*
August	*agosto*
September	*settembre*
Oktober	*ottobre*
November	*novembre*
Dezember	*dicembre*

Gestern, heute, morgen ...

heute	*oggi*
morgen	*domani*
übermorgen	*dopodomani*
gestern	*ieri*
vorgestern	*l'altro ieri*
sofort	*subito*
später	*più tardi*
jetzt	*adesso*
der Morgen	*la mattina*
der Nachmittag	*il pomeriggio*
der Abend	*la sera*
die Nacht	*la notte*

Maße & Gewichte

ein Liter	*un litro*
ein halber Liter	*un mezzo litro*
ein Viertelliter	*un quarto di un litro*
ein Gramm	*un grammo*
100 Gramm	*un etto*
200 Gramm	*due etti*
Kilo	*un chilo, due chili*

Einkaufen

Haben Sie	*Ha...?*
Ich hätte gern...	*Vorrei...*
etwas davon	*un poco di questo*
dieses hier	*questo qua*
dieses da, dort	*questo là*
Was kostet das?	*Quanto costa questo?*

Geschäfte

Apotheke	*farmacia*
Bäckerei	*panetteria*
Buchhandlung	*libreria*
Fischhandlung	*pescheria*
Laden, Geschäft	*negozio*
Metzgerei	*macelleria*

Reinigung (chemische)	*lavanderia/ lavasecco*	Binden	*assorbenti*
Reisebüro	*agenzia viaggi*	Waschmittel	*detersivo*
Touristen- information	*informazioni turistiche*	Shampoo	*shampoo*
		Toilettenpapier	*carta igienica*
Schreibwarenladen	*cartoleria*	Zahnpasta	*pasta dentifricia*
Supermarkt	*alimentari, supermercato*	Schmerztabletten	*qualcosa contro il dolore*
		Kopfschmerzen	*mal di testa*

Drogerie/Apotheke

		Abführmittel	*lassativo*
		Sonnenmilch	*crema solare*
Seife	*sapone*	Pflaster	*cerotto*
Tampons	*tamponi, o.b.*		

Arzt/Krankenhaus

Ich brauche einen Arzt	*Ho bisogno di un medico*	Durchfall	*diarrea*
Hilfe!	*Aiuto!*	Erkältung	*raffreddore*
Erste Hilfe	*pronto soccorso*	Halsschmerzen	*mal di gola*
Krankenhaus	*ospedale*	Magenschmerzen	*mal di stomaco*
Schmerzen	*dolori*	Zahnweh	*mal di denti*
Ich bin krank	*sono malato*	Zahnarzt	*dentista*
Biss/Stich	*puntura*	verstaucht	*lussato*
Fieber	*febbre*		

Im Restaurant

Haben Sie einen Tisch für x Personen?	*C'è uno tavolo per x persone?*
Die Speisekarte, bitte	*Il menu/la lista, per favore*
Was kostet das Tagesmenü?	*Quanto costa il piatto del giorno?*
Ich möchte gern zahlen	*Il conto, per favore*
Gabel	*forchetta*
Messer	*coltello*
Löffel	*cucchiaio*
Aschenbecher	*portacenere*
Mittagessen	*pranzo*
Abendessen	*cena*
Eine Quittung, bitte	*Vorrei la ricevuta, per favore*
Es war sehr gut	*Era buonissimo*

Speisekarte

Extra-Zahlung für Gedeck, Service und Brot	*coperto/pane e servizio*
Vorspeise	*antipasto*
erster Gang	*primo piatto*
zweiter Gang	*secondo piatto*
Beilagen zum zweiten Gang	*contorni*
Nachspeise (Süßes)	*dolci*
Obst	*frutta*
Käse	*formaggio*

Getränke

Wasser	*acqua*
Mineralwasser	*acqua minerale*
mit Kohlensäure	*con gas (frizzante)*
ohne Kohlensäure	*senza gas*

Wein	*vino*	(das bedeutet Espresso)	
weiß	*bianco*	(einen) Cappuccino	*un cappuccino*
rosé	*rosato*	(mit aufgeschäumter Milch, niemals mit Sahne!)	
rot	*rosso*	(einen) Kaffee mit wenig Milch	*un latte macchiato*
Bier	*birra*		
hell/dunkel	*chiara/scura*	(einen) Eiskaffee	*un caffè freddo*
vom Fass	*alla spina*	(einen) Tee	*un tè*
Saft	*succo di...*	mit Zitrone	*con limone*
Milch	*latte*	Cola	*coca*
heiß	*caldo*	Milkshake	*frappè*
kalt	*freddo*	(ein) Glas	*un bicchiere di...*
(einen) Kaffee	*un caffè*	(eine) Flasche	*una bottiglia*

Essen und Trinken

Alimentari/Diversi – Lebensmittel, Verschiedenes

aceto	*Essig*	olive	*Oliven*
bombolone	*Pfannkuchen*	Olivenöl	*olio di oliva*
brodo	*Brühe*	pane	*Brot*
burro	*Butter*	panino	*Brötchen*
frittata	*Omlett*	saccarina	*Süßstoff*
gnocchi	*kleine Kartoffelklöße*	salame	*Salami*
		salsiccia	*Frischwurst*
marmellata	*Marmelade*	l'uovo/le uova	*Ei/Eier*
minestra/zuppa	*Suppe*	zabaione	*Wein-Eier-Creme*
minestrone	*Gemüsesuppe*	zucchero	*Zucker*
olio	*Öl*		

Erbe – Gewürze

aglio	*Knoblauch*	prezzemolo	*Petersilie*
alloro	*Lorbeer*	rosmarino	*Rosmarin*
basilico	*Basilikum*	sale	*Salz*
capperi	*Kapern*	salvia	*Salbei*
origano	*Oregano*	senape	*Senf*
pepe	*Pfeffer*	timo	*Thymian*
peperoni	*Paprika*		

Preparazione – Zubereitung

affumicato	*geräuchert*	frutta cotta	*Kompott*
ai ferri	*gegrillt*	cotto	*gekocht*
al forno	*überbacken*	duro	*hart/zäh*
alla griglia	*ü. Holzkohlefeuer*	fresco	*frisch*
con panna	*mit Sahne*	fritto	*frittiert*
alla pizzaiola	*Tomaten/Knobl.*	grasso	*fett*
allo spiedo	*am Spieß*	in umido	*im Saft geschmort*
al pomodoro	*mit Tomatensauce*	lesso	*gekocht/gedünstet*
arrosto	*gebraten/geröstet*	morbido	*weich*
bollito	*gekocht/gedünstet*	piccante	*scharf*
alla casalinga	*hausgemacht*	tenero	*zart*

Contorni – Beilagen

asparago	*Spargel*	finocchio	*Fenchel*
barbabietole	*Rote Beete*	insalata	*allg. Salat*
bietola	*Mangold*	lattuga	*Kopfsalat*
broccoletti	*wilder Blumenkohl*	lenticchie	*Linsen*
carciofo	*Artischocke*	melanzane	*Auberginen*
carote	*Karotten*	patate	*Kartoffeln*
cavolfiore	*Blumenkohl*	piselli	*Erbsen*
cavolo	*Kohl*	polenta	*Maisbrei*
cetriolo	*Gurke*	pomodori	*Tomaten*
cicoria	*Chicoree*	riso	*Reis*
cipolla	*Zwiebel*	risotto	*Reis mit Zutaten*
fagiolini	*grüne Bohnen*	sedano	*Sellerie*
fagioli	*Bohnen*	spinaci	*Spinat*
funghi	*Pilze*	zucchini	*Zucchini*

Pasta – Nudeln

cannelloni	*gefüllte Teigrollen*	tagliatelle	*Bandnudeln*
farfalle	*Schleifchen*	tortellini	*gefüllte Teigtaschen*
fettuccine	*Bandnudeln*	tortelloni	*große Tortellini*
fiselli	*kleine Nudeln*	vermicelli	*Fadennudeln ("Würmchen")*
lasagne	*Schicht-Nudeln*	gnocchi	*(Kartoffel-)Klößchen*
maccheroni	*Makkaroni*		
pasta	*allg. Nudeln*		
penne	*Röhrennudeln*		

Pesce e frutti di mare – Fisch & Meeresgetier

aragosta	*Languste*	pesce spada	*Schwertfisch*
aringhe	*Heringe*	polpo	*Krake*
baccalà	*Stockfisch*	razza	*Rochen*
calamari	*Tintenfische*	salmone	*Lachs*
cozze	*Miesmuscheln*	sardine	*Sardinen*
dentice	*Zahnbrasse*	seppia/totano	*großer Tintenfisch*
gamberi	*Garnelen*	sgombro	*Makrele*
granchio	*Krebs*	sogliola	*Seezunge*
merluzzo	*Schellfisch*	tonno	*Thunfisch*
muggine	*Meeräsche*	triglia	*Barbe*
nasello	*Seehecht*	trota	*Forelle*
orata	*Goldbrasse*	vongole	*Muscheln*
ostriche	*Austern*		

Carne – Fleisch

agnello	*Lamm*	lombatina	*Lendenstück*
anatra	*Ente*	maiale	*Schwein*
bistecca	*Beafsteak*	maialetto	*Ferkel*
capretto	*Zicklein*	manzo	*Rind*
cervello	*Hirn*	pernice	*Rebhuhn*
cinghiale	*Wildschwein*	piccione	*Taube*
coniglio	*Kaninchen*	pollo	*Huhn*
fagiano	*Fasan*	polpette	*Fleischklöße*
fegato	*Leber*	trippa	*Kutteln*
lepre	*Hase*	vitello	*Kalb*
lingua	*Zunge*		

Frutta – Obst

albicocca	*Aprikose*	limone	*Zitrone*
ananas	*Ananas*	mandarino	*Mandarine*
arancia	*Orange*	mela	*Apfel*
banana	*Banane*	melone	*Honigmelone*
ciliegia	*Kirsche*	more	*Brombeeren*
cocomero	*Wassermelone*	pera	*Birne*
dattero	*Dattel*	pesca	*Pfirsich*
fichi	*Feigen*	pompelmo	*Grapefruit*
fragole	*Erdbeeren*	uva	*Weintrauben*
lamponi	*Himbeeren*		

Wir möchten Sie gern kennen lernen ...

... um unsere Reisehandbücher noch besser auf Ihre Bedürfnisse abstimmen zu können. Deshalb auf dieser Doppelseite ein kurzer Fragebogen zu Ihrer letzten Reise mit einem unserer Handbücher.

Als Belohnung winken ...

... natürlich Reisehandbücher. Jeweils zum Jahresende verlost der Michael Müller Verlag unter allen Einsendern des Fragebogens 50 mal je ein Reisehandbuch Ihrer Wahl aus unserem Programm.
(Der Rechtsweg ist ausgeschlossen)

Es bleibt natürlich alles unter uns ...

... Selbstverständlich garantieren wir absoluten Datenschutz und geben keine Adressen weiter. Versprochen!
Vielen Dank für ihre Mitarbeit und ... viel Glück!

Fragebogen

Ihre Reise

1) Mit welchem unserer Bücher waren Sie unterwegs? ....
   Und wann (Monat/Jahr)? ....
2) Mit wie vielen Personen reisten Sie? Bitte kreuzen Sie an: ....
   ☐ allein   ☐ zu zweit   ☐ drei Personen oder mehr ....
   Mit Kindern?   ☐ Nein   ☐ Ja (Alter? .... Jahre)
4) Wie lange dauerte Ihre Reise?
   ☐ bis 1 Woche ☐ bis 2 Wochen ☐ bis 3 Wochen ☐ über 3 Wochen
5) Hatten Sie Unterkunft und Anreise als Kombination bereits vorgebucht?
   ☐ Ja ☐ Nein
6) Welche/s Verkehrsmittel benutzten Sie zur Anreise? (Mehrfachnennungen möglich)
   ☐ Bahn ☐ Bus ☐ Flug ☐ Auto/Motorrad ☐ Fähre
   ☐ Sonstiges, nämlich
7) Mit welchem(n) Verkehrsmittel(n) waren Sie im Zielgebiet überwiegend unterwegs (Mehrfachnennungen möglich)?
   ☐ Bahn   ☐ Bus   ☐ eigenes Auto/Motorrad   ☐ Mietfahrzeug ☐ Fähre
   ☐ anderes Verkehrsmittel, nämlich ....
   ☐ gar nicht, blieb an einem Ort
8) Wo übernachteten Sie vorwiegend?
   ☐ Gehobene Hotels   ☐ Mittelklassehotels ☐ Landestypische Pensionen
   ☐ Privatzimmer ☐ Camping   ☐ andere Unterkunft, nämlich ....
9) War es Ihre einzige Urlaubsreise in diesem Jahr?
   ☐ Ja   ☐ Nein, ich verreise öfter mal für 1 Woche oder mehr, nämlich pro Jahr:
   ☐ 2x   ☐ 3x   ☐ 4x oder mehr;
   und dann meist ins: ☐ Inland ☐ Ausland

Ihr Reisehandbuch vom Michael Müller Verlag

1) Sind Sie das erste Mal mit einem unserer Reisehandbücher unterwegs gewesen?

....

☐ Ja ☐ Nein, vorher schon (Titel): ....

2) Wie lernten Sie unseren Verlag kennen?
   ☐ Empfehlung vom Buchhändler☐ Empfehlung von Bekannten
   ☐ Habe das Buch zufällig im Buchhändlerregal entdeckt
   ☐ Über eine Anzeige in ....☐ anders, nämlich...............................

3) Insgesamt gesehen, waren Sie mit diesem Reisehandbuch
   ☐ nicht zufrieden ☐ zufrieden

4) Wir würden gerne wissen, wo wir in unseren Reisehandbüchern etwas verbessern können. Bitte geben sie deshalb den einzelnen Komponenten dieses Buches "Schulnoten" von 1 bis 6 und begründen Sie bitte Ihre Benotung.

	Note	Grund
Prakt. Informationen vor der Reise		
Geschichte		
Landeskundliches		
Orte und Regionen		
Sehenswürdigkeiten		
Prakt. Informationen unterwegs		

5) Was hat Ihnen an diesem Reisehandbuch besonders gefallen?
   ☐ Nichts Spezielles ☐ Doch, und zwar...

6) Und was hat Sie am meisten gestört?
   ☐ Nichts Spezielles ☐ Doch, und zwar...

7) Worüber hätten Sie gern mehr erfahren?
   ☐ Über ....
   ☐ Alle Informationen waren ausreichend

8) Unser Verlagsprogramm finden Sie auf den nächsten Seiten. Welche(s) Ziel(e) innerhalb Europas und des Mittelmeerraumes fehlt bzw. fehlen Ihnen in diesem Programm?
   ☐ Kein Ziel ☐ Doch, nämlich...

9) Welches Reisehandbuch aus unserem Programm möchten Sie gewinnen?

....

Nun würden wir Ihnen gerne noch einige Fragen zu Ihren persönlichen Daten stellen (Datenschutz ist selbstverständlich gewährleistet)
Alter: ....Jahre
Familienstand: ☐ ledig ☐ verheiratet ☐ Kinder
Schulabschluss: ☐ Hauptschule ☐ Realschule ☐ Abitur
                        ☐ Studium ☐ Beruf:.....................

Fragebogen ausschneiden und an unsere Verlagsanschrift schicken (siehe unten). Bitte vergessen Sie nicht, für die Gewinnbenachrichtigung Ihren Namen und Adresse zu notieren.

Name: ....

Straße: ....

PLZ/Ort:...

Michael Müller Verlag GmbH, Gerberei 19, 91054 Erlangen, Fax: 09131/207541, E-Mail info@michael-mueller-verlag.de

Vielen Dank thank you merci efcharistó gracias tesekkür dekuji köszönöm

Verlagsprogramm

Unsere Reisehandbücher im Überblick

Aktuelle Informationen zu allen Reiseführern finden Sie im Internet unter www.michael-mueller-verlag.de

Gerne schicken wir Ihnen auch das aktuelle Verlagsprogramm zu.

Michael Müller Verlag GmbH, Gerberei 19, 91054 Erlangen, Tel. 0 91 31 / 81 28 08-0; Fax 0 91 31 / 20 75 41; E-Mail: mmv@michael-mueller-verlag.de

Sach- und Personenverzeichnis

Geografisches Verzeichnis